网络空间国际法文库

网络行动国际法
塔林手册 2.0 版

TALLINN MANUAL 2.0 ON THE INTERNATIONAL LAW
APPLICABLE TO CYBER OPERATIONS

北约网络合作防御卓越中心特邀国际专家组编写

〔美〕迈克尔·施密特（Michael N. Schmitt） 总主编

〔爱沙尼亚〕丽斯·维芙尔（Liis Vihul） 执行主编

黄志雄 等 译

社会科学文献出版社
SOCIAL SCIENCES ACADEMIC PRESS (CHINA)

译　者（以翻译章节先后为序）：

黄志雄　宋　冬　徐　峰　胡健生　朱莉欣

甘　勇　朱　磊　黄浩然　李雪平　孙南翔

朱雁新　曹成程　陈　伟

审校者（以审校章节先后为序）：

黄德明　冯洁菡　马　冉　陈卫东　黄志雄

石　磊　张　华　冷欣宇

总序一

徐 宏[*]

网络空间是全球治理和国际规则制定的新兴领域。十八大以来，以习近平总书记为核心的党中央高度重视全球治理问题，特别是网络空间等新兴领域的全球治理。习近平总书记强调，"大国网络安全博弈，不单是技术博弈，还是理念博弈、话语权博弈"，"要加大对网络、极地、深海、外空等新兴领域规则制定的参与"，"加快提升我国对网络空间的国际话语权和规则制定权"。习总书记在第二届世界互联网大会、网络安全和信息化工作座谈会等场合系统阐述中国的网络治理观、网络安全观、网络发展观、网络主权观、网络人才观等理念。这些重要讲话和理念为我们做好新时期网络安全和信息化工作，更好参与和引导网络全球治理提供了指引，有力促进了我国网络领域各方面工作，提升了我国在网络全球治理中的地位。

近年来，我国网络安全和信息化立法政策不断完善，先后颁布出台《网络安全法》、《国家网络空间安全战略》、《网络空间国际合作战略》等重要纲领性法律和政策文件，有关网络犯罪刑事立法、个人数据保护、网络安全审查等各领域立法不断推进，相关机制体制建设和务实举措稳步跟进，网络安全不断得到加强。与此同时，我国互联网产业和信息化建设也取得了长足进步，国际地位不断提升，更受国际社会的关注和借重。这一切均为我国更加积极参与和引导网络全球治理，争取更多话语权和制度性权力提供了坚实基础。

---

[*] 外交部条约法律司司长。

网络空间国际法是网络全球治理的基础性问题和重要组成部分，关系网络国际规则如何制定、解释和适用，是网络国际博弈各国必争之地。我们应切实贯彻落实中央关于网络安全和信息化工作的重要部署和习近平总书记相关重要讲话精神，以只争朝夕的精神，推进中国特色网络空间国际法理论发展和能力建设，为我国争取网络空间国际规则制定权提供法理支撑和服务。具体而言，要以习总书记关于网络问题的系列重要讲话，特别是关于倡导尊重网络主权、构建网络空间命运共同体的理念以及全球互联网发展治理的"四项原则"、"五点主张"为指导，结合我国网络发展和网络外交的实践及需要，推进网络空间国际法各领域的研究；同时，我们也有必要运用国际法语言，为进一步阐释和充实上述重要讲话精神和重要理念，不断丰富其法理和价值观内涵，增强其国际感召力和影响力。

"网络空间国际法文库"的出版是推进国际法领域上述工作的实实在在的一步，我衷心期待中国国际法学界同仁以此为契机，加强与政府、业界等网络空间利益攸关方的协作，共同推进中国特色网络空间国际法理论发展和能力建设，为我国更好参与和引导网络空间全球治理提出更多的法理思想、法学理论和法律方案。

2017 年 6 月

总序二

黄志雄

　　网络空间国际法是随着网络空间的发展，在理论上和实践中日益受到重视的一个国际法新领域。在互联网发展和网络空间形成的较长时间内，倡导网络空间自我规制和"自由放任"、反对国家主权以及在此基础上形成的国际法规则适用于网络空间的观念曾盛行一时。但事实证明，这种乌托邦色彩严重的"去主权化"和"去国际法化"观念无益于网络空间的稳定有序发展。近年来，国际法治在网络空间全球治理和秩序构建中的作用逐渐得到国际社会的普遍认可，各国特别是主要大国越来越注重通过塑造和影响国际规则，在网络空间的建章立制中抢占先机、赢得优势话语权和主导权。

　　从中国来说，我国政府对于推动网络空间国际法治极为重视，并多次以制定重要战略文件和法律、最高领导人讲话等方式来宣示积极参与网络空间国际规则制定的国家意志。例如，十二届全国人大四次会议于2016年3月正式通过《国民经济和社会发展第十三个五年规划纲要》，不仅明确提出要"实施网络强国战略"，还要求"积极参与网络、深海、极地、空天等领域国际规则制定"。2016年10月9日，习近平总书记在主持第三十六次中共中央政治局集体学习时，对网络强国建设提出了六个"加快"的要求，其中之一就是"加快提升我国对网络空间的国际话语权和规则制定权"。这表明，我国实施网络强国战略的核心要素和重要基石之一，就是通过网络空间国际话语权和规则制定权的提升，成为网络空间国际法强国。

　　事实上，"大国外交必重法律"。只有真正成为网络空间国际规则的积极主导者而不是被动接受者，中国才能在网络事务中占据道义制高点，使自己的利益和诉求更好地得到国际社会的认同和支持。在网络空间国际法领域的无所作为，必将导致我国在网络空间国际博弈中的被动挨打。为此，有必要进一步提高参与国际规则制定的主动性和自觉性、加快提升我国对网络空间的国际话语权和规则制定权，进而为我国实施网络强国战略奠定坚实基础。

但不能不看到，我国在有效利用国际法这种国际通行话语的"软实力"方面还存在着若干问题和"短板"，严重制约着我国向网络空间国际法强国迈进。问题之一在于，与我国对网络空间国际法领域理论研究和政策建议的巨大需求相比，学界（包括智库）相应的供给能力十分有限，"供不应求"甚至"有求无应"的矛盾较为突出。尽管学者在这一重要领域"失声"和"缺位"的原因是多方面的，但显而易见的是，这不利于中国提升对网络空间的国际话语权和规则制定权、维护本国利益，也不利于中国作为网络大国为网络空间全球治理提供公共产品、践行国际法治。

由武汉大学国际法研究所策划、推出的"网络空间国际法文库"，正是为了服务我国加强网络空间国际法研究、积极参与网络空间国际规则制定的现实需要。武汉大学国际法研究所是 1980 年由教育部批准成立的中国高校第一个国际法研究机构，也是目前国内公认在国际法领域实力最强、影响最大的研究机构，2000 年被教育部批准为普通高等学校人文社会科学重点研究基地，2015 年被中宣部批准为国家高端智库首批试点建设单位。近年来，武汉大学国际法研究所的相关研究团队，不仅在国内较早投入网络空间国际法这一新领域的研究，对网络空间治理的相关国际法问题进行了具有一定开拓性的探索，而且以不同身份积极为我国相关政策制定和外交实践提供学术智力支撑，参与和推动网络空间国际规则制定，并已在国内外产生一定的社会影响力。

当然，学术乃天下公器。秉承开放、平等、协作的网络精神，本文库无意成为一校、一所的"局域网"，而是致力于推动学者之间以及学者与实务部门之间的互联互通，构筑面向学界和实务界所有同仁的

"互联网"。在成果形式上，网络空间国际法领域的专著、文集和译作都在本文库的涵盖范围内。在遴选标准上，本文库奉行唯学术水准是从的宗旨。为此，我们由衷欢迎所有专家学者惠赐佳作，使文库得以聚沙成塔、集腋成裘；我们也恳请广大读者提出宝贵的批评建议，使文库的质量能够日就月将、精益求精。

"花径不曾缘客扫，蓬门今始为君开。"网络空间国际法正处于发展的起步阶段，这为我国深度参与和积极影响相关国际规则提供了前所未有的契机，我国政府和学界在这个方兴未艾的领域都大有可为。诚盼"网络空间国际法文库"的推出，有助于汇集学界和实务部门专家学者的真知灼见，在网络空间国际法领域发出中国声音、提出中国方案、贡献中国智慧，为我国加快成为网络空间国际法强国尽绵薄之力。

是为序。

2017 年 5 月

目　录

contents

第一部分　一般国际法与网络空间

第三部分　国际和平安全与网络活动

第四部分　网络武装冲突法

中文版序

为《网络行动国际法塔林手册 2.0 版》的中文版撰写本序，对我来说既是专业性的荣誉也是个人的乐事。本书由两个"国际专家组"历时 7 年写成，以明确国际法可否适用于网络活动，以及如果可以，鉴于网络活动的特有属性，国际法又应当如何适用。从 2009 年持续工作到 2012 年的第一个专家组，一直致力于探索规范诉诸武力的法律（诉诸武力权）和适用于武装冲突中的法律（战时法规）对网络行动的可适用性。由一批不同专家组成的第二个专家组分析了被称为"门槛之下"（below the threshold）的网络行动，即那些既未达到《联合国宪章》第 2 条第 4 项规定的使用武力的程度，也不构成国际人道法下的武装冲突的网络行动。

与其他多个国际专家组（特别是编写《海上武装冲突国际法圣雷莫手册》以及《空战和导弹战国际法哈佛手册》的国际专家组）的工作相比，上述工作的不同之处在于：《塔林手册》的专家们确实愿意接受——以及迎接——可适用于网络活动的法律所具有的不确定性。尽管全部 154 条规则都得到了各自专家组的一致同意，但专家们小心翼翼地为每一条规则提供了大量的评注，以反映对该规则所有合理的解释。这正是《塔林手册 2.0 版》的优势所在，因为参与该工作的专家们都承认有关法律往往并无定论，而且他们愿意为手册的使用者列出各种解释的选项。因此，当各国需要在各种法律选项中加以取舍并据以制定其网络政策时，他们会发现该手册非常有用。

对此，每一位专家都是以个人身份参与这一工作。尽管他们当中的许多人此前或现今有政府职位，但所有人都致力于对有关问题进行客观的法律分析。我们认为，两个专家组在这一点上是成功的。专家们确实在多个场合采纳了与各自政府不一样的解释立场。我们希望，读者会发现本《手册》公正和全面地阐述了关于现行法律应如何适用于网络空间的所有合理的观点。本《手册》的制定没有受到政治的影响。

《塔林手册2.0版》的英文版已经显示出其影响力。世界各国的高级政府官员已在很多场合援引该手册，负责就网络行动提供实践中的法律意见的法律顾问们也经常使用它。再者，世界各国的学者们也在积极地评论专家组得出的结论。就此而言，专家组因其工作富有意义而倍受鼓舞。

但是，需要强调的是，本项目绝不是对网络行动国际法呆板的重述。相反，专家们认为是国家——而且只有国家——在制定国际法。专家们仅仅是希望：《塔林手册2.0版》可以在各国法律顾问和政策制定者努力就网络空间规则达成国际共识时为其提供便利。我们希望，这本中文版的出版能促成这一目标。

最近，国际社会无法对若干基本的国际法原则和规则在网络空间的可适用性达成一致，这在某种程度上是令人沮丧的。然而，参与本项目的专家们仍然致力于进一步澄清国际法在网络空间的可适用性。我们鼓励本手册的读者能够客观、开放地看待这一问题。只有这样，围绕网络空间国际法的对话才能有益于增强网络空间的安全与稳定。

许多组织对于《塔林手册2.0版》的制定发挥了重要作用。特别值得一提的是，北约网络合作防御卓越中心在过去7年中为本项目提供了资助。但是，本手册绝不必然代表该组织或北约成员国的观点。两个国际专家组的运作是完全独立的。此外，本项目也受益于荷兰外交部对"海牙进程"的资助，这为各国提供了对手册的草案做出评论的机会。50个国家和国际组织派代表团参加了由荷兰政府资助的有关会议，并另行提供了书面评论意见。这种国家的参与，对于确保关于不同议题的各种观点得到全面、清楚的阐述具有重要意义。但是，绝不应将《塔林手册2.0版》解释为反映了荷兰政府或参与"海牙进程"的其他国家政府的立场。

当然，我们也非常感谢黄志雄教授牵头将《塔林手册2.0版》翻译为中文。本手册如果要成为各国内部和彼此之间讨论的出发点，至关重要的一点是，那些参与对话并制定网络空间法律的人们能够广泛地接触到本手册。

最后，我们希望，对《塔林手册2.0版》的使用能够秉承该手册起草过程中的精神。随着各国越来越依赖于网络空间，围绕网络空间国际法的不确定性已成为国家间冲突的潜在根源。只有通过缩小这种不确定性，国家之间的沟通不畅和某些国家对法律不确定性的利用才会减少。希望本手册在某种程度上有助于国际稳定与合作。

迈克尔·施密特
项目主任和主编

《塔林手册 2.0 版》国际专家组和其他参与者[①]

国际专家组

项目主任、总主编

Michael N. Schmitt 教授

美国海战学院

埃克塞特大学

执行主编

Liis Vihul[*]

北约网络合作防御卓越中心

法律专家

Dapo Akande 教授

牛津大学

Gary D. Brown 上校（美国空军，已退役）[*]

海军陆战队大学

Paul Ducheine 教授（准将）

阿姆斯特丹大学

荷兰国防学院

Terry D. Gill 教授[*]

阿姆斯特丹大学

荷兰国防学院

Wolff Heintschel von Heinegg 教授[*]

奥德河畔法兰克福欧洲大学

Gleider I Hernández 博士[*]

杜伦大学法学院

Deborah Housen-Couriel[*]

海法大学法学院

特拉维夫大学跨学科网络研究中心

Zhixiong Huang 教授

武汉大学国际法研究所

Eric Talbot Jensen 教授[*]

杨伯翰大学法学院

Kriangsak Kittichaisaree 教授

联合国国际法委员会成员

Andrey L. Kozik 副教授

国际法和国际仲裁协会（BILA 协会）

KIMEP 大学

Claus Kreß 教授

科隆大学

Tim McCormack 教授

墨尔本大学

塔斯马尼亚大学

Kazuhiro Nakatani 教授

东京大学

Gabor Rona[*]

卡多佐法学院客座法学教授

人权第一组织前国际法处主任

Phillip Spector[*]

美国国务院法律顾问前资深顾问

Sean Watts 教授[*]

克瑞顿大学法学院

技术专家

Bernhards Blumbergs

北约网络合作防御卓越中心

不投票的观察员

Steven Hill

北大西洋公约组织

其他参与人员

撰稿人

William H. Boothby 空军准将（已退役）*
英国皇家空军法律事务部前副主任

Michel Bourbonnière 教授*
加拿大皇家军事学院

Robert Heinsch 博士*
莱顿大学

Stephan Hobe 教授*
科隆大学

Darren Huskisson 上校*
美国空军

Jann K. Kleffner 教授*
瑞典国防大学

James Kraska 教授*
美国海战学院

Rob McLaughlin 博士*
澳大利亚国立大学

Jan Stinissen 中校

荷兰军队法律部

法律评审专家

Thomas Allan 少校
英国皇家空军

Louise Arimatsu 博士
伦敦政治经济学院

Evelyn Mary Aswad
俄克拉荷马大学法学院

Duncan Blake 中校
澳大利亚皇家空军

Gabriella Blum 教授
哈佛大学法学院

Tare Brisibe 博士
联合国和平利用外空委员会法律小组委员会前主席

Russell Buchan 博士
谢菲尔德大学

Blaise Cathcart 少将
加拿大武装部队

Gary P. Corn 上校
美国陆军

Ashley Deeks 教授

弗吉尼亚大学法学院

Eileen Denza

英国外交和联邦事务部前法律顾问

伦敦大学学院访问教授

Alison Duxbury 教授

墨尔本大学

Dieter Fleck 博士

德国国防部国际协定和政策部前主任

Daniel B. Garrie

《法律与网络战杂志》

法律和取证有限责任合伙企业

Robin Geiß 教授

格拉斯哥大学

David Goddard 少校

英国皇家海军

Jason A. Greene

美国海军研究生院

Juan Pablo González Jansana 教授

迭戈大学塔格莱法学院

Douglas Guilfoyle 博士

莫纳什大学法学院

Heather A. Harrison Dinniss 博士

瑞典国防大学

Sarah Heathcote 博士

澳大利亚国立大学

Ian Henderson 上校

澳大利亚皇家空军

阿德莱德大学

Duncan B. Hollis 教授

天普大学法学院

Rob Holman 上校

加拿大武装部队

Jiefang Huang 博士

国际民航组织

Robert Jarman 中校

美国空军

David Kaye 教授

加州大学尔湾分校

Israel D. King 少校
美国空军

Matthew King 中校
美国空军

Jude Klena 中校
美国海军

Dino Kritsiotis 教授
诺丁汉大学

David Letts 副教授
澳大利亚国立大学

Catherine Lotrionte 博士
乔治城大学

Kubo Mačák 博士
埃克塞特大学

Marko Milanovic 博士
诺丁汉大学

Naz K. Modirzadeh
哈佛法学院国际法与武装冲突项目

Sarah Mountin 中校
美国战略司令部

Alexander Orakhelashvili 博士

伯明翰大学

Bruce'Ossie'Oswald 博士

墨尔本大学亚太军事法中心

Ian Park 中校

英国皇家海军

牛津大学

Ki Gab Park 教授

高丽大学法学院

Nohyoung Park 教授

高丽大学法学院

Bimal N. Patel 教授

古吉拉特邦国立法律大学

印度第二十一届法律委员会 成员

Jeff Rockwell 少将

美国空军

Marco Roscini 教授

威斯敏斯特大学

Scott J. Shackelford 教授

印第安纳大学

哈佛大学

David A. Simon
盛德国际律师事务所

Dale Stephens 博士
阿德莱德大学

Christian J. Tams 教授
格拉斯哥大学
矩阵商会（伦敦）

Susan Trepczynski 少校
美国空军

Nicholas Tsagourias 教授
谢菲尔德大学

Antonios Tzanakopoulos 博士
牛津大学

Ian Walden 教授
玛丽女王伦敦大学商法研究中心

Paul Walker 中校（美国海军，已退役）
美利坚大学

Chanaka Wickremasinghe 博士
英国外交和联邦事务部

Philip T. Wold 上校

美国空军

Rüdiger Wolfrum 教授

马克斯－普朗克比较公法与国际法研究所

Marten Zwanenburg 博士

荷兰外交部

技术评审专家

Jeffrey Carr

Taia 全球公司

Ragnar Rattas

北约网络合作防御卓越中心

法律研究

哈佛大学法学院：

Molly Doggett

Jiawei He

Ariane Moss

阿姆斯特丹大学：

Nicolò Bussolati

美国陆军：

Allyson Hauptman 中尉

塔尔图大学：

Carel Kivimaa

Liis Semjonov

Aleksander Tsuiman

卡多佐法学院：

Barry Dynkin

弗莱彻外交学院：

Mark Duarte

北约网络合作防御卓越中心：

Nicolas Jupillat

埃默里大学法学院：

Kiana Arakawa

Ryan Light

Tariq Mohideen

Christopher Pitts

Daniel Rubin

《塔林手册 1.0 版》国际专家组和其他参与者[①]

国际专家组

主任

Michael N. Schmitt 教授

美国海战学院

编委会

William H. Boothby 空军准将（已退役）

英国皇家空军法律事务部前副主任

Bruno Demeyere

比利时天主教鲁汶大学

Wolff Heintschel von Heinegg 教授

奥德河畔法兰克福欧洲大学

James Bret Michael 教授

美国海军研究生院

[①] 以参与本项目时的隶属关系为准。

Thomas Wingfield 教授

乔治·C. 马歇尔欧洲安全研究中心

法律组协调员

Eric Talbot Jensen 教授

杨伯翰大学法学院

Sean Watts 教授

克瑞顿大学法学院

法律专家

Louise Arimatsu 博士

英国皇家国际事务研究所

Geneviève Bernatchez（海军）上尉

加拿大军队军法官办公室

Penny Cumming 上校

澳大利亚国防军

Robin Geiß 教授

波茨坦大学

Terry D. Gill 教授

阿姆斯特丹大学，荷兰国防学院，乌得勒支大学

Derek Jinks 教授

德克萨斯大学法学院

Jann Kleffner 教授
瑞典国防学院

Nils Melzer 博士
日内瓦安全政策中心

Kenneth Watkin（加拿大军队陆军准将，已退役）
美国海战学院

技术专家
Kenneth Geers 博士
北约网络合作防御卓越中心

Rain Ottis 博士
北约网络合作防御卓越中心

观察员
Gary D. Brown 美国空军上校
美国网络司令部

Cordula Droege 博士
红十字国际委员会

Jean – François Quéguiner 博士
红十字国际委员会

Ulf Häußler
北约最高盟军统帅总部

其他参与人员

评审专家

Geoffrey Corn 教授

南德克萨斯法学院

Ashley Deeks 教授

弗吉尼亚大学

Heather A. Harrison Dinniss 博士

瑞典国防学院

Clive Dow 中校

英国皇家海军

Charles Garraway 博士

埃塞克斯大学人权中心

Ian Henderson 上校

澳大利亚皇家空军

Gleider Hernandez 博士

杜伦大学

Chris Jenks 博士

南卫理公会大学法学院

Noam Lubell 博士

埃塞克斯大学

Sasha Radin
墨尔本大学法学院

Paul Walker 中校
美国海军

David Wallace 美国陆军上校
美国军事学院

Katharina Ziolkowski 博士
北约网络合作防御卓越中心

项目协调人
Eneken Tikk 博士
北约网络合作防御卓越中心

项目经理
Liis Vihul
北约网络合作防御卓越中心

报告员
Jean Callaghan
乔治・C. 马歇尔欧洲安全研究中心

James Sweeney 博士
杜伦大学

法律研究

克瑞顿大学法学院：

Jennifer Arbaugh

Nicole Bohe

Christopher Jackman

Christine Schaad

埃默里大学法学院：

Anand Shah

英国皇家国际事务研究所：

Hemi Mistry

前　言

爱沙尼亚共和国总统　托马斯·亨德里克·伊尔韦斯

2007 年，爱沙尼亚数个私人及公共电子服务设施遭受恶意网络行动的袭击。这些协同攻击，使国际社会的注意力聚焦于国家及其民众日益依赖网络空间所带来的严重风险上。回想起来，这些都是温和而简单的分布式拒绝服务攻击，破坏力远逊于后来的攻击。然而，这是我们第一次可以适用克劳塞维茨的名言："战争是国家政策以其他方式的延续。"

袭击事件加快了在塔林建立北约网络合作防御卓越中心（NATO CCD COE）的进程。爱沙尼亚非常荣幸地成为这个世界级的智库和培训机构的东道国并为其提供服务，该中心也是北约、我们的盟国以及国际社会的重要合作伙伴。北约网络合作防御卓越中心最早的活动之一，是组织一批国际法律专家开展关于网络战的重要研究。专家们研究了国际法如何规范国家通过网络使用武力以及武装冲突中网络行动的运用。由此产生的《塔林手册》，已成为世界各国政府评估国际法如何适用于此类情形的指南。

2013 年《塔林手册》出版后，北约网络合作防御卓越中心发起了一项后续研究，致力于将手册内容扩展到规范和平时期网络活动的国际法。这项研究所取得的成果，是迄今为止关于国际法如何适用于网络行动的最全面分析之一。你所持有的出版物涵盖了从空间法及管辖权到国际人权法等主题，以及第一本《塔林手册》中对冲突法的分析。

国际法常常被认为是对现实政治的粉饰，这是一种误导。这种说法低估了国际协定在维护和平与安全中的重要性。对于尊重法治的自由民主国家，国际法无疑塑造和约束着政府的活动。在肆无忌惮的国家和暴力极端团体持续威胁国际和平与安全的时代，通过对现有国际法及其所代表的价值观的坚定信守以应对威胁，这一点尤为重要。

在外交层面上，各国政府应持续互动，并就国际法如何规范他们的网络行为达成更好的谅解。尽管如此，实施这些倡议进展缓慢而费力，有时因狭隘的国家利益和观念的束缚而步履蹒跚。《塔林手册2.0版》的问世摆脱了政治的束缚，并将在政府寻求进一步明确其在网络空间的权利和义务时，成为它们的路线图。在国际社会努力寻求解决识别现有网络规范和制定新规范的复杂问题时，这本书也会有所裨益。

我很高兴国际专家组的旅程始于我国的首都，而且对国际法的理解在"塔林"的名字下走向成熟。在此我谨向北约网络合作防御卓越中心、有关专家以及那些在世界各地促成这一创举的人们表示祝贺。

前　言

荷兰王国外交大臣　贝尔特·孔德尔斯

我们正处于一个令人兴奋的时代。信息技术以史无前例的方式激发了创新。互联网将人们连接在一起的方式和数量都是以往难以想象的。知识和信息前所未有地成为公共财产。作为欧洲顺应技术发展趋势和有效应用信息通信技术及相关技能的引领者，荷兰尤其如此。

所有新的技术都带来新的机遇和挑战。与火药和飞机等新技术一样，数字技术也是如此。对荷兰和其他许多国家来说，我们对数字技术的依赖利弊兼有。它促进创新，但也越来越成为一个可能被恶意行为体利用的弱点。面对这种威胁，我们必须通过维护国际法律秩序来加强保护自己的能力建设。与此同时，国际社会有责任确保和平、安全和稳定得到维护，并且这样的能力只能以符合国际法的方式来加以运用。

在过去，经常听到"战争时期，法律缄默无声"这一说法。最近，一些人认为法律在面临数字时代的挑战时也是沉默的。这两种断言都不正确。各国制定了调整武装冲突的法律，通常被称为国际人道法。他们也承认现有国际法适用于数字领域。

新技术存在之前制定的规则应当如何适用于该项新技术，这一点并不总是显而易见的。然而，为了促进信息通信技术环境的开放、安全、稳定、可接入以及和平利用，在国际法如何适用的问题上达成共识是非常重要的。这是国家之间应该讨论的问题。学术领域的专家在启迪这样的讨论方面可以发挥重要作用。

2013 年《网络战国际法塔林手册》的出版，对这一作用进行了清晰的阐释。该手册对推动和启迪国家之间关于国际法如何适用于网络领域的辩论，作出了宝贵而重大的贡献。

2013 年《塔林手册》的范围仅限于关于使用武力的国际法和国际人道法。实践中，许多关于国际法适用的问题并不属于这个范畴。值得庆幸的是，武装冲突的情况只是例外，而不是常态。大多数网络活动发生在和平时期。

因此，北约网络合作防御卓越中心邀请由施密特教授牵头的专家来更新该手册并探索和平时期国际法的适用，这是一个受人欢迎的倡议。它为学术专家和国家法律顾问之间的交流和接触提供了一个独特的机会。

令我感到自豪的是，荷兰能够通过举办一系列《塔林手册 2.0 版》的起草者和不同地区背景的国家之间的咨询会议，来促进这些交流。这一"海牙进程"为新版手册的起草者提供了洞察各国实践的机会，也为国家间的对话提供了平台。我希望即使在新手册发布之后，海牙进程也能够延续下去。

长期以来，荷兰一直高度重视促进国际法律秩序的发展。事实上，我们的宪法明确地把这一点列为政府的使命之一。国际法律秩序为国家之间的关系提供了一定程度的稳定性、可预见性和问责性，同时在防止冲突方面起着至关重要的作用。我相信，与其他所有领域一样，国际法适用于数字领域的国家行为可以成为和平与安全的基石，因为技术进步并不影响基本法律原则的适用。我确信无疑的是，通过促进海牙进程，海牙正在履行自己作为一个和平、正义和安全的国际城市的职责。

我深信，如先前的版本一样，《塔林手册 2.0 版》将会成为国家法律顾问们的一项重要资源。这在很大程度上是由高水平专家的参与和起草过程的严谨所决定的。

我也相信，在关于国际法如何适用于网络活动的持续对话中，该手册将继续发挥重要作用。该手册最根本和最重要的作用在于帮助各国达成共同认知。毕竟，唯有通过维护国际秩序，我们才能在开放和创新的数字领域确保安全。这必须成为我们的目标，它也是荷兰一直致力于实现的目标。

引文缩写表

条　约

1884 Cable Convention：Convention for the Protection of Submarine Telegraph Cables, 14 March 1884, USTS 380.

ACHR：American Convention on Human Rights, 22 November 1969, 1144 UNTS 123.

Additional Protocol Ⅰ：Protocol Additional to the Geneva Conventions of 12 August 1949, and Relating to the Protection of Victims of International Armed Conflicts, 8 June 1977, 1125 UNTS 3.

Additional Protocol Ⅱ：Protocol Additional to the Geneva Conventions of 12 August 1949, and Relating to the Protection of Victims of Non – International Armed Conflicts, 8 June 1977, 1125 UNTS 609.

Additional Protocol Ⅲ：Protocol Additional to the Geneva Conventions of 12 August 1949, and Relating to the Adoption of an Additional Distinctive Emblem, 8 December 2005, 2404 UNTS 261.

African Charter：African Charter on Human and Peoples' Rights, 27 June 1981, 21 ILM 58, OAU Doc. CAB/LEG/67/3 rev. 5.

Amended Mines Protocol：Protocol [to the Convention on Prohibitions or Restrictions on the Use of Certain Conventional Weapons Which May Be Deemed to Be Excessively Injurious or to Have Indiscriminate Effects] on Prohibitions or Restrictions on the Use of Mines, Booby – Traps and Other Devices, as amended on 3 May 1996, 2048 UNTS 133.

Arab Convention on Combating Information Technology Offences: Arab Convention on Combating Information Technology Offences, 15 February 2012.

CEDAW: Convention on the Elimination of All Forms of Discrimination Against Women, 18 December 1979, 1249 UNTS 13.

CERD: International Convention on the Elimination of All Forms of Racial Discrimination, 21 December 1965, 660 UNTS 195.

Chicago Convention: Convention on Civil Aviation, 7 December 1944, 15 UNTS 295.

Convention on Cybercrime: Convention on Cybercrime, 23 November 2001, ETS No. 185.

Convention on Jurisdictional Immunities: Convention on Jurisdictional Immunities of States and their Property, 2 December 2004, UN Doc. A/59/38 (not yet in force).

Conventional Weapons Convention: Convention on Prohibitions or Restrictions on the Use of Certain Conventional Weapons Which May Be Deemed to Be Excessively Injurious or to Have Indiscriminate Effects, 10 April 1981, 1342 UNTS 137.

CRC: Convention on the Rights of the Child, 20 November 1989, 1577 UNTS 3.

CRC Optional Protocol: Optional Protocol to the Convention on the Rights of the Child on the Involvement of Children in Armed Conflict, 25 May 2000, 2173 UNTS 222.

CRPD: Convention on the Rights of Persons with Disabilities, 30 March 2007, 2515 UNTS 3.

Cultural Property Convention: Hague Convention for the Protection of Cultural Property in the Event of Armed Conflict with Regulations for the Execution of the Convention, 14 May 1954, 249 UNTS 240.

ECHR: European Convention for the Protection of Human Rights and

Fundamental Freedoms, 4 November 1950, 213 UNTS 222.

Environmental Modification Convention：Convention on the Prohibition of Military or Any Other Hostile Use of Environmental Modification Techniques（'ENMOD'）, 10 December 1976, 1108 UNTS 151.

Geneva Convention Ⅰ：Convention（Ⅰ）for the Amelioration of the Condition of the Wounded and Sick in Armed Forces in the Field, 12 August 1949, 75 UNTS 31.

Geneva Convention Ⅱ：Convention（Ⅱ）for the Amelioration of the Condition of Wounded, Sick and Shipwrecked Members of Armed Forces at Sea, 12 August 1949, 75 UNTS 85.

Geneva Convention Ⅲ：Convention（Ⅲ）Relative to the Treatment of Prisoners of War, 12 August 1949, 75 UNTS 135.

Geneva Convention Ⅳ：Convention（Ⅳ）Relative to the Protection of Civilian Persons in Time of War, 12 August 1949, 75 UNTS 287.

Genocide Convention：The Convention on the Prevention of the Crime of Genocide, 9 December 1948, 78 UNTS 277.

Hague Convention Ⅳ：Convention（Ⅳ）Respecting the Laws and Customs of War on Land, 18 October 1907, 36 Stat. 2277.

Hague Convention Ⅴ：Convention（Ⅴ）Respecting the Rights and Duties of Neutral Powers and Persons in Case of War on Land, 18 October 1907, 36 Stat. 2310.

Hague Convention Ⅷ：Convention（Ⅷ）Relative to the Laying of Automatic Submarine Contact Mines, 18 October 1907, 32 Stat. 2332.

Hague Convention ⅩⅢ：Convention（ⅩⅢ）Concerning the Rights and Duties of Neutral Powers in Naval War, 18 October 1907, 36 Stat. 2415.

Hague Regulations：Convention（Ⅳ）Respecting the Laws and Customs of War on Land and its annex：Regulations concerning the Laws and Customs of War on Land, 18 October 1907, 36 Stat. 2277.

ICCPR：International Covenant on Civil and Political Rights, 16 December 1966, 999 UNTS 171.

ICESCR: International Covenant on Economic, Social and Cultural Rights, 16 December 1966, 993 UNTS 3.

ICTR Statute: Statute of the International Criminal Tribunal for Rwanda, SC Res. 955 annex, UN Doc. S/RES/955 (8 November 1994).

ICTY Statute: Statute of the International Criminal Tribunal for the Former Yugoslavia, SC Res. 827 annex, UN Doc. S/RES/827 (25 May 1993).

ITU 1988 International Telecommunication Regulations: International Telecommunication Regulations, WATTC – 88, Melbourne, 9 December 1988.

ITU 2012 International Telecommunication Regulations: International Telecommunication Regulations, WCIT – 2012, Dubai, 14 December 2012.

ITU Constitution: Constitution of the International Telecommunication Union, 22 December 1992, 1825 UNTS 331.

ITU Radio Regulations: International Telecommunication Union Radio Regulations, WRC – 15, Geneva, 2015.

Law of the Sea Convention: United Nations Convention on the Law of the Sea, 10 December 1982, 1833 UNTS 3.

Liability Convention: Convention on International Liability for Damage Caused by Space Objects, 29 November 1971, 961 UNTS 187.

Mines Protocol: Protocol [to the Convention on Prohibitions or Restrictions on the Use of Certain Conventional Weapons Which May Be Deemed to Be Excessively Injurious or to Have Indiscriminate Effects] on Prohibitions or Restrictions on the Use of Mines, Booby – Traps and Other Devices, 10 October 1980, 1342 UNTS 168.

Montreal Convention of 1971: Convention for the Suppression of Unlawful Acts Against the Safety of Civil Aviation, 23 September 1971, 24 UST 564.

Moon Agreement: Agreement Governing Activities of States on the Moon and Other Celestial Bodies, 5 December 1979, 1363 UNTS 3.

Optional Protocol to the United Nations Safety Convention: Optional Protocol to the Convention on the Safety of United Nations and Associated Personnel, 8 December 2005, 2689 UNTS 59.

Outer Space Treaty: Treaty on Principles Governing the Activities of States in the Exploration and Use of Outer Space, including the Moon and Other Celestial Bodies, 27 January 1967, 610 UNTS 205.

Registration Convention: Convention on Registration of Objects Launched into Outer Space, 12 November 1974, 1023 UNTS 15.

Rome Statute: Statute of the International Criminal Court, 17 July 1998, 2187 UNTS 90.

Second Cultural Property Protocol: Second Protocol to the Hague Convention of 1954 for the Protection of Cultural Property in the Event of Armed Conflict, 26 March 1999, 2253 UNTS 212.

Sierra Leone Statute: Agreement between the UN and the Government of Sierra Leone on the Establishment of a Special Court for Sierra Leone, annex, 16 January 2002, 2178 UNTS 138.

St Petersburg Declaration: Declaration Renouncing the Use, in Time of War, of Explosive Projectiles Under 400 Grammes Weight, 29 November/11 December 1868, 18 Martens Nouveau Recueil (ser. 1) 474.

United Nations Safety Convention: Convention on the Safety of United Nations and Associated Personnel, 9 December 1994, 2051 UNTS 363.

Vienna Convention on Consular Relations: Vienna Convention on Consular Relations, 24 April 1963, 596 UNTS 261.

Vienna Convention on Diplomatic Relations: Vienna Convention on Diplomatic Relations, 18 April 1961, 500 UNTS 95.

Vienna Convention on the Law of Treaties: Vienna Convention on the Law of Treaties, 23 May 1969, 1155 UNTS 331.

案 例

Aerial Incident **judgment**：*Aerial Incident of 10 August 1999（Pak. v. India）* judgment on jurisdiction，2000 ICJ 12（22 June）.

Ahmadou Sadio Diallo **judgment**：*Case Concerning Ahmadou Sadio Diallo（Guinea v. Dem. Rep. Congo）*，judgment，2010 ICJ 639（30 November）.

Air Services **arbitral award**：*Air Services Agreement of 27 March 1946（US v. Fra.）*，18 RIAA 416（1979）.

Akayesu **judgment**：*Prosecutor v. Akayesu*，Case No. ICTR – 96 – 4 – T，Trial Chamber judgment（Int'l Crim. Trib. for Rwanda，2 September 1998）.

Al – Skeini **judgment**：*Al – Skeini v. United Kingdom*，App. No. 55721/07，ECtHR（7 July 2011）.

Archer Daniels **arbitral award**：*Archer Daniels Midland Company v. Mexico*，award，ICSID Case No. ARB（AF）/04/05（21 November 2007）.

Armed Activities **judgment**：*Armed Activities on the Territory of the Congo（Dem. Rep. Congo v. Uganda）*，judgment，2005 ICJ 168（19 December）.

Arrest Warrant **judgment**：*Arrest Warrant of 11 April 2000（Dem. Rep. Congo v. Belg.）*，judgment，2002 ICJ 3（14 February）.

Barcelona Traction **judgment**：*Case Concerning the Barcelona Traction，Light and Power Company Limited（Second Phase）（Spain v. Belg.）*，judgment，1970 ICJ 3（5 February）.

Certain Questions of Mutual Assistance **judgment**：*Certain Questions of Mutual Assistance in Criminal Matters（Djib. v. Fr.）*，judgment，2008 ICJ 177（4 June）.

CMS v. Argentina **arbitral award**：*CMS Gas Transmission Co. v. Ar-*

gentina, award, ICSID Case No. ARB/01/8 (12 May 2005).

Corfu Channel judgment：*Corfu Channel Case* (*UK v. Alb.*), 1949 ICJ 4 (9 April).

Delalić judgment：*Prosecutor v. Delalić/Mucić*, Case No. IT – 96 – 21 – T, Trial Chamber judgment (Int'l Crim. Trib. for the Former Yugoslavia 16 November 1998).

Enron v. Argentina award：*Enron Co. v. Argentina*, award, ICSID Case No. ARB/01/3 (22 May 2007).

Factory at Chorzow judgment：*Factory at Chorzow* (*Ger. v. Pol.*), merits, 1928 PCIJ (ser. A) No. 17 (13 September).

Furundžija judgment：*Prosecutor v. Anto Furundžija*, Case No. IT – 95 – 17 – T, Trial Chamber judgment (Int'l Crim. Trib. for the Former Yugoslavia 10 December 1998).

Gabčíkovo – Nagymaros judgment：*Gabčíkovo – Nagymaros Project* (*Hung. v. Slovk.*), 1997 ICJ 7 (25 September).

Galić Appeals Chamber judgment：*Prosecutor v. Galić*, Case No. IT – 98 – 29 – A, Appeals Chamber judgment (Int'l Crim. Trib. for the Former Yugoslavia 30 November 2006).

Galić Trial Chamber judgment：*Prosecutor v. Stanislav Galić*, Case No. IT – 98 – 29 – T, Trial Chamber judgment (Int'l Crim. Trib. for the Former Yugoslavia 5 December 2003).

Genocide judgment：*Application of the Convention on the Prevention and Punishment of the Crime of Genocide* (*Bosn. and Herz. v. Serb. and Montenegro*), 2007 ICJ 108 (26 February).

Hadžihasanović judgment：*Prosecutor v. Hadžihasanović*, Case No. IT – 01 – 47 – T, Trial Chamber judgment (Int'l Crim. Trib. for the Former Yugoslavia 15 March 2006).

Haradinaj judgment：*Prosecutor v. Haradinaj*, Case No. IT – 04 – 84 – T, Trial Chamber judgment (Int'l Crim. Trib. for the Former Yugoslavia 3 April 2008).

***Immunity of a Special Rapporteur* advisory opinion**: *Difference Relating to Immunity from Legal Process of a Special Rapporteur of the Commission on Human Rights*, Advisory Opinion, 1999 ICJ 62 (29 April).

***Island of Palmas* arbitral award**: *Island of Palmas* (*Neth. v. US*) 2 RIAA 829 (Perm. Ct. Arb. 1928).

***Kayishema* judgment**: *Prosecutor v. Kayishema and Ruzindana*, Case No. ICTR 95 – 1 – T, Trial Chamber judgment (Int'l Crim. Trib. for Rwanda 21 May 1999).

***Kosovo* advisory opinion**: *Accordance with International Law of the Unilateral Declaration of Independence in Respect of Kosovo*, advisory opinion, 2010 ICJ 403 (22 July).

***Krstić* judgment**: *Prosecutor v. Krstić*, Case No. IT – 98 – 33 – T, Trial Chamber judgment (Int'l Crim. Trib. for the Former Yugoslavia 2 August 2001).

***LG&E Energy Corp. v. Argentina* decision on liability**: *LG&E Energy Corp. v. Argentina*, ICSID Case No. ARB/02/1, decision on liability (3 October 2006).

***Limaj* judgment**: *Prosecutor v. Limaj*, Case No. IT – 03 – 66 – T, Trial Chamber judgment (Int'l Crim. Trib. for the Former Yugoslavia 30 November 2005).

***Lotus* judgment**: *The Case of the SS 'Lotus'* (*Fr. v. Turk.*), 1927 PCIJ (ser. A) No. 10 (7 September).

***Lubanga* judgment**: *Prosecutor v. Lubanga*, Case No. ICC – 01/04 – 01/06, Trial Chamber judgment (Int'l Crim. Ct. 14 March 2012).

***Martić* judgment**: *Prosecutor v. Martić*, Case No. IT – 95 – 11 – T, Trial Chamber judgment (Int'l Crim. Trib. for the Former Yugoslavia 12 June 2007).

***Milošević* decision on motion**: *Prosecutor v. Milošević*, Case No. IT – 02 – 54 – T, decision on motion for judgment of acquittal (Int'l Crim. Trib.

for the Former Yugoslavia 16 June 2004）.

***Mrkšić* judgment**：*Prosecutor v. Mrkšić*, Case No. IT – 95 – 13/1 – T, Trial Chamber judgment（Int'l Crim. Trib. for the Former Yugoslavia 27 September 2007）.

***Namibia* advisory opinion**：*Legal Consequences for States of the Continued Presence of South Africa in Namibia（South West Africa）notwithstanding Security Council Resolution 276（1970）*, Advisory Opinion, 1971 ICJ 16（21 June）.

***Nulilaa* arbitral award**：*Responsibility of Germany for Damage Caused in the Portuguese Colonies in the South of Africa（Naulilaa Arbitration）（Port. v. Ger.）*, 2 RIAA 1011（1928）（unofficially translated）.

***Nicaragua* judgment**：*Military and Paramilitary Activities in and against Nicaragua（Nicar. v. US）*, 1986 ICJ 14（27 June）.

***Nuclear Weapons* advisory opinion**：*Legality of the Threat or Use of Nuclear Weapons*, Advisory Opinion, 1996 ICJ 226（8 July）.

***Nuremburg Tribunal* judgment**：*Judgment of the International Military Tribunal Sitting at Nuremberg, Germany*（30 September 1946）, in 22 The Trial of German Major War Criminals：Proceedings of the International Military Tribunal Sitting at Nuremberg, Germany（1950）.

***Oil Platforms* judgment**：*Oil Platforms（Iran v. US）*, 2003 ICJ 161（6 November）.

***Phosphates in Morocco* preliminary objections**：*Phosphates in Morocco（It. v. Fr.）*, Preliminary Objections, 1938 PCIJ（ser. A/B）, No. 74, at 10（14 June）.

***Rainbow Warrior* arbitral award**：*Rainbow Warrior（NZ v. Fr.）*, 20 RIAA 217（Arb. Trib. 1990）.

***Russian Indemnity* arbitral award**：*Russian Indemnity（Russ. v. Turk.）* 11 RIAA 421（1912）.

***Sempra v. Argentina* arbitral award**：*Sempra Energy Int'l v. Argentine*

Republic, award, ICSID Case No. ARB/02/16 (28 September 2007).

Tadić, **Appeals Chamber judgment**: *Prosecutor v. Tadić*, Case No. IT – 94 – 1 – A, Appeals Chamber judgment (Intl'l Crim. Trib. for the Former Yugoslavia 15 July 1999).

Tadić, **decision on the defence motion for interlocutory appeal**: *Prosecutor v. Tadić*, Case No. IT – 94 – 1 – I, decision on the defence motion for interlocutory appeal on jurisdiction (Int'l Crim. Trib. for the Former Yugoslavia 2 October 1995).

Tadić, **Trial Chamber judgment**: *Prosecutor v. Tadić*, Case No. IT – 94 – 1 – T, Trial Chamber judgment (Int'l Crim. Trib. for the Former Yugoslavia 7 May 1997).

Tehran Hostages judgment: *United States Diplomatic and Consular Staff in Tehran (US v. Iran)*, 1980 ICJ 3 (24 May).

Trail Smelter arbitral award: *Trail Smelter Arbitration (US v. Can.)*, Arbitral Tribunal, 3 UN Rep. Int'l Arb. Awards 1905 (1941).

Wall advisory opinion: *Legal Consequences of the Construction of a Wall in the Occupied Palestinian Territory*, Advisory Opinion, 2004 ICJ 136 (9 July).

Wimbledon judgment: *Wimbledon judgment (United Kingdom v. Germany)*, 1923 PCIJ (ser. A) No. 1 (17 August).

其他文献

AMW MANUAL: HARVARD PROGRAM ON HUMANITARIAN POLICY AND CONFLICT RESEARCH, MANUAL ON INTERNATIONAL LAW APPLICABLE TO AIR AND MISSILE WARFARE, WITH COMMENTARY (2010).

Articles on State Responsibility: International Law Commission, Responsibility of States for Internationally Wrongful Acts, GA Res. 56/83 annex, UN Doc. A/RES/56/83 (12 December 2001).

Articles on the Responsibility of International Organizations: International Law Commission, Draft Articles on the Responsibility of International Organizations, with Commentaries, UN Doc. A/66/10 (2011).

Articles on Transboundary Harm: International Law Commission, Draft Articles on Prevention of Transboundary Harm from Hazardous Activities, with commentaries, in Report of the International Law Commission to the General Assembly, 53 UN GAOR Supp. (No. 10), at 370 – 436, UN Doc. A/56/10 (2001).

ASEAN Human Rights Declaration: ASEAN Human Rights Declaration, 18 November 2012.

BOTHE, *ET AL.*, NEW RULES: MICHAEL BOTHE *ET AL.*, NEW RULES FOR VICTIMS OF ARMED CONFLICTS: COMMENTARY ON THE TWO 1977 PROTOCOLS ADDITIONAL TO THE GENEVA CONVENTIONS OF 1949 (1982).

CANADIAN MANUAL: CANADA, OFFICE OF THE JUDGE ADVOCATE GENERAL, LAW OF ARMED CONFLICT AT THE OPERATIONAL AND TACTICAL LEVELS, B – GJ – 005 – 104/FP – 021 (2001).

Capstone Doctrine: United Nations Department of Peacekeeping Operations & United Nations Department of Field Support, United Nations Peacekeeping Operations: Principles and Guidelines (2008).

CRAWFORD, STATE RESPONSIBILITY: JAMES CRAWFORD, STATE RESPONSIBILITY: THE GENERAL PART (2013).

Declaration on Friendly Relations: Declaration on Principles of International Law concerning Friendly Relations and Cooperation among States in accordance with the Charter of the United Nations, GA Res. 2625 (XXV), UN GAOR, 25th Sess., Supp. No. 28, at 121, UN Doc. A/8082 (28 September 1970).

Declaration on Inadmissibility of Intervention and Interference: Declaration on the Inadmissibility of Intervention and Interference in the Internal Affairs of States, GA Res. 36/103 annex, UN Doc. A/RES/36/103 (9 December 1981).

Declaration on the Use of Outer Space: Declaration of Legal Principles Governing the Activities of States in the Exploration and Use of Outer Space, GA Res. 1962 (XVIII), UN Doc. A/RES/1962 (XVIII) (13 December 1963).

Definition of Aggression: Definition of Aggression, GA Res. 3314 (XXIX) (14 December 1974).

DENZA, DIPLOMATIC LAW: EILEEN DENZA, DIPLOMATIC LAW: COMMENTARY ON THE VIENNA CONVENTION ON DIPLOMATIC RELATIONS (4TH EDN, 2016).

DINSTEIN, CONDUCT OF HOSTILITIES: YORAM DINSTEIN, THE CONDUCT OF HOSTILITIES UNDER THE LAW OF INTERNATIONAL ARMED CONFLICT (3RD EDN, 2016).

DINSTEIN, WAR, AGGRESSION AND SELF – DEFENCE: YORAM DINSTEIN, WAR, AGGRESSION AND SELF – DEFENCE (5TH EDN, 2011).

DOD MANUAL: US DEPARTMENT OF DEFENSE, OFFICE OF THE GENERAL COUNSEL, LAW OF WAR MANUAL (JUNE 2015).

General Comment No. 3: Human Rights Committee, General Comment No. 3: 'Implementation at the National Level', UN Doc. HRI/GEN/R/Rev. 1 (29 July 1994).

General Comment No. 16: Human Rights Committee, General Comment No. 16: 'Right to Privacy', UN Doc. HRI/GEN/1/Rev. 9 (8 April 1988).

General Comment No. 18: Human Rights Committee, General Comment No. 18: 'Non – discrimination' (37th Sess. , 1989), UN Doc. HRI/GEN/1/Rev. 1 (29 July 1994).

General Comment No. 27: Human Rights Committee, General Comment No. 27: 'Freedom of Movement', UN Doc. CCPR/C/21/Rev. 1/Add. 9 (2 November 1999).

General Comment No. 29: Human Rights Committee, General Comment No. 29: 'States of Emergency' (Article 4), UN Doc. CCPR/C21. Rev. 1/Add. 11 (31 August 2001).

General Comment No. 31: Human Rights Committee, General Comment No. 31: 'The Nature of the General Legal Obligations Imposed on States Parties to the Covenant', UN Doc. CCPR/C/21/Rev. 1/Add. 13 (29 March 2004).

General Comment No. 34: Human Rights Committee, General Comment No. 34: 'Article 19: Freedoms of Opinion and Expression', UN Doc. CCPR/C/GC/34 (12 September 2011).

GERMAN MANUAL: THE FEDERAL MINISTRY OF DEFENCE OF THE FEDERAL REPUBLIC OF GERMANY, HUMANITARIAN LAW IN ARMED CONFLICTS MANUAL (ZDV 15/2) (1992).

Government Response to AIV/CAVV Report: Government of the Netherlands, Government Response to AIV/CAVV Report on Cyber Warfare (n. d).

Hague Air Warfare Rules: Rules Concerning the Control of Wireless Telegraphy in Time of War and Air Warfare (Drafted by a Commission of Jurists, The Hague, December 1922 – February 1923), reprinted in Documents on the Laws of War 139 (Adam Roberts and Richard Guelff eds. , 3rd edn, 2000).

ICRC ADDITIONAL PROTOCOLS 1987 COMMENTARY: INTERNATIONAL COMMITTEE OF THE RED CROSS, COMMENTARY ON THE ADDITIONAL PROTOCOLS OF 8 JUNE 1977 TO THE GENEVA CONVENTIONS OF 12 AUGUST 1949 (YVES SANDOZ ET AL. EDS. , 1987).

ICRC CHALLENGES REPORT: ICRC, INTERNATIONAL HU-

MANITARIAN LAW AND THE CHALLENGES OF CONTEMPORARY AR-
MEN CONFLICTS, 32ND INTERNATIONAL CONFERENCE OF THE RED
CROSS AND RED CRESCENT (8 – 10 DECEMBER 2015).

ICRC CUSTOMARY IHL STUDY：INTERNATIONAL COMMITTEE
OF THE RED CROSS, CUSTOMARY INTERNATIONAL HUMANITARIAN
LAW (JEAN – MARIE HENCKAERTS AND LOUISE DOSWAD – BECK
EDS. , 2005).

ICRC GENEVA CONVENTION I 1952 COMMENTARY：COM-
MENTARY：GENEVA CONVENTION FOR THE AMELIORATION OF THE
CONDITION OF THE WOUNDED AND SICK IN ARMED FORCES IN THE
FIELD (JEAN PICTET ED. , 1952).

ICRC GENEVA CONVENTION I 2016 COMMENTARY：COM-
MENTARY：GENEVA CONVENTION FOR THE AMELIORATION OF THE
CONDITION OF THE WOUNDED AND SICK IN ARMED FORCES IN THE
FIELD (2016).

ICRC GENEVA CONVENTION II 1960 COMMENTARY：COM-
MENTARY：GENEVA CONVENTION FOR AMELIORATION OF THE
CONDITION OF WOUNDED, SICK AND SHIPWRECKED MEMBERS OF
ARMED FORCES AT SEA (JEAN PICTET ED. , 1960).

ICRC GENEVA CONVENTION III 1960 COMMENTARY：COM-
MENTARY：GENEVA CONVENTION RELATIVE TO THE TREATMENT
OF PRISONERS OF WAR OF AUGUST 12, 1949 (JEAN PICTET ED. ,
1960).

ICRC GENEVA CONVENTION IV 1958 COMMENTARY：COM-
MENTARY：GENEVA CONVENTION RELATIVE TO THE PROTECTION
OF CIVILIAN PERSONS IN TIME OF WAR (JEAN PICTET ED. , 1958).

ICRC INTERPRETIVE GUIDANCE：INTERNATIONAL COMMIT-
TEE OF THE RED CROSS, INTERPRETIVE GUIDANCE ON THE NOTION
OF DIRECT PARTICIPATION IN HOSTILITIES UNDER INTERNATIONAL

HUMANITARIAN LAW（NILS MELZER ED.，2009）.

MANN 1964：F. A. MANN，THE DOCTRINE OF JURISDICTION IN INTERNATIONAL LAW（1964）.

MANN 1984：F. A. ANN，THE DOCTRINE OF INTERNATIONAL JU-RISDICTION REVISITED AFTER TWENTY YEARS（1984）.

NATO 2016 Warsaw Summit Communiqué：Warsaw Summit Communiqué Issued by the Heads of State and Government participating in the meeting of the North Atlantic Council in Warsaw 8 – 9 July 2016，Press Release 2016（100）（9 July 2016）.

NIA GLOSSARY：COMMITTEE ON NATIONAL SECURITY SYSTEMS（CNSS）GLOSSARY WORKING GROUP，NATIONAL INFORMATION ASSURANCE（IA）GLOSSARY，CNSS INSTRUCTION NO. 4009（26 APRIL 2010）.

NIAC MANUAL：MICHAELN. SCHMITT，CHARLESH. B. GARRAWAY AND YORAM DINSTEIN，THE MANUAL ON THE LAW OF NON-INTERNATIONAL ARMED CONFLICT，WITH COMMENTARY（2006）.

OPPENHEIM'S INTERNATIONAL LAW：LASSA OPPENHEIM，OPPENHEIM'S I NTERNATIONAL LAW（ROBERT JENNINGS & ARTHUR WATTS EDS.，9TH EDN，1992）.

Report of the Special Rapporteur on the Promotion and Protection of Human Rights and Fundamental Freedoms while Countering Terrorism：Report of the Special Rapporteur on the Promotion and Protection of Human Rights and Fundamental Freedoms while Countering Terrorism，UN Doc. A/69/397（23 September 2014）.

Resolution on International Cooperation in Outer Space：International Cooperation in the Peaceful Uses of Outer Space，GA Res. 1721（XVI），UN GAOR 16th Sess.（20 December 1961）.

Restatement（Third）：American Law Institute Restatement（Third）of the Foreign Relations Law of the United States（1986）.

Rome Statute Elements of the Crimes: International Criminal Court, Elements of Crimes, UN Doc. ICC – ASP/1/3 (9 September 2002).

SAN REMO MANUAL: INTERNATIONAL INSTITUTE OF HUMAN-ITARIAN LAW, SAN REMO MANUAL ON INTERNATIONAL LAW APPLICABLE TO ARMED CONFLICTS AT SEA (LOUISE DOSWALD – BECK ED. , 1995).

SHAW'S INTERNATIONAL LAW: MALCOLMN. SHAW, INTERNATIONAL LAW (7TH EDN, 2014).

THE CHARTER OF UNITED NATIONS: A COMMENTARY: THE CHARTER OF UNITED NATIONS: A COMMENTARY (Bruno Simma, *et al.* EDS. , 3rd edn, 2013).

THE LAW OF STATE IMMUNITY: HAZEL FOX Q C & PHILIP PA WEBB, THE LAW OF STATE IMMUNITY (3rd edn, 2013).

The Right to Privacy in the Digital Age: Report of the Office of the United Nations High Commissioner for Human Rights, The Right to Privacy in the Digital Age, UN Doc. A/HRC/27/37 (30 June 2014).

UDHR: Universal Declaration of Human Rights, GA Res. 217A (Ⅲ), UN Doc. A/810 (10 December 1948).

UK ADDITIONAL PROTOCOL RATIFICATION STATEMENT: UK STATEMENT MADE UPON RATIFICATION OF ADDITIONAL PROTOCOLS I AND II, REPRINTED IN DOCUMENTS ON THE LAW OF WAR 510 (ADAM ROBERTS AND RICHARD GUELFF EDS. , 3rd edn, 2000).

UK MANUAL: UK MINISTRY OF DEFENCE, THE JOINT SERVICE MANUAL OF THE LAW OF ARMED CONFLICT, JSP 383 (2004).

UN GGE 2013 Report: Group of Governmental Experts on Developments in the Field of Information and Telecommunications in the Context of International Security, UN Doc. A/68/98* (24 June 2013).

UN GGE 2015 Report: Group of Governmental Experts on Developments in the Field of Information and Telecommunications in the Context of International Security, UN Doc. A/70/174 (22 July 2015).

US 1997 Comments: Comments, United States, regarding Draft Articles on State Responsibility by ILC, 30 December 2007, Digest of the United States Practice in International Law 1991 – 1999, www. state. gov/documents/organization/65781. pdf.

US 2001 Comments: US Comments on the International Law Commission's Draft Articles on the Responsibility of States for Internationally Wrongful Acts, 1 March 2001, Digest of United States Practice in International Law 2001, www. state. gov/documents/organization/28993. pdf.

规则对照表

《塔林手册1.0版》规则	《塔林手册2.0版》对应规则
规则27　自发抵抗之民众	规则88
规则28　雇佣兵	规则90
规则29　平民	规则91
规则30　网络攻击的定义	规则92
规则31　区分	规则93
规则32　禁止攻击平民	规则94
规则33　对人员身份的疑问	规则95
规则34　作为合法攻击目标的人员	规则96
规则35　平民直接参加敌对行动	规则97
规则36　恐怖攻击	规则98
规则37　禁止攻击民用物体	规则99
规则38　民用物体和军事目标	规则100
规则39　军民两用物体	规则101
规则40　对物体地位的存疑	规则102
规则41　作战手段和方法的定义	规则103
规则42　过分伤害或不必要痛苦	规则104
规则43　不分皂白的作战手段或方法	规则105
规则44　网络诱杀装置	规则106
规则45　饥饿	规则107
规则46　交战报复	规则108
规则47　《第一附加议定书》中的报复	规则109
规则48　武器的审查	规则110
规则49　不分皂白的攻击	规则111
规则50　明确区分军事目标	规则112
规则51　比例性	规则113
规则52　经常注意	规则114
规则53　目标确认	规则115
规则54　手段或方法的选择	规则116
规则55　与比例性原则相关的预防措施	规则117
规则56　选择目标	规则118
规则57　取消或停止攻击	规则119
规则58　警告	规则120

续表

《塔林手册 1.0 版》 规则	《塔林手册 2.0 版》 对应规则
规则 59　防止网络攻击影响的预防措施	规则 121
规则 60　背信弃义	规则 122
规则 61　诈术	规则 123
规则 62　不当使用保护性标识	规则 124
规则 63　不当使用联合国标志	规则 125
规则 64　不当使用敌方标识	规则 126
规则 65　不当使用中立国标识	规则 127
规则 66　网络间谍行为	规则 89　间谍
规则 67　封锁的维持和执行	规则 128
规则 68　封锁对中立国活动的影响	规则 129
规则 69　区域	规则 130
规则 70　医务和宗教人员、医疗队和医务运输工具	规则 131
规则 71　医务计算机、计算机网络和数据	规则 132
规则 72　识别	规则 133
规则 73　丧失保护和警告	规则 134
规则 74　联合国人员、设施、物资、部队和车辆	规则 79
规则 75　被拘留者的保护	规则 135
规则 76　被拘留者的通信	规则 136
规则 77　强迫参加军事活动	规则 137
规则 78　保护儿童	规则 138
规则 79　保护新闻记者	规则 139
规则 80　攻击堤坝和核电站时的注意义务	规则 140
规则 81　保护对生存不可缺少的物体	规则 141
规则 82　尊重和保护文化财产	规则 142
规则 83　保护自然环境	规则 143
规则 84　保护外交文件和通信	关于这个问题参见新规则 39 ~ 43
规则 85　集体惩罚	规则 144
规则 86　人道主义援助	规则 145
规则 87　对被占领领土受保护人员的尊重	规则 146
规则 88　被占领领土的公共秩序和安全	规则 147
规则 89　占领当局的安全	规则 148
规则 90　财产的没收和征用	规则 149

《塔林手册1.0版》规则	《塔林手册2.0版》对应规则
规则91　中立国网络基础设施的保护	规则150
规则92　中立国领土的网络行动	规则151
规则93　中立义务	规则152
规则94　冲突方对违反中立义务的应对	规则153
规则95　中立与安理会行动	规则154

导　言

迈克尔·施密特教授[*]

2009 年，位于爱沙尼亚首都塔林的一个著名研究和培训机构——北约网络合作防御卓越中心（NATO CCD COE）邀请了一个独立的国际专家组，来编写一本关于网络战的国际法手册。为此，专家组借鉴了以往的成果，如 1880 年《牛津手册》、国际人道法学院 1994 年《海上武装冲突国际法圣雷莫手册》和哈佛人道主义政策与冲突研究项目 2009 年《空战和导弹战国际法手册》。该项目汇聚了一批优秀的国际法从业者和学者——他们被称为"国际专家组"或"专家"，来探讨现行法律规范如何适用于这一全新的战争形式。上述努力促成了《网络战国际法塔林手册》在 2013 年的出版。该成果自出版以来，一直是政府法律顾问和学者的宝贵资源。

《塔林手册》主要关注涉及使用武力以及发生在武装冲突时期的网络行动。尽管从国家安全的角度来说，这类网络行动通常比和平时期的网络行动更令人担忧，但国家必须每天面对的是低于"使用武力"门槛的网络行动。因此，北约网络合作防御卓越中心在 2013 年发起了一个后续倡议，试图扩大手册的范围，使之涵盖和平时期网络行动。为此，北约网络合作防御卓越中心召集了一个由有关学者和从业者组成的新的国际专家组，他们具有和平时期网络活动所涉及的法律制度方面的专业素养。

这些专家沿袭原来的《塔林手册》的形式，采纳新的规则并增补到原来的规则中，由此完成了这本《网络行动国际法塔林手册 2.0

---

[*] 《塔林手册 2.0 版》项目主任。

版》。因此，《塔林手册2.0版》取代了第一本《塔林手册》，对原来的《塔林手册》相关规则和评注进行了一些修订，包括对规则的重新编号，并增加了一条新规则。本手册带有一份《规则对照表》，以便在《塔林手册》和《塔林手册2.0版》的规则之间进行相互参照。

与原来的《塔林手册》一样，《塔林手册2.0版》的主要受众是国家法律顾问，他们负责为政府决策者——包括文职和军队的——提供国际法方面的建议。然而，我们希望《塔林手册2.0版》在学术和其他领域也能证明其价值。

手册的权威性

首先要理解《塔林手册2.0版》不是一份官方文件，而是独立的专家们以个人名义两次独立尝试的产物。本手册并不代表北约网络合作防御卓越中心、中心的资助国或北约的观点。手册也并不反映观察员所代表的任何其他组织或国家的立场，以及参与"海牙进程"（见下文描述）的任何国家的立场。最后，那些在各自国家拥有政府职位的个人以国际专家组成员或评审专家身份参与本项目，不应被解释为本手册就反映了那些国家的观点。

根本而言，《塔林手册2.0版》应当被理解为仅仅是两个国际专家组对现行法律的看法的一种表述。《塔林手册2.0版》中对原来的《塔林手册》内容的修订和新增的个人刑事责任规则，已征得第一个国际专家组的成员同意。因此，经修订后纳入《塔林手册2.0版》的原有规则和评注，代表的是第一个国际专家组的意见，而不是为《塔林手册2.0版》所召集的专家的意见。同样，关于和平时期网络行动国际法的规则和评注仅代表2.0版国际专家组的理解，他们没有经过原先的国际专家组审查。特别值得注意的是，原来的《塔林手册》中的前九条规则已经被第二个国际专家组起草和通过的规则及评注所取代。

本手册意图反映的是两个国际专家组2016年6月通过手册时存在的法律。它不是一份"最佳实践"指南，也不代表"法律的逐渐发展"，同时它在政策和政治上是中立的。换句话说，《塔林手册2.0版》

的目的在于客观地重述"实然法"。因此，参与两个项目的专家都竭力避免出现反映"应然法"的陈述。

范围

从原来的《塔林手册》中吸纳的规则和评注针对两大主题——规范国家使用武力的诉诸武力法（jus ad bellum），以及规范武装冲突时期国家如何开展军事行动和为各种特定的人员、对象和活动提供保护的战时法规（jus in bello）。《塔林手册 2.0 版》其余部分主要涉及和平时期"网络行动"的国际法问题。在这一点上它并非无所不包。例如，手册不涉及国际刑法、贸易法或知识产权。手册也不涉及国际私法和国内法。相反，入选手册的主题，涵盖了第二个国际专家组认为国家法律顾问在网络活动领域最有可能遇到的国际公法制度。

规则和评注

目前很少有直接针对网络行动的条约，而且那些已通过的条约范围有限。同样，因为网络领域的国家实践大多涉密，也鲜有公开表达的"法律确信（opinio juris）"，所以很难确切地认定专门针对网络的习惯国际法。然而，专门针对网络的国际法的缺失并不意味着网络行动处于规则真空。两个国际专家组一致认定，现有国际法规范适用于网络行动。现在，这一结论为大多数国家所认可，此外，还被北约以及联合国的两个信息安全政府专家组在 2013 及 2015 年所承认。因此，国际专家组的任务是：确定现有国际法在网络环境下如何适用，以及适用时具有特殊性的地方。

有关规则是由国际专家组按照协商一致原则来加以通过的。所有专家一致同意，所制定的规则反映了习惯国际法（除非有关规则直接援引条约）在网络背景下的适用。如果这些规则是对习惯国际法的准确阐释，它们对所有国家产生约束力，尽管也可能存在持续反对者的例外。

有时，手册中的规则文本非常类似于现有条约规范。在这种情况下，国际专家组认为该国际条约的文本是对国际习惯法可信而准确的重述。需提醒本手册使用者的是，国家还应遵守它们作为缔约方的条约所规定的其他国际法规则。

尽管观察员参与了所有讨论，规则的通过仍仅限于国际专家组的一致同意。因此，不应对观察员所代表的任何实体关于规则有效性的立场加以推定。

每一项规则所附的评注，目的在于论证有关规则的法律基础、准确解释其内容、提出其在网络背景下的实践意义，并列出关于规则范围或解释的不同观点和立场。需要特别注意的是，两个国际专家组致力于在评注中包含所有的合理解释。当审议时有明确的多数意见或少数意见时，这些立场就会反映在评注中。评注也重点突出了专家们意见持平的事项，并列出了他们之中个别专家的相关立场。最后，国际专家组试图陈述所有专家均不赞同的某些国家在特定问题上的观点。由于在此领域内条约的适用和国家实践均未得到充分的发展，专家组认为，充分和公正地阐述各种不同的观点供《塔林手册2.0版》的使用者参考，这一点是至关重要的。

术语的界定是起草《塔林手册2.0版》过程中的一大难题。许多常用词语和词组也具有特殊的军事和法律含义。例如，"攻击"（attack）一词一般指对一个特定的对象或实体的网络行动，在军事上，它通常表示针对特定的人或对象的军事行动。然而，在"诉诸武力法"意义上，由"武装"一词限定的"攻击"，指的是能通过自卫正当地加以应对的网络行动（参见规则71）。而在"战时法规"中，"攻击"则指涉及使用暴力的特定类型的军事行动，无论攻击性或防御性的（参见规则92）。手册的使用者需要注意，本手册的大多数术语应按照其在国际法上的含义来使用，同时也应参照术语表所列通用术语的特定含义。就术语表中的术语而言，有关定义只是用来描述有关术语在本手册中是如何使用的。它们并不一定反映信息技术领域普遍认可的定义。

起草过程

两个国际专家组的成员均经过精心挑选，包含了法律从业者、学者和技术专家。此外，一些组织受邀为起草过程推荐观察员。观察员充分参与了讨论和手册的起草，但规则的一致通过并不需要得到他们的同意。尽管观察员积极参与了这一起草过程，但必须强调的是，《塔林手册2.0版》并非意图反映上述任何组织的法律立场或主张。

由于《塔林手册》和《塔林手册2.0版》涉及的范围不同，它们的起草方式也有所不同。在《塔林手册》起草过程中，国际专家组的所有成员都承担了研究、准备拟议的规则和所附评注草案的任务。他们的初稿被分发给由小组协调员牵头的专家小组，并由专家小组完善初稿后供国际专家组全体会议审议。在2010～2012年间，一共在塔林举行了八次全体会议，每次为期三天。全体会议结束后，从国际专家组成员中选出的编辑委员会对手册作出修改，以确保评注的准确、完整和清晰。形成的草案随后被发送给对相关主题有专门研究的同行专家进行评审。编辑委员会考虑了同行评审意见，并对手册进行了适当的修改。2012年7月，国际专家组在塔林召开最后一次会议，审议最终草案，作出最后的修改，并通过有关规则和评论。

尽管《塔林手册》国际专家组的所有成员具备相关领域的专业知识，而鉴于《塔林手册2.0版》所涉主题的广泛性，有必要采取不同的起草过程。一开始，由手册所涉主题的专家起草了规则和评注的初稿。这些撰稿人中，有许多也是国际专家组的成员。初稿由编辑修改后，进行了严格的同行评审。随后在2015年～2016年间，国际专家组举行了三次为期一周的会议，对修订后的草案进行审议和修订，其后再做进一步的同行评审和编辑。最后一次全体会议于2016年4月召开，[①]国际专家组对所有的草案进行了最终审核和通过。

除了正式的会议，北约网络合作防御卓越中心还召开了关于《塔林手册2.0版》所涉及的不同主题的研讨会。2014年与塔尔图大学合作举行的研讨会，讨论了诸如国家责任法等跨领域问题。2015年，北约网络合作防御卓越中心还与雪城大学法学院合作举办了两次研讨会，

---

① 应为2016年3月。——译者注

一次讨论网络间谍，另一次讨论网络空间的国际人权法。

在《塔林手册》第一版的起草过程中，各国都没有介入国际专家组的工作。然而，在《塔林手册2.0版》起草过程中，荷兰外交部举行了被称为"海牙进程"的活动，召集各国按照"查塔姆规则"① 对起草中手册草案作出非正式的评论。来自50多个国家和国际组织的代表团出席了在海牙举行的三次为期两天的会议。一些国家还提供了非正式的书面意见，这些意见在很多问题上使手册文本得到进一步改进。"海牙进程"在手册起草过程中的作用被证明是非常宝贵的，因为国际专家组一致认为，国际法是由国家制定并作出权威解释的。然而，必须强调的是，本手册中所表达的仅仅是国际专家组的观点，而并不一定反映参与"海牙进程"的国家的观点。

项目的支持者

这两个项目均获得了北约网络合作防御卓越中心的慷慨资助，该中心承办了国际专家组的所有会议以及手册起草和编辑小组的所有会议。该中心训练有素的员工设法应对举办会议时繁杂后勤工作的挑战。国际专家组特别感谢他们在编写手册时获得的自由环境。在任何时候，北约网络合作防御卓越中心及其有关人员都没有试图影响专家组的结论。

塔尔图大学、雪城大学法学院、卡多佐法学院和《法律与网络战杂志》为据以支撑手册起草过程的多个研讨会提供了支持。克瑞顿大学法学院、埃默里大学法学院和塔尔图大学提供了优秀而投入的法学学生为本项目开展研究。特别值得一提的是，哈佛大学法学院国际法和武装冲突项目资助了一批法学学生来对所有草稿进行实质性评审并协助进行编辑。

荷兰外交部慷慨地召集了各国参与"海牙进程"，并允诺在《塔林

---

① 由著名智库英国皇家国际事务研究所（即查塔姆研究所）为维护会议自由发言和信息保密，而在1927年提出并得到广泛接受的会议规则。该规则规定，与会者在会议或会议讨论中可自由使用会议上收集的材料并加以注明，但不得透露发言者身份或追溯其来源；未经同意，会议主办者不得记录发言者的讲话内容。——译者注

手册 2.0 版》出版后继续支持手册的推广。荷兰政府作出的贡献，有助于确保手册扎根于国家对有关法律的理解，并且关注的是国家在日常实践中面临的挑战。

国际专家组对这些实体组织所提供的支持深表感谢，没有这些支持，《塔林手册 2.0 版》是不可能成功出版的。

最后，作为项目主任，我同样要赞扬国际专家组每位成员所表现出来的奉献精神。他们对两本手册的顺利完成做出了无私的贡献。此外，评审专家的工作是极为宝贵的，我代表国际专家组感谢他们的贡献。最后，《塔林手册》及其 2.0 版的所取得的成功，在很大程度上应直接归功于项目主管和执行主编丽斯·维芙尔女士所展现出来的勤勉、奉献以及敏锐的法律意识。她对整个进程的贡献是不可估量的。

第一部分

一般国际法与网络空间

第一章　主权

规则1　主权（一般原则）

国家主权原则适用于网络空间。

1. 主权是国际法的基本原则。其拉丁文起源——*sui juris*, *esse suae potestatis*, *superanus* 或 *summa potestas*——表明，主权指的是君主、国王，或现代国际法意义上的国家之最高权威。[①] 本规则确认，网络空间的各个方面以及一国的网络行动没有超越主权原则的范围。[②] 特别是，一国对位于其境内的任何网络基础设施以及与这些网络基础设施相关的活动享有主权。尽管主权原则的核心是领土主权，但在特定情形下，一国可对境外的网络基础设施和活动，以及参与这些活动的特定行为人行使管辖权等主权权利（规则10～11）。最后，主权的领土性质也对他国针对位于一国主权领土范围内的网络基础设施实施网络行动进行了限制（见规则4的进一步讨论）。

2. 1928年"帕尔马斯岛案"仲裁裁决确立了广泛接受的"主权"定义："主权在国与国之间的关系中意味着独立，即一国有权对地球之一部分行使排他性国家职能。"[③]

3. 主权原则作为基本原则，衍生出许多条约及习惯国际法原则和规则。这样的例子包括管辖权（第三章）、尊重他国特定豁免的义务（规则5），以及审慎原则（规则6）。此外，国际法院认为，"尊重国家

[①] 主权也被认为是"一国在其领土内的最高权威"。OPPENHEIM'S INTERNATIONAL LAW, at 564.

[②] UN GGE 2013 Report, para. 20；UN GGE 2015 Report, paras. 27, 28（b）.

[③] *Island of Palmas* arbitral award, at 838.

主权原则……与禁止使用武力和不干涉原则密切相关"①，即规则 66 ~ 68 规定的具有约束力的规范。

4. 就本手册而言，主权原则涉及网络空间的物理层、逻辑层和社会层。物理层包括物理网络组成部分（即硬件和其他基础设施，如电缆、路由器、服务器和计算机）。逻辑层由网络设备之间存在的连接关系构成，包括保障数据在物理层进行交换的应用、数据和协议。社会层包括参与网络活动的个人和团体。

5. 网络空间有时被描述为缺乏物理属性且本质上是虚拟的"全球空间"② 或"第五空间"③。还有人提出网络空间与公海、国际空域或外层空间一样，属于"全球公域"。④ 尽管上述定性在非法律层面可能是有用的，但国际专家组没有加以采纳。原因是它们忽视了网络空间和网络行动那些牵涉主权原则的地域属性。网络活动发生在国家领土内、涉及有形物体并且是由个人或实体实施的，国家可以对此行使主权权利。尤其是，专家们注意到网络活动虽可能跨越多国边界，或发生在国际水域、国际空域或者外层空间，但它们都是由受一国或多国管辖的个人或实体来实施的。

6. 位于一个特定国家领土上的网络基础设施连接到网络空间，不能解释为该国放弃其主权。根据主权原则，各国在受相关条约或习惯国际法——尤其是在国际人权法（第六章）领域——限制的前提下，有权将其领土上全部或部分的网络基础设施与互联网断开连接。

7. 国际专家组认为，一国不能对网络空间本身主张主权。这是因为，构成网络空间的大量网络基础设施位于各国的主权领土内。

---

① *Nicaragua* judgment, para. 212.

② Joint Chiefs of Staff, Joint Publication 1 - 02, US Department of Defense Dictionary of Military and Associated Terms, at 57 (8 November 2010, as amended through 15 January 2016).

③ The Netherlands Ministry of Defence, Defence Cyber Strategy, at 4 (2012)（将网络空间描述为空气空间、海洋、陆地和外层空间之外的军事活动第五空间）. *See also* NATO 2016 Warsaw Summit Communiqué, para. 70；(US) Joint Publication 3 - 12 (R) (2013), at I - 2；US DoD Strategy for Operating in Cyberspace (2011), at 5.

④ *See, e. g.*, US Department of Defense, The Strategy for Homeland Defense and Civil Support (2005), at 12.

8. 主权有内、外两方面要素，规则 2 和规则 3 将分别对这些相互关联的要素进行讨论。

9. 关于主权豁免平台上的网络基础设施的相关问题，见规则 5。

10. 专家们认为国际组织不享有主权。关于国际组织，另见第四章第四节。

规则 2 对内主权

一国在遵守其国际法义务的前提下，对其领土内的网络基础设施、人员和网络活动享有主权权威。

1. 本规则涉及"对内主权"。原则上，除非被有约束力的国际法规则——如国际人权法（规则 35）——所禁止，一国可对其境内的网络基础设施、从事网络活动的人员以及网络活动本身采取任何其认为必要或合适的措施。

2. 一国对其境内网络基础设施和活动的主权，具有两方面的国际法律后果。第一，有关网络基础设施和活动受该国国内法律和规章的约束，特别是，一国可以颁布和实施相关法律法规。第二，一国的领土主权赋予该国国际法上的权利，来保护位于其境内的网络基础设施、保障在其境内发生的网络活动。

3. 就一国的对内主权而言，无论有关网络基础设施是公共的还是私人的、从事有关网络活动的是国家机关还是个人或其他实体，在国际法上并没有影响。一国的主权权利也不受网络基础设施的用途或其所有者的国籍影响。例如，一国对位于其境内的私人网络服务提供商的服务器享有主权，即使该互联网服务提供商的住所地位于境外。

4. 位于一国境内的网络空间的物理层（另见规则 1 的讨论）毫无疑问受该国主权管辖。在这方面，沿海国对其领海海床的主权值得关注。这一主权赋予沿海国对在其领海海床铺设海底通讯电缆的控制权。鉴于海底通讯电缆目前承载着大部分国际通讯，该权利极为重要。关于这类电缆的地位与保护，见规则 54。

5. 国际专家组指出，与用于有线通信的陆地电缆等有形网络基础设施不同，网络电磁频率无法简单套用受到国家边界限制的主权概念。国际社会已采取措施，在网络通信使用的频率跨越边界时，对电磁频谱的使用加以管理，以保障其共享和优化使用，且不对通讯传输造成阻碍。关于这一问题，见规则63。

6. 除了对物理层享有的权限外，主权原则还赋予一国控制其境内网络空间逻辑层的权利。例如，一国可颁布立法要求该国的特定电子服务采用专门的加密协定，如传输层安全协定，以确保网页服务器和浏览器之间的安全通讯。类似地，一国也可通过立法要求电子签名达到特定的技术要求，如基于认证基础上的加密，或要求相关认证包括密码指纹、所有者或有效期等特定信息。

7. 就网络空间的社会层而言，一国可对其境内自然人和法人的网络活动进行规制。例如，一国可将在线发布儿童色情材料或煽动暴力的行为入罪。需要提醒的是，对于在线通讯和活动进行的国家审查或限制，应符合可适用的国际人权法（第六章）。

8. 基于享有对内主权，一国可部分或全部地限制其境内人员接入网络，特别是接入特定的网上内容。例如，不少国家有时与私营社交媒体公司合作，阻断接入社交媒体和其他网站上的恐怖主义内容。当然，一国限制接入网络的权利必须考虑可适用的国际法规范。例如，规则35和37承认言论自由是习惯国际人权法上的一项权利，因此，对该权利的限制，例如在因社交媒体煽动而发生大规模民众骚乱的情形下进行断网，必须具有非歧视性并经过法律授权。类似地，一国在暂停国际电信服务时必须告知其他国家（规则62）。专家们指出，一国的国内立法，例如关于公民自由的国内法，可能会对上述主权权利的行使加以进一步的限制。①

9. 习惯法或条约法可对一国行使领土主权权利施以限制。例如，

---

① *See*, *e. g.*, the Constitution of Greece, revised by the parliamentary resolution of 27 May 2008 of the 8th Revisionary Parliament, Hellenic Parliament, Art. 5A（2）; Constitutional Council of France, Case No. 2009 – 580 DC（10 June 2009）; Judgment, 12790 of the Supreme Court of Costa Rica, File 09 – 013141 – 0007 – CO（30 July 2010）.

一国不得在其境内对他国非商业性质的政府行为、他国特定的国家机关（例如，国家元首、政府首脑以及外交部长）（规则12）、外交和领事人员（规则44）或享有主权豁免和不可侵犯性（规则5）的国家船舶和航空器行使管辖或权力。国际专家组认为，这些对于对内主权的限制在网络空间同样适用。

10. 对内主权也包括一国自主决定其政治、社会、文化、经济和法律秩序的权力。① 相应地，主权原则也意味着禁止非法干涉他国内政（规则66）。

11. 个别专家认为，国家在遵守国际法特定限制的前提下，亦有权对属于其政府或国民但在其境外存储或传输的数据行使主权权利，包括管辖权。② 对这些专家来说，一国对境外存储或传输的数据的主权可独立于对其境内的网络基础设施及人员和活动的主权。多数专家则持相反立场，认为各国对位于境外的数据并不享有上述主权，除非国际法上有明确规定，例如当数据存储在位于境外的军舰等特定对象上时。但他们承认，在特定情形下，国家可对位于其境外的数据行使立法管辖权（规则10）。

12. 主权不仅赋予一国权利，也施加法律义务③，例如要求一国采取审慎态度，对源于其境内的有害网络活动进行制止（第二章）。

规则3 对外主权

一国在其对外关系中可自由开展网络活动，除非对其有约束力的国际法规则作出相反规定。

1. 对外主权源自各国主权平等。④《联合国宪章》第2条第1项确

---

① See, e. g., *Nicaragua* judgment, para. 263.

② 关于位于另一国境内的政府数据及相关权利（如果有的话），可参见：*Questions Relating to the Seizure and Detention of Certain Documents and Data* (*Timor – Leste v. Austl.*), provisional measure, 2014 ICJ 147, paras. 24 – 25, 27 (3 March); *Questions Relating to the Seizure and Detention of Certain Documents and Data* (*Timor – Leste v. Austl.*), order, 2015 ICJ Gen. List No. 156, at 3 (11 June).

③ 例如，"科孚海峡案"判决指出："主权对国家赋予权利并施加义务。" *Corfu Channel* judgment, at 43 (separate opinion of Judge Alvarez).

④ 联合国信息安全政府专家组2015年也确认，主权平等原则在网络背景下具有可适用性。UN GGE 2015 Report, paras. 26, 28 (b).

认，各国在法律上是平等的。各国均有义务尊重他国的国际法律人格、领土完整和政治独立，且必须忠实履行其国际义务。[①] 在由主权平等的国家组成的国际社会中，一国对另一国不存在法律上的优越地位。

2. 对外主权意味着一国在其对外关系中独立于其他国家，在遵守国际法的前提下，一国可在其领土之外自由从事网络活动。该主权涵盖制定外交政策[②]（包括加入国际协定[③]）的自由。因此，就网络活动而言，国家有权自由决定是否加入特定的网络条约制度，或就特定网络领域国家实践的习惯法性质表达"法律确信"。特别是，对于本国机关或国民的网络活动，或者本国主权领土内发生的网络行为，一国没有义务接受特定条约规则。

3. 本规则明确承认，一国基于对外主权实施网络行动不得违反对其具有约束力的条约或习惯国际法规范。[④] 值得在此特别提及的有对侵犯他国主权（规则4）、干涉（规则66）以及使用武力（规则68）的禁止。

4. 对外主权是国家豁免的渊源（规则12）。

规则4　对主权的侵犯

一国不得从事侵犯他国主权的网络行动。

1. 正如规则2和3所述，各国享有对内和对外主权。那些妨碍或无视他国行使主权权利的网络行动构成对他国主权的侵犯，并为国际法所禁止。当然，在特定情形下，国际法允许或规定了"尊重他国主权"义务的例外情形。这方面典型的例子包括：本属侵犯他国主权的行为系得到联合国安理会授权（规则76），或基于行使自卫权（规则71）。

2. 本规则适用于国家间关系，即适用于由国家实施或可归因于国家的行为。国际专家组认为，本规则不适用于非国家行为体的行为，除

---

① *See* Report to the San Francisco Conference, 9 UNCIO (1945)；Declaration on Friendly Relations, pmbl. *See also Nicaragua* judgment, para. 202.

② *Nicaragua* judgment, para. 205.

③ *Wimbledon* judgment, at 25.

④ *Wimbledon* judgment, at 25；*Lotus* judgment, at 18.

非这些行为可归因于国家（规则 15 和规则 17）。[①] 换言之，在国际法上，只有国家是承担尊重他国主权这一义务的主体，也只有国家可以违反这一义务。例如，如果一家公司成为某国恶意网络行动的目标，该公司以黑客方式进行反击的行为不构成对该国主权的侵犯。类似地，由恐怖组织实施的、无法归因于国家的网络行动并不构成对受害国主权的侵犯。需要提醒的是，这些例子中非国家行为体没有尊重受攻击国主权的义务，并不意味着其有关行为是合法的。相反，上述网络行动有可能违反了对相关人员和活动拥有管辖权的国家的国内法。

3. 专家们注意到有一种观点，即一些非国家行为体（尤其是有组织的武装团体）可以侵犯一国主权；但所有专家均不赞同该观点。[②]

4. 专家们认为，虽然非国家行为体针对或侵入一国的有害网络行动本身并未侵犯该国主权，但这并不必然妨碍受攻击国依国际法对该网络行动加以应对。一国在合适的情形下可基于"危急情况"（规则 26）或者自卫权予以应对。一国基于自卫权（规则 71）作出的应对至少得到多数专家的支持。此外，国际专家组认为，如一国对非国家行为体在其境内的行为未尽到审慎义务（第二章），受攻击国亦可就上述非国家行为体的行为对该国采取反措施（规则 20）。

5. 如规则 2 所讨论的，主权原则涵盖位于一国境内的所有网络基础设施，不论其是政府还是私人性质的。例如，如果一国的网络行动对另一国境内私营公司的网络基础设施（如私有关键基础设施）造成损害，前一国家的行为就构成对后一国家主权的侵犯，即便上述行为未对任何政府网络基础设施、资产或活动产生影响。

6. 基于对内主权，一国可对其领土及领土之上的领空进行入境管控。[③] 一国的领土包括领陆、内水、领海（含海床和底土）以及群岛水域（可适用的情形下）。专家们认为，一国在未经他国同意或缺乏国际

---

① 这一表述并不妨碍国际法上关于"事实国家"（de facto States）的规定。

② 一个相关的法律场景可参见：*Kosovo* advisory opinion, para. 80（指出"领土完整原则的范围限于国家间关系这一领域"）。

③ *See* Law of the Sea Convention, Art. 2；Chicago Convention, Arts. 1~3.

法上的其他正当依据（参见规则 19 有关排除行为不法性的情况）时，物理上进入他国领土或领空，则构成侵犯主权。例如，未经同意在他国领土上行使执法管辖权（规则 11），这就是对该国主权的侵犯。[①] 在网络背景下，一国国家机关或其行为可归因于一国的其他个人或组织，有形出现在他国境内并对该国或其境内的实体或个人采取网络行动，则构成对后一国家领土主权的侵犯。例如，如果一国的情报人员使用 USB 闪存盘将恶意软件植入另一国境内的网络基础设施，这是对后者主权的侵犯。

7. 对于一国有形出现在他国境内实施网络间谍行为（规则 32）这一特殊情形，专家们存在不同看法。多数专家认为该行为违反了本规则。例如，如果一国机关来到另一国境内针对后者实施网络间谍行为，而该行为未经后者同意且无其他法律上的正当依据，就构成对后者主权的侵犯。尽管这些专家承认，一国未经同意在他国境内从事间谍行为是普遍的国家实践，但他们指出，各国并没有根据国际法来为这些行为加以辩护。

8. 个别专家则认为，各国在目标国领土从事间谍行为的广泛国家实践，已对"一国在未经同意的情况下，有形出现在他国境内从事相关活动会构成侵犯主权"这一公认的原则创设了例外。但他们强调，该例外的范围十分狭窄，仅限于间谍行为。此外，虽然该例外包括窃取数据和监控行为，却不包含损害网络基础设施或是删除、修改数据的网络间谍行动。

9. 不过，国际专家组一致认为，仅仅在目标国境外拦截无线信号不构成侵犯主权，因为该网络行动并没有对目标国境内的网络基础设施产生影响（但参见规则 35 有关隐私的讨论）。[②]

10. 关于在一国领土内产生影响的远程网络行动，其准确的法律定性在国际法上尚无定论。国际专家组根据两个不同标准来评价其合法

---

① *See, e.g.*, SC Res. 138, para. 1, UN Doc. S/RES/138 (23 June 1960).

② *See, e.g.*, *Weber and Saravia v. Germany*, 2006 – XI ECtHR App. No.54934/00, admissibility decision, para. 88 (2006).

性：（1）对目标国领土完整造成的损害程度；（2）是否干扰或篡夺了政府的固有职能。前一标准是基于一国对其主权领土的入境管控权，后一标准则是基于一国在其领土上行使"排他性国家职能"的主权权利。[①]

11. 关于前一标准，专家们通过三个不同层次对其进行分析：（1）物理损害；（2）功能的丧失；（3）侵犯领土完整但未达到功能丧失的程度。首先，大部分专家认为，若网络行动造成物理损害或伤亡，则构成侵犯主权，如恶意软件使得有关设备的冷却功能发生故障，致使该设备温度过高并导致设备部件被熔毁。正如一国在未经同意的情况下，有形出现在他国境内来实施网络行动会构成侵犯主权，这些专家认为，一国通过远程方式在另一国境内造成上述有形后果同样构成侵犯主权。上述结论与主权原则保护领土完整、不受物理侵犯之目的与宗旨相一致。专家们指出，这些行动可能还同时构成被禁止的干涉（规则66）、非法使用武力（规则68）或武力攻击（规则71）。

12. 个别专家认为，造成物理损害或伤亡只是分析网络行动是否构成侵犯主权的一个相关因素，而非决定性的因素。他们认为，可能存在仅仅涉及物理损害（或丧失功能，参见下文）或伤亡但不构成侵犯主权的情形。

13. 其次，专家们认同，除了造成物理损害外，使他国境内网络基础设施丧失功能有时也会构成对主权的侵犯，但由于国家没有对此表达法律确信，专家们未能就其准确的门槛标准达成共识。专家们赞同，如有关网络行动导致网络基础设施需进行修复或更换物理部件，则该网络行动引起的后果类似上述的物理损害或伤亡，因此构成侵犯主权。例如，2012年"沙蒙"（Shamoon）病毒导致受攻击的沙特阿拉伯国家石油公司不得不维修或更换数以千计的硬盘设备，假设该网络行动可归因于国家，则其构成侵犯主权。专家们进一步认为，其正常运行依赖于受攻击的网络基础设施的相关设备或物件，如其丧失功能，则也符合上述"功能丧失"的标准。一些专家还认为，如一项网络行动导致受攻击的

---

① *Island of Palmas* arbitral award，at 838.

网络基础设施需重新安装操作系统（不仅仅是重启系统）或其他数据以实现正常运作，则该行动也等同于丧失功能的后果。[①] 国际专家组提醒，需要依据基于法律义务观念的国家实践来进一步澄清该问题。

14. 第三，对于既未造成物理损害，也未造成功能丧失的网络行动是否以及何时构成侵犯主权，专家组未达成共识。那些愿意将未达到丧失功能标准的有关网络行动定性为侵犯主权的专家提出了多种可能情形，包括但不限于：网络行动造成网络基础设施或程序运行方式发生改变；篡改或删除网络基础设施存储的数据，但不产生前述的物理或功能性后果；在系统中植入恶意软件；安装后门；以及导致暂时性丧失重要功能的网络行动，例如重大的分布式拒绝服务行动。支持者认为，对于上述所有情形，他们所主张的解释符合主权原则的宗旨和目的，该原则赋予各国对入境及境内活动进行全面管控的权力。

15. 国际专家组认定是否构成侵犯主权的另一标准是，一国的网络行动干扰或篡夺了他国政府的固有职能。这是因为受攻击国享有行使及决定如何行使上述职能的排他性权利。因此，是否造成前文所述的有形损害、伤亡、功能丧失或未造成功能丧失的各类情形，并非有关网络活动构成本段所述侵犯主权行为的要件。

16. 尽管国际专家组无法准确定义何为"政府的固有职能"，但专家组认同，对政府履行固有职能所必需的数据或服务造成干扰的网络行动，构成侵犯主权而被禁止（在某些情形下构成对禁止干涉原则的违反，见规则66）。可能的实例包括篡改或删除涉及提供社会服务、举行选举、征税、有效开展外交或者履行重要国防活动的数据。专家们进一步认为，政府固有职能是由国家自行实施还是交由私有机构实施，并不影响上述结论。

17. 专家们提醒，上述职能必须是政府所固有的。[②] 例如，一国领导人之间的官方通讯具有固有的政府属性，而一国在网站上公布恐怖组

---

① 关于"丧失功能"的概念，另见规则92。
② 国际专家组认为，在评估网络行动固有的政府性质时，运用国家豁免领域中的主权行为（acta jure imperii）概念是很有用的。

织的信息虽然属于政府行为，但这并非是固有政府职能，因为非政府组织等其他实体亦可从事该行为。鉴此，对前者的干扰侵犯了所针对国家的主权，对后者的干扰则没有。同样，一项旨在清空某政府雇员银行账户的网络行动不构成干扰政府固有职能，但破坏政府向其雇员支付工资的能力的网络行动则构成这类干扰。

18. 关于篡夺政府固有职能，国际专家组一致认为，一国不得在另一国境内行使专属于后者的政府固有职能。典型的例子是，在国际法并未对行使相关权力作出安排或未征得所在国同意（规则11）的情况下，一国在他国国境内行使执法职能。举例来说，甲国为了取得刑事诉讼所需证据而对僵尸网络采取执法行动，在未经乙国同意的情况下，接管了乙国境内的僵尸网络指挥和控制服务器，该执法行动属于对所在国依国际法享有的排他性政府固有职能的篡夺，构成对所在国主权的侵犯。必须提醒的是，上述结论仅涉及有关行为的国际法性质，其国内法后果则取决于有关国家的国内立法。

19. 虽然国际专家组认为，对主权的侵犯通常要求有关网络行动是在受影响国主权领土上的网络基础设施上发生或产生影响，但对于以干扰或篡夺政府固有职能方式侵犯主权的网络行动是否需符合该要求，专家组内部存在分歧。多数专家认为，就这一具体情况而言，无论有关网络行动在何处发生或体现出来，均构成侵犯主权。对这些专家来说，决定性的因素是有关活动是否干扰了政府的固有职能。例如，爱沙尼亚宣称建立了所谓的"数字使馆"，使其能在其他国家备份关键的政府数据（另见规则39的讨论）。多数专家认为，对这些数据的干扰如影响爱沙尼亚履行其固有政府职能，将构成对本规则的违反。他们认为，有关网络行动还可能侵犯了基础设施所在国的主权，理由是该行动发生在该国的主权领土上。

20. 与此不同的是，个别专家认为，只有有关行为在他国领土或主权平台（规则5）上发生或产生影响时，才会构成侵犯主权。他们的理由是，否则该行为将至少牵涉两个国家的主权——履行政府固有职能的国家和网络基础设施所在的国家，而主权一语从定义上说是具有排他性的。

21. 举一个有意思的例子：一国采取网络行动，全部或部分地阻止另一国接入互联网或阻碍上述接入（如进行信息过滤或通过流量定型降低带宽等）。在某些情况下，上述做法可能不涉及侵入目标国的基础设施。国际专家组认为，只有当上述行为篡夺或干扰了所针对国家的政府固有职能，如干扰那些提供社会服务所必需的在线服务，才构成侵犯主权。同时，专家们指出上述行为可能违反其他的国际法规则，如禁止干涉原则（规则66）。

22. 篡夺政府固有职能有别于干涉内政，前者涉及政府固有职能，而后者涉及的是内政，两者在概念上有一定重叠，但并不完全相同。此外，干涉内政需要具备"胁迫"这一构成要件。例如，在前述域外执法的例子中就缺少胁迫这一要件，因为相关行为发生的国家未被强制要求以非自愿的方式行事，或非自愿地放弃以特定方式行事。

23. 国际专家组认为，不管一国的网络行动是从行为国、目标国、第三国、公海、国际空域或是外层空间发起，都有可能构成对所针对国家主权的侵犯，无论构成侵犯的依据是什么。类似地，对他国主权平台上的网络基础设施造成的任何损害，也构成对目标国主权的侵犯，无论该平台位于何处（规则5）。

24. 国际专家组认为，如果由于有效的防御措施或是相关行动自身存在瑕疵等原因，一国旨在造成侵犯他国主权之后果的网络行动最终失败，则目标国的主权未受到侵犯。专家们一致认为，相关网络行动若要侵犯主权，必须产生必要的后果。

25. 专家们认为，由一国实施的或可归因于该国的网络行动，虽并无造成侵犯他国主权之后果的意图，但客观上产生此种后果的，构成侵犯主权。例如，一国针对他国境内的网络实施网络间谍活动（规则32），该行动没有造成侵犯主权之后果的意图，但实际产生了该后果，则他国主权受到了侵犯。类似地，如一国对另一国实施网络行动，但意外波及其他国家，并造成达到侵犯主权程度的损害，那么对这些国家而言本规则也被违反了，尽管有关损害系无意造成且难以预见。专家们一致认为，主观意图并非侵犯主权的构成要件。

26. 值得注意的是，网络行动往往对目标网络基础设施所在国以外的其他国家产生影响。以云计算为例，针对云基础设施的行动通常不会侵犯其他受该行动影响的国家的主权，除非有关行动对这些国家产生的后果达到本规则所述的必要程度。类似地，虽然一国针对 SWIFT 国际银行结算支付系统采取的网络行动可以导致全球范围的金融混乱和损失，但可能只有受攻击的服务器所在国的主权受到影响（前述篡夺特定政府固有职能的情形除外）。最后，针对位于公海或国际空域、不享有主权豁免或不可侵犯性（规则 5）的网络基础设施（如提供互联网接入的私人航空器）所采取的行动，一般而言不构成对主权的侵犯，因为这些设施并非位于一国境内。然而，专家们强调，上述网络行动通常不构成侵犯主权的结论，并不妨碍有关行动违反其他国际法规范，例如国际贸易法或国际民航法上的规范（另见第九章）。

27. 国际法对和平时期的间谍活动本身并未加以直接规范。一般而言，是否将某一网络行动定性为间谍行为，在界定其是否构成侵犯主权方面不具有法律上的意义。网络行动包含情报搜集或反情报行为的事实也是如此。相反，必须通过分析相关具体行为，来判断有关网络行动是否违反国际法。例如，就像规则 32 所讨论的那样，如果间谍活动是通过违反本规则的网络行动来实施的，则该行动构成侵犯主权。这同样适用于主动防御措施。如有关的主动防御措施构成对防御目标国主权的侵犯，就必须通过排除不法性的某一理由（规则 19）来证明其合法性。

28. 国际专家组认识到，可能造成重大经济损失或影响关键基础设施的网络行动日益受到各国关注。例如，一国发现本国证券市场交易受到恶意软件监控，在与此相关的网络行动被公开披露后，公众对证券市场的信任急剧下降，进而导致严重的经济损失。又如，一国采取网络行动监控目标国关键基础设施上的活动，则目标国对于监控所获取信息可能被用于对其开展干扰性或破坏性网络行动必然予以关注。目前尚不存在确定所需的一致性、延续性、频率或严重程度等标准的相关国家实践，足以据此认为，这类网络行动根据现行法构成对主权原则的侵犯。

但是，各国政府的声明似乎表明，基于后果进行判定的方法正越来越为各国所支持。[①] 尽管如此，国际专家组认为，上述方法尚未成为现行法。

29. 国际专家组认为，向他国输入政治宣传一般不构成侵犯主权。[②] 但是，根据其不同性质，这类宣传有可能违反其他的国际法规则。例如，旨在煽动他国民众骚乱的政治宣传，可能违反禁止干涉原则（规则66）。类似地，过境船舶在通过他国领海时进行政治宣传，则该通过不属于"无害"（规则48）。

30. 专家们指出，网络犯罪本身并不构成侵犯主权，除非相关犯罪是由一国实施或可归因于该国（规则15~18），且同时满足违反本规则的其他标准。例如，有组织犯罪团体自行从事窃取比特币的行为，这并不侵犯任何国家的主权。相反，如一国指示（规则17）有组织犯罪团体对另一国的政府邮件服务器实施大规模的分布式拒绝服务攻击，导致该国官方电子邮件通讯长时间内瘫痪，则本规则受到违反，因为该行为可归因于国家，且干扰了他国政府的固有职能。

31. 一国可同意（规则19）他国在其境内实施原本侵犯其主权的

① See, e. g., International Code of Conduct for Information Security (Letter dated 9 January 2015 from the Permanent Representative of China, Kazakhstan, Kyrgyzstan, the Russian Federation, Tajikistan and Uzbekistan to the UN addressed to the Secretary – General), UN Doc. A/69/723 (13 January 2015), stating that each State pledges：(3) Not to use information and communications technologies and information and communications networks to interfere in the internal affairs of other States or with the aim of undermining their political, economic and social stability；(6) To reaffirm the rights and responsibilities of all States, in accordance with the relevant norms and rules, regarding legal protection of their information space and critical information infrastructure against damage resulting from threats, interference, attack and sabotage. See also Leon E. Panetta, Sec'y of Def., Defending the Nation from Cyber Attack, Remarks to the Business Executives for National Security (11 October 2012).

② 大量的文件规定，允许他国进行广播（尤其是卫星广播）的国家应当对向其境内传输的信息有一定程度的管控权。See, e. g., ITU Radio Regulations, Art. 23.13；United Nations Educational, Scientific and Cultural Organization, Declaration of Guiding Principles on the Use of Satellite Broadcasting for the Free Flow of Information, the Spread of Education and Greater Cultural Exchange, Arts. Ⅱ (1), Ⅵ (2), Ⅸ, Ⅹ (15 November 1972)；Principles Governing the Use by States of Artificial Earth Satellites for International Direct Television Broadcasting, paras. 13 – 14, GA Res. 37/92, UN Doc. A/RES/37/92 (10 December 1982). 但专家们认为，这一前提并未被确立为习惯国际法的相关要求。

网络行动。例如，非国家行为体在一国境内从事危害该国的网络活动，该国缺乏相应的技术能力来制止上述活动，因而请求他国提供协助。只要协助国随后在请求国境内开展的网络行动在后者同意的范围内，则该行动并不构成对请求国主权的侵犯。

32. 例如，北约建立了各盟国在处理网络事件时，可请求北约"快速反应团队"网络防御专家提供援助的机制。这一请求可成为同意该团队以此身份从事相关网络行动的基础，这取决于有关请求的具体性质及范围。同意也可在长期有效的条约中作出。一个驻军协定授权派遣国军队在接受国境内采取网络行动，则接受国不得主张上述行动侵犯主权。

规则 5　主权豁免和不可侵犯性

一国针对享有主权豁免的平台上的网络基础设施采取任何干涉行为，均构成对主权的侵犯，而不论该平台位于何处。

1. 对于用作非商业政府用途的特定物体，国际法明确地赋予主权豁免，而不论该物体位于何处。军舰以及"由一国所有或经营并专用于政府非商业性服务的船舶"被公认为享有不受船旗国以外任何其他国家管辖的豁免权。[1] 此外，国家航空器享有主权豁免。[2] 基于这些平台的不可侵犯性（参见下文），上述船舶和航空器上的人员或物体（包括涉及相关网络活动者），在位于这些平台上时免于他国的执行管辖（规则 9 和规则 11）。

2. 这些平台上的网络基础设施必须完全用于政府用途，才能享有主权豁免和不可侵犯性。例如，作为互联网市场参与者的政府机构不得主张其有关网络基础设施享有主权豁免，因为这些基础设施并非完全用于政府用途。

3. 主权豁免意味着不可侵犯性；对享有主权豁免的物体的任何干

---

[1] Law of the Sea Convention, Arts. 95 – 96.

[2] UK MANUAL, para. 12.6.1; AMW MANUAL, commentary accompanying Rule 1（cc）.

涉行为均违反国际法。[①] 这些干涉行为包括，但不限于，破坏有关物体或严重妨碍其运行的活动。例如，对一国的军用无人航空器发起拒绝服务攻击，这将构成对其主权豁免的侵犯。类似地，控制相关物体也构成对主权豁免的侵犯。

4. 尽管主权平台和构造享有主权豁免，但它们必须遵守相关的国际法规则和原则，如尊重他国的主权。例如，一国的军用航空器未经同意进入另一国领空从事网络行动时，即便该航空器享有主权地位，另一国依然有权对该侵入的航空器采取必要措施，包括在特定情形下使用武力（另见规则55的讨论）。一国军舰在另一国领海从事违反无害通过制度的网络活动也是如此（规则48）。在上述两种情形下，这些平台仍然享有主权豁免，但这一豁免无法阻止另一国为维护其合法利益，而采取合法、适当且必要的措施。

5. 关于用于非商业目的的政府网络基础设施的管辖豁免，见规则12。

6. 在国际性武装冲突期间，主权豁免和不可侵犯性原则在冲突各方之间停止适用（除非特定国际法规则有任何相反规定，如《维也纳外交关系公约》第45条）。享有主权豁免和不可侵犯性的物体，如果构成军事目标（规则100）则可被摧毁，也可成为敌方武装力量的战利品。[②] 应当注意的是，在特定有限情形下，中立国政府的网络基础设施可成为军事目标（规则150）。

7. 不在本规则范围内的场所和物体，仍可依据诸如驻军地位协定等双边或多边协定，享有赋予不可侵犯性的特殊保护。此外，依据外交和领事法，特定网络基础设施（规则39）以及电子档案、文件和通信（规则41）受到特别保护。

---

① See, e. g., *Owners of the Jessie, the Thomas F. Bayard, and the Pescawha* (UK v. US), 6 RIAA 57 (1926) (Anglo American Claims Commission 1921); *Player Larga* (*Owners of Cargo Lately Laden on Board*) *Appellants v. I Congreso del Partido* (*Owners*) *Respondents*; *Marble Islands* (*Owners of Cargo Lately Laden on Board*) *Appellants v. same Respondents*, *I Congreso del Partido* [1983] 1 AC 244 (HL).

② AMW MANUAL, Rule 136 (a) and accompanying commentary.

第二章　审慎

规则6　审慎（一般原则）

一国应采取审慎态度，不得允许其领土，或处于其政府控制下的领土或网络基础设施，被用于实施影响他国行使权利，和对他国产生严重不利后果的网络行动。

1. 本规则所依据的是以下一般国际法原则：国家必须采取审慎态度，确保其拥有主权的领土和物体不被用于损害其他国家。[①] 本手册将这一原则称为"审慎原则"，因为这一术语最常用于与各国控制其领土之上各项活动相关的义务。[②] 恰当的理解是，审慎就是国家遵守本原则时应有的行动准则。这一原则在许多专门性国际法制度的规则及其解释中都有反映。[③]

[①]　*United States v. Arjona*, 120, US 479, 483（1887）；*Lotus* judgment, at 88（穆尔法官的反对意见）；*Island of Palmas* arbitral award, at 839；*Corfu Channel* judgment, at 22；UN Secretary‑General, *Survey of International Law in Relation to the Work of Codification of the International Law Commission*, para. 57, UN Doc. A/CN. 4/1/Rev. 1（1 February 1949）；Permanent Mission of the Federal Republic of Germany to the United Nations, General appreciation of the issues of information security, at 4，Note No. 516/2012；Developments in the Field of Information and Tele‑communications in the Context of International Security, Report of the Secretary General, at 9, UN Doc. A/68/156 Add. 1（9 September 2013）（Ger. ）. *See also Tehran Hostages* judgment, paras. 67‑68；*Nicaragua* judgment, para. 157.

[②]　在本手册中，审慎义务包含了"使用自己财产不损及他人财产"（*sic utere tuo ut alienum non laedas*）的概念。

[③]　国际法协会援引的法律领域包括中立法、国际人权法、国际投资法、关于对于另一国的非国家行为体进行自卫的诉诸武力权（规则71）以及国际环境法。*See generally* International Law Association, Study Group on Due Diligence in International Law：First Report, 7 March 2014. 在国际环境法上，审慎义务原则被称为"不损害原则"。*See also Alabama Claims Arbitration*（*United States/Great Britain*）29 RIAA 125, 129（1872）（阐述了各种语境下的审慎义务要求）；Declaration of the United Nations Conference on the Human Environment, prin. 21, UN Doc. A/CONF. 48/14（1972）；Rio Declaration on Environment and Development, prin. 2, UN Doc. A/CONF. 151/26/Rev. 1（Vol. I），Annex I（12 August 1992）；*Nuclear Weapons* advisory opinion, para. 29.

2. 国际法院在"科孚海峡案"的判决中指出:"每一国家都负有这样的义务,即不得在知情的情况下允许其领土被用于与他国权利相悖的行为。"① 这一判决阐释了当代公认的审慎原则的定义。作为一项源于主权概念的义务,它要求国家"在其领土内保护其他国家的权利"。②

3. 国际专家组注意到他们都不赞同的一种观点,认为审慎的一般原则及其对网络行动的适用并未取得现行法的地位。这一观点的支持者指出:联合国政府专家组是敦促各国"应当"(should)做到审慎,而不是要求它们在法律上"必须"(must)这么做。③ 然而,专家们认为,联合国政府专家组的评论并非完全否认这一原则的存在。事实上,审慎原则来源于主权原则(规则1),而且联合国政府专家组自己也承认,源于主权原则的各项国际法原则在网络环境下仍有约束力。④

4. 专家们还认为,审慎原则长期以来在判例中得到了体现,它是一项已经在专门性国际法制度中被具体化的一般原则。如果没有从法律上加以排除,新技术就要受业已存在的国际法规制。⑤ 因此,专家们的结论是审慎义务在网络环境下仍然适用。

5. 审慎原则有时也被称为"警惕义务"⑥、"预防义务"或"预防责任"。国际专家组采用了被广泛使用的"审慎"这一术语,但也认同它与"警惕义务"的含义一致。但国际专家组拒绝采用"预防义务"这一术语,因为专家们认为,审慎原则并不包括有义务采取实质性预防措施,以保证本国领土不被用于违反本规则(规则7对此进行了讨论)。

6. 在这方面,国际专家组认为国际法包含了一些初级规则,其目标是防止特定事件的发生。防止种族灭绝就是一个典型的例子。⑦ 这些义务并非源自审慎义务的一般原则,而是代表着不同的初级义务。相比

---

① *Corfu Channel* judgment, at 22.

② *Island of Palmas* arbitral award, at 839.

③ UN GGE 2013 Report, para. 23; UN GGE 2015 Report, paras. 13 (c), 28 (e).

④ UN GGE 2013 Report, para. 20; UN GGE 2015 Report, para. 27.

⑤ 在这方面,专家们回顾了国际法院在"核武器案"咨询意见第39段中所采纳的立场。

⑥ *See*, *e. g.*, *Corfu Channel* judgment, at 44 (阿尔瓦雷兹法官的个别意见)。

⑦ Genocide Convention, Art. I; *Genocide* judgment, para. 430.

之下，对于危害性网络行动本身还没有这类明确的初级义务。因此，本规则是将审慎的一般原则适用于网络环境中。

7. 本规则假定至少有三方参与：（1）网络行动的目标国；（2）作为本规则主体的领土国；（3）发起网络行动的第三方。它适用于任何第三方网络行动，无论该行动是由个人、公司、非国家团体还是国家付诸实施。

8. 审慎义务适用于领土国的全部主权领土。它包括该国领土上所有用于网络行动的网络基础设施以及发动网络攻击的人。需要注意的是，发起网络行动的一方可能会从第三国远程操作。例如，一个设在甲国的黑客团体，使用位于丙国的网络基础设施对乙国发起破坏性的网络行动。如果丙国知道此等使用，且未采取可行措施终止该行动，就违反了审慎原则（参见下面关于"知情"的要求及规则 7 中对"可行性"的详细讨论）。

9. 国际专家组认为，本规则在两种情况下也适用于域外。首先，一国可能控制海外领土而未行使主权，例如领土兼并或军事占领的情形。① 在这种情况下，该国对该领土上的网络基础设施及活动负有审慎义务。

10. 其次，一国必须对其所控制的、位于海外的政府网络基础设施采取审慎态度。"政府控制"是指由政府，而非私人实体，控制所涉基础设施的使用。例如，国家对以下位于海外的政府网络基础设施负有审慎义务：在国外的军事设施上执行本国任务的网络，在公海或国际空域里的主权平台上的网络基础设施，以及外交馆舍中的网络基础设施。

11. 专家们告诫，控制的概念并非必然与管辖权同义。例如，一国可对其公司在海外的活动享有立法管辖权（规则 10），但缺乏控制它们运营的网络基础设施的能力。审慎义务适用于域外的关键在于，由于国家运营着有关基础设施，或该基础设施位于其实际控制的领土、馆舍或物体之上，因而该国实际控制着该网络基础设施。

---

① Articles on Transboundary Harm, Art. 1, para. 12 of commentary.

12. 当一国对特定的网络基础设施或活动行使排他控制时，就明显地产生了随附的域外审慎义务。在一个以上的国家同时控制的情况下，两国都承担审慎义务。① 一个相关的例子是两个国家共同经营的网络运营设施。

13. 国际专家组讨论了一国是否应对数据的过境传输（例如通过光纤电缆）承担审慎义务的问题。专家们将之与如下情况区分开来，即出于恶意而在一国领土架设特定的网络基础设施，例如包含僵尸网络的设施。专家们认为，作为一个严格的法律问题，"过境国"负有审慎义务，且必须依据规则 7 采取行动，如果该国：（1）知悉（关于实际知情和推定知情，见下文）达到损害门槛要求的违法行动，并且（2）能够采取可行措施来有效终止此等行动。

14. 然而，考虑到网络通信的现实状态，专家们承认，通常该"过境国"不太可能知道并辨识出经过其网络基础设施的恶意传输。恶意签名可能不为人知且未被杀毒软件探测到，或者恶意软件可能使用了加密保护。此外，大部分网络传输流经的是互联网服务提供商（ISP）私人所有的网络基础设施。即使侦测到了恶意软件，也需由国内法决定互联网服务提供商是否有法律义务向该国当局报告。虽然如此，专家们仍认为，前段阐明的法律原则正确反映了由过境国承担的法律义务。这是一个关于"知情"的问题，而不是一个关于审慎原则的可适用性的问题。

15. 对于适用本规则所要求的目标国必须遭受到实质损害这一问题，国际专家组认为，本规则包含了所有与受影响国家国际法上的"权利相悖"（"科孚海峡案"判决中的一个术语②），以及具有"严重不利后果"（参见下文）的网络行动。这些要求是累积的。"与权利相悖"这一术语是指那些网络行动违反了一国对目标国所承担的国际法义务。它不包括仅违反国内法的行为，例如跨境犯罪活动，尽管这种活动可能会涉及有关合作执法的协定（规则 13）。

---

① *See, e. g.*, Articles on Transboundary Harm, Art. 1, para. 11 of commentary.

② *Corfu Channel* judgment, at 22.

16. 例如，甲国利用受位于乙国的指挥和控制基础设施控制并向其报告的恶意软件发起攻击，乙国知晓这一行动。恶意软件操纵了丙国燃气管道控制系统的运行，从而引起爆炸。由于甲国对丙国实施了不法行为（参见规则68"使用武力"），乙国必须采取措施终止这一行动，如果该国有能力这么做的话。

17. 国际专家组认为，如果一国的某项行动对目标国而言并不违法，那么要求领土国终止该行动将是不合适的。因此，专家们得出结论认为，仅当所涉网络行动构成国际不法行为时，审慎义务始得适用（但参见下文对非国家行为体网络行动的讨论）。例如，如果甲国利用位于丙国的网络基础设施，在一项网络间谍活动中监控了乙国的政府数据，那么丙国没有去终止甲国行动的审慎义务，因为根据国际法，间谍活动本身并不违法（规则32）。

18. 专家们进而认为，当从其领土上发起或通过其领土的，依据国际法为非法的网络行动是由领土国自己实施时，审慎义务始得适用于该国。如果此等行为违反了行为国对目标国承担的义务，而不是领土国对目标国负有任何义务，那么对领土国施加审慎义务将实际上等同于要求该国履行对其没有约束力的法律义务。由于习惯国际法约束所有国家，因此，这种情况只会发生在双边或多边条约义务的情形之下。

19. 例如，一项双边国际协定规定，甲国和乙国有义务不针对彼此实施间谍活动；但甲国利用位于丙国的网络基础设施，以在其他方面不违反国际法的方式，从事针对乙国的间谍活动。丙国没有义务根据本规则终止这种行动，因为它不是该双边协定的缔约国，而且间谍活动本身不违反国际法（规则32）。

20. 一般而言，违反国际法的是国家，而不是个人或私人实体。[①]特别是如前所述，国际专家组认为，只有由国家实施或可归因于国家的网络行动才构成侵犯一国主权（规则4）或是违反禁止使用武力（规则68）。

---

① 在包括战争罪在内的国际刑法上，个人也可能会因违反国际法而承担责任（规则84）。

21. 然而，专家们一致认为，审慎义务原则延及非国家行为体实施的下述网络行动，即尽管其行为本身并不违反国际法，但却导致了严重的不利后果，并且如下文所讨论的，影响了目标国的权利。专家们指出，在国际法的许多领域，鉴于非国家行为体给各国带来的危险不断增加，审慎义务显然已具体化了。例如，私人公司的活动可能引起跨界环境损害，这在国际环境法中已然发生。① 国际专家组认为，将具有严重不利域外后果的非国家行为体的网络行动排除在国家的审慎义务范围之外，这样做并没有令人信服的理由。他们特别指出，网络行动尤其易于在他国造成损害。

22. 专家们告诫，本规则并不包含所有非国家行为体自一国领土发动的，对另一国造成"严重不利后果"的有害行动。与各国的网络行动一样（参见上文），只有当非国家行为体从事的行动影响到目标国的权利时，才会产生审慎义务，也就是说，这一行为如果由领土国实施，就会违反其对目标国负有的义务。

23. 例如，如果非国家行为体对一国发动网络行动，而如果这一行动在由国家实施时将构成受禁止的干涉（规则66），那么该领土国对这些行动承担审慎义务。同样的逻辑也适用于若由一国实施将构成侵犯他国主权（规则4）的行动。这可以同其他情形进行比较，例如一个非国家行为体将真实信息传输至另一国，对该国经济会产生严重不利后果。假设是一国传输了该信息，也不会违反对目标国负有的义务。那么，在此情况下就不存在审慎义务。

24. 也可考虑另一种情况：一家掌握一国高度机密文件的私人公司，在另一国的网上发布了这些文件。即使这一发布对被泄密国造成了严重不利后果，但文件发布所在地国没有义务保证从互联网上移除这些文件，因为目标国在国际法上的权利没有受到影响。如果不这样认定，就会产生不一致的情况，即当非国家行为体在一国领土上从事特定的网络行动时，国家会违反其审慎义务，而国家自身实施相同行为时则

---

① *See*, *e. g.*, *Trail Smelter* arbitral award, at 1963.

不会。

25. 适用审慎原则所要达到的确切损害门槛在国际法上尚无定论。[①]所有专家都同意，当情势涉及一项导致"严重不利后果"的网络行动时，就会产生审慎的要求，尽管他们并不能为识别此等后果划出明确的门槛。他们通过类比审慎原则在国际环境法上的适用而采纳了这一标准。[②] 其中一些专家支持本规则适用较低的门槛，例如提议以"显著"（significant）或"实质"（substantial）术语以替代"严重"（serious）一词。

26. 国际专家组认为，仅仅影响目标国的利益，例如造成不方便、轻微的破坏或可以忽略不计的花费，并不是本规则所预想的损害类型；因此，并非所有使用一国领土对目标国造成不利后果的情况都会涉及到审慎原则。例如，位于一国的黑客破坏了另一国体育部提供国家队信息的官方网站。这一网络行动并没有导致足够的伤害，如果领土国不采取措施终止该行为，也不会构成对本规则的违反。

27. 同样，当一个非国家行为体，例如某一媒体或博客，只是发布了对另一国不利的信息，即使这些信息被传输到该国，审慎原则也并不适用。这是因为，目标国在国际法上的权利没有受到影响（亦即，即使领土国从事了同样的行动，也不会违反其对该目标国负有的义务），以及没有达到损害所要求的门槛。相比之下，如果提供关键性的政府业务（例如用于税款支付、投票或提供灾害救济指南的网站）遭到损害以致无法使用，根据规则7，行动发起者所在国就负有审慎义务，需终止受规则7约束的违法行动。

28. 国际专家组认为，并不要求所涉网络行动对物体造成有形损害

---

① 正如"特雷尔冶炼厂仲裁案"所承认的，"就争议事项而言，往往是当要确定什么情况可认定为构成损害行为时，真正的困难才会出现。"*Trail Smelter* arbitral award, at 1963.

② 在国际环境法中，国际判例法认为"依据国际法原则……没有国家有权利如此使用或允许如此使用其领土，以致其污烟在他国领土或对他国领土上的财产和生命造成损害，如果此等情形后果严重……"。*Trail Smelter* arbitral award, at 1965. 在该法律领域，受影响国家遭受的损害必须达到一定的程度，除了"严重"之外，这一门槛也被描述为"显著"或"实质"。Articles on Transboundary Harm, Art. 2, paras. 4, 6 of commentary.

或导致人身伤害。在审慎原则的语境下，严重不利后果可包括诸如妨碍关键基础设施的运行或对经济产生重大影响。例如，主要由位于一国的黑客针对另一国实施的网络行动导致网上银行、媒体、政府功能和商业受到严重破坏，所遭受的损害即便没有造成有形损害或人身伤害，也足以严重到应实施审慎原则。

29. 在判断所造成的损害是否构成"严重不利后果"时，一个尤其棘手的情况与僵尸网络有关。例如，位于一国的黑客团体使用位于其他一些国家的僵尸网络对另一特定国家实施行动。该行动对目标国造成了严重不利后果。然而，使用位于任何单一国家领土之上的机器都没有单独产生严重不利后果。由此提出的问题是：如果所涉的各个领土国未能采取行动终止对其境内僵尸网络的使用，是否也违反了审慎义务原则？

30. 国际专家组在这个问题上出现了分歧。少数专家遵循的是自卫法（规则71）上累计所有网络事件的方法。在规则71中，少数专家的结论是，如果各单个行动系由同一发起者实施，或者由多个发起者行动一致地实施的，就可被视为是一个复合的武力攻击。以此类推，少数专家主张，可以累计来自分散于各国的僵尸网络的各项行动，以确定所要求的严重性门槛是否达到，这样的话，所涉每一国家都需承担审慎义务。这种方法强调的是目标国的视角；它将审慎义务原则看作是旨在保护其他国家的权利。需注意的是，根据这种方法，对每个国家是否采取了所要求的审慎程度以终止位于其领土上的僵尸行动，应分别加以评估。

31. 不过，多数专家认为累计法是不适当的。在他们看来，审慎原则源自领土国的主权特性。这些专家的观点是，在这类情形下施加审慎义务，将导致控制领土的权利与保证其不被用于损害他国的义务之间的不平衡。对他们来说，在领土国与损害的联系可能很弱的情况下，主张其主权必须让位于目标国的权利是不合适的。而且他们认为，少数专家解释审慎义务的方法，可能意味着国家要对主要因他国（亦即，僵尸网络得以运行的其他国家）疏忽而引起的国际不法行为承担责任。

32. 国际专家组主张，只要一国所遭受的损害达到了本规则所阐述的门槛，损害发生在何处并不重要。例如，甲国将履行政府固有职能（规则4）所需的政府信息储存在位于乙国的服务器中。在丙国的某一非国家团体对这些服务器采取了网络行动，并破坏了甲国的数据。由于其领土被用于损害另一国，因而丙国对甲国负有审慎义务。

33. 由于审慎义务自身的灵活性，特定后果的严重程度可根据具体情况或多或少得以减轻。这一点部分取决于相关的情势，特别是与主张其权利受到侵犯的国家的活动相关。

34. 例如，假设一国对位于另一国的私人实体实施了极其有害的网络行动；该行动构成对后一国家主权的侵犯。由于缺乏能力、害怕升级或情势发展太快以至其国家机关来不及果断采取行动等原因，目标国没有采取反措施（规则20）予以应对。面对目标国的不作为，私人实体对第一个国家发动黑客反击，以使该国终止其有害的网络行动。由于非国家行为体无权采取反措施（规则24），私人实体的行动没有国际法依据。在这种情况下，第一个国家现在主张第二个国家违反了其审慎义务，未能保证其领土不被用于对他国产生严重不利后果的行为，也就是由私人实体实施的网络行动。于是，第一个国家开始采取其所声称的反措施，对第二个国家采取进一步的有害网络行动，据称是迫使其依据审慎义务终止私人实体的防卫行动。

35. 试分析一下，假设领土国负有对私人实体的行动采取措施的审慎义务，该国没有这么做，这本身就可被定性为对第一个国家最初不法网络行动采取的反措施。因此，第一个国家的进一步行动将会构成国际不法行为。国际专家组还认为，第一个国家以构成国际不法行为的方式挑起事端，这排除了其声称可以采取反措施的权利。这是因为，该国所遭受的任何不利后果本质上都是它自己造成的。专家们认为，国家不能从其不法行为中获利，也不能采取行动应对因其自身行为引起的结果，从而损害其他国家的利益。

36. 审慎原则的适用，并不取决于所针对的网络基础设施属于政府性质还是私人性质。例如，位于一国的石油公司对位于另一国的私人竞争者发动毁灭性的网络行动，如果石油公司所在国知悉这一行动而不采取有效措施加以制止，而且后果达到了所需的严重程度，那么该国就违反了本规则。

37."知情"是适用本规则的构成要件。显然，如果领土国实际知悉其领土被用于针对他国的敌对网络行动，本规则就将适用。① 举例来说，如果一国国家机关（例如情报机构）已侦测到有源于本国领土的网络行动，或者收到了有害网络行动将从其领土发动的可靠情报，该国将被认为是实际知情。

38.专家们承认，对目标国而言，证明领土国知道其领土被用于上述有害行动却不予理会是相当困难的。尽管这个实践中的困难为某些不愿合作的领土国提供了一个貌似有理的借口，但是这不会导致该法律义务失效。②

39.国际专家组认为，就本规则而言，知情包括推定知情。③ 一般而言，如果实际情形是一国在事情正常发展过程中应当知悉其领土被使用，那么推定该国知情就是合适的。因此，如果一国客观上应当知悉其领土被用于所涉的网络行动而实际上并不知悉，那么一国也违反了其审慎义务。

40.有一系列因素会影响对领土国是否应当知悉所涉网络行动的判断。例如，当一国的政府网络基础设施被另一国或非国家行为体用于实施一项行动时，这就比利用私人基础设施更有可能满足"应当知悉"的标准。④ 同样地，当使用已众所周知的恶意软件和漏洞，例如2014年

---

① *See*, *e. g.*, IAN BROWNLIE, BROWNLIE'S PRINCIPLES OF PUBLICINTERNATIONAL LAW 543（James Crawford ed. , 8th edn, 2012）；*Corfu Channel* judgment, at 71（克雷洛夫法官的反对意见）；*Corfu Channel* judgment, at 44 - 5（阿尔瓦雷兹法官的个别意见）。

② 在"科孚海峡案"判决中，阿尔巴尼亚否认它已知悉其领水内的布雷。但国际法院认为，在这种情形下，阿尔巴尼亚"本应知悉"布雷一事，因而"知情"的要求已经满足。*Corfu Channel* judgment, at 20.

③ 对推定知情标准的支持可参见：*Corfu Channel* judgment, at 44（阿尔瓦雷兹法官的个别意见）；*Genocide* judgment, para. 432. 国际专家组认识到，国际法总的来说对于"推定知情"标准存在一定争议。

④ 例如，参见阿尔瓦雷兹法官在"科孚海峡案"判决中的个别意见。他指出："每个国家被认为是……有义务知道……在其设有地方当局的部分领土上实施了损害行为……"。*Corfu Channel* judgment, at 44（阿尔瓦雷兹法官的个别意见）（强调系原文所加）.

发现的"心脏滴血"（Heartbleed）安全漏洞，以及当所涉的网络行动通常都能被检测到，例如发生了与正常使用相比显著增加带宽使用量的分布式拒绝服务攻击，认定为推定知情就更为合适。

41. 即便如此，查明某些恶意使用一国政府网络基础设施行为存在的困难，可能会使推定知情的主张不合理。例如，位于领土国的第三方在对目标国实施网络行动时，可能采用复杂的、事先未知的恶意软件来利用领土国的政府网络基础设施。如果期望领土国在此情况下应当知悉网络行动的实施并且能够终止该行动是不合理的，那么本规则就没有被违反。

42. 然而，国际专家组认为，推定知情标准本身并未施加任何采取预防措施的义务（规则7）。特别是，本规则不应被解释为包含了要求采取监控或其他措施，以提醒当局存在滥用其领土上网络基础设施的行为。当然，各国应当按照一个理性国家在相同或相似情况下的处理方式去行事。如果实际情况是，处于相似状况、有着相似设备的国家在正常情况下能够发现所涉网络基础设施被利用，那么认为"知情"标准已得到满足就是合适的。

43. 必须将未能履行审慎义务与"援助或协助"（规则18）另一国的网络行动区分开来。例如，一国将其网络基础设施提供给他国使用，以便利后者实施国际不法行为，这属于"援助或协助"。相比之下，如果一国仅仅是在他国从其领土上发起网络行动时未能采取措施，就应当对违反其审慎义务承担责任。"援助或协助"与违反本规则的区别，在于前者涉及作为，而后者是基于疏忽。①

44. 还必须仔细区分审慎义务原则的适用，以及自他国领土发动或利用他国领土上的网络基础设施实施的特定网络行动的国际不法性。例如，如果甲国利用丙国的指挥和控制网络基础设施，对乙国发动了破坏性的网络行动，丙国可能会违反本规则，而甲国可能侵犯了乙国的主权（规则4）。

---

① *Genocide* judgment, para. 432.

45. 如果依据国家责任法（规则 17~18），第三方的网络行动可归因于领土国，那么就与本规则无关。例如，如果位于一国的黑客在该国的有效控制（规则 17）下，针对另一国进行破坏性网络行动，那么黑客的网络行动可归因于该领土国。尽管该领土国实施了（至少）可归因该国、侵犯他国主权的国际不法行为，但该国没有违反其审慎义务。

46. 在涉及国际性武装冲突的情况下，适用本规则不影响中立国对交战团体在中立领土上或涉及该领土上网络基础设施的活动所承担的义务（规则 152）。

规则 7 遵守审慎原则

审慎原则要求一国采取在相关情形下可行的一切措施，以终止影响他国权利并对他国产生严重不利后果的网络行动。

1. 国际专家组认为，一旦领土国知悉（规则 6）其领土被用于对另一国国际法上的权利产生严重不利后果，就必须采取一切合理可行的措施制止该网络行动。然而，下文将会解释，审慎原则所要求的确切行动范围尚无定论。

2. 审慎原则是一项会因疏忽而被违反的法律义务。在这方面，疏忽不仅包括不作为，也包括在其他更为适宜的措施可行（也就是说，可以合理地采取并且是有实效的）时，仍采取无效或不充分的措施。举例来说，一国在恐怖组织利用其领土上的网络基础设施对另一国实施网络行动时袖手旁观，这就违反了本规则。如果一国在已得到另一国可靠的通知将会发动此等活动时，未能穷尽可行措施予以终止，也同样违反了本规则。

3. 国际专家组的多数意见认为，本规则也适用于尚未发动的特定网络行动，如果实施该行动的实质性步骤正在采取之中，且一个理性国家会认为该行动将被实施。① 例如，一国情报机构渗透到在其领土上的一个恐怖组织使用的封闭在线论坛中，发现该组织在另一国的证券交易

---

① *Genocide* judgment, para. 431.

网络基础设施上安装了破坏性恶意软件，并准备加以激活。在此情况下，该领土国必须采取措施制止这一网络行动，因为它极有可能会发生。关键点在于，该国基于可靠信息知悉其领土将被用于针对另一国实施网络行动，并且已采取了实质性步骤去落实该行动。

4. 与此不同的是，少数专家指出：这一义务仅仅产生于损害行动正在实际进行之时。这些专家担心，与此不同的观点将会对领土国施加不合理的负担。他们还担心，一国领土上的网络活动可能会被曲解为上述实质性步骤，而一旦领土国未能采取行动去终止它们，该国可能会面临诸如反措施（规则20）等后果。他们认为，这一状况将造成情势的不稳定。

5. 国际专家组讨论了以下情形：领土国已经知悉，一项满足严重程度要求的国际不法网络行动正在从其领土上针对另一国实施，但目标国不知道该行动。这种情况特别提出了有关情报分享的敏感问题。国际专家组承认，领土国可能会对将这一行动的细节告知目标国存在顾虑，因为这么做可能会暴露它们的网络和情报能力。

6. 专家们认为，领土国必须采取行动终止不法行动，但该国可自行选择遵守本规则的方式。例如，如果领土国能通过以下方式制止有害的网络行动：逮捕行为者并迫使其卸载恶意软件；渗透到恐怖组织的计算机内并终止其行动；或者匿名或通过第三方将该特定网络行动告知目标国，从而使目标国得以采取补救措施，该国就履行了本规则下的义务。专家们指出，领土国的国内法可能会对同另一国分享情报加以限制，但这不能成为该国不采取行动制止从其领土发动的有害网络行动的借口。

7. 国际专家组谨慎地考虑了审慎原则是否施加了采取预防措施（例如加强一国的网络基础设施）的要求，以减少本规则所指的未来网络行动的一般性（而非特定的）风险。国际专家组没有接受如下前提：本规则要求一般性地采取纯属预防性的措施。专家们从"种族灭绝案"判决中找到了对这一点的支持。该判决指出："一国预防和相应地采取行动的义务，产生于当该国得知……存在将会实施（种族灭绝）行为的严重风险时。"①国际法院并未主张存在一项预防种族灭绝的一般性义务；相反，该法院认为预防种族灭绝的义务是针对每一具体的种族灭绝行为而存在的。换言之，"防止"一词在这一语境下意味着"制止"。

8. 专家们提出，鉴于对所有可能的网络威胁采取全面和有效的防御措施存在困难，主张在网络环境中存在预防义务是不合理的。这一要求会给各国施加不合理的负担，而这无论是在现行法还是当前的国家实践中，都没有现实的依据。他们指出，各国并未表明——要么通过在此基础上采取预防措施，要么通过谴责其他国家未能采取此类措施——他们相信存在有关网络行动的此种法律义务。专家们进一步指出，国家在国际人权法上的义务可能与这一义务存在对立，这取决于该义务是如何得以履行的（参见规则35中对隐私的讨论）。

9. 最后，由于知情是本规则下的一项要求，在国际专家组看来，将本规则扩大到假想的未来网络行动是自相矛盾的。一国不可能知悉（无论是实际知悉还是推定知悉）行为者尚未决定的一项网络行动。将本规则扩大为一般性的预防义务，会相应地使得知情要求失去意义；而所有专家都认为，这一要求对违反本义务而言是必要的。

10. 由于专家们不能接受采取预防措施的义务，他们一致同意，不存在一国应监控在其领土上的网络行动的要求。然而，如果一国选择对其领土上的网络行动进行监控，这会对该国是否知悉自其领土对另一国采取的网络行动产生影响。

11. 国际专家组注意到，存在他们都不支持的下列观点：审慎义务涵盖了相关的损害行为仅仅只是可能发生的情况。根据这一观点，各国必须采取合理的措施阻止它们自其领土上发动。② 这种观点部分是基于在跨界环境损害的情形下，存在采取预防措施的义务。③ 此外，鉴于网络活动的性质，采取预防措施可以说是明智的。例如，网络行动的速度常使减缓措施不如成功的预防那么有效。

---

① *Genocide* judgment, para. 431.
② *Corfu Channel* judgment, at 44（阿尔瓦雷兹法官的个别意见）。
③ Articles on Transboundary Harm, Art. 3.

12. 根据这一立场，一国必须采取可行的、与潜在的损害风险相称的预防措施。他们必须考虑技术和科学的发展，以及每一个案的独特情况。① 相关措施的例子包括制定信息安全政策、建立计算机应急响应小组以及制定为了进行准确的威胁评估而要求公司报告网络事件的适当国内法。

13. 尽管专家们不能接受审慎义务要求采取预防措施的主张，但他们也指出，假如这种主张得以采用，这一义务何时被违反将是不确定的。一种可能性是，由于领土国没有采取适当措施防止有害网络行动自其领土发动或经过其领土，目标国面临着损害风险，这时就会出现对该义务的违反。另一种可能性是，尽管审慎原则要求各国采取适当的预防措施，但国家并不会因未能这么做而承担责任，除非而且直至目标国实际遭受了所要求的损害。②

14. 当一国有合理的确定性预见到其领土上之前被利用过的网络基础设施，将会再次被用于针对另一国的有害网络行动，但该国并未采取行动，国际专家组对此情形存在意见分歧。例如，如果特定的网络基础设施已被反复用于针对他国实施有害的网络行动，那么可以合理地认为，该设施将以这种方式再次被利用。同样地，如果一个特定团体反复发动过这种网络行动，那么这个组织将来极有可能再次这么做。问题在于，如果国家未采取措施阻止可预见的网络行动，是否违反了审慎义务？

15. 国际专家组的多数专家认为，在这种情形下，施加采取措施的义务与本规则的目的和宗旨一致。由于所涉网络行动并不是凭空猜测，而且一个理性的国家会认为，如果该国不采取措施，该网络行动事实上将会发生，那么，此种网络行动可类推为正在进行的行动。少数专家认为，采取补救措施的要求实际上就是一种加以预防的要求（参见上文讨论），因而并不存在这样一种义务。

16. 关于本规则所要求的措施的范围，专家们认为，领土国必须采

---

① SHAW'S INTERNATIONAL LAW, at 624 – 625.

② Articles on State Responsibility, Art. 14（3）.

用其主权特权范围内所有可行的（也就是说，可以合理地采取的）、一个理性行事的国家在相同或类似情况下将会采取的措施（换言之，就是所谓的"尽最大努力"）。特定措施是否具有可行性，总是取决于具体情境。相比发展中国家，发达国家往往更有能力制止源自其领土的有害网络行动。可行性尤其取决于所涉国家的技术能力、供其调配的智力和财政资源、国家采取措施的制度性能力以及对其领土上网络基础设施的控制程度。[①] 例如，如果领土国得到目标国的通知，严重的网络行动正在从分配给该领土国的特定 IP 地址发起，那么领土国采取措施关闭这些 IP 地址是合理的，因为几乎所有国家都有能力采取此种措施。

17. 相比之下，对于涉及一国领土上的网络基础设施的极其复杂和充满变数的网络行动，该国可能缺乏有效应对的能力。如果是这样，该国并不会违反审慎义务，因为补救措施不具有可行性。然而，要注意的是，如果该国本身缺乏制止正在进行的有害网络行动所要求的能力，一项合理可行的措施可能是雇用私人公司去执行这一任务。

18. 在考虑可行性时，有必要以仔细斟酌的方式来适用本规则。例如，一个恐怖组织团体正在从一国领土上对另一国实施有害网络行动，而后者对有关行动一无所知。相比立即终止这些活动，可能更为谨慎的是通过监控来获得更多情报。的确，延迟行动可能会比立即行动更符合目标国的利益，因为如果领土国能利用好延迟期间所获得的情报，就能更有效和决定性地挫败这一组织的行动。

19. 如果相关的补救性网络行动可通过国家机关或国家控制下的个人来实施，本规则就可以适用。国际专家组还认为，如果一项补救措施只能由私人实体（例如私人互联网服务提供商）来实施，该国就有义务通过各种可能的举措，来要求该实体采取必要行动终止违法活动。

20. 一种可能的情况是，私人实体或个人控制着被一国或非国家行为体用以在境外实施有害网络行动的网络基础设施，但有关实体或个人拒绝与领土国充分合作以制止有关行动。专家们认为，这种不合作不能

---

① See, e.g., *Genocide* judgment, paras. 430 – 431; *Tehran Hostages* judgment, paras. 63 – 68; *Armed Activities* judgment, para. 301.

排除领土国违反审慎义务的不法性。相反，该国必须穷尽一切可行措施以确保所涉个人或实体的合作，只要此种措施符合国际法。只有当一国这么做了，却依旧无法得到终止有害行动所必需的合作时，才不会违反这一原则。

21. 国际专家组谨慎地考虑了以下问题：一国是否必须创设相关法律上的条件，使之能够遵守其审慎义务，或至少消除这方面的法律障碍？专家组的结论是，并不存在这样的义务，尽管许多国家已这么做了，而且国际协定有时也要求缔约国采取立法措施，以保证它们能处理构成犯罪的网络行动。① 根据审慎原则，也不存在任何义务要求国家起诉那些从事所涉网络行动的人；相反，该义务限于采取可行措施去终止那些行动。

22. 此外，专家们认为，国内法上的限制并不能成为国家未遵守其审慎义务的正当理由。例如，如果一国的国内法律制度要求获得一项法庭命令后，才能采取必要的措施去终止有害网络行动，那么，未获得该命令不能排除国家未能终止有害行动的不法性，除非未获得该命令是为了遵守国际法（例如第六章中的国际人权法）。

23. 即便如此，专家们一致同意，作为一个实际问题，各国应采取措施以确保依据其国内法，它们应对这类行动时需要采取的措施是可以获得的。例如，一国可以通过相应立法，授权该国在其领土内出现指挥和控制僵尸网络的服务器时，要求互联网服务提供商关闭该服务器。这类立法将允许该国作出迅速和有效的反应，以遵守本规则。

24. 有害网络行动的性质，尤其是时空的压缩，以及它们往往针对某一特定漏洞或系统的事实，使得本规则所包含的终止网络行动的要求变得复杂化。如果一国已努力穷尽了所有可行的措施，去制止源自其领土的有害网络活动，但其努力被证实无效，目标国仍然遭受到损害，那么该领土国将不会违反本规则。由于审慎原则是一项关于行为而非结果的义务，它不要求领土国总是能成功地终止对其领土的有害使用；它仅

---

① *See*, *e. g.*, Convention on Cybercrime, Art. 14.

仅要求该国尽力去这么做。然而，如果失败是由于该国未能采取合理可行的措施去终止有害网络行动，就违反了本规则。① 例如，领土国可能未足够迅速地采取行动，去排除源自其领土的网络行动所造成的损害。如果该国在当时的情况下本可以更为快速地作出反应，那么它就违反了本规则。

25. 在某些情况下，对一国而言，采取措施排除源于其领土的网络行动对他国造成的损害可能是不合理的。例如，领土国可能知道有害网络行动止在准备之中，并将自其领土对目标国发起。然而，由于尚未确定攻击的确切特征和时间，唯一有效的选择可能是隔绝将被用于发动攻击的网络。这么做将会对领土国的网络服务造成不合理的"自我阻隔"。又如，领土国境内的一个大型僵尸网络被用于实施针对另一国网络基础设施的分布式拒绝服务行动。为终止这一行动，关闭该国领土上的一些重要网络是必要的。在这类情况下，必须评估对两国造成的（潜在）损害的性质、规模和范围，以决定是否要求采取补救措施。这种情况下的标准是合理性标准。

26. 有时可能会出现的情况是，领土国没有能力去终止对其领土的利用，但其他有能力的国家愿意提供协助。由此提出的问题是，在这类情况下，领土国是否负有请求他国提供协助的义务。国际专家组对此问题的回答是否定的。审慎原则源自主权原则。它仅创设属于领土国主权特权范围内的义务。换言之，一国只需要采取与它自己行使主权相关联的措施。因此，尽管国家可以寻求外部的协助，但并没有法律上的义务去这么做。特别是，专家们注意到了计算机应急响应小组相互之间的一些实践以及其他形式的合作，但没有发现这类实践背后存在着相应的法律确信。

27. 国际专家组考虑了以下情形：对一国领土的利用正在进行之中，但有关行动失败了。例如，一国知道其领土上的黑客正在一个在线论坛分享对另一国采取分布式拒绝服务行动的指令，但该国并未采取任

---

① Articles on State Responsibility, Art. 12, paras. 11 - 12 of commentary; *Genocide* judgment, para. 430.

何措施去阻止这一行动。然而，由于只有少数人参与，这次分布式拒绝服务行动失败了。专家们得出的结论是，由于预期的目标国并未遭受任何实际损害，因此，该领土国并未因违反其审慎义务而实施国际不法行为。

28. 如果一国不愿意（而不是不能够）制止审慎原则所涵盖的有害网络行动，受害国有权基于领土国未能遵守本规则而诉诸反措施（规则20）。关于在这类情况下如何评估反措施的相称性，参见规则23。

29. 关于在国际性武装冲突法中，从中立国领土上利用其网络基础设施或实施网络行动，参见规则153。

第三章　管辖权

规则 8　管辖权（一般原则）

在国际法的限制范围内，国家可对网络活动行使属地和域外管辖权。

1. 管辖权是指一国在国际法的限制范围内，依据国内法调整人、物、行为的能力。[①] 它赋予国家在民事，行政和刑事事务等领域以全方位的管辖权威。这类管辖权性质上可以是属地的（规则9）或域外的（规则10~11）。本章规则仅限与行使国内公法特别是刑法上的管辖权相关的那部分国际公法，而未试图分析与民事管辖权相关的国际私法问题。另参见对空间物体（规则59）、航空器（规则5和规则55）和船舶（规则5、第八章引言和规则50）行使管辖权的讨论。

2. 国际专家组认为，原则上，网络活动及从事有关活动的人员受到与其他活动一样的管辖权和限制。

3. 国家有三种类型的管辖权能：第一是立法管辖权，它涉及国家机关就特定事项或行为制定法律的权力；第二是执行管辖权，它处理国家机关通过行政或管理行为（例如执法措施）以适用和执行法律法规的权力；第三是司法或裁判管辖权，它指的是一国法院处理争议的权力。[②] 如下所述，国家具有这三种权力的程度并不相同。

4. 管辖权与国家主权（规则1）紧密相关。依据国际法，主权主

---

① *See*, *e. g.*, The Draft Convention on Research in International Law of the Harvard Law School, 29 AM. J. Int'l L. 435, 466 (Supp. 1935); Restatement (Third), Part IV; MANN 1964, at 1; MANN 1984, at 19; OPPENHEIM'S INTERNATIONAL LAW, at 456; SHAW'S INTERNATIONAL LAW, at 469.

② *See*, *e. g.*, Restatement (Third), Sec. 401; OPPENHEIM'S INTERNATIONAL LAW, at 456 – 458.

要是属地性的，所以行使管辖权最为普遍的基础是属地原则。依据国际法，一国对其境内的人、物和发生在其境内的行为享有完全的属地管辖权（包括立法、执行和司法管辖权）（规则9）。

5. 与属地管辖权不同，对网络活动及从事有关活动者的域外管辖权的范围取决于多种因素，特别是管辖权的类型，即所行使的管辖权是立法、执行还是司法管辖权。

6. 对在境外从事网络活动的人员、位于境外的网络基础设施或者在一国领土外发生或产生效果的网络行为行使立法管辖权，必须基于普遍认可的域外管辖权。这些依据在规则10进行讨论。

7. 由于行使立法管辖权存在多种依据，因此两个以上的国家可以对同一网络活动行使并行管辖权。以一国国民在另一国境内从事网络行动为例。前一国家基于属人原则享有境外立法管辖权（规则10），后一国家则基于属地原则同样享有此种管辖权（规则9）。如果两国都将该行为规定为犯罪，这在国际法上是合理的。同样的结果也适用于几个国家的国民组成黑客小组在某一国家实施网络行动的情形，后一国家基于属地原则享有立法管辖权，而前几个国家基于属人原则分别对其国民享有管辖权。

8. 域外执行管辖权比立法管辖权受到更多限制，因为国家通常在境外没有执行权限。相反地，这类管辖权是主权的一个排他属性，就此而言，国家在境外行使权力必须获得所在地国的同意或者国际法上的特定授权。

9. 一般说来，对从事网络活动的人员和相关网络基础设施行使司法管辖权的实际范围与立法管辖权相同。换言之，一国如对任何人、物和行为可以制定法律法规，也可对这些人、物、行为行使司法管辖权，除非它们享有司法豁免（这方面参见规则44关于外交人员和领事官员豁免的规定）。

10. 但是，除了根据武装冲突法在军事占领期间由占领当局行使司法管辖权以外，在另一国境内对从事网络活动的人员实际行使司法管辖权必须有国籍国的同意。例如，在驻军地位协定有规定时，一国可以设立海外军事法庭，对其军事人员在另一国境内与网络有关的犯罪活动行使管辖权。

11. 即使所涉当事人不在境内，一国也可基于属地原则对外国的自然人或法人行使司法管辖权，由法院进行缺席审判。这在网络环境下特别重要，因为犯罪活动很有可能从境外发起。但是这种情况比较少见，而且不能影响可适用的国际人权法。在这方面必须注意，在很多国家，由于国内人权法的要求及程序保障，在当事人缺席时进行的司法程序既不合法也不可行。而且，实际上，对从事网络活动的个人行使有效的司法管辖也有赖于当事人在法院或其他裁判机构出庭。

12. 根据国际法而不是国内法对与网络相关的犯罪行使司法管辖权时，对犯罪嫌疑人提起刑事程序是否必须以该犯罪嫌疑人现身在一国境内为条件，这一问题尚无定论。对国际法上犯罪的讨论，参见关于域外立法管辖权的规则 10，以及战争罪中的个人刑事责任的规则 84。

13. 国家间缔结的国际协定可赋予执行或司法管辖权权限。例如，驻军地位协定可就同时违反派遣国和驻在国法律的有关网络行为规定专属的、主要的或并行的司法管辖权。① 在这些协定之外，在国际法上并不存在国家主张司法管辖权的正式优先等级规定。

14. 但在实践中，犯罪行为发生地国通常被赋予主要管辖权。在有些情况下，这常常是哪个国家与有关网络行为具有最密切联系或受其影响最严重的问题。此外，其他的考虑因素，如犯罪嫌疑人所在地，是否存在引渡条约，都会对哪一国最可能行使司法管辖权产生影响。条约可对此进行规定。例如，《网络犯罪公约》第 22 条第 5 项规定："一个以上缔约方对本公约规定的犯罪主张管辖权时，有关各方应在适当的情况下进行协商，以确定对起诉犯罪最合适的管辖权。"

15. 国际专家组承认，网络活动对合理、公平地行使管辖权提出了许多挑战。这主要是由于网络活动无处不在（即有关活动可能发生在世界任何地方）、在网络空间跨越国界的相对迅速和便捷以及在多个国

---

① THE HANDBOOK OF THE LAW OF VISITING FORCES 110 (Dieter Fleck, ed. 2001).

家产生影响的可能性。这些因素可能导致任何国家都试图对特定的网络活动主张不同种类的管辖权，由此引起国家间的混乱和摩擦。举例来说，一个罪犯是甲国的国民，但身处乙国，可能针对丙国的网络服务器发起网络攻击，以窃取丁国的个人银行账户信息。在此情形下，四个国家都可以主张一种或多种类型的管辖权。因此，就网络活动而言，执法方面的国际合作显得尤为重要（见规则 13）。

规则 9　属地管辖权

国家可对下列事项行使属地管辖权：

（1）在其境内的网络基础设施和从事网络活动的人；

（2）在其境内发生或完成的网络活动；或

（3）对其境内具有实质影响的网络活动。

1. 如规则 8 所述，行使管辖权的主要基础是属地原则。属地管辖权是主权原则的根本属性（规则 1）。因此，第 1 项确认在国际法规定的范围内，每个国家都有权对其境内的人和物行使三种形式的管辖权（立法、执行、司法管辖权；见规则 8）。事实上，国家经常这样行使管辖权。因此，属地管辖权适用于一国境内从事网络活动的自然人和法人，及其境内的网络基础设施[①]和数据。

2. 国际专家组认为，就跨国网络行动而言，如果位于中间国的网络基础设施构成了网络行动不可分割的一部分，该中间国就基于属地原则享有管辖权。例如，如果甲国的个人通过控制乙国的网络基础设施设置了一个僵尸网络，进而对丙国的系统实施分布式拒绝服务行动，这三个国家都将享有管辖权。专家们认为，对被控制的网络基础设施的使用并非程度轻微，因此也属于第 1 项的调整范围。

3. 但是，如果有关行动与一国境内的网络基础设施只有微弱联系时，国际专家组对该国是否可以基于属地原则行使管辖权存在不同意见。在网络环境下，这种情况很可能只发生在数据通过一国的网络基础

---

① UN GGE 2013 Report, para. 20; UN GGE 2015 Report, paras. 27, 28（a）.

设施时。专家们指出，鉴于互联网的特性，数据在到达预定目的地的过程中常常通过许多国家。

4. 例如，一项网络行动发起于甲国，数据通过位于乙国并在乙国监控下的路由器，在丙国产生了实际的影响。一些专家认为，网络行动发起于甲国（参见第2项），该行动与乙国基础设施以及乙国相关利益的联系都是微弱的，因此乙国对有关行动不享有刑事管辖权，尤其是考虑到网络行动发生地国或完成地国的管辖利益。其他专家认为，尽管乙国管辖权应让位于其他国家的管辖权，但在法律上并不排除该国行使刑事管辖权以禁止恶意数据通过本国。如果网络行动牵涉到该国境内的设施，该国由此产生的利益就不是轻微的。需要注意的是，属地原则并不是行使管辖权的唯一依据，例如，就单纯的过境国而言，该国可基于行为人的国籍行使管辖权（规则10）。

5. 第2项反映了一个事实，即一国同样有权对发生或完成于本国的网络活动行使属地管辖权。[1]"主观"属地管辖权适用于在一国境内发生的任何网络活动，而无论其是否具有域外效果。对于在一国境外发起但在该国境内完成的网络活动，如果活动针对的是该国境内的人或物，或者本来意图在该国境内实现，则该国可以行使"客观"属地管辖权。[2]

6. 例如，一国境内的恐怖组织对另一国的电力输送网络实施网络行动，并造成大范围的停电。由于有关行动发生于该国境内，因而行为发生地国基于主观属地原则可行使完全的管辖权（立法、执行和司法管辖权）。由于有关行动对另一国境内的网络基础设施产生后果，对该行动也存在以客观属地原则为基础的管辖权。或者假设甲国情报机构的特工在乙国实施网络行动，以获得有关丙国私人公司制造军事设备的保密数据资料。这一行动使用了隐匿技术以获取进入公司储存于丙国服务

---

[1]　*Lotus* judgment, at 23.

[2]　See, e. g., MANN 1964, at 45 – 47（解释了发生于境外的行为服从一国管辖必须与主张管辖权的国家有实质联系）；Restatement (Third), Sec. 402（1）（a）；OPPENHEIM'S INTER-NATIONAL LAW, at 458 – 461。

器上文件的特权通道。乙国基于主观属地性享有管辖权，而丙国基于客观属地性享有管辖权。

7. 在有些情况下，多个国家可能都有权行使客观属地管辖权，比如恶意软件指向一个以上国家的网络并意图在这些国家都达到攻击目的。

8. 一国立法机关制定的法律法规可规范意图在该国境内完成，但实际上却未能成功完成的网络行动。以上文的恐怖组织为例，如果电力输送网络的防御系统有效阻止了网络破坏行动，这一事实可能并不会对目标国是否享有立法管辖权产生影响。

9. 由于数字网络的使用和其他一些因素，特定犯罪行为在何处以及何时开始或结束变得不明确了。网络技术使罪犯得以对犯罪行为进行规划，以规避严格的管辖权规定或隐藏行为发生地或目标地。因此，确定管辖权可能被证明是困难的。结果就是，管辖权规则不断朝着如下的模式演变，即犯罪行为与一国境内具有实质联系就可作为该国行使管辖权的依据。①

10. 这一"效果原则"体现在第 3 项。它针对的是并非在一国发起、完成或实质发生，但在该国产生效果的行为，包括网络行动。

11. 毫无限制地适用效果原则来主张管辖权经常是导致国家之间摩擦的原因，典型的例子是一国对外国国民在境外实施、但对该国的经济产生了影响的经济或金融活动主张管辖权。此外，国际专家组注意到所有专家都不赞成的这样一种观点，即对犯罪行使管辖权要求犯罪的一个构成要素发生在该国境内或具有其他属地联系。② 然而，效果原则逐渐被广泛接受，尽管受到许多防止其扩大适用的限制。③ 专家们认为这可以合理地理解成是习惯国际法的体现。

---

① 加拿大的案例参见：*Libman v. The Queen*［1985］，2 SCR 178；英国的案例参见：*R. v. Smith*（*Wallace Duncan*）［2004］QB 1418. 至少就普通法国家而言，这一趋势很大程度上可追溯至迪普洛克（Diplock）法官的以下反对意见：*Treacy v. DPP*［1971］AC 573 at 561 - 562.

② *Libman v. The Queen*，［1985］，2 SCR 178（Can.），para. 74.

③ *See*, *e. g.*, OPPENHEIM'S INTERNATIONAL LAW, at 472 - 475；SHAW'S INTERNATIONAL LAW, at 499 - 505；Restatement（Third），Sec. 402（1）（c）（境外行为在境内已经或者意图产生实质性效果）。判断标准是第 403 条及相关评论。

12. 效果原则在网络环境下尤为重要，因为网络方式使既非发生也非完成于某一国的行动仍然可以在该国产生影响，例如从一国针对另一国银行发起的网络行动可能对第三国的存款人具有显著影响。而且，单一的网络行动可能在很多国家产生影响。在此类情形下，要无可争议地行使管辖权的门槛比第1项和第2项规定的情形要高一些。专家们认为这些情形必须在个案的基础上解决。

13. 尽管国际法上效果原则的限制条件并不是非常确定，而且效果原则本身存在一定的争议，国际专家组认为，如果一国基于效果原则对与网络相关的活动及行为人行使管辖权，该国必须以合理的方式行使，并且要充分考虑其他国家的利益。普遍认可的条件包括：基于效果原则制定法律的国家具有明确的和国际上认可的利益；该国将要规制的效果必须是足够直接的、意图发生的或可预见性的；必须存在实质性的效果，以至于有理由将本国法律适用于境外的外国国民；基于效果原则行使的管辖权不应因为与意图行使该管辖权的国家缺乏显著联系，而不合理地侵犯其他国家或外国国民的利益。[1]

14. 国际专家组认为，网络行动与在一国产生的效果之间的因果关系越是微弱，适用效果原则的理由就越不充分。归根结底，效果原则的适用必须是合理的，因为相关国家有义务尊重其他受影响国家的主权和那些国家与其国民之间的关系。除此之外，礼让的因素也会产生作用。

15. 专家们认为，在上述条件和考虑因素的范围内，对于发生在国外但对本国领土、金融和经济活动、社会稳定及法律秩序有实质影响的网络行动，一国可制定立法加以规制或使其入罪。一国也可就网络行动（包括那些单个行动的效果不足以达到规制条件，但结合起来会达到相应效果的多个相关网络行动）制定此类立法。因此，基于效果原则进行立法是允许的，例如为了保护本国关键产业的知识产权免受境外实施的网络行动的实质性影响，只要其他国家的合法利益未受到不合理侵犯。如果一国基于国际社会普遍认可的明确利益调整这些网络活动，专

---

[1]　*See*, *e. g.*, Michael Akehurst, *Jurisdiction in International Law*, 46 BRIT. Y. B. INT'L. L. 145, 198 – 201 (1972 – 1973).

家们认为原则上没有理由反对基于效果原则行使管辖权。

16. 可用于说明效果原则的一个例子是，黑客实施网络行动破坏一家公司储存数据的云计算设备，从而使该公司不能继续运营。这时，公司运营所在地的国家就可依据效果原则享有管辖权，而不论黑客或相关的基础设施位于何处。与此不同的是，如果同样的行动引起了公司股票价值的减损，由此影响第三国的股东，国际专家组认为，黑客行为和第三国国民所持股票价值减损之间的联系总体上过于微弱，不足以成为第三国行使立法管辖权的正当根据，而且前面所述的其他考虑因素也同样可以反驳这一管辖权。

17. 一国将本国法律适用于外国国民在境外实施、并且未对该国产生实质性效果的网络行动，这是不被许可的。因此，如果一个网站是由外国国民在一国境外运行，且未具体指向特定国家的人或物，就不受该国管辖，除非在该国境内产生了实质性和可预见的后果。

18. 专家们提醒，必须将效果原则与作为行使域外管辖权依据的保护性原则（规则10）以及主观和客观属地原则区分开来。效果原则也不妨碍这一问题上任何可适用的条约规则。

19. 一国制定法律惩罚外国国民在其境外实施、并且在其本国是合法的网络行动，可能会侵犯有关外国的合法利益和主权。例如，一国一般不得仅仅因为外国非政府组织在位于其母国的网站上进行的线上活动批评了该国领导人、对其某些内政外交政策提出了否定性意见或者鼓励尊重人权，而制定法律来规制这些活动。对此行使管辖权将破坏非政府组织母国的法律秩序。但是，一国可依据效果原则，对发生在境外但导致对该国政府使用暴力的网络活动加以禁止，即使这些活动在发生地国家不是犯罪行为。专家组认为这些情形必须在个案基础上进行评估。

20. 基于属地原则行使任何形式的管辖权都受国际法规定的有关管辖权权限的限制。[①] 有些限制是普遍认可的，包括主权豁免（规则5和规则12）、外交与领事豁免和不可侵犯（规则39、规则41~42和规则

---

① *See*, *e. g.*, OPPENHEIM'S INTERNATIONAL LAW, at 458, 475 – 476; SHAW'S INTERNATIONAL LAW, at 478.

44）、外国船舶和航空器的无害通过权（规则 48）、过境通行权（规则52）或群岛海道通行权（规则 53）。

规则 10 域外立法管辖权

一国可就下列网络活动行使域外立法管辖权：

（1）本国国民实施的；

（2）在拥有本国国籍的船舶或航空器上实施的；

（3）外国国民实施的旨在严重损害本国基本国家利益的；

（4）一定条件下外国国民针对本国国民实施的，或者

（5）根据普遍性原则构成国际法上犯罪的。

1. 规则 9 规定了一国可对其境内的网络基础设施、网络活动以及进行此类网络活动的人行使管辖权，而本规则规定一国对其境外的上述事项和人行使立法管辖权的范围。

2. 一国对于在其境外实施网络行动的人、网络基础设施以及网络活动行使立法管辖权时，必须合理且应当尊重他国利益。① 专家们的结论乃是基于这一事实，即一国规制对其有影响的网络活动的权力，与他国主权及其国民利益应受尊重之间应该进行合理的平衡。专家们同时还认为，在合理赋予对网络活动的司法管辖权方面，应当考虑国际社会的整体利益。因此，如果将管辖权扩大到与主张管辖权的国家没有实质联系的人或活动，或者行使管辖权会不必要地侵犯外国主权或处于该国境外的外国国民利益，这不仅会导致国际局势紧张化，在某些情况下甚至会构成国际不法行为（规则 4）。

3. 例如，一国根据保护性原则将在境外的外国国民在网上批评该国领导人或该国人权记录的行为列为犯罪，就很可能被视为不合理（参见第 3 项）。同样地，国际专家组认为，立法限制在境外的外国国民在社交媒体上发布本国国民照片，也无法以消极属人原则（参见第 4项）作为正当根据，因为该立法限制既不合理，又会不当干预他国有

---

① See, e.g., MANN 1964, at 45 – 47; MANN 1984, at 20 – 21; OPPENHEIM'S INTERNATION-AL LAW, at 467 – 468, 475 – 476; Restatement (Third), Sec. 403.

关言论自由的国内政策（规则 35）。

4. 本规则第 1 项规定了基于国籍对从事网络活动人员的立法管辖权。一国可以通过将国内法适用于本国国民在境外的行为来行使立法管辖权。① 尽管大多数国家对本国国民的境外活动行使立法管辖权时都倾向于考虑其他国家的利益，将管辖范围仅限于对本国法律的严重违反或特定类型的犯罪，国际法并不禁止一国将其管辖权扩大至具有该国国籍的自然人或法人在境外实施的任何犯罪，包括涉及网络活动的犯罪。一些国家也将基于国籍的管辖权扩展至永久居住在该国的外国国民。

5. 国籍建立在自然人或法人（如公司）与国家之间关系的基础上。国籍主要受国内法规制，但也会受到国际法上施加的某些限定以及条件，如禁止对从事网络活动的公司武断地赋予法人国籍。就自然人而言，其国籍的获得通常是基于出生地（出生地主义）；父母一方或双方的国籍（血统主义）；婚姻；收养；归化；与该国的种族或语言联系；是该国国民的后代；有人主张也包括永久居留权。至于法人，其国籍主要基于总部所在地或者其主要经济和法律运营发生地（住所地主义）。② 一国常常拒绝认可别国将国籍赋予与其没有实际联系的自然人或法人。

6. 一国可对其国民在境外从事或实施的各种网络活动行使立法管辖权。例如，一国可根据其国内法，将该自然人、法人所实施的知识产权网络侵权、涉及敏感技术信息转让的网络行动规定为犯罪。同样，一国也可制定法律或规章来规范完全发生在境外、由其本国自然人或法人实施、但违反该国或者超国家机构所颁布的制裁或者禁令措施的数字金融交易。这里需要特别注意的是，一国可对境外的本国国民通过网络活动针对其母国或他国政府的煽动暴力行为行使立法管辖权，并将其列为犯罪。就针对他国政府的暴力煽动行为而言，正如第 3 项所讨论的那样，该外国也可基于保护性原则行使立法管辖权。

7. 这里应特别提及军队，因为他们经常在境外行动，且成员中可

---

① *See* OPPENHEIM'S INTERNATIONAL LAW, at 462 – 466; SHAW'S INTERNATIONAL LAW, at 479 – 482; MANN 1964, at 88; Restatement (Third), Sec. 402 (2).

② *Barcelona Traction* judgment, para. 70.

能有其他国家国民。一国的军队根据这一事实本身就可被认为"属于"该国，而不用考虑个体成员的国籍。因此，一国可不管其军队个体成员的国籍，就其从事的网络活动而对有关成员行使刑事立法管辖权。

8. 应当注意的是，个别专家将一国对其国民从事的网络活动的管辖权与对这一网络活动所创建数据的管辖权进行了区分，认为对于数据的管辖权通常不能等同于对其国民的网络活动的管辖权。但所有专家均认为数据所在国对于数据具有完全管辖权。

9. 本规则第 2 项规定船只和航空器的国籍是登记地国。登记地国，也被称为"旗国"，有权对于船舶或航空器上发生的网络活动及进行网络活动的人行使管辖权。① 此外，他国也可对船舶或航空器上的本国国民行使立法管辖权。例如，旗国可将通过其船舶及航空器走私毒品或进行非法武器交易的行为列为犯罪。举例来说，被禁止的行为包括使用移动网络来协调在船舶或航空器上进行的犯罪活动。需要注意的是，第 2 项规定不适用于航天器和外层空间活动。关于这一主题，详见规则 59。

10. 本规则第 3 项规定的是基于国家安全的管辖权，又称为保护性原则。一国有权基于保护性原则对外国国民在境外实施的危害国家安全、国家财政支付能力及金融稳定和其他国家基本利益的网络活动行使立法管辖权。② 尽管此类管辖权的范围并非十分确定，但一般认为，只有在涉及国家基本利益的情况下才能够行使。

11. 此类涉及国家基本利益的行为通常包括：对一国主要政府官员的生命和人身安全的侵害行为；暴力推翻一国政府或严重损害政府基本职能或危害国家安全的行为，如恐怖袭击；以及严重破坏一国财政支付能力及金融稳定的行为，如伪造货币或严重危害一国银行及金融体系的行为。鉴于网络能够使这些行为的实施更加便利，一国原则上可以对此类行为行使保护性管辖权。例如，一国可以立法保护其在境外的军事指

---

① *See* OPPENHEIM'S INTERNATIONAL LAW, at 479 – 484; SHAW'S INTERNATIONAL LAW, at 443 – 445; Restatement (Third), Sec. 402 commentary (h), Sec. 502 (2) and commentary (d). *See also* Law of the Sea Convention, Art. 92 (1); Chicago Convention, Art. 17.

② *See*, *e. g.*, OPPENHEIM'S INTERNATIONAL LAW, at 466 – 467; MANN 1964, at93 – 94; SHAW'S INTERNATIONAL LAW, at 484 – 485; Restatement (Third), Sec. 402 (3) commentary (f).

挥、控制和通信系统免受外国国民在境外实施的严重危害行为的破坏；禁止在其境内使用网络煽动暴力；以及禁止在社交媒体或网络虚拟空间招募本国公民从事恐怖活动。需要注意的是，对此类犯罪行为也可能基于其他管辖依据来主张管辖权。

12. 依据本原则主张的管辖权与依据效果原则（规则9）主张的管辖权存在一定程度的交叉，但两者是有区别的。保护性原则仅适用于有限的罪行范围内，且不必然要求效果发生在一国领土上。基于效果原则的管辖权则要求一定要有效果，但不局限于某种特定的罪行。然而，这两类管辖权原则相辅相成，有些网络活动同时满足二者的要求。例如，某些拥有海外资产的国家，就可对侵犯其海外资产的网络犯罪行为行使立法管辖权，因为对有关资产的盗窃、损害与泄露数据会扰乱一国法律秩序。在此类案件中行使的管辖权乃是基于效果原则。同时，如果此类网络活动严重到将危害一国的财政偿付能力，该国也可基于保护性原则行使立法管辖权。

13. 本规则第4项是对消极属人（也称为消极国籍）原则的规定。消极属人管辖权的范围包括外国国民在境外对其本国国民实施的犯罪行为，比如劫持载有该国国民的航空器或从事其他针对该国国民的有组织恐怖活动。如今，通过网络实施此类犯罪越来越容易。尽管对消极属人管辖曾经存在争议，现在则在特定种类的罪行上，在考虑相关情况后，普遍接受将该原则作为行使域外管辖权的基础。这些情况包括对他国主权、他国与其国民之间关系的尊重，以及对正当程序的维护等。只要这种管辖权的行使是合理的、不会不适当地侵犯另一国主权或法律秩序，或者不会使外国国民因其不能合理预见构成犯罪的行为受到刑事追诉，这种管辖权的行使总体上已经被接受。

14. 例如，对一国国民实施了恐怖主义行为的一个组织通过网络在境外征募外国国民，即便该招募行为以及恐怖袭击完全发生在该国境外，该国将有关组织的网络招募行为列为犯罪也可认为是合理的。在这种情况下，进行立法的国家在防止对本国国民的恐怖袭击方面具有合理且为国际认可的利益，其所采取的也正是适合保护这种利益的措施。但是，如果一国对境外外国人为同样处于境外的该国国民提供医疗服务而行使刑事管辖权，消极属人原则就不能为此提供正当根据。这一行为不在消极属人管辖权所涉及的有限行为范围内。另外，就其侵犯医疗服务提供地国确定其境内的医疗服务应如何提供的主权的程度来说，该国行使刑事管辖权也是不合理的。而且，医疗服务提供者通常也无法合理地知道其行为在服务接受者国籍国是犯罪行为。

15. 本规则第 5 项是对普遍管辖原则的重申。根据该原则，一国可以（在某些情况下则是负有条约上的义务）将其立法管辖权扩及某些国际法上公认的罪行，而不论犯罪行为人、受害人的国籍为何，也不论行为实施的地点是否在其境内。① 此类犯罪也可借助相关网络活动来进行。然而，许多国家根据该原则行使管辖权时，会在其国内法中规定一个条件，即此种类型的国际犯罪与其领土或本国国民应存在某种联系。

16. 国际专家组认为，习惯国际法及国际公约均认可的可行使普遍管辖权的犯罪包括海盗、奴隶贸易、种族灭绝罪、反人类罪、战争罪和酷刑等。② 同时也有必要对这种（习惯）国际法上的罪行和规定了多种管辖权依据的多边公约下的罪行加以区分。劫持航空器、威胁民用航空器安全和海上安全、袭击应受国际保护人员、恐怖主义劫持人质、恐怖主义融资以及恐怖主义爆炸等犯罪行为，都属于上述罪行的范畴。此外，国际公约通常要求对犯罪嫌疑人要么进行起诉，要么加以引渡（或起诉或引渡）。

17. 国际专家组注意到所有专家们都不赞成的一种观点，即根据现行习惯国际法，除了海盗活动之外，一国不能对其他犯罪行为行使普遍管辖。支持这一观点的人认为，依据普遍性原则行使管辖权的国家实践以及法律确信相对缺乏。

18. 就网络活动构成了国际法上犯罪的实质要件来说，这一活动也属于普遍管辖的范围。比如，在武装冲突时通过网络攻击在平民中制造

---

① See OPPENHEIM'S INTERNATIONAL LAW, at 469 – 470; SHAW'S INTERNATIONAL LAW, at 485 – 489; Restatement (Third), Sec. 404; THE LAW OF STATE IMMUNITY, at 80 – 81.

② 关于针对侵略罪的普遍管辖权，国际专家组认为相关法律尚无定论。

恐怖（规则98），或是入侵一国人口普查系统获取特定种族国民名录以进行种族屠杀，这些行为都属于普遍管辖权的范围。

规则11 域外执行管辖权

一国只能基于下列情形对人、物和网络活动行使域外执行管辖权：

（1）国际法赋予的特定权力；或者

（2）外国政府对在其境内行使管辖权的有效同意。

1. 根据主权原则（规则1），一国对网络基础设施、网络活动以及从事该网络活动人员行使执行管辖权通常限于在该国境内，及在该国登记的船舶和航空器上。因此，在另一国境内行使执行管辖权构成对该国主权的侵犯（规则4），除非国际法赋予了行使域外管辖权的特定权力或者获得了所在地国的同意。①

2. 关于外层空间活动和物体的执行管辖权，见规则59。

3. 正如第1项所指出的，一国可以根据条约或习惯国际法的具体规定，对与网络有关的特定活动或者为特定目的行使域外执行管辖权。条约或习惯国际法对域外执行权力的授权必须是明示的，也就是说，它不能是基于一般国际法其他规则的暗示。

4. 在国际法上有许多这样的授权。例如，沿海国家可以依据海洋法规定，在某些海域为特定目的行使执行管辖权，诸如专属经济区、毗连区、大陆架（规则45~53）。国际公约和习惯国际法也允许国籍国分别在国际水域、国际空域和外层空间对其船舶、航空器和航天器行使执行管辖权。尽管没有专门的网络领域国际法赋予相应的执行权力，但国际专家组一致认为，上述基础上的执行管辖权也可以延伸至在这些领域进行的网络行动。

5. 国家在公海上、在专属经济区以及在任何国家管辖范围以外的地方都对海盗犯罪享有域外执行管辖权（规则46）。不论船旗国或者海

---

① *Lotus* judgment, at 18. IAN BROWN LIE, PRINCIPLES OF PUBLIC IN TERNATION AL LAW 478 – 479 (8th edn, 2012); Michael Akehurst, *Jurisdiction in International Law*, 46 BRIT. Y. B. Int'L. L. 145, 145 – 151 (1972 – 1973).

盗国籍国是哪一国家，上述管辖权都可以行使。举个例子，如果一国在另一国的专属经济区通过使用访问控制列表来切断从事海盗活动船只的互联网流量，那么这种行使执行管辖权的行为是合法的。

6. 在交战占领（规则 147～149）期间，占领国可以行使某些形式的执行管辖权，包括对在被占领土上实施的网络活动。

7. 根据第 2 项的规定，一国也可以依据另一国的有效同意（规则19），在后者境内，以及在悬挂后者国旗的船舶、航空器和航天器上行使执行管辖权。该同意可以是临时作出或基于条约方式作出。例如，国际专家组一致认为，未经一国的同意，另一国的执法机关不可侵入该国境内的服务器以获取证据，或者对被用于犯罪目的的"僵尸"使用所谓的"白色蠕虫"进行杀毒（除非第 1 项允许这样做）。

8. 专家们指出，有时可能无法或难以可靠地识别可行使域外执行管辖权的电子证据或其他数据所在国。他们一致认为，国际法没有确定地解决这种情况。因此，对于一国在这种情况下是否可以通过对此类证据或数据采取执法措施来行使域外执行管辖权，无法达成共识。

9. 对执行管辖权的同意有时通过条约方式作出。常见的有驻军地位协定，派遣国据此对其驻扎在接受国的军队（包括实施网络行动的成员）拥有专属的、主要的或并行的执行管辖权和司法管辖权。[1] 条约还可以规定由国家官员之外的个人作出对于行使某些域外执行管辖权的同意。例如，《网络犯罪公约》允许缔约国"通过其境内的计算机系统，访问或接受位于另一方境内的计算机存储数据，假若该缔约国已从具有通过该计算机系统向该国披露数据合法权限的个人处取得其合法自愿的同意"。[2] 在这种情况下，相关缔约国之间已就通过上述程序获取计算机数据事先达成了共识，因而符合第 2 项的规定。

10. 同意——无论是临时作出还是依据条约——均受制于同意国施

---

① TERRYD . GILL & DIETERFLECK, THE HAND BOOKON THE LAW OF MILITARY OPERA-TIONS 94 (2010).

② Convention on Cybercrime, Art. 32（b）. *See also* Arab Convention on Information Technology Offences, Art. 40（2）.

加的条件。① 例如，根据上述《网络犯罪公约》，如果拥有披露数据之合法权限的个人同意披露数据，就视为缔约国作出了同意。② 若没有相反的协定，同意可以由同意国在任何时间以任何理由修改或撤回。

11. 联合国安理会可以授权行使域外执行权，以实施依据《联合国宪章》第 41 条规定的制裁措施（规则 76）。例如，安理会可以授权封锁某特定国家的网络，从而切断其大多数的互联网接入。要说明的是，这种措施，除非涉及打击海盗或其他犯罪活动，否则就不构成国家域外管辖权的行使，而是致力于维持或恢复《联合国宪章》项下国际和平与安全的措施。

12. 国际专家组承认，在网络环境下，确定执行管辖权是属地性质还是域外性质可能是复杂的。特别是，专家们讨论了如果数据存储在位于境外的服务器，则访问可公开获得的电子数据（如在互联网上的数据）是否相当于行使域外执行管辖权。在专家们看来，基于该类数据可在其本国公开获得的事实，一国在这些情况下行使的是域内管辖权，而不是域外管辖权。③ 他们在这方面的结论不妨碍国际人权法的规定（第六章）。

13. 专家们还考虑了数据存在于互联网但并不能公开获取的情形，比如那些封闭在线论坛、聊天频道或者私人互联网主机服务中的内容，它们在公开搜索引擎上无法检索到，或者隐藏在所谓"暗网"（dark web）中。在专家们看来，只要数据是在有关国家就可以获取，就可以得出同样的结论。即使是受到密码或其他方式受保护的数据也是如此。例如，如果一国执法机关能够利用虚假身份，获得一个服务器在境外、但可被本国的一名或多名用户访问的封闭在线论坛的登录凭证，在专家

---

① *See*, *e. g.*, MANN 1984, at 34 – 38; Restatement (Third), Secs. 432 – 433.

② Convention on Cybercrime, Art. 32 (b).

③ *See also* Convention on Cybercrime, Art. 32 (a); Arab Convention on Combatting Information Technology Offences, Art. 40 (1); International Association of Penal Law (AIDP – IAPL), XIXth International Congress of Penal Law, Information Society and Penal Law, Sec. IV, General Report, at 19; International Association of Penal Law (AIDP-IAPL), XIXth International Congress of Penal Law, Information Society and Penal Law, Sec. IV, General Report, Final Resolution, at 8 – 9.

们看来，从本国境内进入论坛时，该国行使的就是域内执行管辖权。

14. 必须将这种情况同数据本非供一国境内个人获取的情形区分开来。存储在一台境外私人电脑上的数据就是一个例子——即使该电脑连接到互联网，也不意味着他人可以访问有关数据。因此，举例来说，如果执法机关侵入犯罪嫌疑人位于另一国境内的电脑，就是在那个国家行使执行管辖权，这种活动需要取得另一国的同意或者依国际法获得明确的授权。

15. 国际专家组还讨论了执法机关直接联系外国私人主机服务提供商获取境外数据（通常是为订阅用户提供的或者关于流量的信息）的情形。专家们认为，涉及的私人实体没有法律义务满足此类要求。然而，只是直接向私人实体提出请求，而非通过相关政府机构提出，这是否构成禁止行使域外执行管辖权的情形，专家们对此的正反意见基本持平。一些专家认为，由于服务提供商持有的信息是不公开的，对其获取需有国际法上的明确授权或者有对所寻求数据享有执行管辖权的国家的同意。其他专家则认为，仅仅直接向私人实体提出非强迫性的请求，对请求国而言，并没有达到干涉另一国在其境内行使专属执行管辖权的程度。

16. 专家们考虑了一国是否可以对拥有该国国籍的个人或私人实体存储在境外的数据实施单方面执行措施的问题。他们认为，个人或私人实体具有一国国籍的这一事实本身，并不能赋予那个国家对其数据行使域外执行管辖权的权力。然而，专家们进一步补充认为，如果个人或私人实体位于该国，则该国可以基于诸如未能与当局合作等理由，对个人或私人实体本身行使执行管辖权。

17. 以一个营业地在甲国、其数据存储于乙国的私人实体为例。丙国在开展执法活动时想要访问那些数据。专家们认为，甲国的同意对于允许丙国远程访问位于乙国境内的数据是不够的。远程访问数据将会构成丙国在乙国行使执行管辖权，这就需要国际法上的特定授权或者乙国的同意。然而，专家们也强调，甲国可以对该私人实体行使其管辖权，例如要求它向丙国提供相应数据。

规则 12 国家管辖豁免

一国不得对依国际法享有豁免的从事网络活动的人或网络基础设施行使执行管辖权和司法管辖权。

1. 本规则仅适用于国家享有的外国管辖豁免，即该国的国家机关（规则 15）、财产和资产豁免于另一国的执行和司法管辖。有关管辖的其他限制出现在本手册的其他地方，例如规则 39、规则 41～42 和规则 44 关于外交和领事豁免及其不可侵犯性的相关规定。同时，必须将本规则同规定主权豁免及主权豁免平台不可侵犯的规则 5 区分开来。

2. 依据习惯国际法，国家通常对非商业性活动和纯属政府职能性质的行为享有不受他国管辖的豁免权。例如，除非在某些有限的情形下，例如经国家同意（规则 19），一国国内法院不得对他国非商业性的政府职能性质的网络活动行使司法管辖权。

3. 国家元首、政府首脑以及外交部长等高级官员，只要是在位期间，其与网络有关的个人行为和职务行为都对外国的执行管辖和外国法院的诉讼程序享有绝对的人身豁免（属人原则）。① 例如，如一国国家元首命令实施违反另一国国内法的网络行动，他对于该行为享有豁免权。需要提醒的是，哪些高级官员应享有人身豁免问题在国际法上尚未解决。

4. 国家官员对其担任公职时在本国实施的公务行为，包括与网络有关的行为，享有职能性豁免权（属物原则）。② 至于职能性豁免能否适用于外国国家官员身在外国期间并在该外国境内实施的与网络有关的公务行为，国际专家组对此无法达成一致意见。

5. 根据大部分专家的观点，代表甲国的官员或其他个人在乙国境内停留期间，在得到乙国许可的情形下，在许可范围内实施的公务行为

---

① *Arrest Warrant* judgment, paras. 54, 58.

② THE LAW OF STATE IMMUNITY, at 538－546（阐述了对国际犯罪行使普遍管辖权的国家豁免问题）。

应享有职能性豁免。① 依该观点，并不需要有授予豁免权的特别协定。例如，在接受国同意的情形下，派遣国派情报官员代表团到接受国，与接受国的情报官员执行联合行动。作为联合行动的一部分，派遣国情报官员实施了包括侵入接受国受限制网络的行为。这些专家认为，有关情报官员在接受国国内法上享有职能性豁免权。

6. 少数专家认为代表外国的官员，就他们在行使执行或司法管辖权的国家境内实施的与网络有关的行为，一般不享有职能性豁免权，除非他们属于前述享有人身豁免的高级官员范围并因此享有人身豁免；或者是经同意进入一国，在同意范围内从事有关行为，并根据有关国家之间的特别协定（如驻军地位协定）而享有豁免权，或者得益于特别使团成员所享有的任何豁免权（第七章引言）。

7. 外国官员享有的职能性豁免是否适用于违反强制规范（规则19）或者构成国际犯罪特别是种族灭绝罪、反人类罪、战争罪和侵略罪并可以行使普遍管辖（规则10）的网络活动，这是一个尚无定论的问题。国际专家组认为，尽管对于违反强制规范和构成国际犯罪的行为，目前的法律确信和国家实践还未完全接受应在各国之间中止或者排除职能性豁免的主张，但也存在很多关于国际罪行不能主张职能性豁免的观点。这个问题与普遍性原则下的管辖权范围相关。②

8. 享有豁免权的外国财产包括：外国国家所有或经营的用于非商业性的、纯属政府目的的建筑物、装置、船舶、航空器和空间物体等。例如，一国用于非商业性的、政府目的的网络基础设施，不得被另一国法院或政府官员扣押或者没收。军用船舶、航空器和其他具有军事性质的国家动产或不动产及设备（包括军用网络基础设施），根据这一事实本身均属于非商业性的政府性质。因危难或者紧急情况而临时出现在另一国境内的外国航空器或船舶及其船员和货物，在确保其能重新安全上

---

① THE LAW OF STATE IMMUN ITY, at 564 – 565.

② 多起案件分析了这一问题但得出了不同结论，因而产生了更多争议。这些案件包括：the *Arrest Warrant* judgment, paras. 53 *et seq.*（大多数法官提出了个别意见或反对意见）；*Jurisdictional Immunities of the State*（*Ger. v. It.*, *Greece intervening*）2012 ICJ 99（3 February）；*In Re Pinochet*（HL）（15 January 1999）.

路之前享有豁免权。①

9. 一些多边、地区和双边国际条约都包含在某些方面与前述习惯法上的豁免不同的豁免权条款。② 一般来说，相关习惯规范成型后通过国际协定实施的豁免权规定，将在协定当事国之间优先适用。③

10. 国际专家组一致认为，如果在另一国境内的网络活动是依有关协定之规定或经同意开展的，则用于经同意的非商业性政府活动或目的的网络基础设施也同样享有豁免权。例如，若一国同意另一国在其境内为执法目的进行网络监控，在符合相关国家间协定（或符合上述习惯国际法）的前提下，用于此类用途的电脑、其他相关设备、软件和数据将享有豁免权。

11. 豁免权还可扩展至实施活动所必需的网络通信，如对于活动实施人和派遣国之间的虚拟专用网络通道，接受国不得干涉通过司法授权监视通信来加以干涉。同类豁免权也适用于派遣国军队根据驻军地位协定运行的网络行动中心。有关官方外交或领事通讯不可侵犯的讨论，见规则41。

12. 在国际性武装冲突的交战国之间，豁免权原则上暂停实施（规则82）。武装冲突法的相关条款，主要是规定冲突期间包括国家军队和文职官员在内的个人以及包括网络基础设施在内的国家财产的地位。虽然爆发了冲突，但这并不损害外国外交官和外交馆舍所享有的外交豁免权（规则44）。非武装冲突当事国的第三国的豁免权不被中止，但可能会受中立法的限制（第二十章）。例如，在乙国和丙国发生冲突期间，甲国的一位外交官被派遣至乙国，并为丙国从事间谍活动。虽然该外交官在乙国仍享有外交豁免权，但应当注意的是，因为他构成甲国政府机关，甲国将违反其中立法上的义务（规则152）。

13. 前述对豁免权的讨论不影响在有管辖权的国际法院或法庭进行的诉讼中，有关根据国际法被指控犯罪的任何官员是否享有豁免权的法

---

① Law of the Sea Convention, Art. 18.

② 相关例子包括《管辖豁免公约》、1972 年 5 月 16 日通过的《欧洲国家豁免公约》ETS No. 74. 以及若干关于驻军地位、领事代表等问题的双边条约。

③ Vienna Convention on the Law of the Treaties, Art. 31 (3) (c).

律的适用。①

规则 13　国际执法合作

尽管一般情况下，各国没有义务在网络犯罪的调查和起诉上进行国际合作，在可适用的条约以及其他国际法义务中可能会要求开展有关合作。

1. 国际专家组认为，习惯国际法没有一般地要求国家之间在国内刑法事项上进行合作，即使这类事项具有跨国性质也是如此。然而，国家间寻求开展国际合作的某些网络犯罪，可能在各国政府为了合作应对有关犯罪而达成的条约中加以规定。

2. 本规则中的"网络犯罪"，包括完全以网络手段实施的犯罪（如恶意的黑客攻击等）和传统的非网络犯罪（如可借助网络手段实施或完成的恐怖袭击等）。

3. 要求国家间在网络犯罪调查和起诉上进行合作的国际条约，既可以是规定刑事合作的一般条约，也可是专门针对网络犯罪的条约。然而，国际专家组还指出，规定国际合作的条约的适用范围可以有所限制，也可以规定拒绝合作的各种条件。例如，条约可以将引渡的适用限制于某些特定类型的犯罪或者达到一定严重程度的犯罪行为。②

4. 国际性或区域性打击网络犯罪的条约有时也包括关于国际合作的规定，现有例证如欧洲委员会《网络犯罪公约》和《阿拉伯国家联盟打击信息技术犯罪公约》。对于针对计算机系统与数据的网络犯罪的调查与诉讼程序中以及在关于任何犯罪的电子证据收集中的相互合作，这两个协定进行了规定。③ 此外，那些更为广泛地规定在犯罪事项上进

---

① *Arrest Warrant* judgment, para 61. 由联合国安理会所设特设法庭的规约以及《罗马规约》都排除了国家豁免权。See, e. g. , Rome Statute, Art. 27; ICTY Statute, Art. 7 (2); ICTR Statute, Art. 6 (2).

② See, e. g. , Convention on Cybercrime, Art. 24; Arab Convention on Combating Information Technology Offences, Art. 31.

③ Convention on Cybercrime Arts. 23, 25, 27; Arab Convention on Combating Information Technology Offences, Arts. 32, 34 – 35. *See also* Commonwealth of Independent States' Agreement on Cooperation in Combating Offences Related to Computer Information, Arts. 5 – 6.

行合作的双边公约，构成了一个巨大的网络。①

5. 在一些并非专门处理犯罪事项国际合作问题的条约中，也有关于国际合作的条款。例如，很多反恐怖主义公约都规定，缔约国应当在调查和诉讼阶段进行通力合作以打击恐怖主义行为。② 在这种情况下，当相关活动是通过网络实施或存在涉及有关犯罪的电子证据时，各国应承担相互合作的义务。

6. 根据国际刑事法院规约，在法院审理涉及网络活动的案件时，各国政府对其负有协助义务。③ 此外，具有约束力的联合国安理会决议也可以要求与国际法庭的合作。④

7. 在各国打击网络犯罪的相互合作中，"一事不再理"和双重犯罪原则极为重要。前者是指任何人不得就同一犯罪行为遭受重复审判和定罪。尽管其是否属于习惯国际法的性质存在一定争议，这一原则通过各类条约（尤其是引渡条约）而得以适用。⑤ 双重犯罪原则是指，与合作请求相关的网络活动必须在请求国和被请求国都构成犯罪。例如，《网络犯罪公约》和《阿拉伯国家联盟打击信息技术犯罪公约》都规定，不符合这一原则可成为拒绝合作的任择性理由。⑥ 对于网络活动，因各国对网络犯罪的定罪规定存在差异，该原则带来了许多实践问题。⑦

---

① 一项关于此类条约解释和适用的争议，曾是国际法院"互助中的某些问题案"判决的核心问题。

② See, e.g., International Convention for the Suppression of Terrorist Bombings, Art. 7 (1 - 2), 15 December 1997, 2149 UNTS 284; International Convention for the Suppression of Acts of Nuclear Terrorism, Art. 7 (1) (b), 14 September 2005, 1987 UNTS 125.

③ See, e.g., Rome Statute, Arts. 86 - 87, 89, 91 - 93.

④ See, e.g., SC Res. 1593, para. 2, UN Doc. S/RES/1539 (31 March 2005); SC Res. 1970, para. 5, UN Doc. S/RES/1970 (26 February 2011).

⑤ See, e.g., The Bolivarian Agreement on Extradition, Art. 5, 18 July 1911, 29 AM. J. IN T'L L. S UPP. 282 (1935).

⑥ Convention on Cybercrime, Arts. 24 (1), 25 (5), 29 (3 - 4); Arab Convention on Combating Information Technology Offences, Arts. 32 (5), 37 (3 - 4).

⑦ 爱虫病毒就表现了双重犯罪原则适用的挑战。2000年，爱虫恶意软件感染了世界范围内数百万公共和私人电脑，导致了数十亿美元的损失。执法机构（尤其是美国和菲律宾的执法机构）密切合作，很快确定了恶意软件的制造者和传播者。但是，根据当时菲律宾的刑法，传播计算机病毒以及非法入侵计算机系统并不构成犯罪；而且菲律宾的合作架构也规定了双重犯罪原则。因此，由于不存在双重犯罪行为，罪犯无法引渡到美国。

8. 有些条约中含有对犯罪嫌疑人或起诉或引渡的规定。^①例如，有些专门针对网络活动的条约规定，如果因被请求引渡人的国籍或者被请求国认为其对于引渡请求所指的犯罪拥有管辖权而拒绝引渡，则该国应当对该被请求引渡人提起诉讼。^②这些条约也采纳了执法合作方面的传统限制以及拒绝提供协助的理由。例如，《网络犯罪公约》和《阿拉伯国家联盟打击信息技术犯罪公约》就规定了一些拒绝合作的任择性理由，如犯罪的政治性质，或者是对被请求国的主权、安全、公共秩序或其他基本利益造成侵害。^③一国基于上述理由拒绝引渡时必须秉承善意义务，如果公约中有相关的规定，还应当提供拒绝的理由。^④

9. 各国可同意为加快条约当事国之间的交流提供便利。例如，《网络犯罪公约》的缔约国应当指定可以随时联系的联络人，以备在刑事调查时及时提供协助。^⑤各国也可以建立法律协助机制，及时向外国当局披露在调查中获得的信息。^⑥国际性及区域性执法机构在国际合作中起着举足轻重的作用。例如，国际刑警组织数字犯罪中心和欧洲刑警组织网络犯罪中心就专门致力于合作打击网络犯罪。^⑦

10. 一国国内法可对该国如何提出和接受合作请求作出规定。同样地，在网络犯罪调查中普遍存在的非正式合作，也应遵从国内法上的

---

① Final Report of the International Law Commission, 66th Sess., VI, The Obligation to Extradite or Prosecute (*aut dedere aut judicare*), GARes. A/69/10 (2014), at 143.

② Convention on Cybercrime, Art. 24 (6); Arab Convention on Combating Information Technology Offences, Art. 31 (6).

③ Convention on Cybercrime, Art. 27 (3); Arab Convention on Combating Information Technology Offences, Art. 35.

④ *Certain Questions of Mutual Assistance* judgment, paras. 145 – 152.

⑤ Convention on Cybercrime, Art. 26 (2).

⑥ Convention on Cybercrime, Art. 26; Arab Convention on Combating Information Technology Offences, Art. 33.

⑦ 2015 年，美国联邦调查局和欧洲网络犯罪中心联合 20 个国家的执法机构，取缔了一个著名的关于犯罪的网络论坛（达扣得），并采取了多起涉及逮捕、搜查和扣押的行动。这都是机构之间成功合作的例子。Press Release, Europol, Cybercriminal Darkode ForumTaken Down through Global Action (15 July 2015); Press Release, US Department of Justice Office of Public Affairs, Major Computer Hacking ForumDismantled (15 July 2015).

指引。

11. 国际专家组指出，国际人权法有可能对打击网络犯罪的相互合作产生影响，特别是在隐私权方面（规则35）。专家们强调，任何对于可适用人权的限制都应当遵循规则37。

第四章 国际责任法

第一节 国家的国际不法行为

1. 本章中，第一节至第三节是以关于国家责任的习惯国际法为基础，这部分法律主要体现在国际法委员会的《国家责任条款》中，本章随后涉及的规则很大程度上就是以此为依据。[①] 就随后的规则所采纳的《国家责任条款》有关内容而言，国际专家组认为这些内容重述了习惯国际法。然而，国际专家组认识到，一些条款中的某些问题尚未得到确定，并非所有国家都将这些条款视为对习惯国际法的权威重述。[②] 这些问题如果影响到第一节至第三节提出的规则，将会在下面加以讨论。

2. 第一节至第三节涉及国家的责任。国际组织的责任见第四节。另外，第一节至第三节仅涉及国家在国际法上的责任。对于国家违反其国内法行为的责任，各国的国内法制度可能有不同的规定。

3. 在本手册中，"责任国"是指违反对另一国义务的国家，而被违反的义务所指向的国家被称为"受害国"。"援引"是指"采取较为正式的措施，例如对另一国提出或提起求偿，或在国际法院或法庭启动司

---

① 《国家责任条款》并不是条约，因而在国际法上没有约束力。然而，这些条款是由国际法委员会在 5 位特别报告员的带领下，历经超过半个世纪的时间完成的。完成之后，联合国大会向各国推荐了这些条款。GA Res. 56/83, UN Doc. A/RES/56/83（12 December 2001）. 截至 2012 年，这些条款和所附评注已经被国际法院、法庭或其他机构援引了 154 次。United Nations Materials on the Responsibility of States for Internationally Wrongful Acts, UN Doc. ST/LEG/SER B/25（2012）.

② 例如，在国际法委员会通过这些条款之前，美国声称："有关条款承认反措施在国家责任制度中发挥着重要作用，我们对此表示欢迎，但同时认为，条款草案对反措施的使用作出了没有根据的限制。" US 1997 Comments, at 1. See also US 2001 Comments, at 1. 美国政府在 1997 年和 2001 年的评论中，对美国关于"没有根据的限制"的观点进行了详细解释。

法程序"①，或采取反措施（规则 20）。②"行为"包括作为和不作为。

4. 国际专家组认为，关于国家责任的习惯国际法毋庸置疑地适用于网络活动。这部分法律包含的是国际法的次级规则，而不是初级规则。初级规则指的是那些规定国际法律义务的规则。违反初级规则将产生国家责任。次级规则规定承担国家责任的一般条件，以及违反初级规则的后果。例如，《联合国宪章》第 2 条第 4 项禁止使用武力（规则 68），这就是国际法上的一条初级规则。除其他外，国家责任法规定了将达到使用武力程度的网络行动归因于一国的法律标准，以及受害国可获得的国际法救济；这些都是次级规则。

5. 根据"特别法优于一般法"的准则，③ 各国可以相互接受针对特定网络行为或做法的责任规则，也可以相互接受不对特定网络行为或做法适用某些国家责任规则。例如，武装冲突法包含了若干违反有关法律时的国家责任特别规则。④

6. 国际专家组中的少数意见认为，国际法包含不同的"自足体系"。根据这些专家的解释，这类体系规定了会导致国家责任的一般规则不得适用的国际责任特别规则。例如，有观点认为，区域人权法属于规定了自身的救济措施的自足体系。

7. 国际法委员会在起草《国家责任条款》时试图努力解决这一问题，但并未就此表达确定的立场。相反，它强调了"特别法优先"的概念，将所谓的自足体系称为特别法优先的"强有力"形式。⑤ 专家组的多数意见也持相同立场。在他们看来，尽管条约和习惯国际法可以在特定情形下对国家责任作出专门规定，这类规则构成特别法，因而只是取代与之直接冲突的国家责任一般规则。关于责任的特别法规则在此不加讨论。

---

① Articles on State Responsibility, Art. 42, para. 2 of commentary.

② Articles on State Responsibility, Art. 42, para. 2 of commentary.

③ "Specific law prevails over general law". Articles on State Responsibility, General Commentary, para. 5, Art. 55.

④ 特别是，《海牙第四公约》第 3 条和《第一附加议定书》规定，武装冲突法的某些规则被违反时需进行赔偿。*See also* ICRC CUSTOMARY IHL STUDY, Rules 149 – 150.

⑤ Articles on State Responsibility, Art. 55, para. 5 of commentary.

8. 根据某些事实存在或不存在，国家责任法客观地适用于有关事实。例如，如果一国事实上对非国家行为体的网络行动行使了"有效控制"，该非国家行为体从事的这一特定行为就可归因于该国（规则17）。一般而言，举证责任、证据标准、举证方式等问题是司法或其他诉讼程序中的问题，需要由有关法庭来加以确定。的确，所要求的举证责任、标准、举证方式会因其被有关机构使用的目的不同而有所差异。

9. 然而，在采取单边自助措施时，现实状况是国家在作出应对前，必须先确定一个网络行动能否归因于另一国。尽管这样的确定可能事后要通过适用司法或其他机构所确立的标准来加以评估，实际情况是，该国可能不得不面对需要在极为短暂的时间内作出应对的情势，而无从获得在非网络背景下有可能获得的各种信息。

10. 关于对网络行动采取措施前在归因方面存在的不确定性，国际专家组认为，总体而言，国家在考虑对网络行动作出应对时，必须按照理性的国家在相同或类似情形下可能采取的方式行事。① 判断是否合理总是取决于具体的情况。除其他外，它取决于根据有关情况和所涉权利的重要性，对相关可获得情报的可靠性、总量、直接程度、性质（例如，技术性数据或是人工情报）和具体程度等因素进行的考量。这些因素必须加以综合考虑。例如，在网络背景下，技术性情报的欠缺可以通过高度可靠的人工情报来加以弥补。

11. 另外，国际专家组认为，在评估导致采取特定应对措施的归因是否合理时，还应考虑针对一国采取的网络行动的严重程度和任何可能的应对措施的有力程度。例如，专家们认为，一般而言，导致应对措施的不法行为越严重（这包括对有关初级规则的考虑），准备采取应对措施的国家对其所依靠的证据就应越有信心。② 这是因为，可允许采取的

---

①　国际法院在确定日本的捕鲸活动的评审标准是否合理时，强调了有关标准的客观性。*Whaling in the Antarctic* (*Austl. v. Japan*：*NZ intervening*), Judgment, 2014 ICJ 226, para. 67 (31 March).

②　*See Oil Platforms* judgment, para. 33 (separate opinion of Judge Higgins). *See also Corfu Channel* judgment, at 17; *Genocide* judgment, paras. 209 – 210; *Application of the Convention on the Prevention and Punishment of the Crime of Genocide* (*Croat. v. Serb.*), 2015 ICJ General List No. 118, para. 178 (3 February).

自助性应对（例如反报、反措施、危急情况和自卫）的有力程度随着违法行为的严重程度相应地增长。① 然而，专家们认为，对受害国采取的网络行动的严重程度也是一个相关的考量。例如，相比那些受到毁灭性网络行动、需要立即作出应对来终结有关行动的国家，遭受到仅仅是扰乱性的低层级网络行动的国家能够积累更多归因的证据。根本而言，在作出应对之前，归因的合理性必须考虑上面提到的以及其他的因素，根据个案进行评估。

12. 尽管国家必须始终像理性的国家在相同或类似情形下可能采取的方式行事，应当注意的是，特定的规则适用于特定类型的应对措施。例如，如规则 20 中所讨论的那样，国际专家组的多数意见认为，如果国家认定另一国违反了对其承担的义务并采取反措施，就需要自行承担这样做的风险。因此，尽管在有关情形下采取反措施也许是合理的，例如存在大量证据支持将网络行动归因于网络反措施所针对的国家，但如果有关归因的结论被证明存在缺陷，在国际专家组的多数意见看来，就不能排除国家的应对措施的非法性，因而该国自身就从事了一个国际不法行为（规则 14）。

13. 国际专家组考虑了以下问题：一国在根据国家责任法对网络行动作出应对时，是否有义务公开提供据以将该网络行动归因于另一国的证据？专家们认同的观点是：尽管这样做有助于谨慎地避免政治上和其他方面的矛盾②，但并没有充分的国家实践和法律确信来证明在国际法上存在该种义务（很大程度上是因为网络能力在大多数情况下都是高度机密的）。不过，他们也认识到，少数国家认为只要是对据称构成国际不法行为的网络行动采取措施，就有法律义务披露归因所依靠的证据。

14. 规则 15 ~ 18 涉及将网络行动归因于国家。一般而言，地理位

---

① 美国表达了这样的观点：可允许采取的反措施的范围不应仅取决于其他国家违反义务的"严重性"，还取决于"促使对国际不法行为负有责任国家遵守其义务所需的应对措施的程度"。*See* US 2001 Comments, at 5.

② *See*, *e. g.*, UN GGE 2015 Report, para 28（f）.

置这一要素在归因问题中作用有限。特别是，国家为了隐蔽其活动，可以从其领土之外发起网络行动。一个相关的例子是，一国指示（规则17）另一国的非国家行为体利用位于多个国家境内的主机组成僵尸网络，并以受害国为攻击目标。决定性因素是非国家行为体是否根据前一国家的指示来行事，而不是从事侵袭活动所在地。如规则 15 所讨论的那样，不能仅仅因为所涉及的团体或有关"僵尸"位于特定的国家内，就推定发起网络行动所在的国家或用以组成僵尸网络的电脑所在的国家应承担责任。应注意的是，如果领土国未能采取适当措施控制有关个人和网络基础设施，可能会产生审慎义务的问题（规则 6～7）。在此情况下，采取行动所在的国家可能另行对其未能采取所需要的救济措施负责，而不是通过对从事侵袭网络行动的归因。

规则 14　国际不法网络行为

国家应对与网络相关的行为承担国际责任，如果该行为可归因于该国并构成对国际法律义务的违反。

1. 根据国家责任法，国家对其国际不法行为承担"责任"。[①] 国际法院在许多场合确认了该原则的习惯法性质。[②] "国际不法行为"是符合下列条件的作为或不作为[③]：（1）违反对一国可适用的国际法律义务；并且（2）根据国际法可归因于该国。[④] 如果缺乏上述任何一个要素，对有关行为而言就可以排除国家责任。

2. 构成国际不法行为所要求的违反可包括对一国条约义务、习惯

---

① Articles on State Responsibility, Art. 1. *See also* UN GGE 2013 Report, para. 23; UN GGE 2015 Report, para. 28 (f).

② *See, e. g., Tehran Hostages*, generally; *Nicaragua* judgment, paras. 283, 292; *Gabčíkovo - Nagymaros* judgment, para. 47. 国际常设法院更早的时候就阐述过相同的原则。*See, e. g., Phosphates in Morocco* preliminary objections, at 28; *Wimbledon* judgment, para. 30; *Factory at Chorzow* (*Ger. v. Pol.*), judgment (jurisdiction), 1927 PCIJ (ser. A) No. 9, at 21 (26 July).

③ Articles on State Responsibility, Art. 2.

④ Articles on State Responsibility, Art. 2 and accompanying commentary. *See also Phosphates in Morocco* preliminary objections, at 28 (' [t] his act being attributable to the State and described as contrary to the treaty right of another State, international responsibility would be established immediately as between the two States'); *Tehran Hostages* judgment, para. 56.

国际法或一般法律原则的违反，"无论（有关义务的）起源或性质"①。因此，本规则适用于国际法上对责任国有约束力的所有义务。② 它包括违反一国对另一国承担的义务，以及那些对整个国际社会承担的义务（见规则 30 关于"对一切"规范的讨论）。

3. 在本规则中，"与网络相关的行为"这一术语被用于表述如下事实：一国有时会因它所从事或者可归因于它的并非网络行动的行为承担责任。例如，一国可能将其网络基础设施提供给非国家团体或其他国家使用，未能采取必要的措施终止从其境内发起的网络行动（规则 6~7），或者提供从事网络行动的硬件或软件。除其他外，这些网络活动属于本规则以及使用该术语的其他规则的适用范围。

4. 在网络空间这一领域，国际不法行为既包括对和平时期规则的违反，也包括对可适用于武装冲突的规则的违反。例如，一国如果在和平时期从位于沿海国领海内的船舶对该沿海国发起网络行动，则违反了无害通过制度（规则 48）。如果一国在武装冲突中对民用目标（规则 100）发起网络"攻击"（规则 92），则违反了武装冲突法（规则 99），并因此构成了国际不法行为。在那些一旦违反就构成国际不法行为的相关习惯规范中，特别突出的例子包括尊重主权（规则 4）、禁止干涉（规则 66）和禁止使用武力（规则 68）。

5. 国际法也会对国家施加需要采取积极行动的义务。未能遵守该义务是一种不作为，这也属于国家责任法意义上的违反义务。一国不遵守审慎义务（规则 6~7）就是一个例子。由于黑客等非国家行为体常常发起有害的网络行动，同时鉴于网络空间有可能被恐怖分子利用，国家采取措施控制其领土内发生的网络活动的义务就尤为重要。

6. 需要注意，"存在对国际法的违反"这一要求应加以严格解释。如果国家从事在国际法上明确允许（如根据《国际电信联盟组织法》中止服务，见规则 62）或不受国际法规制（如网络间谍或其他形式的

---

① Articles on State Responsibility, Art. 12.
② *Rainbow Warrior* arbitral award, para. 75; *Gabčíkovo - Nagymaros* judgment, para. 47.

情报收集，见规则32）的行为，就不会产生国家责任。① 就后者而言，国际法院曾指出："当国家的一个特定行为并不必然是在行使赋予该国的权利时，该行为也完全有可能并不违反国际法"②。

7. 即使国家对他国采取的某些网络行为是有害、令人不快或在其他方面不友好的，如果它们不构成对国际法义务的违反，国家并不会产生本规则意义上的法律责任。③ 例如，尽管一国中止同另一国的电子商务（比如屏蔽了某些商业网站）是不友好和在经济上是有害的，但一般而言并不会导致违反国际义务（如果没有违反特定的条约义务的话）。④

8. 根据国家责任法将网络行动定性为国际不法行为时，存在有形损害或伤害并非前提条件，除非损害是违反相关初级规则的要件。⑤ 例如，如果欧洲委员会《网络犯罪公约》的缔约国未能依照该公约第20条，就通讯数据实时收集采取立法或其他措施，即便这并不产生有形损害，仍构成对其他缔约国的国际不法行为。⑥

9. 造成损害的意图并不是构成国际不法行为的一般要求。⑦ 然而，必须对据称被违反的初级义务进行个案分析，以断定该义务是否包含这一要件。例如，禁止种族灭绝就要求存在"蓄意全部或局部消灭某一团体"。⑧ 对某些义务的违反要求存在过错、疏忽或没有尽到审慎（规则6~7）。在此情况下，只有符合了有关的特定要件才会产生责任。

10. 国家责任法上适用的"违反"概念，并不适用于对仅仅存在于国内法律秩序的规则的违反。相反，应由国际法来确定对另一国承担的义务是否被违反了。⑨ 以驻扎在国外但并未获准不遵守驻在国的互联网使用管理制度的武装部队为例，即使该武装部队没有遵守该制度在法律

---

① *Kosovo advisory* opinion, para. 84; *Lotus* judgment, at 18.

② *Kosovo advisory* opinion, para. 56.

③ Articles on State Responsibility, General Commentary, para. 4.

④ 非网络背景下一个类似的例子可参见：*Nicaragua* judgment, para. 276.

⑤ Articles on State Responsibility, Art. 2, para. 9 of commentary.

⑥ Council of Europe Convention on Cybercrime, Art. 20.

⑦ Articles on State Responsibility, Art. 2, para. 10 of commentary.

⑧ Genocide Convention, Art. Ⅱ.

⑨ Articles on State Responsibility, Art. 3.

上的要求，由于这并不存在对国际法律义务的违反，因而不会产生国家责任（除非相关的驻军协定规定应遵守有关条例）。

11. 一般而言，网络行动的国际不法性并不取决于发起该行动的地理位置。责任国可以从其本国领土、受害国领土、另一国领土、公海、国际空气空间或外空发起违反其国际法律义务的网络行动。需要提醒的是，某些国际不法行为的实施需在特定地理位置完成，特别是外空、空气空间和海洋。例如，违反无害通过制度（规则 48）要求有关船舶在从事某一网络行动时，正位于沿海国的领海内。

12. 除了违反国际法律义务外，与网络相关的行为还必须可归因于国家，这样才能列入本规则的适用范围。规则 15 ~ 18 对作为或不作为的归因进行讨论。

规则 15　国家机关的网络行动的归因

一国的机关或经国内法授权行使政府权力要素的个人或实体所从事的网络行动，可归因于该国。

1. 归因于国家可以在许多情况下发生。最明确的例子是国家机关（例如军事或情报机构）从事的不法行为。[①] 例如，美国网络司令部、荷兰防御网络司令部、法国网络和信息安全局、爱沙尼亚国防联盟[②]的网络部队、人民解放军的网络部队和以色列 8200 部队[③]的所有网络活动都完全可归因于相关国家。

2. 国家责任法上，"国家机关"的概念非常宽泛。根据一国国内法具有此种地位的任何个人或实体都属于国家机关，而不论其在政府体系中的职能和所处地位。[④] 因此，情报、军事、国内安保、海关以及其他国家部门所开展的网络活动如果违反了对该国有约束力的国际法律义务，都会产生国家责任。

---

① Articles on State Responsibility, Art. 4 (1).
② 爱沙尼亚国防军之外的准军事武装力量——译者注。
③ 以色列的网络间谍部队，被认为是世界上最令人生畏的黑客部队之一——译者注。
④ Articles on State Responsibility, Art. 4 (8).

3. 国家责任法赋予"国家机关"一语宽泛的含义，是为了保证国家不会通过声称一个实体在其国内法上不具有机关地位而逃避其责任。这一点从《国家责任条款》第 4 条第 2 款的表述就可以看出。该条款指出"机关包括根据国内法具有此种地位的任何个人或实体"，[①] 从而确认了成为国家机关不必然需要通过国内立法来加以规定。[②] 国际专家组赞同国际法委员会的以下观点，即一国不能通过否认某一机构在其国内法上具有国家机关的地位，而逃避该机构以此身份作出的行为的责任。[③]

4. 国际法院在 2007 年"灭绝种族案"判决中采取了相似的判断方法，国际专家组认为该方法是有用的。国际法院在该案的判决中指出："对于国际责任而言，个人、个人组成的团体或者实体即使没有依据国内法取得国家机关的地位，也可以等同于国家机关，如果有关个人、团体或者实体的活动事实上'完全依附于'国家，以至于它们最终只是该国家的工具了。"[④] 国际法院还提醒："在个人或实体不是依据国内法取得国家机关的地位时，只能在例外情况下将其等同于国家机关，因为这要求……国家在相当大的程度上对其加以控制。"[⑤] 国际专家组认为，据以支持定性为国家机关的，是有关实体的职能和国家对于其网络活动的意图。

5. 国家拥有所有权这一事实本身不足以将公司定性为国家机关。国家所有的这类实体可能仅仅拥有私人性质的职能，而不是那些至少部分地由政府实体行使的职能。[⑥] 在此情况下，由国家所有的实体的活动

---

① Articles on State Responsibility, Art. 4 (2) and para. 11 of commentary.

② 《国家责任条款》的评注指出："一国仅仅依国内法声称某一的确以国家机关名义行事的实体不具有机关的地位，并无法免除该国对其行为的责任。第 4 条第 2 款中通过使用'包括'一词来体现这个结果。"Articles on State Responsibility, Art. 4 (2), para. 11 of commentary.

③ Articles on State Responsibility, Art. 4, para. 11 of commentary.

④ *Genocide* judgment, para. 392. 国际法院在得出这一结论时，也依据了"尼加拉瓜案"判决。*Nicaragua* judgment, paras. 109 – 110.

⑤ *Genocide* judgment, para. 393.

⑥ Articles on State Responsibility, Art. 8, para. 6 of commentary. 尽管此处援引的是对第 8 条的评注，这里的逻辑也同样适用于认定能否构成国家机关。*See also* CRAWFORD, STATE RESPONSIBILITY, at 161 – 165.

需根据规则 17 加以分析。

6. 如果显然是以官方身份行事的国家机关违反国际义务，国家需承担责任，即便有关行为是越权的，也就是说逾越了国家赋予的权限或违背了国家的指示。① 例如，如果军事部门网络部队的成员不顾与之相反的命令从事了不法的网络行动，国家需就违反任何对他国的义务承担责任。

7. 有时难以确定有关的个人是否在以官方身份行事。对此，该个人是否怀有"不可告人或不适当的动机或者在滥用公权"，这无关紧要。② 只要该个人显然是以官方身份或"在权力的掩护下"行事，有关的作为或不作为就可归因于国家。③ 然而，如果纯粹是私人性的作为或不作为，例如利用接近网络基础设施的机会从事带来私人收益的犯罪活动，就不应归因于国家。

8. 除了国家机关的行为外，那些不构成国家机关、但经国内法（如立法、行政法令甚至合同，如果国内法有这样的规定）授权行使政府权力要素的个人或实体的行为，也可归因于国家，但以该个人或实体在特定情况下以此种资格行事者为限。④ 私人公司经政府赋予法定权力对他国发起攻击性网络行动，私人实体经法律上的授权进行网络情报收集，都属于这方面的例子。个人或实体也可经法律授权从事不构成政府权力要素的特定活动，这方面的情况见规则 17。

9. 适格的政府权力要素是那些代表着典型的政府职能的权力要素。换言之，这是指那些政府通常会行使权能的活动，如外交、征税、警务行动、边境控制等。政府权力的确切范围并非总是清晰的，而需要根据具体的活动、所涉及的特定国家、赋予权力的方式和目的、因行使权力产生的政府责任性的程度以及有关国家的历史和传统等背景来加以分析。⑤

---

① Articles on State Responsibility, Art. 7.
② Articles on State Responsibility, Art. 4, para. 13 of commentary.
③ Articles on State Responsibility, Art. 4, para. 13 of commentary.
④ Articles on State Responsibility, Art. 5.
⑤ Articles on State Responsibility, Art. 5, para. 6 of commentary.

10. 政府职能的一个典范性例证是执法行动。由于能力所限，国家有时难以在网络活动方面行使政府职能，因而有可能将该职能外包给私人性或自愿性实体。例如，如果执法机构缺乏为执法目的进行电子取证的技术资源，它可能会根据国内法同私人公司签订合同来履行该职能。虽然取证并非由国家机关来进行，这一事实并不妨碍将该行为归因于国家。

11. 只有在有关实体以被授权的身份行事时，其行为才会归因于国家，强调这一点很重要。以国家与私人公司订立合同对政府所指定的军事网络进行防护为例，该公司在以此身份行事时，其活动可归因于国家。然而，当同一公司在为企业或非政府组织等私人实体提供信息安全服务时，其活动不应归因于国家。归因的条件是有关的行为属于政府性，且该实体经国家授权采取这样的行为。

12. 如果经授权行使政府权力要素的实体从事了越权但总体上属于其职务范围的行为，国家需为有关行为承担责任。[①] 例如，一国缺乏对其政府网络基础设施进行足够强有力的网络防护，因而赋予私人公司采取被动防御措施来防护其国家网络的管理权限。在出现了针对有关网络的恶意网络行动的事件中，该公司通过黑客反击进行了主动网络防御。尽管其反应措施是越权的，该黑客反击将归因于国家，因为有关活动是伴随该公司对网络的防护而发生的。但是，国家无需对该公司在政府授权范围之外的活动承担责任。因此，如果公司职员从事了与该公司在管理权限下的义务无关的恶意网络行动，例如从事网络犯罪，有关活动不能归因于国家。

13. 传统上，使用政府资产特别是诸如坦克、军舰等军事设备，长期以来构成了将行为归因于国家的近乎确凿的迹象，因为它们不大可能被国家机关之外的个人使用。这个传统上的假设并非无懈可击，难以轻易地搬用到网络语境下。特别是，他国或非国家行为体可以控制政府网络基础设施并用来从事网络行动。因此，网络行动是从政府网络基础设

---

① Articles on State Responsibility, Art. 7.

施发起或在其他方面源于政府网络基础设施，或者侵入网络基础设施的恶意软件意图向另一国的政府网络基础设施"提供反馈"，仅仅这样的事实本身常常不足以作为将该行动归因于有关国家的证据。[①] 尽管如此，使用政府网络基础设施可以表明有关国家可能与该行动存在关联。

14. 一个有害的网络行动是使用一国境内的私人网络基础设施发起的，这一事实本身在表明政府参与网络行动方面说服力更小。这是一个特别重要的限制，因为行动发起者有可能组建僵尸网络和使用僵尸电脑发起分布式拒绝服务攻击。例如，2013 年一个据称是由朝鲜发起的网络行动，利用位于世界各地的网络基础设施使数以千计的韩国媒体及银行的电脑和服务器停止运行。显然，大多数——如果不是全部——网络基础设施所在的国家没有直接参与该行动。

15. 更为棘手的是，网络行动的参与者还会试图造成某一国家在背后操纵了该行动的印象。确实，诸如伪装成其他组织或其 IP 地址等欺骗手段，已成为一种被广泛使用的伪造身份的网络技术。例如，2013年发起的一起网络行动就模仿成北约网络合作防御卓越中心，看起来就像是该组织涂改了乌克兰的政府网站。事实上，这一网络行动并非源于该中心。随后，真正的发起者又对北约网络合作防御卓越中心的网站、爱沙尼亚国防军和其他北约国家武装力量采取网络行动，但通过假冒攻击源头的 IP 地址，看起来就像是乌克兰政府从事了有关网络行动。一些网络行动需要立即作出响应，这进一步加大了正确地将有害行动归因于他国的困难。

16. 每一情势必须根据其背景加以具体分析。例如，经常出现的非政府团体控制政府网络基础设施来发起网络行动的模式，可成为排除国家发起某一网络行动的迹象。类似地，如有可靠的人力情报表明政府电脑将被或已经被非国家行为体用于开展网络行动，这也可以用作为否定政府参与了该行动的依据。受害国与据称的责任国之间存在的友好关系同样如此。

---

① *See also* UN GGE 2015 Report, para. 28（f）. 该报告此处借鉴了《塔林手册1.0版》规则7的内容。

17. 在一些例外情况下，国家可能无力（这不同于国家不愿意采取措施或者采取的措施不起作用的情况）行使其政府权力。这时，私人团体或个人可能会主动地开展涉及相关权力的活动，尽管国家并没有授权他们这么做。如《国家责任条款》第 9 条所述，如果这种情况出现了，并且需要行使政府权力，有关活动就可以归因于国家。[1] 例如，在非国际性武装冲突（规则 83）中，对国家的民用防御电脑进行的隐匿技术攻击，可能使该国无法通过网络方式发出警告（规则 120），并致使该国不得不将其主机从网络断开。这时，一个私人实体参与进来，通过一台未受感染的主机来履行该组织的职能，直到国家解决了它遇到的问题或者找到了其他发布警告的办法。有关国家需对私人实体的行为承担责任，如果有关行为违反了对他国的义务。需要注意的是，只有当情况紧急、国家无力履行其政府职能并且"在有关情况下需要行使上述政府权力要素"时，[2] 才能据此将行为归因于国家。

规则 16　他国机关的网络行动的归因

一国交由另一国支配的机关，如果是为行使支配国政府权力要素而行事，该机关采取的网络行动可归因于后一国家。

1. 为了履行特定政府职能，一国的国家机关有时会临时交由另一国支配。根据本规则，如果具备了以下两个事实性条件，该机关的行为可归因于接受国：（1）接受国对该机关行使排他性控制；（2）有关行为是为了接受国的目的并以接受国的名义采取的。[3]

2. 首先，该机关必须完全处于接受国的指挥和控制下。如果派遣国继续为该机关提供资金或资源，只要接受国对所派遣的机构行使完全的权力，就不会妨碍本规则中的责任原则。派遣国保留召回其机关或命令该机关停止以接受国名义开展活动的权力，这也同样不会妨碍本规则中的责任原则。

---

[1]　Articles on State Responsibility, Art. 9.

[2]　Articles on State Responsibility, Art. 9.

[3]　Articles on State Responsibility, Art. 6, para. 1 of commentary.

3. 然而，如果该机关仍然从派遣国接受关于其行动的指示，本规则就不适用。相反，取决于相关具体情况，本节中的其他规则有可能适用，如关于国家机关网络活动的归因的规则 15，以及关于援助或协助的规则 18。例如，如果一国将其计算机应急响应小组的成员派到另一国，来帮助后者处理网络事件，但派遣国要求该小组在应接受国请求采取特定行动前必须得到批准，这样就不符合本规则中接受国行使完全控制的条件。

4. 而且，有关实体必须只是为接受国之目的而使用，并且是以该国的名义行事。① 如果该实体同时为接受国和派遣国的目的开展活动，就不符合本规则中完全为接受国目的开展活动的条件。例如，当派遣国向接受国提供政府计算机应急响应小组的专家，来处理仅仅针对接受国采取的网络行动，只要接受国对有关专家进行完全的指挥和控制，本规则就可适用。即使有关专家只是远程提供服务，也就是说，有关专家并未实际进入接受国，本规则仍可适用。相反，如果冒犯性网络行动是同时针对派遣国和接受国，应急响应小组的专家处理这一事件时，本规则就不适用。国际专家组承认，在大多数情况下，派遣国会从该机关的活动中间接获益。但是，本规则的要点在于确认，该机关活动的主要目标及重点在于实现接受国的利益和目的。

5. 本规则适用于越权行为。② 例如，派遣国将其网络快速响应小组完全交由接受国支配，后者要求该小组只能开展被动防御，减轻有关网络事件造成的损害。但该小组按照自己的想法，采取了黑客反击或拒绝服务行动等主动网络防御措施。接受国需对该小组违反国际法采取的行为承担责任。

6. 仅仅在一国的国家机关交由另一国支配以行使政府权力要素时，本规则才适用。例如，本规则不适用于该机关被用于促进或在其他方面支持接受国的商业活动的情况。如规则 15 所述，政府权力这一概念的确切范围有一定的模糊性，并取决于具体的情况和国家。

---

① Articles on State Responsibility, Art. 6, para. 1 of commentary.

② Articles on State Responsibility, Art. 7, para. 9 of commentary.

7. 关于一国援助或协助另一国从事国际不法行为的情况，见规则18。

规则 17　非国家行为体的网络行动的归因

非国家行为体采取的网络行动可归因于国家，如果：

（1）有关行动是按照该国的指示或在其指挥或控制下采取的；

（2）该国承认并将该行为当作其本身的行为。

1. 一般规则是，私人性个人或团体的网络活动不应归因于国家。[①]但是，《国家责任条款》第8条规定："如果一人或一群人实际上是在按照国家的指示或在其指挥或控制下行事，其行为应视为国际法所指的一国的行为"[②]。

2. 本规则中，非国家行为体包括个人和团体。团体不管是组成公司还是没有组成公司的、分层级还是不分层级的、有组织还是没有组织的、具有还是不具有国内法律人格的，都被认为是本规则中的非国家行为体。除其他外，该用语包括：个人黑客；像"匿名者"（Anonymous）这样的非正式团体；从事网络犯罪的犯罪组织；诸如商业性信息技术服务、软件和硬件领域的公司等合法实体；以及网络恐怖主义分子和叛乱者。

3. 第1项基于从事有关网络行动的个人或团体与国家之间的事实性关系，提出了将非国家行为体归因于国家的法律标准。根据该标准，"一国可通过对一团体的明确指挥或控制，有效地对那些团体的行为负责。每一个案应取决于它自己的实际情况"[③]。

4. 按照一国的指示行事一般被等同于经该国授权的行为，但这并不属于规则15的范围，该规则针对的是那些经过法律上的授权行使特定政府权力要素的实体。[④] 本规则中的"指示"，最典型的情况是非国家行为体成为国家的附属机构。例如，一国遭受了突如其来的大规模网

---

① Articles on State Responsibility, chapeau to Chapter II of Part 1, paras. 2 – 3; Art. 8, para. 7 of commentary.

② Articles on State Responsibility, Art. 8. *See also* UN GGE 2013 Report, para. 23; UN GGE 2015 Report, para. 28（f）.

③ Articles on State Responsibility, Art. 8, para. 7 of commentary.

④ Articles on State Responsibility, Art. 8, para. 2 of commentary.

络行动，它没有常设的网络防御组织。因此，该国发动私人性个人和团体作为自愿者来帮助对危机作出响应。显然，在该事件延续期间，它们是以该国附属机构的身份来对危机作出响应。有关个人和团体是国家的工具，并以其名义行事。类似地，"指示"可能也适用于应武装部队请求开展某些类型的网络行动，以此为进行中的动能行动提供支持的私人公司。该公司在所请求范围内的行动可归因于国家。

5. 国际法委员会在《国家责任条款》的评注中，认为"指示"、"指挥"和"控制"这三个用语应当分开加以理解。① 然而，有关法院倾向于将"指挥"和"控制"放在一起加以考虑。② 这两个用语指的是对诸如网络行动这样的活动行使权力的连续性过程。国际专家组认为，国际法院在"尼加拉瓜案"和"灭绝种族案"判决中使用的"有效控制"一语，抓住了这一概念的范围。③

6. 国际法院曾作出这样的解释：当国家对非国家行为体的行动行使了"有效控制"，后者的行为就可归因于该国。④ 只要是国家在决定特定网络行动的执行和方向，且非国家行为体从事的网络活动是"该行动的内在部分"，该国就是对非国家行为体的网络行动行使了"有效控制"。⑤ 有效控制既包括使作为网络行动组成部分的活动发生的能力，也包括命令中止正在进行的活动的能力。国际法院已经确认，"有效控制"不应等同于对武装冲突进行分类（规则82）时的"全面控制"这一较低门槛。⑥

7. 关于有效控制的例子，比如一国策划并监督了某一网络行动，利用软件更新在另一国政府电脑广泛使用的软件中植入新的漏洞。前一国家与生产该软件的公司订立了嵌入漏洞的秘密合同，并指挥了行动的

---

① Articles on State Responsibility, Art. 8, para. 7 of commentary.

② CRAWFORD, STATE RESPONSIBILITY, at 146.

③ *Nicaragua* judgment, para. 115; *Genocide* judgment, para. 400.

④ *Nicaragua* judgment, para. 115. *See also* Articles on State Responsibility, Art. 8, para. 4 of commentary.

⑤ Articles on State Responsibility, Art. 8, para. 3 of commentary.

⑥ *Genocide* judgment, paras. 404 – 406.

过程。如果确实如此，该公司的行为就可归因于控制国。

8. 一国对非国家行为体或其网络行动的一般性支持或鼓励，不足以据此进行归因。特别是，"有效控制"并不涉及一国仅仅是对非国家行为体的网络活动进行补充，或对履行某些职责承担责任。例如，如果没有其他措施的话，一国只是向非国家行为体提供恶意软件，就不构成对该团体使用有关软件从事的行动的有效控制。

9. 就非国家行为体的行为而言，即使国家在"资助、组织、训练、供给、武装……、对叛乱者的军事或准军事攻击目标加以选择以及对叛乱者的整个行动进行谋划"方面有极为显著或决定性的参与，仍被认定不足以达到"有效控制"的门槛。① 当然，非国家行为体的网络活动不能归因于国家，并不意味着国家无须为其支持承担责任，如果该支持本身就违反了国际法。例如，向有关团体提供恶意软件可能会构成国家从事被禁止的干涉（规则66）。

10. 一种有意思的情况涉及国有公司，比如一家国有信息技术公司。如规则15所述，国有性质本身不足以将公司定性为国家机关。无法构成国家机关也没有行使政府权力要素（规则15）的公司受本规则约束。因此，如果公司的网络活动是按照国家的指示或在其有效控制下采取的，这些活动可根据本规则归因于国家。②

11. 与规则15、16不同，非国家行为体的越权行为一般而言不应归因于国家。国际专家组提醒，这项一般原则的适用可能是极为复杂的，每一个案都需要根据其自身情况加以评估。③

12. 关于按照国家的指示行事的非国家行为体，越权行为的概念可以通过三种不同的情况来加以阐释。第一种情况是，国家指示与之订立了合同的私人公司为其武装部队提供支持，来开展违反了该国对另一国国际义务的网络行动。例如，国家指示该公司对另一国的数据采集与监控（SCADA）系统采取网络行动，以摧毁其财产。为此，该公司将破

---

① *Nicaragua* judgment, para. 115.

② Articles on State Responsibility, Art. 8, para. 6 of commentary.

③ Articles on State Responsibility, Art. 8, paras. 7 – 8 of commentary.

坏性逻辑炸弹植入 SCADA 系统。有关行为可归因于国家。第二种情况是，作为对另一国合法的反措施（规则 20），国家指示该公司对 SCA-DA 系统发起网络行动。然而，该恶意软件扩散到第三国的系统并造成损害。该公司的行为与它被指示采取的行动有关，因此，对第三国系统的感染可归因于国家，尽管对第三国的影响并非指示内容的一部分。第三种情况是，国家指示非国家行为体将恶意软件植入另一国的政府网络，该非国家行为体错误地针对第三国使用了恶意软件。由于该行动是越权的，它不应归因于作出指示的国家。

13. 如果处于国家的有效控制下的非国家行为体采取了越权的网络行动，必须分析该越权行为是否"伴随着任务发生"。[①] 国际专家组认为，如果越权的网络行动与国家行使"有效控制"的行动目的不相干或者无关，就不能归因于行使控制的国家。这意味着，只有当越权的网络行动构成一个"内在部分"，也就是说，它们是政府行使"有效控制"的行动的必要部分，行为才能归因于国家。在此情况下，即使非国家行为体无视或违背国家关于开展特定行动的指令，仍然会产生归因。[②]

14. 例如，甲国对某私人 IT 公司的网络行动行使了有效控制，该行动计划通过乙国的一台特定服务器来开展。然而，行动的进展表明，原计划已经在技术上不可行了。随后，IT 公司在没有寻求甲国授权的情况下，以违反甲国对丙国义务的方式，通过丙国的一台服务器实施了网络行动。尽管甲国没有明确授权使用丙国的服务器，仍然会产生归因，因为使用该服务器是伴随着有关网络行动发生的。相反，如果 IT 公司在完成任务时还通过该服务器非法地收集了商业竞争者的数据，这方面的行动不应归因于甲国，因为这超出了有关网络行动的范围，因而是越权的。

15. 如果第 1 项中的归因要求没有得到满足，行为还可能根据第 2

---

① Articles on State Responsibility, Art. 8, para. 8. 原文如此，但此处应为《国家责任条款》评注而非条款本身的第 8 段——译者注。

② Articles on State Responsibility, Art. 8, paras. 7 - 8 of commentary.

项归因于国家。《国家责任条款》第 11 条规定："按照前述各条款不归因于一国的行为，在并且只在该国承认和当作其本身的行为的情况下，依国际法应视为该国的行为。"① 国际法院在"德黑兰人质案"中，确认这一归因基础属于习惯国际法。法院在该案中认定，伊朗需对在 1979～1981 年期间扣留美国人质承担责任，因为"霍梅尼阿亚图拉（Ayatollah Khomeini）和其他伊朗国家机关对（扣留人质）的批准，以及延续该状况的决定，将持续占领使馆和扣留人质转变为该国的行为"。②

16. 需要注意，第 2 项中的标准应狭义地加以适用。不仅"承认"和"当作其本身的行为"这两个条件是叠加的，还要求不仅仅有对非国家行为体的网络行动的认可（endorsement）或心照不宣的赞同（tacit approval），尽管并不要求明示认可（express endorsement）。③ 相比之下，这一标准要求不论是通过口头或行为，证明某一事实状况的存在（"承认"），且有关国家将它"当作其本身的行为"。④ 例如，非国家行为体对一国发动网络行动之后，另一国仅仅表示赞同，就不会产生归因。然而，如果该另一国家将网络行动当做其本身的行动，例如，通过有意利用其网络能力来保护非国家行为体免受反击性网络行动的打击，以至于使非国家行为体的网络行动像该国的行为一样得以延续，归因的要求就得到满足了。

17. 国家有可能只承认非国家团体的某些行为并将其当作自身的行为，这一点，在第 11 条中"在并且只在"的表述中得到了体现。例如，一个黑客团体开展了多种类型的网络行动，或者对不同的目标开展了行动。国家可能承认该团体对另一国政府部门采取的行动并将其当作自身的行为，但这并不包括该团体对国家官员的家属开展的行动。

18. 个别专家认为，第 2 项只能针对未来的行为适用。根据这一观点，《国家责任条款》第 11 条是基于对"德黑兰人质案"判决的误读。

---

① Articles on State Responsibility, Art. 11.
② *Tehran Hostages* judgment, para. 74.
③ Articles on State Responsibility, Art. 11, paras. 6, 9 of commentary. *See also Lighthouses Arbitration* (*Fr. v. Greece*), 12 RIAA 155, 198 (1956).
④ Articles on State Responsibility, Art. 11, paras. 6, 8 of commentary.

这一观点的支持者认为，国际法院的结论是：伊朗当局的态度仅将之后的学生行为转变为伊朗的国家行为，而之前的学生行为并未转变为国家行为。

19. 本规则仅适用于国家责任意义上的归因。然而，国家同非国家行为体或另一国的牵连本身就有可能违反国际法，即便非国家行为体或另一国的网络行动不能归因于该国。例如，如果国家向另一国领土内的叛乱团体提供黑客工具，后来这些工具被该团体自作主张用于对所在国采取网络行动，仅仅提供这些工具并不足以将该团体的行动归因于提供的国家。但是，提供有关黑客工具本身可能就会违反国际法（见关于干涉的规则 66 和关于使用武力的规则 68）。

规则 18　与另一国的网络行动相关的责任

在下列情况下，国家需对网络行动承担责任：

（1）该国对另一国从事的国际不法行为提供了援助或协助，如果该国是在知道该国际不法行为的情况下这样做，而且该行为若由该国实施会构成国际不法行为；

（2）该国指挥和控制另一国实施了国际不法行为，如果该国是在知道该国际不法行为的情况下这样做，而且该行为若由该国实施会构成国际不法行为；

（3）该国胁迫另一国实施了国际不法行为。

1. 在本规则所列的三种情况下，国家需对其与另一国从事的国际不法行为相关的行为承担责任。不论该不法行为是网络还是非网络性质的，这一点都是如此。而且，如果国家通过非网络活动来支持另一国不法的网络行动，同样会产生责任。[①]

2. 本规则包含的行为必须是违反了行为国对受害国的义务。例如，甲国从事违反其对乙国的条约义务的网络行动时，得到了丙国的协助，而丙国并非该条约的缔约方。这种情况下，只有甲国需要承担责任，因

---

① Articles on State Responsibility, Arts. 16 – 18; *Genocide* judgment, para. 420.

为丙国并未对乙国负有该义务。这时，需要提醒的是，丙国仍可能受对乙国的其他条约或习惯法义务的约束，并可能因违反有关义务而承担责任。

3. 关于第1项，援助或协助另一国（"受协助国"）从事国际不法行为的国家（"协助国"）需对援助或协助承担责任，如果：第一，协助国是在知道该国际不法行为的情况下这样做；第二，提供的援助或协助必须是为了便利该行为的实施（并且必须是实际给予了便利）；第三，该行为若由协助国实施也会构成国际不法行为。① 例如，允许被协助国使用协助国的网络基础设施（如协助国控制下的互联网服务提供商）来发起不法的网络行动，可能会产生协助国的责任。类似地，协助国可能会因资助被协助国的部分网络行动而承担责任。

4. 在这方面，要求协助国实际知道违反国际法律义务的情况很重要。② 例如，一国资助另一国获得网络能力，但并不知道有关网络能力会被用于从事国际不法行为，该国就不需要承担责任，因为它不知道后一国家的意图。

5. "援助或协助"一语来源于《国家责任条款》第16条，但没有普遍接受的定义。③ 然而，国际专家组认为，援助或协助是一个低于联合采取某一行为、高于仅仅是外围参与该行为的门槛。④ 国际法委员会在其《国家责任条款》评注中表明，援助或协助必须"显著地"促成了有关行为。⑤ 此前，该委员会曾指出：援助或协助"必须使接受有关援助或协助的国家大大易于开展有关国际不法行为"。⑥ 专家们同意这一定性，并认为不管是以何种形式提供的援助或协助，必须对受援助或

---

① Articles on State Responsibility, Art. 16 and Art. 16, para. 3 of commentary. 关于对协助国的行为不法性要求，需注意的是，一国并不受另一国对第三国义务的约束。*See, e. g.*, Vienna Convention on the Law of Treaties, Arts. 34 – 35.

② Articles on State Responsibility, Art. 16, para. 4 of commentary.

③ 需注意的是，国际法委员会并没有对"援助"和"协助"加以区分，国际法院在"灭绝种族案"判决第420段中同样没有加以区分。

④ CRAWFORD, STATE RESPONSIBILITY, at 401 – 403.

⑤ Articles on State Responsibility, Art. 16, para. 5 of commentary.

⑥ International Law Commission Yearbook, vol. 2 (2) (1998), at 99.

协助国家的国际不法行为有着很大的且具有因果关系的帮助。他们也提醒，由于存在一定程度的模糊性，每一情势必须根据具体情况来加以分析。

6. 很重要的一点是，应当对第 1 项下的责任和第 2、3 项下产生的责任加以区分。在第 1 项下，提供援助或协助的国家仅仅对援助或协助对于国际不法行为产生的帮助承担责任，而不是对接受援助或协助国家的整个国际不法行为承担责任。① 例如，如果协助国只是为另一国的不法网络行动提供了某些资助，该国就仅仅是在其资助导致或帮助实施了国际不法行为的限度内承担责任。与此不同的是，在第 2、3 项下，指挥和控制以及胁迫另一国的国家需对后者所产生的国际不法行为承担责任。

7. 国际专家组指出，在某些情况下，一国的援助或协助成为受协助国的网络行动必要和内在的因素，以至于该国事实上需要对整个国际不法行为承担责任。② 例如，一国向另一国提供了极为有效和不可缺少的解密技术，使后者得以开展有害的网络行动，而没有该技术有关行动就不可能开展。这时，协助国需对给受害国造成的损害承担责任。如果不止一个国家需对同一国际不法行为承担责任，受害国可以援引每一个国家的责任。③

8. 第 2 项列出了为他国的不法网络行动承担责任的第二个根据，即在知道某一行动会违反自身义务的情况下，指挥和控制后者采取该行动。④ 采取行动的国家本质上就是代理人，因此，指挥和控制的国家对其代理人的行为承担完全的责任。第 2 项与第 1 项的情况不同：后者涉及对另一国的不法行为提供帮助，因而只是在提供帮助的限度内容产生责任；第 2 项指的是一国完全控制另一国的行为，并需要为被控制国的不法行为承担责任。⑤ 需要提醒的是，被控制国并非像第 3 项下的情况

---

① Articles on State Responsibility, Art. 16, paras. 1, 10 of commentary.

② Articles on State Responsibility, Art. 16, para. 10 of commentary.

③ Articles on State Responsibility, Art. 47 (1).

④ Articles on State Responsibility, Art. 17.

⑤ Articles on State Responsibility, Art. 17, para. 1 of commentary.

那样，可以免除对其不法行为的责任，除非它能够求助于规则 19 中提到的某一排除行为不法性的情况。第 2 项下的情况很少，因为国家尽管有可能受他国的影响、干预、照管或煽动，却很少处于他国的控制之下。这种控制在当代最相关的例子是占领。

9. 第 3 项下规定的胁迫，是使一国为另一国的不法行为承担责任的第三个根据。[1] 胁迫性后果必须达到非常高的程度，"必须有迫使被胁迫国意志屈服的行为，以至于除了遵守胁迫国的意愿之外别无选择"。[2] 由于被胁迫国除了按照胁迫国的意愿行事之外别无选择，一般而言，它无须对受害国承担责任。[3] 例如，甲国可能威胁乙国，如果不发起特定的网络行动，比如修改丙国存储在乙国境内服务器的关键数据，就将对乙国采取灾难性的经济措施。这时，甲国（而不是乙国）需对修改数据及由此产生的任何可预见后果承担责任。

规则 19　排除网络行动不法性的情况

在下列情况下，可以排除涉及网络行动的行为的不法性：

（1）同意；

（2）自卫；

（3）反措施；

（4）危急情况；

（5）不可抗力；

（6）危难。

1. 本规则是基于《国家责任条款》第一部分第五章所列的理由。如果存在所列出的某一种情况，有关的作为或不作为就不是"不法"的，因而采取了或未能采取某一行为的国家就无须对有关行为承担责任，该行为本来可能不法地违反了对受害国所负的义务。[4]

---

[1]　Articles on State Responsibility, Art. 18.

[2]　Articles on State Responsibility, Art. 18, para. 2 of commentary.

[3]　Articles on State Responsibility, Art. 18, para. 4 of commentary.

[4]　*Gabčíkovo – Nagymaros* judgment, paras. 47 – 48. *See also Rainbow Warrior* arbitral award, para. 79.

2. 根据第 1 项，如果一国对另一国采取的网络行动予以同意，前者就不得主张该行动违反了对其承担的义务。① 例如，一国可能允许另一国临时接管其某些网络基础设施，以使后者得以查明通过该设施产生的恶意活动并作出应对。这样的话，前者不得主张它因后者对其承担的某一义务——例如尊重主权（规则 4）或者禁止干涉（规则 66）——被违反而受到损害。

3. 从法律上说，对网络行动的同意仅仅是在该同意有效的限度内，排除某一作为或不作为的不法性。有效的同意应当是自由作出的，换言之，它不是威胁或胁迫的结果。② 另外，有关网络行动不得超出该国同意的范围，也就是说，没有超出所同意的作为或不作为的范围。③ 例如，一国同意另一国使用其网络基础设施来开展联合情报收集行动，而后者使用有关基础设施来对其伙伴国采取网络行动，这就超出了同意的范围，因而不能用同意来免除责任。

4. 一般而言，只有那些经授权代表国家予以同意的主管国家机关或特定个人，他们作出的同意才是有效的。作出同意的权力取决于本来被违反的特定国际法规则。在不同的情况下，由不同的官员或机构行使作出同意的权力。例如，使馆馆长有权同意他国进入外交馆舍，④ 却无权同意他国对其本国领土内的网络基础设施进行操纵。

5. 在一些事例中，一国的官员可能会在没有国内授权的情况下，对另一国的网络活动予以同意。如果后一国家随后主张前一国家作出了明白无误的同意，该同意就可以排除有关活动的不法性，只要该国是善意地相信前一国家作出了有效的同意。从事违反对前一国家义务的行为的国家是否有理由知道同意是在没有国内授权的情况下作出的，这将是

---

① Articles on State Responsibility, Art. 20. *See also Armed Activities* judgment, paras. 45 – 46.

② Articles on State Responsibility, Art. 20.

③ Articles on State Responsibility, Art. 20. 该条款使用了"特定行为"（'a given act'）一语，并强调基于同意对不法性的排除"以该行为不逾越该项同意的范围为限"。*See also Armed Activities* judgment, para. 52.

④ Vienna Convention on Diplomatic Relations, Art. 22 (1).

问题所在。①

6. 本规则所指向的是国家的同意。不过，在有限的一些事例中，个人或私人公司等实体的同意也可能会影响对某一同意能否排除行为不法性的确定。② 例如，一国可能通过合同，与一家位于国外并"同意"了有关活动的信息技术公司合作，该活动原本违反了该国对另一国的义务。如果该国是善意地相信该公司根据国内法有权对有关活动作出同意，这会对确定该国的行为是否构成国际不法行为产生影响。

7. 同意并不总是需要明示作出。有时，默示的同意就足够了。③ 回到之前的一个例子，一国与另一国联合开展网络行动，并使用了后者领土内的网络基础设施。如果没有明确的协定规定联合行动的确切范围，可能会产生前者的特定行为是否得到了后者同意的问题。关键在于，前者是否在善意行事，并合理地相信后者默示同意了该行动中所涉的具体行为。必须提醒的是，同意不能"仅仅基于'如向该国提出请求，它一定会同意'来加以推测"。④

8. 受害国作出同意的时间非常重要。本规则仅针对采取有关作为或不作为之前或期间给予的同意。⑤ 据称在作为或不作为之后给予的同意实际上是一种弃权或默认，⑥ 而不是一种排除行为不法性的情况。这时，该国本质上是放弃了针对从事国际不法行为的国家援引国家责任的权利。

9. 在一些事例中，网络行动会产生未被预见的后果。只要有关后果是经同意的特定行为的结果，尽管该后果是不可预见的，同意仍然是有效的。然而，如果行为国预见到了而同意国无法合理预见有关后果，该同意可能是无效的，因为它是欺骗所致，这一点在下面还将讨论。例

---

① Articles on State Responsibility, Art. 20, para. 4 of commentary.

② Articles on State Responsibility, Art. 20, para. 10 of commentary.

③ *The Savakar Case* (*Gr. Brit. v. Fr.*), 11 RIAA 243, 252 – 255 (1911); *Russian Indemnity* arbitral award, at 446.

④ Articles on State Responsibility, Art. 20, para. 6 of commentary. *See also Armed Activities* judgment, para. 99.

⑤ *Armed Activities* judgment, paras. 45 – 46, 96.

⑥ Articles on State Responsibility, Art. 45.

如，一国经同意在另一国领土内采取网络行动，前一国家知道它使用的
恶意软件有一个漏洞，将会对不是该行动目标的系统产生不良影响，但
它故意不告知后一国家。该同意不能排除有关行为的不法性，因为在作
出同意时，前者知道该行动将对后者产生有害的后果，而后者并不知道
有关后果。

10. 国际专家组认为，一般而言，尽管《维也纳条约法公约》中的
规则并未被普遍认为充分反映了习惯国际法，这些规则仍有助于通过类
比来明确无效同意的概念。根据该条约：无效的依据包括：违反国内
法，如果"违反情事明显且涉及其具有基本重要性的国内法规则"；明
确撤销官员表示同意的权力并通知了另一方；错误；诈欺；对一国代表
的贿赂；对一国代表的强迫；对一国施行强迫；与一般国际法强制规范
（强行法）相抵触。①

11. 根据第 2 项，在诉诸武力法（规则 71）上，网络行动如果构成
对武力攻击——不管是通过网络还是动能方式实施——的自卫，就不构
成国际不法行为。② 就此而言，可以被排除的不仅仅是使用武力（规则
68）的不法性。例如，如果某一行为构成自卫，还可以排除它被定性
为对发起武力攻击国家的主权的侵犯（规则 4）。

12. 如果武力攻击导致了武装冲突（规则 82~83），即使反击措施
构成合法的自卫，这一事实并不排除可能出现的任何违反武装冲突法行
为的不法性。例如，防御措施不得包括对平民（规则 94）或民用目标
（规则 98）的网络攻击，类似地，有关行为是作为自卫而采取的这一事
实，并不必然排除该行为因可适用的人权义务（规则 35）而产生的不
法性，只要该国没有克减有关义务（规则 38）。③

13. 第 3 项确认，可以排除构成反措施的网络行动的不法性。④ 然
而，同自卫一样，对一国采取的反措施并不必然排除它对其他国家的不

---

①　Vienna Convention on the Law of Treaties, Arts. 46 – 53.

②　Articles on State Responsibility, Art. 21.

③　*Nuclear Weapons* advisory opinion, para. 30. 国际法院是从国际环境法角度指出这一点的。

④　Articles on State Responsibility, Art. 22.

法性。① 关于反措施，见本章第二节。

14. 第4项针对的是由于存在危急情况而排除一国行为的不法性。危急情况在规则26中讨论。

15. 第5项针对"不可抗力"的情况。这一术语是指"有不可抗拒的力量或该国无力控制、无法预料的事件发生，以至于该国在这种情况下实际上不可能履行义务"。② 质言之，本来会构成国际不法行为的作为或不作为是非自愿性的。如果一种力量构成"该国无法以本身的能力避免或抵抗的制约因素"，它就是不可抗拒的。③ 只有当不可抗拒的力量或事件是实际上不可能履行义务的原因时，才能排除行为的不法性。④ 例如，一国与另一国存在条约义务，允许后一国家使用其境内的某一伺服器群（server park）。由于伺服器群在台风中被毁，前一国家就违反了其条约义务。在该事例中，不可抗力可以排除违反条约条款的不法性。

16. 不可抗力不适用于履行义务仅仅是变得更为困难的情况，例如成本增加、导致政治或经济上的后果。⑤ 它也不包括责任国由于其自身行为（特别是疏忽）而无法遵守义务的情况。⑥ 在上面那个遭遇台风的例子中，假定该国获得了足够的预警，但未能采取合理措施将存储在伺服器群中的数据复制到安全的地方。该国就不得主张不可抗力这一理由，来排除其违反义务行为的不法性。同样地，如果一国实质性地促成了导致不可抗力的情势，就不得对另一国援引国家责任。例如，一国在

---

① Articles on State Responsibility, Art. 22, paras. 4 – 5 of commentary.

② Articles on State Responsibility, Art. 23.

③ Articles on State Responsibility, Art. 23, para. 2 of commentary.

④ See, e.g., *Gould Marketing, Inc. v. Ministry of Defence of Iran*, Interlocutory Award No. ITL 24 – 49 – 2, 3 Iran – US CTR 147, 153 (27 July 1983); *Anaconda – Iran, Inc. v. Iran* et al., Interlocutory Award No. ITL 65 – 167 – 3, 13 Iran – US CTR 199, 213 (10 December 1986). 例如，美国 – 伊朗求偿法庭援引了"国家通过行使审慎仍无力加以控制的社会和经济力量"和"（伊朗）革命期间的罢工、骚乱和其他内乱"作为不可抗力的例子。

⑤ *Russian Indemnity* arbitral award, at 39 – 40; *Sempra v. Argentina* arbitral award, para. 246; *Rainbow Warrior* arbitral award, para. 77.

⑥ Articles on State Responsibility, Art. 23 (2) (a); *Libyan Arab Foreign Investment Company v. Burundi*, 96 ILR 279, 318 (1994).

为另一国的叛乱者提供援助，两国间的条约规定后一国家应向前一国家出售特定计算机设备，而叛乱者控制了有关设备存放的地区。前一国家不得向后一国家主张责任，因为它助长了导致不可抗力的情势，并致使前一国家①不可能遵守其条约义务。另外，如果受害国在有关条约的条文中承担了不可抗力的风险，就不得以不可抗力为根据来排除不法性。②

17. 应当将不可抗力同嗣后不可能履行义务区分开来。后一原则规定在《维也纳条约法公约》第 61 条中，它只针对条约义务的终止或暂停施行。第 61 条规定，如果"实施（相关条约规定）所必不可少的标的物永久消失或毁坏"，就可以排除违反该规定的不法性。③ 在上面的例子中，条约所规定的伺服器群被毁就可以暂停施行或终止条约，如果各缔约方想要这么做的话。类似地，如果在非国际性武装冲突中，叛乱武装摧毁了该伺服器群，负有义务使该伺服器群能够使用的国家可以暂停施行或终止条约。需要注意，只有在实施条约所必不可少的标的物消失了的时候，才能暂停施行或终止条约。因此，国家不能以诸如维护伺服器群的成本大大增加等理由来暂停施行或终止条约。

18. 第 6 项规定，如果其行为可归因于国家的个人"为了挽救其生命或受其监护的其他人的生命……别无其他合理方法"，就可以用危难来排除行为的不法性。④ 这一排除行为不法性的理由与不可抗力的区别在于：前者仅适用于超出一国控制范围的情况，在危难的情况下则存在多种选择，但只有某一行为是唯一合理的选择。

19. 危难仅限于生命受到威胁的情况，它不适用于并非保护有关个人或其他人的生命所必需的违反义务行为。⑤ 例如，假设一国通过条约同意另一国使用其卫星导航服务，但由于来自第三国的恶意软件感染风险，可能会修改导航数据并对使用该系统的船舶和飞机带来严重风险，

---

① 原文如此，但此处似应为"后一国家"——译者注。

② Articles on State Responsibility, Art. 23 (2) (b).

③ Vienna Convention on the Law of Treaties, Art. 61.

④ Articles on State Responsibility, Art. 24 (1).

⑤ *Kate A. Hoff, Administratrix of the Estate of Samuel B. Allison, Deceased (USA) v. United Mexican States*, 4 RIAA 444 (1929).

前一国家于是暂停了其导航服务，这就是危难的一个典型例子。

20. 与不可抗力一样，如果对另一国主张责任的国家促成了危难的情势，就不能用危难来排除不法性。另外，如果可以合理预期某一行为会导致与遵守有关义务相当甚至更大的危害，就不能以危难作为该行为的依据。[①] 在上面关于导航的例子中，如果恶意软件感染带来的危险小于中断卫星服务，就会是这样的一个事例。

21. 国际专家组指出，联合国安理会根据《联合国宪章》第七章授权采取的网络行动从一开始就是合法的（规则 76）。因而，在此情况下，不存在需要加以排除的合法性。对此，需要注意《联合国宪章》第 103 条规定，《联合国宪章》中的义务对该组织成员而言，优先于其他国际法律义务。《国家责任条款》第 59 条也承认了这一层级关系。

22. 在任何情况下，都不能排除通过网络方式违反强制规范的不法性。强制规范是指"国家之国际社会作为整体接受并公认为不许损抑，且仅有以后具有同等性质之一般国际法规范始得更改"的规范。[②]《维也纳条约法公约》第 53 条所规定的这一原则，确定无疑地可作为习惯国际法来适用。[③] 尽管某些规范是否属于强制性质尚无定论，一些规范毋庸置疑地具有强制规范地位，著名的例子包括禁止侵略、种族灭绝和酷刑。

23. 如果排除网络领域作为或不作为的不法性的情况不复存在或逐渐消失，有关国家必须在仍然可行的限度内，继续遵守其义务。[④]

第二节　国家的反措施与危急情况

规则 20　反措施（一般原则）

国家可以采取反措施，不论该措施是否具有网络性质，来应对他国

---

① Articles on State Responsibility, Art. 24 (2).
② Vienna Convention on the Law of Treaties, Art. 53.
③ *See also Furundžija* judgment, paras. 144 – 155.
④ Articles on State Responsibility, Art. 27 (a); *Gabčíkovo – Nagymaros* judgment, para. 101（关于危急情况）。

违反国际法律义务的行为。

1. 如果受害国的网络行动构成一项反措施，则可以排除其在国际法上的不法性。反措施是受害国对责任国采取的作为或者不作为，它仅可针对国际不法行为实施；要不是构成反措施，该措施本属于受害国违反其对责任国所负义务的行为。国际法院和国际仲裁庭都已承认反措施在国际法上的合法性。[①]

2. 二十世纪上半叶，反措施被称为"和平时期的报复行为"，但现在人们已经不再使用该术语。报复行为包含了非武力行为和武力行为，其历史上的含义比反措施更宽泛。[②] 如规则 22 所述，武力行为能否构成反措施并无定论。然而，和平时期的武力报复行为现在已经被普遍纳入《联合国宪章》下使用武力的范畴，即允许国家在对武力攻击进行自卫时使用武力。

3. 必须将反措施与"交战时期的报复行为"区分开来。交战时期的报复行为是武装冲突中采取的某些行为，要不是由于敌国违法在先，这类行为原本将违反武装冲突法（规则 108）。反措施的概念不适用于在武装冲突期间针对敌国采取的与该冲突相关的行为。但是，反措施（不论是否具有网络性质）可以作为国际性武装冲突的一方针对违反武装冲突法之外的其他法律的不法行为而采取的措施。

4. 反措施涉及的行为本属非法，这一事实将其与反报（retorsion）区分开来。反报是指采取合法但"不友好"的措施。[③] 例如，一国可以基于其对境内网络基础设施享有的主权，制定访问控制清单以阻止来自他国的通讯（规则 2）。即便该行为损害了他国的利益，但只要不违反条约义务或者可适用的习惯法规范，它就是合法的。

---

① *Nicaragua* judgment, para. 249；*Gabčíkovo – Nagymaros* judgment, paras. 82 – 83. *See also Naulilaa* arbitral award, at 1025 – 1026；*Responsabilité de l'Allemagne en raison des actes commis postérieurement au 31 juillet 1914 et avant que le Portugal ne participat à la guerre* （"Cysne"）（Port. v. Ger.），2 RIAA 1035 （1930），at 1052；*Air Services* arbitral award, paras. 80 – 96.

② *See*, *e. g.*，PEARCE HIGGINS, HALL'S INTERNATIONAL LAW, 433 – 434 （8th edn, 1924）；T. J. LAWRENCE, THE PRINCIPLE OF INTERNATIONAL LAW, 311 – 315 （7th edn, 1910）.

③ Articles on State Responsibility, chapeau to Chapter II of Part 3, para. 3 of commentary.

5. 反措施只能由受害国实施，以使责任国继续遵守其国际法律义务。反措施包含本属非法的行为，因此国际法严格限制其使用。如规则21~23所述，这些限制涉及其目的、与其他法律权利和义务的关系、行使的方式和范围、实施者和目标等。正是由于对反措施的采取存在这些限制，本规则中使用了"可以"（may be）而非"是"（is）的表述。

6. 反措施无须以国家机关或者国家网络基础设施为目标，尽管其针对的"对象"必须是国家。例如，当责任国的国家机关实施的网络行动导致受害国私人网络基础设施功能丧失时，受害国可以同样的方式还击。由于责任国本身从事了国际不法行为，受害国的网络反措施就是合法的；从法律上说，该反措施的对象是责任国，并且是为了制止责任国的不法行为。与此形成对比的是，例如，甲国的私人公司针对位于乙国的竞争对手实施了损害性网络行动，在这种情形下，乙国针对该公司采取反措施就是不适当的，除非该公司的行为可归因于甲国（规则15和规则17），或者甲国未对该公司的网络活动加以控制，因而违反了其在知晓有关行动时应控制其领土的审慎义务（规则6~7）。

7. 需要强调的是，不得针对非国家行为体实施的网络行动采取反措施，除非该网络行动可归因于某一国家（规则15和规则17）。例如，当位于甲国的黑客组织利用乙国的数据采集与监控系统中的缓冲区漏洞进行攻击时，乙国是否可以采取反措施远程摧毁黑客组织的服务器，取决于该组织的行为是否可归因于甲国（或者在规则6~7所讨论的某些情形中，涉及审慎义务原则的适用）。

8. 国际专家组注意到，有一种观点认为可针对非国家行为体采取反措施。根据这种观点，非国家实体可能会采取违反其据称对国家承担的义务（例如遵守禁止使用武力和尊重国家主权原则）的网络行动。按照这种观点，在非国家行为体对国家承担法律义务的限度内，当它们违反义务时，受害国有权针对非国家行为体采取反措施。

9. 对主张这种观点的人来说，这一方法特别适用于没有国家应对恶意网络行动负责的情形。例如，位于甲国的恐怖组织针对乙国实施了网络行动，并且该行动对乙国境内的硬件设施造成了实际损害。假如该行动是由一个国家实施的，就至少会构成对乙国主权的侵犯。甲国按照审慎义务的要求（规则 6 ~ 7），采取了一切可行的措施以阻止该恐怖组织从其境内实施网络行动，但最终失败了，该网络行动仍在继续。支持这种观点的人认为，继续遭受该组织的活动侵害的目标国，就可以针对该组织采取反措施，尽管该措施可能会侵犯甲国的主权。

10. 专家们基于以下两方面理由而反对这种观点：一是反措施仅限于针对相关责任国采取的措施，二是仅有国家才受上述国际法禁止事项约束。专家们强调，他们的观点并不是认为这些非国家行为体的网络行动是合法的；这些网络行动很可能违反了目标国的国内法。但是，专家们指出：其他排除不法性的情况（规则 19），例如危急情况（规则 26）或自卫（规则 71），允许国家采取措施应对非国家行为体的网络行动。

11. 联合国安理会根据《联合国宪章》第七章作出的建议或者采取的措施不构成反措施，因为安理会所享有的权力使它们自始合法。例如，《联合国宪章》第 41 条将中断通讯列为一项非武力措施，根据安理会的决定，可采取该措施来应对和平之威胁、和平之破坏或侵略行为。① 因此，一国在得到安理会根据《联合国宪章》第七章所作决议的授权时，对另一国网络能力进行的干预就是合法的，该干预并不构成反措施，因为此时不存在需要加以排除的不法性。

12. 还必须将反措施与危急情况下采取的措施区分开来。前者与紧急情况的区别主要体现在两个方面：第一，采取反措施必须以已经存在一个国际不法行为为正当根据，而危急情况则不需要具备这一前提条件。换言之，导致反措施的行为必须可归因于一个国家，相比之下，危急情况下的行为可以针对非国家行为体（甚至身份不明的行为体）的网络行动。第二，某一行为的国际不法性就足以导致他国有权采取反措施；危急情况则仅在对国家基本利益构成严重和迫切危险的情形下才适用。

13. 条约法的适用可能影响反措施能否被合法采取。一般来说，国

---

① UN Charter, Art. 41.

家可以采取反措施应对那些构成国际不法行为的对条约义务之违反。但是，值得注意的是，一些条约可能会禁止在某些情形下采取反措施，而是要求诉诸特定的争端解决方式。① 例如，一项双边条约可能会禁止针对违反条约条款的行为采取反措施，而是要求将该违约行为提交相关区域性组织。在这种情况下，至少在穷尽通过区域性组织解决争端的所有努力之前，受害国将不能采取网络的或者其他形式的反措施。

14. 必须将上述情形与另外一种情形区分开来，即一方基于另一方对条约规定的重大违约而暂停或终止其施行。② 重大违约指的是违反了条约中"达成条约目的或宗旨所必要"的条款。③ 例如，甲国与乙国签订协定，将其关键数据存储在乙国的服务器上。如果乙国后来拒绝对有关数据进行存储，就构成对条约的重大违约，因为该条约的主要目的就是数据存储。尽管一旦条约被暂停或终止施行，缔约方就不再需要遵守条约义务，但受害国可以采取反措施要求责任国进行赔偿（规则28）。

15. 正如本章第一节引言和规则15所述，将网络活动确定无误地归因于某个特定的国家或行为体常常是很困难的。特别是，可以通过对网络行动进行设计，来掩饰或假冒其发起者。例如，甲国控制了乙国的网络基础设施，然后用它针对丙国实施损害性行动，以使丙国误认为是乙国在实施该行动。丙国得出了这样的结论并针对乙国采取反措施。由于情况的紧迫性，丙国没有时间告知乙国其意欲采取反措施。国际专家组对于丙国所采取的反措施的合法性存在分歧。

16. 个别专家认为，尽管丙国错误地认定乙国实施了网络行动，但是如果该错误在当时的情形下是合理的，只要丙国声称的反措施符合反措施的其他所有要求，它就是合法的。但是，多数专家赞同《国家责任条款》第49条评注中的观点，认为国家需自行承担采取反措施的风

---

① Articles on State Responsibility, Art. 50, para. 10 of commentary.
② Vienna Convention on the Law of Treaties, Arts. 60, 70 (b), 72.
③ Vienna Convention on the Law of Treaties, Art. 60 (3) (b). *See also Legal Consequences for States of the Continued Presence of South Africa in Namibia (South West Africa) notwithstanding Security Council Resolution 276 (1970)*, advisory opinion, 1971 ICJ 16, para. 95 (21 June); *Gabčíkovo - Nagymaros* judgment, para. 106.

险，如果一国错误地将网络活动归因于一个不应承担责任的国家，就不能排除其行为的不法性。① 这些专家强调，应当防止反措施的扩大化，而且，尽管反措施的目的是为了恢复有关国家之间的合法关系，但也存在导致事态升级的风险。

17. 采取网络或非网络性质反措施的地点并不影响其是否构成反措施。但是，地点可能会牵涉多方面的国际法问题。例如，受害国甲国的特工未经许可来到乙国并对责任国丙国发起网络行动，甲国的特工可能违反了乙国的主权，但其行为对丙国来说可能却是合法的反措施。

规则 21　反措施的目的

无论所采取的反措施是否具有网络性质，其目的仅在于促使责任国遵守其对受害国所承担的法律义务。

1. 反措施的目的在于促使责任国停止其不法的作为或不作为，并且在适当的情形下，要求其提供承诺或保证（规则 27）并进行赔偿（规则 28）。② 反措施属于一种意在恢复有关国家之间的合法关系的补救措施。不允许以惩罚和报复为反措施的目的。

2. 由于反措施的目的在于鼓励恢复合法关系，即促使责任国停止正在进行的不法行为，因而在决定是否以及如何实施反措施时，必须考虑事态升级的风险。与之相关的是，只会使局势恶化的措施构成单纯的报复行为，这类行为是不允许的。正如"航空协定案"仲裁中所指出的："反措施应当是对另一方的智慧而非弱点所下的赌注。采取反措施应当本着自我克制的精神，并为解决争端付出真正的努力。"③ 这段警示性评论对于网络性质的反措施尤为重要，因为诱发反措施的不法网络行动所具有的突发性，带来了很快就互相进行报复的特殊风险，双方都没有时间仔细考量可能的后果。

---

① Articles on State Responsibility, Art. 49, para. 3 of commentary.

② Articles on State Responsibility, Art. 49 (1). 在"阿彻丹尼尔斯案"仲裁裁决中，墨西哥提出税收是一项合法的反措施，该主张被仲裁庭驳回，理由是墨西哥征税目的不是为了使美国遵守其义务。*Archer Daniels* arbitral award, paras. 134 – 151.

③ *Air Services* arbitral award, para. 91.

3. 反措施应以促成重新遵守国际法为目的这一条件，并不排除如下可能性：受害国为达到该目的所采取的反措施，可以是直接履行责任国所违反的国际法律义务。以刚刚结束一场国际性武装冲突（规则 82）的甲乙两国为例，甲国建立了有关两国边境地区因该武装冲突而流离失所的平民所处地点的数据库，并定期加以更新。该国无视其在武装冲突法下承担的协助家庭成员战后团聚的义务，[①] 拒不向乙国披露有关信息。作为反措施，乙国侵入甲国的政府电脑网络，复制了该数据库并使用这些信息帮助家庭成员团聚。考虑到甲国一直拒绝提供这些信息，乙国持续地定期从该数据库窃取经过更新的信息。就这些措施本可能是不法行为而言，乙国的网络行动作为反措施是合法的，即便有关行动并非意在迫使甲国提供信息本身。

4. 对于国家在采取反措施之前是否应通过较缓和的方式促使另一国停止其国际不法行为的问题，国际专家组存在分歧。大多数专家认为不存在这样的要求，原因在于告知义务（见下文）为防止事态升级提供了充分的保障。但是，一些专家持相反意见。他们认为，受害国有义务在采取网络反措施之前尝试诸如可能的网络反报行为，如果这些行为有可能促使责任国遵守其义务。

5. 由于反措施的目的在于促使责任国遵守其法律义务，它在本质上是回应性而不是前瞻性的。正如国际法院在"加布奇科沃－大毛罗斯项目案"判决中所指出的，反措施"必须是针对他国在先的国际不法行为而采取的"。[②] 相比针对即将发生的网络或动能武力攻击的先发制人自卫措施（规则 71），并不存在与之相类似的反措施。反措施也不得为预防性目的而采取。以一个陷入非国际性武装冲突的国家为例，支持反政府势力的邻国可以利用社交媒体网站鼓动更多针对该国政府的暴力行为，这违反了禁止干涉内政原则（规则 66）。但陷入冲突的国家不得在邻国使用社交媒体之前采取预防性反措施。

---

① Geneva Convention IV, Art. 26; Additional Protocol I, Art. 74; ICRC CUSTOMARY IHL STUDY, Rule 105.

② *Gabčíkovo - Nagymaros* judgment, para. 83.

6. 由于反措施旨在促使责任国遵守其法律义务，如果国际不法行为已经结束并很可能不再发生，而且已经在适当的情形下进行了赔偿（规则 28）、提供了承诺或保证（规则 27），则不得针对该不法行为采取反措施。① 在这方面，值得注意的是，仍然可以采取反措施以确保获得赔偿。

7. 如果有关网络行动是一系列持续性行为中的一个，并且该持续性行为构成国家责任意义上的一项单独的国际不法行为，则可以对其采取反措施。② 例如，从 2012 年底到 2013 年初，美国银行系统一直被似乎相互关联且来源相同的分布式拒绝服务行动所攻击。③ 如果——正如人们所怀疑的那样——该行动是由另一国家所为，则美国有权在攻击持续的整个期间采取反措施，以促使责任国停止此类行为。

8. 反措施通常被定性为临时措施，因此，如国际法委员会所指出的，"反措施对两国未来法律关系的影响必须是尽量可逆的"。④ 能够反映这一目的的是，国际法院确认，采取反措施的方式应当尽可能容许责任国恢复履行被违反并招致反措施的义务。⑤ 例如，一项分布式拒绝服务行动通常是可逆的，而采取反措施的国家知道数据未备份却将其删除则是不可逆的。国际专家组认为，可逆性这一要求是宽泛、非绝对性的，这体现在反措施只需尽可能可逆的说明中。例如，分布式拒绝服务性质的反措施可加以终止和恢复服务，但被中断的任务，日后计算机却可能无法再重新开始执行。这并不妨碍反措施的采取。

9. 一国选择采取的网络反措施，是否需要是最容易逆转的，还是仅是事实上可逆转即可，国际专家组对此未达成共识。例如，一国有两种反措施可供选择：实施国自己就能够终止的分布式拒绝服务行动，以及需要目标国重新配置受影响的网络基础设施的网络行动。这两种措施

---

① Articles on State Responsibility, Art. 49 (1).

② Articles on State Responsibility, Art. 15.

③ *See*, *e. g.*, Nicole Perlroth and Quentin Hardy, Bank Hacking Was the Work of Iranians, Officials Say, NY TIMES, 8 January 2013.

④ Articles on State Responsibility, chapeau to Chapter II of Part 3, para. 6.

⑤ *Gabčíkovo – Nagymaros* judgment, para. 87; Articles on State Responsibility, Art. 49 (3).

在迫使责任国重新履行其国际法律义务的可能性上程度相当。问题在于从法律上说，是否要求采取反措施的国家选择前者。多数意见认为，只要这两种措施符合反措施的其他所有要求，特别是关于相称性（规则23）的要求，国家就可以选择任一措施。个别专家持相反意见，依据在于，国际法通常倾向于最不可能恶化两国关系的解决方式。

10. 国际专家组认为，从反措施的内在的目的延伸出来的另一个要求是，拟采取反措施的国家必须告知责任国，说明其正在主张国家责任，已经决定要采取措施，并愿意进行谈判。① 具有此等效果的一次告知即可满足该要求。②

11. 此项要求特别适合于网络行动，因为网络行动的实施者可能被假冒。专家们提醒，告知义务不是绝对的。在某些情形下受害国可能有必要立即采取措施，以保护其权利免遭进一步损害。在这种情形下，受害国可以不经告知即采取"紧急性反措施"。③ 鉴于网络行动损害后果蔓延的速度，此种情形很有可能出现。

12. 类似地，专家们同意，如果将采取反措施的意图告知责任国会导致该措施变得毫无意义，则无须进行此告知。④ 例如，一国正在遭受严重的国际不法网络行动的攻击，受害国打算屏蔽对责任国银行账户的所有电子访问，以此进行应对。将此意图告知责任国即给了该国转移资产的机会，实际上剥夺了受害国采取该措施的可能。

13. 少数专家认为，习惯国际法要求受害国在采取反措施前寻求谈判，这一要求体现在《国家责任条款》中。⑤ 多数专家反对这一据称的要求，主张受害国在寻求谈判之前就可以实施反措施，在谈判期间也可以采取反措施。他们认为，上述要求将让责任国决定进行"善意谈判"

---

① Articles on State Responsibility, Art. 52（1）. *See also Gabčíkovo－Nagymaros* judgment, para. 84；*Air Services* arbitral award, paras. 85－87.

② Articles on State Responsibility, Art. 52, para. 5 of commentary.

③ Articles on State Responsibility, Art. 52（2）.

④ 这项一致意见是基于《国家责任条款》第52条第6段的评注。虽然该评注指的是紧急性反措施，但专家们认为，相同的逻辑适用于告知会导致反措施失败的任何情形，这在网络环境下是极有可能的。

⑤ Articles on State Responsibility, Art. 52, para. 5 of commentary.

的时机和持续时间，从而控制其违法行为的持续时间和影响。①

14. 国际专家组的多数意见认为，如果一个有权作出有法律拘束力决定的"法院或法庭"正在审理争议的问题，并且该国际不法行为已经终止，则不得采取反措施，如果已经采取则必须中止。②"法院或法庭"一词指的是"任何第三方争端解决程序，不论其使用何种名称"。该法院或法庭必须有采取临时措施的权力，以保护声称受害的国家。③此项禁止性规定仅仅适用于案件正在审理的情形。④此外，国际专家组一致同意，尽管国际不法行为仍没有停止，如果不再继续造成损害并且当事国正在进行善意谈判，也不得采取反措施。⑤

15. 少数专家不同意在上述情形下设定不允许采取反措施的"绝对规则"。这些专家认为，一方是否必须避免采取反措施取决于法庭是否，除其他外，判令采取类似的保护性临时措施，以替代反措施保护受害国权利。判断一个特定的法院或法庭是有这样做的足够能力，必须针对个案进行具体分析；因此，对他们而言，一项绝对的规则是不妥的。⑥

16. 国际专家组也考虑了以下问题：当国际不法行为尚未提交法院或法庭，而是仍处于与所涉争端相关的争端解决程序中时，一般而言，是否可以针对该国际不法行为采取反措施？例如，在一项据称被一方违反的国际协定中，规定了一方指控另一方违约时的争端解决机制。⑦一些专家认为，声称受损害的国家，仅可以诉诸该争端解决机制，而不是

---

① *See*, *e. g.*, US 1997 Comments, at 3. 美国援引了"航空协定案"仲裁裁决来支持这一立场。See *Air Services* arbitral award, paras. 84 – 99.

② Articles on State Responsibility, Art. 52（3）.

③ Articles on State Responsibility, Art. 52, para. 8 of commentary. "法院或法庭"这一术语指的是仲裁和司法程序，但是不包括提请联合国安理会之类的政治机构解决的情形。

④ *Air Services* arbitral award, para. 95. 另外，此时法院或法庭必须已经设立并对争议事项享有管辖权。例如，此限制性规定不适用于条约所设立但还没有成立的临时法庭。Articles on State Responsibility, Art. 52, para. 8 of commentary。

⑤ *See Lac Lanoux*（*Fr. v. Sp.*），12 RIAA 281, 306 – 307（16 November 1957）；*Air Services* arbitral award, para. 91.

⑥ *See*, *e. g.*, US 2001 Comments, at 6.

⑦ Articles on State Responsibility, Art. 50（2）（a）.

采取反措施，来促使责任国履行其义务。① 类似地，他们认为，在不存在此种争端解决机制的情形下，反措施本身不能涉及受强制性争端解决程序约束的活动。②

17. 尽管这些专家认为，当国际法上有明确要求时，就必须诉诸强制性争端解决机制，但对于是否存在例外情形，允许在诉诸此类机制期间采取或维持网络和非网络性质的反措施，他们无法达成共识。特别是对于有关程序久拖不决且争端解决机制无权采取临时措施来保护受害国权利的情形，他们保持谨慎态度。这些专家中，大部分认为在这种情形下采取反措施是适当的，但其余的则严格坚持该争端解决机制的强制性，认为此时不能采取反措施。

18. 与他们允许在谈判和庭审程序持续期间采取反措施的态度一致，专家组的其余专家主张如下观点：即使争议已被提交强制性争端解决机制，现行法律并不禁止采取或者实施网络或非网络性质的反措施，至少不禁止采取"临时和紧急"的反措施。③

规则 22　对反措施的限制

采取反措施，无论是否具有网络性质，都不能包括影响基本人权、构成受禁止的交战报复或违反强制规范的行为。采取反措施的国家必须遵守关于外交和领事不可侵犯性的义务。

1. 不允许受害国采取某些违反自身承担的义务的反措施，来应对责任国的国际不法行为。本规则在《国家责任条款》第 50 条第 1 款的基础上，阐明了国家不得通过反措施加以违反的义务。关于反措施是否可以违反禁止使用武力原则（规则 68）这一问题，将在本评注的下文进行讨论。

2. 国际专家组注意到，至少有一个国家反对将第 50 条第 1 款列入

---

① *Appeal Relating to the Jurisdiction of the ICAO Council* (*India v. Pak.*), 1972 ICJ 46, para. 16 (18 August).

② Articles on State Responsibility, Art. 50, para. 12 of commentary.

③ *See* US 2001 Comments, at 5 – 6.

《国家责任条款》。①

3. 专家们一致同意，《国家责任条款》第 50 条第 1 款第 2 项对尊重基本人权义务的援引，是习惯国际法的体现。② 但是，对于第 50 条第 1 款第 2 项的范围尚存在一定分歧。③ 无可置疑的是，它包括强制性的（见下文的讨论）人权规范。国际法委员会在该条款评注中引用的例子包括对侵略、种族灭绝、奴隶制、种族歧视、反人类罪和酷刑的禁止。④ 此外，国际专家组同意，该术语还可能包括，在国家紧急状态或武装冲突期间不得减损的人权。⑤

4. 该禁止性规定在多大程度上适用于其他人权，这仍是一个尚无定论的问题。例如，网络活动引发了对隐私权（规则 35）的关注，因而提出了以下问题：影响隐私权的网络行动能否构成反措施，还是应当排除在反措施之外，理由是根据第 50 条第 1 款第 2 项，隐私权是一项"基本"权利。国际专家组在这一点上无法达成共识。进一步的问题还涉及人权规范的域外适用性。正如规则 34 所讨论的，人权是否以及如何在域外适用仍争议未决。

5. 对于寻求采取反措施的国家，《国家责任条款》进一步禁止从事构成武装冲突法上的非法交战报复（规则 108）的行动。⑥ 换言之，一项行动如构成被国际法禁止的交战报复，则不能成为合法的反措施。例如，在武装冲突期间，作为对敌国对其本国受伤士兵进行动能或网络攻击的应对，一国发动网络攻击（规则 92）切断敌国医疗机构的电力供

---

① *See* US 1997 Comments, at 6.

② 参见 1928 年"诺里拉案"仲裁裁决的结论，该裁决禁止"不符合人道主义要求的反措施"。*Naulilaa* arbitral award, at 1026.

③ 参见，例如，2001 年美国评论建议从草案中删除存在争议的条款，指出：例如，关于什么构成"基本人权"并没有形成共识。事实上，没有任何国际法律文件界定"基本人权"一词，这一术语蕴含的概念通常被称为"人权和基本权利自由"。类似地，种族灭绝、奴役和酷刑以外其他领域的强制性规范的内容也没有明确界定或广为接受。US 2001 Comments, at 3.

④ Articles on State Responsibility, Art. 26, para. 5 of commentary; Art. 40, paras. 4 – 5 of commentary.

⑤ For instance, see the list of non – derogable rights set forth in ICCPR, Art. 4 (2).

⑥ Articles on State Responsibility, Art. 50 (1) (c).

应，以此影响其伤员治疗，这是为国际法所禁止的。

6. 反措施不包括违反强制规范（例如禁止种族灭绝）的行为。① 根据《维也纳条约法公约》第 53 条：一般国际法强制规范指国际社会整体接受和认可，不允许任何减损，且只能通过之后具有同等性质之一般国际法规范加以修改之规则。

7. 因此，采用网络或非网络手段——例如通过操纵网络传播的新闻报道内容——来煽动种族灭绝，不能构成反措施。根据前南斯拉夫国际刑事法庭的一项判决，武装冲突法的大部分规范也属于强制规范。② 尽管国际专家组的多数成员对此表示赞同，但一些成员认为这一说法没有准确描述习惯法，或者至少过于宽泛。

8. 违反外交和领事不可侵犯性（规则 39 和 41）的反措施受到禁止。③ 例如，使用勒索软件攻击一国大使馆的计算机系统，然后要求派遣国停止国际不法行为，这不能构成反措施。对于那些为应对由外交人员采取或在其他方面涉及滥用外交特权的国际不法行为而采取的反措施，该禁止性规定也同样适用。④

9. 关于对反措施的限制，一个有争议的问题是，有关限制是否包括构成《联合国宪章》第 2 条第 4 项和习惯国际法规定的使用武力的行为。在网络环境中，关键问题是网络行动何时构成使用武力。规则 68 对网络行动构成使用武力的问题进行了讨论。

10. 尽管国际专家组的所有成员都认为，反措施不能达到武力攻击（规则 71）的程度，但对于超过"使用武力"的门槛而尚未达到"武力攻击"程度的反措施是否合法，他们存在分歧。考虑到该分歧，本规则中没有包括此项限制。

---

① Articles on State Responsibility, Art. 50 (1) (d).

② *Prosecutor v. Kupreskic*, Case No. IT – 95 – 16, judgment (Int'l Crim. Trib. for the Former Yugoslavia 14 January 2000), para. 520.

③ Articles on State Responsibility, Art. 50 (2) (b). *See also Tehran Hostages* judgment, paras. 83, 86; Vienna Convention on Consular Relations, Arts. 33, 35.

④ 国际法院在"德黑兰人质案"判决中指出外交法是一项"自足体系，一方面规定了接受国对外交使团的场所设施、特权和豁免的义务，另一方面，预见到使团成员可能滥用特权，规定了接受国应对权利滥用可采取的方式"。*Tehran Hostages* judgment, para. 86.

11. 根据国际专家组的多数意见，不使用武力的义务是对受害国采取反措施时的一个关键限制。① 这一立场符合国际法院的判例，② 并体现在《国家责任条款》第 50 条第 1 款第 1 项中。

12. 少数专家则声称，对本身不构成武力攻击的非法使用武力行为（不管是否具有网络性质）采取武力反措施是适当的。他们的理由是：多数意见将意味着，国家在面对未达到武力攻击门槛的通过网络使用武力时，将无法使用自己的网络（或非网络）武力行动进行应对。换言之，受害国将仅限于通过低于使用武力程度的网络反措施加以应对，从而无法进行相称的应对。

13. 这些专家采纳的是西玛（Simma）法官在"石油平台案"个别意见中表达的立场。在该意见中，西玛法官认为：

> 但是，我们也可能会遇到较低程度、没有达到《联合国宪章》第 51 条意义上的"武力攻击"门槛的敌对军事行为。面对这种敌对行为，一国当然可以保卫自己，但仅限于通过那些范围和质量更为有限的应对措施（主要区别是不存在集体自卫的可能，参见"尼加拉瓜案"），且须特别严格地符合必要性、相称性和即时性。③

14. 西玛法官所提到的不得采取集体行动（这部分地将反措施同自卫行动区分开来），证实了他赞成国家在面对介于不太严重的"使用武力"和构成自卫法上的"武力攻击"之间的不法网络行动时，有一定的权利来采取武力反措施。在关于使用武力和武力攻击的门槛的不确定性得到澄清之前，这一观点在网络环境中究竟意味着什么？这仍是一个有待解决的问题。但是，应当再次强调的是，所有专家一致认为，网络反措施不能达到武力攻击的程度。

---

① Articles on State Responsibility, Art. 50（1）（a）. *See also* Arbitral Tribunal Constituted Pursuant to Article 287, and in Accordance with Annex VII, of the United Nations Convention on the Law of the Sea（*Guy. v. Surin.* ）, award, para. 446（Perm. Ct. Arb. 2007）.

② *Corfu Channel* judgment, at 35；*Nicaragua* judgment, para. 249.

③ *Oil Platforms* judgment, para. 13（separate opinion of Judge Simma）.

15. 一些国家并不认为，构成使用武力的行为和构成武力攻击的行为存在差别（规则 71）。对于采用这种解释的国家来说，少数专家所关注的困境并不存在。根据这种解释，一国成为非法使用武力的对象就等同于受到武力攻击。因此，根据自卫法，该国可以自己使用武力（不论是网络性质的还是非网络性质的）进行应对。

规则 23　反措施的相称性

采取反措施，不论是否具有网络性质，都必须同所遭受的伤害相称。

1. 如《国家责任条款》第 51 条所指出的，反措施必须是相称的，即"同所遭受的伤害相当，并应考虑到国际不法行为的严重程度和所涉及的权利"。[1] 同所遭受伤害不相称的反措施相当于惩罚或报复，因而不符合反措施相关法律的目的和宗旨（规则 21），这种情况下，不能排除反措施违反国际法的不法性。

2. "伤害"（injury）这一术语不应理解为要求发生损害（damage）。相反，只要存在对一项国际义务的违反，就足以使受害国得以采取相称的反措施。损害问题则与那些一旦被违反即构成国际不法行为的初级规则相关。[2] 例如，如果禁止使用武力（规则 68）被解释为要求存在有形损害或伤害，那么依据该禁止性规定，一项没有产生此等后果的网络行动就不能构成国际不法行为。这样的话，针对该行动采取的反措施就是不允许的，除非还存在另外的国际不法性的依据（例如不尊重主权，见规则 4）。

3. 必须将反措施语境中的相称性同诉诸武力权中的相称性（规则 72）区分开来，后者指的是国家在受到武力攻击时，为有效保卫自己所需的武力的程度。还必须将反措施的相称性和武装冲突法中的比例性

---

[1]　Articles on State Responsibility, Art. 51; *Gabčíkovo – Nagymaros* judgment, para. 85. 1928 年 "诺里拉案" 仲裁裁决阐明了此原则："尽管承认国际法并不要求报复行动和不法行为大致相当，但是和诱因行为完全不相称的报复无疑是过度的，因而是不法的。" *Naulilaa* arbitral award, at 1028.

[2]　Articles on State Responsibility, Art. 2, para. 9 of commentary.

规则（规则 113）区分开来，后者根据一项攻击（规则 92）预期的军事利益，来评估可能对平民和民用物体造成的损失。

4. 相比之下，与反措施的相称性相关的问题包括：所遭受的伤害（即损害的程度）；不法行为的严重程度（即所违反的初级规则的重要性）；受害国和责任国受影响的权利（和其他国家的利益）；以及有效地促使责任国履行其义务的需要。①

5. 关于所涉初级规则的重要性，对相称性的评价不仅仅是对后果进行量化比较；其目的是确保国际不法行为和反措施之间不存在显著的不平衡。② 例如，一项反措施影响了责任国的政府网络通讯系统的运行，其采取方式本属对责任国主权的侵犯（规则 4）。在评估相称性时，不仅要考虑责任国不法网络行动的实际后果，而且要考虑国家主权原则的重要性。③

6. 网络系统的互联互通性和相互依存性会导致难以准确判断网络反措施的可能后果。因此，国家在判断其反措施是否相称时，必须非常谨慎。进行全面评估时，可能要求诸如标注所针对的系统或审查相关情报。评估是否充分取决于潜在后果的可预见性，以及可用于采取反措施的方式的可行性。

7. 相称性不意味着对等（reciprocity）；不要求受害国的反措施违反的义务与责任国所违反的义务相同。也不要求反措施的性质与为其提供合法性依据的国际不法行为的性质相同。可以采取非网络性反措施来应对国际不法网络行动，反之亦然。但是，一般而言，如果反措施采取了与国际不法行为相同的手段，则违反相称性要求——或者至少被认定为违反该原则——的可能性较小。④

---

① Articles on State Responsibility, Art. 51, para. 6 of commentary; CRAWFORD, STATE RE-SPONSIBILITY, at 699.

② *Air Services* arbitral award, para. 83.

③ 国际法院在"加布奇科沃 - 大毛罗斯项目案"中确认了这一立场。*Gabčíkovo - Nagymaros* judgment, paras. 85 - 87. 这里，国际法院还参考了常设国际法院的以下判决：*Territorial Jurisdiction of the International Commission of the River Oder*, 1929 PCIJ (ser. A - No. 23) No. 16, at 27 (10 September)。

④ Articles on State Responsibility, chapeau to Chapter II of Part 3, para. 5.

8. 与之相关的是，不要求数量上一致。可以采取本来违反了多项义务的反措施来应对责任国的一项国际不法网络行动。例如，受害国可采取一系列不同的网络反措施进行应对，这些反措施中任何单独一个都不足以使责任国停止不法行为，但是其共同作用则可以做到这一点，只要它们是相称的。这种情形涉及的问题是反措施总体上是否同遭受的伤害相称。

9. 国际专家组认为，并不存在这样的程序性要求，即受害国在采取反措施前需采取措施减轻所受的伤害。没有采取措施减轻伤害也不会影响所涉反措施的相称性。例如，一国违反其对目标国所负法律义务，远程实施网络行动对该国的数据进行了一系列删除。尽管受害国本可以通过黑名单和白名单对网络流量进行监控、使系统离线、关闭系统或采取其他措施防止进一步损害，但它却没有这么做。这一事实并不会影响该国对责任国采取的反措施的相称性，因为国家责任法不要求受害国采取措施减轻损害。但是需要注意的是，受害国没有采取措施减轻损害可能和赔偿问题有关。

10. 不要求反措施必须针对责任国违反义务的行为。相反，关键在于反措施是旨在促使责任国遵守其法律义务。在很多情形下，同突发行为完全没有任何关系的反措施，可能会是让责任国确信停止不法行为的最有效的措施。以一个正在遭受另一国发动的分布式拒绝服务攻击、主权受到侵犯的沿海国为例，该沿海国可以采取反措施，禁止责任国船舶在其领海的无害通过，而不是试图以本属对责任国违法的方式来摧毁该僵尸网络。

11. 如规则7所讨论的，并且在该规则所附说明的限度内，如果一国没有尽到审慎义务，采取可行措施阻止源于该国的危害性网络行动，这将构成一项国际不法的不作为。受害国对该违法行为采取反措施必须要谨慎。特别是，反措施的相称性将根据责任国的不作为来确定，而不是根据损害的严重性以及责任国有义务阻止的网络行动所造成的后果来确定。

12. 以并非附属于一国但正在该国内针对另一国实施网络行动的非

国家行为体为例，有关行动在目标国造成了广泛的服务中断和损害。非国家行为体所在的国家采取了一些措施，以阻断非国家行为体在其境内的活动，但本可以合理地采取更多措施。该国未依据其审慎义务（规则7）采取一切可行措施，这构成了一项国际不法行为。不过，任何反措施的相称性都应依据该国未采取适当措施的情况来判断，而不是根据非国家行为体的行动所造成的伤害。

规则 24　有权采取反措施的国家

只有受害国可以采取反措施，无论该措施是否具有网络性质。

1. 本章第1节引言对"受害国"一词进行了定义。

2. 只有国家可以采取反措施。例如，信息技术公司在应对针对它采取的有害网络行动时，不得将其自行采取的应对措施称为反措施。举例来说，索尼在2014年受到恶意网络行动的攻击，据称该行动为朝鲜所为或者可归因于朝鲜。根据国家责任法，索尼无权采取反措施进行"黑客反击"。相反，在假定对索尼的这一行动可以适当地定性为朝鲜针对美国的国际不法行为（规则14）——例如，基于对主权的侵犯（规则4）——的情况下，美国享有采取反措施进行应对的权利。值得注意的是，假如索尼进行了黑客反击，这并不会违反一般国际法上的习惯性规则（规则33）；但这一做法可能会产生美国的审慎义务问题（规则6~7）。关于非国家行为体网络行动的归因问题，参见规则15和规则17。[①]

3. 不禁止受害国通过私人公司（包括外国公司），代表该国对责任国采取网络反措施。在这种情况下，公司的行动通常会归因于受害国（规则17）。该网络行动将受到关于反措施的所有相关限制和条件的约束。

4. 根据《国家责任条款》第48条第1款，"任何国家……有权对另一国援引责任……：如果（1）被违背的义务是对包括该国在内的一国家集团承担的、为保护该集团的集体利益而确立的义务；或（2）被违背的义务是对整个国际社会承担的义务"。第（1）项指的是具有整

---

① 如规则20的评注所指出的，国际专家组注意到，一种观点认为可以针对非国家行为体采取反措施。国际专家组不同意这种主张。

体性质的条约（如多边军控条约）中的义务。第（2）项涉及"对一切"的义务（规则30）。依据其中任一个法律基础采取的行为均受到诸多限制。①

5. 第48条第1款所指的没有直接受到责任国国际不法行为损害的国家，是否可以采取反措施（而不是反报等合法措施），以确保责任国停止违法行为并进行赔偿，来保护受害国或者义务受益人的利益，对于这一问题尚无定论。② 国际专家组在这个问题上未能达成共识。

6. 国际专家组指出，各国之间常规性地进行双边和多边合作，加强网络安全，增强其网络防御能力，并为应对针对它们的网络行动提供支持和协调。亚太计算机应急响应组织和北约网络快速反应小组（RRT），就是现有的为各国应对敌对网络行动提供支持的多边安排的实例。只要他们从事的活动不构成国际不法行为，国际法就不禁止这样的倡议。但关键问题是，一个国家或国家集团可否代表他国采取反措施，以及它们可否协助正在采取反措施的国家。

7. 个别专家认为，只要受害国提出请求，非受害国可以采取反措施应对国际不法行为。他们的观点建立在某些国家的实践（例如国际法委员所提及的一些实践）之上。③ 但是，多数专家采纳了"尼加拉瓜案"判决所确定的观点，即代表他国采取反措施是违法的。④ 这些专家注意到，国际法委员会将上述实践描述为"少见且只涉及少数国家"。⑤

8. 虽然国际专家组的多数意见认为，国家代表他国采取反措施是不合法的，但支持该意见的成员在一国可否协助他国实施反措施的问题上产生了分歧。例如，如果一国提供了如何进行黑客反击的指导，或者共享了有关责任国网络基础设施漏洞的信息，就会产生该问题。

9. 存在着三种观点。一些专家认为，无法将旨在协助另一国采取

---

① Articles on State Responsibility, Art. 48 (1) (a - b), paras. 6 - 10 of commentary.

② Articles on State Responsibility, Art. 54, paras. 6 - 7 of commentary; Art. 22, para. 6 of commentary.

③ Articles on State Responsibility, Art. 54, paras. 3 - 4 of commentary.

④ *Nicaragua* judgment, para. 249.

⑤ Articles on State Responsibility, Art. 54, para. 6 of commentary.

反措施的行为同代表另一国采取的反措施区分开来。另外一些专家认为，这类措施是否具有合法性，取决于援助行为是否违反了援助国对反措施所针对国家的任何法律义务。换言之，如果援助行为没有违反援助国对责任国所负的任何特定义务，则一国可以对另一国采取的合法反措施提供援助。还有一些专家则认为，向采取反措施的受害国提供援助是合法的，依据在于必须将援助行为同代表他国采取反措施区分开来。但是，所有这些专家都同意，一国向不构成反措施的网络行动提供援助或协助，可能需为其援助或协助一项国际不法行为承担责任（规则18）。

10. 如果一国的网络行动违反了对多个国家所承担的义务，各国都可以采取反措施加以应对。它们也可以协调行动，只要每一个国家采取的措施都与该国所受伤害和所涉权利相称（规则23），并且合作采取的反措施总体上也是相称的。鉴于网络空间的互联互通性和相互依赖性，这一评论特别重要。

规则 25　反措施对第三方的影响

禁止违反对第三国或其他各方的法律义务采取反措施，无论该措施是否具有网络性质。

1. 受害国针对责任国采取的网络行动构成反措施，这一事实不排除受害国违反对第三国或其他各方义务的不法性。在这方面，需要特别注意的是，鉴于计算机网络跨越国界的互联互通性，反措施的影响可能波及所有跨境网络系统。一旦出现这种情况，问题在于这些影响是否违反了对第三国或其他各方的义务。

2. 本规则提及了"其他各方"。虽然大多数国际法义务是对国家而言的，但当代国际法规定了国家对非国家行为体的某些义务，包括对国际组织和个人的义务。[①] 违反这些义务的不法性，不能基于一项行动是

---

① "阿彻丹尼尔斯案"仲裁裁决在讨论这一问题时指出：国际法在特定情况下直接赋予个人权利，如果对这些权利的违反可归因于有关国家，则可能构成国际不法行为。因此，一个国家的责任不仅可以由国家援引，在一些领域，例如外国投资者保护、人权和环境保护等，个人和非国家实体可能发挥重要作用，在国际争端解决机构前主张国家责任。*Archer Daniels* arbitral award, para. 170。

对责任国的合法反措施而加以排除。对国际人权法（第六章）而言，这一点特别重要。

3. 国际法委员会指出，仅对第三国或其他各方产生附带影响的反措施是合法的。[1] 关键的区别在于是违反了法律义务，还是仅仅影响到不受国际法保护的利益。[2] 鉴于政府、私人实体和个人共用大多数网络基础设施这一事实，将不违反国际法的附带效应排除在外，这在网络环境中尤其重要。

4. 如果网络反措施影响的只是第三国或其他各方的利益，该措施对于它们而言将是合法的。但是，如果它违反了对第三国或其他各方的法律义务，即使该作为或不作为是对责任国采取的反措施，其不法性也不能被排除。例如，受害国采取反措施，将针对性极强的计算机蠕虫植入责任国油轮装卸设施的工业控制系统中，导致油轮装卸作业停止运行。受害国所没有想到的是，恶意软件从油轮装卸设施的计算机系统向全球扩散了。但是，因为该病毒程序只对该特定油轮装卸设施有影响，对其他国家的影响则仅限于恶意软件存在于它们的计算机系统中，却不会在系统中产生任何影响。即使有关行动给第三国系统带来可疑软件，对其利益造成消极影响，受害国并没有违反本规则，原因在于恶意软件的单纯存在并不违反受害国对第三国的任何国际法责任。

5. 受害国一旦意识到其反措施侵犯了第三国或其他各方的权利，就必须立即停止该反措施。[3] 例如，在一项关闭访问操作中，受害国将恶意软件植入它认为是封闭且几乎完全隔离的责任国网络系统。软件植入后，受害国了解到目标网络连接了互联网，并且恶意软件很可能对第三国产生损害性后果。这时，受害国必须立即停用该恶意软件。

规则 26　危急情况

国家可援引危急情况，采取行动应对使其基本利益招致严重和迫切

---

① Articles on State Responsibility, Art. 49, para. 5 of commentary.

② Articles on State Responsibility, Art. 49, para. 4 of commentary.

③ Articles on State Responsibility, Art. 30（a）.

危险的行为（不论是否具有网络性质），如果这是保护该利益的唯一方式。

1. 如果一项行动是在"危急"情形下实施的，不论该情形是否由网络手段造成，有关行为在国际法上的不法性就得以排除。危急情况是指一国的"基本利益"面临"严重和迫切的危险"的情形，并且避免这种危险的唯一方式是国家暂不遵守其"重要性或紧迫性较低"的义务。①《国家责任条款》第25条规定的危急情况的准确性质与范围——这超出了本规则内容的范围——仍然存在争议。然而，鉴于危急情况已被国际法院与其他国际机构接受，② 国际专家组认为，一般而言，如下文所述，它具有习惯法性质，能够适用于网络环境中。然而，必须强调的是，援引危急情况的门槛极高；只能在例外事例中作为排除不法性的情况（规则19）使用。③ 只有当国家的基本利益遭受严重威胁时，才允许依据危急情况采取行动。

2. "基本利益"这一概念在国际法上含义模糊，尚没有公认的定义。④ 国际专家组认为，基本利益是对于相关国家具有根本和重大意义的利益。关于某一利益是否具有"基本"性质，相关判断总是取决于具体情形。某一具体利益的基本性质，在一定程度上也可能因国家而异。在这方面，国际专家组注意到一种趋势，即国家倾向于确认某些基础设施（包括网络基础设施在内）是"关键"的，这表明国家将某些利益认定为基本利益。⑤ 然而，这类确认并不会必然剥夺其他基础设施

---

① Articles on State Responsibility, Art. 25, para. 1 of commentary.

② 危急情况（或明确提到危急情况的措辞）已经在很多时候被援引。*See, e. g., Wall* advisory opinion, para 140; *Rainbow Warrior* arbitral award, para. 78; *LG&E Energy Corp. v. Argentina* decision on liability, paras. 201 – 266; *CMS v. Argentina* arbitral award, paras. 304 – 394; *Enron v. Argentina* award, paras. 288 – 345; *Sempra v. Argentina* arbitral award, paras. 325 – 397.

③ Articles on State Responsibility, Art. 25（1）; *Gabčíkovo – Nagymaros* judgment, para. 51.

④ Articles on State Responsibility, Art. 25, para. 15 of commentary.

⑤ 关于对在经济领域面临"严重且紧迫危险"的利益是否构成"基本利益"问题的分析，可参见：*LG&E Energy Corp. v. Argentina* decision on liability, para. 251; *CMS v. Argentina* arbitral award, para. 320; *Enron v. Argentina* award, para. 306; *Sempra v. Argentina* arbitral award, para. 351.

的基本性质，国家单方面地将某些基础设施描述为"关键"的，这也并不是该问题的决定性因素。

3. 国际专家组认为，作为整体的国际社会的某一利益是否可以构成本规则所指的基本利益，这一问题尚无定论。多数专家同意，依据现有国际法，仅有国家的利益受危急情况的保护。但是，专家们也承认，可能存在一些极端的情况，国家可以使用网络手段应对那些严重威胁"国际社会作为整体"的基本利益的网络行为（见"对一切"义务，规则30）。以非国家团体成功通过网络在另外一国煽动种族灭绝为例，在满足危急情况的其他条件时，一国可以援引危急情况，使用网络手段终止该煽动行为。

4. 一项基本利益遭受网络行动攻击，仅有这一事实不足以援引危急情况。除此之外，对基本利益造成的潜在危害必须是"严重"的。专家们认为，特别严重的威胁构成严重危险。这涉及从根本上干涉一项基本利益，例如摧毁该利益或使其在很大程度上失常。与"基本利益"这一概念一样，危险的严重性很大程度上取决于当时的具体情形。尽管这种危险无须是造成有形损害或伤害的风险，但如果仅仅是不便、搅扰或轻微中断，则不可能满足该条件。

5. 许多例子可以阐明基本利益受到严重和迫切威胁的情形。例如，大多数专家认为，如果一个网络行动可能削弱国家金融体系，造成对证券市场信心严重丧失，迫使全国范围内飞机停飞，使所有铁路交通停运，终止国家养老金与其他社会福利的发放，篡改国民健康记录并危及民众健康，造成重大环境灾害，关停大型电网，严重扰乱国家食品流通网络，或关闭防空系统，这就为本规则的适用提供了依据。他们认为，当关键基础设施受到攻击，以至于对国家安全、经济、公共健康、安全或环境造成严重消极影响时，就明显涉及本规则。

6. 国家可以依据危急情况采取行动，即使其应对危险的行为损害了非责任国的权利。例如，国家可以援引危急情况，应对非国家行为体采取的、没有任何国家需要负责的网络行动。在这种情形下，不论依据危急情况采取的行为在非责任国造成的影响如何，有关行为均属合法，除非存在下述情况。[①]

7. 例如，甲国对乙国实施了国际不法网络行为。乙国针对甲国采取反措施（规则 20）。如果反措施产生的后果扩散至丙国，而这些后果违背了乙国对丙国承担的义务，有关应对措施的非法性就不能作为反措施加以排除，因为丙国相对于乙国而言不是责任国（规则 25）。但是，如果乙国的基本利益受到严重影响，而所采取的行为是保护这些利益的唯一方式，那么对丙国（以及乙国[②]）采取的网络应对措施的不法性可以依据危急情况加以排除。

8. 在这方面的主要限制是，国家援引危急情况采取网络行动，不能严重损害受其影响的国家的基本利益。[③] 例如，非国家行为体使用位于他国的网络基础设施实施网络行动，并且对受害国的关键基础设施造成重大损坏。该受害国具备通过关闭被使用的基础设施加以应对的技术能力。如果这样做将影响其他国家的基本利益，则该行动是被禁止的，尽管该受害国正在或即将遭受巨大损害。

9. 不同于反措施（规则 20），危急情况不取决于它国在先的非法行为。自然灾害或其他不涉及国际法规范的情形也可以造成危急情况。

10. 这在网络环境中尤其重要，因为当个人或非国家团体——例如公司、激进组织或恐怖分子——实施的网络行为满足本规则规定的标准时，即可导致危急情况。无须将造成危急情况的行为归因于国家。因此，在非国家行为体实施了不构成武力攻击的网络行动的情况下，危急情况可能是本属不合法的唯一应对选项。

11. 在网络事件的确切性质或来源不明朗的情况下，可以基于危急情况来采取网络措施。例如，面对一起危及基本利益的复杂网络事件，国家可在评估事故情况和可能的补救措施期间，在某些情形下关闭特定网络基础设施，尽管这样做会影响他国的网络系统或活动，并违反与这

---

① Articles on State Responsibility, Art. 25, para. 17 of commentary.

② 原文如此。此处"乙国"似应为"甲国"——译者注。

③ Articles on State Responsibility, Art. 25（1）（b）.

些国家关于共同使用这些基础设施的协定。类似地，如果来源不明的重大网络行动攻击一国的关键基础设施，危急情况可以成为该国进行反侵入的正当理由。

12. 援引危急情况的国家，其所面对的危险在采取行动时无需已经发生，《国家责任条款》第 25 条使用的"迫切的危险"表明了这一点。这种迫切性，必须"客观存在而不能仅理解为有可能"。[1] 关于有必要采取措施的决定，必须是"当时可以合理获取的证据可以明确证实的"。[2]

13. 合理原则适用于迫切性问题。换言之，只有当处于相同或类似情形的理性国家在网络行动造成的损害发生前会采取行动时，该国才可以采取行动。在侵袭行动是否将要发生、是否将产生足够严重的损害以援引危急情况以及行动发起者的身份等问题上，该标准允许存在一定程度的不确定性。

14. 迫切性并非仅仅依据时间标准来判断。国际法院在"加布奇科沃－大毛罗斯项目案"判决中确认了这一点，认为损害可能是"长期的"，只要该事实并没有使损害变得"不确定和不必然"。[3] 显然，这也可以类推适用于网络活动。当一国面临网络行动对其基本利益造成损害、并构成无论是眼前的还是长远的"严重危险"时，都可以采取必要的措施制止损害，只要这些措施是防止有关危险的唯一方式。因此，针对金融体系或股票市场的网络行动可能产生一定的直接后果，但长远的信心丧失也是构成"严重和迫切的危险"的因素。

15. 关于时机问题，国际专家组同意，当采取行动避免危险的"机会之窗"（见规则 97 的讨论）即将关闭时，该危险就是迫切的。例如，一国掌握了可靠情报，获知非国家团体即将在一个特定日期发起网络行动，严重损害其关键基础设施。如果不先发制人采取行动，将会丧失有

---

[1]　Articles on State Responsibility, Art. 25, para 15 of commentary.

[2]　Articles on State Responsibility, Art. 25, para 16 of commentary.

[3]　*Gabčíkovo – Nagymaros judgment*, para. 54.

效阻止该网络行动发生的机会，该国即可对该非国家团体采取这样的行动。①

16. 尽管《国家责任条款》第 25 条规定的是预期的损害，国际专家组认为，基于危急情况排除不法性的规则同样适用于正在进行并且正在造成损害的网络行动。换言之，危急情况适用于正在持续的网络行动，例如存在一系列互相关联的网络行动。网络行动停止后，如果损害仍在继续发生，并且采取的措施是唯一可阻止进一步损害的方式，也可以适用危急情况。例如，这可能适用于如下情形：起先位于一国领土之外网络基础设施内的病毒，现在却迅速扩散至本国系统，以至于国家必须采取措施清除该病毒。

17. 由于依据危急情况采取行动是一项例外措施，只有在不存在其他途径加以应对时，才允许采取有关行动。② 在判断是否存在替代方式时，成本高低与是否便利本身不是决定性因素。例如，国家所依赖的特定网络基础设施正遭受境外非国家行为体的攻击，但在该问题解决的过程中，该国可将有关网络活动转移至其他基础设施，那么它就有义务这样做，而不是以损害他国主权（规则 4）的方式进行黑客反击。

18. 需要提醒的是，依据危急情况采取的措施是否包含武力行为，在国际法并无定论。③ 国际专家组在这一问题上存在分歧。一些专家认为，仅在根据自卫规则（规则 71）应对危害性网络行动时，才允许使用武力。在他们看来，国际法上禁止使用武力的初级规则，仅适用于特定的排他性例外情形——安理会的授权（规则 76）与自卫。其他专家则表示反对，认为禁止在危急情况下使用武力意味着，面对后果堪比网络使用武力的网络行动时，国家将发现自己处于两难境地：唯一有效的

---

① 如果即将发生的网络行动达到武力攻击的程度，则符合自卫权的先发制人行动是合法的（规则 73）。

② *See*, *e. g.*, *Wall* advisory opinion, para. 140；*The M/V 'Saiga'* (No. 2) (*St. Vincent v. Guinea*), judgment (ITLOS 1999), para. 134；ICSID, *CMS v. Argentina* arbitral award, paras. 323 – 324.

③ Articles on State Responsibility, Art. 25, para. 21 of commentary. 在对第 25 条的评注中，国际法委员会未对该问题发表意见，这表明该问题需要基于对初级规则的适当解释来加以确定。

应对方式是使用武力，却仅有在该网络行动构成武力攻击时才可使用武力。

19. 如果面临严重和迫切危险的国家在很大程度上促成了该情势的发生，那么该国不能以危急情况为正当理由进行应对。① 但是，该国对情势的促成作用必须是显著的。国际专家组认为，仅仅是没有采取预防性措施，来保护一国的网络基础设施免受构成"严重和迫切危险"的危害性网络行动，这并不能排除该国依据危急情况采取措施。例如，一国鼓励其私人对另一国实施恶意网络行动。目标国的公民也以相同方式回击，影响到前一国家的基本利益。前一国家不得以危急情况作为其采取的后续措施的正当理由，尽管事实上该国面临严重和迫切的危险。尽管这种情形涉及对第一个国家的归因（规则17）和审慎义务（规则6 - 7）问题，但这些问题不影响本规则的适用。

20. 在此情况下，"促成"的概念一般不包括符合国际法并属于有关国家保留事项（见规则66的讨论）的行为。例如，甲国国内选举的结果使某一民族的代表上台执政，乙国隶属于不同民族的个人对甲国的关键基础设施发起网络行动并达到了所要求的严重程度。不得因为甲国促成了该情形而排除该国基于危急情况采取措施，因为政府选举是一国保留事项。

21. 国际专家组在如下问题上不能达成共识：存在与他国或国际组织合作的可能性是否构成应对危急情况的替代方式？如果是的话，援引危急情况必须是"国家保护其基本利益的唯一方式"这一条件将无法满足。多数专家与国际法委员会持相同立场，② 即只要存在通过合作解决问题的可能性，便不能援引危急情况。例如，一国受到了达到危急情况门槛的网络行动的攻击，网络行动使用的基础设施部分位于一个友好国家。受攻击国可以利用该友好国家计算机紧急响应小组所具备的尖端网络手段来应对这一情况，使该基础设施停止运行。依据多数专家的观点，如果时间允许并且在相关情形下本来是可行的，受害国就必须在援

① Articles on State Responsibility, Art. 25, para. 20 of commentary.

② Articles on State Responsibility, Art. 25, para 15 of commentary.

引危急情况前，先请求计算机紧急响应小组的协助。

22. 少数专家对此表示反对，认为替代方式仅指在援引危急情况采取行动的国家绝对控制下的方式。考虑到危害性网络行动发生的速度、常常令人困惑的事实背景以及普遍存在的一旦发现危害性网络行动就应立即采取补救行动的实际需要，这些专家认为，与他国或其他国际组织合作的义务，将会给基本利益遭受严重和迫切危险的国家增加不适当的负担。

23. 必须将危急情况同不可抗力（规则 19）区分开来。对于后者，有关情势导致不能遵守义务。就危急情况而言，相关国家可以遵守其义务（例如，尊重危害性网络行动来源国的主权），但这样做将使其基本利益遭受严重损害。换言之，危急情况下，国家可以选择继续遵守义务，但遵守义务将使该国陷入严重困境。危急情况也不同于可以排除不法性的危难（规则 19），区别在于前者保护的利益无需是人的生命，而只需要这一利益是"基本"的。

第三节　国家对国际不法行为之义务

规则 27　停止、承诺与保证

责任国必须停止通过网络手段实施的国际不法行为，并且在适当情况下，提供不重复的承诺与保证。

1. 当一国的网络行动构成国际不法行为，并对他国造成"伤害"时，受害国可以援引责任国的国际责任，要求其停止不法行为并提供不重复的承诺和保证，但受到如下讨论的多项限制。[①]此外，受害国可以要求责任国给予赔偿（规则 28）。本章第一节引言部分对"责任国"一词进行了定义。

2. 鉴于网络活动以及网络基础设施间的互联互通性与相互依存性，责任国具有国际不法性的网络作为或不作为有时将违反其对多个国家所承担的义务。当此类违法行为发生时，每一个受害国均可单独援引国家

---

① Articles on State Responsibility, Arts. 30 – 31, 34 – 37, 42, 48（1）.

责任。① 例如，一国将具有破坏性的恶意软件植入连接多个盟国情报系统的信息共享机密网络。一般而言，每一个受害国都有权要求责任国停止不法行为，提供承诺和保证，并进行赔偿（规则28）。

3. 责任国有法律义务停止正在实施的国际不法网络行为（或改变其不作为）。② 停止义务也适用于反复实施不法行为的情形，因为在一系列网络行动中，每一个行为均违反了义务。

4. 与《国家责任条款》的观点相同，国际专家组认为，责任国须"在必要的情况下提供不重复的适当承诺和保证"。③ 承诺和保证与将来的行为有关，旨在恢复有关国家间对于履行义务的信心。

5. "保证"通常指的是通信，诸如外交照会或公开声明。相比之下，保证不重复则包括采取措施确保国际不法行为不再发生。例如，一国没有遵守审慎义务（规则6～7），即确保不会从其领土内对他国产生危害性网络行动。对于责任国而言，仅向受害国承诺将在今后履行义务是不够的。相反，该国可能需要像解决其网络基础设施被利用的薄弱环节一样，采取技术、行动或立法层面的措施来确保违法网络行动不再发生。在这方面，责任国一般拥有决定如何遵守其国际法义务的裁量权。

6. 与终止不法行为不同，并非在每一事例中都要求作出承诺和保证，而只是在受害国有合理理由担心，仅仅是停止国际不法作为或不作为不能使其得到保护时，才需要这么做。例如，如果一国多次违反规则发动网络行动侵犯另一国主权，受害国不仅可以要求该国停止实施该行为，还可以要求责任国作出保证，自此以后将尊重受害国主权。

7. 要求提供承诺和保证是否合理取决于相关具体情形，以及义务的性质和所涉违反义务的行为。举例来说，当责任国与受害国关系原本良好，或违反义务行为属于技术性且程度轻微时，提供承诺可能就不适当。当责任国与受害国之间的关系总体上较差，但如果责任国迄今仅实

---

① Articles on State Responsibility, Arts. 42, 46.

② Articles on State Responsibility, Art. 30.

③ Articles on State Responsibility, Art. 30.

施过一次不法网络行动，并对其国家机关和网络基础设施实施了合理控制，这种情形下要求提供承诺可能是适当的，但坚持要求提供保证就过度了。

8. 国际专家组注意到，有一种观点认为："承诺和保证不重复不应成为一项法律义务，不应存在于《国家责任条款》中，而应当只是一种外交实践"。① 然而，在专家组看来，要求在适当时提供不重复的承诺和保证，符合且有利于国家责任法的目的和宗旨，特别是有助于确保受害国的利益不会受到未来责任国再度违反义务行为的侵犯。

规则 28　赔偿（一般原则）

责任国必须对使用网络手段实施国际不法行为给受害国造成的伤害提供充分赔偿。

1. 在适当的情形下，责任国必须对其网络行动造成的伤害提供赔偿。② 正如国际常设法院所指出的，赔偿的目的是为了"尽可能消除违法行为造成的所有后果，并最大可能地恢复到不法行为未发生的状况"。③ 为了实现这一目标，赔偿应当包括"实际恢复原状，在恢复原状不可能的情况下，赔付与恢复原状等价的款项"。④

2. "伤害"是指由国际不法网络行为造成的一切物质或精神损害。⑤ 物质损害包括财产损害，以及受害国其他可以以金钱衡量的利益损失。物质损害的性质和程度与赔偿的类型和数量特别相关。国际专家组认为，在网络行动语境下，网络行动的干扰以及数据丢失所造成的经济损失构成物质损害。国际专家组还认为，如果没有造成金钱损害，单纯因短暂网络中断或个人电子邮件丢失导致的苦恼不构成物质损失。

3. "精神损害"是指其他形式的损害，如受害国"由于受到尊严和

---

① US 2001 Comments, at 11.

② Articles on State Responsibility, Art. 31.

③ *Factory at Chorzow* judgment, at 47.

④ *Factory at Chorzow* judgment, at 47.

⑤ Articles on State Responsibility, Art. 31 (2).

声誉的侵犯，造成的精神、政治和法律性质的"损害。[1] 它包括"个人的疼痛与痛苦，失去心爱的人、擅自闯入私人住宅和私人生活空间而对个人造成的侵犯等事项"。[2] 例如，一个操纵政府网站信息的网络行动可能会破坏政府的公信力。这种后果构成精神损害，对其赔偿可以采取金钱赔付的形式。类似地，根据此定义，违反"不从事间谍活动"的协定而对一国官员实施网络行动，也可能会导致精神损害。国际专家组认为，精神损害不包括惩罚性损害。

4. 在网络环境中，国际不法行为可能对国家之外的个人或实体（例如一国的公民或公司）造成伤害。根据国家责任法，此类伤害也构成国家导致的伤害（参见规则 29 对赔款的讨论）。[3]

5. 赔偿所要求的损害无须是易于量化或估算的。例如，一国实施不法网络行动导致污染物排放，这可能对他国的环境造成长期损害。这些后果可能难以量化，但却是需要赔偿的伤害。再如，针对一国金融体系实施的分布式拒绝服务行动中断了金融交易，并导致人们对该国的金融行业丧失信心。尽管在这两个以及其他一些例子中，难以准确计算损失，但获得赔偿权原则上仍是成立的。

6. 赔偿义务仅存在于国际不法网络行为已经"造成"伤害的情况。造成的伤害并不包括"源于该不法行为的任何及一切后果"；那些"远因的"或"间接的"损害不应包括在内。[4] 对潜在伤害的评估应当考虑直接性、邻近性、可预见性等因素。[5] 例如，一国政府信息系统门户为国民提供包括电子处方在内的各类电子化服务，该系统门户受到了分布式拒绝服务行动的攻击。这一行动对民众健康具有直接的负面影响。但是，如果私人公司的雇员因此不能按期寻医问药，导致因病临时不能上

---

① Articles on State Responsibility, Art. 31, paras. 5, 7 of commentary; *Rainbow Warrior* arbitral a-ward, paras. 109 – 110.

② Articles on State Responsibility, Art. 31, para. 5 of commentary.

③ Articles on State Responsibility, Art. 31, para. 5 of commentary.

④ Articles on State Responsibility, Art. 31, para. 10 of commentary.

⑤ Articles on State Responsibility, Art. 31, para. 10 of commentary. *See also Naulilaa* arbitral a-ward, para. 1031.

班，公司的日常运营因此受到影响，这一后果就不够直接，因而不应获得赔偿。

7. 在这方面，一个特别的挑战是，在网络环境下，很可能存在不可预期或远因的后果。网络基础设施及活动具有网络化性质，人们难以预计网络行动造成的影响。例如，某些恶意软件仅针对特定网络基础设施，但其他恶意软件具有高度"传染性"，能够轻易传播到与所针对的基础设施相连的其他系统，或者通过内存卡等方式不经意地被传播。此外，一国也许不能充分标注其正在实施的行动所针对的网络，因此并没有意识到对其他系统可能造成的后果。这一现实，使判断据以进行赔偿的损害是否是由相关网络行动所"造成"变得更加复杂。

8. 受害国减轻不法网络行动所造成损害的能力，是确定赔偿范围时的相关因素。在这方面，需要注意的是，根据一般国际法，受害国没有减轻损害的义务。但是，如果受害国本可以采取合理的行动减轻损害，但却没有这样做，这将影响到责任国的赔偿。对于本可以通过采取合理减轻措施避免的损害，受害国将无权要求赔偿。① 因此，如果某一受害国本可以轻易地使受影响的网络系统离线，以防止破坏性网络行动造成进一步损害，那么这一节点之后系统所遭受的损害将不在计算赔偿的范围内。但是，如果受害国已经采取了上述措施，因不能使用该系统而对受害国造成的损害，则是确定伤害程度时的合理考虑因素。

9. 在确定应付赔偿时，需要考虑受害国促成网络行动所造成损害是基于故意、过失还是不作为。② 在此类案件中，过失可以被理解为受害国没有尽到在该情形下受害人应尽的适当注意。不要求过失达到特定程度（例如重大过失）。③ 相反，在确定赔偿的适当形式时，与之相关的是过失促成伤害的程度。

10. 例如，假定责任国的国际不法网络行为造成了损害，但在试图

---

① *Gabčíkovo–Nagymaros* judgment, para. 80.

② Articles on State Responsibility, Art. 39. *See also LaGrand* (*Ger. v. US*), Merits, 2001 ICJ 466, paras. 57, 116 (27 June).

③ Articles on State Responsibility, Art. 39, para. 5 of commentary.

解决该问题时，受害国存在过失并导致损害加剧。在这种情形中，责任国将没有义务对后一损害进行赔偿。在这方面，需要提醒的是，受害国采取的行为可能加剧了损害，但行为不存在过失。例如，在侵袭性网络行动开始采取时，受害国也许无从充分了解该行动的性质，由此采取了合理但不正确的方式来控制损害。由于受害国的行为不存在过失，其应对是面对危害性网络行动时的正常应对，那么，责任国应对受害国行为造成的额外损害做出赔偿。

11. 当多个国家共同实施了一项网络行动，这些国家均需受本节所列明的救济手段约束，尽管受害国从责任国获得的赔偿不应超过其因该国际不法行为遭受的伤害。① 例如，一国允许他国安全部门使用其网络基础设施，以此实施一项特定的网络行动，或两国共享网络情报实施某一项共同行动。两国可能要为由此导致的同一国际不法行为承担责任，并且如果确实如此，两国需为此进行赔偿，因为损害是由两国的共同行为引起的。在一些条约中，该一般规则存在构成特别法的例外情形，例如对空间物体造成的损害（规则 60）。

12. 有时，多个责任国出于一个共同目的而采取行动，但并没有进行联合行动。例如，两国安全机构可能达成一致，分别对第三国政府的网络基础设施进行攻击。在这种情况下，每一个国际不法行为及其导致的后果应明确地由某个国家承担。这两个国家实施了明显不同的行为，只需为其自己的不法行为承担责任并履行相应赔偿义务。

13. 类似地，几个国家各自实施了不同的不法行为（或不作为），这些行为一起造成了伤害。② 例如，一国从第三国针对另一个国家的网络基础设施采取了网络行动。如果第三国对其境内网络活动采取了审慎态度，该行动本可以被阻止，但该国却没有阻止该行动（规则 6~7），责任国须提供的赔偿将基于各自的违法行为及其造成的伤害进行确定。

14. 援引国家责任时，受害国必须将其关于国际不法网络作为或不

---

① Articles on State Responsibility, Art. 47; *Certain Phosphate Lands in Nauru*, 1992 ICJ 240, para. 48 (26 June).

② *See Tehran Hostages*, paras. 57 – 68; *Corfu Channel* judgment, at 17 – 23.

作为的主张告知责任国，具体指明责任国为停止不法行为需采取的措施以及赔偿的形式。① 对于告知采用何种形式或格式没有具体要求；关键是这一告知必须能产生预期效果。所主张的特定措施对责任国没有约束力，因为赔偿的性质适用下文规则 29 阐述的规则。如果受害国未提出请求，这并不能免除责任国进行赔偿的责任或义务；提出请求仅是实践中援引他国责任的方式。

规则 29　赔偿的形式

对受害国因网络形式的国际不法行为所遭受损失的赔偿，可以采取恢复原状、赔款和道歉等形式。

1. 本规则规定了赔偿的不同形式，包括恢复原状、赔款和道歉，这些方式根据具体情形，既可单独也可联合使用。② 值得注意的是，责任国进行赔偿的义务，是源于国际不法行为的单独法律义务。未进行赔偿本身就是一项国际不法行为。

2. 恢复原状指将事物恢复到国际不法行为发生前存在的状态。③ 这是首先和主要的赔偿形式。仅在恢复原状不足以对责任国的不法网络行动造成的后果进行救济的情况下，才适用其他形式的赔偿。④

3. 恢复原状的概念不同于单纯停止国际不法网络行动（规则 27）。前者指将事物恢复到先前的状态，而后者仅指停止不法作为（或不作为）。例如，如果一国违反其条约义务针对另一国实施了敌对网络行动，停止仅要求该行动的结束。相比之下，恢复原状可能包括提供所使用的恶意软件的相关信息，从而使受害国可以消除安装在其系统中的恶意软件造成的影响。但是，在很多情况下（例如停止一项分布式拒绝服务行动），两种义务无法区分开来。

4. 恢复原状在某些情形下是不合适的，这些情形指的是，将事物

---

① Articles on State Responsibility, Art. 43.

② Articles on State Responsibility, Art. 34.

③ Articles on State Responsibility, Art. 35.

④ Articles on State Responsibility, Art. 35, para. 3 of commentary, citing *Factory at Chorzow* judgment, at 48.

恢复到先前的状态所需采取的行为,"涉及一项与恢复原状(而不是赔款)所得利益完全不相称的负担"。① 尽管这一标准本身具有模糊性,某些情形还是明确的。例如,一国根据相关条约,有义务允许另一国在特定期间内使用其某些国家网络基础设施。后来由于科技的进步,要求对该网络基础设施进行改造,否则就无法正常工作。但是,如果不进行重大和异常昂贵的设施变更,该改造与后一国家的网络活动将存在不可避免的冲突。无法提供该网络系统很可能构成一项国际不法行为,但是在这种情况下并不要求恢复原状,原因在于恢复原状所造成的负担与受害国所得利益不相称。作为替代,赔款和道歉(如下述)可能是适当的救济方式。需要提醒的是,负担在某种程度上大于利益的事实本身不足以排除恢复原状。相反,这种不相称性必须是"重大的";对差别不大的案件的判断应有利于受害国。②

5. 难以恢复原状,以及恢复原状的行为将违反国内法律或规章,都不是不采取该措施的正当理由。恰恰相反,有时为恢复原状所做的"额外努力"是值得的。③ 但是,如果恢复原状是"实质上不可能的",例如,网络行动所造成的损害是不可逆的,或者行动所针对的网络基础设施已经被摧毁并且不能被更换,此时赔款和道歉就是适当的。④ 类似地,在某些情形下恢复原状亦无法完全使事物恢复到原先的状态。例如,一项分布式拒绝服务行动可能导致其他系统停止工作并带来经济损失。仅仅是恢复服务(恢复原状)不足以对责任国的不法网络行动所造成的损失承担责任,可能需要另外进行赔款和道歉。

6. 赔款指的是对国际不法行为造成的损失进行赔付,该损失不能通过恢复原状复原并且在经济上是可估算的。⑤ 赔款的目的在于解决实

---

① Articles on State Responsibility, Art. 35 (b).

② Articles on State Responsibility, Art. 35, para. 11 of commentary.

③ Articles on State Responsibility, Art. 35, para. 8 of commentary.

④ Articles on State Responsibility, Art. 35 (a).

⑤ Articles on State Responsibility, Art. 36. *See also Gabčíkovo – Nagymaros* judgment, para. 152; *Pulp Mills on the River Uruguay* (*Arg. v. Uru.*), judgment, 2010 ICJ 14, para. 273 (20 April); *Ahmadou Sadio Diallo judgment*, para. 161.

际经济损失问题，从而保证受害国得以通过赔偿"修复完整"。尽管两者目的不同，受害国可以与责任国达成协定，接受赔偿而不是要求恢复原状。

7. 赔款这一概念范围广泛。它不仅适用于受害国遭受的经济损失，还适用于其国民（包含公司）所遭受的经济损失。赔偿可包括赔付相对易于确定的利润损失，尽管针对实际发生损失的赔付更为常见。① 例如，针对商业网站发动的分布式拒绝服务行动可能导致广告收入损失，该损失就是相对容易估算的。

8. 损失估算包括与涉及的损失具有天然联系的所有费用。② 例如，一项针对私人公司的不法网络行动，导致公司雇员在系统停止运行期间从受害国领取失业救济，该失业救济就应当获得赔款。同样地，针对经济目标采取的网络行动如造成一国公司价值的永久性减损，也是应获得赔款的。应对一项不法网络行动及消除其后果所产生的费用同样如此。③ 但是，惩罚性或者惩戒性损害则不应获得赔款。④

9. 道歉包括"承认违法、表达悔过、正式道歉或其他适当形式"。⑤ 仅当通过恢复原状和赔款不能弥补伤害时（如对国家的非物质性冒犯），道歉才是适当的。道歉针对的是责任国义务的违反，而不是受害国遭受的物质性损失。道歉本不具有惩罚性，更不应具有"羞辱性"。⑥

10. 表示道歉不需要以正式的方式或在公开场合作出。例如，国家工作人员（如情报部门的职员）实施网络行动，导致责任国违反国际

---

① Articles on State Responsibility, Art. 36, paras. 27, 32 of commentary, citing the examples of *Cape Horn Pigeon* judgment (US v. Russ.), 9 RIAA 63 (1902); *Sapphire Int'l Petroleums Ltd. v. Nat'l Iranian Oil Co.*, 35 ILR 136, 187–189 (1963).

② 在"科孚海峡案"判决中，作为例证，国际法院指出应付赔款不仅包括对阿尔巴尼亚水域的地雷损坏的两艘军舰的赔偿，还包括应支付给受害者及其家属的养恤金费用和其他补助金。*Corfu Channel* case (compensation) (*UK v. Alb.*), 1949 ICJ 244, at 249 (15 December).

③ 类似地，在环境法领域，法院已经判令赔偿价值的减损和清除成本。See discussion in Articles on State Responsibility, Art. 36, para. 15 of commentary.

④ Articles on State Responsibility, Art. 36, para. 4 of commentary.

⑤ Articles on State Responsibility, Art. 37 (2).

⑥ Articles on State Responsibility, Art. 37, para. 8 of commentary.

法律义务，对此展开的正式调查，即能满足此条件。对实施冒犯行动的个人进行处分，特别是由于越权行为导致国家承担责任（规则15）的情形下，也可以构成道歉。

11. 实践中，有很多要求道歉的国家实践与网络环境相关，例如，在侮辱国家象征（例如国旗）、侵犯主权、侵犯外交馆舍等场合，有关国家提出过道歉的要求。[①] 类似地，国家可能对篡改国家网站、通过网络行动侵犯主权（规则4）以及采取网络手段攻击官方外交通信（规则41）等行为要求作出道歉。

规则 30　违反对国际社会作为整体所承担的义务

对实施网络行动并违反其对国际社会作为整体所承担的对一切义务的国家，任何国家可以援引该国的责任。

1. 对于违反对一切规范的国家，所有国家都可以援引其责任。[②] 关于采取反措施以援引违反对一切规范的国家的责任，见规则24。关于针对违反对一切义务适用危急情况，见规则26。值得注意的是，本条规则不涉及各方间的对一切（*erga omnes inter partes*）规范，即一国对某项特定法律制度的各成员所承担的义务，例如适用于区域性组织成员间的义务。

2. 对一切义务指的是"一国对国际社会作为整体所承担的义务"。[③] 在"巴塞罗那公司案"判决中，国际法院确认，"正是因为其性质本身，对一切义务为所有国家所关切。就所涉及的权利的重要性而言，所有国家都可被认为对保护这些权利享有法律利益"。[④] 国际法院援引了禁止侵略、种族灭绝、奴隶制度和种族歧视等例子。[⑤] 在"隔离墙案"咨询意见中，国际法院将民族自决权和国际人道法的某些义务

---

① Articles on State Responsibility, Art. 37, para. 4 of commentary.

② Articles on State Responsibility, Art. 48 (1) (b).

③ *Barcelona Traction* judgment, para 33.

④ *Barcelona Traction* judgment, para. 33.

⑤ *Barcelona Traction* judgment, para. 34.

列入对一切义务的清单。① 在"或起诉或引渡义务案"判决中，国际法院将防止酷刑行为作为一种（各方间的）对一切义务。②

3. 任何国家都可以对一国违反"对国际社会作为整体所承担"的义务援引国家责任。需要提醒的是，赔偿（规则 28）仅限于实际遭受损失的国家，尽管其他国家可以代表受害国或该义务的受益人主张赔偿。③ 所有国家均可要求责任国停止实施国际不法行为，并要求提供不重复的承诺和保证（规则 27）。④ 例如，一国通过网络成功地在另一国煽动种族灭绝行为，所有其他国家尽管未受种族灭绝的影响，也可以援引第一个国家的责任。但是，它们不得为本国寻求赔偿，因为所涉及的义务具有对一切性质，而它们并没有遭受任何损失。

4. 国际专家组多数意见认为，对一切义务的法律渊源，不论是习惯法还是条约法，都不能决定一国向违反义务国家主张责任的权利。个别专家认为，根据现有的法律，只有（根据条约产生）各方间的对一切义务可以如此主张。

第四节　国际组织的责任

1. 国际组织对其构成国际不法行为的网络活动和与网络相关的不作为承担国际法律责任。在评估国际组织需要承担法律责任的情形时，国际专家组部分参考了国际法委员会的《国际组织责任条款》。⑤ 该委员会承认关于国际组织责任的实践有限，也承认委员会的做法比它在其

---

① *Wall* advisory opinion, para. 155.

② *Questions Relating to the Obligation to Prosecute or Extradite* (*Belg. v. Sen.*), *judgment*, 2012 ICJ 422, para. 68 (20 July).

③ Articles on State Responsibility, Arts. 42 (b) (i) and para. 12 of commentary, 48 (2) (b) and para. 11 of commentary.

④ Articles on State Responsibility, Art. 48 (2) (a).

⑤ 与《国家责任条款》一样，《国际组织责任条款》不是一项条约，因此不具有约束力。在 2014 年 12 月 10 日的 A/69/126 号决议中，联合国大会注意到《国际组织责任条款》并将其案文附在决议之后，同时在不妨碍未来将其作为条约加以通过或采取其他适当行动的前提下，向各国政府和国际组织推荐这些条款。大会还决定在 2017 年第 72 届会议上再次讨论这一问题。

他领域从事的国际法编纂更多地反映了相关规则的逐渐发展。① 然而，专家们仍然认为，《国际组织责任条款》中的一些内容反映了习惯国际法，并因此将这些内容作为参考标准。②

2. 与国际法委员会一样，国际专家组仔细考虑了国际组织和国家之间固有的差异，它也注意到国际组织之间在国际法律人格的程度、权力与职能、成员数量、与其成员的关系、审议程序、结构与设施以及约束它们的初级规则方面展现出的巨大差异。因此，专家们抱着谨慎的态度拟定了本节内容。

3. 专家们采用了《国际组织责任条款》第 2 条对"国际组织"作出的宽泛界定，即国际组织是"根据条约或受国际法调整的其他文件所设立并拥有自己的国际法律人格"的组织。国家及其他实体都可能成为国际组织的成员。③

4. 国际组织在其网络活动中，受其组织约章、其作为缔约方缔结的任何条约和一般国际法所确立的、对其适用的规则约束。④ 上述规则中的义务可能是一国际组织对国家和其他国际组织所承担的义务。

5. 国际专家组同意如下一般原则，即国际组织受习惯国际法约束。然而，他们承认，许多关于国际组织的习惯规范的约束力尚未完全确立，因此没有一一罗列适用于国际组织的习惯国际法初级规则。然而，专家们一致认为，如果某个习惯性质的初级规范在非网络环境下适用于一个国际组织，那么在网络环境中也应如此。

6. 除强制规范（强行法）外，一个国际组织的成员国可以背离原本可适用的习惯国际法，在相互间达成关于网络活动的特殊法律制度。

---

① Articles on Responsibility of International Organizations, General Commentary, para. 5.

② *See*, *e. g.*, International Law Association Study Group, Report on the Responsibility of International Organizations to the Sofia Conference (2012), at7 – 8, 11.

③ 例如，欧盟是世界贸易组织、粮食及农业组织以及一些渔业组织的成员。在地区方面，例如，台湾、香港和澳门是三个成为世界贸易组织成员的"单独关税区"，台湾和香港还以单独"经济体"的身份参与亚太经合组织（APEC）。工会是国际劳工组织的成员，这是私人性实体在国际组织享有成员资格的一个例子。

④ *See*, *e. g.*, *Interpretation of the Agreement of 25 March 1951 between the WHO and Egypt*, Advisory Opinion, 1980 ICJ 73, para. 37 (20 December).

例如，如规则 9 中所讨论的，国家对其领土上发生的特定网络活动，享有行使立法管辖权的主权权利。因此，各国可以在国内法上确定电子签名必须达到的技术标准。但是，区域性组织的会员国可通过允许该组织规定这种标准，将这一主权权利的行使让渡给该组织。这样，即使习惯国际法没有为区域性组织就在其成员国领土上发生的网络活动行使立法管辖权提供依据，它仍可履行该职能。

7. 虽然一些国际组织自身能力有限，严重依赖成员国的网络基础设施，但另外一些组织拥有和运营着相当多的网络基础设施。此外，虽然一些国际组织仅限于从事网络防御，但另外一些国际组织可能使用成员国拥有的或由该组织本身拥有或控制的资源，从事攻击性网络行动。

8. 对于国际组织而言，关键问题是，习惯国际法在多大程度上调整国际组织的网络行动，以及在何种程度上保护它们免受敌对网络行动。专家们一致认为，由国际组织采取的或针对国际组织的某一网络行动在国际法上的合法性，必须结合相关组织的性质，包括其权力和职能，根据具体情况来加以评估。

9. 以国际组织的网络基础设施遭到一个国家采取的破坏性网络行动为例，专家们一致认为，由于国际组织不享有主权（见规则 1），该组织不得声称其主权受到侵犯，并据此采取任何国际法上的救济措施。然而，相关基础设施所在的国家可基于该行动在其领土上显示的破坏性影响，而声称本国的主权受到侵犯（见规则 4），并按照本手册所述对违法行为作出应对（例如诉诸反措施，见规则 20）。如果网络行动达到武装攻击的程度，专家们一致认为，领土国可以使用武力进行自卫来加以应对（规则 71）。虽然专家们也同意，国际组织可成为领土国行使其固有的集体自卫权的手段，但他们不能就该组织本身是否享有独立于成员国的自卫权达成共识（见规则 31 的进一步讨论）。

10. 又如，国际组织为了影响一国选举而对该国实施强制性网络行动，国际专家组一致认同，国际组织受禁止干涉原则（规则 66）的约束。这一结论部分地受《联合国宪章》第 2 条第 7 项禁止联合国干涉内政（见规则 67）的支持。根据该条规定，联合国无权"干涉本质上属于任何国家国内管辖范围内的事项"。需注意的是,如果国际组织可能违反禁止干涉原则,国际组织的行为也可能侵犯国家主权的结论就是符合逻辑的。这是因为,禁止干涉源于主权原则(见规则1~3)。

11. 相比而言,一国针对国际组织的网络行动并不违反禁止干涉原则,因为所述禁止旨在保护只有各国享有的主权的某些关键方面。专家们指出,在这方面,实践中可能难以区分针对国际组织本身的行动和针对其成员国的行动,特别是当该组织依赖成员国的网络基础设施时。该网络行动不构成对内政的干涉的结论,并不妨碍适用本手册中所列的可能排除该行动的其他规则,以及国家可能对该国际组织承担的任何条约义务的适用。

12. 国际专家组同意,《联合国宪章》第2条第4项并不对国际组织产生约束力;从文本上看,它只适用于该组织的"成员"。关于禁止威胁或使用武力的习惯法是否对国际组织的网络行动产生约束力,国际专家组不表达意见。然而,专家们提请注意以下一般规则,即如果一国造成其参加的国际组织从事某一行为,而该行为如由该国从事时也将违反对其有约束力的国际法律义务,则该国将承担国际责任。[1]

规则 31 一般原则

国际组织对违反国际法律义务并可归因于该组织的网络行动承担国际法律责任。

1. 国际专家组认为,本规则反映了国际法上关于国际组织已经得到确立的一项原则,据此,国际组织应对其国际不法行为承担责任(关于"国际不法行为"的概念,另见规则14的讨论)。[2] 国际组织可能通过作为或不作为,包括涉及网络活动的作为或不作为,违反国际法律义务。[3] 例如,在一个区域安全组织结构内设立(因而构成该组织的

---

[1] Articles on the Responsibility of International Organizations, Art 61 (1).

[2] Articles on the Responsibility of International Organisations, Art. 3; *Immunity of a Special Rapporteur* advisory opinion, para 66 (讨论了联合国因其所从事的行为或其代理人以官方身份从事的行为,而对受害方产生的赔偿责任问题)。

[3] Articles on the Responsibility of International Organizations, Art. 4, 5, 10 (1), 11.

一个机关）的网络行动部门，如果对一国采取构成受禁止的干涉的网络行动（见本节引言的讨论），该组织就违反了一项国际法律义务。必须提醒的是，认定违反义务时是否需要存在某种意图或损害，对这一问题的回答要参照有关网络行动所涉及的具体初级规则。

2. 网络行动或其他网络活动必须根据国际法可归因于某一国际组织，该组织才能对此承担国际责任。如果网络行动是某一国际组织的机关或代理人在履行其职能时采取的，该行动就可归因于这一国际组织，即根据国际法构成该组织的行为。

3. 国际组织的"机关"是指根据该组织的组织约章、其他规则或实践被赋予特定职能的实体。① 例如，联合国大会、安全理事会和国际法院是联合国的机关。② 类似地，北大西洋理事会是北约的机关；西非国家经济共同体理事会是西非国家经济共同体的机关；南方共同市场理事会是南方共同市场的机关。

4. "代理人"是指被国际组织的机关委以履行或帮助履行某一职能的任何人，简言之，就是国际组织通过其采取行动的任何人。无论有关个人是否为该组织支付薪酬的官员，或是否为该组织的永久雇员，都是如此。③ 虽然不是该组织的机关，但根据国际组织的指示或在其指挥或控制下行事的个人或实体，也是该组织的代理人。④ 国际专家组认为，规则17对"指示"和"指挥或控制"术语的解释比照适用于本规则。一个由国际组织策划并委托代理人从事的网络行动可归因于该国际组织，如果违反了国际法律义务，就需要由该组织承担责任。

5. 在网络环境中特别值得注意的是从事网络行动的私人性个人和诸如公司等实体。尽管它们不是国际组织的机构，但如上所述，只要它

---

① Articles on the Responsibility of International Organisations, Art. 2 (b - c).

② UN Charter, Art. 7 (1).

③ *Reparation for Injuries Suffered in the Service of the United Nations*, advisory opinion, 1949 ICJ 174, at 177 (11 April). *See also Immunity of a Special Rapporteur advisory opinion*, para. 66; Articles on the Responsibility of International Organisations, Art. 6, para. 4 of commentary.（引用了瑞士联邦委员会的一项决定，该决定称："国际组织所有层级和性质的机关以及行使职权的代理人的作为和不作为，都将归因于该组织。"）

④ Articles on the Responsibility of International Organisations, Art. 6, para. 11 of commentary.

们构成了国际组织的代理人，其行动就可归因于该组织。

6. 国际组织机关或代理人的行为归因于国际组织，仅限于其为该组织履行职能时的作为或者不作为。以私人身份采取的行为不归因于该组织。[1] 例如，联合国特使用于私人获益的网络活动不能归因于联合国。一般来说，国际组织的特定规则将确定每个机关或代理人被赋予哪些职能。[2]

7. 国际专家组认为，本规则适用于机关或代理人的越权行为。[3] 类似于国家责任的情况（规则15），越权行为的概念包括虽然属于该机关或代理人的职能、但超越其权限范围的行为。因此，如果机关或者代理人显然是以官方身份行事，即便逾越了该国际组织赋予的权限或违背了其指示，该组织也将承担责任。例如，如果一个国际组织的维持和平部队（关于维持和平行动，见规则78）实施了被该组织禁止的特定网络行动，从而违反了该组织的交战规则，则该组织仍将对此行为承担责任。

8. 国际组织经常依赖国家机关或其他国际组织的机关或代理人来履行其职能。如果有关机关或代理人已经完全被临时调派给接受的国际组织，则它们被视为该组织的机关或代理人，其网络活动也只是归因于该组织。[4]

9. 但是，如果一国或另一国际组织的机关或代理人没有被完全调派，并继续充当调派国或国际组织的机关或代理人，那么，接受的国际组织只是在对有关行动实施了有效控制时，才会归因于该组织（关于"有效控制"的概念，见规则17的讨论）。[5] 国际专家组认为，在这类事例中，归因是基于对被调派机关或代理人从事的特定网络行为行使了

---

[1] Articles on the Responsibility of International Organizations, Art. 6, para. 7 of commentary; Art. 8, para. 4 of commentary.

[2] Articles on the Responsibility of International Organizations, Art. 6 (2). *See also* Articles on the Responsibility of International Organizations, Art. 2, para. 16 of commentary; Art. 6, para. 9 of commentary.

[3] Articles on the Responsibility of International Organizations, Art. 8.

[4] Articles on the Responsibility of International Organizations, Art. 7, para. 1 of commentary.

[5] Articles on the Responsibility of International Organizations, Art. 7.

事实上的控制。① 例如，如果一国刑事调查机构将其雇佣的信息技术专家交由国际组织支配，调派国可根据与该国际组织的协定，保留对他们的纪律惩戒权和刑事管辖权。② 尽管调派国保留了一些剩余的控制，但如果专家的有关行为是根据接受组织的命令进行的，接收组织就需对此承担责任。在这种情况下，根据规则 15，提供专家的国家可能另行对专家的行为承担责任，例如，如果国家在专家被派往国际组织时，指派他们对另一国家进行攻击性网络行动。

10. 如果一国或国际组织根据协定临时调派其机关或代理人，该协定一般只适用于缔约方之间的关系；它通常不能剥夺第三方在被调派的机关或代理人违反国际法律义务时可能产生的任何权利。③ 这种情况可能出现在网络环境下的一个例子是，如果一国根据该国与某一国际组织之间的协定，向该国际组织临时调派高度专业的信息技术专家团队，而该团队却对第三国从事了违反国际法的行为。

11. 在下列情况下，一国际组织可能要对一国或另一国际组织的国际不法行为承担责任，如果该组织：（1）援助或协助；（2）指挥或控制；或（3）胁迫一国或另一组织实施国际不法行为。④ 这些情况在下面逐一讨论。适用于涉及国家责任的类似情况的法律分析（规则 18）在这些情况下比照适用。因此，下面的评注进行了压缩，可参考规则 18 对有关问题更全面的讨论。

---

① Articles on the Responsibility of International Organizations, Art. 7, para. 4 of commentary. *See also* Report of the Commission of Inquiry Established Pursuant to Security Council Resolution 885 (1993) to Investigate Armed Attacks on UNOSOM II Personnel Which Led to Casualties Among Them, UN Doc. S/1994/653, paras. 243 – 244 (24 February 1999); Report of the Secretary – General on Third – party Liability arising from Peacekeeping Operations, UN Doc. A/51/389, paras. 17 – 18 (1996); *Behrami and Behrami v. France*; *Saramati v. France, Germany and Norway*, Apps. No. 71412/01 and No. 78166/01, ECtHR, para. 133 (2007) (endorsing an even lower standard of 'ultimate authority and control'); *Al – Jedda v. United Kingdom*, App. No. 27021/08, ECtHR, para. 84 (2011).

② Articles on the Responsibility of International Organizations, Art. 7, para. 1 of commentary.

③ 国际法委员会引用了联合国会员国向联合国提供军事部队的示范协定这一例子。Articles on the Responsibility of International Organizations, Art. 7, para. 3 of commentary.

④ Articles on the Responsibility of International Organizations, Arts. 14 – 16, respectively. *See also Genocide* judgment, para. 420.

12. 一个国际组织在从事涉及一国或另一国际组织的国际不法行为的网络活动时，应为其提供的援助或协助而承担责任，而不论该不法行为是属于网络还是非网络性质。① 例如，一个国际组织向一国提供小孔径终端设备（VSAT）来接入互联网，以便该国对另一国进行不法的使用武力（规则68）的情况，该组织应对其援助行为承担责任。当国际组织从事非网络活动以支持一国或另一国际组织的不法网络行动时，也会产生责任。例如，如果国际组织通过非网络手段收集一国境内个人的生物特征数据，然后将其提供给另一国家，后者使用有关信息进入前一国家的军事计算机网络并实行不法的网络行为，就是这样的一个例子。不同于指挥和控制以及胁迫的情况，向国际不法行为提供援助或协助的国际组织并不是对被协助的不法行为本身承担责任，而只对所提供的援助或协助负责。②

13. 在这种情况下，国际组织必须知道国家或其他国际组织的作为或者不作为构成国际不法行为。③ 换言之，如果国际组织受到请求向一国或另一国际组织提供网络或非网络援助，但不知道被援助的国家或国际组织想要从事违反国际法的网络或非网络行为，该组织就无须对提供此类援助承担责任。例如，国际组织为一国或另一国际组织提供了电脑硬件，如果该组织不知道有关硬件将被用于从事国际不法行为，如针对另一国开发和部署破坏性恶意软件，则该组织不对此承担责任。

14. 此外，只有当受到援助或协助的行为在由提供援助或协助的国际组织本身从事也属非法时，该组织才承担责任。④ 因此，国际组织承担的责任与对国际组织有约束力的义务被违反相关联，并且是在该组织促成了对义务的违反时产生责任。

---

① Articles on the Responsibility of International Organizations, Art. 14.

② 需注意的是，《国家责任条款》第14条和第15、16条的案文在这方面存在差别。第14条使用了"对这么做"（指援助或协助）的措辞，而第15、16条使用了"对该行为"。

③ Articles on the Respon sibility, of International Organization, Art. 14, Para. 3 of Commentary. 关于指挥和控制以及胁迫各自要求的知情，另参见：Art. 15, Para. 6 of Commentary and Art. 16 Para. 3 of Commentary。

④ Articles on the Responsibility of International Organizations, Art. 14, para. 5 of commentary.

15. 国际专家组认为，援助或协助必须"显著地"促成了国际不法行为的实施，以至于在援助或协助与不法行为之间存在明确的因果关系。① 例如，国际组织向一国提供"零日"（zero - day）漏洞，使其能够渗透另一国的计算机网络。前一国家损害了后一国的电信基础设施并构成国际不法行为。这时，前一国家对该不法行为承担责任，而国际组织对援助行为承担责任。

16. 国际组织承担责任的第二个基础是指挥和控制。国际组织对一国（无论是否其成员国）或另一国际组织在其指挥和控制下从事的国际不法网络行为承担责任。② 例如，如果一个区域组织通过有约束力的决议，要求其成员国获得进入一国国内网络的权限，以便利用该权限对该国进行受禁止的干涉，该组织就不能以该行动是通过其成员国的国家网络资产进行的为由，来逃避其责任。③

17. 国际组织承担责任的第三个基础是胁迫一国或另一国际组织实施国际不法行为。④ 例如，国际组织的维持和平部队指挥官对一国发出威胁称，如果该国的安全部队不对其邻国采取构成使用武力的网络行动（规则 68），就将利用之前获得的进入该国基础设施的权限来关闭该国电网。该国际组织将根据国际法对通过网络受到使用武力的行为承担责任。与涉及援助或协助或者指挥和控制的情况不同，国际组织是否受由于胁迫而被违反的初级规则约束是无关紧要的。换言之，无论是对被胁迫国或进行胁迫的国际组织来说是非法的胁迫行为，都可归因于该国际组织，不管被违反的初级规范是否对该组织有约束力。⑤ 然而，国际专家组认为，由于构成胁迫需要满足一定的前提条件（见比照适用的规则 18），这种假设的情况难以实际发生。

---

① Articles on the Responsibility of International Organizations, Art. 14, para. 4 of commentary（援引《国家责任条款》第 16 条的评注第 5 段）。

② Articles on the Responsibility of International Organizations, Art. 15.

③ 关于这一例子，参见：Articles on the Responsibility of International Organizations, Art. 15, para. 4 of commentary。

④ Articles on the Responsibility of International Organizations, Art. 16.

⑤ Articles on the Responsibility of International Organizations, Art. 16, para. 3 of commentary.

18. 如果国际组织通过一项决定要求成员国或其他国际组织从事网络行动，而有关行动在由该组织从事时将违反国际法，就不能免除该组织的国际责任。① 这种做法被称为"规避"，这一术语表示"国际组织利用其成员的独立法律人格，来免于遵守国际义务的意图"。② 国际组织的责任不取决于其成员国或其他有关国际组织本身是否违反任何国际义务。③ 这不妨碍联合国安全理事会根据《联合国宪章》第七章通过具有约束力的决议的效力（另见规则76）。

19. 例如，一个国际组织经非成员国同意在其境内从事维持和平行动（规则78）。该组织与作为东道国的非成员国订立协定规定，该组织不得对东道国进行网络间谍活动。如果该组织授权成员国侵入东道国的电信基础设施并进行间谍活动，即使这种间谍活动在东道国与进行网络间谍活动的国家之间不是非法的（规则32），该组织也将承担责任。

20. 成员国在采取行动执行国际组织具有约束力的决定时，拥有相当大的自由裁量权。然而，如果国际组织对其成员国作出具有约束力但本可合法地遵守的决定，当其成员国选择以违反该组织义务的方式来遵守该决定时，该组织将不承担责任。只有当该决定使有关成员无法通过合法行动来遵守时，国际组织才承担责任。④

21. 例如，国际组织可能要求其成员国采取行动，切断国际恐怖主义团体的资金来源。一个成员国随后在该团体控制的非成员国领土内进行破坏性的网络行动，以破坏恐怖主义团体从该地区出口石油的能力，而这种网络行动导致了对所在国主权的侵犯（规则4）。该成员国这样做的目的是使恐怖主义团体无法获得出口石油的利润。如果成员国本可以通过采取其他行动来遵守上述有约束力的决定（例如关闭石油转运时将通过的本国边界），而不以其他方式侵犯领土国的主权，则只有成员国而非国际组织承担责任，因为国家无须通过违反国际法来遵守国际

---

① Articles on the Responsibility of International Organizations, Art. 17.

② Articles on the Responsibility of International Organizations, Art. 17, para. 4 of commentary.

③ Articles on the Responsibility of International Organizations, Art. 17, para. 3 of commentary.

④ *Bosporus Hava Yollari Turizm ve Ticaret Anonim Sirketi v. Ireland*, App. No. 45036/98, ECtHR, para. 157（2005）.

组织的决定。

22. 国际专家组认真考虑了以下问题：如果国际组织只是授权（而不是要求）其成员从事违反该组织国际法义务的网络活动，该组织是否需对此承担责任？专家们未能找到相关实践和充分的法律确信，来认定存在这样一条习惯国际法性质的责任规则。因此，他们认为，这种情况下该组织无需因违反义务而承担责任。[①]

23. 专家们无法就以下问题达成共识：那些排除一国作为或不作为的不法性的所有情况（规则 19），对国际组织是否也都存在？少数专家与国际法委员会在《国际组织责任条款》中的立场一样，认为以下六个理由可以排除国际组织的作为或不作为的不法性：（1）同意；（2）自卫；（3）反措施；（4）不可抗力；（5）危难和（6）（为了维护成员国而不是国际组织的基本利益的）危急情况。[②] 对这些专家而言，如果接受国际组织需对特定行为承担国际法律责任这一立场，而以行为者是国际组织为由，拒绝接受那些被广泛认可的排除作为或不作为的不法性的理由，这将是前后矛盾的。然而，他们承认，在习惯国际法上，这些理由在适用于国际组织时的确切范围并未得到很好的发展，因此，有关范围不一定与本手册规则 19~26 为国家提出的范围相同。

24. 大多数专家认为，国际组织的作为或不作为的不法性可以被排除，但他们不确定是否所有六个理由都可认定具有习惯性质。这些专家指出，国际法委员会承认国际组织的责任条款在一定程度上代表了法律的逐渐发展。他们也强调了关于这一问题国家实践和法律确信的有限性。

25. 上述多数意见中的专家认可，"同意"是排除国际组织行为不法性的正当理由，因为有限的实践似乎支持其正当性。[③] 与此不同的

---

① 在这方面，国际专家组注意到国际法委员会的相反说法。Articles on the Responsibility of International Organizations, Art. 17, paras. 2, 8 of commentary.

② Articles on the Responsibility of International Organizations, Arts. 20 – 25, respectively.

③ 见印度尼西亚政府就在印度尼西亚领土内部署"亚齐监督团"，向欧盟和七个派遣国发出的邀请。*See* European Union Council Joint Action 2005/643/CFSP of 9 September 2005 on the European Union Monitoring Mission in Aceh (Indonesia) (Aceh Monitoring Mission — AMM), pmbl. (10 September 2005).

是，无论是对于不可抗力还是危难，他们无法找到足够的实践来认定这些理由也适用于国际组织。类似地，多数专家的意见认为，现有国家实践不足以将自卫权扩大适用到国际组织。

26. 相比之下，多数意见中的专家对于危急情况和反措施的立场有细微差别。对于前者，其中一些专家认为，尽管国际组织不能在面临严重和迫在眉睫的危险时，援引危急情况来维护其自身的基本利益，但它可以为维护其成员国的基本利益而这样做。① 多数意见中的其他专家指出，即使是国际法委员会也承认缺乏相关实践。他们还强调，危急情况是一种例外的救济措施，鉴于这一抗辩与国家主权之间的密切关系，将其扩大适用到一个本身不拥有主权的实体并不恰当。②

27. 多数意见中的专家在下面的问题上也存在分歧：国际组织可否诉诸网络或非网络的反措施，以促使违反国际法义务的一国（在某些情况下包括成员国③）或另一国际组织停止违法行为？尽管几乎没有现成实践，但其中一些专家在这一问题上赞同少数意见和国际法委员会的立场，即国际组织可以采取反措施并成为其主体。④ 他们强调，国际组织采取反措施的条件与适用于国家的条件（规则20～25）有所不同，特别是在对成员国采取反措施方面，这在《国际组织责任条款》的相关部分可以找到明显的证据。⑤ 多数意见中的其他专家仍然基于该领域缺乏实践的理由，没有接受这一观点。

---

① Articles on the Responsibility of International Organizations，Art. 25，para. 4 of commentary（解释了相关实践的缺乏以及国际组织援引危急情况将带来更大的风险，从而主张在这类情况下加以更严格的限制）。

② Articles on the Responsibility of International Organizations Comments and Observations Received from Governments，International Law Commission，A/CN. 4/636，at 23 – 24（14 February 2011）.

③ Articles on the Responsibility of International Organizations，Art. 22（3）.

④ Articles on the Responsibility of International Organizations，Arts. 22，51 – 56. *See also* Articles on the Responsibility of International Organizations，Art. 51，paras. 2（引用了世界卫生组织、联合国教科文组织和欧洲安全与合作组织的书面材料），3（引用了丹麦代表5个北欧国家的书面材料，以及马来西亚、日本、荷兰、瑞士和比利时的书面材料）of commentary。

⑤ 例如，《国际组织责任条款》第22条第2款第3项要求"没有本可以用于促使遵守有关义务的其他适当手段"，而在国家对其他国家采取反措施时则没有这样的要求。

第五章　本身不受国际法约束的 网络行动

规则 32　和平时期的网络间谍

虽然各国在和平时期的网络间谍行为本身并不违反国际法，但实施该行为的手段可能会违反国际法。

1. 本规则仅适用于非武装冲突情形下的网络间谍行为。关于间谍问题以及武装冲突期间的网络间谍行为，参见规则 89。

2. 本规则使用的"网络间谍"一词是指利用网络能力，以秘密或欺诈的方式收集或试图收集信息的行为。① 网络间谍包括但不仅限于利用网络能力监视、监控、采集或窃取通过电子传输或存储的通讯、数据或其他信息。应当注意的是，该术语是因本规则而被提出，其并无独立的法律含义。

3. 本规则仅限于由国家实施的或其他可归因于国家（规则 15 ~ 18）的网络间谍行为。对于非国家行为体从事的相关活动，参见规则 33。网络间谍行为既有针对各国的，也有针对商业实体的（例如所谓的行业间谍或经济间谍）。相关行为可将特定信息作为目标，也会涉及长期的大规模信息收集。

4. 网络间谍行为在速度和数量上都有别于传统间谍的行为方式。此外，出于远程访问的可能性，网络技术通常会减少在一国国内有形存在的需要。网络空间三层（见规则 1 的讨论）中的每一层均便于网络间谍行为的实施。例如在物理层，为便于窃听，可在硬件制造过程中将

---

① 需注意一些语言将"间谍"一词定义为非法活动。本手册中的该术语并不是这一含义。

允许远程访问的代码嵌入其中，也可改变通讯电缆上传输数据的流向，使之经过特定国家。逻辑层的漏洞可被恶意软件用于监控通讯。此外，在社会层，可利用诸如"网络钓鱼"、"鱼叉式网络钓鱼"以及"捕鲸钓鱼"等社交工程技术获取访问凭证，以便表面上看似已获授权访问具有情报价值的信息。

5. 国际专家组认为，习惯国际法并不禁止间谍行为本身。① 但"维基解密"、"斯诺登事件"以及其他被披露的、由国家针对他国国家和商业实体实施的网络间谍行为引发了相关争议，即网络间谍行为是否已经如此普遍和具有危害性，以至于禁止此类行为的新的习惯国际法准则已经形成。专家们一致认为，在这方面尚不存在充分的国家实践和法律确信以得出上述结论。② 相反，一些国家还在国内法上授权其安全部门实施包括网络间谍在内的间谍行为。③ 专家们注意到，各国之间会彼此限制或禁止网络间谍活动。④

---

① *See*, *e. g.*, DOD MANUAL, para. 16.3.2.

② 这方面法律确信的极个别例子之一，是2013年9月24日巴西总统迪尔玛·罗塞夫在第六十八届联大一般性辩论开幕式上的致辞。Translated reprint, at 2, gadebate. un. org/sites/default/files/gastatements/68/BR_ en. pdf.

③ *See*, *e. g.*, Lag om signalspaning i försvarsunderrättelseverksamhet (2008: 717), Secs. 1 – 2 (Swed.); BND – Gesetz (20 December 1990), Sec. 2 (1) (40) (Ger.); Wet op de inlichtingen – en veiligheidsdiensten (WIV) (7 February 2002), Arts. 6. 2. d, 7. 2. a. 1, 7. 2. e, 27 (1) (Neth.); Regulation of Investigatory Powers Act (RIPA) (2000), Sec. 8 (4) (UK); Bundesgesetz über die Zuständigkeiten im Bereich des zivilen Nachrichtendienstes (3 October 2008), Art. 1. a (Switz.); Bundesgesetz über Aufgaben und Befugnisse im Rahmen der militärischen Landesverteidigung (Militärbefugnisgesetz – MBG) (27 April 1999), Sec. 20 (a) (Austria).

④ See the commitment between the United States and China to the effect that neither State's government will engage in or support cyber – enabled theft of intellectual property (25 September 2015), www. whitehouse. gov/the – pressoffice/2015/09/25/fact – sheet – president – xi – jinpings – state – visit – united – states. 该义务禁止针对贸易秘密或其他机密商业信息实施网络间谍行为，以向本国公司或商业部门提供竞争优势。2015年二十国集团领导人亦表达了对这类网络间谍行为的不欢迎（但并非认定为非法），他们确认："任何国家不应当为获取公司或商业部门竞争优势，而采取或支持利用信息通信技术窃取知识产权，包括贸易秘密和其他商业机密。"G20 Leaders' Communiqué (16 November 2015), para. 26, g20. org. tr/g20 – leaderscommenced – the – antalya – summit/. See also UK – China Joint Statement 2015 (22 October 2015), www. gov. uk/government/news/uk – china – joint – statement – 2015; Statement on the Occasion of the 4th German – Chinese Intergovernmental Consultations (13 June 2016), www. china. diplo. de/contentblob/4842162/Daten/668889/160704 erklaerungold. pdf.

6. 虽然国际专家组认同并无规定禁止间谍行为本身，但他们一致认为，由于实施网络间谍行为的特定手段是非法的，因此网络间谍行为可能会违反国际法。专家们尤其注意到，当涉及尊重主权原则（规则4）和禁止干涉（规则66）时会出现这种情形。换言之，如果网络间谍行为的某个方面在国际法上是非法的，则该行为即为非法。一国将某项网络行动归为"网络间谍行动"，则该国并不能因此主张该行动在国际法上必然是合法的；该行动的合法性取决于实施行动的手段是否违反对该国有约束力的国际法义务。如果一国的相关机关为窃取数据，侵入位于另一国境内的网络基础设施并导致该设施丧失功能，专家们认为，该行动侵犯了后者的主权。类似地，如果为间谍目的实施的网络行动侵犯了隐私权（规则35）这一国际人权，则该行动也是非法的。

7. 国际专家组特别指出，大规模收集互联网数据流量和网络监控行为，可能会涉及本手册其他地方提及的国际法规范。例如，窃听海底通讯电缆行为的合法性取决于该行动是否在沿海国的领海范围内（规则54）实施。监控外交通信需遵守规则41的规定。一国在本国领土上，以及特定情况下在域外实施的网络监控行为，涉及国际人权法上规定的相关规则（第六章）。因此，必须根据每一个网络监控行动的特点来评判其合法性。

8. 对于达到特定严重程度的远程网络间谍行为是否违反国际法，专家们无法达成共识。① 例如，一国未经同意远程访问另一国军事网络系统，并持续窃取多达千兆的机密数据。多数专家认为，不论其严重程度如何，窃取数据的行为并不违反国际法的禁止性规定。他们认为，其中的法律问题不是行动结果的严重程度，而是采取的手段是否非法。个别专家认为，如果网络间谍行为的对象国遭受的后果在某种程度上足够严重（例如，窃取核发射代码），相关行动可构成对其主权的侵犯（规

---

① 专家们注意到，例如，一些国家开展的大规模监控活动，已经至少被一个国家谴责为对主权的侵犯（规则4）。*See* Statement by Brazilian President H. E. Dilma Rousseff on 24 September 2013 at the opening of the general debate of the 68th session of the United Nations General Assembly, gadebate. un. org/sites/default/files/gastatements/68/BR_ en. pdf.

则 4)。多数专家反对这一观点，认为该观点并不能反映现行法。

9. 专家们也无法就关闭访问网络间谍行动——如个人在一国的指挥或控制下（规则 17），将 USB 闪存驱动器接入另一国境内计算机——的合法性达成一致。多数专家认为该活动构成侵犯主权，并非因其涉及网络间谍，而是行为人在另一国领土上未经同意实施该行动。个别专家认为，该活动并不是非法的，并认为间谍行为是禁止侵犯主权（规则 4）和禁止干涉（规则 66）的例外。①

10. 多数专家认为，单就网络间谍行为来看可能不是非法行为，但这些行为在一项违反国际法的行动中，可能构成必要且不可或缺的组成部分。例如，甲国实施一项计划，雇佣网络间谍人员获取访问乙国核电厂的工业控制系统的必要凭证，以威胁乙国将对该系统实施网络行动并造成重大损害或死亡，除非乙国结束在境外的特定军事行动。多数专家认为，一旦表露出该威胁，包括网络间谍行为在内的整个行动即构成非法的威胁使用武力（规则 68）。但少数专家认为，上述行动的两个方面必须分开评判，且获取访问凭证不同于威胁使用武力，不构成违反国际法。

11. 相比之下，如果甲国雇佣网络间谍人员获取有关乙国防卫能力和态势的信息，而后两国关系恶化，甲国制定并实施一项计划，以利用先前收集的情报来对乙国实施非法的武力攻击，这违反了禁止使用武力原则。尽管该攻击行为是非法的，但所有专家一致认为，即使最终是为支持非法行动，早期行动中收集情报的行为本身并不违法。上述两个行为（情报收集与武力攻击）是有区别的，它们是否为国际法所允许，必须分别予以评判。

12. 其他类型的网络行动有时也被用以实现网络间谍行动。虽然这些行动是为了便于实施符合国际法的网络间谍行为，但仍必须根据其本身特点进行评判。换言之，实施网络间谍行为的最终目的与其前一行为

---

① *See*, *e.g.*, Ashley Deeks, *An International Legal Framework for Surveillance*, 55 VA. J. INT'I L. 291, 302 (2015).（"按照这一观点，不干涉和主权等概念的提出与认识到各国的确且将彼此实施间谍行为的大背景是相悖的，因此在上述概念中将间谍行为作为例外。"）

的合法性无关。例如，通信情报领域的一项策略是迫使敌方使用不那么安全的通讯方式，从而收集信息。这种操纵或"驱赶"敌方通讯，将其从不易被收集情报的平台转至一个不太安全的平台的行为，可通过对该通讯造成物理损害的方式来实现。类似地，假设一国军队一贯用以通讯的网络语音电话系统已被另一国情报部门渗透并进行监控，该军队转而使用独立的、自行设计的安全语音通讯系统。经了解该军队并没有新系统的备用替代设备后，另一国情报部门将恶意代码植入数据采集与监控系统设备中，导致产生电压高峰，进而对新系统的通讯硬件造成物理损害。结果，该军队被迫恢复使用网络语音电话通讯，使得另一国的间谍行为得以再次实施。开展网络行动是为了便于实施网络间谍行为的事实，并不意味着该行动在国际法上必然是合法的；在这种情况下，损害的造成使该行动至少构成对主权的侵犯（规则 4）。

13. 必须注意的是，对网络间谍行为的对象国而言，将网络间谍活动与其他网络行动（包括攻击性网络行动）进行区分是极为困难的。例如，网络间谍活动和攻击性网络行动通常都需要通过植入恶意软件或成功实施网络钓鱼行动，来对某个系统进行渗透。该访问行动将使行动发起者此后可操纵受损的系统，以实施间谍行动，或者是对该系统或存储在该系统、通过该系统传输的数据加以降低性能、破坏或摧毁。即使网络间谍行为的对象国发现相关恶意软件，也难以迅速确定恶意软件的准确功能。诸如此类的技术方面的现实，将带来网络间谍行为被误认为其他类型网络活动——如使用网络武力（规则 68），甚至是即将发起的武力攻击（规则 71 和 73）——的风险。国际专家组认为，这一困境在有关国家应对网络行动时适用的各类确定性要求中有所涉及（参见第四章第一节引言部分以及规则 15 和规则 71 的讨论）。

14. 如果网络间谍行动导致意外后果，则应通过所涉及的初级规范来评判该行动的合法性。例如，为便于之后可通过网络间谍行为进行访问，在网络上安装后门软件的过程中，受影响的操作系统可能会崩溃，并对该系统控制的设备产生损害。正如规则 4 中讨论的那样，一国的网络行动甚至会因其产生的意外后果而侵犯另一国的主权。因此，在上述情况下，该行动至少构成对主权的侵犯。

15. 基于其他国家将对其开展网络间谍活动的假设，各国有时会制造"蜜罐"。这些蜜罐含有看似具有价值的数据或网段，但事实上它们毫无情报价值。蜜罐可被用于各种目的。在某些情形下，一国制造的蜜罐是作为反情报活动的一种，用以监控另一国在蜜罐内实施的网络行动，从而提供有关另一国行为模式和网络能力的宝贵信息。在其他情形下，一国会在蜜罐中存储文件，一旦（该文件）被窃取，蜜罐将报告相关行动目标地址的信息，以确定哪些国家参与了针对蜜罐的网络间谍活动。被窃取的文件还具有监控其所在新目标地址的相关活动的能力，并发回报告。国际专家组认为，这些行动不构成违反国际法。第一种情形只是一国行使主权权利，在其领土上制造蜜罐。第二种情形并不违反对窃取国的习惯国际法规范（例如侵犯主权，规则4），这仅仅构成网络间谍行为；事实上，若被窃取国将文件（即"蜜罐"）传输至窃取国的网络基础设施，也并不违反国际法。

16. 更为复杂的情形涉及包含武器化文件的"蜜罐"，该文件一旦被窃取，将对窃取国的系统产生重大破坏或损害。虽然国际专家组赞同归因问题是其中的法律问题之一，但他们对该行动如何认定存在分歧。少数专家认为，根据国家责任法（规则15），该行动归因于制造"蜜罐"的国家，因为该国实施了该行动，且行动将按其预期终止。这些专家因此认为，由于该行动具有的破坏性质使其达到了侵犯主权的标准，故该行动至少侵犯了窃取国的主权（规则4）。换言之，对这部分专家来说，将武器化的文件放入"蜜罐"的国家实施了国际不法行为（规则14）。多数专家认为，渗透进入"蜜罐"的相关国家的机关才是事实上将受感染的文件传输至其本国的网络基础设施的主体；因此，设置陷阱的国家并未从事造成损害的实际活动（将破坏性恶意软件传输至窃取国的网络基础设施）。由此，不能根据规则15将行为归因于该国。

17. 虽然国际法并未禁止间谍行为，但各国有权并已经制定国内立法，将对其实施的网络间谍行为定罪。据此行使立法、执法和司法管辖必须符合第三章的相关规定。

18. 关于源自外交使馆和领馆的间谍行为，以及外交代表和领事官员的相关活动，参见第七章引言部分以及规则 43。

规则 33　非国家行为体

国际法仅在少数情况下规定非国家行为体的网络行动。

1. 除了针对个人或其他非国家行为体权利义务的特定领域的法律（例如人权法，武装冲突法以及国际刑法），国际法总体上并不规制个人或公司等非国家行为体实施的网络行动。

2. 国际专家组认为，非国家行为体实施的、不可归因于国家的网络行动（规则 15 和规则 17），不论产生何种后果，都不侵犯该行动对象国的主权（规则 4），不构成干涉（规则 66）或使用武力（规则 68），因为这些违法行为只能由国家实施。关于侵犯主权，在规则 4 中，专家们承认存在与此相反的观点。

3. 因此，各国不能对非国家行为体实施的网络行动采取反措施，除非这些行动可归因于国家。但是，在某些情形下，一国未能终止非国家行为体在其领土上实施的网络行动，将违反采取审慎态度的要求（规则 6~7）。此外，对于某些并非国家实施的网络行动，允许对象国直接对在境外实施行动的非国家行为体采取应对措施。正如规则 26 中所讨论的，当无法完全确定行为发起者是一国还是非国家行为体时，可以援引危急情况。此外，根据有关自卫（规则 71）的法律规则，可对非国家行为体直接采取相关应对措施。

4. 当面临他国实施的，或是可归因于他国的敌对网络行动时，非国家行为体无法采取类似国家根据国家责任法可采取的应对措施。尤其是，尽管根据规则 15 和规则 17 的阐释，各国可授权非国家行为体代表其行事，且即便这类非国家行为体可能是各国网络活动的直接目标，以及有关非国家行为体可能拥有强大的、在某些情况下可能超过国家的网络能力，非国家行为体的网络应对措施依然不能构成反措施（规则 24）。

5. 各国有权建立特定的法律制度来规制非国家行为体的网络活动，并构建相关合作安排来解决特定的网络问题。例如，关于后者，包括国家和非国家行为体在内的全球多利益攸关方社群，管理着互联网域名体系。本规则并不对此类制度产生任何影响。

6. 当非国家行为体从事与武装冲突有关的网络行动时，其活动须遵守武装冲突法（第四部分）。在特定情况下，实施网络行动的有组织武装团伙可能成为非国际性武装冲突的一方（规则83）。

7. 在某些情况下，非国家行为体可能实施有悖国际人权法或武装冲突法的网络行动，因而根据国际刑法须承担个人刑事责任（规则84）。

8. 根据第三章，非国家行为体及其网络行动将始终受到一国或多国的管辖。

第二部分

特别领域的国际法和网络空间

第六章　国际人权法

1. 广为接受的是，个人在"线下"享有的诸多国际人权在"线上"也要予以保护。[①] 本章规则清楚地表明了与网络活动有关的国际人权法的内容和适用范围。虽然国际专家组一致认为，条约和习惯国际人权法适用于与网络有关的活动，但他们也提醒，某些在条约国际法中反映的人权是否已经成为习惯法的规则常常并不清楚。而且，当国家和区域机构在就网络活动解释条约国际法时，条约国际人权法的诸多方面会发生变化。专家们进一步指出，在某些具体情况下（规则37），国家可根据国际人权法限制行使和享有某些人权。

2. 《世界人权宣言》经常被引用来说明一些重要的习惯规范。[②] 条约国际人权法的许多规定，包括见于《公民权利和政治权利国际公约》和《经济、社会和文化权利国际公约》的一些规定，也被认为是反映了习惯国际法。然而，并不存在一个习惯国际人权法的目录。此外，并非所有国家都是相同国际人权法条约的缔约国，区域人权文书赋予的个

[①] See, e. g., The Promotion, Protection and Enjoyment of Human Rights on the Internet, para. 1, UN Doc. A/HRC/32/L. 20 (27 June 2016); The Right to Privacy in the Digital Age, GA Res. 68/167, para. 3, UN Doc. A/RES/68/167 (18 December 2013); EU Human Rights Guidelines on Freedom of Expression Online and Offline, Council of the European Union, para. 6 (12 May 2014); UN GGE 2013 Report, para. 21; UN GGE 2015 Report, paras. 13 (e), 26; NATO 2016 Warsaw Summit Communiqué, para. 70; Convention on Cybercrime, pmbl. Art. 15. 1; Deauville G8 Declaration: Renewed Commitment for Freedom and Democracy, para. II (10) (26 – 27 May 2011); Agreement between the Governments of the Member States of Shanghai Cooperation Organization on Cooperation in the field of International Information Security, Art. 4 (1), 16 June 2009.

[②] UN International Conference on Human Rights, Final Outcome Document, para. 2, UN Doc. A/CONF. 32/41 (13 May 1968). ("《世界人权宣言》……对国际社会成员构成一项义务")。比如，一国对那些在性质上属于习惯法的国际人权法规范的看法，可参见：Restatement (Third), Sec. 702。

人权利以及这些权利的范围也不尽相同。甚至在各区域性制度内，也通常存在一个自由判断余地（margin of appreciation），反映了对各国能力和法律传统等方面差异的尊重。最后，有些条约允许国家在成为其缔约国时对某些条款作出保留，或者嗣后在文书规定的例外情形下克减他们在条约下的义务（规则38）。

3. 本章着重依赖各种人权条约以及对其解释和适用的案例法。此类人权文书仅对缔约国有直接的约束力，而任意从一个条约制度推广至另一个条约制度是不恰当的。尽管如此，专家们一致认为，在一般意义上，条约规定阐明了相应的习惯人权规范的内容和适用范围。尤其是，只要多个条约和案例法对某一特定人权都采取相同或相似的立场，国际专家组就一致认为，这种一致性可以支持——但也未必绝对如此——存在着这样一个习惯国际法的结论。因此，专家们在草拟以下规则时采取了保守的态度。

4. 尽管专家们得出结论认为，本章所列的规则意在全球适用，但他们也赞同这样的论断："人权的实现必须切记不同的政治、经济、法律、社会、文化、历史和宗教背景，在国家及区域的语境下加以考量"。① 考虑到不同的网络发展水平、经济支持手段、国家和地区安全关切等诸如此类的问题，这一点在网络环境中尤其相关。然而，专家们同意此类因素不能减损国家在习惯人权法下的义务，除非是根据规则37所列的限制或者条约条款允许克减义务（规则38）。更准确地说，在评估某项权利如何适用于某一情形，以及一国对权利的行使或享有所施加的限制——如果有这样的限制的话——的性质时，应考虑这些因素。

5. 国际专家组一致同意，国家必须不仅尊重人权，还必须保护（即确保尊重）人权。尊重的义务指的是有义务避免非法干涉个人享有的人权。换言之，它适用于国家针对享有相关人权的个人的所有行为。相比之下，保护的义务是指在法律上要求国家采取措施以确保第三方不干涉享有人权。这两类义务的特征以及相关的限制由规则36来处理。

6. 武装冲突法（第四部分）和国际人权法之间确切的互动关系仍

---

① ASEAN Human Rights Declaration, Art. 7.

尚无定论，它取决于相关的具体法律规则。尽管如此，国际专家组一致的观点是，在武装冲突的背景下，武装冲突法和国际人权法均适用于与网络有关的活动，并受制于特别法原则的适用。[1] 例如，尽管禁止任意剥夺生命的人权条约规定是不可克减的，[2] 但武装冲突期间的网络攻击（规则 92）是否违反这项禁止性规定，主要参照与敌对行为有关的武装冲突规则的特别法来确定（第十七章）。

7. 规则 34 确认关于个人就其与网络有关的活动享有习惯国际人权法保护的一般前提条件。下列规则审查了个人就其与网络有关的活动享有的一些重要国际人权。必须提醒的是，尽管一国的活动可能干涉了一项具体的人权，比如隐私权，但这一事实没有回答该项权利是否被侵犯的问题。侵犯是一个不同的问题。就这一点而言，除了绝对权利外，人权法上的义务在某些情形下要受到国家的限制。而且，大多数人权条约允许国家克减某些义务，尽管这种克减只能是在此类文书所规定的程度内并且要符合国际法。这意味着一国只是在符合下述所有情况下才违反了国际人权法，即：如果（1）它对相关个人负有国际人权法上的义务（规则34）；（2）相关个人与网络有关的活动是在某一特定国际人权的范围内（规则35）；（3）该国从事了干涉相关国际人权的行为；（4）该国对相关人权没有施加合法的限制（规则37）或克减（规则38）。

规则 34　可适用性

国际人权法可适用于与网络有关的活动。

1. 国际专家组一致认为，国际人权法，无论存在于习惯法还是协定法，均适用于与网络有关活动。正如本章引言所述，人们在线下拥有的相同权利在线上也要得到保护，这一原则已在众多的多边论坛和利益

---

[1] *Nuclear Weapons* advisory opinion, para. 25; *Wall* advisory opinion, paras. 106, 142. *See also* General Comment No. 31, para. 11. 一些专家强调，特别法原则不能被理解为仅仅是武装冲突法高于国际人权法。更准确地说，特别法原则是在一种法律制度的具体规则与另一种法律制度的规则相冲突时的一个解释和解决冲突的方法。

[2] *See, e. g.*, ICCPR, Arts. 4 (2), 6 (1); ACHR, Arts. 4, 27 (2); African Charter, Art. 4; ECHR, Arts. 2, 15 (2).

相关方论坛被一再强调。实际上，例如，表达自由权利延伸适用于
"任何"媒体，这一点在国际人权法规范出现之时就得到了承认，而这
对于如何适应诸如网络表达的出现这类技术进步可资参考。① 然而，国
际专家组承认，国家对某些人权权利在网络环境中的确切范围的理解以
及人权法庭及其他相关人权机构对它的理解，均存在差异。

2. 国家对其违反国际人权法的行为承担责任（参见规则 36 第 1
项）。② 此外，如果一个非国家行为体或另一国干涉个人从事受国际人
权法保护的网络活动的能力，国家可能承担义务，应确保受益于此类权
利的个人能从事网络活动（参见规则 36 第 2 项）。

3. 专家们指出，国家以外的实体是否受国际人权法的约束，而且
如果受约束的话，它们在何种程度上受约束，这个问题悬而未决，而且
富有争议。然而，他们同意，国际组织作为法人可能受习惯国际人权法
的约束。③

4. 国际专家组的观点是，尽管某些人权制度，比如欧洲委员会的
人权制度，④ 赋予法人以各种人权，但习惯性质的国际人权仅赋予了自
然人。⑤ 例如，如果一个恶意的网络行动是针对一个人权组织网站进行
的，那么，可能牵涉到的习惯法人权是该组织成员的人权，而非该组织
自身的人权。⑥

---

① UDHR, Art. 19. *See also* ICCPR, Art. 19（2）；ECHR, Art. 10（1）；ACHR, Art. 13（1）.

② *See*, *e. g.*, *Genocide* judgment, paras. 207 – 208.

③ *See*, *e. g.*, United Nations Safety Convention, Art. 20（a）；Optional Protocol to the United Na-
tions Safety Convention, Art. II（1）；Decision No. 2005/24 of the Secretary – General's Policy
Committee on Human Rights in Integrated Missions（2005）；Capstone Doctrine, at 14 – 15, 27.

④ 例如，欧洲人权法院已经判定，《欧洲人权公约》第 10 条中的表达自由适用于商业实体。
See, *e. g.*, *Autronic AG v. Switzerland*, 12 EHRR 485 para. 47（2 May 1990）.

⑤ *See*, *e. g.*, Human Rights Council, Implementation of General Assembly Resolution 60/251 of 15
March 2006 Entitled 'Human Rights Council'：Report of the Special Representative of the Secre-
tary – General（SRSG）on the Issue of Human Rights and Transnational Corporations and Other
Business Enterprises, para. 38, UN Doc. A/HRC/4/035（9 February 2007）.

⑥ 美洲人权法院已经为法人提供一定程度的保护，如果该法人是自然人借以享有人权的机
制的话。在"格朗尼尔及其他各方诉委内瑞拉案"中，一家电视频道因其是频道所有人
借以行使表达自由的机制而得到了一定程度的保护。这样的判决在网络环境下尤其相关，
因为线上运营的公司经常被用作借以行使权利的机制。Case of *Granier and others*（*Radio
Caracas Televisión*）v. *Venezuela*, Judgment, Inter – Am. C. H. R., para. 22（22 June 2015）.

5. 关于习惯国际人权法的可适用性，国际专家组赞同，该法适用于一国领土范围内的所有人，而无论该国牵涉到相关人权的网络活动发生在何处。① 例如，如果一国领土内的个人通信受到该国拦截，或者该国要求获取以电子方式存储在其境外的个人数据，该国由此即负有国际义务。

6. 专家们同意，作为一项普遍原则，习惯国际人权法适用于一国领土以外由该国行使"权力或有效控制"的网络环境，正如其在线下所做的那样。② 权力或控制可以是针对领土（空间模式）③ 或者针对个人（个人模式）。例如，国家可能在交战占领期间（第十九章引言）有效控制了外国领土（也就是说，该领土处于敌军的管理之下），而不论该占领是合法或非法的，④抑或是该国从另一国租借了领土并被授予了对该领土的排他控制权。关于个人模式的适用，专家们同意，处于国外但身体处于该国的权力和有效控制下的个人，如同被该国拘禁的那些人一样，有权利要求他们的人权得到相关国家的尊重。⑤ 然而，在后一种情形下，可能只有与该情形有关的具体人权才能被考虑。⑥

7. 国际专家组注意到有一种观点认为，习惯国际人权法的适用根

---

① See, e.g., ICCPR, Art. 2 (1); ECHR, Art. 1; ACHR, Art. 1 (1)（要注意这些法律文书中的管辖权条款在适用范围上存在一定程度的差异）。See also General Comment No. 31, para. 10; López Burgos v. Uruguay, para. 12. 3, UN Doc. Supp. No. 40 (A/36/40)（29 July 1981）.

② "权力或有效控制"一词出自《（人权事务委员会）第31号一般性意见》第10段。同一概念在不同的人权制度中的表述，多少有些不同。例如，关于《欧洲人权公约》在这方面的解释，see Al-Skeini judgment, paras. 130 - 139; Catan v. Moldova and Russia, judgment, App. Nos. 43370/04, 8252/05, and 18454/06, ECtHR, para. 105 (2012).

③ With respect to the ICCPR, As to the ECHR, see Loizidou v. Turkey, App. No. 15318/89, preliminary objections, 310 ECtHR., paras. 61 - 62 (ser. A) (1995). On the American Declaration of the Rights and Duties of Man, see Armando Alejandre Jr. et al. v. Cuba, Case 11. 589, Rep. No. 109/99, para. 23 (1999).

④ See Wall advisory opinion, para. 109.; Armed Actioitios Judgment, para. 173. 国际专家组注意到了欧洲人权法院的新近案例法强调实际控制的重要性，也注意到并非所有的占领都达到《欧洲人权公约》的权利得以全部适用所要求的充分控制。Al-Skeini judgment, para. 139.

⑤ See, e.g., Delia Saldias de López v. Uruguay, Human Rights Committee, Comm. No. 52/1979, para. 12, UN Doc. CCPR/C/OP/1 (1984); Ocalan v. Turkey, App. No. 46221/99, ECtHR, para. 91 (2005); Isaak and others v. Turkey, App. No. 44587/98, ECtHR, para. 115 (2006).

⑥ Al-Skeini judgment, para. 137.

本就不能超出一国的国界之外，而无论该国是否在行使权力或有效控制。但专家组并不同意这种立场。专家们也认识到，许多接受习惯国际人权法域外效力的国家不同意"权力或有效控制"标准的适用。对于这些国家而言，该标准只限于特定的协定法。例如，该标准在《欧洲人权公约》下可以适用，但不是所有国家都是该文书的缔约国。在这些国家看来，将这一概念延伸至特定条约及其所适用的语境之外是不合适的。

8. 不涉及采用有形控制的国家措施能否构成本规则意义上的"权力或有效控制"，国际专家组对这一问题未能达成一致。特别是，从法律上讲，国家通过网络空间而进行的活动能否产生针对处于国外的个人的权力或有效控制，从而引发该国际人权法义务的域外适用，国际专家组未能达成一致。

9. 在这个问题上，专家们产生了分歧。多数的观点认为，现行法律状态中，在引发人权法义务之前，必须存在对领土或个人的有形控制。① 这些专家断言，通过虚拟手段来行使权力或有效控制，以致产生了人权法义务，这一假定既不符合广泛的国家实践，也有悖于在这些实践中所显示的少量的法律确信。例如，当国家对外国领土内的外国人实施信号情报项目时，几乎没有证据表明这些国家认为其活动牵涉到了国际人权中的隐私权（规则 35）。

10. 少数专家采取的立场是，只要有关个人行使或享有某项人权是在一国的权力或者有效控制范围内，就该权利而言，该国即对该个人拥有权力和有效控制。换言之，如果个人因国家行为而不能行使一项人权或享有人权保护，则国际人权法适用于域外。例如，一国对处于国外的个人使用电子通信能力的情况进行干涉，如通过黑客侵入用户的电子邮件账户并更改密码，致使用户不能再使用自己的账户。因为国家的网络行动限制了个人行使表达自由权的能力（规则 35），该国便在表达自由方面拥有了对个人的权力或有效控制（但与其他一些权利，例如迁徙自由权无关②）。然而，要注意的是，这仅意味着牵涉到这些权利，而

---

① *Al - Skeini* judgment, para. 136.

② ICCPR, Art. 12（1）.

权利是否受到侵犯则另当别论。

11. 所有的专家还一致同意，国际人权法条约如果有条款列明了相关文书的适用范围，那么该条款就是处理域外适用问题的依据。例如，《公民权利和政治权利国际公约》能否域外适用，对此存在一些分歧。①问题是，公约第2条第1款的适用范围条款将保护延伸至"在其领土内和受其管辖的个人"，这是否就意味着将公约的义务延伸至国外？无论在这一问题上存在怎样的不同立场，所有专家都同意，作为适用范围条款，第2条第1款是决定该条约具有或不具有域外可适用性的依据。这一结论对于评估国际人权法在网络环境中的适用至关重要，因为大量此类法律存在于规范缔约国活动的条约中，也因为习惯国际人权法诸多方面的准确范围尚不清晰。

12. 一项国际人权条约如果没有就域外效力问题作出规定，是否应解释为可适用于域外或者仅适用于该文书的缔约国领土，对于这个问题国际专家组存在分歧。一些专家认为，除非条约有这样的规定，否则条约条款不适用于域外。他们所持立场的依据是，条约规定不应解释为给缔约国施加了他们未明示同意的义务。其他的专家则认为，除非条约有相反规定，否则条约条款适用于域外。在他们看来，这种方法能更好地反映国际人权法的根本目的和宗旨。

13. 国家有义务保护个人的国际人权免遭侵犯这一语境下的域外效力问题的讨论，参见规则36第2项。

规则35 个人享有的权利

就与网络有关的活动而言，个人享有他们在其他方面本来就享有的相同国际人权。

1. 条约国际人权法以及习惯国际人权法对与网络有关的活动的适

---

① See, e.g., UN Human Rights Committee, Consideration of Reports Submitted by States Parties under Article 40 of the Covenant, Third Periodic Reports of States Parties, United States of America, para. 3, UN Doc. CCPR/C/USA/3, Annex I (28 November 2005); *Wall* advisory opinion, paras. 109 – 111.

用，包含公民、政治、经济、社会以及文化权利，即所有国际人权。下列评注检视了国际专家组认为尤其与网络环境相关的某些权利。① 它们包括表达自由、隐私、主张自由以及正当程序等权利。本评注对一项据称的国际人权的遗漏，不应被理解为表明专家们认为它不是习惯性的。

2. 表达自由②是一项在网络环境中经常牵涉到的权利。这不仅因为它本身是一项权利，也因为行使该权利的能力有时对于其他人权的享有也是必要的。国际专家组一致认为，表达自由的权利是"寻求、接受和传递各种消息和思想的自由，而不论国界，也不论口头的、书写的、印刷的、采取艺术形式的或通过他所选择的任何其他媒介"。③

3. 以国家对在线论坛、聊天室、社交媒体以及其他网站采取的网络行动为例。此类行动可能牵涉到表达自由权利，例如当目标网站是由博主、记者或者其他个人传播令国家或者国家的权力人士难堪的信息时。如果表达具有受保护的性质，则国家仅可采取行动来执行国家已对表达自由施加的法律限制（规则 37）。同样地，国家可能阻止个人寻求通过具体 IP 地址或者域名来表达自己，可能取缔网站或者使用过滤技术拒绝个人访问包含关键词或其他特殊内容的页面，或者妨碍发送邮件、文本及其他点对点或者群组交流。这些活动如果不符合规则 37，则侵犯了表达自由的权利。必须注意的是，这些行为也可能侵犯其他权利，如和平集会与结社权。④

---

① 国际专家组注意到，本规则中所列权利不是穷尽的。例如，可能与网络环境有关的其他权利包括结社与和平集会权（UDHR, Art. 20；ICCPR, Arts. 21 – 22）、自由与安全（UDHR, Art. 3；ICCPR, Art. 9）以及免于诽谤的保护（UDHR, Art. 12；ICCPR, Art. 17）。

② UDHR, Art. 19；ICCPR, Art. 19 (2)；ECHR Art. 10；ACHR, Art. 13；ACHPR, Art. 9. *See also* General Comment No. 34, para. 12；Report of the Special Rapporteur on the Promotion and Protection of the Right to Freedom of Opinion and Expression, paras. 20 – 22, UN Doc. A/HRC/17/27 (16 May 2011)；Report of the Special Rapporteur on the Promotion and Protection of the Right to Freedom of Opinion and Expression, para. 11, UN Doc. A/HRC/29/32 (22 May 2015)；EU Human Rights Guidelines on Freedom of Expression Online and Offline, Council of the European Union, paras. 16, 18 (12 May 2014).

③ ICCPR, Art. 19 (2). *See also* UDHR, Art. 19；General Comment No. 34, para. 11；ECHR, Art. 10 (1)；ACHR, Art. 13 (1)；African Charter, Art. 9.

④ UDHR, Art. 20；ICCPR, Arts. 21 – 22.

4. 虽然不能对表达自由权的确切内容达成一致，但国际专家组指出，对某些类型的表达所施加的限制，无论该表达是线下还是线上的，都要受到从某一国际人权法角度进行的特别审查。这些类型的表达的范例包括对政府政策、政治和选举的议论以及对人权、政府活动和政府腐败的报道。①

5. 与表达自由相关的是另一项单独的主张自由权。国家必须尊重个人不受干涉地持有主张的权利。② 虽然持有主张权与表达自由权密切相关，但国际专家组认为两者之间还有区别。自由地持有主张权是国际人权法的目的与宗旨的核心保障，因此，与表达自由不同，它的行使不得受到限制。干涉主张自由的国家行为包括线上煽动攻击受保护的人、线上恐吓，或者基于个人观点，例如因其隶属于特定政党或宗教派别所体现出的政治或宗教观点，而进行的其他骚扰。专家们指出，一旦主张被表达，这种表达就受到国家依规则 37 进行的限制。

6. 个人隐私不受任意干涉的权利在网络环境中非常重要。③ 国际专家组的结论认为，这项权利具有习惯国际法的特征，④ 但也提醒，其准确范围尚未确定，而且许多国家虽然接受该项权利，但认为不能将其延

---

① Promotion and Protection of all Human Rights, Civil, Political, Economic, Social and Cultural Rights, including the Right to Development, Human Rights Council Res. 12/16, para. 5 (p) (i), UN Doc. A/HRC/RES/12/16 (12 October 2009); Report of the Special Rapporteur on the Promotion and Protection of the Right to Freedom of Opinion and Expression, para. 42, UN Doc. A/HRC/17/27 (16 May 2011). See also General Comment No. 34, para. 23.

② UDHR, Art. 1; ICCPR, Art. 19 (1); ASEAN Human Rights Declaration, Art. 22.

③ UDHR, Art. 12; ICCPR, Art. 17; CRC, Art. 16; CRPD, Art. 22; International Convention on the Protection of the Rights of All Migrant Workers and Members of their Families, Art. 14, 18 December 1990, 2220 UNTS 39481. See also ECHR, Art. 8; ACHR, Art. 11; Convention for the Protection of Individuals with regard to Automatic Processing of Personal Data, Art. 1, 1 October 1985, ETS No. 108; Report of the Special Rapporteur on the Promotion and Protection of the Right to Freedom of Opinion and Expression, para. 23, UN Doc. A/HRC/23/40 (17 April 2013); The Right to Privacy in the Digital Age, para. 14; Council of Europe, Declaration on Freedom of Communication on the Internet, princ. 7 (2003); R v. Spencer, 2014 SCC 43, para. 62.

④ See, e. g. , G20 Leaders' Communiqué, Antalya Summit, 15 – 16 November 2015; Council of Europe, Parliamentary Assembly, Resolution 2045, paras. 4, 10 (21 April 2015); ASEAN Human Rights Declaration, Art. 21; The Right to Privacy in the Digital Age, GA Res. 69/166, pmbl. , UN Doc. A/RES/69/166 (10 February 2016).

伸至域外（规则 34）。专家们进一步指出，隐私不是一项绝对的权利，可能会受到限制，正如规则 37 所讨论的那样。他们还认识到，有观点认为隐私权尚未成为一项习惯规范。

7. 所有专家都同意，隐私权包含通信保密性。① 一般而言，通信（如电子邮件）必须"送达受信人，不得拦截、打开或阅读"。② 例如，一封从一个人发送到另一个人的电子邮件就包含在隐私权的范围内。如果国家获取了通信内容，那就牵涉到该隐私权。在这方面，专家们一致认为，通信是否包含敏感信息并没有关系。③

8. 虽然国际专家组一致认为人工检查通信内容牵涉到隐私权，但该权利是否适用于以算法分析进行的机器检查，对此专家组有分歧。专家们的观点是，单是为了网络有效和安全运行而对通信内容进行机器检查，要么是没有牵涉到隐私权，要么是虽然牵涉到隐私权，但大体上有正当理由（规则 37）。然而，他们对介于这两种例子之间的情形不能达成一致，例如使用机器检查通信内容以筛选出那些将导致后续人工检查的词语。

9. 专家们还讨论了另一种情况，即国家仅收集通信，而不采用人工方式或机器方式或二者的结合来进行审查。大多数专家的立场是，直到国家获取了通信内容或者如下面讨论的处理了在其中发现的数据，这时才会牵涉到隐私权。少数专家的观点是，仅仅收集通信，即便没有获取它们的内容，也构成对隐私权的干涉；在这种情况下，是否构成对隐

---

① *See*, *e. g.*, The Right to Privacy in the Digital Age, para. 17；Report of the Special Rapporteur on the Promotion and Protection of Human Rights and Fundamental Freedoms while Countering Terrorism, paras. 16 – 18；*Copeland v. United Kingdom*, judgment, App. No. 62617/00, ECtHR, para. 43 (2007).《公民权利和政治权利国际公约》第 17 条包括隐私和通讯免于任意或非法干涉的权利。国际专家组一致认为，后者是隐私权的一个方面，并因此不将其分别对待。专家们也一致认为，在网络环境中使用"通信"（communication）这一术语比"通讯"（correspondence）更恰当。

② General Comment No. 16, para. 8.

③ *See*, *e. g.*, Court of Justice of the European Union, *Digital Rights Ireland and Seitlinger and Others*, judgment in joined cases C – 293/12 and C – 594/12, 2014 ECR 238 (8 April 2014), para. 33.

私权的侵犯则取决于规则 37 和 38。①

10. 国际专家组一致认为,如果国家访问对外公开的网帖、开放的社交媒体网站,或其他通常对公众公开的资料,这不牵涉到与通信保密性有关的隐私权。相反,使用社交媒体在封闭的小群体内交流或者分享资料,例如脸书的消息传送或者使用有限访问的云驱动器,则更有可能牵涉到隐私权。专家们无法根据通信的可获取性来确定一个清晰的临界点,在此临界点上,国家获取通信内容就牵涉到了隐私权。除了可以访问的群组的大小以外,其他因素也都可能有关。例如,如果封闭群组的加入条款规定不可与群组以外的人分享通信,那么国家获取通信则更可能牵涉到隐私权。

11. 专家们还讨论的一个问题是:与通信有关的习惯国际法上的隐私权是否取决于通信各方是否有一个合理的期望,那就是他们的通信内容将不会被他人知晓或看到。有些专家推理认为,如果没有这样的期望,那么断言国家侵犯了一个人的隐私就没有任何貌似有理的根据。其他专家建议,这样的一个标准毫无帮助,因为在一些情况下,个人知道国家正在进行侵入他或者她的通信的网络行动,例如,由于媒体已经报道国家采取了特别的大规模监控行动,这样个人就不可能还合理地期望他们的通信仍将保密。因此,在这些专家看来,加以此种期望会过于宽泛地排除该权利。

12. 国际专家组一致认为,除了通信的保密性之外,隐私权通常也保护个人数据。② 专家组认识到,"个人数据"的确切定义是一个问题,

---

① *See*, *e. g.*, *Leander* v. *Sweden*, judgment, App. no. 9248/81, ECtHR, para. 48 (1987). 其中,法院首先认为,仅仅是存储信息就能构成对《欧洲人权公约》下隐私权的干涉。*See also* The 352 Right to Privacy in the Digital Age, para. 20. 存储个人数据(见下文讨论)构成"个人数据处理",因而也被认为属于欧盟立法中隐私权的范围。因此,只要一国存储的通信包括个人数据,就牵涉到隐私权。*See*, *e. g.*, Directive 95/46/EC of the European Parliament and of the Council on the protection of individuals with regard to the processing of personal data and on the free movement of such data, Art. 2 (b) (24 October 1995); Regulation (EU) 2016/679 of the European Parliament and of the Council on the Protection of Natural Persons with Regard to the Processing of Personal Data and on the Free Movement of Such Data, and Repealing Directive 95/46/EC, Art. 4 (2) (27 April 2016) (in effect as of 25 May 2018).

② *See*, *e. g.*, ASEAN Human Rights Declaration, Art. 21; General Comment No. 16, para. 10; Convention for the Protection of Individuals with regard to Automatic Processing of Personal Data, Art. 1, 1 October 1985, ETS No. 108.

已在相关区域人权制度和国家法律上产生了一定程度的争议。① 同样地，专家们不能在习惯国际法的更模糊不清的环境中阐明该概念的准确范围。尽管如此，某些例证还是清晰的。例如，健康档案信息或者为通过安全审查而提交的信息，就毫无疑问具有个人性质。一国获取、复制或者摘录有关另一国领土内的个人的数据，是否就已经侵犯了相关个人的国际人权中的隐私权，取决于（1）该权利的域外适用（规则34），以及（2）该活动是否与对权利的合法限制和克减相一致（规则37～38）。

13. 专家们考虑了这个问题：国家收集和处理元数据是否包括在隐私权范围内，无论是作为个人数据还是作为通信的一部分？在他们看来，如果获取的元数据能随后联系到个人并且与个人私生活有关，则元数据可能构成个人数据。他们建议，例如，如果国家基于个人网络浏览的元数据，而得以确定该个人健康或者人际关系的各个方面，就牵涉到隐私权。在得出此类结论时，专家们感到有必要强调，有关这一问题的国家实践和法律确信是有限的。

14. 尽管对构成个人数据的元数据受隐私权保护这一点持有一致意见，但专家们没有就其他类型的元数据达成一致。少数专家的立场是，所有与保密通信相关联的元数据构成了保密通信的一个不可缺少的要素，并因此作为通信而受到保护。② 大多数专家反驳说，属于隐私权的"通信"一词的含义只能被理解为延伸到通信的内容（比如一个电子邮件的正文）而非相关联的元数据。在他们看来，元数据本身不能作为保密通信的一个要素而受到保护，但是正如所讨论的，它可能作为个人数据而受到保护。举例来说，表明邮件发件人和收件人的元数据就牵涉到隐私权，因为它可能通过这种方式构成了个人数据，而显示一个保密

---

① 在这方面，个人数据有时是指个人身份信息（personally identifiable information）。专家们注意到，在区域人权制度中，个人数据保护偶尔也可作为区别于隐私的权利来对待。例如，《欧盟基本权利宪章》第7条规定了"尊重……通信权利"，第8条规定了"保护个人数据权利"。

② See, e.g., Malone v. United Kingdom, App. No. 8691/70, 82 ECtHR（ser. A）, para. 84（1984）.

电子邮件通信是采用 IMAP 还是 POP3 邮件协议的元数据则不牵涉到隐私权。

15. 专家们指出，国家经常在其领土内外从事网络间谍活动（规则 32）。虽然可能出现关于间谍活动的国际人权法的域外适用问题，但专家们意识到，没有任何法律确信表明，国家将间谍活动本身视为超出他们与隐私权有关的国际人权法义务的范围之外。因此，专家们得出结论，尽管存在相关国家实践，但间谍活动仍然受适用于国家的尊重隐私权的人权法义务约束。

16. 关于正当程序的权利，[①] 国际专家组一致认为，那些被怀疑或者被判定犯有网络犯罪的个人，同样享有国际人权法给予那些被怀疑或者被判定犯有非网络犯罪的个人的有关执法措施和司法程序的保护。专家们的观点是，没有正当理由放松那些既定的规范，这些规范涉及独立和公正调查、与任何逮捕和嗣后的审前拘禁相关的正当程序、公正和独立的审判程序，以及网络犯罪案件中定罪后拘禁的待遇标准。

17. 专家们特别注意到电子证据来源在调查和起诉犯罪活动中日益重要，而电子证据的扣押可能引起国际人权方面的问题。例如，如果一个人被指控恶意侵入一个企业的网站，执法人员可能希望获得一些该人的信息数据，如个人电子通信信息，以证实该人有罪。在这方面，源自规制其他类型搜查的国际人权法对国家搜查的限制，包括尊重隐私权的义务，比照适用于对个人网络或在线存储的远程搜查。专家们指出，在这方面，国家正颁布有关为了执法和其他目的而通过网络手段远程获取网络信息的国内法律。[②] 关于执法机构单方面从国外网络基础设施收集电子证据的合法性，见规则 11。

18. 正如前面提到的公民权利和政治权利，国际专家组一致认为，对某些经济、社会和文化权利的享有越来越依赖于网络活动。除其他

---

① UDHR, Arts. 9 – 11; ICCPR, Arts. 9 – 11, 14 – 15. *See also*, *e. g.*, *Preminiy v. Russia*, judgment, App. No. 44973/04, ECtHR, paras. 119 – 124 (2011).

② *See*, *e. g.*, Search and Surveillance Act 2012, Public Act 2012 No. 24 (5 April 2012), Secs. 111, 114 (N. Z.).

外，这些权利包括适足生活水准权（包括足够的食物）、享有能达到的最高的体质和心理健康的标准权、工作权利、受教育权以及参加文化生活权。[1] 例如，经济、社会和文化权利委员会已经表明，享有能达到的最高的体质和心理健康的标准包括"寻求、接受和传递有关健康问题的消息和思想的权利"。[2] 国家防止获取互联网上有效的健康信息或者服务的网络活动就牵涉到该项权利，在线监控活动也可能牵涉到这项权利，例如，如果个人出于害怕他或她的健康状况被披露给他人，而避免寻求或者交流与健康有关的敏感信息。

19. 专家们指出，特别典型的经济、社会及文化权利是否具有习惯地位还不能确定。确实，一些国家认为，此类权利都不是习惯性的，相反，它们只是相关文书的缔约国专门作出的条约承诺。专家们还指出，国家在这些权利领域内的义务如果反映了习惯国际法，就此而言它们就是可变的；特别是，它们可能依赖于国家所具有的能力。[3]

20. 国际专家组也讨论了是否本质上存在所谓的"匿名人权"，并一致认为，就在互联网上保持匿名的权利而言，相关国际法尚未成形。因此，他们认为，虽然禁止、限制或破坏对支持匿名设备或技术的使用的行为，可能实际上会减少线上国际人权的行使或者享有，但此类行为本身并不一定牵涉到作为基于侵犯匿名权或者丧失匿名权的现行法的国际人权法。

21. 即便如此，专家们指出在网络空间匿名的能力可能影响表达自由的行使及隐私权的享有。例如，对于那些在互联网上发布受网络表达自由权保护的资料的个人，国家要求他们表明自己的身份，这一要求有

---

[1] ICESCR, Arts. 6, 11 - 13, 15; UDHR, Arts. 23, 25 (1), 26 - 27; CERD, Art. 5; CEDAW, Arts. 10 - 13; CRC, Arts. 2, 17, 23 - 24, 28 - 29, 31; European Social Charter, Arts. 1, 11, 21, 29, 3 May 1996, ETS No. 163; African Charter, Arts. 15, 16 - 17, 22; Additional Protocol to the American Convention on Human Rights, Arts. 6, 10, 12 - 14, 17 November 1988, OASTS No. 69.

[2] Office of the High Commissioner for Human Rights, CESCR General Comment No. 14: The Right to the Highest Attainable Standard of Health (Art. 12), para. 12 (b), UN Doc. E/C. 12/2000/4 (11 August 2000).

[3] ICESCR, Art. 2 (1). *See also* CESR General Comment No. 3: The Nature of State Parties' Obligations (Art. 2 (1) of the Covenant), para. 10, UN Doc. E/1991/23 (14 December 1990).

效地阻止了他们从事被保护的表达，因而在专家们看来，也构成了对该权利的干涉。因此，任何这样的要求都需要依据规则 37 所列的理由来证明其正当性。同样的法律推理也适用于隐私权的情形。例如，国家不能通过处理元数据，来确认收集个人健康信息的在线匿名调查的参与者的身份，除非该处理符合规则 37 的规定。

22. 在国际专家组看来，"使用互联网"本身也不是习惯国际法上的一项国际人权。技术是权利的促成者，但不是权利本身。然而，国家限制接入或者使用互联网的措施必须与国际人权——例如本评注之前所引用的那些人权——的行使和享有相容。例如，国家于国民骚乱期间在全国范围内阻断对互联网的使用，如果该阻断所导致的对行使表达自由权利的限制不符合规则 37 所列的标准，那么国家的行为就侵犯了该项权利。

23. 国际专家组进一步认为，目前还不存在"被遗忘权"（right to be forgotten）这一习惯国际人权。所谓个人可将某些数据从互联网中移除的权利，已经在诉讼中得到肯定。[①] 尽管这种诉讼可能会影响将来对搜索引擎和互联网服务供应商的规制，但专家们认为目前不存在以习惯国际人权法为基础的国家义务，来要求第三方根据"被遗忘权"移除互联网上的个人数据或者链接。

规则 36　尊重和保护国际人权的义务

就网络活动而言，一国必须：

（1）尊重个人的国际人权；以及

---

① 例如，在"谷歌诉西班牙案"中，欧盟法院大法庭裁定，谷歌公司是《欧盟数据保留指令》所指的数据控制人。因此，谷歌公司有义务保护数据所有人的基本权利，特别是"被遗忘权"，保护的方式就是回应那些要从互联网中移除某些过期数据的要求。*Google Spain SL, Google Inc. v. Agencia Espanola de Proteccion de Datos and Mario Costeja Gonzalez*（case C-131/12），ECR, 13 May 2014；Judgment of Judge Nobuyuki Seki of the Tokyo District Court on 9 October 2014（unreported），（要考虑"谷歌诉西班牙案"裁决支持谷歌有义务移除提到原告可能在十年多以前所涉犯罪的搜索结果，因为此类搜索结果据称对其生命和隐私带来了威胁。*See also* Loi No. 78-17 relative à l'informatique, aux fichiers et aux libertés（6 January 1978），Art. 40（I）（Fr.）.

（2）保护个人人权不受第三方侵犯。

1. 国际人权法要求国家尊重和保护（也就是确保尊重）人权。[①]国际专家组认为，这些义务适用于网络空间。[②] 由于下文所列原因，本规则中不包括"实现"（fulfil）的义务。

2. 依据第 1 项，国家必须避免侵犯个人在网络空间享有的人权的活动。一些关键权利在规则 35 中曾讨论过。该义务延伸至域外适用的人权（规则 34）。然而，如果一国根据关于对人权的合法限制的规则 37 或者关于权利克减的规则 38 来干涉或者限制行使或享有人权，则未违反第 1 项的规定。

3. 如果一个非国家实体的网络活动可归因于一国（规则 15 和规则 17），这也就引起了尊重人权的义务。例如，一国指示、指挥或者控制第三方，如私人公司，去收集、保留或者披露个人数据，将对该行为过程中发生的侵犯人权负有责任。

4. 必须将第 1 项同第 2 项区别开来，第 2 项处理的是保护个人的国际人权不受第三方侵犯的义务。国际专家组认为，根据第 2 项，国际人权法包括了一项一般性积极义务，它要求国家采取行动来保护其领土内或者受其政府排他性管控的领土内的人享有或者行使权利，即"确保他人尊重"所说的权利。[③] 专家们一致认为，第 2 项要求国家采取在相关情况下必要且合理的与第三方有关的行动，以确保个人能够享有其线上权利；但是，国家在为满足该义务而采取哪些措施方面拥有裁量权。

[①] 尽管使用了不同的术语，但这一点在《公民权利和政治权利国际公约》第 2 条第 1 款以及《经济、社会和文化权利国际公约》第 2 条中体现得很明确。*See also* General Comment 31, para. 6.

[②] *See, e. g.*, The Right to Privacy in the Digital Age, GA Res. 69/166, para. 4（a）, UN Doc. A/RES/69/166（10 February 2015）; UN GGE 2015 Report, para. 28（b）; Council of Europe Recommendation CM/Rec（2014）6 of the Committee of Ministers to Member States on a Guide to Human Rights for Internet Users, para. 2（16 April 2014）.

[③] ICCPR, Art. 2（1）. *See also* ACHR, Art. 1（1）; General Comment No. 3, para. 1; General Comment No. 31, para. 7. *See also, e. g.*, application of the duty to protect in the context of the ECHR in *Case of Osman v. United Kingdom*（87/1997/871/1083）, judgment, paras. 115 – 122（28 October 1998）, and of the ACHR in *Velasquez Rodriguez case*, judgment, Inter – AmCtHR（ser. C）No. 4, paras. 166 – 167（1988）.

例如，假设一个第三方威胁在线上表达某些受保护的观点的个人，该个人所在的国家就有义务保护该个人不受该第三方的行为威胁。

5. 国际专家组注意到，一些国家认为保护的义务是有限的，不能定性为习惯国际人权法的一般义务。① 然而，专家们指出，尽管正如下文所做的解释，该义务的精确范围可能会受到质疑，但大多数主要的国际人权法条约对此都有反映。② 保护的义务在案例法中得到了进一步的承认，正如下列评注所指明的那样。因而国际专家组确定地得出结论：该义务是习惯性的。

6. 关于一国在什么具体的领土情况下有义务保护特定个人的人权不受第三方干涉，专家们不能达成一致意见。例如，一国之外的个人将他或她的网站放在位于该国的服务器上，另一国入侵该网络服务器并破坏了该网站，从而干涉了该个人的表达自由（规则35）。大多数专家认为，只有在有关个人处于国家领土之内或者在其有效控制的领土内时，该国才负有保护的义务（规则34）。其余的专家认为，如果相关的国际人权是在国家有效控制的领土内行使的，那么无论个人是否在该领土内，也都会引发保护的义务。

7. 包含在保护的义务中的是，国家有义务保障个人的人权不受产生于网络空间但可能影响其线下权利的侵犯。例如，为了遵守这一义务，国家可能将伤害其他人权利的包括网络活动在内的行为和表达规定为犯罪，如直接和公然煽动灭绝种族、③ 儿童色情、④ 煽动民族、种族

---

① See, e. g. , Letter from David Bethlehem QC, Legal Adviser, Foreign and Commonwealth Office, to John Ruggie, Special Representative on Human Rights and Transnational Corporations and Other Business Enterprises, Office of the High Commissioner for Human Rights (9 July 2009); Department of State, US Observations on Human Rights Committee General Comment 31, paras. 10 – 18, 27 December 2007.

② See, e. g. , ICCPR, Art. 2 (1); ACHR, Art. 1 (1).

③ Genocide Convention, Art. Ⅲ; Rome Statute, Arts. 3 (e), 25; ICTY Statute, Arts. 3 (c), 4; ICTR Statute, Arts. 2, 3 (c).

④ Optional Protocol to the Convention on the Rights of the Child on the Sale of Children, Child Prostitution and Child Pornography, Art. 3, 25 May 2000, 2171 UNTS 227; Report of the Special Rapporteur on the Sale of Children, Child Prostitution and Child Pornography, para. 2, UN Doc. A/HRC/12/23 (13 July 2009). See also Convention on Cybercrime, Art. 9.

或者宗教仇恨并构成煽动暴力。① 由于上述每一领域中的管制都限制了表达自由的权利（规则 35），因此它必须遵守与规则 37 所讨论的限制有关的国际人权法义务。

8. 保护的义务需要采取预防性的措施。它不限于那些终止第三方正在进行的侵犯人权行为所必需的措施，或者对那些已经从事侵犯人权行为的人所采取的适当措施。因此，如果有合理的理由相信将会发生第三方侵犯人权的情况，国家同样有义务采取在相关情况下合理的可行措施，以防止这种侵犯。② 例如，如果生活在一国既定领土上的某一族群已成为不断实施的恶意网络行动的目标，而该网络行动干涉了族群成员在互联网上发表自己对政治问题的看法的权利，该国就有义务采取在相关情况下可行和合理的措施，以防止将来发生相同性质的恶意网络行动。

9. 互联网已经被用于恐怖主义的目的，如为恐怖主义而进行招募、煽动恐怖主义以及向恐怖主义提供资助。③ 国际专家组认为，"国家既有权利也有义务采取有效措施应对恐怖主义对人权的破坏性影响"，即使国家采取的一些措施可能影响诸如表达自由权和隐私权等人权。④ 任何此类措施都须遵守规则 37。⑤

---

① ICCPR, Art. 20.

② See, e.g., *Velasquez Rodriguez* case, judgment, Inter – AmCtHR (ser. C) No. 4, paras. 172, 174 – 175 (1988).

③ See, e.g., Letter dated 2 September 2015 from the Chair of the Security Council Committee established pursuant to Resolution 1373 (2001) concerning Counter – terrorism addressed to the President of the Security Council, S/2015/683, at 7 – 12 (2 September 2015).

④ United Nations Office on Drugs and Crime, The Use of the Internet for Terrorist Purposes, paras. 33, 80 – 8 (September 2012); SC Res. 2178, para. 2, UN Doc. S/RES/2178 (24 September 2014). （鼓励成员国采用以证据为依据的旅客风险评估和筛查程序，包括收集和分析旅行数据，而不是基于国际法所禁止的歧视性理由，根据成见进行定性分析）。 See also *Brogan and others v. United Kingdom*, judgment, App. No. 11209/84, ECtHR, para. 61. 3 (1988); International Code of Conduct for Information Security, Art. 2 (4), UN Doc. A/69/723 (13 January 2015); Information Technology Act (9 June 2000), Art. 66F (India); Anti – cyber Crime Law, Royal Decree No. M/17, 8 Rabi 11428 (26 March 2007), Art. 7 (Saudi Arabia).

⑤ Inter – American Commission on Human Rights, Report on Terrorism and Human Rights, OEA/Ser. L/V/II. 116, Doc. 5 rev. 1 corr., para. 36 (2002); General Comment No. 34, para. 46.

10. 如果接入网络空间和网络基础设施是行使人权的唯一途径，那么国家是否有义务确保这种接入，国际专家组未能对此达成共识。① 以一国的选举制度要求个人网上投票为例，国家是否有义务提供必要的接入，以使那些否则将不能行使投票权的人能够投票，专家们对此不能达成一致意见。

11. 为了实现保护的义务，国家已经通过协定法创设了附加义务。国际人权条约制度有时责成国家，应对指控的侵犯人权行为进行及时、有效、彻底、独立和公正的调查。② 许多条约都要求进行通知和报告、③加强责任性措施以及为人权受害者提供有效补救。④ 在这种义务存在的情况下，任何补救措施都必须为宣称其权利受到侵犯的人所知晓并可以利用。所有专家都承认，这些条约义务同样适用于涉嫌通过网络手段违反国际人权法的行为。

12. 然而，给违反国际人权法的受害者提供补救的义务是否具有习惯性质，专家们对此不能达成一致。⑤ 大多数人的观点是还没有形成这样的义务，而少数人则持相反立场。⑥

---

① 例如，提供接入的义务仅是以劝告和鼓励性的用语写入美洲人权委员会的报告：《表达自由与互联网》。Freedom of Expression and the Internet, para. 37, OEA/ser. L/V/II (31 December 2013).

② See Basic Principles and Guidelines on the Right to a Remedy and Reparation for Victims of Gross Violations of International Human Rights Law and Serious Violations of International Humanitarian Law, GA Res. 60/147, UN Doc. A/RES/60/147 (16 December 2005); General Comment No. 31, paras. 8, 15. See also UDHR, Art. 8; ICCPR, Art. 2 (3); ACHR, Art. 25; ECHR, Art. 13.

③ See, e. g., ICCPR, Art. 40 on the periodic reporting requirements of States Parties.

④ ICCPR, Art. 2 (3) (a - b). See also General Comment No. 16, para. 11; General Comment No. 31, paras. 8, 15; UN Human Rights Committee, Dmitriy Vladimirovich Bulgakov v. Ukraine, Communication No. 1803/2008, paras. 9 - 10, UN Doc. CCPR/C/106/D/1803/2008 (29 November 2012).

⑤ See, e. g., UN Guiding Principles on Business and Human Rights, Human Rights Council, para. 25, UN Doc. A/HRC/17/31 (16 June 2011). 虽然这份报告是指导原则，但第 25 段规定：“作为其针对与企业相关的侵犯人权行为实施保护的义务的一部分，国家必须采取适当手段确保……受害者得到有效的补救”。

⑥ UDHR, Art. 8; Basic Principles and Guidelines on the Right to a Remedy and Reparations for Victims of Gross Violations of International Human Rights Law and Serious Violations of International Humanitarian Law, Arts. 1 (b), 2, GA Res. 60/147, UN Doc. A/RES/60/147 (16 December 2005).

13. 有几位专家甚至断言，在通过监控项目收集电子通信和个人数据时可能出现违反国际人权法的行为，而所谓的给其中的受害者提供有效补救的习惯法义务，需要"一个在民主社会所允许的限度内的独立监督机构"，监督有关国家的这类项目，而这样的监督机构还要"充分保障正当程序并受到司法监督"。① 其他专家反驳说，国际人权法尚未发展到存在任何此类义务的程度。更准确地说，只是针对国家对其负有国际人权义务的个人才有提供补救的义务——如果有这种义务的话，而且只有在侵犯人权行为发生时，才有这样的义务。对他们来说，事先预防性的监控措施远远超过现行习惯国际人权法的要求。

14. 如上所述，本规则的文本不包含国家实现人权的义务，即采取措施确保个人实现其权利。这是因为，国际专家组不能就实现的义务是否具有习惯性质达成一致。然而，专家们指出，一些人权条约包含缔约国实现某些国际人权的义务，换言之，国家有义务采取超出尊重和保护义务所要求的措施。他们指出了这样的事实：条约制度可能施加某一特殊义务，以确保通过网络手段实现人权。例如，《残疾人权利公约》缔约国就有一项特定的义务："促进提供和使用适合残疾人的新技术，包括信息和通信技术……优先考虑价格低廉的技术"，② 以及"促进残疾人有机会使用新的信息和通信技术和系统，包括互联网"。③

规则37 限制

除绝对权利外，尊重和保护国际人权的义务可受到为达到正当目的所必需的、非歧视性的且经法律授权的限制。

1. 国际专家组认为，一般而言，限制享有或行使一项国际人权的

---

① "Joint Declaration on Surveillance Programs and their Impact on Freedom of Expression", issued by the Special Rapporteur on the Promotion and Protection of the Right to Freedom of Opinion and Expression and the Special Rapporteur for Freedom of Expression of the Inter - American Commission on Human Rights, para. 9 (2013). *See also* The Right to Privacy in the Digital Age, para. 41.

② CRPD, Art. 4 (1) (g).

③ CRPD, Art. 9 (2) (g).

依据必须是在国际法中所规定的；该限制必须是为达到一个正当目的所必需的；该限制必须是非歧视性的。在这方面，国际人权法允许国家对某些人权的享有或行使加以限制，以保护其他权利并维护国家安全和公共秩序，① 包括有关网络空间活动的国家安全和公共秩序。例如，根据《公民权利和政治权利国际公约》第 19 条，对寻求、接受和传递信息权利的限制必须满足三重检验：它们必须是由法律以尽可能最清楚、最精确的用语所规定的，必须是为了一个国际法所承认的正当目的，且必须是为达成这一目的所必需的。②

2. 本规则延伸到尊重的义务和保护的义务（规则 36）。例如，一国获取其公民的电子健康记录，此种活动必须是基于对隐私权的得到承认的限制。同样地，如果一国允许另一国远程审查它所获取的健康记录，那就必须有这样做的正当依据，如共同的国家安全关切。

3. 国际专家组提醒，限制的标准可以根据有关的权利或条约而有所不同。因此，关于条约权利的限制，总是必须首先依赖条约本身。

4. 具有绝对性质的国际人权不受本规则所列举的限制。本规则所用的"绝对权利"一词，是指在任何情况下或为任何目的都不得受国家限制的那些权利，如免于酷刑和奴隶制以及持有主张的自由（规则 35）。限制的"不被允许"有别于"不可克减"这一概念（规则 38）。例如，虽然根据某些条约，表明个人宗教的自由与生命免遭任意剥夺的自由在社会紧急状态时是不可克减的，③ 但它们不是本规则所指的绝对权利。

5. 只有为了一个正当目的的限制才是合法的。此类目的包括保护他人权利和名誉、国家安全、公共秩序、公共健康或道德。④ 例如，打

---

① *See, e. g.*, UDHR, Art. 29 (2); ICCPR, Arts. 18 – 19, 21; ASEAN Human Rights Declaration, Art. 8.

② ICCPR, Art. 19 (3) (b); General Comment No. 34, paras. 21 – 36.

③ *See, e. g.*, ICCPR, Arts. 4 (2), 6, 18 (3).

④ Human Rights Council, Report of the Special Rapporteur on the Promotion and Protection of the Right to Freedom of Opinion and Expression, para. 33, UN Doc. A/HRC/29/32 (22 May 2015). 条约对特定权利列举了可允许的限制。例如，《美洲人权公约》承认对表达自由加以限制是适当的，这种限制是为了确保"尊重他人的权利或名誉"、"保护国家安全、公共秩序或公共健康或道德"、"对儿童和青少进行道德保护"，并打击"战争宣传和任何鼓吹民族、种族或宗教仇恨，构成煽动非法暴力行为……"。ACHR, Art. 13.

击恐怖主义是一个正当目的,它允许各国在不侵犯隐私权的情况下,对特定的线上通信进行监控。相比之下,终止对政府的批评——无论这种批评显示在线上还是线下——这一目的都极少可以当作为干涉表达自由权提供依据的国家正当目的。①

6. 对可能受国际人权法保护的网络活动的限制必须是"必需的",尽管各国在这方面享有自由判断余地。② 例如,一般认为,为了消除儿童色情和儿童剥削、③ 保护知识产权、④ 制止煽动灭绝种族而对网上表达自由的行使及隐私权的享有(规则35)予以限制是必需的。⑤ 国际专家组指出,在不针对特定个人的大规模收集电子通信方面,把监控措施作为对隐私权的必需的限制,这一要求日益凸显。⑥

7. 虽然国际专家组一致认为,对国际人权的任何限制必须是为达到一个正当目的而必需的,但就习惯国际法而言此类措施是否也必须是相称的,对此专家们出现了分歧。国际人权法的相称性条件要求,如果任何国家为了满足国家正当目的而需要干涉人权,这种需要就必须与侵犯人权的严重性加以对比评估。⑦ 此外,相称性还要求,该限制必须是

① *See* General Comment No. 34, paras. 3, 43.

② 关于欧洲制度,可参见: *Handyside* v. *United Kingdom*, judgment, App. No. 5493/72, ECtHR, para. 48 (1976). *See also Chaparro Alvarez* v. *Ecuador*, 2007 Inter – AmCtHR (ser. C) No. 170, para. 93 (2007).

③ *See*, *e. g.*, Convention on Cybercrime, Art. 9; Council of Europe Convention on the Protection of Children Against Sexual Exploitation and Sexual Abuse, Art. 20 (f), 1 July 2010, CETS No. 201; Directive 2011/92/EU of the European Parliament and of the Council of 13 December 2011 on Combating the Sexual Abuse and Sexual Exploitation of Children and Child Pornography, and replacing Council Framework Decision 2004/68/JHA, Arts. 18 – 20 (13 December 2011).

④ Convention on Cybercrime, Art. 10; WIPO Copyright Treaty, Art. 11, 20 December 1996; Agreement Establishing the Word Trade Organization, Annex 1C: Agreement on Trade – Related Aspects of Intellectual Property Rights, Art. 7, 15 April 1994.

⑤ Genocide Convention, Art. Ⅲ. *See also* Report of the Special Rapporteur on the Promotion and Protection of the Right to Freedom of Opinion and Expression, paras. 23 – 25, UN Doc. A/HRC/17/27 (16 May 2011).

⑥ *See*, *e. g.*, *Uzun* v. *Germany*, judgment, App. No. 35623/05, ECtHR, para. 61 (2010). *See also* The Right to Privacy in the Digital Age, para. 25; Report of the Special Rapporteur on the Promotion and Protection of Human Rights and Fundamental Freedoms while Countering Terrorism, para. 59.

⑦ *See*, *e. g.*, General Comment No. 27, paras. 14 – 16; General Comment 34, para. 34; *Leander* v. *Sweden*, Judgment, App. no. 9248/81, ECtHR, para. 59 (1987).

为达到该目的而能采用的对人权影响最小的手段。① 依据相称性概念，如果国家可以通过不影响国际人权或对国际人权的影响更有限的其他手段达成其正当目的，那么它就不得对那些它负有人权法律义务的个人的电子通信进行大规模收集（规则34）。如果大规模收集数据对权利——如隐私——享有的影响与它的特定目的不相称，则不能进行这种数据收集活动。

8. 少数专家认为，虽然相称性原则是各个区域国际人权制度和国内法律制度共有的，但它还没有发展成为一项习惯国际人权法的要求。他们指出，关于隐私权的限制是否受制于相称性的要求，有些国家提出了反对。② 而且，这些专家指出，在实践中，各个国家对国际人权所施加的限制虽然可能促进实现某一国家正当目的，但却似乎是对人权更大的侵犯，超过了该需要所证明的正当性。例如，广泛禁止非政府组织的活动以应对国内恐怖主义就尤其限制了表达自由。在这些专家看来，有关国际人权限制的相称性这一项习惯国际法要求，可能构成应有法，但目前还不构成现行法。

9. 然而，大多数专家接受了相称性的条件。如此一来，他们严重依赖于独立机构对此类规范的解释，而这些独立机构通过人权条约而创设，用以监督条约的正确适用。③ 这些专家强调，单靠必要性不足以证明限制国际人权法上义务的正当性。他们断言，允许必需的但又与相关的国家利益不相称的限制，将会与国际人权法上限制的目的与宗旨相矛

---

① *Wall* advisory opinion, para. 136；General Comment No. 27, para. 14；General Comment No. 34, para. 34.

② *See, e. g.*, Ambassador Keith Harper, Explanation of Position by the Delegation of the United States of America on Resolution Entitled 'The Right to Privacy in the Digital Age', A/HRC/28/L. 27, Human Rights Council 28th Sess., 26 March 2015.

③ *See, e. g.*, General Comment 34, paras. 34 – 35. On the requirement of proportionality, *see also Ahmadou Sadio Diallo* judgment, para. 67；*Francesco Madafferi v. Australia*, Communication No. 1011/2001, para. 9. 2, UN Doc. CCPR/C/81/D/1011/2001 (2004)；*M. G. v. Germany*, UN Human Rights Committee, Communication No. 1482/2006, para. 10, UN Doc. CCPR/C/93/D/1482/2006 (2008)；Report of the Special Rapporteur on the Promotion and Protection of Human Rights and Fundamental Freedoms while Countering Terrorism, paras. 15, 17；Report of the Special Rapporteur on the Promotion and Protection of the Right to Freedom of Opinion and Expression, para. 24, UN Doc. A/HRC/17/27 (16 May 2011).

盾。因此，必须使用最弱的限制手段来限制人权，尽管这些专家再次认为国家在这方面享有自由判断余地。

10. 必须提醒的是，为达成一个正当目的所必需的（以及相称的，按照多数意见的标准）措施可能对于其他目的却不是必需的。① 例如，为了应对包含针对关键基础设施的大规模网络行动在内的国家安全紧急状态，临时暂停对互联网的一般使用可能是允许的（还可见规则62），但如果是为了不让诸如侵犯版权的资料在互联网上传播或者为了阻止受表达自由保护的抗议，则可能是不允许的。②

11. 对本来受国际人权法保护的网络活动所进行的限制必须是非歧视性的。③ 歧视可能包括基于种族、肤色、性别、语言、宗教、政治或其他见解、国籍或社会出身、财产、出生或其他身份的区别、排斥、限制或优惠，其目的或效果为取消或损害权利及自由在平等地位上的承认、享受或行使。④ 例如，阻断对某一特定族群聚居区的互联网服务或向该区域用户收取比其他区域用户多得多的费用，而至少又没有如先前所讨论的那些正当理由，这就是歧视。

---

① The Right to Privacy in the Digital Age, para. 27.

② Report of the Special Rapporteur on the Promotion and Protection of the Right to Freedom of Opinion and Expression, para. 49, UN Doc. A/HRC/17/27 (16 May 2011).

③ UN Charter, Arts. 1, 55; UDHR, Art. 2 (1); ICCPR, Arts. 2 (1), 26; ICESCR, Art. 2 (2); CERD, Art. 2; CEDAW, Art. 2; ACHR, Arts. 1 (1), 24; ECHR, Art. 14; ASEAN Human Rights Declaration, Art. 9. *See also* General Comment No. 18, paras. 1 – 4; Committee on Economic, Social and Cultural Rights, General Comment No. 20: 'Non – Discrimination in Economic, Social and Cultural Rights (Art. 2, para. 2, of the ICESCR)', paras. 2, 7 – 35, UN Doc. E/C. 12/GC/20 (2 July 2009); *Carson and others* v. *United Kingdom*, judgment, App. No. 42184/05, ECtHR, paras. 70 – 71 (2010); *Juridical Condition and Rights of the Undocumented Migrants*, advisory opinion, OC – 18/03, Inter. – AmCtHR (ser. A) No. 18, para. 101 (17 September 2003); Inter – American Commission on Human Rights, Freedom of Expression and the Internet, paras. 20 – 21 (*inter alia*) (13 359 December 2013); Concluding Observations on the Fourth Periodic Report of the United States of America, Human Rights Committee, UN Doc. CCPR/C/USA/CO/4, para. 22 (23 April 2014). See also The Right to Privacy in the Digital Age, para. 36.

④ UDHR, Art. 1 (1); ICCPR, Arts. 2 (1), 26; ICESCR, Art. 2 (2); CERD, Art. 1 (1); CEDAW, Art. 1; CPRD, Arts. 1, 5; ACHR, Art. 24; ECHR, Art. 14; General Comment 18, paras. 6 – 7. 〔原文此脚注中的 UDHR, Art. 1 (1) 有误，似应为 UDHR, Art. 2. 因为《世界人权宣言》没有第1条第1款，而该宣言的第2条才是禁止歧视条款。——译者注〕

12. 并非每一待遇上的差别的实例本身都构成歧视，但差别要求有客观和合理的正当理由。① 例如，在一个特定族群聚居区正发生骚乱和暴力事件，而社会媒体正被用来精心策划此次暴力事件。在这种情势下，国家采取的限制使用社交媒体的措施对该族群的影响大于对其他个人的影响，这一事实不构成非法歧视。

13. 联合国人权事务委员会指出，"除法律所设想的个案以外不得有干涉情事……（而且）有关的立法必须详细具体说明可以容许这种干涉的明确情况"。② 同样地，国际专家组认为，限制的任何依据都必须由法律"规定"（provided）、"确定"（established）或"指定"（prescribed），③ 并且必须足够准确、清晰，以使受影响的个人注意到它的影响。同时，它必须向公众公开。④ 因此，例如，立法限制在网站、博客上和通过私人电子通信行使言论自由，就必须有充分说明，以使那些可能受这些限制影响的人注意。同样地，线上监控所依据的法律或指令，应列出国家可以进行牵涉到隐私权的监控的条件。

14. 然而，限制必须由法律规定或指定，这一条件是否一定就要求该法律具有国内法性质，对于这个问题，专家们意见不一。一些专家认为，国际法本身可以规定或指定限制的理由；另一些专家则认为，这些限制必须在国内法中加以规定。

---

① General Comment No. 29, para. 7.

② General Comment No. 16, paras. 3, 8.

③ See, e. g., ICCPR, Arts. 9 (1), 12 (3), 18 (3), 19 (3), 22 (2); ECHR, Arts. 8 – 11; ASEAN Human Rights Declaration, Art. 8; UN Commission on Human Rights, The Siracusa Principles on the Limitation and Derogation Provisions in the International Covenant on Civil and Political Rights, paras. 15 – 18, E/CN. 4/1985/4 (28 September 1984). See also General Comment No. 16, para. 4; Human Rights Committee, *Antonius Cornelis Van Hulst* v. *Netherlands*, paras. 7.3, 7.7, UN Doc. CCPR/C/82/D/903/1999 (5 November 2004); *Ahmet Yildirim* v. *Turkey*, judgment, App. No. 3111/10, ECtHR, paras. 56 – 57 (2012).

④ General Comment No. 34, paras. 24 – 25. See also *Sunday Times* v. *United Kingdom*, judgment, App. No. 6538/74, ECtHR, para. 49 (1979). 欧洲人权法院已经在判决中确认，在政府没有法律授权的情形下对电子通信进行监督必须满足这一要求。*Zahkarov* v. *Russia*, judgment, App. No. 47143/06, ECtHR, para. 236 *et seq.* (2015).

规则38　克减

一国在相关条约允许并满足相关条约所设条件的情形下，可以克减与网络活动有关的人权条约义务。

1. 一些人权条约允许国家克减义务，即在社会紧急状态时暂时完全或部分地不受某些条约义务的约束。允许克减的严格条件由有关条约界定，这些条件一般是狭窄的。例如，《公民权利和政治权利国际公约》允许缔约国"在社会紧急状态威胁到国家的生命并经正式宣布时"，克减该公约中某些条款下的义务。① 同样地，《欧洲人权公约》允许缔约国在"战时或遇有威胁国家生存的公共紧急时期"，克减特定条款下的义务。② 相较于《公民权利和政治权利国际公约》以及《欧洲人权公约》，《美洲人权公约》允许在更广泛的情况下，即"在战争、公共危险或威胁到一个缔约国的独立和安全的其他紧急情况时"，克减其中所列的某些人权。③ 专家组认为，对缔约国来说，条约的克减条款适用于网络活动。例如，如果一国充分遵守相关特定条约的规定而克减涉及表达自由的条款义务，那么，在必需的范围内，它可以阻止访问或移除那些可能加剧紧急情势的在线帖子。

2. 一些条约禁止非为紧急情势所严格需要的克减。④ 例如，在上述情形中，对以网络方式行使的表达自由加以一些限制可能是可以接受的，但根据此情形，阻止所有的这类表达可能是不允许的。此外，《公民权利和政治权利国际公约》禁止纯粹基于种族、肤色、性别、语言、宗教或社会出身而歧视的克减。⑤ 《公民权利和政治权利国际公约》、《欧洲人权公约》、《美洲人权公约》还禁止与缔约国的其他国际法律义

---

① ICCPR, Art. 4 (1).
② ECHR, Art. 15 (1).
③ ACHR, Art. 27. 但是该公约的不得克减的情形比《公民权利和政治权利国际公约》及《欧洲人权公约》要宽泛。
④ See, e.g., ICCPR, Art. 4 (1); ECHR, Art. 15 (1).
⑤ ICCPR, Art. 4 (1).

务相矛盾的克减。①

3. 相关条约可能明确规定该条约中某些特定的人权义务不可克减。比如,《公民权利和政治权利国际公约》禁止克减某些条款下的义务,这些条款尤其保障禁止任意剥夺生命、禁止酷刑和奴隶制、在法律面前的人格有权得到承认以及思想、良心和宗教自由的权利。② 此外,《欧洲人权公约》禁止克减罪刑法定的义务,即便是在紧急时期也是如此。③

---

① ICCPR, Art. 4 (1); ECHR, Art. 15 (1); ACHR, Art. 27 (1).

② ICCPR, Art. 4 (2).

③ ECHR, Art. 15 (2).

第七章　外交和领事法

1. 本章阐述适用于网络空间国家行为的外交和领事关系国际法。有关外交和领事法的主要国际法依据为 1961 年《维也纳外交关系公约》和 1963 年《维也纳领事关系公约》。国际专家组认为，这些条约实质上反映了习惯国际法。[①] 因此，下文所述的规则主要源自这些条约。

2. "接受国"是指那些被派驻外交使馆或领事馆的国家。"派遣国"是上述使馆或领馆所代表的国家。应当注意的是，使馆馆长或其他外交人员可能被同时派驻多个国家。[②] 在此情形下，所谓的"接受国"就是指他们被派驻的所有国家。

3. 本章中使用的"外交使馆"一词是指一国经另一国同意，在后者境内建立的旨在在接受国代表派遣国，并履行国际法规定的其他职能的外交机构。"使馆馆舍"是指供使馆使用的建筑物或建筑物的各部分，以及其所附属的土地，不论其所有权归属。这一术语还包括使馆馆长的官邸。[③] "外交代表"是指使馆馆长或使馆的外交人员。[④]

4. "领事馆"是指派遣国经接受国同意，在后者境内建立的，旨在履行领事职能的任何总领事馆、领事馆、副领事馆或领事代理处。[⑤] "领馆馆舍"是指专供领馆使用的建筑物或建筑物的各部分，以及其附属的土地，不论其所有权归属。[⑥] "领事官员"是指被委派承办领事职

---

① *Tehran Hostages* judgment, paras. 62, 69.
② Vienna Convention on Diplomatic Relations, Art. 5.
③ Vienna Convention on Diplomatic Relations, Art. 1 (i).
④ Vienna Convention on Diplomatic Relations, Art. 1 (a), (d－e).
⑤ Vienna Convention on Consular Relations, Art. 1 (1) (a).
⑥ Vienna Convention on Consular Relations, Art. 1 (1) (j).

务的任何人员,包括领馆馆长在内。^① 外交使团可以履行领事职能,无需经接受国的同意。^② 虽然领事官员在特定情形下可被授权实施外交行为,但这么做并不赋予他们任何主张外交特权与豁免的权利(规则44)。^③

5. 本章并不专门涉及国际组织相关法律。但主要的国际组织,诸如联合国及其专门机构根据条约享有和外交使馆类似的特权与豁免。例如,这些国际组织享有馆舍与通讯的不可侵犯性,并且其代表享有与外交或领事官员类似的特权与豁免。^④ 赋予各国际组织及其职员特权与豁免的法律各不相同,具体见于这些组织的章程性条约,建立这些组织的其他文件,以及这些组织为履行职责之需与东道国及其他国家缔结的特权与豁免协定。^⑤

6. 同样,本章也不具体涉及特别使团相关法律。1969 年《联合国特别使团公约》针对适用于"特别使团"的特权与豁免问题。特别使团是指派遣国经接受国同意,向后者派遣的代表本国与接受国交涉特定问题或执行特定任务的临时使团。^⑥ 虽然该公约并未被广泛批准,且只有经接受国同意才能实施,但国际专家组认为,各国普遍支持特别使团的成员根据习惯国际法享有豁免和不得侵犯的权利,特别是根据国家实践赋予特别使团 1969 年公约所规定的特权与豁免。专家们指出,当特别使团使用其本国使馆的设施时,则不论是否适用特别使团享有的特权与豁免,他们的相关网络活动受到本章所讨论的使馆馆舍及其网络基础设施不可侵犯性的保护。

---

① Vienna Convention on Consular Relations, Art. 1 (1) (d).

② Vienna Convention on Diplomatic Relations, Art. 3 (2); Vienna Convention on Consular Relations, Art. 3, 70.

③ Vienna Convention on Consular Relations, Art. 17.

④ *See, e. g.*, UN Charter, Art. 105 (1-2).

⑤ *See, e. g.*, Convention on the Privileges and Immunities of the United Nations, 13 February 1946, 1 UNTS 15; Agreement Between the United Nations and the United States Regarding the Headquarters of the United Nations, 26 June 1947, 11 UNTS 147; Rome Statute, Art. 48; Headquarters Agreement between the International Criminal Court and the Host State, 7 June 2007, ICC-BD/04-01-08

⑥ Convention on Special Missions, Art. 1, 8 December 1969, 1400 UNTS 23431.

7. 本章规定的许多豁免权以较为受限的方式适用于使领馆人员的家属，以及使领馆行政和技术人员及其家属。① 但以下的评注并不涉及此类豁免。《维也纳外交关系公约》、《维也纳领事关系公约》以及《联合国特别使团公约》详细规定了适用于这些人员的具体豁免范围，可予参考。关于国家及其官员根据一般国际法享有的豁免，参见规则12。

8. 国际专家组指出，在排除不法性问题（规则19）上，外交和领事法与国家责任法的关系尤为复杂。特别是，专家们认同规则22所规定的反措施不得侵犯外交或领事代表（规则44）、馆舍（规则39）、档案或文件（规则41）的不可侵犯性（包括管辖豁免）。② 以派遣国使用使馆的网络基础设施向接受国的计算机传输恶意间谍软件为例，这样做是滥用外交职权③，并因此构成国际不法行为（规则14）。但是，接受国不得将针对该馆舍内的网络基础设施实施网络行动作为反措施。

9. 专家们认为，根据对等原则，如本国的使领馆在派遣国受到类似待遇，则接受国可对派遣国的相关网络活动给予比其他派遣国更低的待遇。但专家们提醒，接受国不得以违反外交或领事法的方式这样做。④ 专家们还注意到，存在一种他们均不认同的观点，即接受国违反外交或领事法的行为，可导致其被剥夺相称的对等权利。

10. 国际专家组认为，本章内容总体上也适用于武装冲突期间。《维也纳外交关系公约》第45条第1项规定："接受国必须尊重并保护使馆馆舍以及使馆的财产与档案，即使在武装冲突的情形下，也应照此办理。"《维也纳领事关系公约》第27条第1款第1项规定了对领馆馆舍、财产和档案相同的保护。此外，上述两公约规定享有外交特权与豁免人员的职能在武装冲突期间依然延续，直至其离开接受国，或其离开

---

① *See*, *e. g.*, Vienna Convention on Diplomatic Relations, Arts. 37 – 38; Vienna Convention on Consular Relations, Art. 43.

② Articles on the State Responsibility, Art. 50 (2) (b) and paras. 14 – 15 of commentary.

③ Vienna Convention on Diplomatic Relations, Art. 3 (1).

④ Vienna Convention on Diplomatic Relations, Art. 47 (2); Vienna Convention on Consular Relations, Art. 72 (2). *See also*, DENZA, DIPLOMATIC LAW, at 406 – 408.

所需的一段合理时间届满。^①

规则 39　网络基础设施所在馆舍不得侵犯

使馆或领馆馆舍内的网络基础设施受该馆舍不可侵犯性的保护。

1. 外交使馆馆舍不得侵犯是外交法的根本原则。根据这一原则，未经许可不得进入该馆舍。[②] 此外，未经派遣国同意，该馆舍内的财产免于接受国执法人员的搜查、征用、扣押或强制执行。[③]

2. 国际专家组认为本规则延伸适用于领馆馆舍，但保护的范围仅包括那些专供领馆工作用途的区域。[④]

3. 在有关本规则的适用问题上，国际专家组对于远程侵入派遣国使领馆馆舍内的网络基础设施，或者破坏或改变该设施内数据行为的合法性存在分歧。多数专家认为本规则禁止接受国这么做，因为对馆舍内网络基础设施的网络行动相当于"未经允许进入馆舍"。此外，接受国负有特殊责任采取一切恰当措施保护外交使馆馆舍免受侵入或破坏（规则 40）[⑤]，以及负有义务为其完全履职提供便利[⑥]，这进一步支撑了专家们的上述结论。

4. 但个别专家认为，接受国只有在有形地侵入使馆或领馆时才构成违反本规则。对这些专家而言，实施诸如"关闭访问网络行动"即符合上述标准。他们还希望将通过远程网络手段对使馆或领馆造成有形后果的行为界定为违反本规则。由于本规则旨在保护使馆馆舍免于未经同意的实际进入，他们认为，造成有形后果的远程行动相当于有形进入馆舍。

5. 必须注意的是，对使馆或领馆网络基础设施或活动实施远程活

---

① Vienna Convention on Diplomatic Relations, Art. 39 (2); Vienna Convention on Consular Relations, Art. 53 (3).

② Vienna Convention on Diplomatic Relations, Art. 22 (1).

③ Vienna Convention on Diplomatic Relations, Art. 22 (3).

④ Vienna Convention on Consular Relations, Art. 31.

⑤ Vienna Convention on Diplomatic Relations, Art. 22 (2).

⑥ Vienna Convention on Diplomatic Relations, Art. 25; DENZA, DIPLOMATIC LAW, at 171–172.

动还可能违反本章的其他规则，例如保护外交档案、文件和来往公文（规则41）。换言之，接受国的网络行动不违反本规则，并不意味着其在外交和领事法上就是合法的。

6. 对于接受国以外的其他国家是否有义务尊重接受国境内使馆或领馆馆舍的不可侵犯性，国际专家组存在分歧。例如，甲国为确定乙国外交人员的立场主张，对乙国驻丙国使馆的网络基础设施实施网络行动，以窃取相应的数据。国际专家组在该案例上形成了势均力敌的两派观点。一部分专家认为甲国违反了本规则，他们指出甲国的行为有违馆舍不得侵犯原则的宗旨与目的，同时考虑到远程访问网络基础设施越来越多地被认为仅是技术问题。其他专家持相反的观点，理由是外交法中的相关法律义务仅限于派遣国与接受国的关系。他们还指出，相关条约对第三国施加的特定义务，一般仅限于不得对过境的公文和通讯进行侵犯（规则41）。①

7. 专家们一致认为，接受国在紧急情况下可基于自卫（规则71）对使馆或领馆馆舍，或馆舍内的网络基础设施采取行动。② 例如，如果使馆的网络基础设施被用于传输有关接受国军队的关键信息，以便派遣国在即将发起的武装攻击中使用，接受国即可对该网络基础设施采取行动，包括达到使用武力程度的行动。专家们注意到一种他们均不认同的观点，即使馆或领馆馆舍享有的不可侵犯性是绝对的。这一观点的支持者声称，外交和领事法已包含了接受国在上述情形下可获得的救济，例如终止或暂停外交或领事关系，以及对馆舍以外的目标实施武力自卫。

8. 另一个问题涉及保护不在馆舍内的使馆财产，如从馆舍里带出的公务移动电话或便携式电脑。国际专家组在该问题上也存在分歧。

9. 多数专家认为，这些财产根据本规则享有不可侵犯性。这些专家中的大多数认为，正如前述讨论的那样，这些财产不得侵犯。因此，

---

① Vienna Convention on Diplomatic Relations, Art. 40 (1) and (3); Vienna Convention on Consular Relations, Art. 54 (1) and (3).

② First Report from the Foreign Affairs Committee, Session 1984 – 85: the abuse of diplomatic immunities and privileges, paras 88 – 95. See also, Yearbook of the International Law Commission, Vol. II (1958), at 97; DENZA, DIPLOMATIC LAW, at 223.

派遣国不得对其采取网络行动。对这部分专家而言，将不可侵犯性延伸适用于位于馆舍外的财产，符合关于不可侵犯性的外交和领事法的目的和宗旨。他们指出，这些财产还可能构成规则 41 所规定的不得侵犯的使馆档案，因为上面经常会存储官方外交材料。最后，《维也纳外交关系公约》规定，除特定民事或行政程序外，外交代表个人的动产不得侵犯。① 因此，对这部分专家来说，如果认定使馆的财产一经带出馆舍便可以侵犯，而外交代表的私人财产却无论在何处均享有不可侵犯性，这是前后矛盾的。

10. 上述多数专家中的部分人认定，上述位于馆舍外的财产仅豁免于搜查、征用、扣押或强制执行性质的网络行动。这是基于馆舍内财产享有上述形式的保护而得出的结论。② 这部分专家还指出，《维也纳外交关系公约》将上述豁免延伸适用于交通工具③——这是公约起草时最主要的动产形式之一。他们进一步注意到关于承认使馆账户免于扣押的新实践。④

11. 持不同观点的少数专家认为，馆舍外的使馆财产根本不受本规则的保护。他们根据《维也纳外交关系公约》相关措辞，认为只有"使馆馆舍及设备，以及馆舍内的其他财产"才免于搜查、征用、扣押或强制执行。⑤

12. 鉴于使馆馆舍外财产问题的复杂性，专家们对于从领事馆带出的馆内财产无法得出结论。

13. 对于接受国在使馆馆舍安装窃听设备行为的讨论，参见规

---

① Vienna Convention on Diplomatic Relations, Art. 30 (2); Yearbook of the International Law Commission, Vol. II (1958), at 98.

② Vienna Convention on Diplomatic Relations, Art. 22 (3).

③ Vienna Convention on Diplomatic Relations, Art. 22 (3).

④ *Alcom* v. *Republic of Colombia* AC 580 (12 April 1984) (UK); *Republic of 'A' Embassy Bank Account Case*, 77 ILR 489 (1986) (Austria); *MK* v. *State Secretary for Justice*, 94 ILR 357 (1988) (Neth.); *In the Matter of the Application of Liberian Eastern Timber Corp.* v. *The Government of Liberia*, 89 ILR 360 (1987) (US). *See also* the Convention on Jursidictional Immunities, Art. 21; US Department of State Office of the Legal Advisor, Digest of United States Practice in International Law (2000), at 548.

⑤ Vienna Convention on Diplomatic Relations, Art. 22 (3).

则41。

14. 国际专家组讨论了个别国家宣称其已建立"虚拟使馆"的情形。例如,美国在伊朗和叙利亚建立了其称为"虚拟使馆"的网站,而爱沙尼亚已宣布将建立"数据使馆",以便将关键的政府数据在友好国家的服务器上备份。考虑到美、爱两国使用"虚拟使馆"和"数据使馆"等术语的背景,专家们认为,这些实体并不因为使用"使馆"一词就可以作为使馆馆舍。专家们进一步指出,国家间建立外交关系,尤其是要设立常驻的使馆,需要双方的一致同意。[①] 缺少这样的同意,则"虚拟使馆"本身并不享有外交法的特别保护。应当注意的是,如果所谓的虚拟使馆或数据使馆是依赖位于使馆馆舍内的网络基础设施(如计算机、服务器或其他网络设备),则其受到本规则规定的保护。此外,"虚拟使馆"或"数据使馆"中那些构成使馆外交来往公文、档案或文件(规则41)的数据也同样受相应的保护。

15. 专家们还讨论了使馆的"线上存在"(online presences)问题。例如,目前外交使馆在社交媒体平台(诸如脸书)上创建官方账号的情况十分普遍。国际专家组认定,使馆馆舍的不可侵犯性并不适用于这类虚拟存在。相反,传统上理解的使馆馆舍意味着有形存在。事实上,《维也纳外交关系公约》第1条将"使馆馆舍"定义为"建筑物或建筑物的各部分,以及其所附属的土地"。[②] 至于"虚拟使馆"或"数据使馆",专家们承认,如果这一在线存在依靠的是位于有形使馆馆舍内的网络基础设施,则该网络基础设施在本规则的保护范围内。此外,与运营上述"线上存在"相关的档案、文件和来往公文受规则41和规则42的保护。

规则40　保护网络基础设施的义务

接受国须采取一切适当措施,保护位于派遣国使馆或领馆馆舍内的网络基础设施免受侵入或破坏。

---

① Vienna Convention on Diplomatic Relations, Art. 2.

② *See also*, Vienna Convention on Diplomatic Relations, Art. 21 (1).

1. 接受国负有保护使馆或领馆馆舍免受侵入或破坏的"特别责任",不论这些行为源自何方。① 例如,如果接受国的安全部门获悉派遣国使馆馆舍内的网络基础设施正成为网络行动的目标,则接受国必须采取一切合理的措施来制止这些侵犯行动,包括以适当方式向派遣国通报有关侵犯行动的情况。同样地,如果接受国的安全部门收到关于使馆的网络基础设施将要成为网络行动所针对目标的有关信息,则接受国政府必须针对这些威胁采取相称和适当的执法或其他措施,以阻止这些行动。

2. 本规则规定的义务并不是绝对的。接受国只需采取"一切适当的措施"来保护馆舍。② 一般来说,保护的程度主要是根据对网络基础设施的威胁程度、接受国了解特定威胁的程度,及其在上述情形下采取行动的能力来决定。为履行这一义务,接受国有选择特定措施的自由裁量权。③

3. 国际专家组指出,针对使领馆馆舍的网络行动经常可能源自境外,对于接受国是否有义务在必要时寻求其他国家的协助以保护其境内的使馆或领馆馆舍,专家们无法达成共识。多数专家认为,接受国在外交和领事法上不负有寻求协助的义务;采取"适当措施"的义务仅限于涉及其行使主权权力的措施。这些专家还注意到尚无支撑该义务的国家实践。少数专家则认为,考虑到国家之间维系外交关系的共同利益,将本规则解释为包含向他国寻求那些可能有助于制止具有侵入性或破坏性的网络行动的相关协助是合理的。

4. 专家们认为,接受国没有义务为保护使馆或领馆馆舍及其网络基础设施采取预防措施,除非其知悉具体威胁。在采纳这一主张时,专

---

① Vienna Convention on Diplomatic Relations, Art. 22 (2); *Tehran Hostages* judgment, paras. 61 – 66; Vienna Convention on Consular Relations, Art. 31 (3). 关于外交使馆馆舍,另参见: Yearbook of the International Law Commission, Vol. II (1958), at 78, 95 (主张"为履行本义务,接受国必须采取特别措施—除了那些为免除其确保秩序的一般义务所采取的措施")。

② Vienna Convention on Diplomatic Relations, Art. 22 (2); Vienna Convention on Consular Relations, Art. 31 (3).

③ *See, e. g., Ignatiev* v. *United States*, 238 F. 3d 464 (D. C. Cir. 2001).

家们指出，接受国的通常实践是，只有已知悉安全风险且在使馆或领馆馆长要求下，才提供特殊安保人员来保护使馆或领馆馆舍。[①] 他们进一步注意到，实践中派遣国倾向于依靠自身的安全措施来保护其使馆或领馆馆舍内的网络基础设施，而非依赖接受国。

5. 接受国还负有义务，采取一切适当措施防止扰乱使馆或领馆安宁或损害其尊严。[②] 虽然该义务定义不明，但专家们认为，接受国并无义务对仅仅是批评派遣国或其使馆或领馆的在线言论采取措施。只要接受国确保使馆或领馆及其网络基础设施的实际运行不受破坏，即满足了履行上述义务的要求。他们指出，实践中各国倾向于在履行预防扰乱或破坏馆舍的义务与保护言论和集会等人权（规则 35）之间寻求平衡。例如，虽然很多国家会对在使馆附近区域的示威游行施加特定限制，但通常不会禁止在特定媒体上批评派遣国及其使馆或领馆的所有言论。[③]

6. 本规则应同本章其他规则，特别是关于保护使馆或领馆通讯自由（规则 42），以及手册其他可适用的规则，例如审慎义务（规则 6～7）等一并考虑。

规则 41 电子档案、文件和通讯不得侵犯

外交使馆或领馆的电子档案、文件和来往公文不得侵犯。

1. 国际法为使馆或领馆的档案、文件和来往公文（包括其电子形式）赋予了广泛的不可侵犯性。[④] 国际专家组认为，"不得侵犯"意味着这些材料免受他国没收、网络间谍（另参见规则 32）、强制执行、司

[①] See, e.g., Australian Government, Department of Foreign Affairs and Trade, Protocol Guidelines, para. 12. 2; Anthony Minnaar, *Protection of Foreign Missions in South Africa*, 9 *AFRICAN SECU-RITY REVIEW* 67, 72 (2000).

[②] Vienna Convention on Diplomatic Relations, Art. 22 (2); Vienna Convention on Consular Relations, Art. 31 (3).

[③] See, e.g., *Finzer v. Barry*, 798 F. 2d 1450 (D. C. Cir. 1986) (US); *Minister for Foreign Affairs and Trade and others v. Magno and another*, 112 ALR 529 (1992) (Austl.).

[④] Vienna Convention on Diplomatic Relations, Arts. 24, 27 (2); Vienna Convention on Consular Relations, Arts. 33, 35 (2). 注意，名誉领事官员领导下的领事馆的档案和文件不得侵犯，但仅限于这些材料与其他文书和文件分开保存时。Vienna Convention on Consular Relations, Art. 61.

法诉讼或其他形式的干扰，以确保这些材料的机密性。

2. 本规则仅对国家有约束力。私人实体的行为并不违反本规则，除非该行为可归因于国家（规则 15 和规则 17）。

3. 国际专家组认为，本规则中的"档案"包括存储相关电子文件的外置硬盘、闪存盘及其他媒介。① "文件"不仅包括电子格式的终稿，还包括相关的草稿、谈判文件和其他使馆或领馆在其活动中积累并特意保存的类似材料。"来往公文"包括与使馆或领馆或其职能相关的电子邮件、照会、电报和其他信息。

4. 通过电子邮件或"线上存在"向使馆或领馆提交的个人材料，是否属于本规则保护的档案、文件或来往公文？国际专家组对此存在分歧。例如，使馆或领馆的网站会允许接受国的公民通过提交在线申请表获得前往派遣国的旅行签证。多数专家认为，在这些情形下，不可侵犯性的延伸适用与外交和领事法的目的与宗旨是一致的，即一旦为公务目的提交相关信息，则该信息至少成为使馆或领馆档案和文件的一部分。个别专家则持相反观点，认为这些由私人提交的材料不属于本规则适用的范围，理由是外交和领事法仅限于国家间关系。但所有专家都认为，假如接受国公民在社交网站上对使馆发布的最新动态进行发帖评论，则该评论因已公开而不受本规则的保护。

5. 除了本规则明确援引的"使馆的电子档案、文件和来往公文"以外，不可侵犯性适用的对象还包含外交代表的私人文件和信函。② 但不可侵犯性并不延伸适用于领事官员或领馆馆员的私人文件和信函。③

6. 国际专家组认为，不论何时何地，使馆或领馆的档案和文件均不得侵犯。④ 因此，即便使馆或领馆的电子档案和文件位于接受国外，

---

① *See also* Vienna Convention on Consular Relations, Art. 1 (1) (k) (将"领事档案"定义为包括领馆的所有文书、文件、函电、书籍、胶片、磁带及登记册，以及明密电码、记录卡片及供保护或保管这类文卷所用的任何器具)。

② Vienna Convention on Diplomatic Relations, Art. 30 (2).

③ 《维也纳领事关系公约》中并没有与《维也纳外交关系公约》第 30 条第 2 款内容相当的条款，这一事实也支持这一结论。

④ Vienna Convention on Diplomatic Relations, Art. 24; Vienna Convention on Consular Relations, Art. 33.

依然不得侵犯。举例来说，若使馆档案存储在接受国境外的政府服务器（如派遣国外交部的服务器）上，它们仍不得侵犯。同样，如果相关材料存储在私人网络基础设施（如私人邮件服务器或私人云基础设施）上，只要派遣国意在维持这些材料的机密性，且这些材料尚未经该派遣国授权披露给第三方（规则 19），则仍然受本规则保护。

7. 专家们认为，条约和习惯国际法要求所有国家（不限于接受国），对过境的外交、领事公文和其他官方通讯给予同样的自由与保护。[①] 因此，他们主张，接受国和第三国均不得窃听过境的使馆或领馆的电子通讯。在这种情况下，他们认为，外交和领事通讯的机密性是使馆或领馆职能的关键与核心。

8. 但当派遣国的外交和领事材料处于静止而非过境状态时，是否除接受国以外的其他所有国家也都有义务尊重其不可侵犯性，专家们对此有不同看法。他们指出，当这些材料存储在使领馆馆舍内时，它们可受到馆舍不得侵犯的保护（参见规则 39 中的讨论）。当这些材料位于使馆或领馆外，比如数据存储在私人的云服务器上时，少数专家认为，将不得侵犯义务延伸适用于第三国符合该义务的目的和宗旨，特别是考虑到当前各国可轻易获取境外电子数据的现实；多数专家主张，第三国的不得侵犯义务并不延伸适用于静止的外交和领事材料，理由是相关条约对第三方施加的特定义务明确限于过境的来往公文及其他通讯。

9. 专家们对于禁止第三国对外交通讯进行电子监听的确切范围存在分歧，特别是对于该范围是仅包括使馆与其派遣国政府之间的材料免受第三国拦截，还是也包括派遣国与接受国以及派遣国使馆与位于接受国的其他国家使馆之间的材料，他们有不同意见。

10. 多数专家援引了来往公文总体上所享有的广泛的不可侵犯性，

---

① Vienna Convention on Diplomatic Relations, Art. 40 (3); Vienna Convention on Consular Relations, Art. 54 (3). 第三方还有义务尊重过境的其他类型的外交和领事材料的不可侵犯性，例如外交或领事邮袋。See also, generally, International Law Commission, Draft Articles on the Status of the Diplomatic Courier and the Diplomatic Bag Not Accompanied by Diplomatic Courier and Draft Optional Protocols (1989).

这些通讯属于"所有有关使馆及其职能的函电"的事实①,以及《维也纳外交关系公约》的谈判历史——有关历史表明自由通讯原则(规则42)并非局限于使馆与其本国政府的通讯,而是意图延伸适用于所有的来往公文,包括派遣国使馆和接受国政府或其他国家使馆的通讯,②并据此认为禁止监听的范围应延伸适用于所有的外交通讯。换言之,多数专家认为外交法总体上旨在促进外交通讯的机密性,并无理由就此划出例外。个别专家则认为,禁止监听仅包含使馆与其派遣国政府的相关通讯。他们认为并无明文禁止拦截其他类型的通讯,并称外交法的基本目的与宗旨之一是保护使馆与其本国政府进行安全通讯的能力。

11. 国际专家组注意到,有关接受国监听派遣国的外交通讯,或在派遣国使馆安装窃听设备的报道不胜枚举,各国似乎经常违反前述的禁止监听原则。尽管如此,专家们注意到在这些情形下,有关派遣国坚持反对监听行为,认为其违反国际法。此类谴责往往(至少在国际法意义上)得不到受指控国家的回应。③因此,专家们认定支持这类监听行为合法的法律确信尚未形成。换言之,现行国际法对监控外交材料的禁止未受减损。④

12. 对本规则所涉外交材料的保护没有特定限制。即便在关闭使馆、中断外交关系或武装冲突(规则82~83)的情形下也是如此。《维也纳外交关系公约》和《维也纳领事关系公约》要求接受国在两国关系破裂或召回使馆或领馆人员后依然"尊重和保护"使馆或领馆的财产和档案。⑤

13. 专家们认为,即使第三方(包括其他国家)以不当手段窃取或

①　Vienna Convention on Diplomatic Relations, Arts. 27 (1), 40 (3) (两条款结合起来,表明来往公文受保护免于第三国的拦截)。

②　Yearbook of the International Law Commission Vol. II (1957), at 137 – 138.

③　See, e. g., China demands U. S. explain spying allegations linked to Australian missions, REUTERS, 31 October 2013; Et Tu, UK? Anger Grows over British Spying in Berlin, SPIEGEL ONLINE, 5 November 2013; MI5 Tried to Bug London Embassy, says Pakistan, KUWAIT NEWS AGENCY, 6 November 2003.

④　See also Nicaragua judgment, para. 186.

⑤　Vienna Convention on Diplomatic Relations, Art. 45; Vienna Convention on Consular Relations, Art. 27 (a).

获得使馆或领馆档案、文件和来往公文，进而提供给有义务尊重这些材料的不可侵犯性的国家，或使之可被这些国家获得，这些材料的不可侵犯性依然存续。因此，各国不能通过利用或求助于最先获取这些受保护材料的中间人，以逃避尊重外交或领事材料不可侵犯性的义务。专家们强调，国家责任法上的归因规则（规则15～18）适用于本问题。

14. 如果外交或领事材料被第三方（包括其他国家）获取后向公众公开，不可侵犯性是否依然存续？国际专家组对此存在分歧。例如，如"维基解密"事件那样，外交文件可能被窃取或通过其他不当手段获得后，在互联网上加以发布。多数专家认为，因本规则旨在确保材料机密性的目的已经丧失，因而本规则不再适用。换言之，如果相关材料已可公开获取，事实上其已不再保密。①

15. 少数专家认为，本规则在前述情形下仍然适用。这些专家指出，在上述情形下继续尊重不可侵犯性是可能的，这将有助于恢复这些材料的机密性或防止从中推断出的相关内容对派遣国或其外交官不利。此外，派遣国可能希望对还未获取这些信息的国家维持这些材料的不可侵犯性，同时对那些已经获取材料的采取法律措施。最后，这部分专家以不得侵犯原则适用的广泛性及其在外交关系中的核心地位为由，将受保护文件的保护范围"不论在何处"② 解释为包含公共领域。

16. 各国日益转向通过"线上存在"执行特定的外交和领事职能，比如向其在接受国的公民提供有关接受国安全状况的信息。在这方面，考虑到本规则的目的和宗旨主要是为确保外交和领事材料的保密性，国际专家组认定，派遣国对外公开的信息或材料并不享有本规则赋予的保护。例如，若一国篡改另一国使馆的网页，就不涉及本规则，虽然该行为有可能违反了本章规定的其他规则，如外交馆舍的网络基础设施的不可侵犯性（规则39）。

---

① *See*, *e. g.*, *R（Bancoult）* v. *Secretary of State for Foreign and Commonwealth Affairs*, Court of Appeal Judgment［2014］EWCA Civ 708，para. 58（认定一份此前已被泄露给媒体，且含有外交通讯的电报可在法庭上被接受作为证据）。

② Vienna Convention on Diplomatic Relations, Art. 24; Vienna Convention on Consular Relations, Art. 33.

17. 国际专家组认为，目前习惯国际法上并无要求对使领馆的电子档案、文件或来往公文进行标记，以表明其不得侵犯。专家们的理由是缺乏这方面的国家实践，并且在《维也纳外交关系公约》谈判历程中，有关对有形档案施加这类条件的建议未被接受。①

18. 国际专家组注意到名誉领事官员日益增多。为增进经济联系，同时降低建立领馆的成本，许多国家雇佣商人或其他职业人员兼职作为领事代表。虽然名誉领事所在领馆的文件、通信和档案不得侵犯，但这一保护是有条件的，即只适用于该名誉领事分开保存的、不属于其他专业活动的材料。②

规则 42 自由通讯

接受国须允许并保护使馆或领馆以公务为目的的自由网络通讯。

1. 国际法规定，接受国必须允许和保护派遣国使馆或领馆为所有公务目的进行的"自由通讯"。③ 国际专家组认为，这一规定反映了习惯国际法。

2. 关于领馆，尤其要注意的是领事官员与派遣国国民之间的自由通讯权。④ 在此方面，接受国不得干扰领事官员和派遣国国民有关领事公务方面的电子邮件通讯。

3. 专家们注意到，《维也纳领事关系公约》使用了"允许和保护通讯自由"一词而非"自由通讯"，从而更加明确地传递了该条规定的目的和宗旨。对专家们而言，使用"允许"一词以及提及"自由"，意味着接受国不得通过网络或其他电子手段妨碍使领馆通讯的能力。例如，接受国不得对使馆或领馆用于向其在接受国的公民传递重要信息的网站

---

① United Nations Conference on Diplomatic Intercourse and Immunities, *United States of America：amendment to article 22*, A/CONF. 20/C. 1/L. 153（14 March 1961）；United Nations Conference on Diplomatic Intercourse and Immunities, Official Records, A/CONF. 20/14, at 149（21 March 1961）.

② Vienna Convention on Consular Relations, Art. 61.

③ Vienna Convention on Diplomatic Relations, Art. 27（1）；Vienna Convention on Consular Relations, Art. 35（1）.

④ Vienna Convention on Consular Relations, Art. 36（1）（a）.

进行访问干扰，不得干扰或延缓使馆或领馆的网络连接，切断或干扰使馆或领馆的移动电话或其他电信设备。"允许"一词并不意味着派遣国必须获得接受国的同意才能从事网络通讯。

4. 接受国的义务已经不仅仅局限于允许使馆或领馆的网络通讯自由。接受国还必须采取行动来保护使馆或领馆的网络通讯免受他人的干扰。国际专家组认为，接受国负有义务保护使馆或领馆馆舍内的网络基础设施（规则40）的标准，同样适用于保护使馆或领馆的网络通讯自由；接受国必须采取"一切适当措施"来确保提供上述保护。与保护网络基础设施一样，接受国保护网络通讯自由并不是绝对的义务。该义务与威胁网络通讯的风险和危害是相称的。

5. 根据上述保护的义务，专家们一致认为，假如接受国当局从派遣国或其他来源了解到，派遣国的网络通讯正在受到破坏，则当局必须采取恰当手段来终止这一破坏。他们还认为，接受国同样有义务采取措施制止其境内的外交网络通讯被包括其他国家在内的相关方面窃听（规则41）。[①]

6. 专家们强调，接受国"允许"和"保护"的义务限于"公务"网络通讯。例如，如果接受国境内的黑客正在将使馆或领馆的官方网站作为攻击目标，则接受国必须采取合理可行的、足以终止黑客活动的相关措施。但是，接受国并无义务允许和保护外交代表进行个人通讯（如通过个人电子邮件账号）的能力。专家们承认，有时很难区分"官方"和"非官方"职能，有关针对接受国人民开展的公共外交尤其如此。由于该领域缺乏相关的法律确信，专家们在这一问题上无法得出明确结论。

7. 根据《维也纳外交关系公约》第41条第2款，使馆与接受国洽商公务，一概应与或经由接受国外交部或经商定的其他部门办理，国际

---

① 网络通讯给保护的义务带来了特殊的挑战。例如，2002年，未知人士拦截了欧盟驻土耳其大使向土耳其政府所发的政治敏感邮件，随后共享给土耳其杂志并由其公布。土耳其政府允诺将调查该事件并起诉那些涉事人员，并在数天后禁止进一步公布那些邮件。但土耳其政府也注意到，互联网监控是个普遍问题，各国均无能力对此给予有效回应。

专家组讨论了接受国禁止使馆建立或运营"线上存在"——如网站或社交媒体账号——是否违反本规则。专家们认为,第 41 条第 2 款仅意在澄清派遣国与接受国洽商公务时,接受国政府的哪些部门应当是主要的正式联络点。专家们指出,外国的外交代表在接受国从事的许多洽商公务的活动均未通过上述官方渠道进行;大使和其他外交代表在接受国向私人听众发表演说,举行圆桌会议,及其他基于公务与私人进行互动交流已成为惯例。这些行为,都是使馆履行代表派遣国行使外交职能、调查接受国的情况与发展、促进派遣国与接受国友好关系等官方职责的公认方式。

规则 43　馆舍的使用和官员的活动

（1）使馆或领馆馆舍不得用于从事与其外交或领事职能不相符合的网络活动。

（2）外交代表和领事官员不得从事干涉接受国内政或有违该国法律法规的网络活动。

1. 使馆馆舍不得用于任何与该馆职能不相符合的用途。① 这些职能包括但不限于:

（1）在接受国代表派遣国;

（2）在国际法允许的限度内,在接受国保护派遣国及其国民的利益;

（3）与接受国政府进行交涉;

（4）通过一切合法手段调查接受国的情况与发展,并向派遣国政府报告;

（5）促进派遣国与接受国的友好关系,及发展两国间的经济、文化和科学关系。②

2. 类似地,领馆不得用于任何与领事职能不相符合的用途。③ 与网

---

① Vienna Convention on Diplomatic Relations, Art. 41 (3).

② Vienna Convention on Diplomatic Relations, Art. 3.

③ Vienna Convention on Consular Relations, Art. 55 (2).

络活动相关的领事职能包括但不限于：

（1）在国际法允许的限度内，在接受国保护派遣国及其国民（自然人和法人）的利益；

（2）增进派遣国与接受国之间的商业、经济、文化和科学关系的发展；

（3）通过一切合法手段调查接受国国内商业、经济、文化及科学活动的情况与发展，并向派遣国政府报告，及向利害关系人提供这类信息；

（4）向派遣国国民发给护照及旅行证件，并向拟赴派遣国旅行的人士发给签证或其他适当文件；

（5）帮助派遣国的国民，包括个人和法人；

（6）转送司法文书和司法文书以外的其他文件，或执行嘱托调查书或受派遣国法院委托调查证据。①

3. 例如，派遣国不得利用其使馆馆舍对接受国从事网络间谍行为（另参见规则 41 中的讨论）。此外，利用使馆的网络基础设施从事商业活动（如电子商务）也不属于外交职能。

4. 另一个问题是，派遣国是否可不经接受国同意，利用其使领馆馆舍对第三国从事网络间谍行为，不论该间谍活动针对的第三国机关位于接受国境内还是其他地方？国际专家组多数成员认为，此类行为因与公认的外交职能不相符合，而为本规则第 1 款所禁止。个别专家对此加以反对，主张外交法仅具有双边的性质，并不产生对第三国的义务。此外，他们认为，并不存在充分的国家实践和法律确信，据以认定对这类行为的禁止已明白无误地构成习惯国际法。他们还特别指出，一直以来存在与此背道而驰的国家实践。

5. 本规则第 2 款表明外交代表和领事官员负有尊重接受国法律法规的义务。② 例如，在大多数情形下，外交代表在接受国通过网络窃取知

---

① Vienna Convention on Consular Relations, Art. 5.

② Vienna Convention on Diplomatic Relations, Art. 41（1）；Vienna Convention on Consular Relations, Art. 55（1）.

识产权将违反第 2 款规定，因为此类行为很可能违反接受国的法律法规。

6. 根据本规则第 2 款，外交代表和领事官员禁止干涉接受国的内政。① 例如，外交代表不得利用社交媒体策划推翻派遣国政府，或参与"政治选举"。另外，他们可从事"依照国际法旨在保护外交代表所属国家或其国民利益"的网络活动。② 举例来说，专家们认为，如有理由认为相关拘禁是非法的或不恰当的，外交代表可以利用社交媒体敦促接受国释放该国国民；但专家们也承认存在一种他们并不赞同的观点，即这么做将构成干涉内政。

7. 由于享有免于接受国的刑事、民事和行政程序的豁免权（规则 44），外交代表从事违反本规则的相关活动，可免受强制执行或司法管辖（规则 8~9）。但他们可能被宣布为"不受欢迎的人"，并由派遣国将其召回。

8.《维也纳外交关系公约》和《维也纳领事关系公约》均规定，只有经接受国同意，使馆或领馆才可以安装和使用"无线电发报机"。③ 在两公约起草时，无线电发报机主要用于无线电传输。国际专家组认为，条约的表述在一定程度上有些过时，且对其如何适用于网络技术并不十分明确。专家们主张，对于只在使馆或领馆范围内传输无线电频率信号的设备，如无线路由器，不涉及本规则。但专家们也认为，随着新型无线技术的出现，本原则应继续要求使馆或领馆在安装和使用可向馆舍外传输通讯的设备时，需经接受国的同意，这包括安装所有类型的、一旦使用可对接受国无线通讯造成有害干扰的无线通讯设备，例如卫星通讯（关于有害干扰，亦参见规则 63）。

规则 44　外交代表和领事官员的特权与豁免

外交代表和领事官员所享有的刑事、民事和行政管辖豁免，同样及

---

① Vienna Convention on Diplomatic Relations, Art. 41 (1); Vienna Convention on Consular Relations, Art. 55 (1).

② Yearbook of the International Law Commission, Vol. II (1958), at 104.

③ Vienna Convention on Diplomatic Relations, Art. 27 (1); Vienna Convention on Consular Relations, Art. 35 (1).

于其在网络领域的活动。

1. 本规则规定了外交代表和领事官员享有的豁免权。派遣国可以随时放弃此类豁免权。①

2. 外交代表对于在接受国境内所从事的、根据该国国内法被认为是网络犯罪行为的一切活动均享有刑事管辖豁免。② 这一外交豁免是绝对且无条件的。他们还享有免于逮捕的豁免，并免于作为证人提供证据的义务。③ 外交代表在其外交职能终止并离开接受国之后，虽然其执行公务行为的豁免依然存续，但外交特权与豁免通常予以终止（规则12）。④

3. 外交代表对其在接受国的有关网络活动还享有民事和行政管辖豁免，但涉及"私人不动产"、继承及官方职务外的一切职业性或商业性活动等除外。⑤ 例如，外交代表不得因其在线销售商品的个人商务行为享有民事或行政豁免。

4. 领事官员对其在接受国的网络活动享有更为有限的刑事和民事管辖豁免。⑥ 特别是他们在接受国并不享有绝对的刑事管辖豁免；但除非犯有严重犯罪，并依据司法主管部门作出的相关决定，他们免于审前的逮捕或羁押。⑦

---

① Vienna Convention on Diplomatic Relations, Art. 32 (1); Vienna Convention on Consular Relations, Art. 45 (1).

② Vienna Convention on Diplomatic Relations, Art. 31 (1). 外交代表的家属，使馆的行政和技术人员及其他与使馆有关联的人享有特定的特权与豁免。Vienna Convention on Diplomatic Relations, Art. 37.

③ Vienna Convention on Diplomatic Relations, Arts. 29, 31 (2).

④ Vienna Convention on Diplomatic Relations, Art. 39 (2).

⑤ Vienna Convention on Diplomatic Relations, Art. 31 (1).

⑥ *Compare* Vienna Convention on Diplomatic Relations, Art. 29, *with* Vienna Convention on Consular Relations, Arts. 41, 43 – 44.

⑦ Vienna Convention on Consular Relations, Art. 41. 注意，名誉领事官员并不享有刑事诉讼的豁免。Vienna Convention on Consular Relations, Art. 63.

第八章　海洋法

1. 国际海洋法为来源于海上或在海上实施的行动提供规范性指南。国际专家组一致认为，国际海洋法可适用于从海上网络基础设施或通过海上网络基础设施而实施的网络行动（在本手册中，"海洋"一语被解释为包括了各大洋）。网络行动可来自海上的船只和潜艇（以下合称"船舶"）、海洋上空的航空器、近海装置，或者是通过海底通信电缆，不管是在和平时期或是在武装冲突中。

2. 在很大程度上，国际海洋法习惯规则体现在《海洋法公约》中。即使是那些并非《海洋法公约》缔约方的国家也在大多数问题上遵守该公约规定。[①] 本章大量使用了那些专家们认为构成习惯国际法的公约条款。

3. 除了有限的例外情况，公海上的船舶（见规则 45 的定义）受"船旗国行使排他管辖权"原则调整。[②] 船旗国行使排他管辖权原则是海洋法中的根本性原则。该原则规定，船旗国对悬挂该国国旗的船舶享有完全的管辖权（规则 8）。[③] 专家们都认为，该管辖权包括对从船舶上发起的网络行动的管辖权。

4. 然而，船旗国可能会同意其他国家在悬挂该国国旗的船舶上行使执行管辖权。此类型的同意可通过国际协定表示，或者以临时的方式表示（关于同意，见规则 19）。根据船舶的位置、活动，以及其是否因具有主权豁免地位而免受沿海国管辖等因素，船舶可能也受到沿海国管

---

① *See*, *e. g.*, Statement by the President, United States Ocean Policy, 10 March 1983; Communication of the Government of Turkey, 21 December 1995, 30 Law of the Sea Bulletin 9.

② Law of the Sea Convention, Arts. 92, 94.

③ Law of the Sea Convention, Arts. 91–92.

辖（规则 5）。而且，在船舶上实施网络行动的个人受到规则 10 所规定的立法管辖权约束。

5. 国际海洋法是和平时期的法律体系。虽然它大体上亦可比照适用于武装冲突（规则 82~83）时期，但仍然存在由海战法为交战国之间、交战国和中立国之间所设定的大量许可性规则和禁止性规定，以及若干细微的差别。因此，武装冲突当事方不会丧失其在国际海洋法中作为船旗国、港口国或沿海国的权利，也不会免除其义务和责任，除非特殊的海战法规则修改或取代了某些海洋法的规定。例如，在海上进行武装冲突的国家可以在通过中立国领海时行使"单纯通行"（mere passage），这不同于和平时期的"无害通过"制度（规则 48）。单纯通行制度包含着针对武装冲突和中立的细微差别，对于那些在无害通过制度下原本被允许的行为进行了限制或规制。

规则 45 公海上的网络行动

公海上的网络行动只能用于和平目的，除非国际法另有规定。

1. 本规则所使用的"公海"是指"不包括国家的专属经济区、领海和内水或者群岛国的群岛水域的全部海域"。[①]关于专属经济区的特殊法律制度在规则 47 下进行分析。关于领海和群岛水域的网络行动，分别参见规则 48 与规则 53。

2. 《海洋法公约》第 88 条规定，公海应只用于"和平目的"，国际专家组认为这一规定体现了习惯国际法。本规则的"和平目的"术语是根据公约第 301 条来进行定义，该条重申禁止以武力相威胁或使用武力（规则 68）。[②]

3. 国际专家组认为，不应将网络活动排除在"公海自由"[③]或其他合法利用海洋事项范围之外。值得注意的是，在网络环境下应特别注

[①] Law of the Sea Convention, Art. 86.

[②] "和平目的"术语也体现在《海洋法公约》第 141 条、第 143 条第 1 款、第 147 条第 2 款第 4 项，第 155 条第 2 款、第 240 条第 1 款、第 242 条第 1 款、第 246 条第 3 款、第 301 条。

[③] Law of the Sea Convention, Art. 87.

意公海航行自由、飞越自由和铺设海底电缆自由。[1] 例如，依据前述两项自由，只要并未违反可适用的国际法，那么航空器和船舶都有权在公海及其上空实施网络行动。规则 54 规定了铺设海底电信光缆自由。在公海中，行使上述自由必须适当顾及其他国家行使公海自由的权利。[2]

4. 由《海洋法公约》第 58 条第 1 款可以看出，包括上述三项自由在内的大量公海自由亦适用于专属经济区。鉴于适当顾及沿海国利益这一要求限制了专属经济区内自由的行使，本章单独讨论关于专属经济区的规则（规则 47）。

5. 专家们认为军事性网络行动本身并不违反本规则。他们认为，没有理由背离以下一般原则：不涉及被禁止的使用武力的军事行动，属于《海洋法公约》第 87 条第 1 款所规定的公海自由和其他合法利用海洋的范畴。[3] 然而，专家们也指出，在更为有限的地理范围内，实施特定的军事行动（包括网络行动）可能违反国家对该海域（包括某些公海）所承担的条约义务。一个例子是《南极条约》制度，它禁止该条约缔约方在南极区域实施军事行动。[4] 当然，此类条约仅对其缔约方产生约束力。

6. 国际专家组认为在公海中建造海底数据中心的行为是合法的。在沿海国领海或专属经济区，此类中心只能在沿海国同意的前提下建造，并且该中心的运行可受到沿海国的规制与管辖（规则 9）。[5]

7. 本规则中，"除非国际法另有规定"这一限制旨在强调：在国际性武装冲突（规则 82）的背景下，海战法允许在公海上实施某些原本在和平时期有可能被禁止的网络行动。例如，军事网络行动可用于支持封锁（规则 128）。类似地，对一艘有破坏封锁之合理嫌疑的商船实施

---

① Law of the Sea Convention, Art. 87 (1) (a - c).

② Law of the Sea Convention, Art. 87 (2).

③ *Nicaragua* Judgment, para. 227.

④ Antarctic Treaty, Art. I, 1 December 1959, 40 UNTS 71.

⑤ 在领海内建造应经沿海国同意，是因为沿海国对该区域及其海床行使主权权利（规则 2）。关于在专属经济区建造的问题，参见《海洋法公约》第 60 条第 1 - 2 项，特别是其中所提及的专属经济区上的建造物应是用于经济目的的装置和结构。

网络攻击（规则 92）是合法的，如果该船"收到事先警告，且公然拒捕"。①

8. 本规则只约束国家的网络行动。非国家行为体在海上的活动可能构成国际法或国内法意义上的犯罪行为因而非法，但是这些活动并不涉及本规则的限制性规定，除非相关活动可归因于国家（规则 15 和规则 17）。然而，国际专家组注意到，有一种观点认为非国家行为体可能违反诸多与海上活动相关的禁止性规定。

规则 46 登临权与网络行动

如果有合理理由认为船舶涉嫌通过网络手段从事海盗、贩卖奴隶活动，或未经许可进行广播，或该船舶疑似没有国籍，或者其国籍与登临船相同，则军舰或其他经适当授权的船舶可在未得到船旗国同意下，在公海或专属经济区内对该船舶行使登临权。

1. 根据船旗国行使排他管辖权原则（本章的引言），未经船旗国同意，军舰或其他经适当授权的船舶一般不应在公海上干涉外国船舶。然而，在特殊情况下，也存在例外。国际专家组认为，《海洋法公约》第110 条规定的"登临权"体现了习惯国际法。该条赋予军舰或其他经适当授权的船舶以法律权威，使其可以登临在公海上遇到的那些不享有主权豁免的外国船舶，前提是有合理根据怀疑存在以下五种情况之一：该船从事海盗活动；从事贩卖奴隶活动；从事未经许可的广播；没有国籍；或者虽悬挂外国旗帜或拒不展示其旗帜，但事实上却具有与登临船舶相同的国籍。在专属经济区上也存在相同习惯法权利，其规定在第58 条中。

2. "经适当授权的船舶"一词是指经由船旗国授权而开展执法活动的船舶，并且该授权是明显可获知的。

3. 国际专家组指出，社交媒体可能有助于确定那些与怀疑船舶从事引发登临权之行为相关的合理根据。例如，如果船舶上的人员发布关

---

① SAN REMO MANUAL, Rule 98.

于从事海盗行为意图的推特消息，那么这将加大船舶从事海盗活动的嫌疑程度。

4. 登临国嗣后可能采取的行为的范围取决于具体的情况，包括该船舶涉及了上述五种情形中的哪一种。专家们认为，与网络活动最为相关的三种行为是海盗活动、未经许可的广播以及掩盖国籍的行为。

5. 针对"海盗"而言，军舰或其他经适当授权的船舶可在公海上或专属经济区内扣押从事该非法活动的船舶，并逮捕涉嫌从事该活动的人员。① 为此目的，军舰或经授权的船舶可行使登临权登临船舶。② 网络手段可以为海盗行为提供便利。③ 例如，运用网络手段可使船舶停止前行，或者阻止其与前往救援的军舰进行通信。如果存在合理理由认为船舶涉嫌从事上述行为，或其他与海盗行为相关的网络活动正在发生，登临权将得以行使。

6. "未经许可的广播"被定义为"从船舶或公海上的装置产生的声音、无线电、电视广播的传输活动以违反国际规定的方式被普通民众所接收，但危难信号传播除外"。④ 只要对此具备管辖权，军舰或其他经授权的船舶有权登临并终止未经许可的广播。⑤ 此类船舶包括那些"可接收该广播传输的任一国家"的船舶或者"经许可的无线电通信正遭受该广播干扰的任一国家"的船舶。⑥ 在公海或专属经济区内的外国船舶通过互联网发布无线电和电视内容这一现象，无疑为在网络环境中行使登临权提供了依据。然而，专家组指出，受禁止的仅仅是以公共消费为目的的播报活动。

7. 国际专家组考虑了以下问题：外国船舶在公海或专属经济区使用其他网络手段（例如推特、Vkontakte.ru，或脸书等社交平台）发布

---

① Law of the Sea Convention, Arts. 101, 105.

② Law of the Sea Convention, Art. 110 (1) (a).

③ Law of the Sea Convention, Art. 101 (c).

④ Law of the Sea Convention, Art. 109 (2). 专家们注意到第109条第2款所提及的"国际规章"，但截至本手册制定时，此类规章尚未被制定。

⑤ Law of the Sea Convention, Arts. 110 (1) (c), 58 (2).

⑥ Law of the Sea Convention, Art. 109 (3 – 4).

信息，是否构成本规则规定的广播？专家们拒绝对上述禁止性规定的范围进行扩大。他们指出，此禁止性规定的目的和宗旨主要针对未遵守国际规定的广播，例如，不遵守国际电信法的播报频率规则（参见规则63），以及那些对海底和空中通信产生负面影响的广播。公海上发布网络信息并未产生此类风险。专家们也指出，不管网络信息是在公海或专属经济区上的船舶进行传播，或是在遥远的陆地城市进行传播，其结果都是相同的。因此，他们将该禁止性规定限制在上述定义所明确规定的广播情形之中。[①]

8. 所有军舰和其他经适当授权的船舶可对疑似没有国籍的船舶行使登临权，即使该船舶伪装为具备特定国籍的船舶。[②] 有时，船舶未能展示或传达其国籍信息。可疑的电子国籍指标也可提供据以行使登临权所需要的嫌疑。

9. 即使一船舶悬挂外国国旗或者拒绝展示其船旗，如果存在合理理由认为该船舶与军舰或经适当授权的船舶具有相同国籍，那么后者可以行使登临权以证实该船舶的国籍。[③] 网络手段可用于掩饰船舶的真实身份和国籍，例如，通过虚假的自动识别系统伪装身份。

10. 针对是否可以虚拟地行使登临权问题，国际专家组意见存在分歧。有些专家认为"虚拟登临"构成合理行使传统登临权的方式。例如，当该船舶涉嫌从事本规则规定的活动时，适格的船舶可使用网络手段监控通信，或者监测远距离的网络基础设施，进而证实该船舶的国籍。这些专家指出，与实际意义上的登临相比，虚拟的登临侵入性较低，因此能适当地包含在"登临权"概念中。而且，他们认为，虚拟的监测符合登临权的目的和宗旨，第110条也并不限制登临的方式。这些专家认为，如果登临权能够以实际的和虚拟的两种方式行使，那么进行虚拟登临的能力并不损害进行实际登临的权利。

---

① 值得注意的是，专家们认为，一般而言，宣传讯息的传输并不构成禁止性的干扰行为，只要其并不具有强迫属性（规则66）。

② Law of the Sea Convention, Art. 110 (1) (d).

③ Law of the Sea Convention, Art. 110 (1) (e), 110 (2).

11. 其他的专家注意到，第110条第2款规定，检验船舶文件后的检查发生于"船舶上"。基于此，如果将以网络手段进行的监测包括在内，这将与本条的文本不符。因此，他们否认行使虚拟登临权的可能性。而且，这些专家认为，因为虚拟的监测可能获得比证实国籍所需更多的信息，所以它可能比在船舶上的监测更具有侵入性。虽然船舶的通信可用于证实或反驳关于国籍的主张，但是该通信也可能与其国籍无关。如果真的存在此项权利，这些专家将在虚拟登临仅限于获取与实际登临检查相当的信息时，认可该虚拟登临权具备合法性。

12. 本规则不妨碍其他有关登临船舶的国际法依据，例如船旗国的同意或联合国安全理事会的授权。

规则47　专属经济区内的网络行动

如一国在其他国家专属经济区内实施网络行动，那么该国在行使权利和履行义务时必须适当顾及沿海国在其专属经济区内的权利和义务，并且相关网络行动必须用于和平目的，除非国际法另有规定。

1. 专属经济区是在领海之外，从测算领海宽度的基线量起，不超过二百海里的区域。① 在专属经济区内，沿海国享有以勘探、开发、管理和养护海床上覆水域、海床及其底土的自然资源为目的，以及利用海水、海流和风力产能等其他活动的主权权利和管辖权。② 在其专属经济区内，国家还享有对人工岛屿、设施和结构的建造和使用、海洋科学研究，③ 以及关于特定船舶污染事件的管辖权。④ 例如，干扰专属经济区的产能设施（如风力田或潮流水轮机）的网络活动将受到沿海国的管辖。

2. 在专属经济区内，所有国家享有公海航行自由和飞越自由，铺设海底电缆（规则54）和管道自由，以及与上述自由相关的其他国际

---

① Law of the Sea Convention, Art. 57.
② Law of the Sea Convention, Arts. 55 – 56.
③ Law of the Sea Convention, Art. 56 (1) (b).
④ Law of the Sea Convention, Art. 211.

合法用途。① 因此，只要适当顾及沿海国在专属经济区内的权利和义务，航空器和船舶在他国专属经济区内可以为航行和通讯目的使用网络设施，国家可以在另一国专属经济区内自由铺设或授权其管辖下的公司铺设海底通信电缆。

3. 沿海国在专属经济区内享有特定的主权权利（主要与资源相关）。国际专家组的多数专家认为，所有国籍的船舶和航空器在专属经济区内享有上述公海自由，只要该自由并未妨碍沿海国的主权权利，或者在其他方面侵犯其权利。上述专家指出，公约未能提及专属经济区的安全利益，并且事实上，它仅规定适当顾及沿海国的"权利和义务"，而非顾及其更为一般性的利益。相应地，在适当顾及沿海国权利的情况下，一国可在另一国专属经济区内开展军事活动，例如军用航空器的飞越、海军特遣部队的部署、军事演习、监控、调查活动、侦查和情报收集以及炮弹测试和射击等活动。特别是，具备网络行动能力的军舰和军用航空器可在专属经济区内自由地航行和飞越。上述活动无须获得沿海国的同意。

4. 个别专家认为，未经该沿海国同意，不能在该国专属经济区内开展特定军事活动（包括与情报功能和网络行动相关的活动）。他们注意到《海洋法公约》第58条第3款强调适当顾及沿海国的权利和义务，其可以理解为包括安全事项。多数专家认为，军事活动通常与沿海国在专属经济区内行使有限的主权权利和管辖权无关。然而，所有的专家都认为，根据《海洋法公约》的明确规定，为全人类利益而开展的海洋科学研究，包括军队所开展的研究活动，需要获得沿海国的同意。②

5. 本规则的"除非国际法另有规定"一语旨在强调，"和平目的"概念（规则45）并不禁止在专属经济区内实施反措施，包括网络的反措施。它也没有禁止国家依据海战法，在专属经济区内开展针对其他国家的交战行动。③ 然而，交战行动必须遵守海战规则，同时，当沿海国

---

① Law of the Sea Convention, Arts. 58 (1), 87.

② Law of the Sea Convention, Arts. 56 (1) (b) (ii), 246 (3).

③ 《海洋法公约》第58条第2款将和平目的的原则适用于专属经济区内。

在冲突中保持中立时，交战各方应适当顾及该沿海国的权利和义务。①

规则 48　领海内的网络行动

船舶在沿海国领海主张无害通过权时，该船舶实施的任何网络行动都必须遵守行使该权利所要求的条件。

1. 沿海国有权依据《海洋法公约》所体现的国际法，主张从领海基线起算不超过 12 海里的领海。② 国家的主权及于领海、领海的海床和底土及其上空。③ 由此，国家享有包括但不限于规则 2 所列明的权利。

2. 在沿海国对领海享有主权的同时，所有国家的船舶（包括军舰）享有通过他国领海的无害通过权。无害通过制度要求船舶继续不停和迅速地通过他国领海。该制度也适用于因驶往或驶出沿海国内水或群岛水域而通过领海的情况。④ 在领海内，当行使无害通过权时，潜艇和其他潜水器必须浮出海面航行并展示其旗帜。⑤ 航空器并不享有无害通过的权利（规则 55）。

3. 国际专家组认为，行使无害通过权无须事先征得沿海国同意，或通知沿海国。然而，专家组认识到，特定国家要求军舰通过领海时应获得沿海国同意，或通知沿海国。⑥

4. 无害通过制度并不适用于领海外向海一面的水域或内水。一般而言，享有主权豁免的船舶从领海或群岛水域进入内水，应获得沿海国的外交许可。

5. 如果为保护国家安全而确有必要，在不对外国船舶构成歧视的

---

① SAN REMO MANUAL, Rule 34.

② Law of the Sea Convention, Art. 3.

③ Law of the Sea Convention, Art. 2.

④ Law of the Sea Convention, Arts. 17 – 18.

⑤ Law of the Sea Convention, Art. 20.

⑥ *See*, *e. g.*, Law on the Territorial Sea and the Contiguous Zone of the Republic of China, Arts. 6, 7 (25 February 1992); Act on the Marine Areas of the Islamic Republic of Iran in the Persian Gulf and the Oman Sea, Art. 9 (2 May 1993). 许多其他国家也对军舰施加该要求。有关这方面和其他方面的海洋主张，可参见: Maritime Claims Reference Manual, DoD Representative for Ocean Policy Affairs, 5 November 2014。

前提下，沿海国可在其领海的特定区域内暂时停止外国船舶的无害通过。[①] 例如，为了开展与网络行动相关的军事演习，如果其他船舶的出现将产生网络安全风险，那么国家可暂时停止在其领海的通行权。

6. 只要不损害沿海国的和平、良好秩序或安全，那么该通过就是无害的。[②] 国际专家组认为，《海洋法公约》第19条第2款是习惯国际法的体现，它确定了多种不构成"无害"通行的情况。例如，依据该条款相关内容，下列网络活动将使通行不构成"无害"：

（1）通过网络手段非法地对沿海国进行武力威胁或使用武力（规则68）；

（2）进行涉及由网络支持的武器的操练或演习，并且操练或演习并非仅限于该船舶及其系统内部；[③]

（3）以搜集情报为目的实施网络活动，该活动使沿海国的安全受损害；

（4）以网络手段开展对沿海国防务或安全产生影响的宣传行为；

（5）在船舶上起飞、降落或接载航空器或其他军事设备，包括那些实施或能够实施网络行动的航空器或军事设备；

（6）开展研究或测量活动，包括通过网络手段或借助网络的手段进行的活动；

（7）实施以干扰沿海国通讯系统或其他设施或设备为目的的网络行动；以及

（8）与通行没有直接关系的任何其他网络活动。

7. 上述清单并非是穷尽的。例如，国际专家组认为，向被沿海国阻断通信的叛乱团体提供无线连接点亦应属于被禁止之列。该行为明显损害沿海国的安全。

8. 专家们讨论了船舶在无害通过时对无线网络进行被动（非侵入性）评估的问题。多数专家认为，此类活动符合无害通过制度，因为

---

① Law of the Sea Convention, Art. 25 (3).

② Law of the Sea Convention, Art. 19 (1).

③ "并非仅限于该船舶及其系统内部"的措辞表明，网络武器的测试只能限于船舶自身，特别是其船舶上的网络基础设施。国际专家组认为，因为该活动不对船舶之外造成影响，所以这并非是有害通过。

它们本质上是被动的。少数专家认为该评估与通行几乎没有关系，因此有损沿海国的利益。

9. 专家们还讨论了船舶在通过领海时，实施针对第三国或位于第三国的非国家行为体的网络行动的问题。多数专家认为，在无害通过中所采取的网络活动必须无损沿海国的安全或良好秩序，包括沿海国与其他国家的关系，以及沿海国相对于其他国家的义务。因此，例如，入侵第三国的防务网络的活动与无害通过不相符，并且将因影响沿海国与其他国家的关系而损害沿海国的良好秩序。

10. 少数专家认为具体情况应具体分析，特别是强调无害通过制度的目的和宗旨是保护沿海国（而非第三国或其他非国家行为体）的核心利益。因此，他们认为，实施针对第三国或非国家行为体的网络行动不直接违背无害通过制度。至于影响沿海国与其他国家的关系，这些专家主张，应考察一系列因素来确定网络行动是否事实上损害沿海国的良好秩序和安全。网络行动的性质、上述活动的明显程度以及沿海国与第三国或非国家行为体的当前关系等都是相关因素。

11. 国际专家组认为，进行无害通行的船舶可以采取对确保其自身及其随同船舶之安全所必要的网络行为，只要该行为不损害沿海国的和平、良好秩序和安全。例如，船舶可对其网络基础设施进行监控，以确保该设施免受敌方网络行动控制，也可接收软件的补丁修复漏洞。而且，当船舶成为敌对网络行动的目标时，它可以通过在其他方面符合国际法体系的网络手段，采取终止该网络行动的行为，包括在适当时进行自卫（规则71）。例如，如果沿海国实施妨害军舰无害通过的网络行动，并因而构成国际不法行为（规则14），那么船旗国可使用（但不限于使用）反措施作为回应（规则20）。

12. 在进行无害通行时，不享有主权豁免（规则5）的船舶应遵守沿海国的相关法律和法规。沿海国有时可对上述船舶行使民事和刑事管辖权。[①] 例如，沿海国可制定与网络活动相关的航行安全的法律和

---

① Law of the Sea Convention, Arts. 27 - 28.

法规。① 此外，沿海国可颁布有关保护海底通信电缆的法律和法规，并适用于无害通过的船舶（规则54）。②

13. 本规则可比照适用于在群岛海道以外的群岛水域的无害通过，③或者，在未指定群岛海道时，适用于"正常用于国际航行的航道"。④然而，在行使群岛海道通行权时，船舶应进行"正常方式"的通行。⑤

14. 虽然沿海国可主张对有害通行的外国船舶享有刑事和民事管辖权，但是该管辖权无法适用于享有主权豁免的船舶。如果享有主权豁免的船舶正实施与无害通行权不符的网络活动，沿海国的救济方式应是"要求"船舶立即离开其领海。⑥ 国际专家组认为，国家可使用武力措施要求船舶立即离开其领海。因此，沿海国可实施武力性的网络行动将拒不离开的船舶驱离出领海。专家注意到，有一种观点认为，国家在此种情况下不应诉诸武力，包括网络武力。

15. 该规则不妨碍国际法上其他可适用于网络行动的禁止性规定，例如禁止侵犯主权（规则4）或禁止干涉（规则66）。

规则 49　武装冲突期间在领海内的网络行动

在国际性武装冲突中，中立沿海国对交战方在其领海内的网络行动不得加以区别对待。

1. 在国际性武装冲突（规则82）期间，海战法和中立法（第二十章）优先于和平时期的海洋法制度。中立法禁止交战方将中立港口和水域作为对抗敌方的作战基地。⑦ 然而，中立沿海国可允许（但没有义务允许）交战方军舰"单纯通行"其领海。⑧ 该中立国也可对上述通行施加条件和限制，但是只要允许一方通行，那么中立国必须同等地允许

---

① Law of the Sea Convention, Art. 22.

② Law of the Sea Convention, Art. 21 (1).

③ Law of the Sea Convention, Art. 52.

④ Law of the Sea Convention, Art. 53 (12).

⑤ Law of the Sea Convention, Art. 53 (3).

⑥ Law of the Sea Convention, Art. 30. *See also* Arts. 25, 95 – 96.

⑦ Hague Convention XIII, Art. 5.

⑧ Hague Convention XIII, Arts. 9 – 10.

所有交战国的军舰通行。①

2. 在单纯通行期间，军舰不能将中立的水域"作为对抗敌方的海军作战基地"，② 或者在中立水域内从事交战活动（即与武装冲突相关的活动）。这也包括在通过中立国领海时，不得实施针对敌方的网络行动，但是单纯通行的军舰可实施网络行动，以确保该船舶的安全。而且，交战国不应在中立国领水之外，向正在进行单纯通行的敌方军舰发动网络行动。

3. 由中立国"留意"那些从其领海内的船舶发起，或针对其领海内的船舶的交战网络行动通常是困难的。然而，只要此类活动被该国所获知，中立法就要求该国采取行动制止此类活动。中立国的行动可以但并不必然限于使用网络手段。

4. 1907 年《海牙第十三公约》禁止交战国在中立领土或水域放置"任何用于与地面或海洋交战军队通讯的设备"。③ 国际专家组认为，该规则禁止放置并非已经位于上述区域内的军舰上的网络基础设施。

规则 50　在领海内对外国船舶行使管辖权

沿海国可在其领海内，对外国船舶上涉及网络行动的犯罪活动行使执行管辖权，如果：该罪行的后果及于沿海国；罪行扰乱沿海国的公共秩序和安全或领海的良好秩序；经船长或船旗国请求沿海国当局予以协助；或者行使管辖权是打击贩卖毒品所必需的。

1. 该规则源自《海洋法公约》第 27 条，国际专家组认为该条款体现了习惯国际法。一般而言，沿海国不应逮捕通过其领海的外国船舶上的任何人或对上述人员展开调查。不过，上述规则规定了四种公认的和平时期的例外情形。④

2. 国际专家组注意到，存在对第 27 条的理由清单是否为穷尽性的

---

① Hague Convention ⅩⅢ, Art. 9.

② Hague Convention ⅩⅢ, Art. 5.

③ Hague Convention ⅩⅢ, Art. 5.

④ Law of the Sea Convention, Art. 27 (1) (a－d).

争论。① 由于仅存在对上述四项例外情形的普遍共识，因此专家们将本规则的内容限定在上述四种理由上。

3.《海洋法公约》中并未定义本规则所采用的"后果及于"概念。然而，国际专家组认为，如果从该船舶发起的网络行动或活动违反沿海国刑法，并且该行动或活动对沿海国领土（包括领水）产生后果，那么沿海国可对其领海内的船舶行使执行管辖权。例如，从船舶发出针对沿海国网络基础设施并违反沿海国国内法的分布式拒绝服务行动就属于此类。

4. 对于所产生的后果是否需要达到显著的程度，专家们存在不同意见。少数专家认为，微不足道的后果无法使沿海国获得刑事执行管辖权。与此不同，多数专家认为，任何对沿海国法律的违反行为都足以使沿海国获得管辖权。

5. 国际专家组认为，沿海国领海内的船舶实施的任何网络行动如果具有广泛影响，并因此扰乱其秩序和安宁，那么该沿海国有权对该船舶行使执行管辖权。违反"领海的良好秩序"包括使用网络手段干扰领海内的其他船舶的航行系统，并且因此干扰船舶与沿海国的通信，或干扰船舶安全航行所必要的、与海岸站间的通信。

6. 实施违法贩运麻醉药品相关的网络活动，是对领海内的外国船舶行使刑事执行管辖权的另一个理由。例如，国家根据其执法机构获得的线索，对领海内船舶的网络通信进行监控。如果上述机构从该船舶发出的任何通信可确认其正在非法运输毒品，那么执法人员可以使用网络手段使船舶停止前行。

7. 如果在驶离沿海国内水前，在一艘不享有主权豁免的违法船舶上发生了涉及网络活动的犯罪行为，当该船舶位于其领海时，该沿海国

---

① *See*, *e. g.*, UNITED NATIONS CONVENTION ON THE LAW OF THE SEA 1982： A COMMEN-TARY, University of Virginia Center for Oceans Law and Policy（Myron H. Nordquist, *et al.*, eds. 2011）（将有关理由限定在第 27 条规定的四种情形中）. *But see* R. R. CHURCHILL & A. V. LOWE, THE LAW OF THE SEA 97（3rd edn 1999）（认为该条款中使用"不应行使"一语表明，该理由并非是穷尽性的）。

可以根据其国内法规定，对船舶行使执行管辖权。① 除某些例外情况外，对于船舶在进入领海前所发生的涉及网络活动的犯罪行为，沿海国相关机构不能对位于其领海内的船舶主张执行管辖权。如果该船舶仅无害通过领海而不驶入内水也同样如此。②

8. 与刑事执行管辖权不同，沿海国不应停止通过其领海的外国船舶的航行或改变其航向，以对该船舶上的网络活动或与网络活动相关的行为行使民事执行管辖权。③ 虽然不应以对通过领海的外国船舶上某人行使民事管辖权为目的而阻碍或干扰无害通过，但是该规则不禁止嗣后沿海国或其他任何自然人或法人提起针对该船舶、该船舶上的船员或乘客的民事诉讼。而且，对行使民事执行管辖权的限制，也适用于船舶因通过领海期间或为通过领海而承担或产生的义务和责任的情形。④

9. 如上所述，本规则不妨碍互惠条约中被沿海国和船旗国所接受的权利和义务。它也不妨碍如下事实：在国际性武装冲突中，中立沿海国必须采取确保"单纯通行"的军舰遵守停止交战网络活动义务（规则49）所必要的行为。此外，正如规则76所指出的，依据《联合国宪章》第七章，联合国安全理事会可命令或授权在领海内实施网络行动，即使那些行动本属对无害通过的破坏。

规则51 在毗连区内的网络行动

针对在沿海国毗连区内的船舶，该沿海国可使用网络手段防止或处理在其领土或领海内违反该国财政、移民、卫生或海关法的活动，包括通过网络手段违反上述法律的活动。

1. 国家可主张从其领海基线量起，不超过24海里的毗连区。⑤ 在

---

① Law of the Sea Convention, Art. 27 (2).

② Law of the Sea Convention, Art. 27 (5). 然而，在该情况下，相关机构可对《海洋法公约》第十二部分规定的例外情况进行执法，该例外情况涉及与海洋环境保护相关的犯罪，以及专属经济区中有关生物和非生物资源（主要是捕鱼）的犯罪。

③ Law of the Sea Convention, Art. 28.

④ Law of the Sea Convention, Art. 28 (3).

⑤ Law of the Sea Convention, Art. 33 (2).

领海外向海一面的区域内，沿海国享有以下两项权力。一项是执行对涉嫌在沿海国内水或领海内违反其财政、移民、卫生或海关法的船舶的主权权利。[①]

2. 如果一船舶违反其财政、移民、卫生或海关法，且位于其毗连区内，不管是通过网络手段或其他手段，沿海国可在该船舶驶离该区域前加以拦截（或者以符合国际法的方式进行紧追[②]），并将其带回港口进行调查或起诉。沿海国可在拦截行动中使用网络手段。例如，该国可通过网络手段控制违法船舶的移动，并且使违法船舶驶向执法船舶。

3. 沿海国在毗连区与财政、移民、卫生或海关法事项相关的另一项权力是进行预防。[③] 若沿海国有合理理由怀疑在其毗连区内的船舶将在其领土或领海从事违反财政、移民、卫生或海关法的行为，沿海国可使用网络手段进行警告或防止此类行为发生。

规则 52　国际海峡内的网络行动

在用于国际航行的海峡内实施网络行动，必须符合过境通行权的要求。

1. 本规则源自《海洋法公约》第三部分第 2 节，国际专家组认为该规定反映了习惯国际法。用于国际航行的海峡（"国际海峡"）是指穿越国家领海，或者穿过两个或两个以上国家的领海重叠部分，一端连接一公海区域或专属经济区而另一端连接另一公海区域或专属经济区，并且用于国际航行的航线。国际海峡的水域和海床受海峡沿岸国的主权管辖，除受制于其他国家船舶和航空器所享有的过境通行权外，海峡沿岸国一般享有适用于领海的权利并承担相应的义务。[④]

2. 过境通行权涵盖整个海峡（从海岸线到海岸线[⑤]）及其通道。

---

① Law of the Sea Convention, Art. 33 (1) (b).

② Law of the Sea Convention, Art. 111.

③ Law of the Sea Convention, Art. 33 (1) (a).

④ Law of the Sea Convention, Art. 34.

⑤ 但仅限于基线向海一面；内水不存在过境通行权。Law of the Sea Convention, Art. 35 (a).

船舶和航空器在行使过境通行权时应毫不迟延地通过或飞越海峡。① 与无害通过不同，海峡沿岸国不能停止船舶或航空器的过境通行。此外，船舶和航空器可以"正常方式"过境。换言之，潜水艇可从海底过境，并且航空器可飞越海峡。②

3. 如果船舶和航空器实施与过境通行无关的网络活动，那么该船舶和航空器不得在国际海峡主张过境通行权。例如，从空中收集沿岸国网络通讯的情报的行为与过境通行制度不符，通过网络手段向沿岸国传输反政府的宣传同样如此。③

4. 正在过境通行的船舶和航空器可采取确保其本身及其随同的船舶和航空器安全所必要的网络活动。在武装冲突中，不允许在过境通过中立海峡时开展交战军事行动（包括网络行动）。④

5. 过境通行的船舶或航空器不受海峡沿岸国的法律和法规约束，但与航行安全、污染治理、捕鱼活动以及财政、移民、卫生或海关相关的法律和法规除外。⑤ 例如，此类法律和法规可针对用以传递航行安全指示或管理穿越海峡的交通活动的网络活动。所有过境通行的船舶和航空器都必须遵守上述法律和法规。

6. 尽管享有主权豁免的船舶和航空器在过境通行时可能实施违反沿岸国法律和法规的网络活动，但沿岸国不得对其主张执行管辖权（规则9）。不过，正如规则48所指出的，沿海国有权"要求"享有主权豁免（规则5）的船舶停止该活动，并将其驱离出海峡。⑥ 此外，享有主权豁免的航空器和船舶的船旗国承担因其不遵守沿岸国法律和法规所造成的"任何损失或损害的国际责任"。⑦ 如果该活动构成国际不法行为，那么船旗国将承担相应责任（规则14）。

---

① Law of the Sea Convention, Arts. 38 (2), 39 (1) (a).
② Law of the Sea Convention, Art. 39 (1) (c).
③ Law of the Sea Convention, Art. 39.
④ SAN REMO MANUAL, Rule 30. *See also* DoD MANUAL, para. 15.8.1.
⑤ Law of the Sea Convention, Art. 42 (1).
⑥ 主要源于《海洋法公约》第34条、第38条第3款的规定。
⑦ Law of the Sea Convention, Art. 42 (5).

7. 此外，也存在包含不同种类义务的其他海峡制度。例子之一就是适用特定条约制度的海峡，例如《蒙特勒公约》所规定的土耳其海峡。① 这类特定化的制度可能会影响军舰通行以及有关网络活动的要求，因此必须加以个案分析。另一个例子是公海或专属经济区与另一国领海之间的、用于国际航行的海峡。在这些海峡，适用不得中止的无害通过制度，② 具体参考规则 48。

规则 53　群岛水域内的网络行动

在群岛水域实施的网络活动，必须符合那些适用于群岛水域的法律制度。

1. "群岛国"是指全部由一个或多个岛屿群（群岛）构成的国家，例如菲律宾、印度尼西亚。③ 群岛国可在受到某些限制的情况下，连接群岛最外缘各岛的最外缘各点划定直线群岛基线。群岛基线内的水域为群岛水域。④ 领海和专属经济区从群岛基线起向海洋一面测量。国家享有对群岛水域及其上空、海床和底土的主权（规则 1）。⑤

2. 群岛国可指定适当的海道及其上的空中航道，以便外国船舶和飞机继续不停和迅速通过或飞越其群岛水域。⑥ 如果群岛国没有指定海道或空中航道，在行使群岛海道通过权时，外国船舶和航空器可通过正常用于国际航行的航道。⑦

3. 在上述群岛海道（或者，群岛海道没有被指定时在正常用于国

---

① Montreux Convention Regarding the Regime of the Straits, Arts. 8 – 22, 20 July 1936, 173 LNTS 213.

② Law of the Sea Convention, Art. 45.

③ 在基线确定的区域内，水域面积与陆地面积的比例应该在 1：1 和 9：1 之间。Law of the Sea Convention, Art. 47 (1).

④ Law of the Sea Convention, Art. 49 (1).

⑤ Law of the Sea Convention, Art. 49 (2).

⑥ Law of the Sea Convention, Art. 53 (1). 如果群岛国没有指定海道或空中航道，那么所有国家可通过正常用于国际航行和飞行的航道，以行使群岛海道通过权。群岛海道通过制度规定在《海洋法公约》第 53 条、第 54 条。

⑦ Law of the Sea Convention, Art. 53 (12).

际航空的航道）之外的群岛水域中，适用无害通过权（规则 48）。① 此处值得注意的是，航空器不享有无害通过权，潜水艇在主张无害通过权时，须浮在海面航行并展示其旗帜。

4. 在指定的群岛海道中，或未指定时在正常用于国际航行的航道中，外国船舶和航空器的网络活动必须符合群岛海道通行制度，以主张船舶或航空器的群岛海道通行权。在本规则中，群岛海道通行实质上与过境通行（规则 52）相似。

5. 在群岛海道通行的船舶和航空器可以实施确保其自身及其随同船舶或航空器安全所必要的网络活动。关于此问题，参见规则 48，包括其中关于沿海国有权要求享有主权豁免的违法船舶停止不法活动，并离开其领水的评注。②

规则 54　海底通信电缆

关于海底电缆的国际法规则与原则适用于海底通信电缆。

1. 国际专家组认为，一般而言，现有适用于海底电缆（包括海底通信电缆）以及相关活动的国际法反映了习惯国际法。③ 在本规则中，"海底通信电缆"是指由国家所有、运行或铺设的电缆，以及私人所有的电缆，后者的铺设应获得国家在国际电信和数据通信方面的授权。

2. 当前，海底通信电缆承担着全球大多数国际语音、数据和视频通信的功能；它们构成国际电信和数据通信网络基础设施的关键组成部分。虽然被用于商业和政府双重目的，但是多数电缆和电缆网络由私人承运商集团所拥有并运行。此类电缆受到诸多潜在的威胁。他们可能被损害，因而破坏、干扰或终止数据传输。此外，海底通信电缆还易被物理监听（例如，通过专门制造的潜艇），进而收集、改变或者阻拦所有通过电缆传输的数据。

---

① Law of the Sea Convention, Art. 52.

② 除其他外，依据《海洋法公约》第 49 条、第 52 条。

③ Law of the Sea Convention, Arts. 112 – 113. 国际专家组也注意到 1884 年《电缆公约》。对此，他们指出该公约在整体上并不能体现习惯国际法。然而，该公约对于评价《海洋法公约》相关规定的习惯法性质可以发挥作用。

3. 沿海国的领土主权拓展至在领海（与内水）海床上铺设的海底通信电缆。在此意义上，它们通常受到与一国领土上的网络基础设施（规则 2）相同的对待。因此，在领海内，国家拥有规制海底通信电缆的铺设、维持、修复和更换的权利，并且可制定保护电缆的法律和法规（对此，另参见规则 61）。

4. 在领海内，沿海国可"制定以保护［海底］电缆为目的的法律和法规"，这些法律不应施加妨害无害通行的限制性规定（规则 48）。类似地，沿海国可以规制国际海峡内与海底通信电缆有关的活动，除非这样做将妨害或阻止船舶在该海峡的过境通行。①

5. 在不妨碍无害通过权和群岛海道通行权的前提下，群岛国具有规制在其群岛水域和领海铺设、维持、修复和更换海底通信电缆的权利。群岛国必须尊重现有"其他国家所铺设的通过［其］水域而不靠岸的"海底电缆。② 而且，群岛国"在接到关于这种电缆的位置，及其修理或更换这种电缆的意图的适当通知后，应准许对其进行维修和更换"。③

6. 一国可以在其他国家的专属经济区内铺设海底通信电缆，但是必须适当顾及该沿海国的权利和义务。④ 沿海国不能管制或妨碍在其专属经济区或大陆架上铺设海底通信电缆的行为，并且应该适当顾及其他国家铺设海底通信电缆的权利和义务。⑤

7. 沿海国的大陆架包括其领海以外依其陆地领土的全部自然延伸，扩展到大陆边外缘的海底区域的海床和底土，如果从测算领海宽度的基线量起到大陆边的外缘的距离不到 200 海里，则扩展到 200 海里的距离。⑥ 所有国家可在满足适当顾及要求的条件下，在其他国家的大陆架

---

① Law of the Sea Convention, Arts. 21 (1) (c), 34 (1).

② Law of the Sea Convention, Art. 51 (2).

③ Law of the Sea Convention, Art. 51 (2).

④ Law of the Sea Convention, Arts. 58 (1), 58 (3).

⑤ Law of the Sea Convention, Art. 56. 然而，国际专家组注意到，虽然存在上述规定，但是许多国家要求此类铺设电缆的活动应获得其同意。*See, e. g.*, People's Republic of China, Ministry of Commerce, Provisions Governing the Laying of Submarine Cables and Pipelines, Art. 4 (11 February 1989); India, Territorial Waters, Continental Shelf, Exclusive Economic Zone and other Maritime Zones Act, Art. 7, (25 August 1976).

⑥ Law of the Sea Convention, Art. 76.

上铺设电缆。① 虽然在大陆架划定管道路线需经沿海国的同意，但是在大陆架上铺设海底电缆并不需满足该同意要求。②

8. 沿海国"不得阻碍在其大陆架铺设或维持电缆的活动"，除非阻碍行为是"为勘探大陆架［或］开发自然资源所采取的合理措施"。③ 并不存在对此处的合理性的定义，虽然国际专家组认为，如果一项措施使得铺设海底通信电缆不可能，或不成比例地增加铺设成本，那么它并非是合理的。④ 类似地，一项歧视性的措施通常也是不合理的。最后，与沿海国在专属经济区或大陆架勘探和开发自然资源以及从事相关活动之主权权利无关的措施也是不合理的。

9. 对于沿海国和在其大陆架或专属经济区内铺设海底通信电缆的国家之间的管辖权平衡问题，国际专家组并未达成一致意见。实践中，有时会对沿海国的管辖权予以尊重，即便铺设或维持海底通信电缆属于公海自由的范畴。

10. 所有国家均享有在大陆架以外的公海海底上铺设海底通信电缆的习惯性权利。⑤ 该权利是公海自由这一习惯性规则的有机组成部分，《海洋法公约》对此有明确规定。⑥

11. 为行使公海自由之目的，内陆国具有出入海洋的权利。⑦ 铺设海底通信电缆是公海自由内容之一，因此，内陆国有权铺设海底通信电缆，特别是出于将其领土连接到全球网络基础设施的目的。所铺设电缆经过相邻沿海国领土的问题，应由该内陆国和相邻国家的协定进行规定。⑧

12. 一般认为，铺设海底通信电缆的权利包括确定合适路线所必要

---

① Law of the Sea Convention, Art. 79 (1).

② Law of the Sea Convention, Art. 79 (3).

③ Law of the Sea Convention, Art. 79 (2).

④ 例如，那些会妨碍大片区域内的电缆铺设的海上风电场（因为在电缆塔间运行维修船是困难或危险的），可能在本项禁止的范围内。

⑤ Law of the Sea Convention, Art. 112 (1).

⑥ Law of the Sea Convention, Art. 87 (1) (c).

⑦ Law of the Sea Convention, Art. 125 (1). 内陆国被定义为"不具有海岸的国家"。Law of the Sea Convention, Art. 124 (1) (a).

⑧ Law of the Sea Convention, Art. 125 (2–3).

的所有准备措施，以及维持和修复海底通信电缆的权利。铺设或操控海底通信电缆的国家也享有对其进行监控并定期检查的权利。

13. 随着时间的流逝，需对现有的电缆进行更换。虽然《海洋法公约》仅在群岛水域明确提及更换，[①] 但国际专家组的多数成员认为，国家享有更换过期或无法运作的所有现存电缆（至少是在领海界限之外）的权利。该结论是基于更换上述电缆对所有国家经济和安全均至关重要这一事实。若将权利仅限定于修复（而非更换），将产生巨大的财政成本，且并不必然能够延长电缆的寿命。少数专家将更换权利限定在群岛水域内，理由是：《海洋法公约》起草者原本就会将更换的权利扩大到其他海域，假如他们有此意图的话。所有的专家都认为，铺设电缆国享有对该国电缆的修复权利。

14. 沿海国是否有权设立限制特定活动（例如，对海底通信电缆完整性产生破坏的抛锚、底拖网、采砂作业）的电缆保护区，这一问题尚无定论。澳大利亚和新西兰率先在其领海和专属经济区内创建了电缆廊道/保护区，以保护电缆在其左右一英里范围内免于船舶通行和其他有害活动。[②] 虽然国家在领海划定电缆保护区有充分理由，[③] 但是尚不存在针对专属经济区和大陆架的相似规定，同时公海也无类似规定。

15. 在不妨碍武装冲突时期所适用之规则（第四部分）的前提下，国际专家组认为，习惯国际法禁止损害国家电缆，因为该损害行为与规制海底电缆的法律的目的和宗旨不符。专家组得出上述结论是基于以下事实：规定一国享有铺设电缆的权利，却不相应地规定其他国家有尊重这些权利的义务，这是不对等的。如果不存在尊重该权利的义务，那么铺设该电缆的权利将无从实现。例如，海洋法并未为国家在紧张局势下切断其他国家的海底光纤电缆、以减少跨大陆互联网通信提供法律依据。

---

① Law of the Sea Convention, Art. 51 (2).

② Telecommunications and Other Legislation Amendment (Protection of Submarine Cables and Other Measures) Act (2005), No. 104, 2005 (Austl.); Submarine Cables and Pipeline Protection Act (1996), Public Act No. 22, 16 May 1996 (NZ).

③ Law of the Sea Convention, Art. 21 (1) (c).

16. 经国家适当授权的船舶可以采取措施确认其他船舶是否涉嫌破坏电缆，并查明真相。他们可以要求涉嫌破坏电缆的商船船长提交船舶国籍文件，并可以通过向船旗国调查或证人证言的方式加以核验。①

17. 如前所述，海底通信电缆可被监听，以收集从该电缆进行传输的数据。国际专家组认为，在其他国家的领水或群岛水域从事上述监听行为侵犯该国主权（规则 4）。特别是，在领水或群岛水域上使用潜水艇或无人水下航行器进行监听不符合无害通过的航行制度，因为潜水艇应浮出水面进行通行（规则 48）。然而，专家们指出，在领海或群岛水域的监听行动并不违反沿海国之外的国家（例如那些铺设和操控该电缆的国家）的主权。类似地，他们认为，在沿海国或群岛国主权水域之外的水域实施监听行动并不侵犯主权。该结论不妨碍其他国际法规范（例如调整上述情形的双边条约）的适用。

18. 专家讨论了因对海底通信电缆进行监听而无意地导致损害的问题。对于是否仅因为监听行动导致损害这一事实即违反禁止损害海底电缆的规定，专家们意见不一。多数专家认为，特殊性海底电缆法律制度的存在，表明实施监听行动的国家应自行承担风险。个别专家认为，合理可预见性是该禁止性规则的要素，因而国家不应对其行动所造成的无意和不可预见的后果负责。

19. 《海洋法公约》缔约国均应制定法律规定，使因故意或重大疏忽而损害公海海底通信电缆的行为成为应予处罚的罪行。② 该规定也适用于专属经济区。③ 由此，沿海国和铺设电缆的国家均负有制定有关损害海底通信电缆之规则的义务。

---

① 1884 Cable Convention, Art. 10. 1959 年，美国援引第 10 条登临并检查了损害大西洋五处电缆的苏联 "诺沃罗西斯克" 号拖网渔船。在船长的同意下，美国军舰对船舶进行了检查，并认定该船舶极有可能违反公约第 2 条有关 "禁止故意地、有意地或由于重大疏忽而破坏或损害海底电缆" 的规定。*See The Novorossiisk*, Dept. of State Bull. （20 April 1959）, Vol. 40, No. 1034, at 555.

② Law of the Sea Convention, Art. 113.

③ Law of the Sea Convention, Art. 58 (2).

第九章　航空法

1. 现代航空器依赖于与多重网络互联的、计算机化的系统。这种互联互通性使得航空器越来越易受网络行动的攻击，如对航空器飞行控制系统、器械、机载导航和通讯系统的干扰。例如，可以通过网络手段使地面及太空的导航和通讯基础设施向民用和国家航空器传输欺诈的信号或通讯信息。在武装冲突中，网络行动可影响军用航空器的攻击和武器投放系统。

2. 航空器可成为网络攻击的目标，但也可被用作为实施网络行动的平台，包括监听某些网络通讯。此外，机载网络基础设施具有众多应用程序，可用于开展军事和其他国家活动，诸如武装冲突中的指挥和控制活动，或者是实施执法活动。

3. 而且，通过在航空器中装载网络基础设施，先进的航空技术能够拓宽计算机网络覆盖范围，该技术前景契合国家和商业利益。机载基础设施的使用，有可能提供类似于那种只有当前昂贵的太空基础设施才能实现的广域通讯视线和持续性网络服务。事实上，目前正在开发用于传输互联网服务的、私人性质的太阳能无人航空器。配备网络功能的超高空航空器，使得更长时间悬停飞行并且向边远地区提供网络服务成为可能。

4. 虽然一般认为在地球上空的某一高度上，航空法停止适用，外层空间法开始适用（第十章），但是国际专家组承认，国际上并未就空气空间和外层空间的精确界限达成一致（见第十章引言）。该问题在法律上尚未得到解决。不过，大多数观点认为，该高度大致在海平面以上80千米与120千米之间。

5.《芝加哥公约》几乎得到了普遍适用，并且国际专家组认为该公约中的多数条款都体现了习惯国际法，包括下述提及的条款。

6. 在本手册中，国际专家组采用了《芝加哥公约》附件2对"航空器"的定义，即，能通过空气的反作用而不是通过空气对地面的反作用在大气中获得支撑的任何机器。[①]"民用航空器"系不构成国家航空器的航空器。[②] 本手册所使用的"国家航空器"是"由国家所拥有或使用的，用于排他性的非商业政府功能"的航空器，[③]包括指定从事军事、海关和警务目的的航空器。[④]

7. "军用航空器"是"（1）由国家武装部队所操作的；（2）标记国家军事标志的；（3）由武装部队成员所指挥的；（4）由遵守武装部队规则的机组成员所控制、操纵或预编程的航空器。"[⑤]"航空器"一词包括无人驾驶航空器。[⑥] 必须强调的是，在《芝加哥公约》通过时，国家并未就上述航空器类型的具体定义达成一致，并且各国可能采取略有差别的方式，适用关于国家、民用和军用航空器的具体规则。

8. 关于航空器登记国对管辖事项的规定，参见规则10。

9. 除航空法和外层空间法外，在航空器上实施的网络行动也受一般国际法、其他可适用的国际法条款的约束，例如国际电信法（第十一章）、使用武力法（第十四章），以及双边或多边条约。例如，在国际空域（其定义见规则56）飞行的国家航空器可能实施针对其他国家的空中网络行动，该行动可能被视为被禁止的干涉行为（规则66）或非法的使用武力（规则68）。基于同样原因，当网络行动针对享有主权豁免（规则5）的航空器，或者当该行动构成对其他国家民用航空器或国家航空器的非法使用武力，不管该航空器所处的位置如何，针对该航

---

① Chicago Convention, Annex 2, 'Rules of the Air'. 该定义包括固定翼飞机和旋翼式飞机，但排除了诸如气垫船等机器。*See also* AMW MANUAL, Rule. 1 (d).

② AMW MANUAL, Rule. 1 (h).

③ AMW MANUAL, Rule. 1 (cc). Chicago Convention, Art. 3 (a).

④ AMW MANUAL, Rule. 1 (cc). *See also* Chicago Convention, Art. 3 (b). 值得注意的是，《芝加哥公约》并没有使用"排他性的非商业政府功能"一语，而是仅提及用于军事、海关和警察部门的航空器。国际专家组认为，该定义中采用的"使用（use）"旨在提及当时处于服务政府目的的航空器，即使其并非国家航空编队的组成部分。

⑤ AMW MANUAL, Rule. 1 (x). *See also* 1923 Hague Draft Rules for Aerial Warfare, Arts. 3, 14.

⑥ AMW MANUAL, Rule. 1 (d).

空器的国家网络行动将违反国际法。

10. 如果空中的网络行动涉及外层空间，那么该行动受空气空间法和外层空间法的双重约束（第十章）。例如，如果源自航空器的网络行动使用卫星技术，如从航空器通过卫星向卫星地面覆盖区传送公共广播，卫星的行为将受外层空间法制约，而实施网络行动的航空器将受航空法制约。经由航空器针对卫星实施的网络行动也可能受到空气空间法和外层空间法的制约，因为该行动发生在空气空间中，而其效果则达到外层空间。

11. 在武装冲突期间将航空器用于实施网络行动的情形受到武装冲突法的制约（第四部分）。在这方面，《芝加哥公约》强调它并不影响处于武装冲突当事方地位的缔约国或享有中立地位的缔约国的"行动自由"。[1]

规则55 在国家领空对实施网络行动的航空器进行管制

国家可在其领空中对航空器（包括实施网络行动的航空器）的行为进行管制。

1. 本规则部分地源自《芝加哥公约》第1条和第2条。专家们认为，习惯国际法也为本规则对国家航空器的适用提供了法律依据，特别是由于领土主权可拓展到领空。

2. 对于"领空"，《芝加哥公约》第1条指出，所有的国家对"其领土之上的空气空间享有完全的和排他的主权"。[2]《芝加哥公约》将一国领土定义为陆地区域及其领水。[3] 因此，在国家陆地区域及其某些领水之上的空气空间为国家的领空。

3. 实践中，各国对于特定国家领空的精确划界存在一些分歧。只要上述分歧仍存在，围绕对航空器——包括实施网络行动的航空器——

---

① Chicago Convention，Art. 89. 该原则同样适用于经宣布并告知了国际民航组织理事会的国家紧急情况。

② Chicago Convention，Art. 1. *See also* Law of the Sea Convention，Art. 2（具体针对领海上方的空域）。

③ Chicago Convention，Art. 2. 领水包括内水、群岛水域和领海。

活动的规制权的争议就将存在。例如，尽管普遍认为国家可主张自其基线起算不超过 12 海里的领海（规则 48），① 但各国对于在国际法框架下如何绘制特定类型的基线仍存在分歧。因此，那些为在靠近存在领土和海洋争议区域使用机载网络基础设施提供意见的人员，应确认相关航空器的具体位置。

4. 与穿越领海的海上通行规则（规则 48）不同，国家并不享有在他国领海上方的空气空间的无害通过权。② 因此，当实施网络行动的航空器飞越上述区域时，本规则将完全适用。

5. 依据《芝加哥公约》第 5 条，缔约国在非歧视的基础上，同意其他缔约国一切不从事定期国际航班飞行的民用航空器无须事先获准，有权飞入或飞经其领土而不降停。因此，在遵守缔约国国内领空管制的前提条件下，自内陆国起飞、意图在国际水域上空实施网络行动的私人安保公司的航空器可以飞经《芝加哥公约》缔约国的领土，并且出于为飞往既定目的地而补充燃料的理由可在缔约国领土上进行停留。

6. 上述权利仅适用于过境权。它并没有规制航空器可能实施的网络行动。此类行动受到地面国的法律和规章（见下文）以及其他可适用的国际法规范的约束，例如尊重主权原则（规则 4）。而且，由于军事需要或公共安全的理由，各国有权限制或禁止其他国家的航空器在其领土内的某些区域上空飞行，并且在紧急时期，或为公共安全利益，各国也保留暂时限制或禁止航空器在其全部领土上空飞行的权利（受到《芝加哥公约》第 9 条规定的相关条件的限制）。例如，国家可以禁止民用航空器飞越其军事敏感设施或发生内乱的区域，以排除航空器实施网络行动的可能性，只要该禁止符合第 9 条的标准，如不分国籍地加以适用。

7. 在一国领空飞行时，民用航空器受该国的全面管辖（规则 9）。

---

① 值得注意的是，主张少于 12 海里领海的沿海国只能主张该领海之上的领空，而非不超过 12 海里的宽度。

② Law of the Sea Convention, Art. 17（仅将无害通过权适用于"所有国家的船舶"），and Art. 19（任何在船上发射、降落或接载航空器的行为将使船舶的通过不再是无害状态）。

相应地，若民用航空器在该国领空的行为对该国领土、法律秩序或国家安全造成影响，或违反其空中安全或空中航行规定，或行使该管辖权为确保国家遵守双边或多边国际文件中的义务所必需，那么国家可以命令该航空器在指定机场降落。例如，存在可使用机载网络基础设施入侵WiFi 网络、窃听电话和信息或者窃取或干扰数据的技术。如果登记国的民用航空器未经授权而对其他国家从事上述活动，并且该活动违反地面国的法律，那么地面国有权命令航空器降落，并接受对违反其刑事立法的管辖权。这是行使执行管辖权（规则 8 ~ 9）的适当措施。

8. 当航空器位于国际空域时，一般而言，只有登记国能够对该航空器实施的网络行动行使执行管辖权（规则 11）。这并不排除任何其他国家经国际法授权行使域外立法管辖权。

9. 虽然不从事定期国际航班飞行的民用航空器享有无须事先批准即可飞越他国领空的权利，但是《芝加哥公约》第 5 条赋予飞经国要求航空器降落或终止其活动的权利。例如，当有理由认为航空器的活动与公约的目的（例如，空中航行安全）不符时，国家可行使上述权利。① 国际专家组认为，指令航空器降落的权利在民用航空器实施网络行动时也可适用。这尤其包括针对飞经国的网络行动。

10. 然而，在多数情况下，网络行动可能是由属于国家航空器的军用航空器实施的。未经另一国授权，国家不得在该国领土上空运行国家航空器。② 国际专家组认为，如果国家进行授权，在符合行使领空主权权利的情况下，该国可对飞越其领空的行为设定条件，例如禁止实施与飞行安全无关的网络行动。③

11. 以一架国家航空器进入另一国领空并实施网络行动，或者有可靠迹象表明其将如此作为为例，如果该航空器未经授权而进入领空，或者违反授权的条件（包括与实施网络行动相关的条件），或者通过网络

---

① Chicago Convention，pmbl.
② Chicago Convention，Art. 3（c）. 相同的要求适用于从事定期国际民航服务的航空器。*Id.*，Art. 6.
③ *See*，*e. g.*，DoD FOREIGN CLEARANCE GUIDE，para. C2. 2. 2.

行动违反了地面国的国内法律和规章，该地面国可要求航空器立即停止上述行为并飞离其领空。

12. 国际专家组详细考虑了另一国的国家航空器未经同意进入一国领空时，该国可采取的措施。专家们认为，如果国家航空器所实施的网络行动足以达到对地面国进行武装攻击（规则 71）的程度时，或者该国有合理理由认为航空器很快就将这么做时（规则 73），那么在该航空器未能停止有关行动和飞离的情况下，该国有权诉诸必要和相称（规则 72）的武力措施进行自卫，以驱逐航空器。类似地，专家们认为，在国家有权使用武力进行执法的限度内，国家同样有权对实施网络行动的航空器使用武力，只要该网络行动导致的后果为使用武力进行执法提供了正当根据。

13. 对于何种活动构成武力攻击的问题，专家们存在分歧。少数专家认为，在没有获得地面国同意的情况下，只要影响该国国家安全利益的外国军用航空器存在于该国领空，即构成武力攻击。①

14. 然而，国际专家组的多数专家认为，虽然实施网络行动的军用航空器存在于领空至少明显地违反主权原则（规则 4），但只有在航空器事实上进行武力攻击，或者地面国具有合理理由认为该武力攻击即将发生时，地面国才能使用武力。

15. 一些专家认为，在自卫之外，使用武力驱逐实施网络行动的国家航空器的另一个法律依据是该航空器侵犯了国家的领土完整，因此该国有权使用武力驱逐航空器。

16. 未经地面国授权，任何无人驾驶的航空器、气球或其他空中物体（包括那些实施网络行动或提供互联网连接的物体）都不能飞经或停留在该国领土上空（除非国际法许可未经同意进入该国领土，例如在自卫的情况下，见规则 71，或者是经联合国安全理事会授权，见规则 76）。②

---

① 他们注意到，根据《侵略罪定义公约》第 3 条第 5 项，一国军事力量违反军事基地协定而在另一国领土上持续存在将构成侵略。

② Chicago Convention, Arts. 3 (c), 8.

规则56 国际空域中的网络行动

在不违反国际法上的相关限制的情况下，国家可在国际空域中实施网络行动。

1. 该规则反映了习惯国际法，并且得到了《芝加哥公约》和《海洋法公约》相关条款的支持。[①]

2. "国际空域"是不属于国家领空的空域（规则55）。[②] 国际专家组认为，任何国家都不能对国际空域主张主权。相应地，国际空域中的网络行动无须得到任何其他国家的同意。而且，国家可以自由地在国际空域实施网络行动，只要国际法没有加以相应的禁止，例如实施侵犯另一国主权（规则4）的机载网络行动、构成非法干涉（规则66）的行为以及违反国际性武装冲突中的国家中立义务（规则151）。

3. 虽然一些国家主张在领空之外规制航空器活动的某些权力，例如通过设立防空识别区（见下文讨论），但是专家们认为，由于有关空域本质上具有国际性，航空器可实施任何在公海上空属于合法的网络行动。

4. 所有飞越国际海峡的航空器必须遵守《海洋法公约》规定的飞机过境通行规则，[③]同时，航空器飞越群岛水域上的空中航道时，必须遵守群岛海道通过制度。[④] 与船舶一样，航空器必须"除因不可抗力或遇难而有必要外，不从事其继续不停和迅速过境的正常方式所附带发生的活动以外的任何活动"。[⑤] 例如，航空器不得实施针对国际海峡周边

---

① Chicago Convention, Arts. 1, 2, 3（a）, 12.《芝加哥公约》第12条规定，芝加哥体系下的规则调整公海上的空中行动，但是《芝加哥公约》第3条第1款特别排除"国家航空器"（除第3条第2款到第4款外）。类似地，"航空法规则"体系不能调整国家航空器的活动。而且，《海洋法公约》承认公海上一般地享有航行自由。Law of the Sea Convention, Art. 87. 在毗连区和专属经济区中，与沿海国权利相关的规则对以开展网络行动为目的的飞越行为影响甚小。Law of the Sea Convention, Parts II, V.

② *See, e. g.,* AMW MANUAL, Rule 1（a）.

③ Law of the Sea Convention, Art. 39.

④ Law of the Sea Convention, Art. 53. 根据第51条，群岛国必须尊重针对群岛空域的现有协定。

⑤ Law of the Sea Convention, Art. 39. *See also* Arts. 53（3）, 54.

国家或群岛国的网络行动。国际专家组认为，在穿越海峡或通过群岛海道时，航空器可继续实施支持其"正常方式"运作的网络行动，例如传输航海和天气数据（分别见规则 52 和规则 55）。

5. 少数专家认为，对于计划实施攻击性网络行动的航空器而言，"正常方式"包括了航空器在继续不停和迅速地通过国际海峡或群岛空中航道时，可实际地实施上述网络行动，只要该行动不针对国际海峡周边国家或群岛国。大多数专家并不认为上述航空器的"正常方式"包括实施攻击性的网络行动。然而，所有的专家均认为，在飞经国际海峡或群岛空中航线时，航空器可以实施对进行武力护卫或自卫所必要的网络行动。

6. 国家航空器在国际空域实施网络行动时，至少必须适当顾及民用航空器的航行安全（规则 57）以及其他国家的权利，尽管国家始终可以对其国家航空器施加更高的标准。例如，实施网络行动的国家航空器必须注意上述行动是否可能危害该区域的其他航空器的运行，或者上述行动是否不必要地妨害了其他国家对空域的使用。

7. 一般而言，实施网络行动的民用航空器能够在国际空域自由地飞行。然而，该行为受到航空管制机构之指令的约束。[①] 民用航空器在国际水域上空实施的多数行动都发生在国际民航组织划定的飞行情报区（Flight Information Region）范围内。国际民航组织要求国家在各个飞行情报区内提供空中交通服务，即使上述区域在国家领空之外。[②] 例如，尽管民用航空器可能希望在飞行情报区的某个特定区域保持悬停飞行，以便在该区域内进行网络通讯，但是空管员可出于安全理由发布指令，改变其计划飞行的路线。

8. 由于不受《芝加哥公约》体系的管辖，国家航空器（包括军用航空器）不受飞行情报区规则的约束。因此，在飞行情报区内，上述航空器可以不遵守航空管制指令而在国际空域实施网络行动。然而，它

---

① 《芝加哥公约》第 12 条要求民用航空器遵守在国际民航组织准立法权威下所制定的国际航空规则。*See* Chicago Convention, Annex 2, "Rules of the Air"。

② 这些国家可以将本国航空管制规章适用于飞行情报区内的民用航空器的行动。

们的飞行应适当顾及其他航空器的安全和其他国家的权利，并与航空管制机构进行合作。

9. 一些国家已经设立防空识别区，该权利来自国家对其领空的主权。此类区域可延伸至国际空域，目的在于确保国家安全。试图进入他国领空的民用航空器与国家航空器必须遵守该国设定的入境条件和程序。[①] 理论上，国家可以在属于国际空域的防空识别区内禁止航空器实施网络行动，或者禁止特定类型的网络行动——尽管这只能是作为进入其领空的条件。该条件不得妨碍公海上空的飞越自由。特别是，国家不能对因飞越国际空域之需要而途经该国防空识别区的航空器施加任何限制。

规则 57　危害国际民用航空安全的网络行动

国家不得实施危害国际民用航空安全的网络行动。

1. 《芝加哥公约》第 3 条第 4 款规定，在制定关于国家航空器行动的规定时，国家应"适当顾及"民用航空器的航行安全。而且，第 3 条复款（*bis*）指出，国家不能对飞行中的民用航空使用"武器"。国际专家组认为第 3 条和第 3 条复款反映了习惯国际法，但它们不妨碍武装冲突法规则的适用，例如那些有关对特定军事目标（规则 100）进行界定的规则。

2. 专家认为，"武器"一词包括网络武器（规则 103）。此类武器可对飞行中的航空器产生破坏性后果或伤害机上的人员，例如利用恶意软件影响航空器控制系统就属于这种情形。他们特别指出——至少对大多数专家和规则 103 的适用而言，网络武器并不需要造成物理意义上的损毁，那些可导致其针对的对象丧失功能的工具就可被视为武器。此处的对象包括航空电子设备和其他航空器所依赖的系统。综合而言，上述要求意味着国家不能实施任何危害民用航空器的网络行动，除非经过国际法的具体授权，例如在自卫（规则 71）的情况下。

---

① DoD MANUAL, para. 14. 2. 4.

3.《芝加哥公约》第 3 条复款和第 4 条禁止缔约国将民用航空器用作与《芝加哥公约》不符之目的。国际专家组认为，该条款体现了习惯国际法，它要求国家不得使用民用航空器实施危害民用航空的网络行动。

4. 国际专家组注意到，《芝加哥公约》附件 17 提及缔约国应当"确保采取措施，以保护用于民航的关键信息和通讯技术系统免受可能危害民航安全的干扰"。该附件也"鼓励那些参与或者负责实施民用航空安保计划的实体来识别"此类系统，"包括此类系统存在的威胁和漏洞，以及在适当时制定保护性措施，包括但不限于设计安全、供应链安全、网络隔离、远距离访问控制"。①

5. 虽然本规则仅解决危害国际民用航空安全的国家活动，但是国际专家组注意到，1971 年《蒙特利尔公约》② 要求国家应使个人从事的大量活动具有国内法上的可罚性。③ 国际专家组认为，上述活动可以同时包括网络行动。

①　Chicago Convention, Annex 17, Recommendations 4. 9. 1 – 4. 9. 2.
②　1971 年《蒙特利尔公约》拥有 188 个缔约国。
③　The Montreal Convention of 1971, Arts. 1, 3.

第十章　外层空间法

1. 本章的规则针对的是在外层空间中，从外层空间发出或者穿过外层空间的网络活动。国际专家组指出，从民用通信和导航到军事行动，外层空间对网络活动均具有重要意义。例如，网络行动可针对与外空相关的网络基础设施（特别是卫星）或者利用上述基础设施来实施，其目的包括获取或修改数据、扰乱空间通讯、干扰上行链路或下行链路的通讯信号、部分或全部摧毁外空系统的硬件或软件以及操纵卫星控制等。尤其具有诱惑力的是下列网络行动，即意图进入卫星传感器，以扰乱信息收集或者获取或扭曲那些为军事或经济目的而收集的信息。网络行动也可用于对外空物体进行劫持飞行或者载荷控制，或者将特定服务器的卫星下行链路信号转移至其他服务器。

2. 在概念上，当考察网络行动和外层空间关系时，区分基于外空实现的网络行动（space-enabled cyber operations）和基于网络实现的外空行动（cyber-enabled space operations）是有意义的。前者包括诸如从卫星到地球、从卫星到卫星的网络通信活动。除了依赖于位于外层空间设备上的网络基础设施之外，类活动其实与外层空间几乎没有什么关联。外层空间法一般仅在有限的情形下适用于上述类型的网络活动。例如，与其他可适用于外层空间活动的国际法体系不同，在评估恶意代码在卫星通信链路上传输的合法性问题上，外层空间法本身起着微不足道的作用。更确切地说，大多数关于此类网络行动的法律分析将依据本手册其他章节的适用。

3. 与此不同的是，基于网络实现的外空行动涉及空间设备的实际运作或通过网络手段所进行的空间行动。相关的例子包括将遥感、追踪和控制系统用于地面基站和外空飞行器之间的通讯，以及将网络手段用于影响空间设备的功能或其载荷能力。例如，不管网络行动是否全面地或部分地发生在外层空间中，只要网络行动被用于控制卫星或其载荷能力，那么该外层空间活动就是基于网络行动而得以实现的。

4. 数十年来，各国政府、联合国、科学界和法学界对外层空间的界限进行了讨论，但始终无解。"尚未发现有明确的科学或技术标准，既可以对外层空间进行精确的、持久的定义，又能为各国所接受"，1967 年的这一结论在今天看来仍然是准确的。① 尽管对此问题存在不同观点，但是大多数观点将空气空间和外层空间的界限定位为海平面以上80 千米与 120 千米之间（参见第九章引言）。国际专家组认为，没有国家能够对外层空间、月球或天体行使主权，并且也不得对其主张主权。②

5. 基于本手册的目的，"外空物体"为"一个［人造］外空物体的构成部分，以及该物体之发射器与发射器之组成部分"。③"发射国"是"发射或促使发射外空物体的国家，［或者］是从其领土上或在其设备上发射外空物体的国家"。④"登记国"是将外空物体登入其登记册的国家。⑤ 当不止一个国家参与外空物体的发射时，各发射国之间必须就外空物体的登记国达成一致意见。⑥

6. 在起草本章时，国际专家组广泛援引了多个外空法条约。虽然这些条约整体上并不构成习惯国际法，但是专家们同意，本手册所提及

---

① Report of the Scientific and Technical Subcommittee on the Work of its Fifth Session, para. 36, UN Doc. A/AC. 105/39 (6 September 1967).

② Outer Space Treaty, Art. Ⅱ. *See also* Declaration on Friendly Relations, pmbl［忆及"各国不能通过主权要求、使用或占领等方法，以及其他任何措施，将外层空间（包括月球和其他天体）据为己有"这一确定的原则］. *See also* Resolution on International Cooperation in Outer Space, para. 1; Declaration on the Use of Outer Space, para. 3.

③ Registration Convention, Art. Ⅰ (b); Liability Convention, Art. Ⅰ (d).

④ Registration Convention, Art. Ⅰ (a); Liability Convention, Art. Ⅰ (c).

⑤ Registration Convention, Art. Ⅰ (c). 如果一卫星并未进行登记，那么该卫星所有人的国籍被视为是该卫星的登记国。关于登记事项，可另参见：Recommendations on Enhancing the Practice of States and International Intergovernmental Organizations in Registering Space Objects, GA Res. 62/101, UN Doc. A/RES/62/101 (10 January 2008)。值得注意的是，《登记公约》缔约国以外的国家应根据《外层空间国际合作决议》进行登记。

⑥ Registration Convention, Art. Ⅱ (2).

的国际文件中的条款有力地证明了本章中的规则总体上构成习惯法。然而，专家们也强烈地意识到，关于外空习惯国际法及其与进入或穿越外空的网络活动之间的联系，这方面的国家实践经常难以确定，并且只有有限的声明可以被定性为是对法律确信的表达。

7. 各国开展外空活动必须"遵守包括《联合国宪章》在内的国际法"。① 外空法的法律体系规制外空活动（以及外空物体）。"外空活动"这一概念被普遍理解为对外层空间的"利用"、"探索"和"科学考察"。② 本手册所探讨的涉及外空的网络活动大多属于"利用"的范畴。国际专家组认为，该术语包括在外层空间和天体上的经济性和非经济性活动，无论其属于公共性质抑或私人性质。当地球活动涉及外层空间活动或对外层空间产生影响——例如对外空物体进行控制——时，该活动也构成外空活动。这一点与网络行动尤其相关，因为大多数影响或利用外空设备的网络行动是从地球上发起的。一旦外空法适用于特定网络行动时，它可以作为特别法③优先于本手册其他相反的规则。④

8. 最后，专家注意到国际电信法在调整某些外空活动时的重要性。这是因为，特定层面的卫星通信及其保护受到国际电信法体系的规制（第十一章），例如禁止造成有害干扰（规则 63）就属于这样的情形。

规则 58　和平目的和使用武力

（1）月球和其他天体上的网络行动只能用于和平目的。

（2）外层空间的网络行动受国际法上有关使用武力的限制约束。

1. 第 1 款体现在《外层空间条约》第 4 条中，该条款对外层空间

---

① Outer Space Treaty, Art. Ⅲ.

② Outer Space Treaty, Art. Ⅰ.

③ 国际法委员会的讨论支持将外层空间法归类为特别法。Analytical Study of the Study Group of the International Law Commission (finalised by Martti Koskenniemi) on Fragmentation of International Law: Difficulties Arising from the Diversification and Expansion of International Law, para. 129, UN Doc. A/CN. 4/L. 682 (13 April 2006).

④ 在此方面应保持谨慎，这是因为，根据《联合国宪章》第 103 条，《联合国宪章》优先于外空法，而且诸如《国际电信联盟宪章》或《国际电信联盟无线电规则》等其他国际协定也有可能构成优先适用的特别法规则。

的军事活动施加限制。特别是，该条规定月球和其他天体必须绝对用于和平目的，并且禁止在天体上建立军事基地、设施和工事，禁止在天体试验任何类型的武器以及进行军事演习。国际专家组认为，第 4 条完全适用于该条范畴内的相关网络活动，例如在月球上安装网络基础设施以实施针对地球上、外层空间中或其他天体上的物体的攻击型军事网络行动。

2. 依据第 4 条规定，不禁止军事人员在月球和其他天体上进行科学研究或进行任何其他和平目的的活动，也不禁止使用为和平探索月球和其他天体所必需的器材或设备。[①] 因此，与在月球或其他天体上建设通讯、科研或观测设备（或测试此类设备）相关的网络行动是合法的。即使这些网络活动是由军队实施，亦是合法的。

3. 对于第 2 款的规定，国际专家组认为，外层空间的网络活动不应非法使用武力（规则 68）。《外层空间条约》第 3 条规定，"探索和利用外层空间的活动"必须"遵守包括《联合国宪章》在内的国际法，以维护国际和平与安全"。对《联合国宪章》的援引表明，宪章第 2 条第 4 款有关禁止使用武力或武力相威胁的规定完全适用于外层空间活动。相应地，任何源自外层空间、在外层空间运行或终止的网络行动若达到非法使用武力或武力相威胁的程度，则该行动被禁止（规则 68）。

4. 然而，国际专家组认为，那些依据《联合国宪章》第七章由联合国安理会授权的网络行动，即使在外层空间发生或在外层空间产生效果也仍是合法的（规则 76）。专家们还认为，在外层空间行使自卫权，或者使用外层空间设备来防御地面武力攻击，这样的活动均是合法的（规则 71）。他们通过综合参考现有的国际法（包括《联合国宪章》、《外层空间条约》[②] 和《月球协定》[③]）而得出上述结论。

5. 例如，在自卫中，允许使用网络军事力量对抗为地面武力攻击（规则 71）提供便利的卫星。类似地，为阻止其他国家使用卫星进行通

---

① Outer Space Treaty, Art. Ⅳ.

② Outer Space Treaty, Art. Ⅲ.

③ Moon Agreement, Art. 2.

讯或导航，以支持地面武力攻击，即使一国针对地面基站实施达到使用武力程度的网络行动，该行动也是合法的。当然，具体案件应根据具体情况进行评估。例如，防御性地使用反卫星武器对涉及网络武力攻击的卫星加以物理摧毁，必须符合自卫规则的必要性和比例性要求（规则72）。为此，应考虑诸如攻击地面控制设备、上行链路或下行链路、遮挡或使卫星致盲，或者移除或引爆卫星等替代性做法。同时也必须考虑此行动将产生的空间碎片数量，这不仅涉及自卫的法律，而且还涉及武装冲突法（第四部分）和中立法（第二十章）等其他可适用的法律制度。专家指出，尽管《空间碎片减缓准则》没有法律约束力，但也可能是反卫星行动的决策中应当考量的因素之一。①

6. 专家们认为，外层空间内或穿过外层空间的网络行动一旦超出使用武力的门槛，即构成对国际法的违反（除非是依据自卫权或者遵守安理会授权而实施行动）。但是，他们也注意到有这样一种争议：某些未达到使用武力门槛的网络活动，是否因其并非用于"和平目的"而受到禁止？就此而言，"和平目的"一词不仅出现在本规则第1款所指向的《外层空间条约》第4条，而且还出现在该条约的引言部分。后者确认"为和平目的而探索和利用外层空间……的共同利益"。其他一些文件也包含了有关和平利用外层空间的类似规定。②

7. 鉴于上述规定，国际专家组在利用外层空间的大背景下对"和平目的"这一概念进行了讨论。专家们指出，从进入太空时代以来，外层空间就被用于诸如侦查和监控的军事目的。而且，许多外空技术具有"双重性质"，因为民用外空能力通常源于外空军事能力的发展，并且诸多民用的外空应用程序（例如商业卫星图）被用于军事目的。因此，专家不赞同通过将"和平目的"解释为"非军事目的"，来对利用

---

① IADC Space Debris Mitigation Guidelines; Space Debris Mitigation Guidelines of the UN Committee on the Peaceful Uses of Outer Space (UNCOPUOS), endorsed by GA Res. 62/217 (22 December 2007). 第4项指南规定，"应避免故意毁灭任何在轨航空器……或者将产生长期存在的碎片的有害外空活动。"

② See, e.g., Moon Agreement, Arts. 2, 3 (1); Liability Convention, pmbl.; Registration Convention, pmbl.; Declaration on the Use of Outer Space, pmbl., Annex, para. 1.

外层空间进行限制。①

8. 国际专家组进一步认为，《外层空气条约》第 3 条提及 "包括《联合国宪章》在内的国际法"，这表明不应在国际法已有的明确规定之外，施加任何禁止采取外空网络行动的义务。作为适用其他限制的例证，专家们指出，不构成非法使用武力的网络行动可能违反本手册所列的其他规则，例如禁止干扰其他国家用于和平目的的外空活动（规则59）和禁止有害干扰国际电信法下的无线通讯（规则 63）。然而，专家们得出的总体结论是，第 2 款并不适用于那些不违反国际法初级规则的外空网络活动。

9. 国际专家组注意到有一种观点认为：任何威胁国际和平与安全的外空网络行动，都违反了一项据称存在的一般性禁令，即不得从事非用于和平目的的外空活动，即便上述网络活动并没有违反其他国际法规则。该观点来源于《外层空间条约》第 3 条（该条要求国家 "进行探索和利用外层空间的活动" 应 "维护国际和平与安全"），以及上述文件所使用的 "和平目的" 一词。② 有关 "国际和平与安全" 一语的讨论，参见规则 65。

10. 以存在紧张关系但尚未发生敌对活动的两个国家为例，其中一国实施了拦截另一国军事卫星侦查数据的网络行动。鉴于两个国家间的关系，该行动可能损害两国间的持久和平，导致形势恶化。③ 国际专家组认为，除非该网络行动构成使用武力的组成部分（例如筹备达到使

① 专家进一步指出，《外层空间条约》第 4 条明确提及其他天体，但并没有对本条明确禁止以外的外空军事利用施加限制。

② Moon Agreement, Art. 3（1）; Liability Convention, pmbl.; Agreement on the Rescue of Astronauts, the Return of Astronauts and the Return of Objects Launched into Outer Space, pmbl., 22 April 1968, 672 UNTS 119.

③ 此处，值得注意的是，《美国国防部航天政策》强调干扰外空系统的风险，并指出："故意干扰美国外空系统，包括其辅助性基础设施，将被视为是对美国权利的侵犯，该干扰，或对美国依赖的其他外空系统的干扰，在和平时期是不负责任的行为，并且该行为可能在危机时期增多。"Department of Defense Directive 3100.10, 18 October 2001.《美国国家航空政策》包含近乎同样的声明，"故意干扰外空系统，包括辅助性基础设施，被视为是对国家权利的侵犯。"National Space Policy of the United States of America, White House, 28 June 2010. 虽然对国家权利的侵犯并不总是威胁国际和平与安全，但是这有时确实也威胁国际和平与安全。

用武力程度的行动），否则就没有违背本规则。然而，他们也注意到网络活动可能构成违反规则59第2款的干扰行为。所有专家均不赞同的另一观点是，因为拦截数据的网络行动并非出于和平目的，所以该行动违反本规则。

11. 国际专家组认为，在敌对情形（包括位于、途经或源自外层空间的网络行动）达到武装冲突（规则82、规则83）程度的情况下，武装冲突法将得以适用。当两国之间的行为被定性为武装冲突时，国家是在自卫（规则71）中实施网络行动，因而不违反本规则这一事实，不能成为该国的网络行动可违反武装冲突法的借口。例如，武装冲突法禁止对民用目标的网络攻击（规则99），这也适用于对未用于军事目的（因而不能构成军事目标）的外空民用目标的网络攻击。专家们指出，在此情形中，外层空间中的卫星和其他网络基础设施普遍具有双重用途。类似地，对于在武装冲突中制造危害外空民用目标的空间碎片问题，比例原则（规则113）将发挥作用。而且，中立法（第二十章）可适用于具有中立属性的外空物体。

规则59　对外空活动的尊重

（1）国家必须尊重登记国对在该国登记的外空物体所行使的管辖权和控制权。

（2）国家在实施涉及外层空间的网络行动时，必须适当顾及避免干扰其他国家的和平外空活动这一需要。

1. 第1款一般性地要求国家必须尊重其他国家对其外空物体的管辖权。《外层空间条约》第8条规定，外空物体受到该物体登记国的"管辖和控制"。登记国对该外空物体享有完全的权力，不管该物体是政府的、私人的或者是具有商业性质的。特别是，登记国对外层空间或天体上的物体享有立法管辖权和执行管辖权（规则8）。例如，许多国家和私人机构使用通讯卫星实施网络活动。登记国有权颁布这方面的法律和规章，并对违法行为开展执法活动以及在适当时的司法活动。

2. 其他国家必须尊重登记国的管辖权。若一国不尊重登记国所颁布的有关使用特定外空物体（如通讯卫星）的规章，那么该国将违反第 1 款。类似地，一国不能以执行本国国内法为目的，针对在另一国登记的外空物体实施网络行动。上述结论不妨碍根据国际法而采取特定网络措施——例如自卫（规则 71）——的权力。

3. 尽管登记国享有对外空物体的管辖权和控制权，但必须注意的是，其他国家可能对该外空物体上的活动或该物体上的人员享有管辖权。① 例如，其他国家可针对涉及另一国所登记卫星的网络活动实施立法管辖权，前提是此网络活动对其领土造成损害后果，例如通过卫星通讯系统开展对该国公司的经济间谍行为。

4. 第 2 款基于《外层空间条约》第 9 条，该条规定国家在外层空间开展活动时应"适当顾及"其他缔约方的"相关利益"。② 国际专家组认为，该义务本质上反映了习惯法，它尤其与可能导致物理干扰或光波干扰，或者产生空间碎片并有可能影响其他国家外空活动的网络活动相关。

5. 第 9 条进一步规定，如果国家"有理由相信该国或其国民在外层空间……计划进行的活动……可能对其他国家和平探索和利用外层空间造成潜在的有害干扰"，那么该国应"在实施此种活动前，进行适当的国际磋商"。然而，专家们指出，国家实践中并未遵守这一磋商义务，由此，他们无法认定该规定反映了习惯国际法的要求。

6. "适当顾及"作为一种加以注意的标准，也出现在海洋法（规则45）和航空法（规则 57）中。本规则所使用的"适当顾及"，一般被理解为要求国家不应以一种妨碍其他国家行使外层空间权利的方式行事。例如，国家在即将报废的卫星中测试能产生电力尖峰的一种网络武器，导致电力设备、压缩气体或推进剂爆炸。如果该测试制造的碎片垃

---

① 值得注意的是，外层空间的管辖权可以通过国际协定加以规定。例如，《国际空间站协定》规定，所有的成员国将登记其组件，并"保留对其登记的组件……以及对属于国民的空间站人员的管辖权和控制权"。ISS Agreement, Art. 5. 因此，对国际空间站上的人员无法实施并行管辖权。

② 第 9 条也要求国家应采取一种避免使外层空间遭受有害污染，或者使地球环境发生不利变化的方式开展外层空间研究。

圾场将威胁其他国家的卫星和航天器，那么这将侵犯其他国家享有的开展外空活动的权利。

7. 依据《外层空间条约》和其他外空法律文件，宇航员是"人类的使节"。① 在宇航员处于危难的情况下，各国应尽其所能进行救助，并且将那些对宇航员生命或健康产生威胁的外层空间现象立即告知他国。② 事实上，宇航员在开展空间活动时应向其他国家的宇航员提供援助。国际专家组认为，由此，当在外层空间中或穿越外层空间开展网络活动时，国家必须考虑上述网络活动对宇航员的影响，并且应相应地考虑宇航员生存所需的设备。

8. 本规则的适用不妨碍国际电信法关于有害干扰的规则（规则63）。必须注意的是，本规则的"干扰"一词并非是规则63的"干扰"的同义词，因为后者仅限于对其他国家无线网络通讯或服务的有害干扰。与此不同的是，本规则包括所有妨害其他国家合法的外空活动的干扰行为，不管其是否与无线网络通讯或服务相关。在一些情形中，国家活动可能同时涉及上述两项规则。

规则 60 监管、责任和赔偿责任

（1）国家必须对非政府实体网络性质的"外层空间活动"进行授权并加以监管。

（2）涉及外空物体的网络行动应遵守外空法中的责任（responsibility）和赔偿责任（liability）制度。

1. 第 1 款源于《外层空间条约》第 6 条，该条规定国家应保证其"在外层空间开展的本国活动"（包括非政府实体的活动）必须符合《外层空间条约》的规定。该条进一步规定，"非政府实体在外层空间的活动……应由有关的缔约国批准，并连续加以监督。" 如果某一国际

---

① Outer Space Treaty, Art. Ⅴ; Convention on Registration of Objects Launched into Outer Space, Arts. 10, 12; Declaration on the Use of Outer Space, para. 9.

② 此处，值得注意的是国际电信联盟的法律制度包括一项使生活通信的安全处于优先地位的义务（第十一章引言）。

组织登记了其运营的卫星，那么该国际组织应承担与国家相同的义务。[①]

2. 本规则所使用的一国"非政府实体"，是指那些其名下的外空物体在该国进行了登记的实体，以及运营外空物体且拥有该国国籍的自然人和法人。因此，对于一国非政府实体的外空网络活动（下文将进行讨论），该国通常有责任进行授权并连续监督，即使该非政府实体是在运营在另一国登记的外空物体。必须注意的是，授权和监督义务应由"合适的"国家承担。在决定哪个国家为合适的国家时，应考量诸如运营者国籍，物体登记状态，遥感、追踪和控制系统的方位等相关因素。

3. "外层空间活动"一词表明，该活动不只包括在外层空间使用与网络通讯相关的网络基础设施，或者单纯飞越外层空间的活动。[②] 例如，当电信公司向外层空间发射通讯卫星时，本规则意义上的外层空间活动即产生。该公司登记国及其住所地国必须对该卫星的运营进行授权和持续性地监督。

4. 第2款表明，涉及网络行动的外空活动受到外空法中的责任和赔偿责任制度的约束。国际专家组认为，如果该制度未能解决具体情况，应适用第四章第一节至第三节所规定的关于国家责任的一般性规则。[③]

5. 外空法的责任和赔偿责任制度规定在《外层空间条约》第7条。该条规定了一般性的原则，即发射国应就其外空物体造成的损害，对其他缔约国或其自然人或法人承担国际上的赔偿责任。该原则在《外空物体所造成损害的国际责任公约》第2条中得到了进一步的发展。该条款建立了一种绝对赔偿责任制度，即发射国应赔偿"该外空物体在

---

① 1979 年，欧洲航天局成为《关于登记射入外层空间物体的公约》的缔约方。*See* Space Object Registration by the European Space Agency: Current Policy and Practice, UN Doc. A/AC. 105/C. 2/2015/CRP. 18 (13 April 2015). 欧洲气象卫星应用组织（EUMETSAT）在 1997 年成为缔约方，且欧洲通信卫星组织（EUTELSATIGO）在 2014 年成为缔约方。

② 这不妨碍其他可适用的国际法，例如国际电信法。例如，《国际电信联盟无线电规则》禁止私人或实体在未经政府颁布适当许可时设立或操控传输电台。ITU Radio Regulations, Art. 18. 1.

③ Articles on State Responsibility, Art. 55.

地球表面及对飞行中的航天器所造成的损害", 而不管该物体是政府或非政府性质。[①] 例如, 如果发射国在地面或外空的网络活动导致其所发射的卫星在地球上坠毁, 即使并非故意或出于疏忽的原因, 发射国对坠毁导致的任何有形损害都负有赔偿责任。

6. 国际专家组也考虑了一国故意针对发射国外空物体采取网络行动并导致该物体在地球坠毁这一情形下的绝对赔偿责任问题。专家们对两种情形进行了区分。第一种是求偿国存在重大过失或故意的行为全部或部分地导致了该损害。在此种情况下,《责任公约》第6条限制了求偿国对发射国提出的求偿。

7. 在第二种情况下, 疏忽大意或故意行为是由第三国实施的。例如, 假设甲国是唯一的发射国并依据所有可适用的国际法来运营该卫星。乙国(要么是疏忽大意, 要么是故意)的网络行动导致卫星脱离轨道, 因而在丙国领土上造成损害结果。即使丙国知道是乙国的行为导致卫星脱离轨道, 丙国仍然有权根据《责任公约》或《外层空间条约》(假定甲国是上述一项或两项公约的缔约方)向甲国提出求偿。还有这样一种可能:因为乙国应该对其外空活动负责(假设对卫星使用网络武器构成"外空活动"), 所以甲国可以单独依据《外层空间条约》第6条向乙国追偿。

8. 第三个关键的特别法规则为《责任公约》第3条。根据该条款, 绝对赔偿责任体系不适用于一外空物体在外空中对其他外空物体造成损害的情形。该条特别规定, 在一外空物体对另一外空物体或另一外空物体所载之人或财产造成损害的情况下,"只有因为前一国家之过错或其负有责任之人的过错导致该损害", 该国才承担赔偿责任。[②] 以甲国针对乙国通讯卫星控制系统的地面基站实施网络行动为例, 该行动改变了卫星的轨道, 并且导致与丙国的卫星相碰撞。由于乙国在该事件中没有过错, 所以无须承担赔偿责任。与此不同的是, 以发射国更新某一卫星

[①] 依据《责任公约》第5.1条, 在两个或两个以上国家共同发射外空物体时, 适用连带及个别责任。各发射国之间可以就谁将承担首要责任这一主题缔结协定。

[②] Liability Convention, Art. Ⅲ.

的星载系统为例，由于该国在卫星上安装该系统前未能充分地测试软件，结果该更新系统导致卫星改变轨道参数，并且与另一国的外空物体产生碰撞。假设求偿国能够证明发射国未能充分测试，那么发射国对该损害承担赔偿责任，因为在安装之前未能全面测试系统软件有可能构成疏忽。

9. 值得注意的是，《责任公约》第 2 条和第 3 条提及"损害"。《责任公约》第 1 条第 1 款将损害定义为"丧失生命，身体受伤或对健康的其他损害；或者国家、自然人或法人财产，或政府间国际组织财产的损失或损害"。国际专家组认为，该公约使用的"损害"并不包括外空物体上的数据删除或更变，除非该删除或改变产生前述结果（虽然此网络行动可构成干扰，见规则 59）。该损害也不包括因无法使用外空物体而产生的经济损失。专家们认为，财产损害概念包括外空物体永久丧失功能的情况。

10. 以从事交会对接行动的卫星①为例，此类卫星与轨道上的其他卫星取得联系，并且传输代码使其他卫星永久瘫痪，或者导致其他卫星永久地停止发挥预定功能。另外一个例子是，网络行动导致照相侦察卫星永久地关闭快门。专家认为，上述情形均构成第 3 条所述的"损害"。

---

① 外空交会对接行动是一种轨道控制过程，在此期间，两个航天器特意到达同一轨道，并且为特定目的接近至非常近的距离（例如视线可及的范围）。

第十一章　国际电信法

1. 电信法主要涉及国际电信业务的提供和电信基础设施的运行。因此，可将之定性为包括那些以网络方式从事的国际电信的赋能制度。它也处理附带性问题，例如国家保护网络基础设施的义务（规则61）。

2. 尽管国际专家组未得出结论认为，本章中阐述的规则必然反映了习惯国际法，但却注意到，几乎所有国家都是国际电信联盟（ITU，简称"国际电联"）——负责管理国际电信的联合国专门机构——条约制度的缔约方。因此，专家们认为，将下列与网络相关、基于条约的规则纳入本手册是有助益的。

3. "电信"是指利用导线、无线电、光学或其他电磁系统进行的，对于符号、信号、文字、图像、声音或任何性质信息的传输、发送或接收。[①] 国际专家组认为，由于国际电信联盟的法律制度是技术中立的，能使数据通过其他媒介进行传输的新兴的技术发展，诸如通过伽马射线、X光，[②] 或当前并未被大范围用于电信的物理管线，有可能进入这一术语涵盖的范围。通过网络方式从事的电信，也就是当前主要通过以IP为基础的网络产生的电信，也属于电信，因为它们是通过有线、电磁频谱或光纤来传输的。例如，通过安全保密的电子邮件分享情报信息，构成一种电信活动。然而，如果同样的信息通过使用USB闪存传

[①] ITU Constitution, Annex, No. 1012. *See also* ITU Radio Regulations, Art. 1. 3；ITU 1988 International Telecommunication Regulations, Art. 2 (1)；ITU 2012 International Telecommunication Regulations, Art. 2 (1).

[②] 当前用于国际电信服务的电磁频谱范围为3000赫兹及以下，不包括伽玛射线和X光。ITU Radio Regulations, Art. 2.1。

输，那就不是电信活动。①

4. 本章中体现的法律与"国际"性质的电信相关。在本手册中，"国际电信"这一术语包含那些涉及跨境数据传输的电信，以及来自、去往或经由域外区域，例如国际水域、国际空域和外层空间（参见第十章引言对"外层空间"这一术语含义的讨论）传输的电信。

5. 一项"国际电信业务"是"在位于不同国家或属于不同国家的任何性质的电信局之间或电台之间提供通信能力"。② 在网络环境下，无论是通过互联网服务提供商还是其他电信公司，例如那些提供蜂窝数据连接（如4G业务）的公司，主要的国际电信业务都是提供互联网连接。此外，例如，全球定位系统（GPS）或格洛纳斯（GLONASS）卫星导航系统就是网络环境下重要的国际电信业务。这一术语也涵盖了当前正在开发中的业务，例如从飞机、飞船或气球接入互联网。就本手册而言，网络环境下的国际电信业务指的是"国际网络通信业务"。

6. 国际电信法的条约渊源主要由国际电联的系列文件组成：《组织法》、《公约》和两个行政规则——《无线电规则》和《国际电信规则》。③ 在这一制度下，国际电联是唯一的政府间组织，执行：用于各种无线电信业务的电磁频谱中的频段的全球分配，如移动电话、GPS导航、卫星广播；对各国就利用这些频段分配而指定的频率进行协调和记录（在这方面，另参见规则63）；以及酌情记录卫星的轨道位置（无论是已使用的还是打算使用的）。④ 国际电联也促进电信活动的国

---

① 专家们特别指出，尽管数据几乎总是在纯技术层面运动，即使在被储存时也是如此，但在国际电信法的意义上，中央处理器（CPU）中的数据处理不涉及传输，因而不被认为是一种"电信"活动。

② ITU Constitution, Annex, No. 1011；ITU 1988 International Telecommunication Regulations, Art. 2（2）；ITU 2012 International Telecommunication Regulations, Art. 2（2）.

③ ITU Constitution, Art. 4. 国际电联《组织法》和《公约》在1992年增开的日内瓦全权代表大会上通过，并于嗣后的全权代表大会上得以修正（1994年京都，1998年明尼阿波利斯，2002年马拉喀什，2006年安塔利亚，2014年釜山）。国际电联《无线电规则》于1995年通过，随后在众多场合得以修订，最近的一次是2015年在日内瓦。2015年修订本的大多数内容自2017年1月1日起生效。目前有1988年和2012年两份生效的《国际电信规则》。2012年条约的非缔约国仍受1988年国际电联《国际电信规则》的约束，正如2012年条约的缔约国相对于非缔约国一样。

④ ITU Constitution, Art. 1（2）（a - b）.

际标准化。①

7. 在海洋法中，也存在着通过网络方式规范某些国际电信的补充规则。值得注意的是那些处理海底通信电缆（规则54）和公海上未经授权广播（规则46）的规则。类似地，空间法也规范着某些方面的国际电信，例如有义务在运行通信卫星时适当顾及其他国家在外层空间的活动（见规则59第2项）；要求国家授权和监督非政府实体在外层空间的活动（见规则60第1项），例如私营公司发射和经营通信卫星；以及确定由通信卫星造成的损害赔偿责任（见规则60第2项）。

8. 各国也可能就国际电信服务（包括国际网络通信服务）的特别安排达成协定。国际电联《组织法》第42条和43条中所规定的特别制度的存在，并不解除缔约国依据国际电联各项文件对其他国家承担的义务，例如避免对其他国家的电信业务造成有害干扰（规则63）。

9. 国际专家组注意到，对有关生命安全的电信和政务电信，国际电联的法律制度赋予了优先权。② 专家们决定，不在本手册中就优先权问题单独设置规则，因为得到认同的是，在网络环境下，这种优先权并无多大实际意义，而且也不为国家实践所广泛支持。随着国际网络通信业务日益普遍和可提供更高的带宽，优先考虑特定类型国际网络通信的需要随之下降。然而，专家们认为，一旦出现从事生命安全通信或政务通信的能力取决于其优先权的情况，各国必须优先考虑这些通信。以边境地区的大规模地震为例，为确保受地震影响的各国间合作救灾不受妨碍，各国可要求移动运营商和互联网服务提供商限制某些高带宽流量消耗，例如文件传输和流媒体，以遵从优先权的要求。

10. 国际专家组进而注意到国际电联《组织法》第37条，该条涉及电信的保密。专家们的理解是，第37条第1款作出了对通过网络方式实施的国际通信的保密性有利的推定。此外，第37条第2款允许一

---

① 国际专家组注意到，除了国际电联，在国际网络通信方面，其他实体也发挥了组织和政策作用。这些实体包括互联网数字分配机构（IANA）和互联网工程任务组（IETF）。

② 分别参见：ITU Constitution, Arts. 40 and 41. 另可分别参见：ITU 1988 International Telecommunication Regulations, Art. 5（1）and 5（2）；ITU 2012 International Telecommunication Regulations, Art. 5（1）and 5（2）.

国向国内当局或国际当局提供此等通信，如果这么做是依据国内法或国际法的授权。由于专家们认为，第 37 条第 2 款为各国取消国际通信的保密性提供了广泛的依据，就第 37 条在多大程度上影响各国的网络行动，他们无法得出任何确定性的结论。关于电信的保密性，专家们强调，各国尤其应当比照关于隐私的国际人权（规则 35）来评估其网络行动的合法性。

规则 61 建立，维护和保护电信基础设施的义务

国家必须采取措施确保建立迅速、不间断的国际电信所需的国际电信基础设施。如果要符合这一要求，国家建立国际电信网络基础设施后还必须维护和保护这些基础设施。

1. 本规则的依据是在国际电联《组织法》第 38 条。这一条旨在促进国际电信业务的可获得性和质量。这一条在相关部分规定：

（1）各成员国应采取必要步骤，确保在最佳的技术条件下建立迅速和不间断地交换国际电信所需的信道和设施。

（2）必须尽可能使用经实际经验证明为最佳的方法和程序来运行这些信道和设施。这些信道和设施必须保持在正常工作状态，并随着科学技术进步而得到改进。

（3）各成员国应在其管辖权限内保护这些信道和设施。

（4）每一成员国均应采取必要步骤，保证维护其所控制的各段国际电信电路。①

2. 相应地，本规则阐明了三种不同的国家义务：保证建立便于迅速和不间断国际电信的基础设施；保护这一基础设施；以及维护这一基础设施。国际专家组认为，当基础设施不再被用于履行国家有关建立该基础设施的义务时，该国不承担保护和维护国际电信基础设施的随附

① ITU Constitution，Art. 38.

义务。

3. 国际专家组认为，本规则阐明的各项义务是行为义务，而非结果义务。行为义务通常要求各国通过它们选择的方式尽"最大努力"加以遵守。此等义务不对各国施加在结果上获得成功的责任（也参见规则 7 中对遵守审慎原则的讨论）。因此，随之而来的是，本规则的各项义务从属于可行性这一条件；如果履行义务对国家而言是不合理的，国家就不承担义务。在这点上，所涉国家的财政资源和技术能力尤其相关。

4. 国际电联《组织法》第 38 条第 1 款对各国施加了一项普遍义务，即保证建立"迅速和不间断地交换国际电信所需的信道和设施。"国际专家组认为，各国可自行决定此等"信道和设施"是否应包括特定的国际网络通信基础设施。由于本规则反映的是行为义务，如果一国选择的是在最佳技术条件下建立网络通信能力，从而遵守这一义务，那么，只要这些举措在当时可行且合理，该国就只需要这么做。例如，对某个特定国家来说，如果将某个偏远地区连接至用于快速数据传输的光纤电缆成本过高，那么这个国家可以提供可行的最佳替代措施，例如不那么昂贵的卫星连接。不过，所有的专家都认为，这一义务与终端用户设备（例如电脑和智能手机）的可用性无关。实际上，专家们指出，保证建立提供连通全球互联网的网络基础设施，是使国际电信能够得以迅速和不间断交换的一个很有效的方法。

5. 国际专家组认为，本规则包含了国家和私营公司经营的国际电信基础设施。因此，为履行保证建立"迅速和不间断的"国际电信基础设施这一义务，一国可以，例如，营造商业环境，以鼓励私营公司对铺设互联网通信电缆和建立其他支撑互联网的网络基础设施进行投资。就私营公司在这一领域的行为而言，该国有义务保证它们经营的网络基础设施也得到了如下文所讨论的维护和保护。

6. 国际专家组认为，建立国际通信基础设施的义务与国际电联《组织法》第 33 条密切相关，这一条阐述了公众参与国际电信业务的权利。换言之，如果一国已建立了公开可获得的国际电信能力，公众就可享有将之用于国际电信的权利。

7. 当国际电信系经由网络方式实施时，国际电联《组织法》第38条第3款规定各国有"保护"的义务，而且，第38条第2款和第4款规定各国有"维护"底层网络基础设施的义务。国际专家组指出，保护义务涉及一国管辖（规则8）范围内的网络基础设施，而维护义务则仅限于该国控制之下的网络基础设施。专家们认为，尽管国际电信法未对控制的概念作出定义，但它至少包括处于一国排他的政府控制之下的网络基础设施，这与该国所有并运营的网络基础设施一样。与此不同的是，一般来说，一国领土内的一切网络基础设施都受该国管辖（规则9），因而一国可通过颁布国内法律和规章，保证私人企业所拥有和运营的网络基础设施也能得到保护。

8. 专家们认为，保护和维护的义务包括整体的运行维护，以及遵守技术标准，保证数据得以可靠和有效传输。例如，一国可在向电信服务提供商发放的许可证中规定技术和运行条件，以确保实现这些目标。①

9. 国际专家组还讨论了一国在另一国提供该另一国尚不具备的电信业务的合法性，例如未经后一国家同意，通过通信卫星或从飞机上接入互联网。专家们指出，每一个案都需要根据其自身情况加以评估。例如，如规则55中所讨论的，如果飞机未经授权飞经他国上空，那么，由于该飞机未经同意出现在该国空域，此等活动是非法的。

10. 就提供电信业务本身而言，少数专家认为此等活动是合法的，因为尚未形成反对此等活动的习惯国际法。然而，多数专家认为，一国

---

① 参见欧盟隐私和电子通信指令，其中要求公开可获得的电子通信服务提供商采取适当的技术和组织措施，保证其各项业务的安全性。Directive 2002/58/EC of the Euporean Parliament and of the Council Concerning the Processing of Personal Data and the Protection of Privacy in the Electronic Communications Sector (amended by Directive 2006/24/EC of the Euporean Parliament and of the Council of 15 March 2006, and Directive 2009/136/EC of the Euporean Parliament and of the Council of 25 November 2009), pmbl. pt. 20, 12 July 2002; Conditions which Apply to all Communications Networks and Service Providers: Consolidated Version of General Conditions Office of Communications (UK) ('Ofcom General Conditions') (May 2015), Art. 3 (1) (a) (要求通信提供商采取一切必要措施，尽最大可能维护其在任何时候所提供的公共通信网络的正常和有效运行)。

未经后者同意而在另一国提供电信业务是不被允许的，理由是每个国家都享有规范其电信行业的主权权利，包括由谁来提供各项业务，以及如何提供。① 关于恢复一国所提供而为另一国所中止的国际网络通信业务，参见规则 62。

11. 关于各国有义务通过涉及海底通信电缆损害赔偿的国内法，参见规则 54。

规则 62　中止或停止网络通信

（1）一国可全部或部分中止其领土内的国际网络通信业务。此等中止应立即通知其他国家。

（2）一国可停止违反其国内法、妨害公共秩序或有伤风化，或危及其国家安全的私人网络通信传输。

1. 如规则 2 中所述，就一国在其领土内对网络基础设施和网络活动进行控制而言，该国这么做是基于主权原则。各国规范其电信活动的主权权利也规定在国际电联《组织法》的序言之中。本规则承认，在行使这一主权权利时，国家有时可中止国际网络通信业务或停止网络通信传输。此项权利不妨碍有关国家可能承担的、在特定情况下不得这么做的国际法义务。

2. 第 1 项和第 2 项分别是以国际电联《组织法》的第 35 条和第 34 条第 2 款为依据。这两款具明了一国中断通信流动的条件，将之作为旨在保证通信连续性的规范的例外（参见，例如规则 61）。

第 35 条——业务的中止

每一成员国均保留中止国际电信业务的权利，要么中止全部业务，要么仅中止某些通信联络和/或去向、来向或经转的某几类通信，条件是它立即将此类行动通过秘书长通知所有其他成员国。

---

① ITU Constitution，pmbl.

和

第 34 条——电信的停止传输

（2）各成员国根据其国内法，对于可能危及其国家安全或违反
其国内法、妨碍公共秩序或有伤风化的任何……私务电信……保留
予以阻断的权利。

在这些条款的基础上，国际专家组承认了两类合法的中止或停止的
情形。

3. 第 1 项允许部分或全部中止国际电信业务，包括中止国际网络
通信业务，例如经由互联网的通信。中止是指暂时中断服务。① 国际专
家组认为，这一权利包括中止传入、传出以及过境一国领土的通信。它
同样适用于国家管辖和控制之下的、发生在船舶或飞机上的通信（规
则 10），或过境卫星的通信（规则 59 第 1 项）。如果一国中止一项国际
网络通信业务，它必须立即通过国际电联秘书长向国际电联的成员国发
出中止及后续恢复的通知。② 专家们指出，各国可能会受到限制或在其
他方面制约其第 1 项下权利的条约或习惯法的约束。③

4. 由于内乱，埃及政府在 2011 年封闭了几天的国际互联网和移动
电话连接，这是国家当局有权中止国际网络通信业务的一个例子。由于
民众利用推特、脸书和其他社交媒体进行抗议，通过一项政府决定，埃
及在全国中止了这些连接。④ 尽管埃及没有遵守通知其他国家的要求，
国际专家组认为，依据国际电信法，此等中止在其权利范围之内。这一
结论不妨碍埃及的行为是否符合其他国际法规则的问题，如尊重国际人

---

① 这也反映在国际电联 1988 年《国际电信规则》第 7 条第 1 款和国际电联 2012 年《国际
电信规则》第 7 条第 1 款，两者都提及"中止和……随后恢复正常状态"。

② ITU Constitution, Art. 35；ITU 1988 International Telecommunication Regulations, Art. 7；ITU
2012 International Telecommunication Regulations, Art. 7.

③ 对于缔约国此等中止的可能限制，可参见：the General Agreement on Trade in Services, An-
nex on Telecommunications, Art. 5, 15 April 1994, 1869 UNTS 183。

④ Charles Arthur, *Egypt blocks social media websites in attempted clampdown on unrest*, THE
GUARDIAN , 26 January 2011.

权法上的言论自由（规则35）。

5. 专家们注意到了国家执行中止国际网络通信业务决定的实际障碍。在埃及的例子中，在政府关闭网络连接后的数小时内，在提供了替代技术（如语音讯息和模拟连接）的谷歌、推特等实体的帮助下，接入得以部分恢复。然而，实际的困难并不会使法定的中止权无关紧要。

6. 国际专家组认为，第1项仅仅涉及一国中止国际网络通信业务的权力。对于一国远程恢复另一国中止的电信业务（例如从高空航空器提供互联网接入）的合法性问题，国际专家组存在分歧。多数专家认为，国家必须尊重他国管控（包括通过中止来管控）其电信活动这一主权权利，因此，旨在规避中止网络连接的活动是非法的，例如构成对政府固有职能的篡夺（规则4）。[①] 少数专家认为，由于习惯国际法上不存在禁止向另一国远程提供国际电信能力的规则，因此这种活动是合法的，除非在从事此等行为的过程中违反了国际法的其他规则（例如规则55）。关于向　国提供在该国尚不具备的电信业务，见规则61。

7. 根据第2项，一国可以停止私人网络通信，例如违反国内法、妨碍公共秩序、有伤风化或危及国家安全的即时讯息、电子邮件或推特。在本规则中，"私人"这一术语是指"非政府的"。[②] 例如，当个人在一个社交网络门户发送的即时讯息包含某些关键词，表明该讯息涉及儿童色情或恐怖活动时，一国可以建立机制来阻止并报告这些讯息。依照本规则，在停止特定的私人网络通信之前和之后都不需要通知。

8. 国际专家组强调，如果一国依据第1项或第2项行使其权利，其行动不妨碍国际人权法（第六章）等规定。

9. 国际专家组认为，依据第1项，接受国不得中止使馆或领馆所依赖的国际网络通信业务，因为根据规则42，它必须允许该使馆或领馆的自由通讯。而且，第2项不允许一国停止使馆或领馆的官方网络通信，因为它们并不是"私人"的。

---

① ITU Constitution, pmbl.

② ITU Constitution, Annex no. 1014 – 1015.

规则 63　有害干扰

一国无线电台的使用不得对其他国家受到保护的、为无线网络通信或业务目的使用无线电频率造成有害干扰。

1. 禁止一国对另一国的无线网络通信和业务进行有害干扰，是以国际电联《组织法》第 45 条第 1 款为依据的①，该款规定：

> 所有电台，无论其用途如何，在建立和使用时均不得对其他成员国……的无线电业务或通信造成有害干扰。

2. 无线网络通信和业务通过无线电波进行，亦即，通过特定的电磁波谱段。② 例如，无线网络业务包括蜂窝数据、WiFi 可获得性、全球定位系统以及通过通信卫星提供互联网连接。关于本规则所指的"无线电台"，国际专家组认为，尽管国际电联《组织法》第 45 条第 1 款提及了"所有电台"，但这一条款指向的仅仅是无线电台。专家们得出这一结论的依据是，第 45 条出现在国际电联《组织法》第七章，而这一章的标题是"关于无线电的特别条款"。

3. 正如规则 64 中阐明的，本规则所表述的禁止对用于军事目的的军事无线电台不适用。

4. "电台"这一术语是指无论位于地基或天基，通过电磁波谱发出无线电频率信号，并能够对其他国家的无线业务或通信造成有害干扰的任何无线电传输台。③ 与网络相关的例子包括向通信卫星传输信号的卫星地面站，向地球传输数据的通信卫星，手机传输天线，以及无线互

---

① *See also* ITU Constitution, Art. 1 (2) (b); ITU Radio Regulations, pmbl. pt. 0.4, Art. 15.1.

② 无线电波是"不用人工波导而在空间传播的，频率规定在 3 000 GHz 以下的电磁波"。ITU Radio Regulations, Art. 1.5.

③ 在国际电联《无线电规则》中，电台被定义为"为在某地开展无线电通信业务或射电天文业务所必需的一台或多台发信机或收信机，或发信机与收信机的组合（包括附属设备）"。ITU Radio Regulations, Art. 1.61. 在许多情况下，《无线电规则》专门针对"传输台"。

联网服务提供商（所谓的"WISPs"）的发射塔。

5. 国际电联《组织法》指出，"无线电频率和任何相关的轨道……均为有限的自然资源，必须……合理、有效和经济地使用，以使各国或国家集团公平地使用这些轨道和频率"。① 由于利用这些有限资源的国家显著增加，特别是随着无线网络活动的兴起和迅速发展，无意的有害干扰也可能增加。因此，在国际层面规划和协调其使用至关重要。

6. 在将电磁频谱作为一种公共资源进行管理以及管理相关地球轨道方面，国际电联为成员国提供协调服务。② 为了使各国使用的频率和相关地球轨道获得国际承认，以及从随之而来的免于有害干扰中获益，其使用必须遵照国际电联的协调和登记制度，或符合按照国际电联《组织法》第 42 条做出的任何特殊安排。③ 国际专家组的结论是，国际电联规范电磁频谱和相关地球轨道使用的制度是完善的，并适用于其在网络活动中的使用。④

7. "有害干扰"是那些"危及无线电导航服务……的功能或严重损害、阻碍或不断阻断按照《无线电规则》操作的无线电通信业务"的干扰。⑤ 就本规则而言，有害干扰被理解为严重损害、阻碍或中断依赖于电磁频谱的网络通信或业务。

8. 国际专家组认为，本规则专门适用于一国对另一国所使用的频率的干扰，这种频率使网络通信或业务在任何地方均能进行，包括外层

---

① ITU Constitution, Art. 44 (2).

② 频谱管理始于 1927 年的《国际无线电报公约》。International Radiotelegraph Convention, Washington, 25 November 1927. 国际电联自 20 世纪 50 年代末期开始管理卫星轨道。

③ ITU Radio Regulations, Arts. 8, 11. 国际电联《无线电规则》建立了通报和记录电磁频率和轨道使用的国际框架。根据《无线电规则》，电磁频率和轨道的使用记录在国际频率登记总表（MIFR）或经同意的频率使用计划之中。需要注意的是，对频率和轨道资源的军事使用，除了通常被界定为政府使用或在一国领土内"未分配"，并没有在国际频率登记总表中公开记录。这符合规则 64。有关军事利用电磁频谱的例子，参见：United States Department of Defense, JP 6 - 01, Joint Electromagnetic Spectrum Management Operations, 20 March 2012。

④ 自二十世纪中叶以来，国家间在双边、多边和世界层面持续开展了这种技术协调。

⑤ ITU Constitution, Annex, no. 1003; ITU Radio Regulations, Art. 1.169. 从技术角度看，当两个或多个波长和振幅相同但相位不同的电磁波部分或全部重叠时，就会产生有害的干扰，从而相互破坏或相互抵消。

空间。本规则的目的是保证各国对其经适当协调并经国际频率登记总表（MIFR）记录的电磁频谱无线电频率的使用，不受其他国家的有害干扰。所涉干扰可能是有意的或无意的。然而，免于有害干扰取决于国家及时按照国际电联《无线电规则》的有关规定进行记录，从而使对其特定频率的使用获得国际承认。

9. 例如，甲国对一个新的、完全在其领土内运营、利用其网络基础设施的无线通信网络发放了许可。甲国既没有在国际频率登记总表上记录其使用的新频率，也没有满足与邻国乙国和丙国协调该运营商频率使用的要求。而乙国和丙国已经根据国际电联的要求，对类似网络发放了许可，赋予它们使用这些频率的权利，并获得国际承认。甲国新的运营商启动了其网络，对乙国和丙国的运营商造成有害干扰。这样，甲国就违反了本规则。

10. 对于蓄意导致的有害干扰，国际专家组指出，各国经常从事有时被认为是电子战的行动或简称为"电子干扰"。电子干扰是为了阻止包括网络活动在内的某些活动，根据通常是这些活动的内容。

11. 在和平时期，国家基于意识形态或政治原因，会从事阻止无线电、电视和卫星广播的电子干扰行动。例如，伊朗 2012 年对欧洲通信卫星组织的传输，包括对 BBC 波斯语、美国之音波斯语、自由欧洲电台法尔达电台进行了电子干扰[①]；古巴通过马蒂电台对美国从事的广播进行了电子干扰。国际专家组认为，除非和平时期的电子干扰系由军用无线电台实施（规则 64）或完全在该国领土内发生和产生影响，否则通常构成对本规则的违反。然而，专家们也认为，如果是为了防止违反强行法规范（例如 1994 年煽动卢旺达种族灭绝的无线电广播），域外电子干扰就是合法的。[②] 最后，专家们指出，电子干扰可能在某些情况下也会被允许作为合法的反措施（规则 20）。

---

① Press Release, Eutelsat, Eutelsat Condemns Jamming of Broadcasts from Iran and Renews Appeals for Decisive Action to International Regulators (4 October 2012).

② See *The Prosecutor v. Ferdinand Nahimana*, *Jean - Bosco Barayagwiza*, *Hassan Ngeze*, Case No. ICTR - 99 - 52 - T, judgment and sentence, paras. 949 - 953, 970 - 974 (3 December 2003).

12. 在武装冲突期间，是否允许电子干扰受作为特别法的武装冲突法（第四部分）的制约。例如，为支持对某一军事目标的空中打击，一方蓄意电子干扰敌军防空雷达系统或 GPS 导航系统（规则 100）。如果该电子干扰可能附带造成平民伤亡或对平民财产造成损害，在相称性分析（规则 113）和攻击预防要求（规则 114~120）中，应将此等伤亡或损害作为附带损失加以考虑。

13. 故意的"有害干扰"行动可能构成对其他国际法规则的违反。特别是，涉及限制船舶无害通过（规则 48）的规则、飞机与船舶过境以及通过群岛海道（分别见规则 52 和规则 53）的规则可能与此相关。此外，参见对飞机飞越另一国领空的限制（规则 55）。

规则 64　军用无线电设施的豁免

一国依据国际电信法对军用无线电设施保留其完全的自由权。

1. 国际电联《组织法》第 48 条第 1 款规定，"成员国对军用无线电设施保留其完全的自由权"，国际专家组都认为，这一条款反映的是国际电信治理方面长期存在的国家实践。在这方面，他们注意到，国际电报联盟（国际电联的前身）1906 年的《国际电报公约》中包含了一项类似的豁免。[①] 这一例外在两个联盟公约的后续文本中得以保留。[②]

2. 尽管国际电联公约没有定义"无线电设施"，国际专家组认为，这一术语包括了能使数据通过无线电波进行无线传输的装置。就这些或其他的"军用"无线电设施而言，本规则是适用的。

3. 关于术语"军用无线电设施"的范围，国际专家组认为，纯粹用于军事目的的设施，例如军用通信卫星即符合这个范围。专家们也同意，这一术语适用于多国部队，包括维和部队所使用的军用无线电设施。最后，某些仅用于军事目的的非军用设施也可能在本规则的范围

[①] International Radiotelegraph Convention, Berlin, 1906, Art. 21.

[②] *See*, *e. g.*, International Telecommunication Convention, Madrid, 1932, Art. 39; International Telecommunication Convention, Malaga – Torremolinos, 1973, Art. 38; ITU Constitution, Art. 48.

内，例如民用情报机构用于收集军事情报的侦察卫星。然而，一般情况下，用于政务目的的设施不属于军用无线电设施。①

4. 专家们同意，本规则不适用于军用与非军用者共同使用的非军用无线电设施（所谓的"双重用途"设施）。② 一个典型的例子是使用美国国防部运营的，但同时服务于民用和军用目的的 GPS 导航系统。专家们也认为，本规则不适用于仅向公众提供服务（例如无线互联网连接）的军用无线电设施。

5. 将军用设施排除在国际电信法之外，在第48条第1款中被称为"完全的自由"。国际专家组认为，这意味着，例如，一个国家没有义务通过国际电联记录分配给在地球静止轨道上的军用通信卫星的频率，③ 否则国际电联《无线电规则》会作此要求。④ 的确，由于军用通信卫星可能被用于传输敏感和机密的信息，披露该卫星使用的频率，将会便利其他国家对此数据的拦截。

6. 专家们承认，第48条第2款要求各国"尽可能"遵守国际电联的行政规则（即《无线电规则》和《国际电信规则》）。因此，例如，如果一国运行一颗军用通信卫星，并且没有记录该卫星使用的频率，该国必须尽可能避免有害干扰其他国家对同一频率经协调和经记录的使用。

7. 从另一国领土上运行军用无线电设施应经接受国同意（规则2）。

---

① Circular Letter from François Rancy, Director, Radiocommunication Bureau, to Administrations of Member States of the ITU, CR/389, 26 January 2016. （"第48条是指'军事无线电设施'而非一般用于政务目的的电台…"）.

② ITU Constitution, Art. 48 (3).

③ 一个地球卫星轨道是卫星在地球引力影响下环绕地球的路径。放置大多数通信卫星的地球静止轨道，距地球35.786公里，位于赤道的正上方。由于放置在静止轨道上的卫星与地球旋转的速度和方向相同，相对于地球上的某一区域而言，该卫星仍是"固定的"。

④ See, inter alia, ITU Radio Regulations, Art. 8.

第三部分

国际和平安全与网络活动

第十二章　和平解决争端

规则 65　和平解决争端

（1）国家必须尽力以和平方法解决危及国际和平与安全的网络活动引起的国际争端。

（2）如果国家试图解决并未危及国际和平与安全的网络活动引起的国际争端，必须以和平方法进行。

1. 以和平方法解决国际争端，这一国际法规则已在多边和双边条约中得到强调，[①] 并已被国际法院的判决适用，[②] 也得到了联合国大会决议的确认。[③] 普遍认为，这项义务具有习惯法性质。[④]

2. 本规则第 1 款是基于《联合国宪章》第 2 条第 3 项和第 33 条第 1 项。后一条文规定，"任何争端之当事国，于争端之继续存在足以危及国际和平与安全之维持时，应尽先以谈判、调查、调停、和解、仲裁、司法解决、区域机关或区域办法之利用，或各该国自行选择之其他和平方法，求得解决。"本规则第 2 款源于《联合国宪章》第 2 条第 3 项，该条文规定："各会员国应以和平方法解决其国际争端，俾免危及国际和平、安全及正义"。国际专家组认为，第 1 款和第 2 款的区别是，

---

① See, e. g., American Treaty on Pacific Settlement (Pact of Bogotá), 30 April 1948, 30 UNTS 55; European Convention for the Peaceful Settlement of Disputes, 29 April 1957, 320 UNTS 243; Simla Agreement on Bilateral Relations, India – Pak., 2 July 1972, 858 UNTS 71; Conference on Security and Co – Operation in Europe: Final Act, princ. V, 1 August 1975, 14 ILM 1292.

② See, e. g., Fisheries Jurisdiction (Spain v. Can.) judgment, 1998 ICJ 432, para. 56 (4 December); Aerial Incident judgment, para. 53.

③ 参见，例如，《关于各国依联合国宪章建立友好关系及合作之国际法原则之宣言》原则2，确立了"各国应以和平方法解决其国际争端，俾免危及国际和平、安全及正义之原则"。

④ Nicaragua judgment, para. 290; UN GGE 2015 Report, paras. 26, 28 (b).

仅当争端可能危及国际和平与安全时，尽力和平解决国际争端的义务才是强制的。下文将详细讨论上述两个条款。

3. 在本规则中，"争端"是指对法律或事实观点的不一致，当事方之间法律观点或利益的冲突。① 例如，一国主张另一国以违反主权原则的方式侵入其网络设施（规则 4），这就是两个国家之间的争端。又如，依据一项追诉网络犯罪的双边协定，缔约方应通过国内立法来加以实施，如果有关国家对于国内立法的充分性存在分歧，这也是一种争端。还有，如果一国对另一国情报人员行使刑事司法管辖权（规则 8），指控这些情报人员在其本国境内实施网络经济间谍行为，而后一国家对前一国家起诉的事实或法律依据提出异议，这就存在一项本规则所指的争端。必须提醒的是，争端不仅仅是国家间一般的紧张关系，相反，它意味着一国提出一项特定主张而另一国加以反对。②

4. 本规则仅适用于国际争端而不及于纯国内争端。③ 国际争端是两个或多个国家之间的争端。例如，一国投资网络基础设施涉及的国内政治争端不在本规则范围内。但是，军事同盟成员方之间关于各自根据条约承担的联合网络防御义务的争端属于国际争端。有时，国内争端可能发展成为国际争端。④ 比如，一国通过互联网发送具有煽动性的和种族主义倾向的讯息，对一个国内民族进行诋毁。邻国相同民族的成员被此讯息煽动，举行抗议和集会反对其本国政府，即使这不是该讯息的目的所在。邻国要求前一国家停止活动但未成功，这种情形构成一项国际争端而适用本规则。

5. 专家们注意到一个事实：不同于仅适用于国际争端的《联合国宪章》第 2 条第 3 项，第 33 条指向"任何争端"。但专家们认为，本规

---

① *Mavrommatis Palestine Concessions（Greece v. UK）*，PCIJ（ser. A）No. 2，at 11（30 August 1924）. *See also Case Concerning Certain Property（Liech. v. Ger.）*judgment on preliminary objections，2005 ICJ 6，para. 24（10 February）.

② THE CHARTER OF UNITED NATIONS：A COMMENTARY，at 192.

③ THE CHARTER OF UNITED NATIONS：A COMMENTARY，at 193.

④ OPPENHEIM'S INTERNATIONAL LAW，at 115；THE CHARTER OF UNITED NATIONS：A COMMENTARY，at 193.

则第 1 款也仅适用于国际争端，正如下文所讨论的，第 33 条特指的是第 2 条第 3 项中危及国际和平与安全的争端。

6. 专家们对国家与非国家行为体之间的跨国争端是否构成一项国际争端存在不同立场。例如，国家可能与位于境外的组织——如实施网络行动攻击该国的黑客组织——产生争端。大多数专家反对在这种情形下适用本规则，并认为本规则仅适用于国家之间的争端。例如，这些专家援引了《联合国宪章》第 2 条第 4 项，该条未对国家使用任何武力攻击非国家行为体设定限制（规则 68）。在他们看来，第 2 条第 4 项并不禁止一国使用武力对抗非国家行为体，而如果将第 2 条第 3 项和 33 条第 1 项理解为规定了应和平解决与非国家行为体的争端，这就会造成不一致。

7. 少数专家认为，由于缺乏明确条文表明第 2 条第 3 项和第 33 条第 1 项不适用于非国家行为体，本规则必须依据《联合国宪章》第 1 条第 1 项的精神进行解释，该条表明联合国的宗旨是，"以和平方法……调整或解决足以破坏和平之国际争端或情势"。因此，他们认为需要作出宽泛的解释。他们也注意到，联合国安理会有时呼吁国家以和平方法解决与非国家行为体的争端，[①] 国家和有组织武装团体之间的协定有时也会在武装冲突期间施加此类义务。

8. "国际和平与安全"一语来源于《国际联盟盟约》的序言，[②] 且已被《联合国宪章》上述条款及其他一些文件所复制。尽管《联合国宪章》对此未作定义，普遍认为这一术语不仅仅指没有战争的情形，也包括以促成"国际关系的稳定并抑制爆发战争可能性"的方式"发展友好关系"。[③] 尽管国际专家组承认，由于相关概念本身内在的模糊性，难以确定一项国际争端何时会危及国际和平与安全，但他们认为，网络活动如有可能导致国际性武装冲突（规则 82）爆发的风险，甚至

---

① *See, e. g.*, SC Res. 27, UN Doc. S/RES/459（1 August 1947）；SC Res. 322, UN Doc. S/RES/322（22 November 1972）；SC Res. 389, UN Doc S/RES/389（22 April 1976）.

② League of Nations Covenant, pmbl.

③ THE CHARTER OF UNITED NATIONS：A COMMENTARY, at 110.

单独构成使用武力（规则68），都显然应被认定为对国际和平与安全的威胁。同样地，通过营造一种将可预见地导致使用武力和武装冲突升级的环境来破坏国家间关系，这样的网络活动也属于此种情形。取决于相关的情形，此类例子还可能包括这样的网络行动：针对交通资产（例如航空管制和铁路控制系统）或包含危险能量的基础设施（例如大坝和核电站）等关键基础设施的行动；对核心的社会职能（例如提供社会服务）具有高度破坏性的行动；以及对国家经济造成极度严重后果的行动。少数专家认为，当一国的网络行动构成一项被禁止的干涉（规则66）时，国际和平与安全就将受到威胁。

9. 解决涉及网络活动的国际争端时，一国仅能诉诸"和平方法"，且必须"俾免危及国际和平、安全及正义"。有关不危及正义的争端解决方法，国际专家组对此进行了考虑并认为，《联合国宪章》第2条第3项中的这一点与网络领域几乎无关，因而在本规则中省略了该内容。但这绝不减损第2条第3项规定的一般条件，而且在例外情况下出现涉及正义的情形也是可能的。例如，一国为解决与另一国的重要争端而参与国际仲裁。如该国侵入另一国政府的数据库并破坏支持另一国政府主张的数据信息，那么，该国就已经违反了解决国际争端应俾免危及国际正义的要求。

10. 以和平方法解决涉及网络活动的国际争端存在多种选择，它们包括但不限于"谈判、调查、调停、和解、仲裁、司法解决、区域机关或区域办法之利用"。[①] 事实调查、斡旋和其他任何适合于解决争端的方法也在本规则范围内。方法的选择由国家具体决定。

11. 本规则不妨碍一国卷入国际争端后，根据国际法可合法地采取的单边行动，尽管出于政治或其他原因，当事国相互同意的国际争端解决方法通常应优先采取。例如，一国可对与其存在争端的国家实施与信息技术产品进口相关的贸易制裁，以使争端的解决有利于己。同样地，本规则也不禁止采取合法的反措施（规则20）。以一国实施国际不法行

---

① UN Charter, Art. 33 (1).

为产生的争端为例，受害国的应对措施是：拒绝责任国获取根据两国双边条约、作为备份文件储存在受害国境内服务器上的重要政府数据信息。反措施只要符合有关反措施的各种要求（规则22~23）就是合法的。同理，当根据自卫法规定的"必要性"条件（规则72），武力确有必要时，本规则不妨碍根据自卫法使用武力。

12. 但是，以单边方式解决争端时应该谨慎实施。例如，甲国阻碍乙国通过位于甲国境内的通讯电缆传输其重要网络通讯，以施压后者解决争端。即使这项措施依据国际法不被禁止，但如果这一行动可合理预见的后果是两国间滋生敌意，这一措施就为本规则所禁止，因为它如上文所述，危及了国际和平与安全。

13. 本规则不禁止联合国安理会授权或命令的任何行动（规则76），只要依据事实本身这些措施是合法的。

14. 国家应秉承善意解决一项国际争端。① 这意味着一国不得妨碍争端的解决，如使用拖延战术，拒绝对请求提供证据的正当要求作出回应，或者虐待证人。尤其是，当一国采取了它所声称的为了解决争端的措施，而事实上该国明确知晓该措施不会产生既定的效果时，该国就没有秉承善意。举个例子，一国指控另一国曾多次利用代理人实施针对该国的敌对网络行动。相关国家的外交部长同意讨论该事项并尽力在国际会议上解决。被指控利用代理人的国家否认它曾参与任何相关的网络行动，而事实上，代理人正是在国家的有效控制（规则17）下实施有关行动的。对于该国所参与活动说谎的行为也没有秉承善意。

15. 根据第1款，作为可能危及国际和平与安全的国际争端的当事方，相关国家有义务通过和平方法寻求争端的解决。② 例如，假设一国

---

① 《联合国宪章》第2条第2项规定："各会员国应一秉善意，履行其依本宪章所担负之义务，以保证全体会员国由加入本组织而发生之权益。" *See also Aerial Incident* judgment, para. 53; Declaration on Friendly Relations, princ. （g） in pmbl.; Draft Declaration of the Rights and Duties of States, Art. 13. 关于条约本身，另参见《维也纳条约法公约》第26条。

② 第33条已经在国际法院的许多判决中得到适用。*See, e. g.*, *North Sea Continental Shelf* （*FRG v. Den.*; *FRG v. Neth.*）, judgment, 1969 ICJ 3, para. 86 （20 February）; *Fisheries Jurisdiction* （*UK v. Ice.*）, judgment, 1973 ICJ 26, para. 75 （2 February）; *Nicaragua* judgment, para. 290.

获得了另一国认为构成威胁的网络能力，后一国家提出抗议，且如果争端不能得到解决，就有可能升级到危及国际和平与安全的程度。在此情形下，国家有义务尽力通过和平方法解决有关问题。

16. 国际专家组认为，当国际争端危及国际和平与安全时，第33条本质上是第2条第3项的适用结果。它规定在宪章中，是为了强调国家必须尝试在联合国大会或安理会介入该事项之前解决争端。[①]

17. 国家必须尽力善意地（如上文所述）解决危及国际和平与安全的争端；只要作出了尝试——即使该尝试被证明是不成功的——就没有违反第1款。换句话说，第1款对行为而不是结果设定了义务。例如，假设两个国家签订双边条约，针对双方均曾视为威胁、从而危及了国际和平与安全的特定军事网络行动规定了核查机制。协定达成之后，一国声称另一国隐瞒了其认为对核查机制至关重要的核心数据，这一行为构成对协定的违反。两国同意由第三国来监督协定的实施，但争端仍持续存在。因为当事国已经作了解决争端的善意尝试，所以第1款未被违反。

18. 第1款既未规定应当穷尽所有和平解决争端的方法，也并不要求无限期地寻求争端的解决。相反，争端当事方只需要尽力尝试解决争端，直到成功解决已不现实时为止。[②] 如果那些尝试失败了，争端应提交给安理会。[③]

19. 只有实际争端才在第1款所指的范围内。那些仅是可能性而未实际形成的争端不包含在内。换言之，当事国没有义务预防一项可能在未来产生的争端，即使它或许是可预见的。例如，假设一国实施的网络间谍行动（规则32）可被合理地定性为违反了目标国的主权（规则4），但后者对此未提出反对意见，此时就不存在依据本规则待解决的争端。

---

① THE CHARTER OF UNITED NATIONS: A COMMENTARY, at 1071.

② THE CHARTER OF UNITED NATIONS: A COMMENTARY, at 1150 – 1151.

③ UN Charter, Art. 37 (1). *See also* Manila Declaration on the Peaceful Settlement of International Disputes, Annex to GA Res. 37/10, Art. Ⅱ, pt. 4 (a), UN Doc. A/37/10 (15 November 1982).

20. 尽管对于第 1 款设定的义务是否因敌对行为的爆发而消失存在不同的意见,[①] 国际专家组认为,只要以和平方法(如谈判)解决争端存在可能,争端当事方必须继续寻求解决争端,即使当事方之间已经爆发了国际性武装冲突(规则 82)。[②] 不论武装冲突爆发时是否遵守了诉诸武力权的规定,和平解决争端这一义务继续存在。

21. 专家们注意到有这样一种所有专家都不赞同的观点,即国际性武装冲突的存在终止了第 1 款设定的义务,因为争端当事方之间已不存在和平。换言之,不存在任何可能被危及的和平(至少在武装冲突的当事国之间)。这种观点源自历史久远的交战国法律义务在武装冲突期间中止的事实。专家们认为,尽管武装冲突可能中止一定的义务,但并非中止所有的法律义务。他们认为,在武装冲突期间,继续寻求解决争端的义务与第 1 款的宗旨和目的是一致的。

22. 第 2 款反映了国际专家组的共同意见,即《联合国宪章》第 2 条第 3 项未施加尽力解决不会危及国际和平与安全的争端的义务。但是,如果国家寻求解决此类国际争端,它就必须通过和平的方法。以一国对另一国实施网络间谍行为为例,后者发现了有关行为并召见前者的大使,该国大使拒绝承认有关任何网络间谍行为。这种情形满足了一项争端的条件,但各方并没有义务尝试加以解决,原因是它没有危及国际和平与安全。但是,如果做出尝试去解决该争端,争端解决的方法就必须是和平的,且不能危及国际和平与安全。

23. 专家们注意到一种观点,即国家有义务尽力解决所有国际争端。但所有专家都不认为这一观点反映了国家实践和法律确信。

24. 国际专家组指出,国家可通过条约接受特定的强制性争端解决机制。例如,当有关解释或适用《海洋法公约》的争端被证明不能以其他和平的方法解决时,就必须提交该公约第 287 条规定的机构之一

---

① 关于武装冲突对条约义务的影响的问题,可参见: International Law Commission, Draft Articles on the Effects of Armed Conflict on Treaties, with commentaries, UN Doc. A/66/10 (2011)。

② THE CHARTER OF UNITED NATIONS: A COMMENTARY, at 1074.

（除了公约规定的例外①）。类似地，在关于国际电信联盟法律文书《强制解决争端任择议定书》的当事国之间的争端，在一定情形下可提交强制仲裁。② 同时，《维也纳外交关系公约》的《强制解决争端任择议定书》的当事国，有时也要接受国际法院的强制管辖。③ 由于所有的强制性争端解决方法都是和平的，本规则不妨碍此类条约规则作出的安排。

① Law of the Sea Convention, Arts. 297 – 298.

② Optional Protocol on the Compulsory Settlement of Disputes relating to the Constitution of the International Telecommunication Union, to the Convention ofthe International Telecommunication Union and to the Administrative Regulations Art. 1, 22 December 1992, 1825 UNTS 3.

③ Optional Protocol to the Vienna Convention on Diplomatic Relations concerning the Compulsory Settlement of Disputes, Arts. I – III (1), 18 April 1961, 500 UNTS 241.

第十三章　禁止干涉

规则 66　国家的干涉

一国不得以包括网络手段在内的方式干涉另一国的内部或对外事务。

1. 网络空间给国家带来干涉他国内部或对外事务的机会，尤其是由于日益增强的全球联通性以及日益增长的国家对信息技术的依赖。本规则禁止一国以包括网络手段在内的方式对另一国的内部或对外事务进行强迫性干涉。这是基于国际法上的主权原则，具体来说是主权原则中的国家主权平等原则（规则 1~3）。① 国际专家组一致同意，禁止干涉是一项习惯国际法规范。② 事实上，国家经常表达或诉诸这项原则。③

---

① *Nicaragua* judgment, paras. 202, 205, 251. 奥本海也认为，禁止干涉"是每一个国家的主权、领土完整和政治独立的必然结果"。OPPENHEIM'S INTERNATIONAL LAW, at 428.

② 国际专家组指出，虽然《联合国宪章》没有明确提到不干涉原则，但第 2 条第 1、3、4 项经常被看作是关于不干涉的国际法规则的基础。请注意国际专家组没有大量依赖联合国大会《关于不容干涉和干预的宣言》，因为他们认为该《宣言》整体上不能代表习惯国际法。

③ *See*, *e. g.*, UN GGE 2015 Report, paras. 26, 28（b）; Ministry of Foreign Affairs of China, The Central Conference on Work Relating to Foreign Affairs, Beijing（29 November 2014）; Ministry of Foreign Affairs of Russia, Concept of the Foreign Policy of the Russian Federation, Art. 28（12 February 2013）; United States State Dept. , Special Briefing, Secretary Clinton's Meeting with Colombian Foreign Minister Jaime Bermúdez（18 August 2009）; Statement of Defense of the United States, Iran – United States Claims Tribunal, Claim No. A/30 44 n. 33, 52 – 57（1996）; United States State Dept. , Miami Plan of Action: First Summit of the Americas, para. 1（11 December 1994）; Remarks of the President of the United States, Gerald R. Ford, Remarks in Helsinki（1 August 1975）; Final Communiqué of the Asian – African Conference of Bandung（24 April 1955）, para. G. 4; Agreement between the Republic of India and the People's Republic of China on Trade and Intercourse between Tibet Region of China and India, princ. 3 of pmbl. , 29 April 1954, 299 UNTS 57.

此外，国际法院、国际组织、国际法委员会均承认禁止干涉的习惯法地位。①

2. 本规则针对的是一国通过网络手段干涉另一国内部或对外事务（如下面所讨论的）的情形。例如，通过网络行动远程改变电子选票并由此操纵选举。它还包括通过非网络手段干涉与他国内部或对外事务有关的网络活动的情形。例如，本规则禁止一国使用非网络的强迫手段，迫使另一国通过涉及互联网服务提供商的责任的特定国内立法，或者不参加关于网络裁军或线上人权的多边条约（关于线上人权，另参见第六章）。②

3. 有关禁止干涉原则的表述会采用不一致的语言。尤其是国家有时用"干预"（interference）一词代替"干涉"（intervention）。各国和联合国所通过的文件以及国际法院的判决更常用"干涉"这一用语。在本规则中，"干预"是指国家的行为侵入专属另一国主权范围内的事务，但缺乏上升到干涉层面所要求的强迫性（参见下面的讨论）。而"干涉"这一用语，作为本规则的主题，仅限于干预另一国专属主权并具有如下所述的强迫效果的行为。

4. 本规则仅用于国家间的关系中。③ 例如，一家私人公司对一国的网络基础设施实施敌对性的网络行动，就不违反本规则，即使该公司实施的方式满足以下所列的标准。然而，如果公司的网络行动依据国家责任法（规则15、规则17）可归因于一国，则该国违反了禁止干涉。

---

① *Armed Activities* judgment, paras. 161 – 165; *Nicaragua* judgment, para. 202; *Corfu Channel* judgment, at 35. *See also* Declaration on Friendly Relations, princ. 3; International Law Commission, Declaration on Rights and Duties of States, annexed to GA Res. 375（Ⅳ）（6 December 1949）, Art. 3. 不干涉原则的早期表述见于：the 1933 Montevideo Convention on the Rights and Duties of States, Art. 8（26 December 1933）, 49 Stat. 3097, TS 881。

② 关于在缔结条约方面使用强迫的情况，可参见，例如：Declaration on the Prohibition of Military, Political or Economic Coercion in the Conclusion of Treaties, Annex to Final Act of the United Nations Conference on the Law of Treaties, A/CONF. 39/26（26 March – 24 May 1968；9 April – 22 May 1969）。

③ *See*, *e. g.*, United States Department of Justice, Office of Legal Counsel, Memorandum Opinion for the Attorney General, Intervention by States and Private Groups in the Internal Affairs of Another State（12 April 1961）.

5. 专家们注意到，尽管在国家实践中频繁发生违反禁止干涉原则的情形，但国际法院已作出评论："不应期望在各国的实践中此类规则的适用达到完美的程度，即各国应该完全一致地避免干涉彼此的内部事情。"① 国际法院还指出："对习惯国际法中存在不干涉原则的法律确信的表述是很多的，也不难找到。"② 因此，国际专家组认为，禁止干涉原则经常被违反这一事实并不影响本规则反映一项现行国际法原则。

6. 尽管如此，鉴于不断演变和日益交织在一起的国际关系，禁止干涉原则的确切轮廓与适用尚不清楚。然而，国际专家组认为，一项被禁止的干涉行为包含两个要素：一是相关行为必须与涉及干涉目标国内部或对外事务的事项有关；二是在性质上它必须是强迫的。

7. "内部或对外事务"的提法明确了受禁止干涉原则保护的活动的范围。"内部事务"的观念源于保留领域（domaine réservé）的概念，后者包括"原则上不受国际法调整"的事项。③ 换言之，那些国际法未言及的事项或者国际法单独留给国家专属权力的事项构成保留领域，并因此被认为受到保护，免于其他国家的干涉。国际专家组认为，国家保留领域的完整轮廓只能通过仔细检视国家实践和法律确信方可厘清，而且一国保留领域的范围随时间而变化。

8. 在"尼加拉瓜案"判决中，国际法院处理了这样一个要求：一项被禁止的干涉应该是对一国保留领域的干涉。法院指出，"一项被禁止的干涉必须……是对每一国家根据国家主权原则被允许自由决定的事项的干涉"。④ 特别地，此类事项包括"选择一种政治、经济、社会、文化制度以及制定外交政策"。⑤ 因此，本规则禁止一国为了消除或限制另一国在此类事项上的专属权力而实施强迫的网络行为。国际专家组

① *Nicaragua* judgment, para. 186.

② *Nicaragua* judgment, para. 202.

③ *Nationality Decrees Issued in Tunis and Morocco*, advisory opinion, 1923 PCIJ (ser. B) No. 4, at 24 (7 February).

④ *Nicaragua* judgment, para. 205.

⑤ *Nicaragua* judgment, para. 205. *See also* Declaration on Friendly Relations, princ. 3; Declaration on the Inadmissibility of Intervention and Interference, Art. I (b).

认为，本规则给予的保护范围与国际法上的主权原则（规则1~3）保留给国家的问题的范围相一致。

9. 例如，一国有两种官方语言，即多数族群和少数族群的语言。政府就双语政策进行全民投票，其结果是决定只有多数族群的语言将成为官方语言。一个邻国，其主要人口与前述国家的少数族群具有相同的民族背景，对该前述国家仅使用现官方语言的政府重要网站采取拒绝服务攻击，以强迫其扭转决策并保持双语网站。既然在这种情况下一国的语言政策是属于其内部事务的事项，该强迫性网络行动就是一种被禁止的干涉。

10. 国际专家组认为，最明显属于一国保留领域内的事项似乎是政治制度及其组织的选择，因为这些问题是主权的核心。因而，不得使用本质上是强迫性的网络手段改变或唆使修改另一国的政府结构或社会结构。关于"强迫"的要素，参见下面的讨论。

11. 对一国保留领域的干涉无须针对国家基础设施或涉及国家的活动。更准确地说，满足"干涉"第一个要素的关键在于相关行为必须是为了破坏该国在保留领域的国家权力。例如，一国针对另一国的商业银行进行破坏性的网络行动，以强迫要求后者清除私人网站上前者所认为的具有攻击性的线上素材。该行为之所以被定性为干涉，是因为在不影响国际人权法（规则35）的情况下，一国对线上内容的管理属于一国的保留领域。

12. 《友好关系宣言》经常被引用来列举被禁止的干涉的实例，其中包括在他国发动、煽动、协助、资助或参与另一国的内争或恐怖活动，或"默许在本国境内从事以犯此等行为为目的之有组织活动"。① 国际法院已经承认，《宣言》的实质性条款反映了习惯国际法。② 因此，假如一国为另一国叛乱团体提供了方法，使其能绕过正常身份验证而使用该另一国针对叛乱者的行动本来受限制的网络安全服务基础设施，该行为将构成干涉，因为它帮助了叛乱者的反政府活动。

---

① Declaration on Friendly Relations, princ. 1. *See also* princ. 3.
② *Armed Activities* judgment, para. 162; *Nicaragua* judgment, para. 264.

13. 要注意的是，随着国家将与网络空间有关的问题交付给国际法调整，国家保留领域的范围可能会缩减。例如，国内通讯传统上已被认为是完全属于国家保留领域的事项。然而，对一国有约束力的国际人权法（见第六章）可能显著地缩小这样一个前提：一国如何管控其领土内的个人通讯或者如何采取措施来影响其领土内的个人通讯（例如从事国内电子监控），这只是一个国内问题。

14. 一国可以通过条约的方式将先前属于保留领域的事项交付给国际法律制度调整。例如，它可能成为一项关于网络维护和网络安全标准化的多边条约的缔约国。然而，一国是双边或多边协定的缔约国这一事实本身并不必然意味着交出该事项。更准确地说，只有当该国同意让渡对这一问题的控制权时，才会如此。如果它仅对该法律文件的缔约国让渡控制权，比如达成一项关于网络活动的区域协定，那么对于非缔约国而言，该问题仍属该国的保留领域。

15. 国际法院在"尼加拉瓜案"判决中提到"自由决定"，这就很清楚，某些意在迫使另一国遵守其国际法律义务的网络行为被排除在本规则的适用范围之外。这是因为一国对另一国负有义务这一事实，就使该事项脱离出保留领域的范围，至少对后者是如此。实际上，国际法支持旨在使一国能够促使另一国尊重其国际法律义务的各种措施，如报复行为和反措施（规则20）。

16. 不干涉原则也保护一国对外事务的完整性，以使这些关系成为该国的专属权力。[①] 因此，受本规则保护的事项包括选择拓展外交和领事关系、对国家或政府的承认、成为国际组织的成员、缔结或废除条约等。而违反本规则的情形则如：在乙国与丙国进行极易破裂的会谈期间，甲国采取网络手段改变乙国外交部与乙国谈判者之间的外交电子通讯，以迫使乙国放弃与丙国的会谈（但参见以下关于对强迫的知晓这一要求的少数观点）。

17. 正如国际法院在"尼加拉瓜案"判决中所确认的，强迫是禁止

---

① OPPENHEIM'S INTERNATIONAL LAW, at 430 – 431.

干涉的一个构成要素。该法院指出："当它使用强迫方法时，干涉就是不法行为……强迫的要素……决定并在事实上构成禁止干涉的核心本质。"[①] 不涉及强迫的行为不构成本规则中的干涉。

18. "强迫"这一用语在国际法上没有得到界定。在本手册中，"强迫"不限于有形的物质力量，而是指一个旨在剥夺另一国家选择自由的积极行为，即迫使该国以非自愿的方式作为或者非自愿地以一个特定的方式不作为。[②] 考虑这种情况：甲国在不违反国际法规范的情况下阻止其公民获得乙国的货币，而乙国实施严重阻碍甲国电子交易的网络行动，试图强迫甲国重新开放获得乙国货币的途径。或者考虑这种情况：一国阻断其公民访问国外媒体或其他网站的途径，被阻断国实施严重妨碍前者政府媒体传播的网络行动，试图强迫前者停止阻断。在这两种情况下，第一个国家对其领土内网络活动的管控通常被认为是一种国内事项（除非该管控涉及一项可适用的相反的国际人权法规范，见规则35），而第二个国家从事了强迫性的网络活动，就干涉了第一个国家的内部事务。

19. 专家们认为，单纯的强迫并不足以构成对禁止干涉的违反。大多数专家认为，这种强迫的努力必须是为了在保留给目标国的某一事项中影响其结果，或旨在影响该保留事项的开展。例如，一国针对邻国一特定族群所拥有的网络基础设施进行恶意的网络活动，可能会侵犯后者的国家主权，但它不会被视为被禁止的干涉，因为它没有企图影响目标国内的任何结果或目标国的任何决定。然而，如果这种网络活动旨在迫使该国在正在发生的内部族群争议中采取某种特定立场，则此行为构成干涉。个别专家认为，要构成强迫，只需行为造成的结果是剥夺了该国对相关事项的控制权就够了。因而，根据这种观点，在上面的第一个例子中就存在干涉，因为该网络活动剥夺了该国不受外来干涉地控制本国族群间事务的主权权利。

---

① *Nicaragua* judgment, para. 205.

② *See, e. g.*, Declaration on Friendly Relations, princ. 3（规定："任何国家均不得……强迫另一国，以取得该国主权权利行使上之屈从，并自该国获取任何种类之利益"）。

20. 专家组认为，要构成本规则中的强迫，有关行为无须是物质性质的。例如，甲国对乙国发起有针对性的、高度破坏性的行动，试图迫使乙国撤回对丙国的承认。此网络行动没有产生任何物质后果，但这一事实并不影响它们被定性为被禁止的干涉。相比之下，一项不寻求改变行为的网络行动就缺乏必要的强迫要素。

21. 此外，必须将强迫同说服、批评、公共外交、宣传（另参见规则 4 中的讨论）、报复、纯粹恶意及诸如此类的行为区分开来，这些行为不同于强迫，而仅仅涉及影响（区别于真正地胁迫）目标国的自愿行为或并不寻求目标国有所作为。举例来说，国家支持一场互联网大规模公共信息活动，旨在从逻辑上说服另一国批准某具体条约，这样的活动并不违反禁止干涉。类似地，如果一国的外交部在社交媒体上发布内容，批评另一国的内外政策，这种活动在本质上不是强迫性的，因而不构成被禁止的干涉。关键在于，强迫行为必须有迫使目标国实施某种本来不会实施的行为（或不实施本来准备实施的行为）的可能。然而，个别专家认为，在不知道某一行为的具体环境与后果时，不可能预先判断这一行为是否构成干涉。对他们而言，实施特定行为的环境与后果可以将本不符合干涉的行为上升为干涉行为。

22. 国际专家组认识到，强迫与非强迫性网络行动的区别并不总是清晰的。然而，所有专家都认为，一国在网络上对他国使用武力（规则 68）总是强迫性的并构成干涉。在这方面，他们指出，国际法院在"尼加拉瓜案"判决中指出，达到武力程度的行为（如军事行动或支持军事行动的行为）构成"特别明显"的干涉形式。[①] 该法院进一步认定，"美国以金融支持、训练、提供武器、情报与后勤支持，对尼加拉瓜反政府武装的军事和准军事活动提供的支持，构成对不干涉原则的明显违反"。[②] 这同样适用于对符合条件的网络活动的支持，以及通过网络手段对此类非网络活动的支持。

23. 足以支持判定存在一个违法干涉的强迫，可能采取直接的形式

---

① *Nicaragua* judgment, para. 205.

② *Nicaragua* judgment, para. 242.

也可能采取间接的形式。① 在事实调查结果中，国际法院在"尼加拉瓜案"中确定美国对反叛者提供了援助，包括"为在尼加拉瓜和针对尼加拉瓜的反叛军事与准军事活动提供培训、武装、装配"。② 法院认为，不干涉原则"禁止任何国家或国家集团直接或间接干涉其他国家的内部或对外事务"。③ 在网络环境中也是如此。例如，如果一个国家向非国家行为体提供网络武器（规则103）来对抗另一国政府，这种协助则构成对目标国内部事务的间接的非法干涉（以及使用武力，规则68），尽管前者本身并没有实施网络行动。

24. 然而，在强迫性结果必须具备的因果关系问题上，专家组出现了分歧。大部分专家认为，只要行为与对目标国内部或对外事务的侵犯（结果）之间有因果联系，则该行为就是强迫性的，这种造成必要结果的原因在性质上可能是直接或者间接的。少数专家则认为应具备一个要求，即目标国的行为直接造成了结果。例如，一国未经授权而进入另一国的政府系统以获取敏感的国内情报记录，然后将它们放在托管站点上供开放获取，以催生一场政治危机从而使关于在国内监控网络活动的内部争论发生倾斜。第一个国家希望这场争论将带来对国内情报工作的严格限制，这将相应地帮助第一个国家的工业间谍在第二个国家活动。大多数专家认为，该行为将构成干涉，因为其目的是造成——尽管是间接地——目标国在国内执法方面作出它本来不会作出的决定。个别专家认为，这种行为没有上升到干涉的高度，因为它没有直接地迫使政府采取任何具体行动。

25. 一个相关的问题是，是否目标国必须知晓构成所指称的干涉的网络行动。多数专家认为，这种知晓不是违反本规则的先决条件。对他们来说，即便涉及的恶意软件造成了是机械故障导致损害的假象，一个达到使用武力级别的隐蔽的破坏性网络行动也构成干涉。少数专家反对

---

① Declaration on Friendly Relations, princ. 3; Declaration on the Inadmissibility of Intervention and Interference, pmbl.

② *Nicaragua* judgment, para. 228.

③ *Nicaragua* judgment, para. 205.

说，这种行动不属于干涉，因为目标国不知道该强迫行为；虽然目标国的行为可能是网络行动的结果，但其意志没有被强迫。或者假设一个国家使用隐蔽的网络行动改变另一个国家的电子投票结果，以致原本不会当选的候选人获胜。大多数专家认为，它满足了强迫的要求，因为由于第一国的活动，目标国被有效地强迫——尽管是在不知不觉中——使候选人当选。相反，少数专家认为强迫包括施加压力的因素，致使目标国必须知晓它被迫进入某一特定行为进程，即国家正违背其意志而行为。

26. 必须将上述这种情况同一国意识到自己正成为网络行动的目标、但不知道发起人的身份这一情况区分开来。国际专家组认为，目标国方面不能确定发起人的身份，这并不排除将行动定性为干涉，只要这些行动实际上是由一国实施或以其他方式可归因于一国（规则 15 ~ 18），在本质上是强迫性的且涉及目标国的内部和对外事务。这是因为压力因素的存在，致使国家明知自己正被迫采取或不采取具体行动，尽管它不知道是谁正在实施有关的网络行动。以"震网"病毒为例，它如果是由一个或多个国家实施的（且没有排除行为不法性的情况，见第 19 条），则构成干涉。不能确认行动发起者这一事实，并不能排除将该行动定性为干涉，只要以后能够可靠地确定该行动是由一个国家实施的。

27. 专家们一致同意，意图是违反禁止干涉的另一个构成要件。必须将网络活动具有实际上的强迫效果的情况同那些一国法律上意在强迫的情况区分开来。例如，一国可能从事了实际上协助了另一国叛乱者的行为，但他并非怀有想要这样做的意图；又如，一国可能加强其国家社交媒体公司的安全，从而改善了外国叛乱军队使用这些社交媒体进行交流的安全性，使叛乱者所对抗的国家更难以获得这些通讯。该国的行动不会构成干涉，因为它并没有干涉目标国内部事务的意图；又或者两个邻国正在就其中一国糟糕的网络安全状况进行谈判。由于该国未能妥善维护其系统，另一国的活动受到严重影响。两国谈判破裂后，后者为了保护其系统而阻止了来自前者的通讯。由于前者的网络活动严重依赖位于后者的网络基础设施，因此它有效地被迫采取了在谈判期间后者所要求的措施。阻止通讯的基本目的只是保护，而不是强制。因此，后者并未违反本规则。

28. 当一国的强迫通过其他各方来实施时，该国不必与其他各方有共同的目的；唯一的要求是该国怀有在保留给目标国的一个事项中实施强迫的意图。典型的案例就是"尼加拉瓜案"。在本案中，国际法院的结论是：没有必要确定美国是否与它提供协助的叛乱者有推翻尼加拉瓜政府的共同意图。美国意在通过支持叛乱者从而在尼加拉瓜有权"自由决定"[①] 的事项上强迫尼加拉瓜，这就够了。将这种判定类比适用于网络环境，可以一国为另一国内试图推翻其政府的叛乱者提供网络武器（规则 103）和训练为例。第一个国家不需要意在其行动导致推翻政府的结果。比如，它可能只是希望制造内乱。就第一国而言，其行为只要符合干涉的两个标准，就构成干涉，而无论叛乱者的目的为何。

29. 国际专家组认为，强迫性网络行动未能产生所期望的结果这一事实，与本规则是否被违反没有关系。例如，一国禁止向另一国出口产品，后者则针对前者的商务部发动了高度破坏性的网络行动，以迫使该国取消禁令。无论是否造成撤销禁令的结果，该网络行动都构成被禁止的干涉。

30. 专家们认为，在某些情况下，威胁本身可能违反本规则。与强迫行为一样，威胁必须是强迫性的，并且侵犯了另一国的内部或对外事务。例如，如果一国威胁进行将削弱对另一国证券交易的信心的网络行动，以迫使该国改变国内财政政策，那么这种威胁就构成被禁止的干涉。威胁构成对本规则的违反，并不需要它成功地迫使目标国实施它所期望的行为。

31. 正如前面所讨论的，非法使用武力一直被认定为被禁止的干涉行为。非法使用武力的威胁本质上也是干涉。因此，不法的武力威胁既违反了本规则也违反了规则 68。

32. 一个本来会构成被禁止的干涉的行为如果得到另一国的同意，

---

① *Nicaragua* judgment, para. 241.

则不违反本规则。如规则 19 所指出的，同意排除了一个行为的国际不法性。回想一下，最不含糊的干涉的情形就是在另一国领土上使用武力。如果一国应另一国的请求，对后者国内的叛乱者实施达到使用武力级别的网络行动，则不存在非法的干涉。

33. 与使间谍行为得以进行的基础行为（参见规则 32 的讨论）不同，网络间谍行为本身不能被定性为干涉，因为它缺乏强迫性要素。国际专家组认为，即使为了侵入网络基础设施并实施间谍行为，需要远程破坏保护性虚拟障碍（例如，破坏防火墙或破解密码），这也是站得住脚的。同样地，公认的外交惯例，如对另一国通过网络手段收集情报的外交抗议，也不构成干涉。

34. 国际专家组的大多数人同意，如果一国在国外处于危险之中的国民没有得到领土国的充分保护，该国为保护其国外国民而进行的行动或促进这种保护的努力，通常不构成不法干涉，即使该行为未经该领土国的同意。① 这些专家的结论基于实施此类行动的广泛国家实践。例如，对他们而言，当一国在他国国内动乱期间有必要撤离其国民时，该国使用网络措施暂时使后者的防御系统失效的行为并不构成干涉。个别专家认为，关于保护国外国民的法律还没有成熟到这样的程度，以至于能够确定地得出结论认为，这种活动不构成被禁止的干涉。

35. 一国在其国内对另一国实施的经济措施（所谓"单边制裁"）是否构成干涉，国际专家组对此进行了考虑。与网络相关的事例包括拒绝后者访问位于前者的电子商务网站，或者是阻断或减慢对位于前者的服务器的访问，而后者为进行经济交往又要使用该服务器。参照在非网络背景下对其他国家采取经济措施的广泛国家实践，专家们都认为这些措施一般不属于干涉，虽然必须提醒的是，它们可能违反可适用的条约义务。② 各国仍然可以自由选择其贸易伙伴，并可通过他们自己国家内

---

① R. J. Vincent, NONINTERVENTION AND INTERNATIONAL ORDER 288（1974）（"一项由国家实践所充分确立的国家权利是为保护其公民的生命和财产而干涉的权利"）；OPPENHEIM'S INTERNATIONAL LAW, at 439 – 447.

② 例如，对于《关贸总协定》缔约方来说，经济制裁可能违背对一个"最惠国"的义务。General Agreement on Tariffs and Trade, Art. I, 30 October, 1947, 55 UNTS 194.

的网络手段完成这种选择。① 尽管有此共识，专家们也认识到有一种观点认为：网络措施与传统经济活动不同，因为它们涉及积极的技术措施而不是简单地停止贸易和其他经济活动，因此，通过网络手段采取的、本质上具有强迫性的经济措施可以被定性为干涉。

36. 对于既非联合国安理会授权（关于联合国安理会授权的行动，还可参见规则 76）也非领土国同意的、支持人道主义干涉的网络行动是否违反本规则，国际专家组存在分歧。一个典型例证是使用网络行动破坏被用于煽动灭绝种族的网络基础设施。在那些认为人道主义干涉是禁止使用武力的例外的少数专家看来，此类行动既不是非法使用武力（规则 68），也不是被禁止的干涉，因为该网络行动显现出人道主义干涉的法律性质。在多数专家看来，不存在人道主义干涉的权利，网络行动如果达到本来就构成被禁止的干涉的程度，就要被本规则所禁止。

37. 禁止干涉适用于各个国家，而不论它们是否作为政府间组织的成员而行动。关于它适用于联合国的情况，参见规则 67。在政府间组织的内部运行中，本规则不妨碍该组织的组织约章的任何可适用条款。

38. 国际专家组提醒，一个网络行动未被定性为干涉，这并不必然就使得该行动成为合法，典型例证是以网络手段对主权的非强制性侵犯（规则 4）。

规则 67　联合国的干涉

联合国不得以包括网络手段在内的方式干涉在本质上属于一国国内管辖的事项。这一原则不妨碍联合国安理会根据《联合国宪章》第七章采取执行措施的权利。

1. 本规则以《联合国宪章》第 2 条第 7 项为基础。根据该项规定，联合国无权"干涉在本质上属于任何一国国内管辖之事件"。该项规定

---

① See, e.g., Nicaragua judgment, paras. 244 – 245; Defense of the United States, Iran – United States Claims Tribunal, Claim A/30, 57 (1996)（"每一个国家都有权根据它所认为合适的条件，给予或者拒绝对外援助，允许或拒绝出口，给予或拒绝贷款、信贷，允许或拒绝参加国家采购或金融管理。"）〔引自：Iran v. United States, AWD No. 382 – B1 – FT, 62, 19 Iran – US CTR 273 292 (31 August 1988)〕.

仅适用于联合国的活动，因此有别于规则 66，后者针对的是由国家从事或者可归因于国家的行为。尽管个别专家认为，存在"禁止所有国际组织进行此种干涉"的习惯规则，① 但国际专家组的大部分专家并不认同这一点。因此，本规则仅适用于联合国的活动。

2. 国际专家组认为，"在本质上属于任何国家国内管辖之事件"这一短语，② 不仅缺乏明确性，而且对它的理解也随时间流逝而有变化。然而，专家组认为，该短语不包括《联合国宪章》第 1 条所列的联合国宗旨所涵盖的问题，特别是不包括涉及"国际和平与安全"的事项。③

3. 这一点对于网络行动而言尤其重要，因为网络基础设施和网络活动的互联互通性意味着，在一国进行的与网络相关的活动通常会影响另一国的网络活动。这一事实表明网络行动特别容易破坏国际和平与安全，以至于联合国可能介入处理。排除涉及"经济、社会、文化及人类福利性质之国际问题且……人权"同样重要。④ 网络活动在国际经济、社会、文化和人道主义事项上的中心地位，给予联合国在不违反本规则的情况下处理此类事项的机会。同样地，联合国具有监督国家遵守国际人权义务的职权，这一职权为联合国打开了大门，使其能有效介入在本质上本来属于国内性质的情势。

4. 基于此类宗旨，联合国的实践逐渐限制了第 2 条第 7 项的范围。尽管第 2 条第 7 项的范围看似在不断缩小，国家仍然继续依赖该条款，将其作为反对联合国干涉内部事务的盾牌，特别是在这些事务有关国家政府体制和选举的时候。⑤ 联合国大会通过了很多决议，表明了国家支持这样一个前提：仍然存在专属国家国内管辖、因而在联合国机关及其

---

① 他们指出，不干涉条款通常包含在国际组织的组织约章中。*See*，*e. g.*，League of Nations Covenant, Art. 15（8）；Charter of the Arab League, Art. 2, 22 March 1945；Charter Establishing the Commonwealth of Independent States, Art. 3, 22 January 1993, 1819 UNTS 31139.

② UN Charter, Art. 2（7）.

③ UN Charter, Art. 1（1）.

④ UN Charter, Art. 1（3）.

⑤ THE CHARTER OF THE UNITED NATIONS: A COMMENTARY, at 280, 283, 294, 306.

活动的范围之外的事项。①

5. 与有关国家干涉的规则 66 不同的是，本规则不包含强迫要素。因此，尽管本规则的制订使用了第 2 条第 7 项中的术语，国际专家组认为，对禁止的较为恰当的定性是，联合国不得通过网络手段 "干预"（区别于规则 66 所使用的 "干涉" 一词）属于一国国内管辖的事项。例如，联合国不得要求一国对其领土上纯属国内性质的网络活动通过特定立法。

6. 本规则不妨碍安理会为了维持或恢复国际和平与安全，根据《联合国宪章》第七章，授权或批准采取网络措施的权利（关于这一点，还可参见规则 76）。② 当安理会这样做时，所有国家都必须接受并执行其决定。③ 例如，安理会可能通过一项有约束力的决议，要求各国切断与一特定国家的网络通讯，或者授权各国参与对一国的网络行动。遵守这种决议不违反本规则。

---

① *See*, *e. g.*, GA Res. 65/222, UN Doc. A/RES/65/222（11 April 2011）；GA Res. 65/203, UN Doc. A/RES/65/203（16 March 2011）.

② UN Charter, Art. 39.

③ UN Charter, Art. 25.

第十四章 使用武力

1. 国际法院指出过，有关禁止使用武力以及自卫的《联合国宪章》第 2 条第 4 项（规则 68 ~ 70）和第 51 条（规则 71 ~ 75）适用于"任何使用武力，而无论使用何种武器"。[①] 国际专家组一致认为，国际法院的观点准确反映了习惯国际法。[②] 因此，在军事行动中使用计算机（而非其他传统的武器、武器系统或平台）并不影响该行动是否构成"使用武力"（或者一国可否按照规则 71 在自卫中使用武力）。正如规则 69 所述，在网络中，是否越过使用武力门槛取决于行动的后果及其相关环境，而非行动所用之工具。专家们注意到一种观点，即一国对另一国使用作战手段和方法（规则 103）均构成使用武力。然而，专家们指出，使用网络作战手段和方法造成诸如对网络活动的轻微扰乱等后果的，显然不构成使用武力。

2. 有人认为，某一行动所针对的网络基础设施的性质对于判断网络行动是否属于使用武力具有决定性意义，专家们对此不予认同。例如，并非针对关键网络基础设施的行动，只要符合规则 69 的定义都可构成使用武力，而针对关键基础设施的行为可能并不构成使用武力。

3. 国家实践仅仅在开始澄清诉诸武力权——规制国家使用武力这一政策工具的国际法——适用于网络行动的问题，但由于缺少公认的定义、准则和适用门槛条件，在将诉诸武力权适用于迅速变化的网络行动实践时会产生不确定性。国际专家组认为，随着网络威胁和机遇的不断出现和发展，在网络环境下，国家实践将改变当代对诉诸武力权的理解与适用。本章将对现行法中的诉诸武力权准则予以分析。

[①] *Nuclear Weapons* advisory opinion, para. 39.

[②] *See*, *e. g.*, UN GGE 2013 Report, para. 19; UN GGE 2015 Report, paras. 25, 26, 28（c）.

第一节 禁止使用武力

规则 68 禁止武力威胁或使用武力

侵害任何国家的领土完整或政治独立，或以与联合国宗旨不符之任何其他方法实施构成武力威胁或使用武力的网络行动，是非法的。

1. 《联合国宪章》第 2 条第 4 项规定："各会员国在其国际关系上不得使用威胁或武力，或以与联合国宗旨不符之任何其他方法，侵害任何会员国或国家之领土完整或政治独立。"该禁止性规定无疑是一项习惯国际法准则。[1]

2. 除明确禁止实施侵害任何国家的领土完整或政治独立的武力威胁或使用武力外，《联合国宪章》的缔约资料还揭示，"第 2 条第 4 项提及以违反《联合国宪章》宗旨（规定于宪章第 1 条）的方式使用武力或威胁使用武力，旨在创立任何使用武力或威胁使用武力均为非法的假设"。[2] 也就是说，即便行为不直接针对任何国家的领土完整或政治独立，如果其与联合国宗旨不一致，也会违反该禁止性规定。但有两种情况被普遍认可为禁止使用武力规则的例外：根据宪章第七章（规则 76）经安理会授权的使用武力以及根据宪章第 51 条和习惯国际法（规则 71）行使的自卫权。就本规则而言，国际专家组并未涉及人道主义干涉等其他使用武力行为的合法性问题。

3. 规则 69 和规则 70 分别对术语"使用武力"和"威胁使用武力"做了界定。

4. 符合"使用武力"条件的行为不是必须由国家武装力量实施。例如，由武装力量实施的网络行动属于"使用武力"，如果该行动由其行为应归因于国家的情报部门或私人承包商实施，显然也属于"使用武力"。关于行为可归因于国家的实体，见规则 15 ~ 18。

---

[1] *Nicaragua* judgment, paras. 188 – 190.

[2] *See* Doc. 1123, I/8, 6 UNCIO Docs. 65 (1945); Doc. 784, I/1/27, 6 UNCIO Docs. 336 (1945); Doc. 885, I/1/34, 6 UNCIO Docs. 387 (1945).

5. 尽管就其条文规定而言，《联合国宪章》第 2 条第 4 项仅适用于联合国会员国，但该项禁止作为习惯国际法规则也延伸适用于非会员国。然而，第 2 条第 4 项及其相关习惯国际法不能适用于个人、有组织团体和恐怖组织等非国家行为体，除非按照国家责任法其行为可归因于国家（规则 17）。如果行为可归因于国家，那么是国家而不是非国家行为体违法。按照国际法和国内法，非国家行为体的行为可能属于非法，但不构成违反禁止使用武力的规定。

6. 网络行动即便没有达到使用武力的程度，也不一定符合国际法。特别是，网络行动可能构成侵犯主权（规则 4）或违反禁止干涉之规定（规则 66）。

规则 69　使用武力的定义

如果网络行动的规模和效果相当于使用武力的非网络行动，则构成使用武力。

1. 本规则审视了规则 68 中的术语"使用武力"。由于《联合国宪章》并未提出构成使用武力的行为标准，因此在讨论构成使用武力的适当门槛条件时，国际专家组注意到了"尼加拉瓜案"。在该案中，国际法院认为，在判断特定行为是否构成"武力攻击"时，应当考虑"规模与效果"（规则 71）。① 专家们认为，在将构成使用武力的行为同不构成使用武力的行为区分开来时，"规模与效果"也是一个同样有用的标准。换言之，在判断网络行动是否构成使用武力时，"规模与效果"概括了分析所需的各种定性和定量因素。专家们认为，如果有关行动的规模与效果与属于使用武力的非网络行动相当，则没有理由将网络行动从构成使用武力的行为范围中排除出去。②

2. 虽然不存在"威胁"或"使用武力"的权威定义或标准，但特定的强制行动不属于使用武力。在 1945 年的旧金山《联合国宪章》起

---

① *Nicaragua* judgment, para. 195.

② *See*, *e. g.*, the approach adopted in the DoD MANUAL, para. 16. 3. 1.

草会议上，各国考虑并最终拒绝了将经济胁迫作为使用武力的建议。①
四分之一个世纪之后，在议定联合国大会通过的《关于各国依联合国
宪章建立友好关系及合作之国际法原则宣言》时，该议题再次引发争
论。对于"武力"是否包含"所有形式的施压，包括具有威胁任何国
家领土完整或政治独立后果的政治或经济性质的施压"，宣言作了否定
回答。②

3. 举例来说，仅仅是为了削弱对政府的信任而进行的非破坏性网
络心理行动，以及一国为给另一国带来不利经济后果而禁止与之开展电
子商务活动，都不构成使用武力。此外，国际法院在"尼加拉瓜案"
中主张，仅是资助游击队对另一国开展军事行动不能达到使用武力的门
槛。③ 因此，若只是资助黑客组织在叛乱活动中实施网络行动，则不属
于对与叛乱团体开展武装冲突的国家使用武力。

4. 使用武力不一定需要国家调用军队或其他武装力量。在"尼加
拉瓜案"中，国际法院认为，为针对他国开展敌对行动的游击队提供
武器装备和训练，属于使用武力。④ 因此，一国若为有组织的武装团体
提供恶意软件和必要的培训以对另一国实施网络行动，只要此种支持或
培训能使武装团体发动相当于使用武力的网络行动，则属对另一国的使
用武力。应当将这一情况同按照国家责任法（规则 15 和规则 17）或自
卫法（规则 71）非国家团体可归因于国家的行为区分开来。

5. 这个结论引起的问题是，为发动足够严重的网络行动提供庇护
场所是否等于"使用武力"（或"武力攻击"）。⑤ 少数专家支持这一观
点，而多数专家认为，提供国仅是提供庇护场所，在大多数情况下并不

---

① 6 UNCIO Docs. 334, 609 (1945); Doc. 2, 617 (e) (4), 3 UNCIO Docs. 251, 253 – 254 (1945).

② UN GAOR Special Comm. on Friendly Relations, UN Doc. A/AC. 125/SR. 110 to 114 (1970). *See also* Rep. of the Special Comm. on Friendly Relations and Cooperation Among States, 1969, UN GAOR, 24th Sess., Supp. No. 19, at 12, UN Doc. A/7619 (1969). 《宣言》草案包含了追溯《联合国宪章》第 2 条第 4 项案文的内容。

③ *Nicaragua* judgment, para. 228.

④ *Nicaragua* judgment, para. 228.

⑤ *See* Declaration on Friendly Relations, princ. 1（关于国家默许在其领土上实施有组织行为的问题）。

构成使用武力的行为，但所有专家都认为，提供庇护国违反了审慎义务（规则6和规则7）。对多数专家而言，伴随着诸如为非国家组织提供实质性支持或网络防御等行为的庇护，可在某些特定情况下构成使用武力。

6. 有必要澄清"使用武力"的概念及其与"武力攻击"的关系，"武力攻击"是国家在自卫时合法使用武力的门槛（规则71）。在"尼加拉瓜案"中，国际法院区分了"最严重"（按照自卫法构成"武力攻击"）和不太严重的"使用武力"形式。① 国际专家组认为，由国家实施的或可归因于国家的、依据规则71在规模和效果方面达到"武力攻击"程度的网络行动，都属于"使用武力"。

7. 国际专家组注意到一个不同的观点，即两个概念之间要么差异很小以至于意义不大，要么不存在差异。在"尼加拉瓜案"判决后，美国明确表达了这一立场——一切非法使用武力都属于可引发自卫权的武力攻击，使用武力和武力攻击之间没有重要的界限。② 依此观点，尽管适用于自卫的必要性和相称性原则可限制受攻击国家的反应行为，但非法使用武力和武力攻击之间不存在差别。

8. 总之，有些网络行为无疑不是使用武力，使用武力不一定是国家直接使用武装力量，而所有武力攻击都是使用武力。尚待解决的问题是，哪些非武力攻击行为构成使用武力？伤害或杀害人员、有形损坏或破坏物体的行为属于使用武力（规则71就自卫问题提出了相似的结论，但要求伤害应是"严重的"）。由于没有其他更清晰的案例，国际专家组注意到一种方法，其目的是评估国家将网络行动定性为使用武力的可能性。③ 该方法的前提是，在没有令人信服的确切界限的情况下，筹划

---

① *Nicaragua* judgment, para. 191. 法院援引《国际法原则宣言》并指出，《宣言》所指的某些行为构成了武力攻击，其他一些行为则仅仅是使用武力。

② *See*, *e. g.*, DoD MANUAL, para. 16. 3. 3. 1. *See also* Abraham D. Sofaer, *International Law and the Use of Force*, 82 AMERICAN SOCIETY OF INTERNATIONAL LAW PROCEEDINGS 420, 422（1988）.

③ 这种方法最早出现在迈克尔·施密特的论文中：*Computer Network and the Use of Force in International Law*：*Thoughts on a Normative Framework*, 37 COLUM. J. TRANSNAT'I L. 885, 914（1999）.

网络行动或成为网络行动目标的国家必然会高度关注国际社会对行动是否违反禁止使用武力的评价。

9. 这种方法同时关注在特定网络行动中受到伤害的程度和某些定性的因素。在很大程度上，其目的是认定与国际社会视为使用武力的其他非动能或动能行动相似的网络行动。若其他行动经评估被认为其达到了使用武力的门槛，则同样规模和效果的网络行动亦然。这种方法认为，国家在判断网络等各类行动是否属于使用武力时，可能会考虑下述因素。必须强调的是，这些因素只是会影响国家评估是否构成使用武力的因素，而非正式的法律标准。

（1）严重性。除了程度轻微外，对人员或财产造成有形损害后果本身就说明该网络行动是使用武力。而只是引起不便或烦恼的行为不会被视为使用武力。除极端情况外，侵犯关键国家利益的后果越严重，就越能说明该网络行动构成使用武力。后果的范围、持续的时间和烈度对评估严重性具有重要作用。严重性在这一分析中是最重要的因素。

（2）迅即性。后果显现得越快，国家寻求和平解决争端或阻止危害结果发生的机会就越小。因此，较之迟延或历时缓慢的后果，国家更关注迅即的后果。较之历经数周或数月才能达到意图效果的网络行动，国家更有可能将产生迅即结果的网络行动认定为使用武力。

（3）直接性。初始行为与其后果间的关系越小，国家就越不可能认为行为者违反了禁止使用武力规定。迅即性因素关注的是后果的时间性，直接性因素考察的则是因果关系。例如，市场力量、市场准入等因素决定了经济制裁的最终后果（如经济下滑），初始行为与其后果间的不确定联系更为松散——经济制裁可能在数周或数月后才产生明显结果。而在军事行动中，因果间的联系更为密切，如爆炸能直接伤害人员或物体。因果关系明显的网络行动较之因果关系微弱的网络行动更有可能被认为是使用武力。

（4）侵入性。侵入性是指网络行动以违反目标国国家利益的方式侵入该国或其网络系统的程度。一般而言，目标网络系统安全性越高，对其被渗透的关注就越严重。例如，与探测可公开访问、非认证的民间大学或小型公司的系统相比，入侵被认证为"共同标准"评估认定七级（EAL7）的军事系统更具有侵入性。① 此外，网络行动的意图效果越是指向特定国家，就越具有侵入性。

域名是一个极为明显的网络空间标志，它对评估行动的侵入性具有重要意义。与针对非国家域名（如".com"）的网络行动相比，指向特定国家（如"mil. ee"）或国家机构域名的网络行动更具有侵入性。

在网络环境下应谨慎适用侵入性因素，特别要关注计算机网络刺探这个在现代间谍活动中被广泛使用的手段。网络间谍活动即使侵入的程度较严重，其本身也未达到使用武力的程度，实际上国际法也没有直接禁止间谍行为（规则32）。因此，就瘫痪网络防护机制并实施监控等刺探行为而言，尽管它们具有侵入性，但不会被视为使用武力。虽然国际法并不禁止情报搜集行为本身，但这并不是说为实现情报刺探而采取的行为从不会构成使用武力。例如，为掩盖设施被侦测而使用网络手段破坏网络基础设施，以制造发生技术故障的表象，就可能构成使用武力。

（5）效果的可衡量性。军事行动的后果越是明显，国家就越倾向于将其定性为使用武力。传统武装力量实施构成使用武力的军事行动时，其行动后果一般都是可衡量的（如作战损伤评估）。但在网络空间，后果就不那么明显了。在判断网络行动是否达到使用武力的程度时，后果越是可量化、可识别，国家就越易于对情况进行评估。因此，与难以衡量或只有主观效果的网络行动相比，能通过特定术语（如数据损坏的数量、服务器瘫痪的比例、保密文件泄露的数量）评估的网络行动更有可能被定性为使用武力。

（6）军事性。如果网络行动与军事行动相关联，则会加大其被识别为使用武力的可能性。《联合国宪章》对军事活动的高度关注证实了这一点，其序言规定，"非为公共利益，不得使用武力（armed force）"，②其第44条使用的"武力"（force）一词，虽未用"武装"（armed）修

---

① Common Criteria for Information Technology Security Evaluation, International Standard ISO/IEC 15408, ver. 3. 1（July 2009）.

② UN Charter, pmbl.

饰，但显然是指军事力量。而且，使用武力传统上就被理解为军队或其他武装力量的动用武力行为。应关注的是，有建议认为，网络行动针对的网络基础设施的军事性也是国家考虑的因素。[①]

（7）国家介入程度。国家介入的网络行动包括国家自主采取（如其武装部队或情报机关的行动）和辅助参与的等一系列行动。网络行动与国家的联系越是清晰、密切，就越有可能被认定为国家的使用武力行为。

（8）推定合法性。国际法在本质上具有禁止性。[②] 法无禁止则为许可；若无明确条约或公认习惯法之禁止，即可推定行为合法。例如，国际法不禁止宣传、心理作战、情报搜集或单纯经济施压等行为，所以可推定此类行为合法，他们就不大可能被定性为使用武力。[③]

10. 以上因素并非详尽无遗，国家基于相关环境可能会考虑其他因素，如总体政治环境、网络行动是否预示未来使用军事力量、攻击者的身份、攻击者的网络军事行动记录、目标的性质（如关键基础设施）。而且，这些因素是协同发挥作用的。例如，极具侵入性的行动若只是产生不便（如暂时性拒绝服务），就不会被认为是使用武力，相反，尽管经济胁迫被推定合法，但导致经济瘫痪的大规模网络行动可能会被认为是使用武力。

[①] *See* DoD MANUAL, para. 16.3.1（"破坏军事后勤系统，继而影响其开展和支持军事行动能力的网络行动，在诉诸武力权中也会被视为使用武力"）。

[②] *Lotus* judgment, at 19.

[③] 可以通过回答下述问题来评估这八项标准：
（1）严重性：有多少人被杀害？多大区域受到攻击？区域内的损失有多严重？
（2）迅即性：感知网络行动后果需要多久？影响衰减的速度怎样？
（3）直接性：行为是后果的直接原因吗？存在引发后果的间接原因吗？
（4）侵入性：侵入的是受到特意防护的网络吗？行为地是在目标国国内吗？
（5）可衡量性：如何量化行为的效果？行为的效果与相并行或相竞争行为的后果有区别吗？估算效果的确定性有多大？
（6）军事性：军队实施了网络行动吗？武力量是网络行动的目标吗？
（7）国家介入程度：国家是否直接或间接介入了相关行动？从行为国来看，行动是否已经发生？
（8）推定合法性：这类行动一般被定性属于或不属于使用武力吗？行为方式在实质上与其他国际法上推定合法的行为相似吗？

11. 最后需要把握的是，"使用武力"和"武力攻击"（规则 71）是服务于不同规范性目的的标准。运用"使用武力"标准是为判断一国是否违反《联合国宪章》第 2 条第 4 项和相关的习惯国际法，而"武力攻击"标准旨在判断目标国是否能对"使用武力"的行为做出反击而不违反禁止使用武力规定。这一区分极为关键，因为仅有一方"使用武力"的事实是不能证明另一方"使用武力"予以反击的合法性的。① 专家们认为，当国家面临未达到"武力攻击"程度的"使用武力"时，应诉诸其他合法反击手段，如反措施（规则 20）或符合危急情况所采取的行动（规则 26）。

规则 70 武力威胁的定义

一旦实施就属于非法使用武力的网络行动或威胁实施的网络行动，构成非法的武力威胁。

1. 本规则考察规则 68 中的"威胁"一词。

2. 本规则中的"网络行动或威胁实施的网络行动"指两种情况。一是用以传达使用武力（无论是动能还是网络的）威胁的网络行动，二是通过任何方式（如公告）传达欲实施属于使用武力的网络行动之威胁。

3. 一般认为，如果国家或官方威胁实施的行为本身是合法的，那么威胁行为也是合法的。② 国际法上禁止使用武力的规定有两项公认的例外情形：行使自卫权（规则 71）和根据《联合国宪章》第七章执行安理会决议（规则 76）。例如，一国威胁称受到网络武力攻击时将进行武力自卫，这是合法的；威胁采取国际法不禁止的其他行为也是合法的。

4. 尽管威胁通常都意图产生胁迫后果，但构成威胁却没有具体的

---

① 参见规则 22 对达到"使用武力"程度的反措施讨论（注意少数专家认为可采取使用武力程度的反措施）。

② 通过区分合法与不合法威胁，国际法院认可了合法威胁的存在："威胁如果要想成为合法的，那么一国宣称准备就绪的使用武力行为也应符合宪章的规定"。*Nuclear Weapons* advisory opinion，para. 47.

条件要求。威胁在实质上是一种信息的传达，亦即它必须有意传递给目标国，明示暗示在所不论。仅将目标国置于危险境地，但本质上却没有传递信息，这就不构成威胁。例如，两国关系高度紧张，一国开始积极地提升针对另一国展开大规模恶意网络行动的能力，这并不构成威胁。如果前者领导人宣布有条件或无条件地将用此能力针对后者，那前者就违反了本规则。

5. 对于一国显然不具备实现威胁的能力时，有关威胁是否违反本规则的问题，专家存在不同看法。虽然观点各异，但应指出的是，网络能力并不像运用常规武力那样依赖于国家的大小、人口、经济或军事实力。这就意味着，对于另一国实现以网络手段使用武力的威胁的能力，一国更难做出估计。因此，这个问题对于评估网络威胁的影响在减小。

6. 类似地，对于拥有实现威胁的能力却显然无意加以实施的国家是否违反本规则，国际专家组也未能达成共识。这方面的一个例子是，拥有进攻性网络能力的国家，其领导人完全因为国内政治原因而对另一国发出威胁。

第二节　自卫

规则71　对武力攻击的自卫

成为达到武力攻击程度的网络行动的目标的国家，可行使固有的自卫权。网络行动是否构成武力攻击取决于其规模和效果。

1. 根据《联合国宪章》第51条，"联合国任何会员国受武力攻击时，在安全理事会采取必要办法，以维持国际和平及安全以前，本宪章不得认为禁止行使单独或集体自卫之自然权利"。该条款认可并反映了习惯法上的自卫权。

2. 专家们指出，必须对"武力攻击"和"侵略"加以区别。本规则针对的是"自卫"，其先决条件是"武力攻击"；相反，"侵略"是联合国安理会在《联合国宪章》第七章下行使其权力时面临的一种情况

（规则 76）。尽管侵略行为可构成武力攻击，但并不总是如此。[①]

3. 武力攻击必须具有跨境的要件。一国直接对另一国实施或指挥任何地点的非国家行为体代表本国针对另一国实施的、构成武力攻击的网络行动都符合这一特征。更难以判断的情形是非国家行为体实施自一国发起但又并非代表该国发起的网络行动。尽管此类行动具有跨境特征，但非国家行为体是否可以发动法律意义上的武力攻击，是一个存有争议的问题，下文将对此进行讨论。对于仅由非国家行为体在一国领土上组织、开展和指挥的网络行动，受害国可依据其国内法（并依照人权法以及——如果存在非国际性武装冲突——武装冲突法规则奠定的标准）进行武力反击。

4. 使用武力自卫的权利从针对动能武力攻击延伸到了完全通过网络施行的武力攻击。国际专家组一致认为，有些网络行动相当严重，足以纳入《联合国宪章》意义上的"武力攻击"之列。该结论与国际法院在"核武器咨询意见"中的主张是一致的，即就某一行动是否构成武装攻击而言，选择何种攻击手段并不重要。[②] 而且这一立场与国家实践也是一致的，[③] 例如，达到必要规模和效果的、构成武力攻击的生物、化学和放射性攻击能够引发自卫权，因为尽管它们具有非动能性质，由此产生的后果包括了严重的伤害或死亡。相同的推理对于网络行动同样成立。

5. 国际专家组讨论了以下问题：冠有"武力"一词是否说明"武力攻击"一定含有使用"武器"（规则 103）的含义？专家们认为并非如此，关键的因素是网络行动的效果（与之相区别的是达成这些后果的手段）是否与动能武力攻击导致的后果相类似。但他们注意到这样一种观点，即"武装"一词仅限于使用武器的情况，因此除非网络行

---

① 例如，参见国际法院在"尼加拉瓜案"判决第 195 段对《关于侵略定义的决议》第 3 条第 7 项的提及。

② *Nuclear Weapons* advisory opinion, para. 39.

③ *See, e. g.*, NATO Wales Summit Declaration, para. 72；Government Response to the AIV/CAVV Report, para. 4；The White House, International Strategy for Cyberspace: Prosperity, Security, and Openness in a Networked World (2011), at 10, 13；DoD MANUAL, para. 16. 3. 3.

动涉及使用网络武器（规则103），否则无论后果怎样，都不属于武力攻击。

6. 按照国际专家组的观点，"武力攻击"一词与规则69条中的"使用武力"一词不能等同。[1] 武力攻击至少要以第2条第4项意义上的使用武力为前提，但是，正如国际法院所指出的，并非所有使用武力都能达到武力攻击的程度。[2] 认定一个行为构成武力攻击所要求的规模与效果，必定会超过认定一个行为构成使用武力所要求的规模与效果。仅当使用武力达到了武力攻击的门槛时，国家才有权使用武力进行自卫。

7. "规模与效果"一语源于"尼加拉瓜案"判决。[3] 在该案中，国际法院将规模与效果作为区分构成武力攻击的行为和不构成武力攻击的行为的标准，它认为需要"区分最严重（并构成武力攻击）和其他不太严重的使用武力类型"，但法院未能就此提供更为深入的指引。[4] 因此，除了应当具有严重性外，规模与效果标准的界限仍不明确。

8. 虽然如此，有些案例还是清楚的。例如，网络情报搜集和网络窃取行为、短期或周期性干扰非关键性网络服务的网络行动不属于武力攻击。与此不同的是，国际专家组认为，严重伤害或杀害大量人员、严重损害或破坏财产的网络行动都符合相应的规模与效果要求。

9. 专家们指出，网络行动的效果足以使该行动构成武力攻击的临界点是什么，法律对此并无明确规定。国际法院在"尼加拉瓜案"中对武力攻击和"仅仅是边界事件"作了区分，[5] 但这个区分受到大量评论者的批评，他们认为只能排除一些无足轻重的行动。[6] 对此，国际法院后来指出，对单纯军事平台或者设施的攻击可构成武力攻击。[7]

---

[1] 然而，不是所有国家都接受这一观点。参见规则69中的讨论。

[2] *Nicaragua* judgment, para. 191.

[3] *Nicaragua* judgment, para. 195.

[4] *Nicaragua* judgment, para. 191.

[5] *Nicaragua* judgment, para. 195.

[6] *See*, *e. g.*, DINSTEIN, WAR, AGGRESSION AND SELF-DEFENCE, at 210 – 211; William H. Taft, *Self Defense and the Oil Platforms Decision*, 29 YALE J. INT'I L. 295, 300 (2004).

[7] *Oil Platforms* judgment, paras. 57, 61.

10. 2010 年的"震网"事件说明武力攻击的门槛仍无定论。就该行动导致伊朗离心机的损害而言，一些专家认为达到了武力攻击的门槛（除非依据预先自卫可以证明为合法，规则 73），而另一些专家却持相反意见（见规则 68 的讨论），但大家都认为这属于使用武力行为。

11. 一个重要的问题是，如果单独网络事件未达到武力攻击的门槛，那么一国能否对一系列此类事件行使自卫权。也就是说，当这些事件集合在一起时，它们构成武力攻击吗？专家们认为，关键因素在于，由同一发起人（或者行动协调一致的若干发起人）实施的互相关联的小规模事件是否在总体上达到了必要的规模与效果的程度。如果有确定证据证明如此，就有理由将这些事件当作一次复合的武力攻击。[①]

12. 对于没有导致人员伤害和死亡、财产损害和破坏，但产生了广泛的负面影响的行为，仍然没有定论。一些专家认为，对人员的伤害或对财产的物理损害是将事件定性为武力攻击的先决条件。也有专家认为，结果的性质（伤害性的或破坏性的）并不重要，后续影响[②]的程度才是关键。体现上述观点分歧的典型场景是针对重要的国际证券交易所实施网络行动并引发市场瘫痪。国际专家组对于该事件的定性产生了分歧。有的专家认为，在确定网络行动为网络攻击时，单纯的经济损失不能构成损害，因而不赞同将该事件视为武力攻击。其他专家强调市场瘫痪所引发的灾难性后果，并认为这足以将行动定性为武力攻击。类似地，也有人认为，针对一国关键基础设施并导致严重的（尽管不是破坏性的）后果的网络行动，也属于武力攻击。

13. 在网络环境下，一个更具挑战的问题是，当评估某一行为是否构成武装冲突时，需要考虑效果。国际专家组认为，凡是一切可合理预

---

① 这种方法被称为"针刺"（pin‑prick）理论、"效果集合"（accumulation of effects）理论和"干扰策略"（Nadelstichtaktik）。

② See, e. g., Advisory Council on International Affairs, Cyber Warfare, No. 77, AIV / No 22, CAVV, at 21（December 2011）（指出荷兰隐含表示同意的立场："假设没有实际的或潜在的灾难、伤亡或有形损坏，网络行动却能够或已经引起严重的国家功能瓦解或对国家稳定的严重和持续后果，那么针对国家核心功能的网络行动可被认为属于'武力攻击'。"）《政府对 AIV/CAVV 报告的反馈》第 5 页含蓄地采纳了这一立场。（认为"AIV/CAVV 就武力使用和自卫权问题得出的结论与政府立场基本一致。"）

见的网络行动的结果均应考虑。以针对一座水净化工厂实施的网络行动为例，饮用受到污染的水而致病或死亡是可预见的，因此应予考虑。

14. 行动效果是否必须是行为人故意所为，对这个问题专家们存在不同意见。例如，一国针对另一国实施网络间谍行动，却无意中给后者的网络基础设施造成了严重损失。有些专家认为，尽管可以采取措施消除该行动带来的负面后果（如规则 26 讨论的危急情况），但因行动后果不是故意的，所以不能定性为武力攻击。① 大多数专家认为，在认定某行动的武力攻击性质时，仅应考虑规模和效果因素，故意因素与此无关。但是，任何应对措施都有必要符合必要性和相称性标准（规则72），而必要性将是这方面的重大障碍。专家们都认为，应对措施的合法性取决于国家对是否发生了针对自己的武力攻击做出评估的合理性。

15. 甲国对乙国进行网络武力攻击的后果可能会波及丙国，多数专家认为，假如该后果符合武力攻击的规模和效果标准，丙国有权诉诸武力进行自卫，只要自卫行为符合必要性和相称性原则。事实上，即便针对乙国的网络行动不构成武力攻击，也不能排除波及后果会发展成对丙国的武力攻击。其余专家认为，在缺乏造成此类后果之故意的情况下，不能将行动定性为武力攻击。

16. 判断一网络行动是否属于武力攻击时，有必要考虑其"起源"问题。由国家机构实施的网络行动无疑属武力攻击，同样无可争议的是，在确定武力攻击时，非国家行为体的行为有时可以归因于某个国家。在"尼加拉瓜案"判决中，国际法院认为：

武力攻击应被理解为不但包括正规武装部队跨越国际边界的行为，而且还包括一国派遣的或代表该国的武装队伍、武装团体、非正规军或

---

① *See*, *e. g.*, Harold Hongju Koh, Legal Adviser, Department of State, International Law in Cyberspace: Remarks as Prepared for Delivery to the USCYBERCOM Inter – Agency Legal Conference (18 September 2012), reprinted in 54 HARV. INT'l L. J. Online, 4 (December 2012). ["在评估某一事件是否构成在或通过网络空间进行的使用武力时，必须考虑事件背景、行为者（注意网络空间中归因问题的挑战）、目标与位置、后果与意图等因素。"]另参见用以支持其观点的对"石油平台案"判决第 64 段中特定意图的提及（尽管是在使用武力背景下），以及英国政府对下议院国防委员会 2012 – 2013 届期第六次报告 2013 年 3 月 22 日，第 10 段的回应。

雇佣军对他国实施的武装行为，且该行为的严重性等同于正规武装部队的武力攻击，"或该国实质性地参与了有关行为"。①

17. 例如，代表一国的私人团体针对另一国从事网络行动，其行为达到了所要求的规模和效果标准，则属于前一国家实施了武力攻击。如果是代表一国的某一个人从事了此类网络行动，结论亦然。

18. 在无国家指挥的情况下，非国家行为体的行为是否构成武力攻击存在争议。传统上，《联合国宪章》第51条和有关自卫的习惯国际法被认为只适用于一国武力攻击另一国的情况，非国家行为体的暴力行为属于执法的范围。然而，国际社会将基地组织对美国实施的"9·11"袭击定性为可引发固有自卫权的武力攻击，② 这一国家实践显示出各国将自卫权适用于非国家行为体所发起攻击的意愿。而且，虽然第2条第4项针对的是国家行为，但第51条却没有对武力攻击做出此种限制（尽管其文本的确清楚表明只有国家才享有自卫权）。就国际法院而言，法院似乎并未准备采纳这一立场，尽管它对此缺乏共识。③

19. 多数专家认为，恐怖分子或叛乱团体等非国家行为体在无国家介入时实施达到武力攻击程度的网络行动，国家实践已经确立了可对此行使自卫权。④ 例如，对于恐怖主义团体从一国针对位于另一国关键基础设施发动的网络行动，多数专家视其为网络恐怖分子对另一国发动的武力攻击，少数专家对此不予认可，他们认为传统的立场是仅有国家或代表国家实施行动的非国家行为体能够发动法律意义上的武力攻击。

20. 专家们承认，一个团体发动法律意义上的武力攻击所需要的组

---

① *Nicaragua* judgment, para. 195.

② 安理会通过了大量承认自卫权的可适用性的决议。*See, e. g.*, SC Res 1368, UN Doc. S/RES/1368（12 September 2001）; SC Res. 1373, UN Doc. S/RES/1373（28 September 2001）. 北约等国际组织和一些国家采取了同样的立场。*See, e. g.*, PressRelease, NATO, Statement by the North Atlantic Council（12 September 2001）; Terrorist Threat to the Americas, Res. 1, Twenty – Fourth Meeting of Consultation of Ministers of Foreign Affairs, Terrorist Threat to the A-mericas, OAS Doc. RC. 24/RES. 1/01（21 September 2001）; Brendan Pearson, *PM Commits to Mutual Defence*, AUSTI. FIN. REV., 15 September 2001, at 9.

③ *Wall* advisory opinion, para. 139; *Armed Activities* judgment, paras. 146 – 147.

④ 关于网络环境下的相关国家立场，可参见，例如: DoD MANUAL, para. 16. 3. 3. 4; Government Response to AIV/CAVV Report, at 5.

织程度，以及与此有关的地理限制等问题在国际法领域有着很大的不确定性。此外，主张不隶属于任何国家的组织可以发动法律意义上的武力攻击的专家，对于某一个人实施的符合规模与效果标准的行动是否构成武力攻击，存在分歧。

21. 网络行动如果符合跨境、规模与效果的要求，其攻击的目标也可用以判断行动能否定性为武力攻击。如果目标包括受影响国境内的财产和人员，则无论行动为官方抑或私人行为，都属于对受影响国的武力攻击。应指出的是，专家们对实施自卫行动是否应符合更具体的标准未能达成一致，有人认为纯粹因私人利益的动机而实施的攻击不能引发自卫权，其他人认为动机因素与自卫权无关。这一问题有待通过国家实践予以解决。

22. 如果网络行动的目标是一国领土以外的财产或人员，在国际法上有时并不清楚该行动是否构成武力攻击。只要符合前述标准，对非商业性的政府设施或装备、政府人员的攻击当然属于武力攻击。例如，国际专家组认为，由一国实施的刺杀身处国外的另一国国家元首的网络行动就等同于武力攻击。判断其他行动是否属于武力攻击取决于但并不限于以下因素：行动导致的损坏范围；相关财产在性质上为政府还是私人所有；所攻击人员的地位；行动是否具有政治动机，即是否因国籍而攻击某些财产或人员。但这些情况中缺乏明晰的规范。以一国实施了刺杀另一国身处国外的某国有公司首席执行官的网络行动为例，专家们对于这是否属于武力攻击意见不一。

23. 行使自卫权应遵循必要性、相称性、紧迫性和迅即性要求（规则72和规则73），也应合理判断武力攻击是将要还是已经发生、应确定攻击者的身份。这一判断是事前而非事后的，其合理性基于作出判断时而非判断后所获得的信息。

24. 按照与自卫相关的必要性和相称性要求（规则72），自卫措施原则上可以从实施国领土、受害国领土、公海、国际空域或者外层空间发起，或针对处于这些区域的实体。关于在自卫中针对攻击国在目标国的外交或领事机构使用武力的问题，参见规则39。

25. 如果攻击不能归因于一国，却要从该国发起、使用该国境内的设施来实施或对该国实施防御性网络行动，就应认真考虑主权原则（规则4）。在获得同意且不侵犯另一国主权的情况下，可在外国领土上实施自卫行为，这一点没有争议，关键问题是如何定性在他国领土上进行的未经同意的防御性自卫行为。专家们对此存在分歧。多数专家认为，在遵守必要性原则（规则72）、是防御武力攻击的唯一有效方式，且领土国不能（如缺乏专业知识或技术）或不愿采取有效行为制止网络武力攻击时，在上述情况下对网络武力攻击的自卫是允许的。这些专家尤其强调，国家有保证本国领土不被用于实施有违国际法的行为的义务（规则6）。相反，少数专家认为，当武力攻击不能归因于一国时，若未获该国同意也没有联合国安理会的授权（规则76），在该国领土使用武力自卫是不允许的，即便如基于危急情况采取行动（规则26）等其他反应可能是合法的。

26. 那些认为跨境自卫行为合法的专家强调指出，受害国应首先要求领土国制止武力攻击行为，也要给领土国以处置相关情况的机会。这源于（尽最大可能）尊重领土国国家主权的国际法义务。从程序上说，这样也能防止得出领土国不愿或不能处置相关情况的错误（或草率）结论。可能会存在没有时间向领土国提出要求或由后者处置相关情况的例外情形。假如为挫败网络武力攻击或减轻其破坏后果需要实施迅即打击，目标国可以采取迅即自卫行动。所以，上述要求是依情况而定的。

27. 对于不在本规则范围内的情形，可能会涉及有关和平解决争端的规则65、有关反措施的规则20~25和有关危急情况的规则26。

规则72 必要性和相称性

一国在行使自卫权时，所使用的包括网络行动在内的武力必须是必要的和相称的。

1. 自卫行为必须要符合两个标准——必要性和相称性，国际法院在"尼加拉瓜案"和"石油平台案"中先后对此给予了认可，[①] 纽伦堡

---

① *Nicaragua* judgment, paras. 176, 194; *Nuclear Weapons* advisory opinion, para. 41; *Oil Platforms* judgment, paras. 43, 73 – 74, 76.

审判也认可了这两个标准。[①] 这些判决表明，必要性和相称性标准反映了习惯国际法。特别应指出的是，诉诸武力权中的必要性和相称性条件与战时法规中的军事必要和比例性规则是不同的。

2. 必要性要求使用武力（包括等同于使用武力的网络行动，见规则69）是成功击退即将发生的或正在进行的武力攻击所需的。但这并非意味着武力是对武力攻击唯一可用的应对措施，它只是在非武力措施不足以处置相关情况时才使用。当然，武力行为可以与外交、经济制裁和执法行动等非武力措施并行使用。

3. 在网络环境下，必要性分析的关键是有无可供选择的未达到使用武力程度的做法。如果像防火墙等被动的（区别于主动的）网络防御手段足以可靠和彻底地挫败网络武力攻击，就不允许使用那些达到使用武力程度的网络或动能手段。同样，如果未达到使用武力程度的主动网络行动足以阻止或击退（即将发生的或正在进行的）武力攻击，必要性标准就会排除武力的网络或动能手段。然而，在能够合理预见未达到使用武力程度的措施无法挫败武力攻击并制止后续行动时，自卫法允许实施越过使用武力门槛的网络和动能行动。

4. 必要性是从受害国的角度加以判断的。必要性的判断在当时情况下必须是合理的。例如，假设一国对另一国的网络基础设施发动网络攻击。受害国动用了自己的网络行动力量进行自卫，若攻击国已决定停止攻击而受害国对此并不知情，这并不会令受害国的防御性网络行动不必要，继而造成在自卫中非法使用网络武力。

5. 相称性解决的问题是一旦使用武力是必要的，那么需要在多大程度上使用武力（包括使用网络武力）。为终止引发自卫的行动，需要采取防御性应对措施，相称性标准对此类措施的规模、范围、持续时间、烈度等做出了限制。由于成功进行自卫所需的武力程度要依具体情况而定，因而相称性标准没有对应对武力攻击的武力作出量化限制，为击败或击退紧迫的进攻，也许更多的武力是必要的，也许较少的武力就

---

① *Nuremburg* Tribunal judgment, at 435 (referring to the *Caroline* formula).

够了。另外，没有要求防御性武力要与构成武力攻击的武力具有同样的性质，因此，可以使用网络武力应对动能武力攻击，反之亦然。①

6. 相称性要求不应被解释为施加了一种以同样方式进行反击的要求。有可能网络武力攻击的发起者相对不易受到网络行动的影响，那么，就不排除实施动能行动来迫使攻击者收手，当然也必须要与这一目的相称。

规则 73 紧迫性和迅即性

当网络武力攻击已经发生或迫近时，可使用武力行使自卫权。自卫还要遵循迅即性的要求。

1. 从字面上看，《联合国宪章》第 51 条是指"发生武力攻击"的情况，显然它包含武力攻击后果已经产生的事件，也就是网络武力攻击已经导致或正在导致损害或伤害的情况。它也包含这样的情形，即网络行动是发动动能武力攻击的第一步。典型例子如，对另一国防空系统实施网络行动以准备进行空袭。

2. 国际专家组认为，即便第 51 条没有明确规定可对预期的武力攻击采取自卫行为，一国也不必任凭敌方准备攻击而坐视不理。实际上，当武力攻击"迫近"时，一国就可以进行自卫，此类行为在国际法上被称作"预先自卫"（anticipatory self – defence）。② 这一立场源于 19 世纪美国国务卿韦伯斯特在"加罗林号"事件后阐释的紧迫性标准。在与英国外交大臣阿什波顿勋爵就马克里斯特叛乱中英国人侵入美国领土攻击加拿大叛乱分子一事的通信中，韦伯斯特认为"仅当自卫的必要性是迫切的、压倒一切的、别无他法可选、无暇考虑时"，才能适用自

---

① *See*, *e. g.*, DoD MANUAL, para. 16.3.3.2.

② 对此概念的支持观点可参见：Derek W. Bowett, SELF-DEFENCE IN INTERNATIONAL LAW 188 – 189 (1958). 作者在《联合国宪章》起草委员会的准备文件中找到了有关支持意见。*Id*. at 182 ［此处援引了：Report of the Rapporteur of Committee I to Commission I, 6 UNCIO 459 (13 June 1945)］。

卫权。① 虽然这一事件实际上与对攻击（攻击是正在发生的）采取预先性行为毫无关系，但韦伯斯特的设想已经发展成为有关预先自卫行动的时间门槛的经典表述。事实上，纽伦堡国际军事法庭引用了"卡罗林号"有关通信并加以认可。②

3. 专家们注意到一些论者的观点，即仅当攻击已经实际发动时，才允许实施自卫，预先自卫是被禁止的。③ 与此稍有区别的另一种观点认为，当面临已经发动但尚未达到其目的地的攻击时，允许实施自卫。④ 但网络行动的快速性通常会将其排除在这种情况以外。所有专家都不赞同这些观点。

4. 对于预先自卫的立场也存在差异。⑤ 一种立场要求武力攻击应当是将要发生的，因而对预先性行为进行时间上的限制。⑥ 多数专家反对这种严格的时间分析，他们特别关注了"最后可行的机会之窗"标准。⑦ 这一标准认为，在攻击者确定要发动武力攻击而受害国如不行动将丧失有效自卫的机会时，允许一国对网络或动能的武力攻击实施预先自卫。换言之，只有在对即将发生的武力攻击进行自卫"最后的机会之窗"出现时，才能实施预先性行为。这扇窗户可能在攻击之前片刻显现，也可能在攻击之前早已显现多时。对专家们而言，关键问题不是预先自卫行为与预期的武力攻击在时间上的接近程度，而是如果一国能否合理预见到如未能在特定时间做出反应，一旦攻击实际开始，它将无法有效实施自卫。

---

① Letter from Daniel Webster to Lord Ashburton (6 August 1842), *reprinted in* 2 INT'I L. DIG. 412 (John Bassett Moore ed. , 1906).

② *Nuremburg* Tribunal judgment, at 435.

③ *See*, *e. g.*, Ian Brownlie, INTERNATIONAL LAW AND THE USE OF FORCE BETWEEN STATES 275 – 278 (1963).

④ *See*, *e. g.*, DINSTEIN, WAR, AGGRESSION AND SELF-DEFENCE, at 203 – 204.

⑤ 参见下文对有关立场的讨论：Terry D. Gill, *The Temporal Dimension of Self – Defence*: *Anticipation*, *Pre – emption*, *Prevention and Immediacy*, in INTERNATIONAL LAW AND ARMED CONFLICT: EXPLORING THE FAULTLINES 113 (Michael N. Schmitt and Jelena Pejic eds. , 2007)。

⑥ *See*, *e. g.*, Derek W. Bowett, SELF-DEFENCE IN INTERNATIONAL LAW 187 – 192 (1958).

⑦ *See*, *e. g.*, US Justice Dept. White Paper, Lawfulness of a Lethal Operation Directed Against a U. S. Citizen Who Is a Senior Operational Leader of Al – Qa'da or an Associated Force (n. d), at 7.

5. 在多数意见中，一些专家的立场是，尽管"最后可行的机会之窗"标准原则上是一个正确的法律表述，但它不能成为所有时间要素的豁免许可。在他们看来，早期的攻击被撤销得越早，它就越不可能成为唯一的可能选择。

6. 假设一国情报部门获取到确凿信息，另一国计划在接下来的两周内对其发动网络攻击以破坏其主要石油管线，行动涉及操纵管线上的微控制器，从而增强管线压力，引发系列爆炸。由于情报部门未能准确获知被利用的微控制器的漏洞何在，因而无法组织有效的网络防御，却知悉执行攻击的人员将会在某时某地集中。目标国可以正当地断定，武力攻击已经迫在眉睫，使用武力进行自卫是必要的（规则72），对这些人员实施打击也将是合法的，因为它们属于相称的（规则72）预先自卫。

7. 在判断这些情况时，必须对构成武力攻击初始阶段的行为与纯粹的准备行为加以区分。以嵌入逻辑炸弹为例，如果激活的特定情况可能发生，嵌入行为将属于紧迫的武力攻击，这与在穿越目标国领海的航路上投放水雷的情形相似，但与安装远程激活恶意软件是有区别的。如果发起者仅是为获取将来发动武力攻击的能力，这不符合紧迫性标准。

8. 如果发起者确实决定利用恶意软件实施武力攻击，受害国必须做出应对以免失去有效自卫的机会，那么该武力攻击就是紧迫的。当然，在实践中往往很难对此做出区分。任何防御行为的合法性取决于受害国对情况做出评估的合理性以及自卫的其他要求，尤其是必要性和相称性（规则72）。

9. 一些专家认为，自卫是应对将要发动的武力攻击的最后手段，因而需要对这一预先性行为进行时间上的限制。在他们看来，"最后的机会之窗"的主张依赖于一个相当开放的、需要进行解释因而易被滥用的标准。关于预先性网络行动的争论较之传统或动能攻击更为激烈。这些专家认为，这一标准不是现行法律。

10. 国际专家组认为，对并未着手准备、未明示或暗示表达攻击意图的可能攻击者的预防性（preventive）打击，不能认定为合法的预先自卫。因此，存在公开敌对的国家有能力发动网络攻击（甚至是灾难性攻击）这一事实本身，不足以使潜在的受害国获得武力自卫的权利。潜在的受害国必须首先合理断定，敌对意图已经发展成为事实上的攻击决定。

11. 有了这个断定，受害国的应对也仅限于未达到使用武力程度的措施，例如反措施（规则 20）或提交安理会解决（规则 76）。即便一国存在对另一国实施网络武力攻击的意图和机会，在受害国若不对攻击采取行动就将丧失有效自卫能力之前，受害国采取武力自卫措施的条件仍不成熟。由于国家是基于对武力攻击的预期而非在武装冲突期间实施行为，因此，有关采取自卫行动的决定应当合理的要求是特别严苛。[①]

12. 迅即性要求（不同于此前讨论的紧迫性要求）将自卫行为与纯粹的报复区别开来。它关系到武力攻击实施之后、受害国应做出自卫反应的合理期间。与此相关的因素有：攻击与反应的时间远近、查明攻击者的必要时限、准备做出反应所需的时间。

13. 进一步的问题是，在构成自卫权的依据的特定事件结束之后，应如何评判自卫情形可持续的时间。例如，伴随着一波对受害国的网络行动，网络武力攻击开始了，自卫却不一定随着网络行动的停止而结束。如果受害国合理推断可能还会有更进一步的网络行动，它会将这些行动视为"网络战"并继续实施自卫；而如果无法合理做出断定，则任何进一步使用动能或网络的武力，都可能被定性为纯粹的报复。总之，迅即性要求取决于在当时情况下的合理性这一标准。

14. 有些情况下，网络武力攻击已经或者即将发生的事实在一段时间内并不明晰，这可能是因为损害或伤害的原因尚未得到确认；与此类似，攻击发动者只有在攻击之后才能被确定。这两种情况的典型例子是使用"震网"等蠕虫病毒。在这类情况下，只有当前述条件能够为采取行动提供合法依据时，才算符合迅即性标准。

---

① UK Government Response to House of Commons Defence Committee's Sixth Report of Session 2012 – 13, para. 10 (22 March 2013).

规则 74 集体自卫

自卫权可以集体行使。对构成武力攻击的网络行动的集体自卫，仅能根据受害国的请求并在请求的范围内行使。

1. 集体自卫权授权一国或多国可就针对它们的攻击实施联合自卫，或向网络武力攻击的受害国提供援助。① 《联合国宪章》第 51 条明确规定的这一权利被习惯国际法所认可。

2. 在一国因集体自卫向另一国提供援助之前，它必须已收到武装攻击受害国的援助请求。② 受害国和提供援助的国家都应当确认存在紧迫的（规则 73）或正在发生的武力攻击。习惯国际法不允许一国仅以其自己对形势的判断而介入另一国的集体自卫行动。

3. 一国代表另一国行使集体自卫时，必须在另一国的请求和同意的范围内采取行动。也就是说，参加集体自卫的权利要遵守受害国制定的条件和限制。例如，在集体自卫行动中，受害国可将援助限于非动能措施或限制可能成为网络行动对象的目标类型。

4. 实施集体自卫应以先前缔结的集体防御条约或临时安排为基础。例如，北约盟国同意，"对于欧洲或北美一个或数个缔约国之武力攻击，应视为对缔约国全体之攻击。因此，缔约国同意如此种武力攻击发生，每一缔约国按照《联合国宪章》第 51 条所承认之单独或集体自卫权利之行使，援助被攻击之一国或数国"。③ 由此根据《北大西洋公约》第 5 条采取的网络行动将不受禁止。临时安排的例子是，在 1990 年至 1991 年，为反击伊拉克对科威特的武力攻击，多国部队为后者提供的援助。如前所述，在军队按照此类协定采取行动时，实施武力行动时，

---

① 有关不同形式的集体自卫，可参见：DINSTEIN, WAR, AGGRESSION AND SELF-DE-FENCE, at 278 - 280。

② *Nicaragua* judgment, para. 199. 该案中，国际法院提出要有武力攻击受害国的"宣告"的要求。*Id.* paras. 232 - 234. 专家们认为，援助的请求符合了这一要求。

③ North Atlantic Treaty (Washington Treaty), Art. 5, 4 April 1949, 34 UNTS 243.

网络行动也是允许的。[①]

5. 必要性、相称性、紧迫性和迅即性的要求（规则 72 ~ 73）适用于集体自卫。

规则 75　报告自卫措施

国家在根据《联合国宪章》第 51 条行使自卫权时，所采取的包括网络行动在内的措施应立即向联合国安理会报告。

1. 向联合国安理会报告实施自卫情况的要求规定于《联合国宪章》第 51 条。如果联合国会员国未向安理会报告其对网络武力攻击采取的自卫行为，则构成对第 51 条义务的违反。[②] 但报告要求不应被解释为习惯国际法。在"尼加拉瓜案"中，国际法院特别指出了这个问题，它认为"显然在习惯国际法中，尽管直接基于条约义务和条约组织的程序应予遵守，但它不是使用武力自卫的合法性条件"。[③] 因此，未向安理会报告并不剥夺一国采取自卫行动的权利。

2. 根据第 51 条，实施自卫行动的权利可持续到安理会"采取必要办法，以维持国际和平及安全"之时。国际专家组认为，在这类情况下安理会应当明确剥夺国家依第 51 条所享有的自卫权。国际专家组进一步认为，只有安理会享有这一权力，一旦安理会事实上发布了解除命令，其已经或即将采取的措施将有效剥夺受害国的自卫权。

3. 一国面临网络攻击时合法地行使自卫权，或选择不行使，都不会影响安理会依据宪章第七章所享有的维持国际和平与安全的权力。

---

① 该条规定："联合国会员国在本宪章下之义务与其依任何其他国际协定所负之义务有冲突时，其在本宪章下之义务应居优先。"

② *Nicaragua* judgment, para. 235.

③ *Nicaragua* judgment, para. 200.

第十五章　集体安全

规则 76　联合国安全理事会

联合国安全理事会如果确定某网络行动构成和平之威胁、和平之破坏或侵略行为，可授权采取包括网络行动在内的非武力措施作为回应。安全理事会如果认为前述措施不足以应对有关局势，可决定采取包括网络措施在内的武力措施。

1. 本规则基于《联合国宪章》第七章而制定。宪章第 39 条授权安理会"应断定任何和平之威胁、和平之破坏或侵略行为之是否存在，并应做成建议或抉择依第 41 条及第 42 条规定之办法，以维持或恢复国际和平及安全。"迄今，安理会从未断定过任何网络行动构成和平之威胁、和平之破坏或侵略行为，但无疑它享有这一权力。

2. 虽然安理会通常是针对特定事件或情势行使第 39 条赋予的权力，它也将国际恐怖主义①和大规模杀伤性武器扩散②这两类重要现象定性为对和平之威胁。安理会同样可以在抽象意义上判定某些类型的网络行动等同于和平之威胁、和平之破坏或侵略行为，也就是说，安理会做出上述决定无须针对已经或者将要发生的特定行为。例如，判定针对国家银行系统或国家关键基础设施的网络行动属此类性质，即在安理会权限之内。

3. 一旦依据第 39 条做出判定，安理会就可以考虑采取第 41 条规定的措施了。该条规定，安理会"得决定所应采武力以外之办法，以实施其决议，并得促请联合国会员国执行此项办法。此项办法得包括经

---

① *See*, *e. g.*, SC Res. 1373, UN Doc. S/RES/2001 (28 September 2001).

② *See*, *e. g.*, SC Res. 1540, UN Doc. S/RES/1540 (28 April 2004).

济关系、铁路、海运、航空、邮、电、无线电及其他交通工具之局部或全部停止，以及外交关系之断绝"。非武力措施是指未达到使用武力程度的行为（规则 68），其种类并不限于第 41 条所罗列的内容。[1]

4. 《联合国宪章》第 41 条规定了"邮、电、无线电及其他交通工具之局部或全部停止"，这些措施在网络环境下尤为重要。鉴于安理会享有广泛的自由裁量空间，这一条确认了安理会可以决定局部或全部切断对国家或非国家行为体的网络通讯。[2]

5. 所有联合国会员国都有义务执行《联合国宪章》第七章规定的安理会决定（这不同于建议）。[3] 安理会决议一般允许一国在国内层面选择其执行安理会决定的具体方式。在涉及对网络通讯等实施制裁的情况下，国内执行将是不可缺少的。例如，可能需要要求（政府的以及私营的）互联网服务提供商采取域名黑名单或分组路由过滤等限制性措施，以遵守有约束力的安理会决议。为此，国家应通过国内法律法规强制其管辖范围内（规则 8）的互联网服务提供商采取必要行动。

6. 本规则第二句的依据是《联合国宪章》第 42 条。[4] 一旦安理会判定存在和平之威胁、和平之破坏或侵略行为，且非武力措施将不足以或已经证明不足以维持或恢复国际和平及安全，[5] 它就可授权以包括网络手段在内的方式使用武力（规则 68）。假如一国正在发展核武能力，置安理会要求其停止拥核的呼吁于不顾，并经受住了按第 41 条授权对它采取的经济制裁，此时安理会就可授权会员国对该国实施网络行动以

---

[1] *Tadić*, decision on the defence motion for interlocutory appeal, para. 35.

[2] 例如，2001 年，制裁"争取安哥拉彻底独立全国同盟"（UNITA）监督机制提出了中断该同盟与互联网联系的可能性。Monitoring Mechanism on Sanctions against UNITA Report, appended to Letter from the Chairman of the Security Council Committee established pursuant to Resolution 864 to the President of the Security Council, paras. 64 – 69, UN Doc. S/2001/966 (12 October 2001).

[3] UN Charter, Art. 25.

[4] 《联合国宪章》第 42 条规定："安全理事会如认为第 41 条所规定之办法为不足或已经证明为不足时，得采取必要之空海陆军行动，以维持或恢复国际和平及安全。此项行动得包括联合国会员国之空海陆军示威、封锁及其他军事举动。"

[5] 正如本规则措辞所示，不需要先采取"不包括使用武力的措施"，即联合国安理会可以迅速诉诸本规则第二句所设想的措施。

改变其武器计划。

7. 安理会经常做出要采取"一切必要措施"（或类似表述）来执行某项决议的规定,[①] 这暗示了授权对国家或其他实体等决议对象实施达到使用武力等级的网络行动，也包括对国家或其他实体的网络能力实施动能行动。当然，任何措施都必须在决议委托或授权的范围内行事。关于委托和授权的区别，见规则 77。

8. 尽管第 42 条显示，强制执行措施可由"联合国成员国的空海陆军"实施，但专家们认为，以本规则为基础的任何行动可以通过或针对网络能力来实施。

9. 显然，根据《联合国宪章》第 103 条，安理会在依据第七章采取行动时，不需要考虑成员国的法律义务。关于这点，重要的是只有在为保证实施安理会决议这一阶段，依据本条款开展的行动才优先于一国的国际法义务。仍不确定的是，是否有其他国际法限制安理会的授权或委托行为。例如，实施针对民用物体的网络攻击一般而言违反了武装冲突法（规则 94），从法律上看，安理会有关实施此类攻击的授权是否优先于禁止性规定呢？对此尚无定论。但无论什么情况，安理会都不能轻率地做出忽视国际法规则的决定。国际专家组认为任何情形下安理会都不能违背强行法。

10. 和平行动的规定见规则 78。

规则 77　区域组织

依据联合国安全理事会的委托或授权，区域性国际组织、区域办法或区域机关可以开展包括网络行动及其应对的执法行动。

1.《联合国宪章》第七章和第八章规定，安理会可委托或授权区域办法或区域机关开展执行行动，本规则即基于此制定。虽然普遍认为

---

① 例如联合国安理会第 678 号决议规定，"除非伊拉克在 1991 年 1 月 15 日前完全执行上述决议，否则授权与科威特政府合作的成员国使用一切必要手段维护并执行第 660 号决议（1990）和之后的所有有关决议，并恢复这个地区的国际和平与安全"。SC Res. 678, UN Doc. S/RES/678, para. 2 (29 November 1991).

依据《联合国宪章》第 41 条，区域组织有权采取非武力类型的行动，但在国际法上的一个争论点是，当没有安理会的明示授权时，区域办法或区域机关还能否实施第 42 条里所包含的执法行动。关于第 41 条和第 42 条在网络环境下的应用，见规则 76。

2. "区域"一词源自《联合国宪章》第 52（1）条，根据该规定，宪章第八章所称的办法或机关是"适合于区域行动"的地区性集体安全体制。成为区域办法或区域机关的条件并不明确，如北约一贯认为它不属于此种组织，因为它的主要目的之一是集体防御，恰好与集体安全相反。就本规则而言，在技术层面是否被定性为区域组织并不重要，因为安理会可根据第七章授权任何国家集团开展执法行动，无论它是事先还是临时组建的，也无论这一组织的组织约章规定的任何地理上或其他条件的限制。

3. 本规则所称的"执行行动"源自宪章第 53 条第 1 项，[①] 它是第 41 条和第 42 条授予安理会的权力，即授权或委托用非武力或武力的办法维持或恢复国际和平及安全。执行行动应当区别于区域办法或区域机关基于集体自卫（规则 74）而采取的行动（包括网络行动）。

4. 本规则文本明确了区域办法或区域机关的执法行动包括网络行动，也认可执法行动可用以应对全部或部分由网络行动构成的情况。

5. "委托"和"授权"分别表示安理会专门指派特定实体开展行动和基于安理会的广泛授权而未专门指派的个别国家或区域实体（如临时的联盟）的行动（见规则 78 的讨论）。

规则 78　和平行动

当执行和平行动时，国家可根据和平行动的委托或授权，以及可适用的国际法实施网络行动。

1. 在本手册中，"和平行动"包含维持和平（peacekeeping）行动

---

① 该词或类似词语在《联合国宪章》第 2 条第 5 项、第 2 条第 7 项、第 5 条、第 11 条第 2 项、第 45 条、第 48 条、第 49 条和第 50 条等都有使用，但这些条文都未给出定义。

和执行和平（peace enforcement）行动。① 和平行动由军事和民事两部分构成，其队伍包括军事人员、执法人员和提供支持人员。在下文描述的情况下，这些行动可为履行委托或授权而实施网络行动。

2. 维和行动可以依据适当的国际组织发布的委托或授权展开。特别值得注意的是安理会根据《联合国宪章》第六章委托或授权的那些行动。不论是单独的还是与其他国家联合，维和行动也可以由国家自行开展。

3. 相比之下，《联合国宪章》第七章下安理会的委托或授权（规则76）是"执行和平行动"一项基本的先决条件。当符合委托、授权或自卫的条件时，这样的行动可以发起构成使用武力的网络行动（规则68）。

4. 对执行和平行动的委托或授权，也可以根据《联合国宪章》第八章下区域组织的约章性条约作出。依据《联合国宪章》第53（1）条规定，安理会的批准是必需的。特定情况下的区域组织，参见规则77。

5. 《联合国宪章》第51条下的自卫行动，不管是单个国家实施还是由国家联盟或军事联盟集体实施，参见规则71~75。它们不是本章意义上的"和平行动"。

6. 有关术语"委托"和"授权"，见规则77。注意委托可以授予联合国指挥和控制的部队②、区域组织（规则77）、一个特设的联盟或一个独立的国家。

7. 在和平行动中实施网络行动必须要在委托和授权的范围内。委托和授权通常规定和平部队分配的任务，以及和平部队可以采取的执行任务的措施，但不太可能明确提到实施网络行动。

8. 在一些案例中，当有必要使指挥和控制系统暂时失灵来完成委托或授权规定的特定任务时，可能使用网络手段更有效。既然委托或授

---

① "和平行动"这一术语也包括了"建设和平"行动，也就是说，这些行动意图减少陷入冲突的危险。它们包括加强国家冲突管理能力，为可持续和平和发展奠定了基础。*See Capstone Doctrine, at 18.*

② 需注意的是，对于参加联合国或区域组织指挥下的行动的军队，各国保留"全部指挥权"。然而，他们通常处于实施行动的联合国或区域组织的控制下。

权不太可能明确提到网络行动，任何对这种行动合法性的评估都可能需要由和平部队加以解释。

9. 例如，一项和平行动的授权包括通过监督停火协定，促进安全及和平的环境和创造持久的政治解决冲突条件。这种授权可以被解释为允许监控各方的网络通讯，以确保其没有从事违反协定的活动。类似地，监测流入和流出和平行动网络的数据流量，总体上与维护良好网络安全、进而完成和平行动的任务这一需要是一致的。被动监测电磁频谱也同样如此。

10. 国际专家组提醒，实施网络活动必须符合委托和授权，不仅仅指符合其明示条款，还包括符合其目的和宗旨。例如，如果一项和平行动被用以监督双方停火，那么为了冲突一方的利益而实施网络行动就超出了委托或授权的范围。一般情况下，和平行动通常为了维持或恢复国际和平与安全（关于国际和平与安全的概念，见规则65），因此，只会恶化形势的网络行动是不允许的。

11. 和平行动的交战规则也可能对能否发动网络行动来促成和平行动的委托或授权加以规定。另外，派遣军队参加和平行动的国家可能会提出，该国同意派遣军队的条件是，其军队受不得从事特定活动的国内"注意事项"（caveats）限制。

12. 当评估和平部队实施的网络行动是否合法时，有必要区分维和行动和执行和平行动。"维和"行动必须遵守以下原则：（1）（领土国的）同意；（2）公正性；（3）只有在自卫时才能使用包括网络手段在内的武力。[①]

13. 取得同意特别重要。维和部队实施任何网络行动都应该在东道国同意的范围内。例如，同意维和部队进驻的国家可能会禁止这支军队实施主动网络防御行动。东道国的同意（规则19）应该符合国际法，并且不能优先于国际法义务或派遣国国内法义务。同意的要求不损害维和部队及其成员实施自卫的权利。

---

① Report of the Special Committee on Peacekeeping, UN Doc. A/57/767, para. 46（29 March 2003）. 在涉及两个或更多当事方时，和平行动必须特别注意遵守公正原则，如监督停火。

14. 上面所说的有关维和的三项传统要求，并不适用于联合国安全理事会依据宪章第七章而委托或授权进行的"执行和平"行动。关于这样的委托或授权，见规则76。

15. 达到使用武力程度的网络行动，其合法性取决于安理会清晰的委托或授权。如果安理会依据第七章授权使用武力措施，支持动能作战方式的必要网络行动就是合法的。举例来说，如果一项执行和平行动获得使用武力的委托和授权，需要空投炸弹，那么和平部队可采取指示目标和解除空中防御所需的网络行动。然而，有时安理会决议会将执行和平行动（包括任何武力活动）限定于保护特定目标或实施某些特定任务。

16. 就这一点而言，专家们指出，无论委托或授权是否允许网络行动达到使用武力的程度，维和或执行和平部队都可针对正在进行或即将发生的攻击，进行个人或部队单位自卫所需的武力行动。

17. 为了对抗武力干预委托或授权的执行（即"维护使命"），联合国领导的和平行动也可以使用动能以及网络性质的武力，无论其本质上是动能攻击还是网络攻击。[①] 武力干预必须达到危及完成和平行动任务的程度。例如，如果一个武力性质的动能或网络行动危及和平行动的指挥和控制系统，和平部队就有权使用动能或网络部队终止该网络行动。这一结论不影响任何可能适用于相关情势的国际法或国内法上的限制。国际专家组提醒，各国在维护委托或授权方面，对于可允许采用的行动的范围存在略有不同的主张。

18. 当代的许多和平行动，（除了那些履行核心使命所必需的行动外）都被委托或授权在使命能力范围内保护平民，并且不损害东道国保护其居民的首要责任。有助于完成这项任务的网络活动（包括那些越过使用武力界限的网络活动）是合法的。

19. 这提出了一个问题，即在没有相关明确委托或授权的情况下，和平部队能否使用网络武力援助其他人，例如平民。以社交媒体被用于

---

① Capstone Doctrine, at 34.

煽动对当地族裔的暴力为例，专家们一致同意，在这种情况下，针对违法社交媒体账户使用网络手段是合适的，即使所涉网络行动达到使用武力程度。[①] 一些专家认为，以网络手段保护有关少数族裔的权力，也可以在许多国家国内法中"保护他人"的法律概念中找到。他们还指出这样一个事实：目前大多数和平行动的交战规则允许诉诸武力以保护平民，从而表明了采取此类措施的一般合法性。

20. 除了符合委托或授权要求外，和平行动及其相关网络行动还应遵守其他可适用的国际法。与和平行动最相关的两个法律制度是国际人权法（第六章）和武装冲突法（第四部分）。国际人权法的某些部分特别符合本章内容。国际专家组认为，派遣国部队或警察实施的网络行动，通常要遵守国际人权法上有关其权力或控制范围内的人员（规则34）的规范。如果联合国维和行动或执行和平行动对领土行使有效控制权或行政权（如联合国过渡当局就属于这种情况），国际人权法也适用。围绕着国际人权法可适用性的范围存在的某些争议，在规则34进行了讨论。

21. 就国际组织实施的和平行动而言，专家们认为国际人权法条约的规定一般不适用于有关组织，因为它们不能成为文书的缔约方（尽管派遣部队或警察的国家将继续受为其设定了义务的条约约束）。然而，国际组织作为法律人格者，也会受习惯国际人权法的约束（第六章）。[②] 例如，如果一个国际组织的和平部队对特定领土实施了必要的控制，为指挥和控制目的，需要采取诸如干扰社交媒体等网络行动，开展网络行动必须符合国际人权法的规定。这并不影响在武装冲突期间具有特别法性质的武装冲突法的适用。

22. 国际专家组认为，一旦执行行动的部队成为国际性（规则82）或非国际性武装冲突（规则83）中的冲突一方，那么和平行动中的网

---

① 武装冲突法等其他法律制度在此情形下有可能适用。

② *See*, *e. g.*, United Nations Safety Convention, Art. 20（a）; Optional Protocol to the United Nations Safety Convention, Art. Ⅱ（1）; Decision No. 2005/24 of the Secretary - General's Policy Committee on Human Rights in Integrated Missions（2005）; Capstone Doctrine, at 14 - 15, 27.

络行动在此期间必须遵守武装冲突法（第四部分）。^① 在这种情形下，和平部队可以依据武装冲突法实施网络行动，但它不能受到武装冲突法上有关免受攻击——无论是通过网络手段（规则 92）还是通过其他方式实施——的保护。

23. 决定一个和平部队是否、何时成为"武装冲突的一方"，涉及复杂的事实和法律问题，并具有一定程度的争议。当其为自身权利实施的动能或网络行动已达到国际性或非国际性武装冲突的门槛时，显然和平部队可成为武装冲突一方（分别见规则 82 和规则 83）。

24. 国际专家组认为，即使一支和平部队对冲突一方或多方的支持（例如提供直接的后勤支持或战术情报）并未达到实际使用武力的程度，该部队也可以成为武装冲突的一方。没有达到这一水平的其他形式支持是否也能使该部队成为冲突一方，在国际法上尚无定论，应该在个案基础上分析。专家们同意，不管怎样，仅仅背离委托或授权，或者维和行动中的活动超出了东道国同意的范围，这本身不能使和平部队成为武装冲突中的一方。

25. 使用武力（包括动能或网络形式）自卫并不使和平部队成为武装冲突的一方，除非它已经达到了武装冲突的程度。每个个案都必须根据其自身情况加以评估。例如，国际专家组认为个人（单个人员）的自卫不能使和平部队成为武装冲突一方。然而，如果是体系性的或者多次进行部队单位的自卫，或者反击试图武力阻止和平部队完成委托或授权，和平部队可能成为武装冲突一方。例如，如果一项委托任务规定此前武装冲突的各方应解除武装，但其中一方使用武力抗拒解除武装，抗拒方与和平部队由此产生的暴力可能会达到非国际性武装冲突的界限。一旦和平部队成为冲突一方，如同在其他武装冲突中一样，国际性或非国际性武装冲突的规则就平等地适用于所有各方。

---

① 结论是武装冲突法约束联合国部队，当它在许多文件的支持下成为武装冲突一方时。*See*, *e. g.*, United Nations Safety Convention, Arts. 2 (2), 20; UN Secretary General's Bulletin: Observance by United Nations Forces of International Humanitarian Law, ST/SGB/1999/13 (6 August 1999); Capstone Doctrine, at 15.

26. 在确定源自武装冲突法、国际人权法和其他可适用的法律制度并适用于网络行动的法律框架的确切范围时，必须强调，各有关部队或警察派遣国和国际组织可能会在国际法上享有不同的权利和承担不同的义务。需要特别注意的是，在武装冲突中执行和平行动的背景下，不同派遣国实施网络行动，可能会受制于不同的法律规定：武装冲突法、国际人权法、其他基于各自缔约国或非缔约国地位的条约法以及不同的国内法律义务。有关部队不能基于其参与行动而逃避对其派遣国有约束力的条约义务，除非其行动与第七章委托或授权一致。尽管超越本手册范围，指挥和控制安排的性质与这方面有特别的关联。关于国际组织（如北约）的责任问题，见第四章第4节。

27. 除非所开展的活动符合第七章规定的委托或授权，或在与有关国家的协定（如驻军协定或军队地位协定）中进行了规定，网络行动必须遵守行动实施地国的法律。这一义务的产生原因，是这些行动必须征得有关国家的同意才能实施。一国派遣的和平部队也必须遵守所在国的国内法。

规则 79 和平行动人员、设施、物资、部队和车辆

（1）只要享有武装冲突法给予平民和民用物体的保护，联合国的人员、设施、物资、部队和车辆，包括支持联合国行动的计算机和计算机网络，应受到尊重和保护，不得进行网络攻击。

（2）在同样条件下，依照《联合国宪章》参与人道援助或维和行动的其他人员、设施、物资、部队和车辆，包括计算机和计算机网络，受到不得进行网络攻击的保护。

1. 本规则来自众多渊源。尊重和保护联合国人员、设备、物资、部队、车辆及其计算机和计算机网络，很大程度上来源于《联合国及其人员安全公约》的规定。公约第7条第1款规定，联合国人员、单位、运输工具、设备和场所"不应成为攻击或任何妨碍其履行职责的行为的对象"，缔约国有义务保证联合国人员的安全。《罗马规约》第8条第2款第2项第3目和第8条第2款第5项第3目还将免受攻击的范围进一步扩展到参与人道主义援助和维和行动。作为习惯法，本规则既适用于国际性武装冲突，也适用于非国际性武装冲突。①

2. 本规则第 1 款所说的"尊重"包括不干预授权行动完成的义务。例如，直接针对执行部队网络的网络行动就违反了本规则。② 这一义务仅仅针对国际法限定的联合国人员③，以及支持联合国行动的设施、物资、部队、车辆，包括计算机及计算机系统。该义务不适用于第 2 款规定的人员和物体。④

3. 尊重和保护联合国人员的义务是指，禁止以任何方式攻击、威胁或伤害他们，包括通过网络行动的方式。该禁止也适用于根据有关授权处于联合国保护下的人员或地点。

4. 第 1 款提及的"保护"一词，是指采取为保证他们不受攻击、威胁、伤害或干预所需的可行步骤。这一义务意味着，国家要采取所有合适和可行措施去保证这些人员的安全。⑤ 关于这方面，国际专家组认为国家必须采取必要的措施，保证联合国及相关人员的安全免受网络攻击⑥，以及配合和平行动以阻止针对他们和他们的办公场所、私人住所或交通工具的网络攻击。⑦ 合作义务尤其意味着有义务采取一切可行措

---

① *See also* UK MANUAL, paras. 14. 9, 14. 15; AMW MANUAL, commentary accompanying Rule 98 (b - c); NIAC MANUAL, para. 3. 3; ICRC CUSTOMARY IHL Study, Rule 33.

② AMW MANUAL, commentary accompanying Rule 98 (a); ICRC CUSTOMARY IHL STUDY, commentary accompanying Rule 33.

③ United Nations Safety Convention, Art. 1 (1). 该条规定"联合国人员"包括：1. 由联合国秘书长聘用或部署担任联合国行动的军事、警察或文职部门成员的人；2. 由联合国或其专门机构或国际原子能机构派遣、在实施联合国行动的地区具有官方身份的其他官员和专家。

④ 第 1 条第 3 款界定的"联合国行动"是指：1. 该行动是以维持或恢复国际和平与安全为目的，或 2. 为本公约目的、安全理事会或大会宣布参加行动人员的安全面临特殊危险。此外，《联合国及其人员安全公约任择议定书》第 2 条对"联合国行动"范围进行了扩充，包括了"联合国主管机关根据《联合国宪章》设立、处于联合国的权力和控制下、为以下目的而开展的其他一切联合国行动：（1）在建设和平中提供人道主义、政治或发展援助；或（2）提供紧急人道主义援助"。Optional Protocol to the United Nations Safety Convention, Art. Ⅱ.

⑤ United Nations Safety Convention, Art. 7 (2).

⑥ United Nations Safety Convention, Art. 7 (2).

⑦ United Nations Safety Convention, Arts. 9, 11.

施，阻止在各自领土上筹备将在有关国家境内或境外实施网络攻击的活动，以及有义务交流相关信息、协调行政和其他措施以防止实施此类攻击。①

5. 第2款适用于非联合国人员。它还适用于《联合国及其人员安全公约》第1条第3款含义之外的行动，因为他们不是在"联合国授权和控制下进行的"。

6. 虽然不在联合国授权和控制下进行，但第2款适用的任务必须"符合《联合国宪章》"。② 这通常是指安理会授权执行该任务。此外，该任务的目的要么是进行人道主义援助，要么是进行维和行动（规则78）。人道主义援助和维和行动要求以得到东道国和成为冲突一方的国家的同意为前提。

7. 在武装冲突中，除非和平部队成为冲突的一方（规则78），否则和平部队成员享有武装冲突法给予平民（规则94）的保护，包括免受网络攻击的保护（规则92）。③ 本规则两款中的人员都包括了部队成员。当平民个人或和平部队中的军人以个人身份（无论是否通过网络手段）直接参与敌对行动（规则97）时，即使他们所属的一方不是武装冲突当事方，他们也会因此丧失免受攻击的保护。

8. 这一情形必须同和平行动中的人员仅仅是为了行使个人自卫权利或保护其部队免受攻击而使用武力的情形区分开来。大多数专家认为，假如诉诸武力限于实现委托或授权这一目的，并且委托或授权不包括采取达到武装冲突标准的活动，和平部队成员仅仅为保护委托或授权而诉诸网络或动能武力这一事实本身，并不必然构成直接参与敌对行动。④

---

① United Nations Safety Convention, Art. 11.

② Rome Statute, Art. 8（2）（b）（iii），8（2）（e）（iii）.

③ 需注意，对他们的保护可能实际上大于适用《联合国及其人员安全公约》第7条时依照平民所应受到的保护。此外，红十字国际委员会编纂的《习惯国际人道法》以及《罗马规约》都就维和行动规定了特殊地位。ICRC CUSTOMARY IHL STUDY, Rule 33；Rome Statute, Art. 8（2）（b）（iii），8（2）（e）（iii）.

④ *Prosecutor* v. *Sesay Kallon and Gbao*, Trial Chamber judgment（Spec. Ct. for Sierra Leone, 2 March 2009），paras. 577 – 579.

第四部分

网络武装冲突法

第十六章　武装冲突法的一般规定

规则 80　武装冲突法的可适用性

在武装冲突中实施网络行动应遵守武装冲突法。

1. 与其他军事行动一样，武装冲突法也适用于武装冲突中的网络行动。虽然网络行动特征新颖，而且武装冲突法也没有明确针对网络行动的专门规则，但国际专家组一致认定，武装冲突法适用于国际性和非国际性武装冲突（分别见规则 82 和规则 83）中的此类行为。①

2. 适用武装冲突法的前提条件之一是存在武装冲突。"武装冲突"一词最早用于将战争法法典化的 1949 年《日内瓦公约》，② 但条约法从未对该术语作出过权威界定。不过，如今它已在大多数国际法场合中取代了"战争"一词。在本手册中，武装冲突是指卷入敌对行动的情形，其中包括使用网络手段的行为。③ 由于国际性与非国际性敌对行动的性质不同，"武装冲突"一词的含义也有所区别，规则 82 和规则 83 将讨论达到这些标准的敌对行动的范围。

---

① 例如，2015 年联合国信息安全政府专家组引述了国际人道法的核心原则。UN GGE 2015 Report, para. 28 (d). *See also* The NATO Wales Summit Declaration, 2014, para. 72; Developments in the Field of Information and Telecommunications in the Context of International Security, Report of the Secretary General, at 2, UN Doc. A/69/112 (30 June 2014) (Australia); Developments in the Field of Information and Telecommunications in the Context of International Security, Report of the Secretary General, at 15, UN Doc. A/68/156 Add. 1 (9 September 2013) (Japan); European Union, Conclusions, General Affairs Council Meeting, Doc. 11357/13 (25 June 2013).

② Geneva Conventions I – IV, Art. 2. *See also* ICRC GENEVA CONVENTION I 2016 COMMENTARY, para. 209.

③ 尽管没有敌对行动，但未遇武装抵抗的占领也属于武装冲突。Geneva Conventions I – IV, Art. 2.

3. 举例来说，爱沙尼亚在 2007 年成为持续的网络行动的目标，但由于当时的情形没有达到武装冲突的程度，因此武装冲突法不适用于该行动。相反，武装冲突法适用于 2008 年格鲁吉亚与俄罗斯之间的国际性武装冲突期间发生的网络行动，也同样适用于当前乌克兰与俄罗斯冲突中的网络行动，因为有关网络行动促使冲突加剧。这说明，在发生达到武装冲突程度的使用动能攻击的敌对行动的情况下，可适用的国际性和非国际性武装冲突法规则也约束与该冲突相关的网络行动。具体哪些规则适用，取决于冲突的性质是国际性的还是非国际性的（规则 82~83）。

4. "网络行动" 一词包括但不限于 "网络攻击"（规则 90）。在本手册中，网络攻击是一个专门术语，它特指某一种类的网络行动。某些网络行动（如影响人道援助运送的网络行动），即使没有达到 "攻击"的程度，也要受到武装冲突法的约束（规则 145）。

5. 国际专家组采纳了 "在武装冲突环境下" 一语，作为武装冲突法范围的折中方案。所有专家一致同意，在有关网络行为与冲突之间必须具有一种联系，武装冲突法才能适用于有关行为。但是，他们对这一联系有不同看法。

6. 一种观点认为，武装冲突法约束任一冲突方实施的任何网络行为（在这方面，请注意规则 82 有关可归因性的讨论）。另一种观点认为，网络行为必须用以推进敌对行动，也就是说，它必须旨在促成发起者的军事行动。例如，在一场武装冲突中，甲国贸易部为获取商业秘密而对敌对国乙国的一家私人公司实施了网络行动。按照第一种观点，由于该行动是由武装冲突一方对敌国公司实施的，因此可适用武装冲突法。但主张第二种观点的专家们则认为不能适用武装冲突法，因为网络行动与敌对行动之间的联系并不紧密。

7. 国际专家组指出，"在……环境下" 一词的准确范围在非国际性武装冲突中不甚明确，这是因为即便在发生武装冲突时，一国仍保有在其领土上的特定执法的义务和权利。[①] 就与冲突没有任何联系的纯粹执

---

① 当然，在国际性武装冲突中一国也有执法的责任，但这种责任在非国际性武装冲突中更为明显。

法行为而言，只能适用国内法和人权法，而不能适用武装冲突法。

8. 武装冲突法不针对与武装冲突无关的私人性个人或实体的行为。以某私人公司为获得对在敌国的竞争对手的市场优势而窃取知识产权为例，武装冲突法在原则上不涉及此种行为。

9. 武装冲突法的适用不以符合"诉诸武力权"（第十四章）中的情形为条件，按照平等适用的原则，一个诉诸武力的行为即便从诉诸武力权的角度看是非法的，它也要遵守武装冲突法。[①]

10. 应该注意的是，武装冲突法适用于网络行动也存在一些难题。例如，某个网络行动是否存在、发起者是谁、意图攻击的目标及其确定后果是什么等等，这些通常都难以判定。但是，这些事实问题并不能排除武装冲突法的适用。

11. 对于武装冲突法的明示规则没有规范网络行为的问题，应当注意《海牙第四公约》[②]、1949 年各《日内瓦公约》[③] 和《第一附加议定书》[④] 中的马尔顿条款。例如，《海牙第四公约》规定：

> 在颁布更完整的战争法规之前，缔约各国认为有必要声明，凡属他们通过的规章中所没有包括的情况，居民和交战者仍应受国际法原则的保护和管辖，因为这些原则是来源于文明国家间制定的惯例、人道主义法规和公众良知的要求。

12. 如果在武装冲突期间实施了网络行为，反映习惯国际法的马尔顿条款就要发挥作用，以保证对此类行为的规范不会出现法律真空。这

[①] 《第一附加议定书》序言第五段指出，该议定书和四个日内瓦公约的规定"必须在任何情况下、对其所保护的任何人员充分适用，不得基于武装冲突的性质或起因、冲突各方所主张或归因于各方的目标而有任何差别"。*See also* UK MANUAL, paras. 3. 12, 3. 12. 1; CANADIAN MANUAL, para. 204; ICRC GENEVA CONVENTION I 2016 COMMENTARY, paras. 186, 215 – 216.

[②] Hague Convention IV, pmbl.

[③] Geneva Convention I, Art. 63; Geneva Convention II, Art. 62; Geneva Convention III, Art. 142; Geneva Convention IV, Art. 158.

[④] Additional Protocol I, Art. 1 (2).

一点并不影响在武装冲突中适用人权法这个尚存争议的问题。

规则 81 地域限制

在武装冲突中，网络行动要遵守有关国际法规定的地域限制。

1. 武装冲突法与其他领域的国际法（如可适用于武装冲突的海洋法、航空法、外层空间法和国家主权的一般原则，[①] 以及基于诉诸武力权上的相称性和必要性等条件的考量）共同规定了可以开展网络行动的地域空间。有关法律问题包括发动行动的地点、所有必要工具的方位和目标网络系统的位置等。一般而言，网络行动可以源自、位于或其后果在冲突各方的任意领土、国际海域、国际空域或特定限制下的外空。通常禁止在其他地方实施网络行动。由于网络行动会经由中立领土并可能对之产生无意的后果，因此要特别注意中立法。第二十章将会讨论中立问题。

2. 在网络战的环境下，执行基于地域限制的规定将十分困难。例如，假设网络攻击使用了云计算技术，源自一国用以执行攻击的数据在通过包括中立国在内的数个国家时都会被复制，却只是以可察觉的方式反映在攻击发出和完成的系统上。正如在规则 151 中所讨论的那样，对于数据单纯过境在武装冲突中原本禁止网络行动的地域，并不存在一般性的禁止。

3. 依据武装冲突法的传统观点，在非国际性武装冲突中，军事行动必须限于冲突发生国的领土（包括领海）和领空。但过去十年发生的事件，如阿富汗冲突和跨国反恐行动，致使这一明确界限在某种程度上被模糊了。如今，非国际性武装冲突的确切的地域范围引发了大量复杂问题并成为争议的话题。目前，许多国家和评论者认为非国际性武装冲突可以延伸至相关国家边界之外，他们主张划分冲突类型（规则 83）的决定因素是主体的地位，而非地域情况。[②] 但也有人仍坚持传统观

---

① 例如，《海洋法公约》第 88 条在武装冲突中的适用。

② Harold Hongju Koh, The Obama Administration and International Law, Address at the Annual Meeting of the American Society of International Law (25 March 2010).

点，尽管他们一般也认可冲突会"溢出"到邻国的说法。[①]

规则82　国际性武装冲突的特征

当在两个或两个以上的国家间发生敌对行动（包括或仅有网络行动）时，即存在国际性武装冲突。

1. 通常认为，体现了习惯国际法、认定存在国际性武装冲突的标准是1949年《日内瓦公约》共同第二条，[②] 该条规定：

> 于平时应予实施之各项规定之外，本公约适用于两个或两个以上缔约国间所产生之一切经过宣战的战争或任何其他武装冲突；即使其中一国不承认有战争状态。凡在一缔约国的领土一部或全部被占领之场合，即使此项占领未遇武装抵抗，亦适用本公约。[③]

简言之，本规则下的武装冲突须具备"国际"和"武装"两个要素。

2. 国际专家组认为，如果有两个或两个以上的国家作为对立方介入，那么冲突就是国际性的，当处于一国"全面控制"（overall control）下的有组织武装团体参与对另一国的敌对行动时，该冲突也是国际性的（参见下文的讨论）。但一个特殊问题是，可能难以确定非国家行为体的网络行为是否处于国家的控制之下。

3. 非国家武装团体针对另一国的行为是否可归因于国家，而使冲突具有国际性？前南国际刑事法庭"塔迪奇案"上诉庭判决清楚阐释了这一问题。[④] 上诉庭在认定由于波斯尼亚塞族部队受到南联盟政府的充分指挥，从而确认存在国际性武装冲突时，详述了"全面控制"

---

① ICRC Challenges Report, at 18 – 19; ICRC GENEVA CONVENTION I 2016 COMMENTARY, paras. 465 – 482.

② UK MANUAL, para. 3.2; DoD MANUAL, para. 3.3.1; CANADIAN MANUAL, at GL – 9; GERMAN MANUAL, para. 202; AMW Manual, Rule 1 (r).

③ Geneva Conventions Ⅰ – Ⅳ, Art. 2.

④ *Tadić*, Appeals Chamber judgment, paras. 131 – 140, 145.

标准：①

> 国家对所属武装部队、民兵或准军事部队的控制会具有"全面"的特征（这应当超出仅仅提供经济、军备或训练支持的范畴），但这并不要求国家应发布具体的命令，或对每次行动都有所指示。在国际法中，并非一定要求控制当局应为其所属部队计划每一行动、选定攻击目标、给出实施军事行动或可能违反国际人道法的特定指示。当国家（或是武装冲突中的冲突方）除为军事团体提供资金、训练和装备或给予行动支持外，还在组织、协调或谋划其军事行为中充任角色时，即可认为存在国际法所要求的"控制"。②

4. 国际法院指出，从武装冲突分类的角度看，"全面控制"标准可能是适用和适当的，③ 国际刑事法院也接受了这一看法。④ 按照这一标准，假如一个受到一国全面控制的有组织黑客团体进入了另一国的网络基础设施，并造成重大物理损害，那么该武装冲突就具有"国际"性。前一国家无须指挥该黑客组织去攻击哪些特定基础设施，相反，只要在指挥其发动一场针对网络目标的行动方面实施足够的控制即可。

5. 仅是对介入非国际性武装冲突的非国家行为体给予支持不能使冲突"国际化"，也就是说，仅有支持是无法将非国际性武装冲突转化成支持国与领土上发生冲突的国家之间的国际性武装冲突的。如前所述，"塔迪奇案"的上诉分庭认为，一国若对非国家团体除提供资助、

---

① *Tadić*, Appeals Chamber judgment, paras. 131, 145, 162.

② *Tadić*, Appeals Chamber judgment, para. 137.

③ *Genocide* judgment, para. 404. 国际法院也阐述了波斯尼亚塞族武装部队在斯雷布雷尼察的种族灭绝行为归因于南联盟的问题，它有效区分了认定冲突具有"国际性"所需的控制程度和认定一国对非国家行为体负有国际责任所需的控制程度，对于后者，它采纳了《国家责任条款》第 8 条，认为它准确地反映了习惯国际法。*Genocide* judgment, paras. 398 – 401, 413 – 414.

④ *Lubanga* judgment, para. 541.

训练、装备和作战保障外再无其他支持，这不足以认定相关国家间的情势具有国际性。① 如果国家对该团体的支持没有达到全面控制的程度，仍可能构成对有关国家内部事务的非法干涉（规则 66）。②

6. 虽然没有一条关于"支持"的明晰的标准，但国际专家组认为，国际化的门槛应当是一个高标准。例如，专家们认为仅采取措施帮助叛乱者进入国内网络基础设施是不够的。类似地，为他们提供网络攻击工具也达不到这个门槛。反之，在专家们看来，提供有关网络漏洞的具体情报以使叛乱者发动的特定网络攻击得以实现，这足以达到门槛的标准。

7. 有些情况不太好评估。例如，一国实施网络行动以支援另一国的叛乱者，该行动企图切断后者的网络通讯系统，若后者的军事通讯依赖于该系统，则该行动可能会使冲突国际化，若后者的军事通讯不依赖于该系统，则不太容易认定该行动足以使冲突国际化。当然，如果前者代表该非国家行为体实际参加了冲突，且其行为达到了"武装"的程度（参见下文），则无论对该组织的控制程度如何，两国间都将存在国际性武装冲突。

8. 全面控制标准不能适用于个人或组织程度不高的团体的行为。前南国际刑事法庭认为，在判断是否存在国际性武装冲突时，此类个人或团体的行为归因于国家的条件是其必须接受了国家的特定指令（或随后的公开同意）。③ 例如，在 2007 年对爱沙尼亚的网络行动中，没有确切证据证明参与行动的黑客受到任何国家的指使，也没有任何国家对此认可或接受，因此（除冲突是否属于"武装"的问题以外），这一事件不能被定性为国际性武装冲突。

9. 一些国际专家组的成员认为，即使非国家武装团体的行为不能归因于国家，国家与实施跨国行动的非国家武装团体间仍会存在国际性

---

① *Tadić*, Appeals Chamber judgment, para. 137.

② UN Charter, Art. 2（1）.

③ *Tadić*, Appeals Chamber judgment, paras. 132，137，141，145. 对非国家行为体的行为给予认可或接受，最早阐释于 *Tehran Hostages* judgment, para. 74。

武装冲突。他们指出，此类冲突不局限于发生在某一国境内，因而具有国际因素。① 多数专家反对这一观点，认为此类冲突在性质上是非国际性的（规则83）。

10. 对《第一附加议定书》成员国而言，人民为行使自决权而对殖民统治、外国占领和种族主义政权作战的武装冲突是国际性武装冲突。②

11. 国际性武装冲突除具有"国际性"外，还必须具备"武装"的特征。武装冲突法没有直接解释"武装冲突"的含义，但其含义显然要求存在敌对行动。因此，国际专家组在本规则中使用了"敌对行动"的概念。敌对行动意味着作战手段和方法的整体运用（规则103）。由此构成的敌对行动可以包括动能与网络行动的结合，或只有网络行动。③

12. 虽然敌对行动不可否认是国际性武装冲突的"武装"要素的一个条件，但对于使用暴力所要求达到的门槛仍存在争论。红十字国际委员会对1949年《日内瓦公约》的评注认为，"两国间的任何分歧且导致武装部队的干预就是武装冲突……它与冲突的持续期间、杀戮的程度无关"。④ 例如，在一个小型军事基地引发战火的网络行动就足以引起国际性武装冲突。

13. 相反的观点认为，需要在敌对行动的程度、持续时间或烈度等方面有更高的要求，尽管支持此观点的论者们未就具体的标准达成一致意见。⑤ 其支持者指出，国家实践证明存在大量独立事例，如零星的边

---

① See discussion in HCJ 769/02, *The Public Committee against Torture in Israel v. The Government of Israel*, para. 18 [2006] (Isr.).

② Additional Protocol I, Art. 1 (4).

③ ICRC GENEVA CONVENTION I 2016 COMMENTARY, para. 255.

④ ICRC GENEVA CONVENTION I 2016 COMMENTARY, para. 236; ICRC GENEVA CONVENTION I 1952 COMMENTARY, at 32; ICRC GENEVA CONVENTION II 1960 COMMENTARY, at 28; ICRC GENEVA CONVENTION III 1960 COMMENTARY, at 23; ICRC GENEVA CONVENTION IV 1958 COMMENTARY, at 20; *Tadić*, decision on the defence motion for interlocutory appeal, para. 70; DoD MANUAL, para. 3.4.2 （"在双方武力力量间存在敌对行动的任何情况，无论其持续期间、烈度或交战范围"）.

⑤ Christopher Greenwood, *Scope of Application of Humanitarian Law*, in THE HANDBOOK OF INTERNATIONAL HUMANITARIAN LAW 45, 57 (Dieter Fleck ed., 2nd edn, 2008); Howard S. Levie, *The Status of Belligerent Personnel 'Splashed' and Rescued by a Neutral in the Persian Gulf Area*, 31 VA. J. Int'l L. 611, 613–614 (1991).

境冲突或海上敌对事件，不被视为国际性武装冲突。与此类似，仅造成有限损害、破坏、伤害或死亡的一次孤立的网络事件，未必会引起国际性武装冲突。尽管上述观点各异，但将国际性武装冲突的门槛设得过低是不恰当的，最为可能的做法是，依据具体环境对此类事件进行个案评估。

14. "武装"并非意味着在冲突中一定要动用武装力量。而且，武装力量的介入也不是决定性的。例如，如果有文职情报机构等实体加入到网络行动中，也会符合上文提到的"武装"标准，可能触发武装冲突。与此类似，仅仅是动用武装力量执行通常属于非军事机构职责的任务，这一事实并不必定引发武装冲突。例如，武装力量实施针对另一国的网络刺探行为本身不会导致武装冲突（尽管这通常是文职情报机构的职责），因为该行为不符合"武装"标准。

15. 在 2010 年针对伊朗的数据采集与监视控制系统（SCADA）的"震网"行动中，其核燃料加工厂的离心机遭到了物理破坏，这进一步说明了认定"武装"的困难。国际专家组对于该破坏是否达到"武装"的标准产生了分歧。然而为判断"震网"行动是否属于国际性武装冲突，要考察行动是由国家还是可归因于国家的个人发动的，这一问题进一步加深了定性的复杂程度。

16. "震网"事件表明，要确切判断网络行动是否引发国际性武装冲突面临着重大的法律和现实挑战。迄今为止，还没有哪次国际性武装冲突被公认为仅仅发生在网络空间。但是，国际专家组认为网络行动本身具有越过国际性武装冲突门槛的可能。①

17. 无论冲突方是否予以承认，一旦符合了"武装"和"国际"的标准，就存在国际性武装冲突，② 这是现实所决定的。

18. 有些情况下，即使不存在敌对行动，有关国际性武装冲突的法律也会适用。特别是交战国占领未遇武装抵抗的情况，从法律的角度也

---

① ICRC GENEVA CONVENTION I 2016 COMMENTARY, para. 255.
② Geneva Conventions Ⅰ–Ⅳ, Art. 2.

会引起相关法律规则的适用。[①] 此外，仅因宣战也能造成国际性武装冲突。[②] 最后，一般认为实施海上或空中封锁会引发国际性武装冲突。[③] 无论国际性武装冲突是如何爆发的，武装冲突法都将约束冲突中的一切网络行动。

规则83 非国际性武装冲突的特征

当政府武装力量与有组织武装团体，或有组织武装团体之间发生了持久的、使用武装暴力的状态，此状态不论是包括或还是仅限于网络行动，就应判定存在非国际性武装冲突。这种对抗必须达到最低烈度，且冲突各方必须具有最低组织程度。

1. 这一规则重申了习惯武装冲突法中非国际性武装冲突的门槛条件。第一句依据1949年《日内瓦公约》共同第三条，反映了习惯国际法。[④] 这个条款适用于"发生在某个缔约国领土内的不具有国际特征的武装冲突"，即政府武装力量与非政府的武装团体之间或者这些团体之间发生敌对行动的情形。[⑤] 第二句话是判例法对烈度和组织程度问题的发展。

2. 适用武装冲突法并不取决于军事行动的类型或者战斗使用的具体手段和方法。因此，没有动能行动时，网络行动本身也能导致非国际性武装冲突的发生。考虑到非国际性武装冲突所需的暴力和组织程度的要求（上文已讨论），这些网络行动只能是在例外情况下构成非国际性武装冲突。当然，如果某一冲突由于持续性的动能行动而成为非国际性武装冲突，那么非国际性武装冲突法也适用于与之相关的所有网络

---

① Geneva Conventions Ⅰ-Ⅳ, Art. 2.

② Geneva Conventions Ⅰ-Ⅳ, Art. 2.

③ ICRC GENEVA CONVENTION I 2016 COMMENTARY, para. 223.

④ 需要注意，《罗马规约》第8条第3款采用了共同第三条有关在非国际性武装冲突中违反战争罪的规定。*See also* UK MANUAL, para. 3.3; AMW MANUAL, commentary accompanying Rule 1 (f); NIAC MANUAL, para. 1.1.1（限制这种冲突的地理范围）。

⑤ *Tadić*, decision on the defence motion for interlocutory appeal, paras. 67, 70; UK MANUAL, para. 3.5 (as amended). *See generally* DoD MANUAL, para. 3.3.1; CANADIAN MANUAL, at GL-13; GERMAN MANUAL, paras. 201-211.

行动。

3. 根据 1949 年《日内瓦公约》共同第三条，非国际性武装冲突发生在"缔约国一方的领土之中"。这一文本引起了关于非国际性武装冲突地理范围的讨论。① 一种观点认为引号中的"一方"意思是非国际性武装冲突局限于发生在单个国家领土内的武装冲突。根据这一说法，跨境的武装冲突符合国际性武装冲突的特点。第二种观点认为"一方"是指涉及缔约国中的任何一方的领土，并为大多数国际专家组成员采纳。因此，这个词并没有强加领土方面的限制，只要相关国家是 1949 年《日内瓦公约》的缔约国就可以。② 因此，如果非国际性武装冲突中的网络攻击发生在这个国家领土外，这个事实本身不会使冲突具备国际性的特征。③ 需记住的是，通过一国境外的网络基础设施传输数据不会使非国际性武装冲突国际化。

4. 武装冲突法适用于武装冲突中的所有活动及其所有相关后果（如附带损害），而不论这些活动是否发生在卷入非国际性武装冲突的国家的领土上。这意味着适用武装冲突法没有对一国国内的"冲突区域"设定限制。而且，国际专家组认为武装冲突法适用于在冲突环境下但在一国境外实施的行动。这一点非常重要，因为用于推动非国际性武装冲突的网络活动完全可以在远离常规敌对行动的地点发动。一些国家对网络活动的管制体制很弱，或者在技术上没有能力对发生在其领土上的网络活动进行有效的管理，这使得在非国际性武装冲突中对政府实施网络攻击具有吸引力。国际专家组注意到，存在一种更狭窄的立场，这种立场承认跨境的非国际性武装冲突的可能性，但同时也提出与冲突相关国家在地理位置上的邻近要求。

5. 为了认定冲突的非国际性，武装冲突法没有对"武装冲突"这一术语进行明确定义。然而，"国内骚乱和紧张状况，如暴乱、孤立和

---

① ICRC GENEVA CONVENTION I 2016 COMMENTARY, paras. 452 – 482.

② *See*, *e. g.*, *Hamdan v. Rumsfeld*, 548 US 557, 630 – 631（2006）（将共同第三条适用于跨多国政治边界的冲突）。

③ *See*, *e. g.*, AMW MANUAL, commentary accompanying Rule 2（a）.

偶发的暴力行为以及其他相似性质的行为"明显不包括在内。《第二附加议定书》第 1 条第 2 款对这个标准进行了设定，如今被认为是反映了习惯国际法中的一个界限，用以区分非国际性武装冲突与未达到冲突门槛条件的敌对行动。① 偶发的网络事件，包括那些直接导致物理损坏或伤害的事件，不能因此构成非国际性武装冲突。同样，引起诸如民众骚乱或者国内恐怖主义事件的网络行动也不符合这种情况。例如，2007年，爱沙尼亚的俄罗斯少数民族号召在网上发起暴动，该事件不能认为达到了这一界限。

6. 非国际性武装冲突的适用门槛在判例法中得到进一步发展。"塔迪奇案"中，前南国际刑事法庭断定，当一国国内的武装团体之间发生了长时间的武装暴动，那么就存在非国际性武装冲突。② 这一被广泛认可的断言阐述了非国际性武装冲突的两个关键性标准——敌对行动的烈度和有组织武装团体的参与。③ 前南国际刑事法庭在随后的判决中弱化了诸如地理范围、持续时间等其他因素的重要性，将其作为烈度概念中的附属概念。④

7. 为了判断某些情形是否达到所要求的烈度的门槛，曾提出过各种标准。⑤ 前南国际刑事法庭就考虑过这些因素，如攻击的严重性及其反复性⑥、暴力的持续时间和领土范围、敌对行动的集体特点⑦、冲突

---

① 《罗马规约》第 8 条第 6 款将这种情形从"非国际性武装冲突"范围中排除出去了。See also UK MANUAL, para. 15.2.1；CANADIAN MANUAL, para. 1709；AMW MANUAL, commentary accompanying Rule 2 (a).

② Tadić decision on the defence motion for interlocutory appeal, para. 70.

③ See, e. g., Milošević decision on motion, paras. 16 ~ 17；Furundžija judgment, para. 59；Delalić judgment, para. 183；UK Manual, para. 15.3.1.；ICRC GENEVA CONVENTION I 2016 COMMENTARY, para. 421.

④ Haradinaj judgment, para. 49.

⑤ See, e. g., Haradinaj judgment, paras. 40 – 49；Lubanga judgment, para. 538；ICRC GENEVA CONVENTION I 1952 COMMENTARY, at 49 – 50；ICRC GENEVA CONVENTION I 2016 COMMENTARY, paras. 414 – 437；ICRC GENEVA CONVENTION III 1960 COMMENTARY, at 35 – 36；ICRC GENEVA CONVENTION IV 1958 COMMENTARY, at 35 – 36.

⑥ Mrkšić judgment, para. 419；Hadžihasanović judgment, para. 22；Limaj judgment, paras. 135 – 167.

⑦ Hadžihasanović judgment, para. 22；Milošević decision on motion, paras. 28 – 29.

各方是否能够在它们控制下的领土上实施行动①、政府武装部队数量的增加②、志愿者的动员和冲突双方武器的分发和类型③、冲突是否造成大量人员迁移④、冲突是否受安理会监视和行动的约束等。⑤ 在烈度界限方面，仅因网络行为而引发非国际性武装冲突的案例极为少见。

8. 尽管国家判例有了进一步发展，但是网络入侵、数据删除或破坏（即使是大规模的）、利用计算机网络系统和数据盗窃仍不能导致非国际性武装冲突。例如，阻止特定网络功能和服务不足以触发非国际性武装冲突，损害政府或者其他官方网站的行为也同样如此。

9. "塔迪奇案"上诉庭判决指出，构成非国际性武装冲突的暴力必须是持久的，尽管"持久的"一语在法律中没有准确定量。⑥ 然而很清楚的一点是，暴力无须在本质上具有连续性。⑦ 网络攻击即便是不连续的，只要在相对确定时期内频繁发生，那么此网络攻击（规则 92）也具有"持久的"特征。

10. 在内乱或者其他不构成非国际性武装冲突的暴力行动中实施的非破坏性网络行动是否会倾覆原有状态，使敌对行动上升为武装冲突？国际专家组对这一问题存在很大争论。例如，假设一个武装团体精心策划了内乱，尽管包含财产的破坏，但是这种破坏不足以严重到满足非国际性武装冲突烈度标准的程度。国际专家组对于非破坏性而又严重的网络行动能否符合相关烈度要求没有达成一致。

11. 一项非国际性武装冲突要成立，必须至少有一个非国家的、有组

---

① *Milošević* decision on motion, para. 29; *Delalić* judgment, para. 187.

② *Limaj* judgment, paras. 146, 159, 164 – 165; *Milošević* decision on motion, para. 30.

③ *Mrkšić* judgment, paras. 39 – 40, 407 – 408; Milošević decision on motion, para. 31.

④ *Haradinaj* judgment, para. 49.

⑤ *Mrkšić* judgment, paras. 420 – 421.

⑥ *Tadić* decision on the defence motion for interlocutory appeal, para. 70. 在 "阿贝拉案" 中，持不同政见的武装力量与阿根廷军队爆发了持续 30 小时的冲突，美洲国家人权委员将其定性为非国际性武装冲突。*Abella v. Argentina*, Case 11.137, Inter – AmCtHR, Report No. 55/97, OEA \ Ser. L \ V \ II. 98, doc. 6 rev. (1998).

⑦ 在 "立马津案" 中，前南国际刑事法庭认为，1998 年科索沃冲突是 "发生在广泛地区的、平均间隔 3 到 7 天的、持续发生的周期性武装冲突"。*Limaj* judgment, paras. 168, 171 – 173.

织的武装团体参与敌对活动。① 如果这个团体有能力实施网络攻击，那么它就是"武装的"（规则92）。如果这个团体是在确定的指挥体系下运作，并且有能力持续开展军事行动，那么它就是有组织的。② 组织程度无须达到常规部队受纪律约束的作战单位那样的程度。③ 然而，个人实施的网络行动和计算机网络攻击不符合这个条件。即使是一小组黑客也未必符合组织性的条件。一个特定团体是否有组织必须根据个案的具体情况而定。

12. 为了评估认定组织程度，前南国际刑事法庭考虑了各种因素。例如，在"立马津案"中，法庭认为，科索沃解放军的组织和结构如下：有一个总参谋部，划分为11个区，每个区有1个指挥官负责；内部有规章制度；任命了一名发言人；发布命令、政治声明和公报；建立了司令部；科索沃解放军内部各单位有进行协调行动的能力；建立了宪兵队和发布纪律规则；有招募新兵的能力；有开展军事训练的能力；建立了武器分发渠道；穿着统一制服和使用军事装备；参与政治谈判解决科索沃危机。④

13. 这就产生了"虚拟"团体的问题，这个团体的各种活动都依靠在线的组织标准。在这个范围的一端是自主作战的黑客。例如，很多黑客正在攻击一个国家这个事实并不能说明他们是有组织的。而另一端，是截然不同的有领导结构的联机团体，这个领导结构通过分配具体的网络目标、共享攻击工具、对网络易受攻击程度进行评估、对网络损坏情况进行估计从而判断是否需要"再次攻击"等方式进行协调。它依靠合作来行动。国际专家组大多数成员认为，团体成员没有实际会面的事实本身不足以排除他们具备必要的组织特征。

14. 有观点认为，团体在本质上必须允许武装冲突法的执行。⑤ 如果这样，虚拟的有组织武装团体很难满足这一要求，因为对于没有实际

---

① AMW MANUAL, commentary accompanying Rule 2 (a).

② *Limaj* judgment, para. 129.

③ *Limaj* judgment, paras. 132 – 134.

④ *Limaj* judgment, paras. 94 – 129. 卢旺达国际刑事法庭采纳了与前南国际刑事法庭同样的立场，对案件中冲突的烈度和各方的组织程度进行了评估。*Akayesu* judgment, paras. 619 – 621.

⑤ ICRC ADDITIONAL PROTOCOLS 1987 COMMENTARY, para. 4470. 这一要求对于《第二附加议定书》所涉的冲突类型（第1条第1款）是明确的，但并不确定其是否适用于共同第三条所涉的冲突类型。

接触的人没有办法执行法律。对于这一困难是否妨碍他们具备武装团体的特性，国际专家组存在分歧。①

15. 更难以确认的例子是，一个非正式群体的多人没有相互合作却"共同地"实施行动，即同时行动但未经过协调。例如，他们基于共同的目的采取行动，进入一个包含工具和漏洞的普通网站，但是没有以任何形式组织他们的网络攻击。国际专家组大多数成员认为，一个非正式的个人群体以共同的但不是经过协调的方式实施行动，这不能构成武装团体；必须有一个具备足够组织结构的清晰的团队作为一个整体实施行动。其他人主张，一个非正式的团体是否符合组织性标准取决于各种特定的背景因素，如是否存在非正式领导实体总体上指挥小组的活动、识别潜在目标并维护有效的黑客库存工具。所有专家都认为，个人针对一个共同目标的行动这一事实不能满足组织标准。例如，如果在某网站可随意获取恶意软件，该网站提供潜在网络目标清单，则那些自主利用该网站发动攻击的人不能构成有组织的武装团体。

16. 尽管 1949 年《日内瓦公约》共同第三条特别指出，其适用不影响冲突双方的法律地位，但是国家一般都怠于承认非国际性武装冲突的存在。非国际性武装冲突是否存在取决于发生暴力的等级和各方的组织程度等事实。因此，这是一个不受那些卷入敌对行动者主观看法影响的客观判定。②

17. 此外，《第二附加议定书》适用于参与非国际性武装冲突的各方。《第二附加议定书》所说的冲突，是指发生在国家武装部队与不同政见武装部队或其他有组织武装团体之间的冲突，后者需控制足够管辖区域，且能够开展持久和协调的军事行动。③ 不同于 1949 年《日内瓦公约》共同第三条，《第二附加议定书》不适用于仅仅发生在非国家的武装团体之间的武装冲突，它需要对领土的物理控制。对网络活动进行控制本身不足以构成《第二附加议定书》所说的领土控制（尽管对网

①　ICRC GENEVA CONVENTION I 2016 COMMENTARY, para. 437.

②　*Akayesu* judgment, para. 603; ICRC GENEVA CONVENTION I 2016 COMMENTARY, paras. 861 – 869.

③　Additional Protocol II, Art. 1 (1).

络活动的控制可以显示一个团体对领土的控制程度）。

规则84 战争罪的个人刑事责任

网络行动可构成战争罪并由此导致国际法上的个人刑事责任。

1. 严重违反武装冲突法是可导致国际法中个人刑事责任的战争罪。应指出的是，并非所有违反武装冲突法的行为都会构成战争罪，国际专家组认为，至少严重违反日内瓦第一公约第50条、第二公约第51条、第三公约第130条、第四公约第147条、《第一附加议定书》第85条的行为构成习惯国际法中的战争罪。此外，专家们认为，适用于国际性和非国际性武装冲突（规则82和规则83）的《罗马规约》第8条规定的犯罪同样构成习惯国际法中的战争罪。[①]

2. 国际专家组认为，由于武装冲突法适用于习惯法规范出现之时未能虑及的新的作战手段和方法，因而以网络手段实施的行为可构成战争罪。

3. 对于武装冲突中或与武装冲突有关的网络行动，本规则适用于参与行动的武装部队成员和平民。而对于参加纯粹的网络犯罪或恶意网络行为，且这些行为与当时的国际性或非国际性武装冲突无关的的个人，则不适用本规则。

4. 仅在具备必要的主观要件时，个人才会对构成战争罪的网络行动承担刑事责任，[②] 行为人具有实施犯罪的故意（直接故意）就属于这种情况。而有的战争罪对主观要件的要求稍低，这通常是指间接犯意（dolus eventualis）或疏忽（recklessness）。

5. 个人对其实行或实行犯罪未遂的构成战争罪的网络行动承担刑事责任。有三种因网络手段而承担战争罪个人刑事责任的情况：（1）单独

---

① ICRC CUSTOMARY IHL STUDY, Rule 156 and accompanying commentary；*Tadić* decision on the defence motion for Interlocutory Appeal, paras. 98 – 146. *See* Rome Statute, Arts. 2 – 3；ICTY Statute, Art. 7；Sierra Leone Statute, Art. 6. *See also* ICRC GENEVA CONVENTION I 2016 COMMENTARY, paras. 2950 – 3016.

② 根据《罗马规约》第30条，"只有当某人在故意且明知的情况下实施犯罪的客观要件，该人才对本法院管辖权内的犯罪负刑事责任，并受到处罚"。但应强调的是，这只是一项原则规定，具体的主观要件须依个人战争犯罪而定。

犯罪；（2）共同犯罪；（3）通过他人实行犯罪。个人也要为上述三种实行犯罪的未遂情形承担个人责任。

6. 刑事责任归属于以网络行动方式实施了受禁止行为且具有必要主观要件的个人。"实行"一词是指"在客观上实行犯罪或者通过可罚的不作为违反刑法的规定"。① 前南国际刑事法庭在"塔迪奇案"中指出，法庭规约第 7 条第 1 款所指的"实行"，"首先也是最重要的，应理解为罪犯以自身的行为实施犯罪"。② 例如，在武装冲突中，一名负责网络行动的武装部队成员进入敌国的一个工业控制系统，为了达到使有关民众无法使用天然气的目的，他使为敌国境内某镇提供燃料的天然气管道产生过压，从而造成了管道断裂，平民失去唯一的能源来源，并可预见到由于寒冬来临将会导致人员死亡。天然气管道和居民都不是合法的军事目标，行动人员可能触犯了战争罪并承担个人责任。

7. 国际判例表明，在被违反的国际规则包含有作为义务时，行为人的不作为也会导致个人刑事责任。③ 这方面尤为重要的是未能防止构成战争罪的网络行动的上级责任（或指挥官责任）（规则85）。

8. 网络手段的战争罪也会由个人与他人基于共同计划或目的而共同实施。④ 前南国际刑事法庭的判例为解决案件中的问题而发展了共同犯罪团体的概念，⑤ 与之对应的是，国际刑事法院在共同正犯概念的基础上确立了被告人的刑事责任。⑥

9. 尽管角度存在差别，但国际专家组一致认为：（1）所涉个人的各自作用必须是共同计划或协定的一部分；（2）所涉人员必须以协调

---

① *Krstić* judgment, para. 601. *See also Tadić*, Appeals Chamber judgment, para. 188；*Prosecutor v. Kunarać*, Case No. IT－96－23－T& IT－96－23/1－T, Trial Chamber judgment, para. 390 (Int'l Crim. Trib. for the Former Yugoslavia 22 February 2001).

② *Tadić*, Appeals Chamber judgment, para. 188.

③ *See*, *e. g.*, *Krstić* judgment, para. 601.

④ Rome Statute, Art. 25 (3) (a).

⑤ The *Tadić* Appeals Chamber first elaborated on 'common purpose', rather than 'joint criminal enterprise' in *Tadić*, Appeals Chamber judgment, paras. 190, 193－229. The Tribunal developed the concept of 'joint criminal enterprise' in a number of decisions. *Delalić* judgment, paras. 345－354；*Furundžija* judgment, para. 216.

⑥ *Lubanga* judgment, para. 326.

的方式发挥关键性作用，从而实现战争罪的客观要件。① 所要求的作用并非必须发生在所涉战争罪的执行阶段，可以仅发生在其规划和犯罪预备阶段。② 被告也不需要出现在犯罪现场，只要与他人共同支配犯罪即可。③ 这种情况下的刑事责任在网络环境下尤为重要，因为网络的互联互通为不同行为人共同实行犯罪提供了一个近乎理想的环境。

10. 例如，为影响敌国商业飞机控制系统（并导致其崩溃），一国情报系统技术部门的成员开发出恶意软件，该恶意软件由情报系统准军事部门的特工通过关闭访问操作植入有关系统。技术和准军事部门的个人将承担基于共同犯罪的刑事责任。

11. 战争罪责任可在犯罪人通过另一人实施犯罪的情况下产生，例如上级命令下级从事构成战争罪的网络行动。"无论该另一人是否负有刑事责任"，都会存在前者的责任。④ 例如，下属可能没有意识到他的上级指挥他实施的网络行动会产生构成战争罪的后果，根据当时情况，下属不具备必要的主观要件而没有刑事责任。只要上级满足必要的主观要件，且下属的操作构成了战争罪，那么上级将对该行动承担刑事责任。

12.《罗马规约》第25条第3款第6项明确规定了战争罪的未遂犯的刑事责任。⑤ 国际专家组一致认为，战争罪犯罪未遂的概念同样适用于网络行动。⑥ 该条款将犯罪未遂界定为："已经以实际步骤着手采取行动，意图实施犯罪，但由于其意志以外的情况，犯罪没有发生"。专家们告诫，国际刑事法院和其他国际刑事法庭尚未充分阐发犯罪未遂在国际刑法上的含义。

13. 个人为通过网络手段实施或企图实施战争罪提供煽动、协助、

---

① *The Prosecutor v. Jean - Pierre Bemba Gombo*, Case No. ICC - 01/05 - 01/08, decision pursuant to Article 61（7）（a）and（b）of the Rome Statute on the charges of the prosecutor against Jean - Pierre Bemba Gombo, para. 350（15 June 2009）.

② *Lubanga* judgment, paras. 1003 - 1006.

③ *Lubanga* judgment, para. 1005.

④ Rome Statute, Art. 25（3）（a）. *See also Prosecutor v. Germain Katanga and Mathieu Ngudjolo Chui*, Case No. ICC - 01/04 - 01/07, decision on the confirmation of the charges, para. 495 - 499（30 September 2008）（解释了所涉个人可能因无责任能力而无法承担刑事责任，例如属于青少年或精神损伤）。

⑤ *See also* ICRC CUSTOMARY IHL STUDY, Rule 151.

⑥ ICRC CUSTOMARY IHL STUDY, Rule 151.

便利、帮助、教唆，应负有刑事责任。这些战争罪的从属或次要责任的形式反映在《罗马规约》第 25 条第 3 款第 2 ~ 4 项中。国际专家组一致认为，即使犯罪者不是直接通过网络手段犯下战争罪，而是参与犯罪行为，刑事责任仍然适用。① 在许多国家的法律中，从犯或者至少其中一些类型的从犯的责任，被认为不如正犯那么严重。在构成要件要求"特定"故意的情况下，参与者知道主犯的特定故意，而不与主犯持有相同的特定故意，就足以导致其承担责任。

14. 煽动是指"促使另一人犯罪"。② 为了构成煽动，必须确认煽动行为和实施犯罪之间存在因果关系。③ 本规则中使用的煽动包括《罗马规约》第 25 条第 3 款第 2 项中的"引诱"和"唆使"的概念。④ 在网络环境下的一个例子，是向实施特定网络行动（例如那些造成平民死亡的网络行动）的人提供"报酬"，这构成战争罪。

15. "帮助"是表示以物质的方式提供的协助。⑤ 例如，提供实施战争罪所必需的恶意软件或漏洞信息的个人，可能会因提供协助而对该罪行承担责任。"教唆"表示某种形式的道德支持或鼓励，或者是前南国际刑事法庭所说的"通过表达同情而促成犯罪"。⑥ 例如，在武装冲突期间发布关于继续屠杀某一特定宗教团体的平民的在线劝告，如果上述劝告产生效果，可能构成教唆。

16. 如果遵守上级命令实施网络行动，其中部分或全部构成网络手段所犯的战争罪，这时不能免除下属对犯罪本身的刑事责任，除非下级人员有法律义务遵守该命令，且下属不知道上级命令的行为是非法的，同时上级命令的行为不明显违法。⑦ 对于网络行动而言特别重要的是，

---

① *See*, *e. g.*, *Tadić*, Trial Chamber judgment, paras. 666, 669.

② *Krstić* judgment, para. 601; *Blaskić* judgment, para. 280.

③ *Prosecutor v. Bagilishema*, Case No. ITCR – 95 – 1A – T, Trial Chamber judgment, para. 30 (Int'l Crim. Trib. for Rwanda 7 June 2001); *Blaskić* judgment, para. 278.

④ *See also* Rome Statute, Art. 25 (3) (c) and (d).

⑤ *Furundžija* judgment, paras. 190 – 249.

⑥ *Akayesu* judgment, para. 484.

⑦ Rome Statute, Art. 33; ICTY Statute, Art. 7 (4); ICTR Statute, Art. 6 (4); Sierra Leone Statute, Art. 6 (4), ICRC Customary IHL Study, Rule 155.

除非上述条件得到满足，否则上级命令不构成抗辩理由。一方面，如没有接近目标网络基础设施，往往会使参与网络行动的人丧失评估目标地区与比例性（规则113）和预防措施（规则114～120）等相关情况的能力。另一方面，执行指挥官命令的个人可能获得比指挥官更多、更好的关于网络行动及其影响的信息和理解。在这种情况下，下属可能成为或应该已经成为认识到所提议行动非法性的唯一一个人。

17. 本规则不妨碍网络行动可能构成国际法规定的危害人类罪、种族灭绝罪或侵略罪的可能性。

规则85 指挥官和上级的刑事责任

（1）指挥官和其他上级对其下令实施构成战争罪的网络行动承担刑事责任。

（2）指挥官知道或根据当时的情况应当知道其下级正在实施、即将实施或已经实施了战争罪，且未采取一切合理、可行的措施以防止犯罪或者惩治应对实施犯罪负责的下级，应承担刑事责任。

1. 本规则强调指挥官和其他上级不因未亲自实施构成战争罪的行为而逃脱法律责任。在条约法和判例法中能够找到本规则的内容。[①] 规则85反映了习惯国际法，适用于国际性和非国际性武装冲突。[②] 没有

[①] Geneva Convention I, Art. 49; Geneva Convention II, Art. 50; Geneva Convention III, Art. 129; Geneva Convention IV, Art. 146; Additional Protocol I, Arts. 86–87; Cultural Property Convention, Art. 28; Second Cultural Property Protocol, Art. 15 (2); Rome Statute, Arts. 25 (3) (b), 28.

[②] Rome Statute, Art. 25 (3); ICTY Statute, Art. 7 (1); ICTR Statute, Art. 6 (1); Sierra Leone Statute, Art. 6 (1); United Nations Transitional Administration in East Timor, Art. 14 (3), UN Doc. UNTAET/REG/2000/15 (6 June 2000); DoD MANUAL, paras. 18.23.1, 18.23.3; UK MANUAL, paras. 16.36–16.36.6; CANADIAN MANUAL, para. 1504; ICRC CUSTOMARY IHL STUDY, Rules 152, 153. 国际司法实践阐释了指挥官责任原则的适用。*See*, *e. g.*, *The Prosecutor v. Tihomir Blaškić*, Case No. IT–95–14–T, Trial Chamber judgment, paras. 281–282 (Int'l Crim. Trib. for the Former Yugoslavia 3 March 2000); *Krstić* judgment, para. 605; *Kayishema* judgment, para. 223; *Akayesu* judgment, paras. 472–474, 483; *Delalić* judgment, paras. 333–334; *Martić*, Case No. IT–95–11–R61, review of indictment, paras. 20–1 (Int'l Crim. Trib. for the Former Yugoslavia 8 March 1996); *Prosecutor v. Rajić*, Case No. IT–95–12–R61, review of the indictment, paras. 1, 59, 71 (Int'l Crim. Trib. for the Former Yugoslavia 13 September 1996).

理由将构成战争罪的网络行动排除在本规则的适用范围之外。

2. 日内瓦第一至四公约相关条款进一步阐述了本规则第 1 款的原则。[①] 这些条款规定缔约国必须制定国内法，对"任何严重违反或依照命令严重违反公约的人进行有效的刑事惩治"。这些条款还要求缔约国搜查被控犯此罪行的人，并且要么在本国法院将他们绳之以法，要么当另一缔约国已经查出犯罪的初步证据时，将其引渡给该另一缔约国进行起诉。

3. 在网络战的背景下，本规则强调了军事指挥官和其他上级（包括文职官员）要对其命令下级实施构成战争罪的网络行动承担刑事责任。[②] 典型的例子如，所命令的网络攻击针对的是没有直接参与敌对行动的平民（规则 94 和 97）。与此类似，命令不分皂白地进行网络攻击（规则 111）会致使发布命令者承担刑事责任，不论该个人是否亲自参与行动的实施。

4. 本规则适用于依照命令既遂或未遂的犯罪，[③] 但不适用于实施战争罪的命令未被执行的情况。

5. 这一责任通过指挥控制链延伸下去。例如，当下级指挥官命令其部队服从上级命令实施战争罪时，也同样会为因命令行为承担战争罪责任。与此类似，假定一个高级军官只命令实施网络行动以达到特定的作战效果，而没有明确有关行动应如何实施。任何级别的下级如果按照其命令，指示其部队对受保护人员或地点进行网络攻击，那么这些下级指挥官要对此类攻击负责。

6. 根据《第一附加议定书》第 86 条和第 87 条，应采取措施阻止战争犯罪或者处罚那些犯下战争罪的人。当指挥官或其他上级意识到网络行动可能已经触犯战争罪，相应地，必须采取措施保证事件在当时条件下得到适当调查，并相应地向调查和司法机关报告。[④]

---

① Geneva Convention I, Art. 49; Geneva Convention II, Art. 50; Geneva Convention III, Art. 129; Geneva Convention IV, Art. 146.

② This extension is based on the Rome Statute, Art. 28 (b).

③ Rome Statute, Art. 25 (3) (b).

④ *See*, *e. g.*, Rome Statute, Art. 28 (a) (ii), 28 (b) (iii).

7. 指挥官或上级要对没有下达命令但其应该知道的行为承担责任，这一概念在《第一附加议定书》生效几十年前的"山下奉文案"中得到了明确阐释。"二战"后，一个美国军事委员会认为，山下奉文没有对其某些部队进行"有效控制"，致使这些部队犯下了暴行。而这些犯罪行为的性质提供了山下奉文知道此情况的初步证据。① 判决在之后的几十年里发展成为第2款阐述的标准。

8.《罗马规约》第28条第1款提出了这一原则的当代含义。它规定：

军事指挥官或有效行使军事指挥官职能的指挥员，应当为他有效指挥控制或职权控制的部队在法庭管辖范围内犯下的罪行承担刑事责任，他未能对其军队进行应有控制的具体情况为：

（1）军事指挥官或指挥员知道或者根据当时情形应该知道他的军队正在或将要犯下这种罪行；并且

（2）该军事指挥官或指挥员没有在他（或她）的职权范围内采取必要合理措施，预防或制止罪行，或者将这件事提交给主管当局进行调查和起诉。

简而言之，这个概念的关键之处在于对那些犯罪行使或有能力行使有效的控制。②

9. 刑事责任扩大到指挥官知道或本应知道构成战争罪的行动已经、正在或者将要实施，这一点在网络战的背景下非常重要。③ 为避免因下

①　Trial of General Tomoyuki Yamashita, 4 LAW REPORTS OF TRIALS OF WAR CRIMINALS 1, Sec. 12 (1948). 这个判决有时受到批评，批评认为山下不应为发生在极为遥远地区的犯罪承担责任。但是，这个案例体现的指挥官责任法律原则是无可争议的。

②　这一原则同样出现在国际刑事法庭的规约中。ICTY Statute, Art. 7 (3)；ICTR Statute, Art. 6 (3). See also Prosecutor v. Blaškić, Case No. IT – 95 – 14 – A, Appeals Chamber judgment, paras. 62, 91, 218, 417, 484, 632 (Int'l Crim. Trib. for the Former Yugoslavia 29 July 2004)；Prosecutor v. Halilović, Case No. IT – 01 – 48 – T, Trial Chamber judgment, paras. 38 – 100, 747, 751 – 2 (Int'l Crim. Trib. for the Former Yugoslavia 16 November 2005)；Kordić and Čerkez, Case No. IT – 95 – 14/2 – A, Appeals Chamber judgment, para. 827 (Int'l Crim. Trib. for the Former Yugoslavia 17 December 2004)；Kayishema judgment, paras. 209 – 210, 216 – 218, 222 – 225, 228 – 229, 231. See also UK MANUAL, para. 16.36.5；CANADIAN MANUAL, para. 1621.

③　需注意，《罗马规约》第28条适用于国际刑事法院管辖的所有犯罪，而不只是战争罪。

级的行为承担责任，指挥官和其他上级必须通过有效途径去了解其部队在实施的行动，理解这些行动和后果，对其进行控制。

10. 网络行动的技术复杂性使问题更加复杂化。不能期望指挥系统中的指挥官或其他上级能对网络行动有很深的了解；某种程度上，他们有权依赖下级的知识和理解。尽管如此，网络行动技术上的复杂性本身不能免除指挥官或其他上级对其下级行使有效控制的责任。由于故意或者过失而导致未能理解这样的行动，从来不构成不知情的抗辩理由。从法律上讲，指挥官或其他上级被推定具有同等指挥层中"理性"的指挥官在类似作战背景中相同的理解水平。在任何情况下，对下级行为的知情必须是充分的，以便履行其合理地识别、阻止或者停止网络性质的战争犯罪的职责。

11. 需要指出的是，本规则所针对的个人无须是一个"指挥官"或者行使指挥官职能的人，也不要求具有军人身份。例如，《罗马规约》第 28 条第 2 款将这一责任延伸到对下级有"有效管辖或控制"的"上级"身上，尽管使用"知道"或者"故意不理会明确反映这一情况的情报"这一用语好像设定了一个更高的标准。① 例如，本规则将包括在武装冲突中实施网络行动的情报或者安全机构的文职上级官员。

---

① Rome Statute, Art. 28（b）. *See also Prosecutor v. Delalić*, Case No. IT‑96‑21‑A, Appeals Chamber judgment, paras. 239, 254（20 February 2001）; UK MANUAL, para. 16.36.6; CANADIAN MANUAL, para. 1621.

第十七章　敌对行动的开展

第一节　参加武装冲突

规则 86　关于参加的一般规定

武装冲突法并不禁止任何类别的人员参加网络行动。但因武装冲突的性质和人员的类别不同，参加的法律后果也不同。

1. 有关武装冲突的习惯国际法并不禁止任何个人参加武装冲突，不论是国际性的还是非国际性的武装冲突。需要指出的是，《第一附加议定书》第 43 条第 2 款规定，"冲突一方的武装部队人员（除第三公约第 33 条的规定所包括的医务人员和随军牧师外）是战斗员，换言之，这类人员有权直接参加敌对行动"。这一规定适用于国际性武装冲突，明确了战斗员对参加敌对行动中的行为享有豁免权。但这并不禁止其他人参加那些敌对行动。

2. 武装冲突法不禁止参加武装冲突，但阐明了这种参加的后果。有三点尤其重要：战斗员豁免、战俘地位和可攻击性（targetability）。有关攻击的规则 92～121 将处理可攻击性这一议题。是否享有有关战斗员豁免和战俘地位的权利，取决于特定个人是否是国际性武装冲突中的战斗员。后续两条规则将讨论这些议题。

3. 根据规则 97，平民在直接参加敌对行动的当时，丧失伴随平民地位的某些特定保护。

规则 87　武装部队成员

在国际性武装冲突中，在网络行动中未能遵守战斗员地位要求的冲突一方武装部队成员，丧失其获得战斗员豁免和战俘地位的权利。

1. 对战斗员的公认理解来源于《海牙章程》。[①]《日内瓦第三公约》第 4 条第 1 款在规定有关战俘地位的权利时，即采纳了该标准。[②] 尽管从文本上看，战俘地位仅适用于第 4 条第 1 款第 1 项、第 2 项、第 3 项和第 6 项，但普遍的看法是，这反映了习惯国际法中的战斗员标准。战斗员的概念仅限于国际性武装冲突；非国际性武装冲突中，不存在相对应的战俘地位或战斗员豁免等概念。

2. 国际专家组的多数意见认为，根据习惯国际法，被俘获的本国国民不享有战斗员地位。[③] 少数专家认为，这一观点在国际法上没有依据。

3. 根据《日内瓦第三公约》中关于俘虏的规定，战斗员在被俘后有权享受战俘待遇。[④] 同时他们有权享有战斗员豁免，即他们不能因为曾从事武装冲突法下合法的交战行为而被起诉。[⑤] 例如，如果某战斗员从事了违反国内刑法的网络行动，只要该行动符合武装冲突法，就不能因此起诉他。战斗员豁免是受《第一附加议定书》第 43 条第 2 款认可的一项习惯国际法原则。

4. 战斗员有两种类型。[⑥] 第一种由"冲突之一方之武装部队人员及构成此种武装部队一部之民兵与志愿部队人员"组成。[⑦] 这种类型主要包括一国武装部队的成员。

5. 第二种类型包括"冲突之一方所属之其他民兵及其他志愿部队

---

① Hague Regulations, Art. 1.

② DoD MANUAL, para. 4.3.3; AMW MANUAL, Rule 10 (b) (i) and accompanying commentary. *But see* ICRC INTERPRETIVE GUIDANCE, at 22.

③ *See, e. g., Prosecutor v. Koi* [1968] AC 829 (PC 1967). *See also* DINSTEIN, CONDUCT OF HOSTILITIES, at 55 – 56.

④ Geneva Convention III, Art. 4A. 严格讲，他们一旦"落于敌方权力之下"，就应该享有这种地位。*Id.* Arts. 4A, 5.

⑤ DoD MANUAL, para. 4.4.

⑥ 亦见关于"自发抵抗之民众（*levées en masse*）"的规则 88。

⑦ Geneva Convention III, Art. 4A (1). *See also* Geneva Convention I, Art. 13 (1); Geneva Convention II, Art. 13 (1).

人员，包括有组织之抵抗运动人员"①。这种有组织武装团体与武装部队相似，并且作为一个团体，依照《日内瓦第三公约》第 4 条第 1 款第 2 项和习惯国际法，必须符合下列条件：

（1）有一为其部下负责之人统率；

（2）穿戴可从远处识别之特殊标志或服装；

（3）公开携带武器；

（4）遵守武装冲突法进行战斗。

合乎上述条件并归属于冲突之一方的非正规部队有资格作为战斗员，且有权享有战斗员豁免和战俘地位。②

6.《日内瓦第三公约》规定的四个条件仅针对与武装部队相似的有组织武装团体。国际专家组多数专家认为，公约中的这四项要求也是对武装部队成员的隐性要求。因此，武装部队成员只有符合这四项要求，才能有资格享有战斗员地位及附随利益。少数专家主张，这些要求限于与武装部队相似的团体。从后一立场看，武装部队成员有资格享有战斗员地位的唯一条件是他们的成员身份。

7. 每个国家机关都符合归属于冲突一方这一要求。只有在考虑与武装部队相似的有组织武装团体，也即《日内瓦第三公约》第 4 条第 1 款第 2 项所指的那些团体时，才会出现归属这个问题。议定《红十字国际委员会解释性指南》的会议，对"属于"这一概念进行了考查。③ 国际专家组赞同该指南所采取的思路。

8. 从这个思路看，"'属于'这一概念要求在有组织武装团体和冲突一方之间至少存在事实上的关系"。这种联系不需要正式地宣告；它可以"通过默示同意或者能够清楚表明该团体正在为哪方作战的确凿

---

① Geneva Convention III, Art. 4A（2）. *See also* Geneva Convention I, Art. 13（2）; Geneva Convention II, Art. 13（2）.

② DoD MANUAL, para. 4.4. *But see* ICRC INTERPRETIVE GUIDANCE, at 22（指出"严格来说"，该标准仅适用于考虑到战俘权利时的战斗员地位）.

③ *See also* ICRC INTERPRETIVE GUIDANCE, at 23 – 24（引述了《1960 年红十字国际委员会日内瓦第三公约评注》）.

行为来表示"①。例如在武装冲突期间，一国可能因为某私人团体掌握
国家机关所不具备的能力或知识，而请求该团体从事网络行动。该团体
从属于冲突一方，只要同时符合战斗员的其他要求，它的成员将享有战
斗员地位。

9. 如果在武装冲突中从事网络行动的某人，是并不从属于冲突一
方的有组织武装团体的成员，则不论该团体和它的成员是否符合战斗员
的四项标准，此人都将不具备战斗员地位，因此也不能享有战斗员豁免
或战俘待遇。此类人员将是下文所讨论的"无特权交战者"。

10. 有一为其部下负责之人统率这一条件，最好理解为某团体符合
"有组织的"这一要求的一个方面。前文在非国际性武装冲突的背景下
讨论了组织的标准（规则83），其中强调了虚拟组织的独特性质。相同
的考虑也适用于当前的情形。国家常备武装部队或者组织完备的武装团
体通常不会出现这方面的问题，但是如果主张战斗员地位的个人是一个
组织松散的团体或协会成员，那么这种主张是非常无力的。例如，仅通
过网络来组织的团队就会出现这样的结果。同样，此类团体的成员很难
证实他们是在一个负责之人统率下行动。更成问题的是这一要求，即让
该团队受到有能力强制要求遵守武装冲突法的内部纪律制度的约束。总
之，在判断战斗员身份时，这些要求使纯虚拟组织很难符合有组织武装
团体的标准。

11. 战斗员身份要求个人佩戴"固定的特殊标志"。② 通常着制服
就能满足这一要求。没有理由让从事网络行动的人背离这一基本要求。
一些国际专家组成员建议，从事网络行动的个人，无论是处在何种情
形，例如远离作战区域或明显地区别于平民居民等，必须始终遵守这一
要求才能享有战斗员身份。他们强调，武装冲突法中有关战斗员豁免和
战俘地位的习惯国际法没有为该规则提供例外；尽管《第一附加议定

---

① ICRC INTERPRETIVE Guidance, at 23.
② 红十字国际委员会习惯国际人道法研究规则106规定："战斗员在从事攻击或攻击前的军
事准备行动时，须使自己与平民居民相区别。如果他们没有这样做，则其将无权享有战
俘地位。"

书》第 44 条第 3 款确实提供了一种例外①,但它并没有反映习惯国际法②。

12. 其他专家所持的立场是,习惯国际法中存在佩戴特殊标志这一要求的例外情形。他们认为,只有不佩戴固定的特殊标志将可能导致袭击者无法区分平民与战斗员,并因此将平民置于更容易遭受误击的风险中时,才适用这一要求。假设这一情况,特遣队受领任务去识别并攻击藏身于一组与之相似的民用设施中的军用网络控制设施时,该设施中的军事人员不着制服将导致特遣队更难区分军事设施与民用设施,从而将增加使民用设施被误认作攻击目标的风险。

13. 一些专家将前段的例外限定在这种情形:从事网络行动的战斗员处在军事目标中,而这一军事目标按其他要求应予以标识,例如军舰或军用飞机。由于这些军舰或军用飞机按要求应该带有外部标识以显示国籍和军事身份,这些专家认为,此时并不要求机上军事人员佩戴特殊标志来表明他们的身份。③

14. 关于计算机和软件是否构成武器的问题,将在规则 103 中予以讨论。然而,即使它们可以被当作武器,公开携带武器这一要求在网络环境下也难以适用。

15. 遵守武装冲突法的义务是作为一个整体施加给团体的。如果一个团体采取网络攻击战术(规则 92)袭击民用网络基础设施,即便该团体的成员个人遵守了法律,也没有资格取得战斗员地位。相反,即便一个团体可能普遍地遵守法律,其个人成员也可能触犯战争罪。这些人依然保有战斗员地位,但可能因为这些罪行而受到审判。

---

① 一些《第一附加议定书》缔约国将它的适用范围限制在被占领领土和《第一附加议定书》第 1 条第 4 款所提及的情形。See, e. g., UK Additional Protocol Ratification Statement, para. (g). See also UK MANUAL, paras. 4. 5 – 4. 5. 3.

② Michael J. Matheson, *Remarks in Session One: The United States Position on the Relation of Customary International Law to the Protocols Additional to the 1949 Geneva Conventions*, 2 Am. U. J. Int'l L. & Pol'y 419, 425 (1987).

③ 然而他们通常会这样做,以便在离开飞机后表明武装部队成员的身份。AMW MANUAL, commentary accompanying Rule 117.

16. 冲突一方可能将准军事机构或武装执法机构并入其武装部队内。[①] 国际专家组多数专家主张，法律中的这一规定不能拓展到情报或其他没有执法职能的政府机构。然而，少数专家争辩到，这个议题属于传统的国家主权范畴，因此国家可自由地将任何它所希望的实体吸纳到武装部队中去。

17.《第一附加议定书》第 43 条第 3 款规定，应将这种合并通知冲突其他各方，然而没有通知敌方并不意味着相关个人依然是平民。[②] 一旦将这些团体恰当地并入武装部队，它们的成员就能够同常规武装部队成员享有相同的特权。他们继续履行执法职能并不影响这种地位。如果没有合并，这些团体的网络行动将受到关于参加敌对行动的规则约束（规则 86 和规则 97）。

18. 武装部队或与武装部队相似的团体中不享有战斗员地位的成员（以及直接参加敌对行动的平民，规则 97）是无特权交战者。无特权交战者可能因为触犯战争罪而被起诉，就如同包括战斗员在内的其他人一样。

19. 国际专家组一致同意，无特权交战者不享有战斗员豁免，也无权获得战俘地位。[③] 特别是，因为在国内法下从事网络行动是非法的，这些人员将在占领当局的国内法下受到检控，尽管在武装冲突法下由战斗员实施这些行动是合法的也不能改变这一点。经典的例子是，针对军事人员或军事目标实施网络攻击（规则 92）。

20. 如前所述，专家组对于适用于类似武装部队团体的有关战斗员地位的四个条件意见存在分歧。对于那些认为四个条件同等地适用于武装部队的专家来说，一名武装部队的成员如果被俘虏时没有穿戴特殊服装（或标志），将无权享有战俘地位。而持反对意见的专家认为，尽管在某些特定环境下，穿平民服装可能被视作背信弃义（规则 122）或使

[①] Additional Protocol I, Art. 43 (3).

[②] AMW MANUAL, commentary accompanying Rule 10.

[③] DoD MANUAL, paras. 4. 19. 3, 4. 19. 4. 国际专家组一些成员认为，平民有权享有战俘地位，根据《日内瓦第三公约》第 4 条第 1 款第 4 项和第 5 项，他们如果参加敌对行动将不能享有豁免，但是不会失去战俘地位。

得相关个人被当作间谍（规则 89），个人具有武装部队的成员身份就已足以让他享有战俘地位。

21. 国际专家组赞同，无特权交战行为不是战争犯罪。[1] 然而，他们注意到存在相反的观点。

22. 非国际性武装冲突中，不存在交战（战斗员）豁免的概念。国内法对所有诉讼中的豁免问题有排他性的决定权。[2] 在这一方面必须注意，诸如特定形式的黑客等许多网络行动，都在国内法上被宣布为犯罪了。例如，武装部队或反对派军队成员侵入敌方计算机系统，都将由国内法来判断行动的合法性。需注意的是，国内法常允许武装部队和执法机构的成员从事诸如使用武力等行为，这些行为如果未经法律许可将是非法行为。

23. 对个人和罪行拥有管辖权的任何国家或国际法庭，都可以起诉包括国家安全部队成员在内的某些人，只要他们在非国际性武装冲突期间从事了涉及网络活动的战争犯罪。

规则 88　自发抵抗之民众

在国际性武装冲突中，参加网络行动的未占领地的居民作为自发抵抗之民众的一部分，享有战斗员豁免和战俘地位。

1. 本规则是基于《海牙章程》第 2 条和《日内瓦第三公约》第 4 条第 1 款第 6 项。它反映了习惯国际法[3]，但不适用于非国际性武装冲突。

2. 自发抵抗之民众由未占领地的居民（但不是个人或者小群体）组成，他们是"当敌人迫近时，未及组织成为正规部队，而立即自动拿起武器抵抗来侵军队者"[4]。自发抵抗之民众不需要有组织，尽管

---

① AMW MANUAL, commentary accompanying Rule 111 (b).

② UK MANUAL, paras. 15.6.1, 15.6.2. 这一表述并不是绝对的。例如考虑这样的情形：外国外交官直接参加敌对行动，违反了派驻国的法律。

③ DoD MANUAL, para. 4.7; UK MANUAL, paras. 4.8, 11.12; CANADIAN MANUAL, para. 306; GERMAN MANUAL, paras. 310, 501; ICRC CUSTOMARY IHL STUDY, commentary accompanying Rule 106.

④ Geneva Convention III, Art. 4A (6). See also ICRC CUSTOMARY IHL STUDY, commentary accompanying Rule 5. 上述评注对自发抵抗的平民是平民定义的例外进行了解释。他们尽管不是武装部队的成员，但是有资格成为战斗员。

"须彼等公开携带武器并尊重战争法规及惯例"，他们不需要穿戴特殊标志或其他用于识别的服装。① 考虑到抵抗发生在领土已受到侵略但还未被占领之时，民众抵抗所能存在的情形确实有限。②

3. 《红十字国际委员会日内瓦第三公约评注》认为，自发抵抗之民众这一概念"适用于对国家通过无线电下达的命令作出回应的全体人民"。③ 将传达命令的途径拓展到网络是合适的。

4. 适用于网络环境时，"自发抵抗之民众"概念的适用性存在一些问题。考虑这样的情形：居民自发地实施网络行动以回应对其国家的侵略，但还没有机会组织成为正规的武装部队。如果有大部分居民卷入这种行动，并且把入侵之敌作为目标，他们将有资格作为自发抵抗之民众的成员。然而，可能只有相当有限的民众具备有效开展网络行动所需的手段和专门知识。目前尚不清楚，自发抵抗之民众是否可以单独由居民中具备网络能力的成员的主要部分（区别于更大范围的居民）组成。

5. 此外，历史上，自发抵抗之民众曾被理解为全体人民广泛起义来抵抗迫近之敌的入侵。如果个人针对敌方军事目标而非入侵部队发起网络行动，由于这并不是计划深入敌方领土的军事行动，是否可以将其视为自发抵抗之民众的一员，还存有疑惑。

6. 对于平民居民如果抵制与敌军物理入侵有相似效果的大规模网络攻击，能否享有与自发抵抗之民众相关的特权，国际专家组还存在分歧。根据多数专家意见，自发抵抗之民众这一概念应从狭义来理解，需要存在对国家领土的物理入侵。

规则 89　间谍

在敌方控制领土内从事网络间谍行为的武装部队成员，如果在重返其所属武装部队前被俘，则丧失成为战俘的权利并以间谍对待。

---

① ICRC GENEVA CONVENTION II 1960 COMMENTARY, at 67.
② UK MANUAL, para. 4.8；GERMAN MANUAL, para. 310. *See also* ICRC INTERPRETIVE GUIDANCE, at 25.
③ ICRC GENEVA CONVENTION II 1960 COMMENTARY, at 67.

1. 本规则只适用于武装冲突中从事的网络间谍行为。关于和平时期的网络间谍行为，见规则32。

2. 本规则的制定是基于《海牙章程》第29条、第31条和《第一附加议定书》第46条，国际专家组认为后者反映了习惯国际法。① 本规则仅适用于国际性武装冲突，因为战斗员豁免和战俘地位等概念不适用于非国际性武装冲突。

3. 本规则的适用限于武装部队成员从事的网络间谍行为。需要注意的是，平民从事网络间谍行为可能相当于"直接参与敌对行动"，因而使他们成为攻击的对象（规则97），并且对有关个人或行为享有属人、属事司法管辖权的国家可能会对他们提出检控。②

4. 本手册对"网络间谍行为"采取狭义理解，即采用秘密行为或伪装方式使用网络手段收集（或试图收集）信息，并且具有传递给敌方的故意。"秘密地"是指采取隐蔽或秘密方式开展活动③，因为网络间谍行为意在掩盖参与人员身份或已发生的事实。网络信息收集行为"通过伪装方式"进行，是为了造成一种行为人有权获取该信息的假象。④

5. 网络间谍行为和其他形式的信息收集本身并不违反武装冲突法。因此，一名武装部队成员如果穿着己方武装部队的制服在敌方控制的领土内从事网络间谍行为，并不是一名"间谍"。但是该人如果穿着平民服装或敌方制服，则是一名间谍。⑤

6. 目前公认的是，间谍在敌方控制领土内被俘获，不享有战斗员豁免或战俘地位。因此他们将在其所针对的国家的国内法下遭到检控，同时不享有提供给被俘获的武装部队成员的保护。然而，"重归所属部

---

① *See also* DoD MANUAL, para. 4.17; ICRC CUSTOMARY IHL STUDY, Rule 107.

② AMW MANUAL, Rule 119 and accompanying commentary.

③ AMW MANUAL, commentary accompanying Rule 118.

④ ICRC ADDITIONAL PROTOCOLS 1987 COMMENTARY, para. 1779.

⑤ DoD MANUAL, para. 4.17.2.1; UK MANUAL, para. 4.9.4; ICRC CUSTOMARY IHL STUDY, commentary on Rule 107. 需注意到，依据《第一附加议定书》第46条第3段，"冲突一方武装部队的人员，如果是敌方占领领土的居民而在该领土内为其所依附的冲突一方搜集或企图搜集具有军事价值的情报，除其通过虚假行为或故意以秘密方式搜集或企图搜集情报外，即不应视为从事间谍行为。而且，这类居民除在从事间谍行为时被俘外，不应丧失其享有战俘身份的权利，并不得予以间谍的待遇。"

队而日后被敌方俘获的间谍，应作为战俘对待并对他过去的间谍行为不承担任何责任。"① 这一告诫适用于网络间谍行为。相应地，如果一名曾在敌方控制领土内从事间谍行为的武装部队成员成功重归所属部队，他将不再因为这些行为而被起诉。

7. 本规则限于某人在"敌方控制领土（enemy controlled territory）"内从事网络间谍行为的情形。在本手册中，"敌方控制领土"包括《海牙章程》第 29 条提及的"交战一方作战区（zone of operations of a belligerent）"和《第一附加议定书》第 46 条第 2 款中的"敌方控制领土（territory controlled by an adverse Party）"。② 因此，网络间谍行为地点也包括在敌对一方领土内敌人军事力量尚未行动的地带，例如远离战场并受到对方武装力量威胁以至于没有武装力量明确"控制"的区域。

8. 考虑到地理范围限于敌方控制领土，网络间谍行为极有可能通过关闭访问操作方式发生。例如，利用闪存驱动器获取进入计算机系统的权限，或在秘密行动时截取信号。在敌方控制领土之外从事网络间谍行为，不受本规则约束。因此，它不包含个人在敌方控制领土之外远程从事的间谍行为，尽管这些间谍行为导致的泄露可能发生在敌方控制领土内。

9. 虽然武装冲突法并没有明确禁止网络间谍行为本身，但是其受到该法律体系中所有禁止性规定及有关后果的约束。例如，网络间谍行为在某些情形下会违反有关背信弃义的禁止性规定（规则 122）。

10. 国际专家组认为，此处讨论的信息收集应代表冲突一方进行。例如，为一家私营企业秘密收集有关另一家私营企业商业活动的信息，并不包含在本规则内。

11. 国际专家组多数认为，收集的信息性质与网络间谍行为的特征没有关联性。但是少数专家认同《空战和导弹战手册》的立场，即该信息必须具有一定军事价值。③

---

① Hague Regulations, Art. 31; Additional Protocol I, Art. 46（4）; DoD MANUAL, para. 4. 17. 5. 1; UK MANUAL, para. 4. 9. 4（as amended）; CANADIAN MANUAL, para. 320; AMW MANUAL, Rule 122.

② DoD MANUAL, para. 4. 17. 2; AMW MANUAL, Rule 118.

③ AMW MANUAL, Rule 118 and accompanying commentary.

12. 网络间谍行为的某些举动涉及信息收集以外的活动，并且可能会对计算机系统造成损坏。例如，可设计网络间谍行动来对民用网络基础设施造成损害，以掩盖该设施受到敌方刺探的事实。在这种情形下，将适用关于攻击民用物体的规则 99。

规则 90　雇佣兵

参加网络军事行动的雇佣兵不享有战斗员豁免或战俘地位。

1.《第一附加议定书》第 47 条第 1 款反映了习惯国际法规则，即包含从事网络行动在内的雇佣兵，是无特权交战者。[①] 正如战斗员地位和交战豁免等概念不适用于非国际性武装冲突，本规则也与非国际性武装冲突无关。

2. 最为广泛接受的雇佣兵的定义规定在《第一附加议定书》第 47 条第 2 款。其中设定了必须同时满足的六项条件：特别征募；直接参加敌对行动；以获得私利的愿望为主要动机；既不是冲突一方的国民，又不是冲突一方所控制的领土的居民；不是非冲突一方的国家派遣作为其武装部队人员执行官方职务的人。例如，一家位于甲国的私营公司受乙国雇佣，代表该国在它与丙国间的武装冲突中实施网络行动。只要六项标准全部满足，该公司中从事网络行动的雇员就是雇佣兵，也即无特权交战者。合乎标准的“受雇黑客”也是如此，即便他单独行动且远离战场。

3. 很显然，雇佣兵不能享有战斗员地位。尤其重要的是，许多国家将充当雇佣兵认定为犯罪。

规则 91　平民

平民不被禁止直接参加相当于敌对行动的网络行动，但他们在参加时丧失免受攻击的保护。

1. 正如规则 86 所提及的，习惯国际法或条约中不存在禁止平民直

[①]　UK MANUAL, paras. 4.10 - 4.10.4 (as amended)；CANADIAN MANUAL, para. 319；GERMAN MANUAL, para. 303；ICRC CUSTOMARY IHL STUDY, Rule 108.

接参加敌对行动的条款，不论是在国际性或非国际性武装冲突中。然而，他们在参加的当时（规则97）丧失免受攻击的保护（规则94）。[①]

2. 与习惯国际法相一致，《第一附加议定书》第50条第1款以否定的措辞定义了平民，即既不是武装部队成员，也不是自发抵抗之民众。这一思路暗含在《日内瓦第三公约》和《日内瓦第四公约》中。一般来说，在国际性武装冲突中，平民是指不属于武装部队或类似武装部队团体（例如冲突一方的有组织抵抗团体）（规则87）的成员，也没有参加自发抵抗运动（规则88）的人。

3. 国际专家组多数专家认为，平民即便直接参加网络敌对行动，也依然保有平民身份。例如，在国际性武装冲突中，平民中的爱国黑客独自对敌军采取攻击性网络行动时，将此类人员当作攻击目标是合法的，且他们对攻击行动不享有战斗员豁免，除非有资格成为自发抵抗之民众中的一员。少数专家认为，此类人员既不是战斗员也不是平民，因此不享有《日内瓦第三公约》、《日内瓦第四公约》各自的保护。

4. 在非国际性武装冲突中不存在战斗员身份问题的事实有时候导致了采用不同的术语。1949年《日内瓦公约》共同第三条和《第二附加议定书》都没有定义"平民"这一术语。在本手册中，非国际性武装冲突中的平民是指除国家武装部队、反对派武装部队或其他有组织武装团体的成员之外的人。

5. 尽管武装冲突法不禁止参加非国际性武装冲突，但所有的参加者都受到特定禁止性规定的约束，例如禁止攻击没有积极参加敌对行动的个人（规则94）。此外，平民会在将其俘获的国家的国内法下遭到起诉，该国国内法可以包含关于参加敌对行动的禁止性规定。

第二节　关于攻击的一般规定

1. 在武装冲突期间，武装冲突法适用于对任何人员或物体目标的

---

① DoD MANUAL, para. 16.5.5; UK MANUAL, para. 5.3.2. (as amended); CANADIAN MANUAL, para. 318; NIAC MANUAL, paras. 1.1.2, 1.1.3, 2.1.1.2; AMW MANUAL, chapeau to sec. F.

选择，无须考虑是使用何种作战方法或手段。因此，区分原则、禁止不必要痛苦原则等基本原则将适用于网络行动。特定条约规则的适用则取决于该国是否是此条约的缔约国，该国作为冲突一方的地位，以及武装冲突的类型（国际性或非国际性武装冲突，分别见规则82和83）。

2. 本节（规则92～120）阐述的关于攻击的原则与规则同等地适用于使用网络手段控制敌方武器和武器系统的情形，例如控制了空中无人作战飞机系统（UCAS），并用于实施攻击。[①]

3.《第一附加议定书》第49条第3款将议定书有关敌对行动的条款限制在"可能影响平民居民、平民个人或民用物体的陆战、空战或海战。这些规定还适用于从海上或空中对陆地目标的攻击，但不影响适用于海上或空中武装冲突的国际法规则。"国际专家组认为，尽管存在这一表面上的限制，但是国家实践表明本节所述的原则，在习惯国际法的限度内，同等地适用于针对或来自陆地、海洋或空中的攻击。[②]

规则92　网络攻击的定义

无论进攻还是防御，网络攻击是可合理预见的会导致人员伤亡或物体损毁的网络行动。

1. 在本手册中，该定义同等地适用于国际性和非国际性武装冲突。[③]

2. "攻击"这一概念在武装冲突法中是许多具体限制和禁止性规定的基础。例如，不能"攻击"平民和民用物体（规则92、规则94和规则99）。本规则阐释的定义是基于《第一附加议定书》第49条第1款："攻击是指无论在进攻或防御中针对敌方使用暴力行为。"在这一广泛接受的定义中，将攻击与其他军事行动相区分的，是针对目标使用暴

---

① See, e. g. , DoD MANUAL, para. 16. 5. 1.

② 参与制定《空战和导弹战手册》的专家达成了相同的结论。AMW MANUAL, commentary accompanying Rule 30.

③ NIAC MANUAL, para. 1. 1. 6; ICRC ADDITIONAL PROTOCOLS 1987 COMMENTARY, para. 4783 and n. 19.

力。诸如心理网络行动或网络间谍行为等非暴力行动，不构成攻击。①

3. 对"暴力行为"的理解不应局限于施放动能武力的行为。武装冲突法已很好地解决这一问题。就此而言，化学、生物或放射性攻击通常并不对特定目标产生动能影响，但是通常认为它们构成法律意义上的攻击。② 这一概念的关键在于所造成的影响。需重申的是，能确定"攻击"这一术语的适用范围的，不是行动的性质，而是行动的后果；"暴力"必须在暴力后果这个意义上考虑，而不应局限于暴力行为。例如，网络行动改变了电网的数据采集与监控系统的运行，并导致了火灾。因为这种后果是毁灭性的，所以该行动构成攻击。

4. 国际专家组的所有成员都赞同，本规则描述的由行动导致的危害能使一项行动被认定为攻击，尽管如下所讨论的，它的适用存在细微差别。《第一附加议定书》许多条款的文本以及红十字国际委员会的评注，都支持这一结论。例如，第 51 条第 1 款提出了一项基本原则，即"平民居民和平民个人应享有免受军事行动产生之危险的一般保护"。其他条款提供了进一步的支持。关于比例原则的条款谈到"平民生命受损失、平民受伤害、民用物体受损害，或三种情形均有"③。与保护环境相关的条款提及"广泛、长期和严重的损害"④，对堤坝和核发电站的保护则框定在"在平民居民中造成严重的损失"⑤。专家们认为，过于轻微的损害或损毁不能达到本规则要求的损害下限。

5. 本规则中"导致"一词不限于对目标网络系统的影响。它包含任何合理可预期的作为结果的损害、毁坏、伤害或死亡。尽管网络攻击极少对目标网络系统释放直接物理力量，但它们能对个人或物体造成极大损害。例如，通过操纵数据采集与监控系统使水坝放水，可造成下游的巨大毁坏而不会伤害系统本身。

---

① GERMAN MANUAL, para. 474.
② *Tadić*, decision on the defence motion for interlocutory appeal, paras. 120, 124（关于化学武器）。
③ Additional Protocol I, Arts. 51（5）(b), 57（2）(a)(iii), 57（2）(b).
④ Additional Protocol I, Arts. 35（3）, 55（1）.
⑤ Additional Protocol I, Art. 56（1）.

6. 本规则限于针对个人或物理对象的行动，但不能将这种限制理解为针对数据（属于非物理实体）的网络行动不在攻击的范围内。每当对数据的攻击可预知地造成人员伤害或死亡或物理对象的损害或毁坏时，这些个人或物体都构成"攻击目标"，因而可认定该行动为攻击。进而，如下所述，某行动如果针对的是物理对象功能发挥所依赖的数据，那么有时候也构成攻击。

7. 《第一附加议定书》第49条第1款中"针对敌方"这一表述会导致困惑，让人误以为必须是指向敌人的破坏行动才能认定为攻击。国际专家组认为，在禁止袭击平民或民用物体等例子上，如此解释没有任何意义。① 专家们同意，能使一个行为被认定为攻击的，不是网络行动的目标的地位，而是行为的后果。因此，针对平民、民用物体或其他受保护的人员或物体的暴力行为或有暴力影响的行为，均构成攻击。

8. 攻击这一概念包含对个人造成的伤害或死亡。国际专家组认为，考虑到构成武装冲突法基石的人道目的，有理由将这一概念拓展至与伤害相当的重大疾病和严重精神痛苦。特别是考虑到《第一附加议定书》第51条第2款提及的禁止"以在平民居民中散布恐怖为主要目的的暴力行为或暴力威胁"（亦见规则98）。由于恐怖就是一种能导致精神痛苦的心理状况，因此把这种痛苦类推地包含到本规则中，也属言之有据。

9. 关于数字文化财产，见规则142。

10. 就本规则中，通过网络手段干扰某物体的功能是否构成损害或毁坏这一问题，国际专家组进行了广泛讨论。尽管一些专家持否定意见，多数专家认为，如果恢复功能需要更换物理组件，则对功能的干扰可以认定为损害。例如针对配电网中基于计算机的控制系统发动网络行动，如果行动导致配电网停止运行，且为了恢复配电，就必须更换控制系统或者关键组件，则对多数专家而言，该网络行动就是一次攻击。

11. 一些持肯定意见的专家进一步认为，对功能的干扰包括这样的

---

① *See also* AMW MANUAL, commentary to Rule 1（e）.

情形，即导致必须通过重装操作系统或重装特定数据来使受攻击的网络基础设施发挥设计的功能。他们指出，特别是那些被设计通过操作或依赖于特定数据来发挥特定功能的特制网络基础设施。这些专家认为，如果一次网络行动通过删除或更改数据，导致这一基础设施不能发挥原定的功能，则该行动相当于一次攻击。

12. 最后，个别专家认为，如何丧失物体功能并不重要；网络基础设施失去可用性，即构成可以将针对它的网络行动认定为一次攻击的损害条件。[①]

13. 国际专家组讨论了不造成上述危害而仅造成大规模不利后果的网络行动的特征，如导致全国范围内电子邮件通信混乱（这不同于对传送所依赖系统的损坏）等。多数专家认为，尽管将这一行动界定为攻击合乎逻辑，但当前武装冲突法还没有延伸到这么远。少数专家认为，如果这种网络行动发生在武装冲突中，国际社会将普遍地将其当作攻击。然而，所有专家都赞同，武装冲突法中除攻击以外的相关规定，例如禁止集体处罚（规则144），都适用于这些行动。

14. 尽管对网络环境下"攻击"的精确定义存在争议，国际专家组赞同，并非所有的网络行动都构成攻击。例如，目前清楚的是，网络间谍行为本身并不包含在这一概念内，除非从事网络间谍行为的手段或方法所导致的结果使其构成一次攻击（规则89）。此外，这一概念也不包括类似于电子频道阻塞的网络行动，因为"在武装冲突法中，传统上并不将对无线电通信或电视广播的阻塞视作攻击"[②]。就这一点，专家们都认为，仅使得平民居民感到不方便或恼怒的网络行动，没有达到攻击的标准，尽管他们告诫，"不方便"这一表述的范围是不明确的。

15. 需要提及的是，网络行动可能不会对行动的目标造成必要损害，却会引起达到本规则规定标准的可预见附带损害。考虑到武装冲突法的相关规定，特别是比例原则（规则113），这种行动等同于攻击。

---

① ICRC Challenges Report, at 41.

② ICRC Challenges Report, at 41 – 2.

16. 网络行动无须造成所期望的毁坏效果，也可构成攻击。[1] 在《第一附加议定书》的谈判过程中，曾提及布设地雷是否构成攻击这一问题。谈判中的"普遍感觉"是，"当人们受到被布设的地雷的威胁时，就存在攻击"。[2] 类推来看，植入恶意软件或生产级缺陷将构成攻击，当其能因某特定事件的发生延迟或立即激活，且预期的后果达到损害的必要界限。多数专家认为，此时不需考虑它们是否被激活。一些专家认为，尽管不要求网络行动成功，但只有恶意软件被激活或发生特定行为时，才能认为发生了攻击。

17. 当一个攻击被成功拦截，且没有造成实质性伤害时，仍然是武装冲突法之下的攻击。因而，网络行动被防火墙、反病毒软件和入侵检测或防御系统等被动网络防御击退，仍然构成一次攻击，因为如果没有这样的防御，它将很可能导致攻击后果。

18. 网络行动可能是一个更广泛的攻击行动中不可分割的一部分。例如，可利用网络行动使正遭受动能攻击的目标的防御失效，例如使目标失去部署电子对抗措施的能力，进而使其无法阻止被武器锁定。在这种情况下，网络行动是构成攻击行动的组成之一，就如同激光指示让使用激光制导炸弹的攻击变得可能。武装冲突法中关于攻击的规定完全适用于这样的网络行动。

19. 如果对平民或民用物体实施网络攻击是因为错误而合理相信它们构成合法攻击目标，那么仍构成攻击。然而，如果攻击者已经完全符合目标查明的要求（规则115），攻击将是合法的。

20. 可能的情形是，网络攻击的目标没有察觉到自身已遭到攻击。例如，针对民用基础设施的网络攻击可能被设计得看似是简单机械故障导致的后续损害。网络攻击未被察觉这一事实，不影响该行为能否被认定为攻击和应否受武装冲突法约束。

21. 识别攻击的发起者需谨慎。例如，个人可能收到附有恶意软件的电子邮件。如果执行该恶意软件引发自动运行将导致损害，且该人无

---

[1] *See also* AMW MANUAL, commentary to Rule 1 (e).

[2] ICRC ADDITIONAL PROTOCOLS 1987 COMMENTARY, para. 1881.

意地转发了该邮件并导致了这样的损害的话，则攻击并非由他或她实施；实施者是电子邮件的原创者。相反，如果转发者知晓邮件中包含恶意软件，那么此人也实施了攻击。

规则 93　区分

区分原则适用于网络攻击。

1. 1868 年《圣彼得堡宣言》规定："各国在战争中应尽力实现的唯一合法目标是削弱敌人的军事力量。"这一普遍原则是区分原则的基石。区分原则是国际法院在"使用和威胁使用核武器合法性咨询意见"中所认可的武装冲突法的两个"首要"原则之一。[①] 另一个是禁止不必要痛苦原则（规则 104）。根据法庭意见，习惯国际法中的这些原则是"不可贬损的"[②]。

2. 《第一附加议定书》第 48 条编纂了习惯国际法中的原则："为了保证对平民居民和民用物体的尊重和保护，冲突各方无论何时均应在平民居民和战斗员之间、在民用物体和军事目标之间加以区别，因此，冲突一方的军事行动仅应以军事目标为对象。"该原则同时适用于国际性和非国际性武装冲突。它几乎包含在所有的武装冲突法军事手册中，也在对武装冲突中习惯国际法的非官方编纂中被引用，还出现在国际法庭的规约中。[③]

3. 在非国际性武装冲突中，区分原则要求各方区分平民与国家武装部队、有组织武装团体的成员（包括常规的或反对派武装力量的成员）。[④] 国际专家组认为，这一义务同时要求各方区分军事目标与民用

---

① *Nuclear Weapons* advisory opinion, para. 78. 根据法庭意见，"国家决不能把平民作为攻击目标，也因此决不能再使用无法区分平民与军事目标的武器。"

② *Nuclear Weapons* advisory opinion, para. 78.

③ See, e. g., DoD MANUAL, para. 2. 5；UK MANUAL, para. 2. 5 - 2. 5. 3（as amended）；CANADIAN MANUAL, para. 423；AMW MANUAL, Rule 10；NIAC MANUAL, para. 1. 2. 2；ICRC CUSTOMARY IHL STUDY, Rules 1, 7；SAN REMO MANUAL, Rule 39；Rome Statute, Art. 8（2）（b）（i-ii），8（2）（e）（i-ii）.

④ NIAC MANUAL, para. 1. 2. 2. 在"塔迪奇案"中，前南国际刑事法庭认可区分原则适用于非国际性武装冲突。*Tadić*, decision on the defence motion for interlocutory appeal, paras. 122, 127.

物体，尽管事实上《第二附加议定书》第 13 条最初并未打算包括民用物体。[1]

4. 《第一附加议定书》第 51 条、第 52 条通过分别为平民居民和民用物体设定保护来体现区分原则（规则 94~102）。区分原则也强化了许多将特殊保护延伸至特定受保护人员和物体的条款[2]，并成为比例原则（规则 113）和在攻击中采取预防措施的要求（规则 114~120）的基础。

5. 某些针对平民居民的行动是合法的。[3] 例如抛洒传单或宣传广播等心理战行动并不受禁止，即便平民是目标受众。[4] 在网络战的背景下，向敌方民众传递电子邮件信息敦促其投降同样不违反武装冲突法。[5] 只有针对平民或民用物体（或其他受保护人员和物体）的网络行动达到攻击的程度，才受到区分原则及武装冲突法中源自区分原则的规则的禁止。某特定网络行动是否构成"攻击"，规定在规则 92。相应地，在不损害"经常注意"（规则 114）的要求的前提下，在网络环境下区分原则的实际运用，很大程度上取决于某人对"网络攻击"（规则92）的定义所采取的立场。[6]

6. 区分原则是不可贬损的，任何对武装冲突法禁止之攻击的理由或辩解，对判断是否违反区分原则都不构成影响。[7] 例如，以民用物体

---

[1] ICRC ADDITIONAL PROTOCOLS 1987 COMMENTARY, para. 4759（提及日内瓦公约《第二附加议定书》第 13 条没有为民用物体提供一般性保护）。*But see* NIAC MANUAL, para. 1.2.2；ICRC CUSTOMARY IHL STUDY, Rule 10（确认非国际性武装冲突中对民用物体的一般性保护）。

[2] Additional Protocol I, Arts. 53 – 56.

[3] ICRC ADDITIONAL PROTOCOLS 1987 COMMENTARY, para. 1875.

[4] AMW MANUAL, commentary accompanying Rule 13 (b). 当然，只有该行为不违反规则 98 规定的禁止恐吓平民居民时才可以。

[5] 在 2003 年入侵伊拉克期间，"在战争开始之前，数以千计的伊拉克军官在伊拉克国防部电子邮件系统中收到了电子邮件"。邮件告诉他们，把坦克和装甲车排成编队，然后遗弃，走开并回家。Richard A. Clarke and Robert K. Knake, CYBERWARFARE: THE NEXT THREAT TO NATIONAL SECURITY AND WHAT TO DO ABOUT IT (2010), at 9 – 10.

[6] ICRC Challenges Report, at 41.

[7] 当然，如果平民因为冲突之外的原因而袭击武装部队成员，该成员可以防卫自己。这一原则适用于网络环境。

为目标的攻击是非法的，即便它缩短了冲突的过程，并因此保护了平民生命。同样地，为了迫使文职领导人投降而对其私人财产进行网络攻击，如果这些财产属于民用物体，那么无论这些攻击是否将达到预期目的，都属于非法。

7. 本规则所使用的区分原则，不能与战斗员使自己区别于平民居民的义务相混淆（规则 87）。

第三节　对人员的攻击

规则 94　禁止攻击平民

不应将平民居民和单个平民作为网络攻击的目标。

1. 本规则基于规则 93 中的区分原则。它被编纂在《第一附加议定书》第 51 条第 2 款和《第二附加议定书》第 13 条第 2 款中，并且毫无疑问反映了国际性和非国际性武装冲突中的习惯国际法。[1]

2. 关于平民的定义，见规则 91。"平民居民"包含所有是平民的人员。平民居民中出现不符合平民定义的个人，并不剥夺这些居民的平民属性。[2]

3. 只有被认定为攻击的网络行动，才是本规则所禁止的。"攻击"这一术语在规则 92 进行了界定。

4. 在本规则下，网络攻击的"目标"是指网络行动所针对的人员。尽管受到免于成为攻击目标的保护，平民在直接参加敌对行动（规则 97）时即丧失这种保护。

5. 对相关人员（或物体）的损害必须达到规则 92 所设定的程度，才能认定其为攻击的目标。例如，假设网络行动意图通过篡改特定个人

---

[1] DoD MANUAL, paras. 5.3.2, 17.5; UK MANUAL, paras. 2.5.2 (as amended), 5.3; CANADIAN MANUAL, paras. 312, 423; GERMAN MANUAL, paras. 404, 502; AMW MANUAL, Rule 11 and accompanying commentary; NIAC MANUAL, para. 2.1.1.1; ICRC CUSTOMARY IHL STUDY, Rule 1. *See also* Rome Statute, Art. 8 (2) (b) (i–ii), 8 (2) (e) (i–ii); *Martić* judgment, paras. 67–69; *Galić* Appeals Chamber judgment, paras. 190–192.

[2] Additional Protocol I, Art. 50 (2–3).

在医院数据库中的个人医疗信息来伤害她，如果对数据库的损害没有到达攻击所要求的程度，那么该人是攻击目标而数据库不是攻击目标。相反，假设对一个化工厂的数据采集与监控系统实施网络攻击，意图引发爆炸，而爆炸是为了释放有毒物质以杀害周围的居民。此时化工厂和居民均是攻击目标，因为损害都达到了必要的程度。

6. 对军事目标（规则 100）的网络攻击将导致附带平民伤害或死亡、民用物体损害或毁坏这一可预见事实，并不会使得这些个人与物体成为"攻击目标"。假设网络行动意图通过袭击军用空中交通控制系统来击落军用飞机，该飞机是合法的攻击目标。然而，陆地上因为飞机坠落而受伤或死亡的平民不能被认为是攻击目标。相反，这些人员受到比例原则（规则 113）和在攻击中采取预防措施的要求（规则 114～120）的保护。

规则 95　对人员身份的疑问

当对任何人是否属于平民有疑问时，应视其为平民。

1. 国际专家组认为，规则 95 反映了习惯国际法，适用于国际性和非国际性武装冲突。[①] 对平民身份存有疑问时的推定，编纂在《第一附加议定书》第 50 条第 1 款中。一些武装冲突法手册也认可本规则。[②]

2. 本规则的一种解释认为，在平民身份存疑时，本规则让攻击者独自承担反驳平民地位的证明责任，一些专家对此不能接受。他们认为，防御者有义务采取被动的预防措施（规则 121），所以前述结论是不恰当的。根据这种解释，他们同意将规则 95 包含在本手册中。

3. 这种疑问需要具体达到何种程度才足以启用本规则，目前仍未解决。在批准《第一附加议定书》时，许多成员国对其中第 50 条第 1 款发表了声明。例如英国指出，该条款只适用于"评估当时所有合理可用的情报来源"后"依然存在实质性怀疑"的情形。[③] 与实质性怀疑

---

① *See*, *e. g.*, AMW MANUAL, commentary accompanying Rule 12 (a); ICRC CUSTOMARY IHL STUDY commentary accompanying Rule 6.

② UK MANUAL, para. 5.3.1; CANADIAN MANUAL, para. 429.

③ UK Additional Protocol Ratification Statement, para. (h); UK MANUAL, para. 5.3.4 (as amended).

相对应，"合理怀疑"这一概念被用来确定国际刑法下的责任。[①]　无论运用该规则需要怀疑达到何种程度，很清楚的是，仅仅存在某些怀疑不足以推翻这种假定。

4. 存疑这个议题在网络环境下尤为重要。在许多国家，平民使用计算机和计算机网络很普遍，并且平民和武装部队使用的网络可能是相连接的。在这种情形下，使用计算机或使用特定网络，这一行为本身并不表示军事地位。而个人在从事网络活动时通常处于物理上的不可见状态，并使得解决这个难题更加复杂。

5. 平民身份的推定，不同于直接参加敌对行动的不确定性问题。也就是说，本规则规定的推定适用于对特定个人是战斗员还是平民存疑的情形。在直接参加敌对行动的情形中，相关个人就是平民，存有疑问的事项与个人活动有关，而与他或她的身份无关。直接参加敌对行动背景下的推定，见规则97。

6. 尽管在非国际性武装冲突的相关法律中不存在完全等同的规则，因为在此类冲突中不存在战斗员的概念（规则87），但习惯法中的区分原则总是适用的。因此，在非国际性武装冲突中，当存在足够怀疑时，就应假定某人是平民而受到免于攻击的保护。

规则96　作为合法攻击目标的人员

下列人员可作为网络攻击的目标：

（1）武装部队的成员；

（2）有组织武装团体成员；

（3）正在直接参加敌对行动的平民；以及

（4）在国际性武装冲突中参加自发抵抗之民众的人员。

1. 除第四项外，本规则适用于国际性和非国际性武装冲突。[②] 其确切表述是从本手册中其他规则的否定含义中推导出来的。规则94禁止攻击平民，因而在武装冲突法其他限制的约束下，可攻击除平民以外的

---

① *Galić* Trial Chamber judgment, para. 55.

② NIAC MANUAL, para. 2.1.1.

人员。规则 97 规定，尽管是平民，直接参加敌对行动的个人将丧失免受攻击的保护。关于自发抵抗之民众，可以攻击其成员的结论源于他们享有战斗员地位（规则 88）这一事实。

2. 地位或行为将使得个人变得可受攻击。前两类人员的可攻击性是基于他们的地位，而后两类人员的可攻击性取决于他们从事的行为。

3. 规则 87 界定并讨论了"武装部队成员"这一术语。一般而言，它包括常规部队和某些与常规部队类似的志愿兵团体、抵抗运动等团体的成员。然而，武装部队中的医疗或宗教人员，或者失去战斗力的人员，免受攻击。[①] 失去战斗力的人员指受伤或患病而且没有从事敌对行动且没有尝试逃跑的人员，已被俘虏的人员，或者已投降的人员。某武装部队成员如果在受伤或患病之后继续从事针对敌方的网络行动，或者强化或保留了己方的军事能力，就不属于失去战斗力的人员。[②]

4. 国际专家组对认定国际性与非国际性武装冲突中的有组织武装团体成员（规则 83）存在分歧。一些专家认为，仅仅具有此类团体的成员资格就足够了。也就是说，一旦确定某个人属于一个有组织武装团体，就能以攻击武装部队成员的同样理由来攻击该人。其他专家则同意《红十字国际委员会解释性指南》阐述的观点，即将有组织武装团体的成员资格限制在那些带有"持续作战职能"的个人。[③] 这些专家认为，应把没有此职能的个人当作平民，只有在他们直接参加敌对行动的当时才能受到攻击。

5. 专家组一致同意，对于同时由军事部分和政治或社会部分组成的团体，只有军事部分可以被认定为有组织武装团体。关于并非有组织武装团体成员，但直接参加敌对行动的平民，见规则 97。

---

① Geneva Convention I, Arts. 24 – 25; Additional Protocol I, Art. 41; DoD MANUAL, para. 5.6.2; UK MANUAL, para. 5.6; CANADIAN MANUAL, para. 309; GERMAN MANUAL, para. 601; AMW MANUAL, Rule 15 (b); NIAC MANUAL, paras. 2.3.2, 3.2; ICRC CUSTOMARY IHL STUDY, Rule 87.

② See, e. g., ICRC ADDITIONAL PROTOCOLS 1987 COMMENTARY, paras. 1621 – 1622. （把试图联系己方的行为描述为"敌对行动"。）

③ ICRC INTERPRETIVE GUIDANCE, at 27. 此概念涉及个人"为该团体承担了涉及直接参加敌对行动的持续职责"。Id. at 33.

6. 国际专家组对于本规则中有组织武装团体卷入国际性武装冲突是否必须"属于冲突一方"存在分歧。例如,除支持冲突一方以外,某特殊团体可能因为其他原因而卷入网络攻击,比如出于对他们对手的宗教或种族仇恨,或希望利用武装冲突所制造的不稳定来积聚自身实力。规则 87 已考查过"从属于冲突一方"这个概念。一些专家采纳《红十字国际委员会解释性指南》的思路,即考虑到冲突的目的,不属于冲突一方的团体成员将被当作平民对待。① 相应地,只有在他们直接参加敌对行动时才能把他们当作目标。其他专家认为,在本规则中并不要求一个团体属于冲突一方;所有该团体成员都可以基于他们的身份而被当作目标。

7. 私营承包商的性质,是一个有趣的问题。国际专家组同意,个人承包商属于平民,以他们为目标只能基于其直接参加敌对行动(规则 97)。更难判断的情形是,公司与冲突一方订立合同执行特定军事行动的情况,例如以敌人为对象的网络攻击。多数专家所持观点是,该公司可成为归属于冲突一方的有组织武装团体。② 相比之下,少数专家认为,契约关系不是认定该公司归属于冲突一方(规则 97)的充分依据。然而,即便是持少数意见的专家也认为,可以攻击这些公司中直接参加敌对行动的成员。

8. 政府文职雇员,例如情报机构的成员,有时会在冲突期间从事网络行动。当此类人员所属团体符合有组织武装团体的条件时,根据本规则可以攻击其成员。除此以外的政府文职雇员是平民,只能在直接参加敌对行动(规则 97)的当时才可被当作袭击目标。

9. 参加自发抵抗之民众的人员在参加期间可以被当作袭击目标。基于目标选择的目的,不能把他们当作直接参加敌对行动的平民,也即"在当时"这一标准不能适用(规则 97)。规则 88 讨论了成为自发抵抗

---

① 该指南确实提及,团体可以成为其与对手间单独的非国际性武装冲突的一方,如果这种暴力达到了要求的界限。ICRC INTERPRETIVE GUIDANCE, at 23 – 24.

② *See* ICRC INTERPRETIVE GUIDANCE, at 38 – 39(提到承包商通过提供持续作战职能有效地融入冲突一方的武装部队,将成为有组织武装团体的成员,从而就区分原则的适用而言,则不再具有平民资格)。关于认定有组织武装团体的条件,见规则 83。

之民众的标准。

规则97 平民直接参加敌对行动

平民未直接参加敌对行动时，享有免受攻击的保护。

1. 本规则源自《第一附加议定书》第51条第3款和《第二附加议定书》第13条第3款。它是国际性和非国际性武装冲突中的习惯国际法。①

2. 规则97不适用于武装部队或有组织武装团体的成员，以及自发抵抗之民众的参加者，在本手册中这些人员不是平民。② 本规则仅适用于那些与此类团体不存在隶属关系而从事敌对行动的个人，以及不符合有组织武装团体条件的临时团体（例如，因为缺少必要的组织程度）的成员。关于成为有组织武装团体的要求，特别是关于"持续作战职能"，见规则96。

3. 平民直接参加敌对行动的行为，将使得他们可能受到网络或其他合法手段的攻击。此外，在军事行动中评估攻击的比例性（规则113）时，或者决定必须采取的用以避免伤害平民的预防措施（规则114～120）时，对直接参加敌对行动者的伤害无须考虑。

4. 在网络环境下很有必要强调，此种"行为"要求由个人开展。例如，某人的电脑已经成为用于发动网络攻击的僵尸网络的一部分，而他自己并不知情，则该人并不是直接参加敌对行动者。然而，在这种情况下，电脑本身可能成为军事目标，倘若它在当时的环境下符合军事目标的定义（规则100）。③

----

① DoD MANUAL, paras. 5.9, 17.6; UK MANUAL, paras. 5.3.2 (as amended), 15.8; CANADIAN MANUAL, paras. 318, 1720; GERMAN MANUAL, para. 517; AMW MANUAL, chapeau to Sec. F; NIAC MANUAL, paras. 1.1.3, 2.1.1.2; ICRC CUSTOMARY IHL STUDY, Rule 6.

② 《红十字国际委员会解释性指南》将它对平民地位的分析限于从事敌对行动的情形。ICRC INTERPRETIVE GUIDANCE, at 11. 这一分析，就如同本规则的评注所描述的，不影响其他目的之下的平民地位问题，例如拘留。

③ 必须注意的是，在国际性武装冲突期间僵尸程序常常会被部署到一些中立国家，针对这些国家开展行动时，应遵守规则150中规定的约束与限制因素。

5. 国际专家组基本同意《红十字国际委员会解释性指南》中阐述的认定直接参加的三个叠加标准。首先，行为（或紧密相关的系列行为）必须意图或事实上已对敌方军事行动或军事能力造成负面影响，或者导致免受直接攻击的人员或物体遭受死亡、物理伤害或物质上的毁灭（损害的门槛）。① 这并不需要对物体的物理损害或对人员的伤害，换言之，不符合网络攻击条件的行动也将满足这一标准，只要它们在军事上给敌方带来了负面影响。扰乱敌方指挥控制系统的网络行动，就是满足这一标准的行动的例证。国际专家组的一些成员认为，增强己方军事能力的行为也包含在内，因为它们必然削弱敌方的相对地位，例如为军事网络资产提供被动网络防御方面的维护。其次，相关行为和意图造成或已经造成的伤害间存在直接因果关系（因果关系）。② 在前述例子中，对敌方指挥与控制的扰乱是由网络攻击直接引起的；这就已经达到此标准。最后，该行为必须与敌对行动直接相关（交战联系）。③ 前述例子中的系统是用来引导敌方军事行动的，即满足该条件。需要注意的是，尽管多数专家赞同这些标准，但对于这些标准在特定行动中的具体适用仍存在不同意见。④

6. 很明显，实施与武装冲突有关的网络攻击属于直接参加敌对行动，就如同实施任何使特定攻击变得可能的行为，例如识别目标系统的漏洞或设计恶意软件以利用特定漏洞。其他例子包括，通过网络手段收集敌方行动信息并传送给己方武装部队，以及针对敌方外部军事系统实

---

① "要达到规定的损害门槛，一项具体行为必须很可能对武装冲突一方的军事行动或军事能力造成不利影响，或者使得免受直接攻击之保护的人员死亡、受伤或物体损毁。"ICRC INTERPRETIVE GUIDANCE, at 47. *See also* AMW MANUAL, commentary accompanying Rule 29.

② "要满足直接因果关系的要求，则在行为与可能因该行为（或该行为作为有机组成部分的协同军事行动）所造成的损害之间必须存在直接的因果关系。"ICRC INTERPRETIVE GUIDANCE at 51. *See also* AMW MANUAL, commentary to Rule 29.

③ "要满足交战联系的要求，一项行为必须是为了直接造成达到所需门槛的损害，其目的是支持冲突一方并损害另一方。"ICRC INTERPRETIVE GUIDANCE, at 58. *See also* AMW MANUAL, commentary accompanying Rule 29.

④ 例如，对装配简易爆炸装置或充当自愿人体盾牌是否可以认定为直接参加敌对行动，目前仍存在众所周知的争论。

施分布式拒绝服务行动。另一方面，设计恶意软件并让其公开地在线可用，即便它可能被一些卷入武装冲突的人用来实施攻击，这种设计行为也不构成直接参加敌对行动。同样的还有一般性地维护计算机设备，即便这些设备随后被用于敌对行动。更难判断的是，开发恶意软件并交给个人，并且供应者很清楚它将被用于实施攻击，但不知道确切的预期目标。在此种情况下，供应恶意软件的行为和随后的攻击之间的因果关系是否足够导致认定直接参加，国际专家组对此意见存在分歧。

7. 交战联系这一标准排除发生在武装冲突期间的单纯犯罪行为或具有私人性质的行为。例如，犯罪分子通过网络手段窃取属于冲突一方的国家资金，但意在获得私人利益，则并不是直接参加敌对行动。然而国际专家组一些成员认为，如果个人使用网络手段窃取私人或公共资金，并且行动的实施是为了给特定军事行动筹集经费，则此类盗窃将构成直接参加敌对行动。

8. 平民任何直接参与敌对行动的行为，都将使得这些人员在从事这些行为的当时，可被认定为袭击目标。[①] 所有的专家都同意，这至少还包括紧接此类行为之前或之后的行动。[②] 例如，走向或离开用于发起网络行动的计算机所在的位置就包含在内。一些专家所持立场是，参加的期间能延伸到因果关系存在的"上游"和"下游"时间。[③] 在网络行动中，这一期间始于个人开始探测目标系统的漏洞，贯穿于对抗该系统的行为期间，包括评估损害以决定是否"再次攻击"的期间。

9. 在网络环境下有一个尤为重要的问题是"延迟效应"，例如放置意图在将来的某个时间点激活的逻辑炸弹。激活可能在事先设定的期间之后发生，要么是基于命令，要么是基于目标系统所执行的特定动作（例如，激活地空导弹据点的火控雷达）。多数专家的观点是，个人直接参加敌对行动的期间开始于他介入任务计划，终止于他或她不再主动参加行动。例如前述例子中，直接参加敌对行动的期间始于开始计划如

---

① 关于更详尽的阐释，可参见：ICRC INTERPRETIVE GUIDANCE, at 70 – 73。

② ICRC INTERPRETIVE GUIDANCE, at 67 – 68.

③ *See* DINSTEIN, CONDUCT OF HOSTILITIES, at 177.

何放置逻辑炸弹，并延续到该人通过命令激活该逻辑炸弹为止。而这个期间结束的时间点并不必须与伤害发生的时间点相一致。例如，由一个人安放逻辑炸弹，而之后由另一个人来激活，就属于这种情况。关于可攻击性的关键在于判断特定个人参加的开始与结束时间。

10. 少数专家认为，同一人进行的安放和激活工作，是直接参加敌对行动的两个独立行为。在他们看来，完成安放就结束了第一阶段的直接参加，后续采取措施激活逻辑炸弹则为第二阶段的开端。

11. 个人重复发起可被认定为直接参加敌对行动的网络行动，给直接参加敌对行动的期间以及在此基础上该人的可攻击性，带来了进一步的问题。这种情形非常有可能在网络行动的背景中产生，如随着时间的推移，一个人可能发起许多不同的行动，无论是针对同一个还是不同的网络目标。关于重复行动对期间的影响，国际专家组意见存在分歧。一些专家赞成《红十字国际委员会解释性指南》中的立场，即在分析直接参加敌对行动时，每一个行为都必须单独地对待。① 其他专家则认为这个观点毫无实际意义，它为直接参加敌对行动和可攻击性制造了一个"旋转门"。在这些专家看来，直接参加敌对行动开始于第一次此类网络行动，并且在间歇性行动的期间一直持续。

12. 假设一个黑客在一个月内以敌方指挥与控制系统为对象实施了七次网络攻击。从第一个观点来看，只能在该黑客每次实施攻击时将其作为攻击目标，而从第二个观点来看，他在这一整月都可以成为攻击目标。此外，在没有明确的迹象表明该黑客将不再从事此种攻击时，他/她在这段时间之后仍然可以成为攻击目标。

13. 对于能否推定没有直接参加敌对行动，国际专家组存在不同意见。一些专家认为，对一个平民是否正在从事直接参加敌对行动的行为（或者是否有某类行为达到直接参加的水平）存在怀疑时，应推定没有直接参加敌对行动。② 其他专家反对类推适用规则 95（关于对人员身份存疑时的推定）。他们认为，从法律上说，攻击者如果在决定是否实施

① ICRC INTERPRETIVE GUIDANCE, at 44 – 45, 70 – 71.

② 关于支持该推定的论证，可参见：ICRC INTERPRETIVE GUIDANCE Guidance, at 75 – 76。

攻击时存在怀疑，必须合理地检查当时环境下的所有相关情报和行为。不存在相关的推定。

规则 98　恐怖攻击

禁止以在平民居民中散布恐怖为主要目的的网络攻击或网络攻击威胁。

1. 规则 98 是基于《第一附加议定书》第 51 条第 2 款和《第二附加议定书》第 13 条第 2 款。它反映了习惯国际法，并同等地适用于国际性和非国际性武装冲突。[①]

2. 网络行动必须符合规则 92 所适用和解释的"网络攻击"或网络攻击威胁，才违反本规则。对网络攻击的这种限制得到了 1987 年《红十字国际委员会附加议定书评注》的支持，其在对《第一附加议定书》第 51 条第 2 款的评注中提及："本规定意在禁止以在平民居民中散布恐怖为主要目的而不提供实质性军事利益的暴力行为"。[②] 例如，以大型运输系统为目标且导致死亡或伤害的网络攻击将违反本规则，如果攻击的主要目的是恐吓平民居民。应提及的是，这种行动同时也构成对平民和民用物体的非法攻击（规则 94 和 99）。

3. 本规则中的禁止性规定的适用范围涵盖网络攻击威胁，无论这种威胁是通过网络还是非网络手段传播。例如，威胁用网络攻击城市配水系统，使其失效以污染饮用水并导致死亡或疾病，如果这样做是以在平民居民中散布恐怖为主要目的，那么就违反本规则。另一方面，如果发布虚假推文（推特信息），声称有高度传染性和致死性的疾病在居民中快速传播，意图引起恐慌，因为该推文既不是攻击（规则 92）也不是攻击威胁，将不违反本规则。

4. 必须强调的是，该禁止性规定的核心在于它聚焦于网络攻击的

---

① *Galić* Appeals Chamber judgment, paras. 86 – 98, 101 – 104；DoD MANUAL, paras. 5.3.2, 17.5；UK MANUAL, paras. 5.21, 5.21.1；CANADIAN MANUAL, paras. 617, 1720；GERMAN MANUAL, para. 507；NIAC MANUAL, para. 2.3.9；ICRC CUSTOMARY IHL STUDY, Rule 2；AMW MANUAL, Rule 18 and accompanying commentary.

② ICRC ADDITIONAL PROTOCOLS 1987 COMMENTARY, para. 1940 (emphasis added).

目的，特别是在平民居民中散布恐怖。以军事目标（包括战斗员）为对象的合法网络攻击也会引起恐怖，但这不是本规则所处理的攻击类型。正如 1987 年《红十字国际委员会附加议定书评注》中对第 51 条第 2 款的评注中所说，"毫无疑问，与战争状态相关的暴力行为几乎经常在居民中引起某种程度的恐怖"。①

5. 要违反本规则，须有在平民居民中散布恐怖的故意。国际专家组认为，以一个或少数人为恐吓目标的行动或威胁不满足这一条件，即便该行动或威胁的主要目的就是散布恐怖；但如果对一个人实施的暴力行动是为了恐吓人口中的重要部分，将违反本规则。② 专家一致认为，本规则不禁止对敌方战斗员实施的以恐吓为目的的攻击。

6. 规则 98 的文本仅包括实施或威胁实施网络恐怖攻击。然而，运用网络手段传播动能攻击威胁，且主要目的在于恐吓平民居民，同样为武装冲突法所禁止。

7. 需要提及的是，《日内瓦第四公约》第 33 条禁止"恫吓或恐怖手段"。不同于本规则所反映的《第一附加议定书》第 51 条第 2 款，《日内瓦第四公约》第 33 条中的禁止性规定不限于以恐吓个人为主要意图的攻击。然而，它仅适用于《日内瓦第四公约》第 4 条中定义的受保护人员。国际专家组的少数意见认为，《日内瓦第四公约》第 33 条、《第一附加议定书》第 51 条第 2 款和国家实践的汇合，形成了一条习惯规则，禁止一切意图（无论是否是主要目的）恐吓平民居民的行动，包括网络行动。

第四节　对物体的攻击

规则 99　禁止攻击民用物体

不得将民用物体作为网络攻击的目标。网络基础设施只有在属于军

---

① ICRC ADDITIONAL PROTOCOLS 1987 COMMENTARY, para. 1940. *See also* UK MANUAL, para. 5.21.1；ICRC ADDITIONAL PROTOCOLS 1987 COMMENTARY, para. 4786.

② *Galić* Trial Chamber judgment, para. 133.

事目标时才可作为攻击目标。

1. 历史上，禁止攻击民用物体的规定来源于《圣彼得堡宣言》，其中规定："各国在战争中应尽力实现的唯一合法目标是削弱敌人的军事力量"。[①] 这一规范被编纂在《第一附加议定书》第52条第1款，且作为习惯国际法适用于国际性和非国际性武装冲突。[②]

2. "网络基础设施"的定义见术语表。

3. 本规则所禁止的网络行动，必须构成"攻击"。攻击这一术语定义在规则92。

4. 民用物体是指所有不属于军事目标的物体。民用物体和军事目标定义在规则100。国际专家组同意，判断一个物体是否是受到免于攻击保护的民用物体，而不是军事目标，必须进行个案分析。

5. 只需要网络攻击是直接针对民用物体这一个事实，就足以违反本规则；攻击是否成功都无关紧要。

6. 本规则禁止直接对民用物体实施网络攻击，将其区别于禁止不分皂白的网络攻击（规则111）非常重要。本规则禁止使得受保护目标成为"攻击目标"的攻击。也就是说，袭击者是"瞄准"民用物体。相反，不分皂白的攻击非法是因为其没有瞄准任何特定物体（或人员），无须考虑其中是否有一些物体可认定为军事目标。本规则也必须与规则105相区分，后者禁止使用不分皂白的作战手段或方法。

规则100 民用物体和军事目标

民用物体是指所有不构成军事目标的物体。军事目标是凭借其性质、位置、目的或用途对军事行动有有效贡献，而且在当时情况下对其全部或部分毁坏、缴获或失去效用可提供明确的军事利益的物体。网络

[①] St Petersburg Declaration, pmbl. *See also* Hague Regulations, Art. 25（规定"禁止以任何手段攻击或轰击不设防的城镇、村庄、住所和建筑物"）。

[②] DoD MANUAL, paras. 5.6.2, 17.5; UK MANUAL, para. 5.24; CANADIAN MANUAL, para. 423; German MANUAL, para. 451; AMW MANUAL, Rule 11 and accompanying commentary; NIAC MANUAL, para. 2.1.1.1; ICRC CUSTOMARY IHL STUDY, Rules 7, 9, 10. *See also* Rome Statute, Art. 8 (2) (b) (ii), 8 (2) (e) (iii, xii).

基础设施可以被认定为军事目标。

1.《第一附加议定书》第 52 条第 1 款以否定形式定义了民用物体，即"所有不构成军事目标的物体"。1923 年海牙《空战规则草案》首次将"军事目标"这一术语定义为"其破坏或伤害将构成交战国的明显军事利益的目标"。[①]《第一附加议定书》把它写入第 52 条第 2 款，将军事目标定义为"由于其性质、位置、目的或用途对军事行动有有效贡献，而且在当时情况下其全部或部分毁坏、缴获或失去效用可提供明确的军事利益的物体"。该定义为许多国家的军事手册所接受，并被认为反映了国际性和非国际性武装冲突中的习惯国际法。[②] 它也出现在许多其他条约中。[③]

2."网络基础设施"的定义见术语表。

3. 本手册中使用的"军事目标"一词，仅指符合本规则定义的物体。国际专家组采取这一思路的基础是，能否把个人作为合法攻击目标取决于其身份（规则 96）或行为（规则 97），因此需要不同于《第一附加议定书》第 52 条第 2 款的分析。

4. 本规则以及整个手册，都是在法律意义上来使用"军事目标"这一术语。它是武装冲突法上的一项专门术语。这一法律术语不能与行动层面使用的军事目标的意义相混淆，后者是指军事行动的目的（goal）。例如可能策划一次军事行动来使特定电子通信无效。这些信息在作战意义上属于军事目标，但它们从法律意义上看并不构成，原因将在下文论述。然而，为传送和接受这些信息所必要的硬件可以成为法律意义上的军事目标。

5."物体"这一术语的含义，对于理解本规则和本手册中的其他规则极为重要。1987 年《红十字国际委员会附加议定书评注》将"物

---

① Hague Air Warfare Rules, Art. 24 (1).

② DoD MANUAL, para. 5.7.1.1; UK MANUAL, para. 5.4.1; CANADIAN MANUAL, para. 406; GERMAN MANUAL, para. 442; AMW MANUAL, Rule 1 (y); NIAC MANUAL, para. 1.1.4; ICRC CUSTOMARY IHL STUDY, Rule 8; SAN REMO MANUAL, Rule 40.

③ Mines Protocol, Art. 2 (4); Protocol on Prohibitions and Restrictions on the Use of Incendiary Weapons, Art. 1 (3), 10 October 1980, 1342 UNTS 137.

体"描述为"可见的且有形的"某物。① 这个用法不能与计算机科学领域中这一术语的含义相混淆，后者意味着能通过程序语言指令进行操作的实体。在本手册中，计算机、计算机网络和其他网络基础设施的有形组件，都构成物体。

6. 国际专家组多数意见认为，武装冲突法中物体的概念不能理解为包括数据，至少在当前的法律状态中是如此。在这些专家看来，数据是无形的，因此既不属于物体这一术语的"通常意义"②，也不同于1987年《红十字国际委员会附加议定书评注》所提供的解释。因此，针对数据的攻击本身并不构成一次攻击。然而他们赞同，正如规则92提及的，当行动影响了网络基础设施的功能，或者造成能够使得网络行动被认定为攻击的其他影响，则以数据为攻击目标的网络行动有时可能会被认定为攻击。

7. 少数专家的意见是，出于目标选择的目的，应将特定数据当作物体。在他们看来，多数专家所持的观点将针对数据本身的网络行动排除在"攻击"这一术语的范围之外。这意味着，即便删除了极端重要的民用数据集，例如社会安全数据、税务记录以及银行账号等，将有可能免受武装冲突法的规制，进而与平民居民享有免于敌对行动影响的一般保护的原则（反映在《第一附加议定书》第48条）相违背。对这些少数专家而言，基于《第一附加议定书》第52条的潜在宗旨和目标，关键因素是行动影响的严重性，而非伤害的性质。因此他们认为，起码那些对于平民居民的福祉必不可少的民用数据，包含在民用物体这一概念之内，并且应该受到如此保护。③

8. 基于本规则中陈述的四个标准（性质、位置、目的或用途）④的任一个，就可以将物体认定为军事目标。"性质"涉及物体的内在特

---

① ICRC ADDITIONAL PROTOCOLS 1987 COMMENTARY, paras. 2007 – 2008.

② Vienna Convention on the Law of Treaties, Art. 31 (1).

③ ICRC Challenges Report, at 41 – 42.

④ *See* AMW MANUAL, Rule 22 and accompanying commentary; DoD MANUAL, para. 5.7.6; UK MANUAL, paras. 5.4.4 (c – e).

征，通常涉及那些从根本上是军事的且被设计用于军事行动的物体。[①]军用计算机和其他军用网络基础设施是符合性质这项标准的范例。在网络环境下，军事指挥、控制、通信、计算机、情报、监测和侦查（C^4ISR）系统尤为重要。例如，可以将军用网络系统（无论位于何处）以及长期封装它们的设施认定为军事目标。平民（无论是政府雇员还是承包商）可能操作这些系统的事实，与是否可以将其认定为军事目标无关。

9. 物体可以基于"位置"而成为军事目标。位置通常涉及具有特殊军事价值的地理区域[②]；因此 IP 地址（或一系列 IP 地址）不是一个位置（尽管它与网络基础设施存在关联而可能成为军事目标）。使某区域成为军事目标的，并不是对它的实际使用，而是通过它的位置能为敌方军事行动做出有效贡献。例如，可以针对水库的数据采集与监控系统采取网络行动，向预计敌方将采取军事行动的区域放水，进而阻止敌方使用该区域（受规则 143 约束）。在这种情况下，由于敌人的军事利用，此陆地区域将基于位置而成为军事目标。这一特征使得运用网络手段给水库放水变得合法。

10. 当民用物体或设施被用于军事目的时，它因"用途"这一标准成为军事目标。[③] 例如，如果冲突一方基于军事目的使用特定民用计算机网络，该网络将丧失平民属性变成军事目标。即便同时将该网络继续用于民用目的也是如此（关于攻击这样的"两用"实体，见规则 101）。可能因用途而变成军事目标进而可能受到网络攻击的民用物体，还包括敌方使用的民用铁路网、定期播报军事消息的民用电视台或电台、用于起飞和修复军用飞机的民用机场等。适用这一标准时应十分谨慎。例如仅有某个路由器可认定为军事目标时，不能必然认为整个计算机网络可认定为军事目标。

---

① ICRC ADDITIONAL PROTOCOLS 1987 COMMENTARY, para. 2020（称"这一类别包括直接由武装部队使用的所有物体"）。

② ICRC ADDITIONAL PROTOCOLS1987 COMMENTARY, para. 2021.

③ Hague Regulations, Art. 27（提及民用物体享有保护地位，除非"当时用作军事用途"）。*See also* ICRC ADDITIONAL PROTOCOLS 1987 COMMENTARY, para. 2022.

11. 国际专家组特别关注到了民用工厂。所有专家都同意，一个工厂如果根据与敌方武装部队签的协定生产计算机硬件或软件，将基于用途而成为军事目标，即便它也有基于非军事目的的生产项目。他们进一步认为，如果军方只是偶尔采购该工厂的产品，则该厂不是军事目标。难以判断的情形是，一个工厂的产品并非特意用于军事，但频繁地用作军事用途。对是否可基于用途来认定该厂为军事目标这一问题，专家们都认为取决于军事采购的规模、范围和重要性，他们无法就确切的门槛达成任何决定性结论。

12. 如果军事用途中断，因为用途而被认定为军事目标的民用物体可以恢复民用状态。一旦恢复，它们就可以重获免于攻击的保护。然而，如果这种中断只是临时性的，并且该民用物体在未来将用于军事目的，则根据"目的"这一标准其仍然是军事目标。必须谨慎的是，仅仅是民用物体曾经用于军事目的这一事实，不足以证明它将来仍会被如此使用。

13. "目的"这一标准指物体未来的预期用途，也即当前并没有把该物体用于军事目的，但预期将来会如此使用。① 一旦这种目的变得清晰，它就将获得军事目标的地位；袭击者无须等待它通过用途而转变为军事目标，只要它的目的具体到足够程度即可。例如，如果利用可靠情报得知冲突一方准备基于军事目的而采购特定计算机硬件或软件，这些产品立刻成为军事目标。同样的，冲突一方基于军事用途而占用通信卫星上的民用转发器的意图一旦为人所知，就将使得这些民用转发器成为军事目标。

14. 判断敌方的意图通常很困难。武装冲突法没有提供判断民用物体可能转为军事用途的标准，也没有说明用于判断的情报所必需的可靠程度。相反，法律只是一般性地要求攻击者按照理性的一方在相同或相似情况下的处理方式去行事。换言之，此处的法律问题是，一个理性的攻击者是否将断定，合理可用的情报已经足够可靠，可以推断民用物体

---

① ICRC ADDITIONAL PROTOCOLS 1987 COMMENTARY, para. 2022.

将转为军事用途。

15. 要认定一个军事目标，待确定的物体必须通过四个标准之任意一个"对军事行动有有效贡献"。这一限制性条款要求预期攻击对象对敌方军事行动的执行有贡献，或者直接支持敌方军事行为。[①] 例如，工厂如果生产军队使用的计算机硬件，便构成这种贡献。类似地，一个网站向敌方防线后方的抵抗势力传送编码信息，就是对军事行动有有效贡献，从而使支持此网站的网络基础设施成为军事目标。相反的是，网站仅仅在居民中鼓动爱国情绪，不构成此种贡献，因而作为民用物体应免受网络攻击。

16. 国际专家组多数观点认为，物体满足性质这一标准的，通常可成为袭击目标，并受武装冲突法中其他可适用规则的约束。对这些专家而言，具有军事性质的物体就内在地符合下列要求，即：军事目标是指对军事行动有有效贡献的物体，以及攻击它将收获明确的军事利益。在这种观点下，军用计算机网络必然有有效贡献，并且它的毁坏、损害或失去效用通常为攻击者提供明确的军事利益。

17. 少数专家认为，军事利益的定义将攻击限定于具有军事性质的物体，即攻击所导致的明确军事利益应该是能识别的。在网络攻击的例子中，这些专家认为尽管网络具有军事性质，在认定其为军事目标前仍需要判断它的毁坏、损害或失去效用是否会给攻击者带来军事利益。[②]

18. 可否将"维持战争"的经济物体认定为军事目标，是武装冲突法中的一个重要问题。《美国国防部战争法手册》就此给出了肯定的答案。该手册写到，"尽管'作战（war‑fighting）'、'战争支援'和'战争维持'并没有明确反映在军事目标的条约定义中，但是美国在解

---

① Hague Regulations，Art. 23（g）（禁止并非出于"迫切的战争需要"的毁坏）。

② 此观点基于《第一附加议定书》第52条第2款，它规定了一个两方面的判定标准：（1）物体"对军事行动有有效贡献"和（2）"在当时情况下"它的"全部或部分毁坏、缴获或失去效用提供明确的军事利益"。多数意见赞同这一规定，但认为军事目标在性质上通常符合第二条标准。

释军事目标定义时包含这些概念。"① 它还提供了例证，例如"与战争支援或战争维持产业……相关联的经济物体"。② 这一方法的支持者可能举这样的例子，如果敌国的战争活动依赖于石油销售收入，则以敌方石油出口工业为对象发起网络攻击是合法的。

19. 国际专家组的多数成员反对这一立场，认为战争维持活动和军事行动之间的联系太过疏远。这些专家将军事目标的概念限于那些用于作战的（用于战斗）或战争维持（对军事行动有有效贡献，例如生产军用硬件或软件的工厂）的物体，以及那些满足上述定义中军事目标的标准的物体。

20. "军事利益"指从攻击中获得的利益。评估这种利益时必须考虑整个攻击，而不是其孤立的或特殊的部分。③ 例如，实施以某军事目标为对象的网络攻击时，可远离发起主战行动的地点，以欺骗敌方，让其不知道即将发生的行动的实际地点。对于网络攻击自身来说，它的军事价值是可以忽略不计的，因为该行动计划发生在别处。然而，该策略的成功与否将决定整个行动是否成功。在这种情况下，预期从行动中获得的军事利益是一个整体，而该策略只是一部分。在考虑比例原则（规则 113）和在攻击前采取预防措施的要求（规则 114～120）时，这一点也至关重要。需要注意的是，"考虑整个攻击"这个概念指某特定行动或一系列相关行动，而不是整场战争。

21. "军事利益"排除了不具备军事性质的利益，特别是排除经济上、政治上或心理上的利益。因此，举例来说，以民用商业部门为对象的网络攻击，虽然在一般性地使敌国变弱这个意义上获得利益，但是通常并不带来直接影响当前或未来的军事行动这一意义上的军事利益。该部门将不能被认定为军事目标，因为其对军事行动没有有效贡献。

22. 作为军事目标，可能带来的军事利益必须是"明确的"。1987

---

① DoD MANUAL, para. 5. 7. 6. 2.

② DoD MANUAL, para. 5. 7. 8. *See also* AMW MANUAL, commentary accompanying Rule 24.

③ UK MANUAL, para. 5. 4. 4 (j); UK Additional Protocol Ratification Statement, para. (i); GERMAN MANUAL, para. 444; ICRC CUSTOMARY IHL STUDY, commentary accompanying Rule 14.

年《红十字国际委员会附加议定书评注》写道：发起仅提供潜在或不确定利益的攻击是非法的。那些命令或执行该攻击的人必须有充足的可用情报来考虑这项要求；在存疑时，必须考虑本议定书的目的，即平民居民的安全。[①]

23. "明确的"这一术语并不意味着任何特定数量的利益。当攻击者合理地推断指定目标"全部或部分毁坏、缴获或失去效用"将带来实际的军事利益时，网络攻击就是合法的。禁止仅预期会产生推测性（speculative）利益的网络攻击。[②]

24. 对利益的评估应在"当时情况下"进行。例如，当受损的军事系统正在修理时，民用空中交通控制系统被用于军事目的，那么可将其认定为军事目标，并对其实施网络攻击。然而，一旦军用系统得以修复且民用系统恢复了专属的民用用途，便不能再把该民用系统当作军事目标（除非有明显可靠的情报让攻击者能合理地推断出敌方未来会再次将其用于军事目的）。因为此时它既不符合四个标准的任意一个，对该民用系统的攻击也无法获得明确的军事利益。

25. 军事利益无须由军事目标本身的毁坏、损害造成。在这点上，提及缴获和失去效用尤为重要。以针对一个为敌方指挥与控制设施提供传送的服务器发起网络攻击为例，虽然指挥与控制设施没有遭受损害，但其失去效用使攻击者获得了明确的军事利益。

26. 网络行动为影响民众士气创造了机会，从拒绝服务行动到以网络促进的心理战都有可能。在判断能否认定受攻击的物体为军事目标时，无须考虑对民众士气的影响，因为民众士气的下降并不是本规则中的"军事利益"。当然，攻击作为军事目标的物体会对民众士气产生附带性的消极影响。这一事实不影响对军事目标的认定。需要注意的是，无论从比例原则（规则113）还是攻击中采取预防措施的要求（规则114～120）来看，都不能把民众士气的下降视为附带损害。

27. 在网络环境下评定一个指定目标是否是军事目标时，需谨记军

[①]　ICRC ADDITIONAL PROTOCOLS 1987 COMMENTARY, para. 2024.

[②]　UK MANUAL, para. 5.4.4（i）.

事人员可能基于与敌对行动无关（或者仅有非直接的联系）的原因而使用互联网或其他网络基础设施的情况。例如，在战场上的军事人员经常使用民用电话或电子邮件服务来与家人朋友保持联系、支付账目等等。对于此种使用是否使得民用网络基础设施因其用途而成为可被攻击的军事目标，国际专家组存在不同意见。

28. 多数专家所持立场是，不能认定这些服务所依赖的网络基础设施是军事目标，因为这些服务对敌方军事行动没有有效贡献，相应地，它们停止服务也不会让攻击者获得明确的军事利益。少数专家则认为，由于使用网络基础设施对敌军的士气有贡献，实施以它们为对象的攻击将提供军事利益。他们也提醒，此类结论不应太过广泛，否则任何一经损害会伤害敌方士气的物体都将被认定为军事目标。在这些专家看来，在这种特殊情况下，决定性因素是战场上军队的实际使用情况。另外，他们也强调，攻击者还必须考虑成比例性和攻击中采取预防措施的要求。所有专家一致赞成，如果民用电邮服务被用于传送在军事上有用的情报，用于传送的基础设施将成为军事目标。

29. 国际专家组还讨论了一个有关媒体报道的有趣情形。如果这种报道对敌方作战态势具有有效贡献，那么剥夺敌方对其的利用将提供明确的军事利益（规则139）。国际专家组一些成员认为，可将支持传送它们的网络基础设施认定为军事目标，尽管他们提醒，只有在本章规定的规则，特别是比例原则（规则113）和攻击中的预防措施（规则114～120）的约束下，才能攻击该基础设施。他们特别指出，攻击中的预防措施通常导致一种责任，即只能发起旨在阻止相关传播行为的网络行动。其他专家争辩道，网络基础设施与军事行动之间的联系太过疏远，因而不足以认定该基础设施是军事目标。所有国际专家组成员都赞同，这种评估有必要联系具体情况。

30. 攻击者对某物体是军事目标的评估是在事前进行，也即根据攻击者在决定攻击时能合理获取的事实。例如，如果网络攻击随后被证明由于敌方有效网络防御而未能成功，并且没有获得军事利益，则未取得成功并不会使该物体失去作为军事目标的特征。

规则 101　军民两用物体

兼具军用和民用目的的网络基础设施属于军事目标。

1. 本规则的宗旨和目的在于澄清"军民两用"物体这一问题，因为民用和军事用户常常分享计算机、计算机网络和其他网络基础设施。根据本规则，任何对军事行动有有效贡献的用途或将来预期用途，将使一个物体成为军事目标，只要在当时情况下对它的毁坏、缴获或失去效用可提供明确军事利益（规则 100）。作为一个法律问题，民用物体和军事目标的地位不能共存；一个物体要么是前者要么是后者。这一原则确认了所有两用物体和设施都是军事目标，没有其他限定条件。①

2. "网络基础设施"的定义见术语表。

3. 对部分用于民用目的的军事目标的攻击（规则 92），受到比例原则（规则 113）和在攻击中采取预防措施的要求（规则 114 ~ 120）的约束。因此，攻击者在判断攻击是否合法时，必须考虑对受保护的平民或民用物体，或对军事目标中能清晰区分的民用部分的预期伤害。以计划对包含军用服务器的服务器群发起的攻击为例，私人公司正将该服务器群中的许多服务器专门用于民用目的。计划中的攻击将针对设备的采暖、通风和空调系统，以引起设备过热进而损害其中的服务器。对民用服务器的预期损害，必须作为因素列入比例性估算，以及必须在评估可行的预防措施时予以考虑。

4. 在此问题上，网络行动带来了特殊的挑战。例如一个兼具民用和军用的网络，不可能知道其哪一部分网络将用于军事通信传送。在这种情况下，整个网络（或至少相当有可能用于军用通信传送的部分）符合军事目标的条件。军用车辆和民用车辆同时使用公路网的情形与此类似。尽管攻击者可能并不确切地知道敌方军队将使用哪条公路（或当另一条路阻塞时，会使用哪一条），只要该公路网中的某条道路相当

---

① DoD MANUAL, para. 5. 7. 1. 2；AMW MANUAL, commentary accompanying Rule 22（d）；ICRC CUSTOMARY IHL STUDY, commentary accompanying Rule 8（认为这种地位依赖于军事目标定义的适用）。

有可能被使用，这一公路网就是可被攻击的军事目标。没有理由对计算机网络加以区别对待。

5. 近来的冲突中基于军事目的使用社交媒体尤为突出。例如，脸书网被用于组织武装抵抗运动，推特网被用于传递有军事价值的信息。在这些情形下适用本规则时，有必要提及三个方面的注意。其一，必须谨记本规则不损害比例原则（规则113）和在攻击中采取预防措施的要求（规则114~120）。其二，以社交媒体网站为对象的网络行动的合法性部分取决于这些行动是否达到攻击的程度（规则92）。其三，它们的军事用途并不意味着诸如脸书网或推特网等可以成为攻击目标；只可攻击用于军事的部分。

6. 在理论上，严格运用军事目标的定义会导致这样的结论，即如果互联网被用于军事目的，那么整个互联网都会成为军事目标。然而，国际专家组一致认为，在当前让整个互联网成为可攻击对象看起来如此不可能，以至于目前仅限于纯粹在理论上讨论这种可能性。国际专家组赞同，从法律和实践角度说，事实上任何以互联网为对象的攻击都必须限于可分割的部分。就此而言，必须特别注意以对平民居民和民用物体最小伤害的方式实施行动的要求（规则114），以及对将多个军事目标视为单一目标的限制（规则112）。

7. 对互联网本身或其中的大部分的攻击，可能同样与比例原则（规则113）相抵触。互联网被频繁地用于民用应急响应、民防、灾难救援和执法活动。它还被用于医疗诊断、读取医疗记录、订购药品等。在判断以互联网为对象的预期攻击是否符合比例原则时，必须考虑服务中断后所导致的任何物体损害或毁坏、人员受伤或死亡。

8. 更为复杂的情形是，一个生成图像或位置数据的民用系统，在武装冲突期间对于军方也非常有用。例如，该系统能提供关于船舶（包括军舰）位置的精确即时信息。相类似的是，一个系统生成包括军事目标在内的高分辨率的陆基物体和位置图像。如果敌方使用这些图像，则根据用途或目的标准，该系统将成为军事目标。由于这种系统也服务于民用目的，根据攻击造成的后果，比例原则（规则113）和在攻击中采取预防措施的要求（规则 114～120）适用于对其的任何攻击。特别是，如果用不构成攻击（或避免造成附带损害）的网络手段，取代达到攻击程度且造成附带损害的行动来减弱、拒绝、扰乱或修改相关信号是可行的，那么按照规则 116 的要求，应通过网络手段来完成任务。如果预期采取的行动没有达到攻击的程度，那么就不存在武装冲突法上的问题。例如，修改船舶信息很明显是合法的，尽管对商船和中立国军舰要适用"适当顾及"这一要求。如果与该系统相关的基础设施位于中立领域，或具有中立特征且位于交战领域之外，则必须顾及规则 150～153 的限制。

9. 必须将军民两用物体的目标选择同是否可以基于军用目的的征用或使用民用物体这个问题区分开来。假设军队要求更多的网络带宽来实施军事行动，为了获得所需要的带宽，在本手册规则的约束下，冲突之一方可能在其本国或敌国领域内对民用（政府）系统的网络带宽进行限制，或阻止平民的网络访问。这一情形类似于为了专用于军事而控制公共道路。然而，冲突一方不能通过在中立国领土或涉及交战领土外的中立国平台上的行动（规则 150～151）来获取网络带宽。

规则 102　对物体地位的疑问

对通常用于民用目的的物体和相关网络基础设施是否对军事行动作出有效贡献的问题存疑的，只有经过审慎评估后才能作出其被这样利用的判断。

1. 本规则适用于国际性和非国际性武装冲突。[①]

2. "网络基础设施"的定义见术语表。

3. 规则 102 处理对物体（包括其所依赖的网络基础设施）因其用途而转变为军事目标存疑的问题。在条约法中，关于此种怀疑，规定在《第一附加议定书》第 52 条第 3 款（对成员国而言）。该条款规定：

---

① UK MANUAL, paras. 5. 24. 3, 5. 4. 2 (both as amended); CANADIAN MANUAL, para. 429; German MANUAL, para. 446; AMW MANUAL, Rule 12 (b); ICRC CUSTOMARY IHL STUD-Y, commentary accompanying Rule 10.

"对通常用于民用目的的物体……是否用于对军事行动作出有效贡献的问题有怀疑时,该物体应推定为未被这样利用。"如有怀疑,该条款设立了一个可驳回的推定,即推定通常专门用于民用的物体没有用于军用目的。也就是说,在法律上,这种怀疑以偏向民用地位的方式解决。《修订的地雷议定书》第 3 条第 8 款第 1 项也包含完全一样的措辞。

4. 本规则的范围仅限于认定军事目标的"用途"标准。进而言之,本规则仅适用于相关物体是否"对军事行动作出有效贡献"这一问题。[①] 它不影响某物体的毁坏、损害、缴获或失去效用是否提供明确的军事利益这一问题。本规则处理的唯一问题,是评定民用物体和相关网络基础设施是否被转为军用目的的标准。关于认定军事目标的其他问题,是通过适用应采取一切可行办法确认将予攻击的目标(规则 115)这一要求来解决。

5. 对于《第一附加议定书》第 52 条第 3 款是否反映习惯国际法,国际专家组无法达成共识。多数成员认为答案是肯定的。红十字国际委员会习惯人道法研究确认这个议题有待澄清;尽管如此,该研究似乎支持第 52 条第 3 款是习惯国际法这一立场,特别是提及《修订的地雷议定书》第 8 条第 3 款第 1 项对该条款的重申。[②] 其他专家否认存在视为民用的推定,并且争辩道,该条款不恰当地将关于物体确切用途的证明责任由防御者转移到了攻击者。[③] 那些反对该推定的习惯法地位的专家认为,这种推定只适用于对个人的地位有怀疑的情况(规则 95)。由于规则文本需要达成共识,这一争论导致本规则采纳了"只有经审慎评估后"这一措辞,取代了规则 95 中更具有限定性的用语"应视为"。

6. 本规则约束所有计划、批准或执行攻击的人。他们必须尽可能地核实将被攻击的目标既不是民用物体,也不受特殊保护(规则 115)。当存有怀疑时,参与行动的个人应请求提供额外的情报。[④]

---

① Additional Protocol I, Art. 52 (2).

② ICRC CUSTOMARY IHL STUDY, commentary accompanying Rule 10.

③ United States Department of Defense, CONDUCT OF THE PERSIAN GULF WAR: FINAL RE-PORT TO CONGRESS 616 (April 1992).

④ ICRC ADDITIONAL PROTOCOLS 1987 COMMENTARY, para. 2195.

7. 规则 102 适用于"通常用于民用目的"的物体和它们所依赖的任何网络基础设施。① 不完全列举有如下例子：民用互联网服务、民用社交媒体网站、民用住宅、商业、工厂、图书馆和教育设备。② "通常用于"这一术语表示，该物体没有定期地或实质性地用于军事目的。军方偶尔的或无关紧要的使用并不永久性地剥夺该物体的民用地位。

8. 如果某特定的指定目标通常用于民用目的，但攻击者怀疑其可能已经转变为军用，或至少有部分转为军用，那么只有在严格评估此情形之后才可攻击该目标。该评估必须足以确认有正当理由推断已经发生这种转变。要得出这一结论，攻击者必须考虑当时所有可用的信息。在确认该结论的合理性时，得出合理结论的一个重要标准是，信息明显的可靠性，包括信息来源或传感器的可信度、信息的及时性、欺骗的可能性以及误解数据的可能性。

9. 绝对地确定某物体已经完成此种转变是不必要的。在武装冲突中经常出现怀疑，任何绝对确定的要求都将与国家实践背道而驰。所要求的只是有足够可靠信息让理性的指挥官得出结论，敌方正在基于军事目的使用潜在目标，也即，对军事行动有有效贡献。换言之，尽管存有疑问，理性的攻击者在实施打击之前不会犹豫。③

10. 对怀疑的评估必须依据攻击当时攻击者合理地可得到的信息，而不是事后揭露的信息；这种分析是事前的。④ 攻击者采取了所有可行步骤来识别物体的用途，并且合理地推断敌方正在基于军事目的使用该

---

① Additional Protocol I, Art. 52 (3). *See also* AMW MANUAL, commentary accompanying Rule 12 (b).

② UK MANUAL, para. 5.4.2.

③ AMW MANUAL, commentary accompanying Rule 12 (b).

④ 《联合王国批注附加议定书的声明》第 3 段指出："军事指挥官和其他负责计划、决策或执行的人员必须评估当时来自所有情报源的对他们合理可用的情报，并根据评估作出决定。"相似的是，加拿大在关于批准《第一附加议定书》的谅解中声明："加拿大政府的理解是，对于第 48 条、第 51～60 条、第 62 条和第 67 条，军事指挥官和其他负责计划、决策或执行的人员必须评估来自所有情报源的合理可用的情报，并根据评估作出决定，而且不能根据后来曝光的情报来判断这一决定。"Canada Additional Protocol Ratification Statement, *reprinted* in DOCUMENTS ON THE LAWS OF WAR 502 (Adam Roberts and Richard Guelff eds., 3rd edn, 2000).

目标，就符合本规则的要求。结论的合理性必须基于攻击者可得到的信息收集能力，而不是基于其他部队或国家可能拥有的信息和情报能力来评估。当然，在某些情形下，攻击者可能缺乏手段来收集信息以合理地推断该物体；而缺乏此类手段不能使攻击变得正当。

11. 如前所述，一旦停止军用，因为用途而变成军事目标的民用物体将恢复民用地位。例如，在军方临时（甚至可能是片刻地）使用一个通常用于民用的信息系统时，必须特别注意任何恢复民用的可能性。例如，有人力情报源报告称，敌方领土上的某大学计算机系统正用于军事目的。一个网络行动计划小组负责评估该报告的准确性，但是不能确定该系统当前正用于军事用途。在这种情况下，不能攻击它；只允许采取非攻击措施。在这一点上必须谨慎。如果曾转变为军事目标的网络基础设施恢复为单纯的民用，但是在将来会被用于军事目的，它将根据目的标准而被认定为军事目标（规则100）。

12. 防御者必须通过特殊标志或提前通知攻击者来帮助攻击者决定"专用于宗教、艺术、科学和慈善事业的物体，历史纪念物，医院和病者、伤者的集中场所"的地位。①

第五节　作战手段与方法

1. 现行武装冲突法条约并没有明确提及网络行动。然而，在核武器咨询意见中，国际法院确认"已确立的人道法原则与规则……适用于任何形式的战争，以及过去、现在与将来的任何样式的武器"②。国际专家组接受了同样的思路，总结起来就是，判断武器合法性的一般规则同样适用于判断网络作战手段与方法的合法性。

2. 本节规定的规则，适用于一国生产或获取的供本国武装部队使用的相关作战方法与手段。同时，它们适用于一国取得控制的任何作战手段。一国通过网络手段取得对敌方武器的控制，也应遵守适用于该武

---

① Hague Regulations, Art. 27.

② *Nuclear Weapons* advisory opinion, para. 86.

器的武装冲突法。以装备有集束弹药的无人空战系统的情形为例，如果利用网络行动取得该系统控制权的国家是《集束弹药公约》的缔约国①，那么公约将禁止其使用无人空战系统投掷集束弹药。取得控制这一概念意味着，该缔约国使用网络手段对该系统实施了有效控制，就如同是它本国的一样。必须将这种情形与通过网络手段袭击、使之失效或以其他方式干扰敌方系统（例如控制敌方的无人空战系统，从而使之坠毁）的情形区别开来。

规则 103 作战手段和方法的定义

在本手册中：

（1）"网络战手段"是指网络武器及其相关网络系统；

（2）"网络战方法"是指实施敌对行动的网络战术、技术和程序。

1. 作战"手段"与"方法"的措辞是武装冲突法上的法律术语。它们不能与本手册中使用的范围更广的非法律术语"网络行动"相混淆。网络行动仅仅意味着特定的网络活动。本规则阐释的定义同时适用于国际性与非国际性武装冲突。

2. 本手册中，网络武器是指通过使用、设计或意图使用以导致对人员的伤害或死亡，或对物体的损害或毁坏的网络战手段，也即，导致可以将网络行动认定为攻击（规则 92）后果的网络战手段。② 网络战手段这一术语包括网络武器和网络武器系统。一件武器通常被理解为系统中用于导致对物体的损害或毁坏或对人员的伤害或死亡的那一部分。因此，网络战手段包括所有用于，或设计用于，或意图用于实施网络攻击（规则 92）的网络设备、物资、仪器、机械装置、装备或软件。

---

① Convention on Cluster Munitions, 3 December 2008, 48 ILM 357 (2009).

② *See* AMW MANUAL, commentary accompanying Rule 1（t）. *See also* International Committee of the Red Cross, *A Guide to the Legal Review of New Weapons, Means, and Methods of Warfare*: *Measures to Implement Article 36 of Additional Protocol I of 1977*, 88 INTERNATIONAL REVIEW OF THE RED CROSS, 931, 937 n. 17 (2006)（其中提及美国国防部工作组提出的一个关于武器的建议性定义："意图造成对人员或财产的伤害、毁坏、摧毁或失能等影响的所有兵器、弹药、物资、器械、机械装置或设备"）。

3. 可认定为作战手段的计算机系统，必须同发挥连接作用的网络基础设施（连接该系统及其攻击的目标，例如互联网）相区分。该网络基础设施不是作战手段，因为物体若要构成作战手段，其必须为攻击方所控制。

4. "作战方法"这一术语涉及如何组织发动网络行动，不同于用于实施网络行动的工具。[①] 例如，如果在行动中使用"僵尸网络"来实施毁坏性的分布式拒绝服务攻击，"僵尸网络"是网络战手段，而分布式拒绝服务攻击则是网络战方法。

5. "实施敌对行动的网络战术、技术和程序"[②] 不涵盖友军间的通信等网络活动。另一方面，除了那些可达到"攻击"（规则92）的行动外，它可能表示更多。例如，计划用来干扰敌方通信能力的特定类型网络行动，可能不被认定为攻击（就该术语在本手册中的使用而言），但它构成作战方法。

规则 104　过分伤害或不必要痛苦

禁止使用属于引起过分伤害和不必要痛苦的性质的网络战手段或方法。

1. 本规则是基于《海牙章程》第 23 条第 5 款和《第一附加议定书》第 35 条第 2 款。[③] 它反映了习惯国际法，同时适用于国际性与非国际性武装冲突。[④]

2. 本规则仅适用于对战斗员、有组织武装团体成员和直接参加敌对行动的平民造成的伤害或痛苦。其他人员首先应免受攻击，在攻击中对他们造成的任何伤害应受比例原则（规则113）和在攻击中采取预防措施的要求（规则114～120）的约束。换言之，过分伤害和不必要痛

---

① *See* AMW MANUAL, Rule 1 (v) and accompanying commentary.

② 关于战术、技术和程序的含义，可参见：US DEPARTMENT OF THE ARMY, FIELD MANUAL 3.0 (change 1), OPERATIONS, paras. D – 5 to D – 6 (27 February 2008)。

③ 这些概念最初源自1868 年《圣彼得堡宣言》的序言。*See also* Rome Statute, Art. 8 (2) (b) (xx); Conventional Weapons Convention, pmbl; Convention on the Prohibition on the Use, Stockpiling, Production and Transfer of Anti – Personnel Mines and on their Destruction, pmbl. , 3 December 1997, 2056 UNTS 211.

④ *See* DoD MANUAL, para. 19.6; UK MANUAL, para. 6.1; CANADIAN MANUAL, paras. 502, 506, 508; GERMAN MANUAL, paras. 401, 402; AMW MANUAL, Rule 5 (b); NIAC MANUAL, paras. 1.2.3, 2.2.1.3; ICRC CUSTOMARY IHL STUDY, Rule 70.

苦不能等同于对平民的附带伤害这一概念。

3. "过分伤害和不必要痛苦"这一术语指的是这一情形，即某武器或某武器的特定使用除增加痛苦外，无法为攻击者提供进一步的军事利益。[1] 正如国际法院所指出的，武器不能"造成超过达成合法军事目标所不可避免的伤害"。[2]

4. "性质"这个词表明，网络战手段或方法如果必然导致不必要痛苦或过分伤害，则违反了本规则，无论其是否有意这么做。如果网络战手段或方法的目的是毫无必要地增加伤害或痛苦，那么它也将违反该禁止性规定。[3]

5. 当评估是否符合本规则时，只需考虑网络战手段或方法的正常使用情况，目的是评判它本身的合法性。评估只参考网络战方法或手段在正常环境下，且针对预期目标所设想的使用。本规则也禁止原本合法，但经过更改加剧痛苦或伤害的作战手段。

6. 网络战手段和方法极少违反本规则。然而可想象的是，在理论上合法的作战手段或方法可能带来与追求军事利益不相关的痛苦。例如，一个敌方战斗员体内安装了互联网上可寻址的且内置有除纤颤器的心脏起搏器，控制该起搏器以杀死该战斗员或者使其失去战斗力，将是合法的。然而，为了自身利益而故意引起额外的疼痛和痛苦，也即无关于或明显地超出行动的合法军事意图，则以这种方式实施军事行动将是非法的。[4] 此类非法行动的例子包括使该目标的心脏停止跳动，然后在

---

① 尽管使用"不必要痛苦"（unnecessary suffering）和"过分伤害"（superfluous injury）这两个术语有历史意义，本手册中国际专家组将他们视为单一概念。这样做将与1899年和1907年《海牙章程》中最初真实的法语文本"多余的痛苦（maux superflus）"相一致。*See* AMW MANUAL, commentary accompanying Rule 5（b）; ICRC ADDITIONAL PROTOCOLS 1987 COMMENTARY, para. 1426. 同时使用两个术语强调了该概念包括物理的和严重的精神伤害。

② *Nuclear Weapons* advisory opinion, para. 78.

③ 国际专家组与《空战和导弹战手册》起草者采取了完全相同的立场。AMW MANUAL, commentary accompanying Rule 5（b）.

④ 这种实施包括残忍、不人道或有辱人格的待遇，特定环境下还包括酷刑。酷刑的定义，可参见：Convention against Torture and Other Forms of Cruel, Inhuman or Degrading Treatment or Punishment, Art. 1, 10 December 1984, 1465 UNTS 85; 关于残忍、不人道或有辱人格的待遇，可参见：*Delalić* judgment, para. 543。

最终杀死目标前多次使之复苏。这样做将引起痛苦，却无益于军事意图。

规则 105　不分皂白的作战手段或方法

禁止使用属于不分皂白性质的网络战手段或方法。属于不分皂白性质的网络战手段或方法是指：

（1）不能针对特定的军事目标，或

（2）不能按照武装冲突法的要求限制其后果，并因此属于无区别地打击军事目标和平民或民用物体的性质。

1. 规则 105 是基于《第一附加议定书》第 51 条第 4 款第 2 项和第 3 项，且反映了国际性和非国际性武装冲突中的习惯国际法。① 它源于习惯法上的区分原则，后者被编纂于《第一附加议定书》第 48 条，并且规定在规则 93。

2. 本规则仅关注网络战手段或方法本身的合法性，这不同于其在特定环境（关于不分皂白地使用武器，见规则 111）下使用的合法性。换言之，本规则关注的问题是网络武器是否具备固有的不分皂白性质。

3. 本规则第 1 款禁止使用任何不能针对特定军事目标的作战手段或方法。本规则不禁止非精确的作战手段或方法。相反，这一禁止性规定仅包括本质上是"盲目射击"的手段或方法。需要重申的是，第 1 款所规定的不分皂白的网络作战手段或方法，是指它无法以合理的确定性预知是否能打击特定军事目标（而非受武装冲突法保护的计算机或计算机系统）。由于科技发展和更高精度系统的更广泛运用，武器的精确度得到了提高，进而对武器无法瞄准特定军事目标的理解，也随着时

---

① DoD MANUAL, para. 6.7; UK MANUAL, para. 6.4; CANADIAN MANUAL, para. 509; GERMAN MANUAL, paras. 401, 454 – 456; AMW MANUAL, Rule 5 (a); NIAC MANU-AL, para. 2.2.1.1; ICRC CUSTOMARY IHL STUDY, Rules 12, 71. *See also* Rome Statute, Art. 8 (2) (b) (xx); Amended Mines Protocol, Art. 3 (8) (b)（禁止"不可能对准特定军事目标"的诱杀装置）。

间推演有了更高要求。①

4. 本规则第 2 款处理能够按照本规则第 1 款针对特定目标，但基于其性质在任何环境下都无法限制其后果的网络手段或方法。② 第 2 款的关键在于禁止此类武器，即基于其性质将产生不能控制的后果，且其后果将不可控地散布到民用和其他受保护网络基础设施，进而达到损害下限。特别是，第 2 款还包括会引发一连串不可控事件的网络武器。③ 例如，假设一国利用的恶意软件能将特定军用计算机网络作为目标，然而一旦被植入该网络，该软件将不可避免地感染民用网络，并以攻击者不可控的方式对其产生损害。此种恶意软件将违反本规则第 2 款。在特定环境下能限制其后果的作战手段或方法则不违反第 2 款。

5. 这里所指的通过网络手段或方法造成的不可控地扩散其危害后果，必须达到附带损害的伤害水平（规则 113）。特别是，在基于第 2 款评估网络战手段或方法的合法性时，不考虑无害的或仅造成不方便或骚扰性后果的不可控扩散。例如，使用类似于"震网"病毒的恶意软件广泛地感染民用系统，但仅仅损害了敌方特定的技术设备，该恶意软件就不违反第 2 款。

6. 在特定攻击中，使用作战手段时因为不可预见的系统故障或重新配置而产生不分皂白的效果将不违反本规则。当然，该武器只有在适当且彻底地经法律审查（规则 110）为合法后才能用于作战。

7. 国际专家组努力地鉴别违反本规则的网络战手段和方法。例如，尽管某网络战手段可能无法将一个目标从其他目标中区分出来，但是将其用于封闭的军用网络是合法的。在这种情形下，袭击到受保护系统或对此类系统有不可控影响的风险很小。虽然如此，鉴于本领域的技术发展迅速，国际专家组认为本规则的结论是有用的。

---

① AMW MANUAL, commentary accompanying Rule 5（a）.

② ICRC ADDITIONAL PROTOCOLS 1987 COMMENTARY, para. 1963.

③ AMW MANUAL, commentary accompanying Rule 5（a）.

规则 106 网络诱杀装置

禁止使用与武装冲突法规定的特定物体相联结的网络诱杀装置。

1. 本规则源于《地雷议定书》和《修正的地雷议定书》。它反映了国际性和非国际性武装冲突中的习惯国际法。[①] 这两个议定书都将诱杀装置定义为"其设计、制造或改装旨在致死或致伤，而且在有人扰动或趋近一个外表无害的物体或进行一项看似安全的行动时，出乎意料地发生作用的装置或材料"[②]。定义性因素明显地限制了该禁止性规定的范围。

2. 是否可以将网络诱杀装置认定为装置，国际专家组认为这一问题很难回答。专家们认为，在网络环境下解释该术语的合适方式是关注其实体功能。换言之，在作为诱杀装置的物理对象和实现相同目标的网络手段之间，没有理由作法律上的区分。另一种替代性的观点是，基于本规则的目的，只有有形的设备才能构成装置。

3. 其他一些定义性因素会影响本规则的适用。首先，必须有意地将网络诱杀装置设计成能意外地启动。以无法预见的方式不经意地或偶然地运行的代码不是法律意义上的诱杀装置，因为它们并非设计如此运行。其次，要认定为网络诱杀装置，代码或恶意软件必须是"其设计、制造或改装旨在致死或致伤"。[③] 在网络环境下，网络战手段的行动必须是最终地且有意地导致此种后果。只伤害物体的网络武器不在定义的范围内。第三，要认定为网络诱杀装置，网络武器对合理的观察者或必须执行看似安全的行动的观察者而言，看起来是无害的。也就是说，安装网络诱杀装置的人必须

---

① DoD MANUAL, para. 6.12.4.8; UK MANUAL, para. 6.7; CANADIAN MANUAL, para. 522; GERMAN MANUAL, para. 415; NIAC MANUAL, para. 2.2.3.1; ICRC CUSTOMARY IHL STUDY, Rule 80. 注意，《修订的第二议定书》适用于成员国的非国际性武装冲突。Amended Mines Protocol, Art. 1 (2). 还需要注意的是，对于已经批准扩大适用范围的成员国，《常规武器公约》也适用于非国际性武装冲突。Conventional Weapons Convention, Art. 1 (2), as amended 21 December 2001, 2260 UNTS 82.

② Amended Mines Protocol, Art. 2 (4); Mines Protocol, Art. 2 (2).

③ Amended Mines Protocol, Art. 2 (4); Mines Protocol, Art. 2 (2).

有意让将引发装置的行动看起来是无害的。① 最后，网络武器必须以某种方式与某特定物体相联结。② 有些物体在网络环境下有特别相关性，这包括与下列几个方面相关联的物体：医疗功能；对儿童的照顾或教育；宗教功能；文化历史或精神上的功能。

4. 为了阐明本规则，可以考虑这样的例子：水处理厂的雇员收到声称来自其内科医生的电子邮件，其中包含恶意软件，如"嵌入式死亡开关"。一旦被打开，该恶意软件会导致服务于军民两用的水处理厂的净化过程暂停，进而允许未经处理的水进入士兵们所依赖的供水系统，有意造成疾病。该恶意软件是非法的网络诱杀装置，因为接受者有理由相信打开医生电子邮件的行为对他本人和其他人是安全的，而且它看起来与医疗行为有关系。这无关于该行动是否符合比例原则（规则113）。

5. 《地雷议定书》和《修正的地雷议定书》的规定确认，执行本规则不影响武装冲突法的其他方面。因此，未违反本规则条文的网络诱杀装置，仍可能违反禁止背信弃义的规则（规则122）或武装冲突法的其他规则。此外，需要提及的是，《地雷议定书》和《修正的地雷议定书》对使用诱杀装置施加了特别的要求，包括关于预防措施和移除的规定。③

规则 107　饥饿

禁止将使平民陷于饥饿作为网络战方法。

1. 本规则是基于《第一附加议定书》第 54 条第 1 款和《第二附加议

---

① 例如与门相配合的装置，《英国手册》第 6.7.1 段曾提及该例子。

② Amended Mines Protocol, Art. 7; Mines Protocol, Art. 6 (1). 该禁止性规定适用于"任何伪装成表面无害的轻便物体，但具有特殊设计和构造，能装入爆炸物并在受到扰动或趋近时引爆的饵雷"和与其相连的：（1）国际上承认的保护性徽章、标记或信号；（2）伤者、病者或死者；（3）墓地或火葬场；（4）医务设施、医疗设备、医药用品或医务运输；（5）儿童玩具或其他为儿童饮食、健康、卫生、衣着或教育而特制的轻便物件或产品；（6）食品或饮料；（7）炊事用具或器具，但军事设施、军事阵地或军事补给站的此种用具除外；（8）明显属于宗教性质的物体；（9）构成民族文化或精神遗产的历史古迹、艺术品或礼拜场所；（10）动物及其尸体。Mines Protocol, Art. 6 (1).

③ Amended Mines Protocol, Arts. 9, 10; Mines Protocol, Art. 7.

定书》第 14 条。它反映了国际性和非国际性武装冲突中的习惯国际法。①

2. 本手册中,"饥饿"这一术语意味着故意剥夺平民居民的营养食物(包括水),意图使他们变得虚弱或死亡。②该平民居民不需要包括敌方的全部人口。

3. "作为网络战方法"这一条件,从本规则中排除了由于武装冲突而附带发生的平民居民的饥饿。饥饿必须作为一种由冲突一方针对平民居民故意使用的战术,才违反本规则。

4. 网络行动只有在例外情形下才会违反本规则。然而,如果冲突一方寻求通过饥饿来消灭敌方平民居民,这种饥饿可能在武装冲突中出现。例如,一方专门为干扰向平民居民中心运输食物而发起网络行动,并以食物加工和存储设施为目标,引起民用食物库存变质。正是行动意图引起的平民挨饿,使得这些行动是被禁止的使人口陷入饥饿(亦见关于保护平民居民生存所不可缺少的物体的规则 141)。拒绝给予敌方武装力量或敌方有组织武装团体食物,不违反本规则,即便附带性的效果影响了平民。③此种附带性的饥饿影响将按照关于比例原则(规则 113)和预防措施(规则 114~120)的规则进行评估。

规则 108　交战报复

禁止通过网络行动对下列对象实施交战报复:

(1)战俘;

(2)被拘禁的平民,在被占领领土或在冲突敌方权力下的平民及其财产;

(3)失去战斗力的人;以及

---

① UK MANUAL, paras. 5.27, 15.19; CANADIAN MANUAL, paras. 618, 708, 1721; AMW MANUAL, Rule 97(a); NIAC MANUAL, para. 2.3.10; ICRC CUSTOMARY IHL STUDY, Rule 53. See also Rome Statute, Art. 8(2)(b)(xxv).

② ICRC ADDITIONAL PROTOCOLS 1987 COMMENTARY, para. 2089.《空战和导弹战手册》关于规则 97 第 1 款的评注提及了"通过故意剥夺平民居民的食物、饮用水或其他关键性补给品的来源,从而使他们遭受饥饿或影响他们的生存,以消灭平民居民或使之变弱"。

③ UK MANUAL, para. 5.27.1; AMW MANUAL, commentary accompanying Rule 97(a).

（4）医务和宗教人员、设备、运输工具和器材。

在国际法不禁止的情况下，交战报复要遵守严格的条件。

1. 本规则是基于日内瓦公约中关于交战报复的多项禁止性规定，下文将讨论相关规定。交战报复的概念仅限于国际性武装冲突。①

2. 在本手册中，交战报复是若非用于应对敌方对武装冲突法的违反则可能违反武装冲突法的网络行动。网络报复仅在为了引导或强迫敌方遵守法律的情况下才能实施。它们的唯一激励性目的是争取敌方未来遵守法律，这不同于报仇、惩罚和反击。②

3. 在本手册中，交战报复不同于网络反措施（规则20）。与反措施不同，交战报复只在武装冲突期间出现，仅是为了应对对武装冲突法的违反，且允许使用武装力量。

4. 某些形式的交战报复的合法性还缺乏国际共识。尽管如此，国际专家组同意，禁止使用网络手段针对下列对象进行报复是毋庸置疑的：伤者、病者、遇船难者；医务人员、医疗单位、医疗机构或医务运输；牧师③；战俘④；被拘禁的平民与在冲突敌方权力下的受《日内瓦第四公约》保护的平民及其财产⑤。近乎普遍地签署《日内瓦公约》以及随后相一致的国家实践确认，这些禁止性规定现在已被接受为习惯国际法，约束所有国家。

5. 关于对本规则列举的人员和物体之外的对象进行交战报复，红十字国际委员会习惯国际人道法研究归纳认为，要做到合法，报复：

---

① *See* ICRC CUSTOMARY IHL STUDY, Rule 148；ICRC GENEVA CONVENTION I 2016 COMMENTARY, paras. 904 – 905.

② *Naulilaa* arbitral award, at 1025；DoD MANUAL, para. 18.18.1；ICRC GENEVA CONVENTION I 2016 COMMENTARY, para. 2731；Frits Kalshoven, BELLIGERENT REPRISALS 33 (2nd edn, 2005).

③ Geneva Convention I, Art. 46；Geneva Convention II, Art. 47. *See also* DoD MANUAL, para. 7.2.3；UK MANUAL, para. 16.18.a；GERMAN MANUAL, paras. 476 – 479.

④ Geneva Convention III, Art. 13. *See also* DoD MANUAL, para. 9.5.4；UK MANUAL, para. 16.18.b；CANADIAN MANUAL, para. 1019；GERMAN MANUAL, para. 479.

⑤ Mines Protocol, Art. 3（禁止将针对平民居民使用诱杀装置作为报复手段）；Geneva Convention IV, Art. 33. *See also* DoD MANUAL, para. 10.5.4；UK MANUAL, para. 16.18.c；CANADIAN MANUAL, para. 1121；GERMAN MANUAL, para. 479；ICRC CUSTOMARY IHL STUDY, Rule 146.

（1）只能针对发生在先的严重违反武装冲突法的行为而采取，并且只能以促使对方遵守该法为目的；（2）只有无法利用其他的合法方法来促使对方尊重既有法律的情况下，才可以作为最后的措施被使用；（3）必须与原来的违法行为成比例；（4）必须经过政府最高层的批准；（5）一旦敌方遵守了该法就必须尽快终止。[①] 国家普遍接受这些条件。[②]

6. 并不要求以与对方违反行为相同类型的方法实施报复。可以使用网络行动实施交战报复来应对以动能方式对武装冲突法的违反，反之亦然。

7. 假如一国武装部队正轰炸另一国的军用医疗设施，后者并非《第一附加议定书》的缔约国。[③] 作为屡次要求前者停止未果的回应，后者总理批准对仅向平民居民提供电力的发电设施进行网络攻击。该网络攻击仅仅意在迫使前者不再继续攻击医疗设施，且总理发布了严格的命令，要求一旦前者停止，则立即停止报复行动。后者的交战报复将符合本规则（然而同样的结果并不适用于《第一附加议定书》的缔约国，因为《第一附加议定书》第 52 条第 1 款禁止针对民用物体的报复）。相反，决定针对前者的军用医疗设施实施网络攻击将是一项受到禁止的非法报复，因为如前提及的，医疗设施应免受报复攻击。

8. 国际专家组的一些成员认为，禁止针对文化财产的报复是一项习惯国际法。[④] 其他成员不确信此项禁止性规定已经形成为一条习惯国际法规则，但承认 1954 年《海牙文化财产公约》的缔约国将受到该条约第 4 条第 4 款的约束而禁止实施此类行为。

---

① ICRC CUSTOMARY IHL STUDY, Rule 145 and accompanying commentary. 必须注意的是，该研究建议，难以"仅仅因为有限数量的国家实践而声称诉诸这种报复行为的权利依然存在，而且部分国家实践是模糊的。因此，至少出现了支持禁止此类报复的趋势"。*Id.*, commentary accompanying Rule 146. 不允许进行预先报复，也不得用它们来回应对其他类型法律的违反。在采取交战报复前预先要求停止非法行动和公开报复目的的义务，被普遍视为报复前采取最后措施的附属条件，或作为单独的条件。

② *See generally* DoD MANUAL, para. 18. 18. 2. 3；UK MANUAL, paras. 16. 19. 1, 16. 19. 2；CA-NADIAN MANUAL, para. 1507；GERMAN MANUAL, para. 478.

③ 也就是说，并不受《第一附加议定书》第 52 条第 1 款（禁止针对平民财产的报复）的约束。

④ ICRC CUSTOMARY LAW STUDY, Rule 147.

规则 109 《第一附加议定书》中的报复

《第一附加议定书》禁止缔约国将平民居民、平民个人、民用物体、文物和礼拜场所、平民居民生存所不可缺少的物体、自然环境、堤坝、核电站作为实施网络攻击报复的对象。

1. 本规则是基于《第一附加议定书》第 20 条、第 51 条第 6 款、第 52 条第 1 款、第 53 条第 3 款、第 54 条第 4 款、第 55 条第 2 款和第 56 条第 4 款,适用于国际性武装冲突。[①] 一旦批准了《第一附加议定书》,这些国家就认可了禁止针对平民的报复。关于这个问题,值得注意的是英国[②]和法国[③]。因此适用本规则时,国家必须决定本国对《第一附加议定书》第 51 条第 6 款的立场,以及《第一附加议定书》是否适用于当前的武装冲突。[④]

2. 前南国际刑事法庭认为,针对平民的报复违反了习惯国际法。[⑤] 然而,评论者和国家对法庭这一关于习惯法地位的主张提出了质疑。[⑥] 此外,在红十字国际委员会习惯国际人道法研究中,红十字国际委员会得出的结论是:因为存在相反的国家实践,禁止针对平民的报复攻击的习惯法规则尚未形成。[⑦] 本规则的适用限于是《第一附加议定书》的缔

---

① *See also* Amended Mines Protocol, Art. 3 (7); Mines Protocol, Art. 3 (2).

② 英国的声明指出:"接受第 51 条和第 55 条的义务是基于如下基础,即英国可能交战的对方将谨慎地注意这些义务。如果对方违反第 51 条(针对平民居民或平民)或第 53 条、第 54 条(针对民用物体),对受这些条款保护的物体或项目发动严重的蓄意攻击,则英国将认为自身有权在为了迫使对方停止违反此类条款这一单一目的所必要的范围内采取被这些条款所禁止的措施,但只会在向对方提出的要求停止此类违反的正式警告被忽视,且在之后最高级别政府作出决定后实施。" UK Additional Protocol Ratification Statement, para. (m).

③ 在批准《第一附加议定书》时,法国没有对第 51 条第 6 款提出保留。然而,它作了一个关于第 51 条第 8 款的声明,看似意图保留针对平民实施报复的可能性。French Additional Protocol Ratification Statement, para. 11, www. icrc. org/ihl. nsf/NORM/D8041036B40EBC44C1256A34004897B2?OpenDocument.

④ 英国的立场反映在《英国手册》第 16.1.1、16.19.2 段中。

⑤ *Prosecutor v. Kupreškić*, Case No. IT - 95 - 16 - T, Trial Chamber judgment, paras. 527 - 533 (Int'l Crim. Trib. for the Former Yugoslavia 14 January 2000).

⑥ *See* DoD MANUAL, para. 18.18.3.4; DINSTEIN, CONDUCT OF HOSTILITIES, at 294 - 295.

⑦ ICRC CUSTOMARY IHL STUDY, commentary accompanying Rule 146.

约国且没有提出保留的国家。

3. 交战报复的概念不存在于非国际性武装冲突中。因此，禁止针对已受保护人员和物体实施攻击的规则是多余的。

规则 110 武器的审查

（1）各国要保证其获得或使用的网络战手段符合对本国有约束力的武装冲突法规则。

（2）第一附加议定书缔约国在研究、发展、取得或采用新的网络战手段或方法时，应判断在某些或所有情况下，该手段或方法的使用是否为该议定书或适用于该缔约国的任何其他国际法规则所禁止。

1. 网络战"手段"与"方法"等术语定义在规则 103。

2. 本规则第 1 款源于遵守武装冲突法的一般性义务，反映在 1907 年《海牙章程》第 1 条和日内瓦公约的共同第一条。国际专家组赞同，在作战情形下，这一限制义务已通过国家实践发展成熟，成为习惯国际法。[①] 本规则第 2 款是基于《第一附加议定书》第 36 条。国际专家组对它是否反映了习惯国际法意见存在分歧，因此在本手册中它作为一项义务仅适用于《第一附加议定书》的缔约国，且仅适用于国际性武装冲突。

3. 本规则涵盖一国获取或使用的任何网络武器，尤其包括专门为国家采购而设计的网络武器，武装部队为利用漏洞而发展的网络武器，以及最初并非为军事目的开发而后续被国家获取且用于武装冲突的恶意软件。

4. 关于本规则第 1 款，在采用某种作战手段之前，是否有进行正式法律审查的作为义务，国际专家组对此存有分歧。多数专家所持立场是，一旦一国采取步骤来确保他们的作战手段与武装冲突法相一致，这项义务就得到了遵守。例如，这些专家认为相应指挥级别的法律顾问的建议，就足以代替正式的法律审查。

---

① DoD MANUAL, para. 16.6; UK MANUAL, paras. 6.20 – 6.20.1; CANADIAN MANUAL, para. 530; GERMAN MANUAL, para. 405; AMW MANUAL, Rule 9. *See also* US AIR FORCE, LEGAL REVIEW of WEAPONS and CYBER CAPABILITIES, AIR FORCE INSTRUCTION 51 –402（27 July 2011）.

5. 本规则第 1 款只要求国家采取必要步骤确保他们获得或使用的网络战手段符合武装冲突法。对于该义务是否延伸至作战方法，国际专家组存在不同意见。一些专家认为答案是肯定的，然而其他专家认为，尽管作战方法必须普遍性地符合武装冲突法，但是没有采取特定步骤进行正式法律审查以确保遵守的作为义务。

6. 本规则第 2 款阐释的义务更宽泛，涵盖研究、发展、取得或采用新的网络战手段和方法。进一步而言，该段要求审查该手段或方法的使用是否符合一般国际法，而不仅是武装冲突法。例如，此种审查必然包括依据可适用的军控制度的评估。

7.《第一附加议定书》第 36 条没有为本规则第 2 款中的审查规定特定方法，一国也没有义务披露此种审查。①

8. 对于本规则第 1 款和第 2 款而言，某网络战手段或方法的供应国已经审查过的事实，并不解除取得国依据自身国际法义务来考虑该手段的义务。要履行该义务，取得国可以考虑供应国实施的法律评估，但是它仍然有义务使自身遵守对其本国有约束力的法律规则。任何国家关于使用某武器是受禁止的或允许的决定，不约束其他国家。②

9. 对网络战手段或方法合法性的判定，必须考虑评估时的预期正常用途。③ 如果正在开发的网络战手段或方法直接用于作战，那么向计划此种使用的指挥官提供咨询的律师有责任建议，该网络武器或其预期的使用方法是否符合该国的国际法义务。对手段或方法的显著改变都使新的法律审查成为必要。但一国无须预见或分析武器可能的误用，因为几乎任何武器都可能以某种受禁止的方式误用。

10. 以使敌方陆基雷达系统降低性能的网络能力为例，能减弱雷达信号的软件就是此种武器，需要对其进行法律审查，对其的任何显著改变也应进行法律审查。不影响其作战效果的轻微改变，例如通过测试或故障排除以清除不需要的功能，将不会引发后续审查的要求。

---

① *See* ICRC ADDITIONAL PROTOCOLS 1987 COMMENTARY, para. 1470（讨论披露）。

② ICRC ADDITIONAL PROTOCOLS 1987 COMMENTARY, para. 1469.

③ ICRC ADDITIONAL PROTOCOLS 1987 COMMENTARY, para. 1466.

11. 对网络战手段或方法的法律审查应考虑是否：（1）在它正常的或预期的使用环境下，具有引发过分伤害或不必要痛苦的性质（规则104）；（2）具有不分皂白的性质（规则105）；（3）使用它意图或预期违反与当前环境相关的、约束该国的武装冲突法规则①；以及（4）存在直接针对它的特别的条约或习惯国际法规则。

12. 为法律审查提供支撑的信息包括网络手段或方法的技术说明，意图攻击的目标类型的性质，对目标的预期效果，如何能达成这种效果，将目标系统从与之相连的任何民用系统中区分出来的精确度和能力以及预期效果的范围。这些信息可以来自测试结果、关于以往作战使用的报告、计算机模拟、作战分析、操作文档中的概念，以及与其使用相关的一般信息。

13. 专家们承认，积累足够且可靠的信息来支撑法律审查，存在明显的困难。例如，很难预先设想某款新式武器将预期使用的环境。这将妨碍预先测试、计算机模拟等活动。尽管如此，他们赞同，这种困难并不解除国家审查新式网络武器合法性的义务。

第六节　攻击行为

规则 111　不分皂白的攻击

禁止不针对合法目标，从而在性质上属于不加区分地打击合法目标和平民或民用物体的网络攻击。

1. 本规则是基于《第一附加议定书》第51条第4款第1～3项，属于习惯国际法②，适用于国际性与非国际性武装冲突。③

---

① 这些规则存在于《关于禁止军事或其他敌对性使用改变环境技术的公约》第1条第1款以及《第一附加议定书》第35条第3款和第55条，仅针对缔约国。特别保护环境的规则的习惯法地位仍未明确。

② UK MANUAL, paras. 5.23 – 5.23.2；CANADIAN MANUAL, paras. 416, 613；GERMAN MANUAL, para. 4034；AMW MANUAL, Rule 13；ICRC CUSTOMARY IHL STUDY, Rules 11 – 12；SAN REMO MANUAL, Rule 42（b）.

③ Amended Mines Protocol, Art. 3（8）；ICRC CUSTOMARY IHL STUDY, commentary accompanying Rule 11；NIAC MANUAL, para. 2.1.1.3；AMW MANUAL, commentary accompanying Rule 13.

2. 规则 111 禁止实施不针对武装部队成员、有组织武装团体成员、直接参与敌对行动的平民或军事目标等"合法目标"的网络攻击（规则 92）。此类攻击中，网络武器本可以指向合法目标（因此不受规则 105 禁止），但是攻击者却没有指向合法目标。例如，假定在一次网络攻击中，一个恶意脚本被嵌入一个发布于公共网站的文档文件。当一个无防护计算机的浏览器下载并处理了该文件，该恶意脚本会运行并损坏电脑。攻击者知道，军事和民用用户都可以进入该网络服务器。放置该恶意软件即属于不分皂白，因为任何人使用对该攻击媒介无防护能力的计算机装置运行软件进入该网站，都将使计算机受到感染。这就是一个加以区别对待的作战手段被不分皂白地使用。

3. 需要指出的是，规则 105 规定，在攻击中使用的作战手段和方法如果不能确定指向以及不能控制后果，就属于不分皂白的攻击且受到禁止。然而，本规则也包括这样的情形，即并非在所有情况下都属于不分皂白的网络手段和方法，在特定情况下无法确定指向。国际专家组一致同意，禁止在网络攻击中使用不能针对特定军事目标，或造成武装冲突法所限制后果的作战手段或方法。① 此结论是基于《第一附加议定书》第 51 条第 4 款第 2 项和第 3 项，专家们认为这些条款反映了习惯国际法。因此他们确认，那种指向明确的武器在特定情况下也许不可能做到区别打击。

4. 例如，假设通过一个闪存驱动器安装恶意软件来损害某种类型的数据采集与监控系统（并因此破坏依附它的系统）。将该软件用于一个军事基地将不属于不分皂白，因为它的影响将被限制在目标系统。然而，通过在各种网络会议中留下闪存驱动器来传播恶意软件，并希望最终能用于一个军事基地（但是同时很有可能损害民用系统），将违反本规则。

5. 不分皂白的攻击应区别于有意针对平民和民用物体的攻击（规

---

① UK MANUAL, para. 5.23.3; ICRC ADDITIONAL PROTOCOLS 1987 COMMENTARY, para. 1962; AMW MANUAL, para. 2 of commentary accompanying Rule 13 (a) and paras. 5 - 8 of commentary accompanying Rule 13 (b).

则 94 和规则 99）。一次攻击是否属于不分皂白的攻击应根据具体情况逐个评估。需要考虑的因素包括：植入恶意软件或被置于相关风险中的系统的性质；网络战采用的方法或手段的本质；计划的范围和质量；以及有关网络操作者无差别地计划、许可或实施攻击的任何证据。[①]

6. 诸如直接针对平民和民用物体的不分皂白攻击，不成功也构成违法。例如，一次针对军民两用网络发起的不分皂白网络攻击，不管其攻击对象是谁，都有可能被网络防火墙阻拦。发动攻击的事实就违反本规则。

7. 必须将规则 111 同规则 112 区别开来。前者禁止不针对特定对象的不分皂白攻击，后者则禁止另一种不分皂白的攻击，即在本可只攻击军事目标的情况下，以包含了军事目标和民用网络资产的网络基础设施为攻击目标。

规则 112　明显分散且独立的军事目标

如果将以民用为主的网络基础设施中的许多明显分散的网络军事目标视为单一的军事目标并实施网络攻击，且该攻击会对受保护人员和物体造成损伤，则应禁止此类攻击。

1. 本规则是基于《第一附加议定书》第 51 条第 5 款第 1 项。它反映了国际性和非国际性武装冲突中的习惯国际法。[②]

2. 本规则禁止的攻击因其不分皂白而违反了武装冲突法。在传统武装冲突中，当单独地攻击其中的军事目标可行时，这一原则禁止攻击民用物体和军事目标相混杂的区域。关于网络行动，不能从物理层面而应从领土方面来考虑这一禁止性规定。例如，军用计算机可能连接主要

---

① See, e.g., Martić judgment, paras. 462 – 463（审查了使用集束弹药对人口密集地区进行攻击的特定情形，并认为这属于不分皂白的攻击）；UK MANUAL, para. 5.23.3；AMW MANUAL, commentary accompanying Rule 13 (b).

② Amended Mines Protocol, Art. 3 (9)；UK MANUAL, para. 5.23.2；CANADIAN MANUAL, para. 416；GERMAN MANUAL, para. 456；AMW MANUAL, commentary accompanying Rule 13 (c)；NIAC MANUAL, commentary accompanying 2.1.1.3；ICRC CUSTOMARY IHL STUDY, Rule 13.

用于民用计算机的网络。假设军用计算机可以被独立攻击（例如，如果知道它们的 IP 地址），然而攻击者选择了既会使军用计算机失灵，也会损害民用计算机的网络攻击方法。这种网络攻击方法将违反规则112，因为攻击者将全部军用计算机视为单个目标，并且因此不必要地损害了民用计算机。同样，假如一个服务器群是一个主要托管民用服务器的大数据中心的一部分，有两个军用服务器位于该服务器群中。如果下列做法在技术上是可行的，即使用网络手段仅关闭包含两个军用服务器所在的服务器组的子冷却系统，以使服务器过热而产生损害，那么通过攻击关闭整个服务器群的冷却系统，将违反本规则。

3. 国际专家组主张，当攻击符合比例原则（规则 113）要求时，本规则也适用。换言之，如果可以单独攻击单个军用部分，却攻击了军民两用系统，那么这样的网络攻击就是非法的。如同空中进攻不允许为了攻击位于平民聚集区的单独目标而进行区域性轰炸一样，如果可行，网络攻击必须针对由军民两用组件构成的网络基础设施中的单独军用部分。

规则 113　比例性

网络攻击若预计造成平民的附带伤害与死亡、民用物体的附带损害或以上三种后果混合的情形，过于超出预期取得的具体、直接军事利益，则该网络攻击应被禁止。

1. 本规则是基于《第一附加议定书》第 51 条第 5 款第 2 项和第 57 条第 2 款第 1 项第 3 目。[①] 尽管有关的技术性法律问题是关于过分而不是比例，但是通常称其为比例原则。这一原则已经被广泛接受为习惯国际法，适用于国际性和非国际性武装冲突。[②]

---

① *See also* Second Cultural Property Protocol, Art. 7; Amended Mines Protocol, Art. 3（8）; Mines Protocol, Art. 3（3）.

② DoD MANUAL, paras. 5. 12, 16. 5. 1. 1; UK MANUAL, paras. 5. 23. 2, 15. 15. 1; CANADIAN MANUAL, at GL – 5; AMW MANUAL, Rule 14 and accompanying commentary; NIAC MANU-AL, para. 2. 1. 1. 4; ICRC CUSTOMARY IHL STUDY, Rule 14; ICRC ADDITIONAL PROTO-COLS 1987 COMMENTARY, para. 4772; ICRC Challenges Report, at 42 – 43.

2. 如规则 94 和规则 99 所述，以平民和民用物体为网络攻击的目标是非法的。相比之下，本规则处理平民或民用物体被附带损害的情形，也即，它们并不是攻击的预期目标。附带的平民死亡或受伤、民用物体损伤或毁坏通常被称为"附带损害"。本规则表明，平民或民用物体在针对合法军事目标的网络攻击中受到损害，并不必然使得这一攻击本身变得非法。相反，造成附带损害的攻击的合法性，取决于攻击者所能合理预期的对平民和民用物体的附带伤害，和攻击者预期从攻击中获取的军事利益的关系。

3. 本规则预见到了一种情形，即针对军事目标的网络攻击将对计算机、网络或其他网络基础设施等民用物体和平民造成伤害，而且遵照规则 114～120 行事也无法加以避免。对此需要注意的是，针对军事目标的网络攻击有时是通过民用通信电缆、卫星或其他基础设施实施的。这种情况下可能损害这些基础设施。换言之，网络攻击可以在其传输过程中或者因为网络攻击本身造成附带损害。这两种形式的附带损害在本规则的适用中都应予以考虑。

4. 以针对全球定位系统的网络攻击为例，该系统属于军民两用，因此属于合法攻击对象。然而，使平民用户不能使用诸如航海数据等关键信息很可能对依赖全球定位系统导航的商船和民用飞机等造成伤害。如果预期伤害超过行动的预期军事利益，则行动将被禁止。[1]

5. 网络行动可能造成不便、恼怒、压力或恐惧。这些影响不属于附带损害，因为它们不构成"附带使平民生命受损失、平民受伤害、民用物体受损害"[2]，在适用本规则时无须考虑。国际专家组赞同，在特定情形下"民用物体受损害"这个概念包括使其丧失功能（规则92）。此时，应该将其作为评估成比例性的因素。

6. 附带损害可以包括直接和间接效果。直接效果是"（网络攻击）立即的、第一序列的、未受干涉事件或机制改变的后果"。相反，网络攻击的间接效果包括"延迟的和/或取代的第二、第三或更高序列的行

---

[1] Rome Statute, Art. 8 (2) (b) (iv).

[2] DoD MANUAL, 16. 5.1.1；AMW MANUAL, commentary accompanying Rule 14.

动后果，通过中介事件或机制造成"。① 成比例性评估需考量的附带损害包括在网络攻击的计划、批准或执行中应被预见的任何间接效果。正如美国向联合国政府专家组提交的意见中提到的："除了网络活动可能造成的潜在物理伤害（例如对关键基础设施的影响所可能带来的死亡或受伤）之外，缔约国必须评估网络攻击对并非军事目标的民用物体的潜在影响，例如不具有军事意义但是可能与军事目标联网的私人民用计算机"。②

7. 例如，如果全球卫星定位数据受阻或受到干扰，短期内可预期依赖这些数据的交通系统将发生事故，至少直到采用其他导航设备和技术。同样，攻击者可能决定向特定军用计算机系统植入恶意软件，不仅可以使系统瘫痪，也很可能散播至一定数量的民用计算机系统，进而引起属于本手册中的附带损害的伤害类型。如果这些影响可以或已经预期到，就必须纳入成比例性的分析。③

8. 只有与预期的具体和直接军事利益相比属于过分的附带损害受到禁止。国际法中没有定义"过分"这一术语。《空战和导弹战手册》指出，过分"不是计算平民伤亡人数，并与敌方退出战斗的战斗员数量相比较"。④ 对平民及其财产的伤害总量不是主要问题。相反，问题在于预期的伤害与当时形势下预期的军事利益相比是否过分。尽管《红十字国际委员会附加议定书评注》中有相反的声明⑤，国际专家组多数

---

① JOINT CHIEFS OF STAFF, Joint Publication 3 – 60: JOINT TARGETING I – 10 (2007).

② United States Submission to the United Nations Group of Government Experts on Developments in the Field of Information and Telecommunications in the Context of International Security, in Digest of United States Practice in International Law 2014, at 737. *See also* DoD MANUAL, para. 16. 5. 1. 1.

③ *See, e. g.*, United States Submission to the United Nations Group of Government Experts on Developments in the Field of Information and Telecommunications in the Context of International Security, in Digest of United States Practice in International Law 2014, at 737: "考虑到信息和通信技术的互联性，存在着任何特定网络活动都可能对平民和民用物体造成无意识的或层叠式影响的严重风险。在进行成比例性评估时，冲突方在发起特定网络攻击时必须考虑对平民和民用物体造成无意识的或层叠式影响的风险，此外还包括对平民使用的可能成为攻击目标的军民两用基础设施的伤害。"

④ AMW MANUAL, commentary accompanying Rule 14.

⑤ ICRC ADDITIONAL PROTOCOLS 1987 COMMENTARY, para. 1980.

成员仍然主张，如果预期的具体和直接军事利益足够大，大范围的附带损害也可能是合法的。相反，如果预期军事利益微不足道，那么再小的伤害也是非法的。

9. "具体和直接"这一术语将纯粹的推测排除在军事利益的等式之外。由于从军事行动中获取的利益极少能够精确预测，要求预期利益是具体和直接的，将使决策者有义务预期真实和可计量的利益。① 《第一附加议定书》第 51 条的评注写到，"'具体和直接'这种表达意在表明利益必须是实质性的、和事件有紧密关系的，至于那些难以感知或经过长时间后才能显现的利益则应该不予考虑。"②

10. 在判断预期的具体和直接军事利益时，被广泛接受为习惯国际法的是，"来自一次攻击的预期军事利益是指来自于该攻击的整体而非孤立的或某些特定部分。"③ 例如，网络行动可能与其他类型的军事行动联合展开，例如以某设施为目标进行常规袭击时，针对该设施的防空雷达进行网络攻击。在这种情形下，关于该次网络攻击的具体和直接军事利益，需要从整个攻击所能预期的来考虑，而非仅仅考虑对防空雷达造成的影响。同样，一次网络攻击可能计划诱使敌人确信某个目标是攻击重点，从而误导敌人防御措施的制定，而实际的主攻重点在别处。第一次网络攻击预期带来的任何附带损害，必须根据作用于主攻行动的预期军事利益进行评估。

11. 需要强调的是，本规则的标准是前瞻性的。使用词汇"期望

---

① UK MANUAL, para. 5.33.3 (as amended); CANADIAN MANUAL, para. 415.《空战和导弹战手册》认为，"术语'具体和直接'是指显而易见、且在许多情况下可以量化的军事利益。"AMW MANUAL, commentary accompanying Rule 14.

② ICRC ADDITIONAL PROTOCOLS 1987 COMMENTARY, para. 2209.

③ 该文本来源于《英国附加议定书批准声明》第 9 段。澳大利亚、德国、意大利和荷兰表达了相似的理解，参见：www. icrc. org/ihl. nsf/WebSign?ReadForm&id = 740&ps = P. *See also* UK MANUAL, para. 5.33.5; CANADIAN MANUAL, para. 415; GERMAN MANUAL, para. 444; ICRC CUSTOMARY IHL STUDY, commentary accompanying Rule 14; NIAC MANUAL, commentary accompanying para. 2.1.1.4. 在国际刑法中，《罗马规约》使用词语"整体（overall）"来界定军事利益。Rome Statute, Art. 8 (2) (b) (iv).《罪行构成要件》（《罗马规约》附件）第 8 条第 2 款第 2 项第 4 目的脚注 36 认为："'具体和直接的整体军事利益'这一表述是指实施者在有关时间能够预见到的军事利益。"

（expected）"和"预期（anticipated）"，说明本规则要求在攻击的计划、审批和执行阶段都要评估决策的合理性。① 在做出这样的决策时，所有合理可用且看起来可靠的信息都必须予以考虑。② 本规则不适用于事后利益。

12. 期望和预期并不要求绝对确定发生。同样地，仅是可能发生还不足以作为计划、审批和执行一次网络攻击的期望和预期。"期望"和"预期"可以是一个"相对宽泛的判定"。③

13. 国际专家组曾讨论附带损害的不确定性是否或多大程度影响本规则的适用。这一问题与网络攻击尤为相关，因此有时很难提前可靠地确定可能的附带损害。专家组少数成员主张，附带损害的可能性越低，就越不需要运用比例原则界定军事利益进而证明行动的合法性。多数专家反对这种观点，认为一旦预期到附带损害，就必须将其纳入比例性分析；考虑可能的附带损害的确定程度是不恰当的。攻击者要么就附带损害作出合理预期，要么这种附带损害的可能性仅仅是推测，这时无须评估比例性。

14. 前南国际刑事法庭在"格里奇案"判决中对最终的比例性决定的合理性做出了解释。审判分庭认为，"在确定攻击是否符合比例性时，有必要审查合理地知晓有关信息的实际实施者，通过合理使用对他/她而言可用的信息，是否能够预料到与攻击结果相比属于过分的平民伤亡。"④

---

① *See Galić* Trial Chamber judgment, paras. 58 – 60; *Trial of Wilhelm List and Others* (*The Hostages Trial*), Case No. 47, VIII LAW REPORTS OF TRIALS OF WAR CRIMINALS 34, 69 (UN War Crimes Commission 1948) （阐释了 Rendulic 规则）; AMW MANUAL, commentary accompanying Rule 14.

② UK MANUAL, para. 5. 20. 4 (as amended); CANADIAN MANUAL, para. 418; NIAC MANUAL, commentary accompanying para. 2. 1. 1. 4. *See also* UK Additional Protocols Ratification Statement, para. (c)："军事指挥官和其他负责计划、决策和执行攻击的人必须在相关时刻根据他们可获得的所有信息进行评估后做出决策。"奥地利、比利时、加拿大、意大利、荷兰、新西兰和西班牙做出了类似声明，www. icrc. org/ihl. nsf/WebSign?ReadForm&id =740&ps = P.

③ ICRC ADDITIONAL PROTOCOLS 1987 COMMENTARY, para. 2210.

④ *Galić* Trial Chamber judgment, para. 58.

15. 少数专家组成员认为，在进行成比例性估算时要考虑的因素还包括节省己方武力或能力。例如，一位攻击者决定不绘制"网络战役空间"地图，以防泄露信息从而强化敌人的反攻。国际专家组的多数意见认为，在此情况下将保存己方武力和能力纳入军事利益估算是不合适的。他们主张，只有在评估攻击中的预防措施的可行性时，这种考虑才合适。

16. 必须将本规则明显地同在攻击中采取预防措施的要求（规则114～120）区分开来，后者要求攻击者采取措施将平民伤亡降到最低，而不考虑预期的附带损害与预期的军事利益相比是否过分。

17. 关于比例原则，亦见规则117和119。

第七节　预防措施

规则 114　经常注意

在涉及网络行动的敌对行动中，应经常注意不损害平民居民、平民个人和民用物体。

1. 本规则是基于《第一附加议定书》第57条第1款，在国际性和非国际性武装冲突中均被视作习惯法。①

2. 敌对行动的概念定义在规则82，它不限于网络攻击（规则92）。②

3. 在本规则中，"不损害"一词是指"尊重"平民居民的一般性义务，也即，要考虑军事行动对平民的有害影响。③ 它补充了区分战斗

---

① Second Cultural Property Protocol, Art. 7 (b); Amended Mines Protocol, Art. 3 (10); Mines Protocol, Art. 3 (4); DoD MANUAL, paras. 5.3.3.4, 16.5.1.1, 16.5.3, 17.7; UK MANUAL, paras. 5.32 (as amended), 15.15, 15.15.1; GERMAN MANUAL, para. 447; AMW MANUAL, Rules 30, 34, chapeau to Sec. G; NIAC MANUAL, para. 2.1.2; ICRC CUSTOMARY IHL STUDY, Rule 15.

② UK MANUAL, para. 5.32; ICRC ADDITIONAL PROTOCOLS 1987 COMMENTARY, para. 2191. *See also* ICRC ADDITIONAL PROTOCOLS 1987 COMMENTARY, para. 1875 (提供了"行动"这一术语的解释)。

③ ICRC ADDITIONAL PROTOCOLS 1987 COMMENTARY, para. 2191.

员和平民、区分军事目标与民用物体（规则93）及比例原则（规则113）的义务。

4. 武装冲突法没有定义"经常注意"这一术语。国际专家组认为在军事行动中，注意义务要求指挥官和其他参与行动的人对其活动给平民居民和民用物体造成的影响保持持续的感知，并且寻求避免对它们造成任何不必要影响。[①]

5. 使用"经常"一词表明，在整个网络行动中注意保护平民和民用物体的义务具有持续性；所有参与该行动的人都必须履行这一义务。法律没有允许参与行动计划和执行阶段的任何个人，可以在任何情形下或任何时候忽视其行动对平民或民用物体造成的影响。[②] 在网络环境下，这要求始终保持对形势的感知，而不仅仅是在行动的准备阶段。

6. 考虑到网络行动的复杂性、对民用系统造成影响的高度盖然性以及有时候负责审批网络行动的人对行动性质及其影响的有限了解，如果可行的话，任务计划者应该邀请技术专家提供协助，以确定是否已经采取了适当的预防措施。

7. 根据尊重平民居民的义务，利用平民的存在来掩护合法军事目标免受网络攻击，或者掩护、便利或阻碍军事行动，不言而喻都是违法的。例如，将平民安置在属于军事目标的发电设施中，试图掩护其免受网络攻击，就违反了本规则。这一禁止性规定出现在《第一附加议定书》第51条第7款中，反映了习惯法。[③] 尽管这条禁止性规定并未扩大到一般的民用物体（这不同于平民），但是它明确表达了禁止使用医疗设施作为掩护。[④] 因此，将这一禁止性规定扩展至禁止使用医疗网络基础设施作为掩护也是合理的。

---

① UK MANUAL, para. 5.32.1.

② AMW MANUAL, commentary accompanying Rule 30.

③ DoD MANUAL, para. 5.16；AMW MANUAL, Rule 45；ICRC CUSTOMARY IHL STUDY, Rule 97. *See also* Rome Statute, Art. 8（2）（b）（xxiii）. 存在对于利用战俘和受《日内瓦第四公约》保护的平反的特定禁止性规定。参见《日内瓦第三公约》第23条，《日内瓦第四公约》第28条。

④ Additional Protocol I, Art. 12（4）.

规则 115　目标确认

计划或决定网络攻击的人应采取一切可行办法，确认将予攻击的目标既非平民也非民用物体，而且不受特殊保护。

1. 本规则是基于《第一附加议定书》第 57 条第 2 款第 1 项第 1 目，且被接受为国际性和非国际性武装冲突中的习惯国际法。① 本规则适用于属于"攻击"的网络行动。"攻击"一词定义在规则 92。

2. 规则 115 的一个重要特征是它对计划者和决策者的关注。执行网络攻击的人员有时可能也会成为审批人员。在某些攻击中，真正执行攻击的个人有能力决定目标的性质并且取消军事行动。该人因此能够决定是否将实施攻击，进而有义务运用他/她的能力确认受攻击人员或物体是合法目标。在其他情况下，执行攻击的人可能没有得到目标特征甚至于目标身份等信息，他/她不过是按照命令使用网络武器去攻击预定部分的网络基础设施。在这种情况下，实施网络攻击的个人的确认义务将限定在当时情况下的可行措施。②

3. 本规则限于计划或决定网络攻击的人，但这不能解释为解除其他人采取适当措施的义务，如果他们得知网络攻击的预定目标是受保护人员或物体，或者该攻击是受禁止的。例如，假定一次网络攻击已经计划和准备完毕，包括绘制网络地图和确定目标系统的性质，攻击者正等待审批部门的授权，操作者正持续监视该网络。预定目标在网络环境下的任何实质性变化，都必须尽快报告给指挥员和其他相关人员。

4. 采取"一切可行办法"的义务等同于规则 116 中采取"一切可行的预防措施"的义务。"可行的"可被广泛理解为"可操作的或者操

---

① *Galić* Trial Chamber judgment, para. 58; UK MANUAL, para. 5. 32. 2 (as amended); CANADI-AN MANUAL, para. 417; GERMAN MANUAL, para. 457; AMW MANUAL, Rule 32 (a) and chapeau to Sec. G; NIAC MANUAL, commentary accompanying para. 2. 1. 2; ICRC CUSTOMA-RY IHL STUDY, Rule 16.

② AMW MANUAL, commentary accompanying Rule 35.

作上有可能性，考虑当时所有的情形（包括人道主义和军事方面的考虑）"。① 在网络攻击的背景下，可行的预防措施可能包括通过测图或其他过程获取网络情报，让责任人可以合理确定攻击的可能影响，特别是对平民和民用物体的影响。没有义务采取不可行的措施，例如对目标进行标注可能是不可行的，因为那样会泄露信息，使对方对军事行动有所防御。

5. 如果收集足够信息来查明目标是不切实际或在实践中不可能的，决策者可能不得不停止攻击，或者修改行动构想。例如，如果攻击者无法收集到足够关于预定的网络目标系统性质的可靠信息，决策者将有义务限制攻击的范围，只攻击那些有足够信息证明属合法目标的系统组成部分和功能。

规则 116　手段或方法的选择

计划或决定网络攻击的人在选择攻击所用的作战手段或方法时，应采取一切可能的预防措施，以期避免，并无论如何，使附带平民受伤害、平民生命受损失和民用物体受损害或毁坏减少到最小程度。

1. 本规则是基于《第一附加议定书》第 57 条第 2 款第 1 项第 2目。它反映了习惯国际法，适用于国际性和非国际性武装冲突。②

2. 即便平民和民用物体的预期受到的伤害与预期的军事利益相比不是过分的，并因此符合规则 113，仍然必须采取可行的预防措施将附带损害最小化。规则 116 专门针对选择武器或战术的义务，即考虑对平民和民用财产的附带损害最小的选项。需要注意的是，本规则要求同时考虑网络和动能攻击的方式，以期能达到所预想的军事效果，同时将附

---

① Amended Mines Protocol, Art. 3 (10); UK Additional Protocols Ratification Statement, para. (b). *See also* DoD MANUAL, para. 5.3.3; UK MANUAL, para. 5.32 (as amended); CANADIAN MANUAL, at A-4; AMW MANUAL, Rule 1 (q); ICRC CUSTOMARY IHL STUDY, commentary accompanying Rule 15.

② DoD MANUAL, para. 5.11.3; UK MANUAL, paras. 5.32, 5.32.4 (both as amended); CANADIAN MANUAL, para. 417; GERMAN MANUAL, paras. 457, 510; AMW MANUAL, Rule 32 (b), chapeau to Sec. G; NIAC MANUAL, para. 2.1.2.b; ICRC CUSTOMARY IHL STUDY, Rule 17.

带损害减少到最低。

3. 本规则中的术语"一切可能的预防措施"与规则 115 中的"一切可行办法"含义相同,规则 115 的评注在此同样适用。尤其是,攻击者不必选择将使其获得更少军事利益的武器或战术。

4. "手段"与"方法"定义在规则 113。① 关于哪些执行攻击任务的人员适用本规则,见规则 115。

5. 由于网络基础设施的互联互通性,特别是军用和民用系统的连通,间接影响成为网络行动的核心问题。国际专家组赞同,计划或使用网络手段或方法的人必须采取一切可行的预防措施,以期避免直接和间接的附带损害,或至少要将附带损害最小化。这一义务不仅影响网络手段的选择,也影响对它的利用方式。

6. 为了阐释本规则的应用,假定某攻击者要将恶意软件植入一个封闭的军用网络。其中一个方法就是将这个恶意软件置于封闭网络工作人员使用的拇指驱动器上。攻击者必须评估该拇指驱动器可能被用在连接民用网络的计算机上并因此造成附带损害的可能性。在这种情况下,可能就需要设计不同的恶意软件(手段)来最小化附带损害的可能性。

规则 117 与比例原则相关的预防措施

计划或决定攻击的人应避免发动任何可能附带使平民生命受损失、平民受伤害、民用物体受损害或三种情形均有,而且与预期的具体和直接军事利益相比损害过分的网络攻击。

1. 规则 117 是基于《第一附加议定书》第 57 条第 2 款第 1 项第 3 目。它反映了习惯国际法,适用于国际性和非国际性武装冲突。②

2. 本规则不同于规则 113。规则 113 阐述了成比例性的一般规则,它根植于《第一附加议定书》第 51 条第 5 款第 2 项。规则 117 仅强调,

---

① *See*, *e. g.*, UK MANUAL, para. 5.32.4. 此外,该手册第 5.32.5 段列出了考虑适当的攻击手段和方法时可予考虑的要素。

② CANADIAN MANUAL, para. 417; GERMAN MANUAL, para. 457; AMW MANUAL, Rule 32 (c) and chapeau to Sec. G; ICRC CUSTOMARY IHL STUDY, Rule 18.

计划或决定网络攻击的人就评估成比例性而言，担负有持续进行评估的个人义务。如规则 115 提及的，在许多情况下，执行网络攻击的个人有"决策"权。这一点在规则 117 的背景下尤为重要。例如，网络操作人员如果意识到执行攻击将不可预期地造成过分的附带损害，就必须停止攻击。规则 119 涉及当新获取的信息表明攻击将违反比例原则时，取消或延迟攻击的义务。

3. 规则 117 与规则 113 的适用方式相同。规则 113 的评注在这里同样适用。

规则 118　选择目标

《第一附加议定书》缔约国为了取得同样的军事利益而有可能在几个军事目标之间进行选择时，网络攻击选定的目标应是预计对平民生命和民用物体造成危险最小的目标。

1. 本规则是基于《第一附加议定书》第 57 条第 3 款。国际专家组绝大多数成员认为本规则反映了习惯国际法，适用于国际性和非国际性武装冲突。[①] 但是，少数国际专家组成员认为，第 57 条第 3 款尚未发展成为习惯国际法，因此对于非缔约国不具备约束力。

2. 规则 118 适用于属于"攻击"的网络行动。"攻击"一词定义在规则 92。

3. 相较于《第一附加议定书》第 57 条的其他条款，第 57 条第 3 款并没有明确指向目标。因此，规则 118 适用于所有参与攻击的目标遴选、审批和执行的人员。

4. 根据第 57 条第 3 款的文本，国际专家组认为本规则中的危险性后果仅限于因网络攻击的直接和间接影响造成的伤害、死亡、损害、毁坏等后果。多数专家组成员认为，在某些情况下，损害包括功能的丧失（规则 92）。

---

① UK MANUAL, para. 5. 32（as amended）；CANADIAN MANUAL, para. 716；GERMAN MANUAL, para. 457；AMW MANUAL, Rule 33, chapeau to Sec. G；NIAC MANUAL, para. 2. 1. 2d；ICRC CUSTOMARY IHL STUDY, Rule 21.

5. 某种选择是否可行，应该在当时的条件下决定。要适用本规则，可供选择的选项不能仅仅是可能性；这些选项必须要合理，考虑诸如实用性、军事可行性、技术上成功的可能性等因素。

6. 必须牢记，本规则仅适用于那些攻击后产生相似军事利益的目标。这种军事利益不一定要在数量和质量上相等。相反，关键是对其他目标的攻击是否能够获得相当的军事效果。①

7. 军事利益应当根据行动整体来决定，而不是仅仅根据单次攻击产生的军事利益。因此，尽管其他攻击可能造成较小的附带损害，但如果不能实现最初攻击计划的军事目的，那么就没有义务选择其他攻击。

8. 例如，假定在某种情况下，攻击的目的是要破坏敌方的指挥和控制。一个选项是对敌方通信系统依赖的军民两用电网中的某些要素进行网络攻击。但是，这种攻击可能会造成严重（尽管也是成比例）的附带损害。第二种军事上可行的选择是直接对敌方的指挥控制网络实施网络攻击。如果第二个选项预期可以实现所预想的效果（相同的军事利益），但是会造成较小的附带损害，那就必须要选择这个选项。

规则 119　取消或停止攻击

如果明显出现下述情况，计划、批准或执行网络攻击的人应取消或停止攻击：

（1）目标不是军事目标或是受特殊保护的；或

（2）攻击可能直接或间接地附带造成与预期的具体和直接军事利益相比为过分的平民生命受损失、平民受伤害、民用物体受损害，或三种情形均有。

1. 规则 119 反映的是《第一附加议定书》第 57 条第 2 款第 2 项，符合习惯法，适用于国际性和非国际性武装冲突。②

2. 本规则适用于属于"攻击"的网络行动。"攻击"一词的定义在规则 92。

---

① AMW MANUAL, commentary accompanying Rule 33.

② NIAC MANUAL, para. 2.1.2（c）；ICRC CUSTOMARY IHL STUDY, Rule 19.

3. 本规则第 1 款说明，确保受保护的人员和物体不受攻击的要求不仅适用于计划阶段，也适用于执行阶段。这是对规则 115 的推论，该规则提出了采取可行措施查明目标的要求。

4. 本规则第 2 款是对规则 113 和规则 117 的推论，前者规定了比例性的一般规则，后者适用于计划和批准攻击的人员。这一规则适用的情形是，尽管已经采取了所有必要的预防措施，但是有新的信息表明，之前确定的网络攻击会造成过分的附带损害。本规则所用术语的解释同规则 113。

5. 具体实施停止或取消网络攻击根据个案而定。例如，有时候放置逻辑炸弹被用作为隐匿技术的一部分，那么就可能有很多机会取消或停止攻击。网络攻击持续的期间（从几秒到几个月），也可以决定攻击者取消或停止攻击的能力。

6. 规则 114 中"经常注意"的要求，意味着有义务采取"一切可行措施"来确定此攻击是否要取消或停止。例如对行动进行监控。

7. 事实"明显出现"这一概念不完全是被动式的。攻击者一旦启动了网络攻击，只要可行就有义务对攻击进行监督。对有些网络攻击很难持续监控，因而不容易知悉是不是要取消或停止攻击。这凸显了在攻击的计划和决策阶段认真核实的必要性。

8. 例如，在敌对行动开始前，一国在另一国军事通信网络的某部分中散布了隐匿技术。敌对行动开始之后，激活隐匿技术中的逻辑炸弹的网络行动得到批准。在行动过程中，隐匿技术中的网络嗅探器发现目标国最近将其应急服务通信系统连接至军事通信网络，引发了比例性的问题。进攻国必须停止网络攻击，直至其确信攻击是成比例的，例如通过进一步侦察，查明应急服务通信系统的瘫痪可能给平民造成的伤害。

规则 120　警告

除为情况所不许可外，应就可能影响平民居民的网络攻击发出有效的事先警告。

1. 本规则是基于《第一附加议定书》第 57 条第 2 款第 3 项和《海

牙章程》第 26 条。国际专家组认为，本规则反映了适用于国际性武装冲突的习惯国际法。①

2. 专家们还认为，本规则作为习惯国际法，已拓展到非国际性武装冲突，尽管他们注意到这样一种主张，即它在非国际性武装冲突中的适用限于某些条约义务。②

3. 规则 120 仅适用于规则 92 定义的网络攻击，不适用于不满足此条件的网络行动。另外，它也不适用于民用物体遭到损害或毁坏而并没有将平民置于危险之中的情形。在网络环境下非常重要的一点是，网络攻击常常伤及民用网络基础设施却不会给人造成危害。

4. 武装冲突法没有定义《第一附加议定书》第 57 条第 2 款第 3 项中的"影响"（affect）一词。考虑到该条款在攻击方面的适用限制，以及要求在攻击中采取预防措施的其他方面（规则 116 ~ 119）所提及的"平民生命受损失（和）平民受伤害"，国际专家组多数成员认为，本规则仅适用于平民面临伤亡危险的情况。少数专家倾向于采用比较宽泛的概念，即规则 114 提到的采取预防措施使平民"免受"伤害。所有专家都同意，那种仅仅造成平民不便、烦恼、压力和恐惧的影响没有达到本规则要求的最低标准。③

5. 本规则中，"有效"意在预期接收者能够接收到警告，并有足够时间理解警告、作出反应。④ 网络手段或许是既发出网络攻击警告又发出动能攻击警告的有效手段。其他的警告技术对于给予网络攻击警告也是有效的。确定一种警告是否有效要依据当时的情况。

6. 如果有合理理由认为当时情况下敌方将对其居民提出警告，那么

---

① UK MANUAL, para. 5. 32. 8；CANADIAN MANUAL, para. 420；GERMAN MANUAL, paras. 447, 453, 457；AMW MANUAL, Rule 37 and accompanying commentary；ICRC CUSTOMARY IHL STUDY, Rule 20.

② 若在非国际性武装冲突中使用诱杀装置，《修订的地雷议定书》第 3 条第 11 款要求缔约国在使用前发出警告（规则 106）。《第二文化财产议定书》第 6 条第 4 项、第 13 条第 2 款第 3 项第 2 目就文化财产（规则 142）对缔约国提出了相似的警告要求。*See also* AMW MANUAL, Rule 96.

③ AMW MANUAL, commentary accompanying Rule 37.

④ *See* UK MANUAL, para. 5. 32. 8.

警告也可能通过敌方发布。例如，如果即将攻击某军民两用网络基础设施，假定敌方会警告其平民居民以采取有效措施将附带损害最小化，那么攻击部队就会选择向敌方发出即将攻击的警告。如果这样的推论并不合理（因为敌方有可能想用平民和民用物体作为掩护），那么这种攻击预警是不够的。此时，攻击者应该根据本评注中所述条件直接向平民居民发出警告。

7. 警告的方式必须有效；但是，没有要求选择最有效可行的方式。例如，冲突一方要攻击一个服务于军民两类用户的服务供应商。攻击者可能会选择利用国家新闻媒体来发布即将进行攻击的公告，而不是向每个平民发送短信。虽然通过电子技术是个更加有效的预警方式，但是通过媒体发布公告的效力已经能够满足本规则的要求。

8. "除为情况所不许可"指的是警告会损害攻击①。如果网络攻击需要奇袭，那么就不用给予警告。例如，为确保敌方不能针对攻击做出有效的网络防御，那么奇袭就是必要的。同样，奇袭还可以保证敌方不会先发制人地对攻击者的网络基础设施进行攻击。例如，假定通过在目标计算机的控制系统中放置死亡开关发动的网络军事行动，它在未来或经过特定的时段才能触发。如果发出警告，敌方将有机会对这种死亡开关进行定位并解除这种设备，那么就不需要给予警告（或给予一般性警告）。奇袭对于保护部队也很重要。例如，提出警告可能会让敌方对网络攻击进行监控，从而做出回击。同样，网络攻击可能是更广泛的军事行动的一部分，提前警告会曝光己方部队并使之承受较大风险。限于当前的技术状态，在网络环境下给予警告的可行性较低。

9. 网络攻击的警告或动能攻击的网络警告可能具有共性。例如，某个警告提出，要对整个敌方领土上的军民两用发电设施发动网络攻击，但是警告不会指明精确的目标。

10. 冲突一方可能将发布警告作为迷惑敌人的诈术（规则123）。例如，发布一个虚假的影响军民两用系统的攻击公告可能会导致敌方的军用设备离线，因而在军事上是有利的。虽然没有禁止使用这种战争计

---

① UK MANUAL para. 5. 32. 8；CANADIAN MANUAL, para. 420；AMW MANUAL, commentary accompanying Rule 37；ICRC ADDITIONAL PROTOCOLS 1987 COMMENTARY, para. 2223.

谋，但是如果他们影响民众，使民众可能忽视未来真实的攻击警告，那么这种行为就是非法的。

规则 121 防止网络攻击影响的预防措施

武装冲突各方应在最大可能范围内采取必要的预防措施，保护在其控制下的平民居民、平民个人和民用物体不受网络攻击所造成的危害。

1. 本规则是基于《第一附加议定书》第 58 条第 3 款，反映了适用于国际性武装冲突的习惯国际法。①

2. 多数国际专家组成员主张，本规则仅适用于国际性武装冲突。这些专家认为，国际法对国家施加了一般性义务，让国家在非国际性武装冲突中采取措施保护本国民众免受攻击，且任何此类决定通常都属于一国主权范围内的事务。少数专家认为本规则的适用可扩展至非国际性武装冲突。②

3. 本规则中采取预防措施的义务，不同于规则 114～120 下的义务。本规则涉及的对网络攻击影响的预防措施是"被动预防"，必须由预见到网络攻击可能性的冲突各方实施。换言之，规则 114～120 提出的是攻击方的预防义务，规则 121 针对的是防御方的义务。被动预防的例子包括：隔离军用网络基础设施和民用网络基础设施；使重要民用基础设施依赖的计算机系统从互联网上断开；备份重要的民用数据；事先安排以确保对重要计算机系统的及时维护；对文化和精神目标进行数字化记录以便在摧毁后重建；对于那些可能在对军事网络基础设施发动的攻击中遭到损害或毁坏的民用系统，利用反病毒措施对其进行保护。

4. 本规则不包括《第一附加议定书》第 58 条的所有条款，因为本规则反映的第 58 条第 3 款充分体现了被动预防的所有要求；这是个

---

① DoD MANUAL, para. 5.14; UK MANUAL, paras. 5.36 – 5.36.2; CANADIAN MANUAL, para. 421; GERMAN MANUAL, para. 513; AMW MANUAL, Rules 42 – 45; ICRC CUSTOMA-RY IHL STUDY, Rule 22.

② ICRC CUSTOMARY IHL STUDY, Rule 22. 亦见对文化财产采取被动预防措施的义务。Second Cultural Property Protocol, Art. 8; AMW MANUAL, chapeau to Sec. H; NIAC MANUAL, para. 2.3.7（军事目标的设置）。

"一网打尽式"（catch – all）的条款，包括了其他条款提出的所有要求。省略第 58 条其余条款，并不意味着在网络攻击中可任意减轻采取被动预防措施的义务。

5. 需要注意的是，第 58 条第 3 款所指的保护是针对"军事行动所造成的危险"，而规则 121 将适用范围限制为"攻击"。国际专家组的所有成员都认为，本规则包含了对网络攻击的预防措施。但是多数专家基于两个理由，不愿意将本规则的适用扩展至所有的网络行动：第一，这些专家坚持，正如《第一附加议定书》第 58 条的标题所示，该条款仅适用于攻击；第二，即便第 58 条可以适用到所有军事行动，但是他们仍主张目前还没有相应的习惯法。少数专家持相反意见，认为第 58 条第 3 款指的是"军事行动"，因此应该从广义的角度来理解这一规范。

6. 被动预防的义务从属于"最大可能范围"的告诫。"最大范围"这个词强调了采取必要措施的重要性。但是它并不意味着存在一种义务，即采取在理论上可能但是实际上不可能的措施。① 实际上，红十字国际委员会对第 58 条的评注就指出"预防措施不能过度，不能让民众的生活变得困难甚至难以为继"。② 而对于本手册中"可能的"（feasible）一词的含义，见规则 115。

7. 对于冲突各方而言，将潜在的军事目标和民用物体相互隔离并非经常可行。例如，发电厂或空中交通管制中心就是军民两用的。在这些作为合法攻击目标的设施中，可能有平民和民用物体，但是按照本规则将两者隔离开来并不可行。同样，将某些基础设施中的民用功能和军用功能分离处理也不可能。如果不能实现分离，那么冲突一方仍然有义务在最大可能范围内采取其他措施保护其控制下的平民和民用物体免受网络攻击的危害。

8. 在《第一附加议定书》谈判过程中，"控制"（control）这一概念是从领土角度加以考虑的。③ 国际专家组对该词在网络环境下的意义

① 见规则 115。

② ICRC ADDITIONAL PROTOCOLS 1987 COMMENTARY, para. 2245.

③ ICRC ADDITIONAL PROTOCOLS 1987 COMMENTARY, para. 2239.

存在不同意见。多数专家认为，冲突一方控制领土上的所有民用网络基础设施和活动，都在本规则范围内。这既包括冲突一方未被占领领土，也包括已占领的敌方领土。少数专家采取更为微妙的思路，他们认为这一禁止性规定不应该从属地角度来考虑。对于他们来说，就本规则而言，一方控制了领土，但并不是领土上的所有计算机系统都在他们的控制之下。例如，军事通信可以通过冲突方没有实际控制的民用计算机系统、服务器和路由器实现。对这些专家而言，本规则中的义务就不适用于这种情况。考虑到"最大可能范围"的警告，这种意见上的分歧对本规则的适用造成的差别很小。所有专家都认为，如果一方能够支配民用计算机系统的运行，那么这一方就是实际控制了那个系统。

9. 国际专家组认为，"危害"一词并不是指造成不便和烦恼的风险。例如，本规则不要求冲突一方保护平民不受网络行动造成的暂时不能登录网站的影响。同样，冲突方也没有义务保护轻微的网站故障。本规则旨在保护平民免受伤亡、物体免受损害，也即免受附带损害。国际专家组的少数成员认为应该包括没有达到这个限度的其他负面影响，如日常生活受到严重的干扰（这一点与单纯的不便和烦恼不同）。

10. 尽管本规则并没有复述《第一附加议定书》第58条第1款和第2项，但是它们为本规则提供了有用的指导。第58条第1款强调要求将平民和民用物体搬离军事目标的附近地带。① 网络环境下两种情况可以说明所预计的危险。第一，某军事目标遭到网络攻击，但是这种攻击手段可能伤及附近的平民和民用物体。该情况下，就要求在可能范围内对平民和民用物体进行物理转移。第二，网络攻击可能对民用计算机、计算机网络或其他网络基础设施有间接影响。针对该种情况的适当预防措施可包括隔离、分割或者对民用系统进行掩护。

11. 《第一附加议定书》第58条第2款规定了"避免将军事目标设在人口稠密区内或其附近"的义务，本规则也隐含了这种义务。该义务针对的是民用物体（还）未设在军事目标附近的情况；其特点是

---

① AMW MANUAL, Rule 43; ICRC CUSTOMARY IHL STUDY, Rule 24.

预防性的。① 网络环境下，不存在"人口稠密区"的直接对等概念。例如，尽管大多数平民使用社交媒体，这些媒体不等同于人口稠密区，因为人口稠密区是一个实体存在。但这一要求适用于易被攻击的网络基础设施坐落在人口稠密区的情况。

12. 红十字国际委员会在对第 58 条的评注中提供了几个被动预防的例子，包括训练有素的民防部队、攻击警告系统、火灾和应急响应服务等。② 在网络环境下相对应的可能包括分发防护软件产品、监控网络和系统、维护战略性的网络预留带宽和网络能力、发展防止伤害民用系统的响应功能。

13. 规则 121 没有涉及"军民两用"的问题（规则 101）。国家实践清楚确立了网络基础设施同时服务于军事和民用的合法性。相反，本规则讨论的是平民和民用物体与属于军事目标（含两用对象）的网络基础设施的（真实的和虚拟的）接近问题。

14. 国家实践也表明，防御者没有采取被动预防措施，实质上并不能阻止对方实施网络攻击。③ 但是，国际专家组认同，即便敌方没有采取被动预防措施，攻击者仍然受有关攻击的规定约束，特别是比例性（规则 113）和采取主动预防措施的要求（规则 114～120）。④ 有些专家主张，冲突一方没有采取被动预防措施，是判断攻击方是否已经履行义务采取主动预防措施的适当考虑因素。

第八节　背信弃义和不当使用

规则 122　背信弃义

在包括网络行动的敌对行动中，禁止以背信弃义方式杀死或伤害敌

---

① AMW MANUAL, Rule 42; ICRC CUSTOMARY IHL STUDY, Rule 23.
② ICRC ADDITIONAL PROTOCOLS 1987 COMMENTARY, paras. 2257 – 2258. *See also* ICRC CUSTOMARY IHL STUDY, commentary accompanying Rule 22.
③ ICRC CUSTOMARY IHL STUDY, commentary accompanying Rule 22.
④ *See* Additional Protocol I, Art. 51 (8); AMW MANUAL, Rule 46; ICRC CUSTOMARY IHL STUDY, commentary accompanying Rule 22.

人。以背弃敌人的信任为目的而诱取敌人的信任，使敌人相信其有权享有或有义务给予武装冲突法所规定的保护的行为，构成背信弃义。

1. 背信弃义，也称为"背叛行为"，在《第一附加议定书》第 37 条第 1 款中被界定为："以背弃敌人的信任为目的而诱取敌人的信任，使敌人相信其有权享有或有义务给予适用于武装冲突的国际法规则所规定的保护的行为"。禁止通过背信弃义的行为杀害敌人也出现在《海牙章程》第 23 条第 2 款。本规则同时适用于国际性和非国际性武装冲突，构成习惯国际法。①

2. 尽管《第一附加议定书》第 37 条第 1 款包括了导致敌人被俘获的背信弃义行为，但国际专家组多数成员认为，习惯国际法仅禁止以导致死亡或受伤为目的的背信弃义行为。② 持有这一主张的部分原因是《海牙章程》和《罗马规约》的相关规定没有提到俘获。③ 其余的专家认为，作为习惯国际法，禁止的范围应包括俘获。④ 当然，禁止导致俘获的背信弃义行为在武装冲突中适用于《第一附加议定书》的缔约国。

3. 这一禁止性规定包括四项构成要素：（1）诱取敌人信任的行为；（2）以背弃敌人的信任为目的；（3）国际法规则所规定的特定保护；（4）造成敌人死亡或伤害。⑤

4. "敌方"是一个广义上的概念，包括受骗人并不必然是因欺骗而死亡或受伤的人的情形，只要死亡或受伤的个人是网络攻击的预期目标即可。

5. 背信弃义行为必须是导致死亡或受伤的近因，才违反禁止背信

---

① Hague Regulations, Art. 23（f）；DoD MANUAL, para. 5.22；UK MANUAL, paras. 5.9, 15.12；CANADIAN MANUAL, paras. 603, 706, 857；GERMAN MANUAL, para. 472；AMW MANUAL, commentary accompanying Rule 111（a）；NIAC MANUAL, para. 2.3.6；ICRC CUSTOMARY IHL STUDY, Rule 65. *See also* Rome Statute, Art. 8（2）（b）（xi）, 8（2）（e）（ix）.

② *See* AMW MANUAL, commentary accompanying Rule 111（a）（讨论关于背信弃义的禁止性规定是否适用于导致俘获的行为）。

③ Hague Regulations, Art. 23（b）. *See also* Rome Statute, Art. 8（2）（b）（xi）.

④ ICRC CUSTOMARY IHL STUDY, Rule 65.

⑤ ICRC ADDITIONAL PROTOCOLS 1987 COMMENTARY, para. 1500；Rome Statute Elements of the Crimes, Arts. 8（2）（b）（xi）, 8（2）（e）（ix）.

弃义的规则。① 例如，通过一封背信弃义的电子邮件邀请敌人与红十字国际委员会的代表会面，但实际目的是使敌方军队陷入伏击。敌人受到欺骗，在前往既定会见地点的途中，交通工具遇到地雷（电子邮件发送者没有预见到）。这样导致的伤亡不是背信弃义邮件造成的直接结果，因为这是不可预见的，因而并没有违背本规则所列的禁止性规定。

6. 近因不应与时间接近相混淆。在网络环境下，诱取敌人信任的背信弃义行为时间，可能与导致死亡或伤害的行为时间相距甚远。例如，某军事单位向敌人发送一封电子邮件，称打算在若干天后在某一地点向其投降。在约定的时间和地点，敌人被伏击，部分兵力被歼灭。这违反了规则 122，即使从背信弃义行为开始时起已过去多时。

7. 对背信弃义的行为是否必须实际导致敌人受伤或死亡，国际专家组存在分歧。红十字国际委员会对《第一附加议定书》第 37 条的评注指出，这个问题存在争议，但"似乎很明显，企图或失败的行为也在禁止的范围之内"。② 基于此，一些专家认为，背信弃义的行为不以成功为必要条件。其他专家认为，根据《海牙章程》第 23 条第 2 款和《第一附加议定书》第 37 条的文本表明，这一立场并不能准确体现习惯国际法。

8. 诱取信任是指创造一个环境，使得敌方相信相关人员或对象有权享受武装冲突法保护，或背信弃义方有义务给予保护。例子包括假装平民身份（规则 91）、民用物体（规则 100）、医疗人员或单位（规则 131～132）、联合国人员或物体（规则 79）或丧失战斗力的人员（规则 96）。

9. 国际专家组对本规则所指的信任是否包括对网络系统的信任存在分歧。一些专家认为应包括。例如，已知敌军指挥官要靠心脏起搏器，且该起搏器可远程调节和监听。袭击者将假装由正规医疗资源制作的恶意软件植入医务人员网络，利用该恶意软件扰乱该指挥官的心脏起搏器，导致心脏病发作。在这个例子中，敌方电脑系统的信任被背弃

① BOTHE, *ET AL.*, NEW RULES, at 204.
② ICRC ADDITIONAL PROTOCOLS 1987 COMMENTARY, para. 1493.

了，根据大部分专家的意见，这就违反了本规则。其他专家认为，信任的概念以人类的参与为前提条件，通过影响机器的处理程序而不对人的感知产生后续影响的行为，不在本规则范围之内。

10. 背信弃义规则的适用范围不包括造成财产损害或毁坏的背信弃义行为。[①] 但此种背信弃义行为可能会被国际性武装冲突法的其他规则所禁止。例如，假装具有联合国观察员地位进入敌方军事指挥部，以便针对敌方安全计算机网络实施关闭访问操作，这并不违反背信弃义规则，但是依然是受禁止的（规则125）。

11. 必须将背信弃义同间谍行为（规则89）区分开来。但是，以获取情报为主要意图的网络行动如果满足背信弃义标准，导致敌方死亡或受伤，也构成对本规则的破坏。

12. 在武装冲突中，仅仅没有表明自己是战斗人员，不是背信弃义，尽管这样会导致失去战斗员豁免或战俘地位（规则87）。[②] 同样，在网络环境下，没有义务把用于军事目的的网站、IP地址或其他信息技术设施标示出来以与民用物体相区分。但是，如果为了欺骗敌人并造成伤亡，而将这些网站（或其他网络实体）伪装成具有民用地位，就属于背信弃义。

13. 假装具有受保护地位与掩盖其作为攻击发起者是有明显区别的。在网络攻击中，隐蔽动向不等于假装具有受保护地位。因此，发动网络行动而不暴露行动起源不是背信弃义的行为。这种情形如同狙击行动中狙击手的位置或身份永远不会公开一样。但是，如果行动造成敌人死亡或受伤，而该行动是通过某种方式伪装获得了敌方信任，以为行动的发起人是平民或具有受保护地位的其他人，则是本规则所禁止的。

14. 由于网络基础设施的一体性，民用网络基础设施有可能用于网络攻击。通过民用网络基础设施发动网络攻击造成伤亡，并不使其构成背信弃义。在这方面，网络基础设施与其他用于动能攻击的民用基础设

---

① AMW MANUAL, commentary accompanying Rule 111（a）.

② 对要求战斗员将其自身与平民居民相区分的进一步讨论，见规则86和规则93。

施一样，例如军用运输所使用的道路或军用飞机所使用的民用机场。此项一般规则的例外就是那些具有特殊保护地位的基础设施，如医疗计算机网络。这一问题在规则 132 中进一步讨论。

15. 通过网络手段开展的背信弃义必须与网络诈术相区别，后者是合法的。诈术是指旨在迷惑敌人或诱使敌人做出轻率行为，但不违反武装冲突法的行为（规则 123）。

规则 123 诈术

允许实施属于战争诈术的网络行动。

1. 本规则源自《第一附加议定书》第 37 条第 2 款。国际性和非国际性武装冲突都允许实施诈术。①

2. 战争诈术是指旨在迷惑敌人或诱使敌人做出轻率行为，但不违反武装冲突法的行为。战争诈术不构成背信弃义，是因为它们并不是要诱取敌人信任其有受保护地位。下列例子是允许的诈术：②

（1）制造"虚拟"计算机系统冒充不存在的部队；

（2）发送虚假信息造成对方认为军事行动即将发生或正在进行；

（3）使用虚假计算机识别码、计算机网络（如蜜网、蜜罐）、计算机传输系统；

（4）假装进行不违反规则 98 的网络攻击；

（5）假冒敌方指挥官发布命令；

（6）心理战活动；

（7）发送虚假情报并故意让其被拦截；

（8）使用敌人的代码、信号或密码。

3. 战争诈术的一个共同的构成要素是向敌方展示"实际情况的假

---

① DoD MANUAL, para. 5.21；UK MANUAL, paras. 5.17, 15.12；GERMAN MANUAL, para. 471；AMW MANUAL, commentary accompanying Rule 113；NIAC MANUAL, commentary accompanying para. 2.3.6；ICRC CUSTOMARY IHL STUDY, Rule 57.

② 诈术的例证可参见：DEPARTMENT OF THE ARMY, FIELD MANUAL 27 - 10, THE LAW OF LAND WARFARE para. 51 (1956). See also UK MANUAL, para. 5.17.2；CANADIAN MANUAL, para. 856；AMW MANUAL, Rule 116。

象,合法地获得军事利益"。① 以使用软件诱饵欺骗敌人为例,为应对修改可扩展标记语言(XML)标签的流氓软件客户端,软件诱饵将敌方网络操作员注意力转移到一个看起来具有更大军事价值的含有虚假XML标签的蜜罐,这种行为是合法的诈术。

4. 允许通过伪装使人员或物体融入(例如使其在视觉上无法区分)包括民用物体在内的周边环境,只要这样不构成背信弃义(规则122)。② 但对于将计算机或计算机系统以不构成背信弃义的方式伪装混入民用系统是否合法,国际专家组存在分歧。例如,军事计算机系统可托管到一个公共云虚拟专用服务器,以看起来像商业性质,从而使其难以侦测。多数专家认为,这种行动如果把平民和民用物体置于更大的危险中而破坏了区分原则(规则93),就是非法的。③ 少数专家认为,只有背信弃义规则适用于这种情形。

规则 124 不当使用保护性标识

禁止不当使用武装冲突法规定的保护性标志、记号或信号。

1. 本规则既是习惯法,也是条约法,适用于国际性和非国际性武装冲突。④

2. 红十字和红新月(以及现在已被弃用的红狮子和太阳⑤)长期以来被公认为特殊的保护性标志。⑥《第三附加议定书》将红水晶设为

---

① AMW MANUAL, commentary accompanying Rule 116 (a).

② AMW MANUAL, Rule 116 (e) and accompanying commentary.

③ AMW MANUAL, commentary accompanying Rule 116 (e).

④ Hague Regulations, Art. 23 (f); Additional Protocol I, Art. 38 (1); Additional Protocol II, Art. 12; Additional Protocol III, Art. 6 (1); DoD MANUAL, paras. 7. 15, 16. 5. 4; UK MANUAL, para. 5. 10 (as amended); CANADIAN MANUAL, paras. 604 – 605; GERMAN MANUAL, paras. 641, 932; AMW MANUAL, Rule 112 (a) and (b). NIAC MANUAL, para. 2. 3. 4; ICRC CUSTOMARY IHL STUDY, Rules 58, 59, 61. See also Rome Statute, Art. 8 (2) (b) (vii). 需要注意的是,后一条文的规定适用范围更有限,只适用于"导致死亡或严重人员伤害"的情形。此外,《罗马规约》不包括与非国际性武装冲突有关的类似规则。

⑤ 1980 年后不再使用红狮和太阳标志。当年,伊朗伊斯兰共和国宣布其使用红新月。See AMW MANUAL, n. 404.

⑥ Geneva Convention I, Arts. 38 – 44; Geneva Convention II, Arts. 41 – 45.

另一种具有同等地位的特殊标志。① 本规则也包括不当使用民防特殊记号②、文化财产特殊标志③、休战旗④以及电子保护性标示（如《第一附加议定书》附件一所列的标示）。⑤ 不当使用这些特殊标识会妨碍对有权使用这些标识的受保护人员及物体的身份识别，对这些标识未来的可信度造成破坏，增大应受其保护人员和物体的危险。

3. 与关于背信弃义的规则不同，本规则下的禁止是绝对的。⑥ 这些禁止不限于导致（或旨在导致）死亡、受伤，或作为《第一附加议定书》缔约国俘获敌方的行为。

4. "不当使用"一般是指"任何超出这些标志原有用途的使用方式"，即识别用于受保护职能的物体、地点、人员。⑦ 展示保护性标志如果会使一个理性的人对其性质产生错误认识，就违反了本规则。不当使用并不包括假装具有受保护地位，但没有展示或使用保护性标识的行为。例如，通过账户向敌军发送电子邮件，声称自己是红十字国际委员会的代表。这种行为并不违反本规则，因为并没有使用该组织的标志。

5. 对于本规则所禁止的事项是否适用于公认的、明确的标识之外的其他标识，国际专家组存在争议。例如，专家们讨论了为达到与冲突有关的目的，使用带有红十字国际委员会域名的电子邮件是否违反本规则。他们提出了两种不同的主张。

6. 第一种主张基于对条约法的严格文本解释，认为本规则仅与保护性标识（这区别于其所识别的受保护人员和物体）有关。支持这种主张的人认为，只有在网络行动中使用了相关图形标志的电子复制品，或者显示了武装冲突法规定的其他保护性标识，才应禁止。例如，为绕

---

① Additional Protocol III, Art. 2 (1).

② Additional Protocol I, Art. 66; UK MANUAL, para. 5.10, n. 41.

③ Cultural Property Convention, Arts. 16 – 17; DoD MANUAL, para. 5.18.7.2; AMW MANUAL, commentary accompanying Rule 112 (a).

④ Hague Regulations, Art. 23 (f); Additional Protocol I, Art. 38 (1); DoD MANUAL, para. 12.4; AMW MANUAL, commentary accompanying Rule 112; ICRC CUSTOMARY IHL STUDY, Rule 58.

⑤ Additional Protocol I, Annex I, Art. 9, as amended 30 November 1993.

⑥ ICRC ADDITIONAL PROTOCOLS 1987 COMMENTARY, para. 1532.

⑦ ICRC CUSTOMARY IHL STUDY, commentary accompanying Rule 61.

过敌方网络数据过滤系统给其军用网络发送恶意病毒，使用假冒"icrc.org"域名的电子邮件信息，由于这种行为并没有专门地滥用红十字标志，支持这一主张的专家认为这种行为不违反本规则。

7. 第二种方法基于对条约法的目的解释，认为分析问题的关键因素是使用某种标识是否会导致他人合理信赖有关标识，并提供武装冲突法所规定的保护。这些专家认为，前面提到的例子违反本规则，因为"icrc.org"域名与发信人的紧密联系诱取了信任。①

8. 本规则不妨碍冲突双方就有关网络或其他具有特定保护地位的标识达成协定。②

规则125　不当使用联合国标志

除非经联合国授权，禁止在网络行动中使用联合国的特殊标志。

1. 条约法和习惯国际法均承认，在国际性武装冲突和非国际性武装冲突中，禁止未经授权使用联合国的特殊标志。③

2. 除有例外规定，任何未经授权使用联合国标志均违反了本规则。例如，禁止发送伪装成联合国通信并包含联合国标志的电子邮件。该禁止性规定的适用与武装冲突区域是否部署了联合国人员无关。

3. 在联合国作为正在进行的武装冲突中的冲突或军事干涉一方时，联合国标志失去受保护功能，因为联合国军事人员和装备成为合法军事目标。当然，联合国人员执行非军事职能时，其物质和装备依然分别作为平民和民用物体受到武装冲突法的保护。

4. 与规则124所规定的保护性标识一样，国际专家组对是否一定要使用联合国标志才违反本规则存在分歧。一些专家认为答案是肯定

---

① 赞同这种观点的人可能认为《日内瓦第一公约》第44条所指的不仅包括"红十字（Red Cross）"或"日内瓦十字（Geneva Cross）"字样，还包括"红十字国际委员会（ICRC）"。

② Geneva Conventions I – III, Art. 6；Geneva Convention IV, Art. 7；ICRC ADDITIONAL PRO-TOCOLS PROTOCOLS 1987 COMMENTARY, para. 1557.

③ Additional Protocol I, Art. 38（2）；UK MANUAL, para. 5.10.c；CANADIAN MANUAL, para. 605（c）；AMW MANUAL, Rule 112（e）；NIAC MANUAL, commentary accompanying para. 2.3.4；ICRC CUSTOMARY IHL STUDY, Rule 60. See also Rome Statute, Art. 8（2）（b）（vii）.

的，另一些专家则认为，任何未经授权使用能够明显地显示联合国地位的权威标识也违反本规则。关于这一问题的讨论，见规则 124。

规则 126　不当使用敌方标识

在包括网络攻击的攻击中，禁止在敌方看得见的情况下使用敌方的旗帜、军用标志、徽章或制服。

1. 本规则基于《海牙章程》第 23 条第 6 款和《第一附加议定书》第 39 条第 2 款。它同时适用于国际性和非国际性武装冲突，反映了习惯国际法。[①]

2. 国际专家组一致认为，在国际性或非国际性武装冲突的攻击行为中，禁止使用敌方制服、徽章和标志。[②]《第一附加议定书》第 39 条第 2 款将禁止范围扩展到掩护、便利、保护或阻碍军事行动。[③] 一般认为，扩展的范围并没有构成习惯国际法的一部分。[④]

3. 本规则起源于历史上对战场上敌对部队和装备进行视觉区别的要求。因此，"标志、徽章或制服"仅指具体可见物体，包括军用车辆和飞机上的国家标志。[⑤] 虽然不当使用敌方制服或其他标识在远程访问网络攻击中不大可能发生，因为网络操作者不会与敌方有视觉接触，但是在关闭访问操作中依然禁止使用这些标识。

4. 本规则包括"在敌方看得见的情况下"这一要求，因为对习惯法是否在任何攻击中都禁止此类使用而不论具体情况，国际专家组存在分歧。多数专家认为过于宽泛的理解于达到目的无益，因为只有当攻击

---

① DoD MANUAL, para. 5.23.1；UK MANUAL, para. 5.11；CANADIAN MANUAL, para. 607；GERMAN MANUAL, para. 473；AMW MANUAL, Rule 112（c）；NIAC MANUAL, para. 2.3.5；ICRC CUSTOMARY IHL STUDY, Rule 62. *See also* Rome Statute, Art. 8（2）（b）（vii）.

② 着敌方制服的被俘战斗员不享有交战豁免，不具有战俘地位。见规则 86～87。

③ 加拿大对第 39 条第 2 款的适用作了保留，将其适用的禁止性规定范围限于进攻行动，不包括掩护、便利、保护或阻碍军事行动。CANADIAN MANUAL, para. 607.

④ 对如何构成不当使用存在不同观点。*See* AMW MANUAL, commentary accompanying Rule 112（c）；NIAC MANUAL, commentary accompanying para. 2.3.5；ICRC CUSTOMARY IHL STUDY, commentary accompanying Rule 62.

⑤ BOTHE, *ET AL.*, NEW RULES, at 214.

者的使用对敌方明显可见才会对攻击方有利，或使敌方处于不利境地。他们认为，禁止的范围仅在从事网络攻击的个人在物理上为敌人可见时才适用。其他专家则认为，不应对禁止范围加上任何限制，因为《第一附加议定书》第 39 条第 2 款和红十字国际委员会习惯国际人道法研究关于该条的讨论均没有设置限制条件。但是，所有专家都同意本规则引用的行为违反了习惯国际法。

5. 与保护性标识的不当使用（规则 124）不同，本规则并没有扩展到在网络通信中使用敌方标志或其他显示身份的标识。换言之，网络通信中允许冒用敌方身份。这一区分得到了使用合法诈术的国家实践的支持。例如，英国手册列举了以下战争诈术例子，均在网络攻击下可适用：传送伪造信号信息，传递伪造通讯和报纸让敌方截取；使用敌方信号、密码、无线电编码和指挥口令；在无线电中发布虚假军事演习而大部队正在调动；假装与实际并不存在的部队或援军通信……发布虚假地面信号使空降人员和物质空投在敌方区域，或诱使飞机在敌方区域着陆。[①]

6. 本规则的使用在网络环境下存在一些问题，因为存在远程控制敌方计算机系统而无须实际占用的可能性。军用计算机硬件通常有标示，但是这种标示很少用来与敌方计算机硬件进行区分。因此，国际专家组认为，本规则对带有敌方标示的计算机硬件无法适用，因为这些计算机可通过远程控制用于攻击敌方。

7. 涉及使用网络行动以获取敌方军事装备的情况则更为复杂。例如，有可能控制敌方标有敌方标志的地对空导弹阵地，但是在使用该阵地攻击敌方飞机前，不可能把敌方标志除去。红十字国际委员会对第 39 条第 2 款的评注中有类似的情形，如在战场俘获敌方坦克并用来攻击敌方。评注认为应先清除敌方标示。评注引用了"二战"以来对敌方制服和标志的持续滥用，作为适用如此严格规则的理由。[②] 国际专家

---

① UK MANUAL, para. 5.17.2. *See also* DoD MANUAL, para. 5.23.1.5; CANADIAN MANU-AL, para. 856; GERMAN MANUAL, para. 471; AMW MANUAL, commentary accompanying Rule 116 (c).

② ICRC ADDITIONAL PROTOCOLS 1987 COMMENTARY, para. 1576.

组多数成员认为，以网络手段控制的军事装备在带有敌方标识的情形下，不能被用于攻击。少数专家注意到，评注把该问题描述为"微妙的问题"，并且认为该装备可撤至后方以重新进行标示。① 这些专家认为，涉及坦克，应通过评估清除或模糊敌方标示的可行性来解决；关于地对空导弹阵地，由于在进攻之前不可能清除或模糊敌方标示，因此可用于攻击。他们认为本规则并不是绝对的，要考虑所处环境，特别是可行性问题。

8.《第一附加议定书》第 39 条第 2 款的一个例外是海上武装冲突行为。有关例外允许军舰使用敌国（或中立国）旗帜，只要其在交战前立即展示其真实旗帜。② 因此，军舰在开始攻击前可使用敌方或中立方旗帜实施网络行动。国际专家组认为，是否应禁止从一艘悬挂敌方或中立方旗帜的军舰上进行网络攻击（这区别于网络行动），法律并无定论。

9. 国际专家组指出，对本规则适用于军舰和军用飞机存在不同的要求。例如，在空战中，只有恰当标示的军用飞机才能行使交战权。③ 控制敌方军舰或军用飞机进行除攻击以外的交战活动时会产生问题。例如，通过网络行动控制敌方正在飞行中的无人机。问题在于是否必须在执行任务（如侦察）之前标上捕获方军用标志。一些专家认为，大多数国家不会把本规定视为绝对要求。在他们看来，被捕获的无人机不需要立即降落并换上控制国的标志。他们认为，网络行动削弱了本规则的绝对性。但是其他专家认为，除非使用了相关军事和国家标示，否则将被捕获的运输设备用于军事目的是绝对禁止的。

规则 127　不当使用中立国标识

禁止在网络行动中使用中立国或其他非冲突当事方的国家的旗帜、军用标志、徽章或制服。

---

① ICRC ADDITIONAL PROTOCOLS 1987 COMMENTARY, para. 1576.

② DoD MANUAL, para. 13.13.1; SAN REMO MANUAL, Rule 110.

③ AMW MANUAL, Rules 1（x）, 17; Hague Air Warfare Rules, Arts. 3, 13.

1. 本规则基于《第一附加议定书》第39条第1款，适用于国际性武装冲突，是习惯国际法的组成部分。① 在海战中存在本规则的例外。②

2. 本规则是否适用于非国际性武装冲突尚无定论。红十字国际委员会习惯国际人道法研究认为，"存在这样一种正当的预期，即非国际性武装冲突各方应受该规则约束"③。反对观点认为，本规则不适用于非国际性武装冲突，因为中立法仅限于国际性武装冲突（亦见第二十章引言）。④ 关于中立的讨论，见规则150～154。

3. "其他非冲突各方的国家"来自《第一附加议定书》第39条第1款的文本。这样规定是为了涵盖对中立概念采取狭义理解的国家。

4. 国际专家组一致同意，根据本规则，禁止着中立国武装部队的制服进行关闭访问操作的网络攻击。但是，涉及保护性标识（规则124）和联合国标志（规则125）的情况下，是否禁止使用其他中立地位标识，国际专家组对此存在分歧。例如，对使用中立国政府域名就没有达成一致意见。关于两种观点的讨论，见规则124。

第九节　封锁和区域

（一）封锁

1. 对国际专家组来说，封锁法是否适用于以及在多大程度上适用于网络环境，是一个极具挑战性的问题。封锁是战争的一种手段，包括防止所有（敌国和中立国；关于后者，见第二十章）船舶

---

① DoD MANUAL, para. 5. 24. 1；UK MANUAL, para. 5. 11；CANADIAN MANUAL, para. 606；GERMAN MANUAL, para. 473；AMW MANUAL, Rule 112 (d)；ICRC CUSTOMARY IHL STUDY, Rule 63.

② Additional Protocol I, Art. 39 (3)（规定其不对"适用于间谍或在海上武装冲突中使用旗帜的现行的公认国际法规则"产生影响）；DoD MANUAL, para. 5. 24. 1；SAN REMO MANUAL, Rule 110.

③ ICRC CUSTOMARY IHL STUDY, commentary accompanying Rule 63. *See also* NIAC MANUAL, para. 2. 3. 4.

④ AMW MANUAL, commentary accompanying Rule 112 (d).《空战和导弹战手册》认为该行为无论如何"是不合适的"。

和飞机出入属于交战国、被交战国占领或控制的特定港口、机场或海岸区域的交战行动。① 封锁可作为对军事力量进行打击的军事行动的一部分，或作为通过打击经济达到削减敌方军事实力这一战略目标的经济行动。②

2. 封锁法最初源于海上军事行动，航空的出现使得封锁法也与飞机有关。飞机不仅用于增强海军封锁，而且防止飞机出入属于敌国、被敌国占领或控制的特定机场或海岸区域，也构成空战的合法手段。③

3. 封锁的共同要素有：必须宣告和通知；必须在宣告中明确封锁的开始、持续时间、地点和范围；封锁必须有效；维持封锁部队可部署在离海岸一定距离，该距离根据军事需要确定；可综合使用各种合法的作战手段和方法实施封锁；不能封锁中立港口、海岸和机场；封锁的停止、解除、扩大、重新确立或其他变化必须宣告和通知；封锁方应对每一国船只和飞机公平地适用封锁。④

4. 由于船舶和飞机的操作中越来越多地使用计算机和计算机系统，因此网络手段能用来协助确立和执行海上或空中封锁。规则128体现了这种实践。一个难度更大的问题是，使用网络手段封锁中立国或敌对国进出敌方领土或敌方控制区域的网络通讯，也就是所谓的"网络封锁"，是否要遵守封锁法。⑤

5. 国际专家组成员对此产生了很大争议。争议的焦点是，在网络环境下封锁标准的可适用性、网络封锁的技术可行性以及规范网络封锁

---

① DoD MANUAL, para. 13. 10. 空战封锁的概念可参见：AMW MANUAL, chapeau to Sec. Ⅴ。

② *See* GERMAN MANUAL, paras. 1014, 1051 – 1053.

③ AMW MANUAL, chapeau to Sec. Ⅴ.

④ DoD MANUAL, paras. 13. 10. 2；UK MANUAL, paras. 13. 65 – 13. 73；CANADIAN MANUAL, para. 848；GERMAN MANUAL, para. 1052；AMW MANUAL, Sec. Ⅴ；SAN REMO MANUAL, Rules 93 – 95, 97, 99 – 101.

⑤ 这个问题是爱沙尼亚国防部长在一份声明中提出的，他宣称2007年对该国的分布式拒绝服务攻击"类似于港口被关闭"。虽然国防部长没有明确使用"封锁"这个词，很明显，他把港口的封锁与造成爱沙尼亚重要网站拥塞的分布式拒绝服务攻击画了等号。Johnny Ryan, '*iWar*': *A New Threat, its Convenience – and our Increasing Vulnerability*, NATO RE-VIEW (Winter 2007), www. nato. int/docu/review/2007/issue4 /english/analysis2. html.

的规则是实然法还是应然法。

6. 少数专家认为，网络行动仅仅是电子干扰，也即类似于电子战。多数专家指出，海上或空中封锁经常要达到的特定效果，通过网络手段也能达到。例如，封锁的合法目标经常是对敌方经济造成负面影响。由于当前很多经济活动是通过互联网通信进行的，因此国际专家组多数专家认为，封锁法适用于对敌方控制区域网络通信实施封锁的行动是合理的。这些专家认为，有关行动与通讯干扰存在质的区别。

7. 传统上，确立封锁要求划出船舶或飞机不能穿越的地理界线。这就产生了这样的问题：能否在网络封锁的宣告中划出封锁的界线，以及封锁所有经过该界线的网络通信是否可行？技术专家认为这两点都可行。

8. 一个概念上的难题是，按照目前的理解，封锁法有地理上的限制。海上或空中封锁涉及防止出入"特定港口、机场或海岸区域"。①考虑到中立国船舶和飞机在国际水域和空间的相对自由，只有封锁行动涉及这些区域时，才和此概念有关，由此会干涉中立权。少数专家认为，严格适用这一范式，会导致从概念上无法对内陆国的领土确立网络封锁。多数专家认为，网络封锁在这种情况下是一个有意义的概念，因为它能有效地在交战国领土外执行，无须破坏相邻国家的中立。

9. 国际专家组对有效性标准适用于网络封锁时的含义存在争议。少数专家认为，不可能有足够的有效性，因为通信可通过其他方式（如无线电、电话）完成。多数专家以空中和海上运动为依据来支撑其观点。他们指出，由于海上封锁无法通过船只运送物质而采取空运方式，这并不会造成海上封锁无效，反之亦然。

10. 网络封锁可通过其他非网络手段发生效力。例如，冲突一方可综合使用网络（如通过更改路由选择表、拒绝接入互联网交换路由服务器）、电子战（如使用定向能源武器干扰无线电频谱通讯）和动能手段（如通过空中打击敌方领土内的互联网干线、破坏网络中心）。

---

① DoD MANUAL, para. 13.10; AMW MANUAL, chapeau to Sec. V.

11. 网络封锁不得阻碍或严重影响中立国之间的中立性网络基础设施的使用。①

12. 封锁法适用于国际性武装冲突。非国际性武装冲突中，冲突一方的国家可对以前属于其控制以及领土主权管辖下的区域实施进出限制。只要国家将行动范围限制在其领土、水域和空间，就不构成法律意义上的封锁。参与非国际性武装冲突的国家是否可在国际水域或空间确立和执行封锁，是一个有争议的问题。非国家行为体不享有确立和执行海上或空中封锁的权利，更不用说网络封锁。②

13. 总之，一些国际专家组成员完全否认网络封锁概念在现行法律中的存在。另一些专家在概念上接受，但是指出满足法律标准的要求存在实际困难（或在网络环境下的适用存在分歧）。还有一些人认为网络封锁是合法的，可以满足传统标准的要求，在操作上和技术上都是可行的。由于国际专家组不能就网络封锁的存在、确立和执行规则达成一致意见，以下规则仅涉及使用网络手段作为传统海上或空中封锁的组成部分。

（二）区域

1. 区域的概念源于作战学说而非国际法。区域包括禁区、禁飞区、警戒区和海上或空中行动的紧邻区等。③ 它们不是"自由开火区"或"不受限制的作战区域"。在武装冲突中，交战国在有关区域内要完全遵守武装冲突法的规定。④ 进入该区域的中立物体、民用物体和其他受保护物体及人员仍享有武装冲突法上的保护，即便他们忽略了设立区域方所发布的告示。

---

① DoD MANUAL, para. 13.10.2.5；UK MANUAL, para. 13.71；CANADIAN MANUAL, para. 848；AMW MANUAL, Rule 150；SAN REMO MANUAL, Rule 99.

② AMW MANUAL, chapeau to Sec. V.

③ *See generally* DoD MANUAL, para. 13.9；UK MANUAL, paras. 12.58 – 58.2, 13.77 – 13.80；CANADIAN MANUAL, para. 852；GERMAN MANUAL, paras. 448, 1048 – 1050；AMW MANUAL, Sec. P；SAN REMO MANUAL, paras. 105 – 108.

④ DoD MANUAL, para. 13.9.2；UK MANUAL, paras. 13.77, 13.78；CANADIAN MANUAL, para. 852；GERMAN MANUAL, para. 1050；AMW MANUAL, chapeau to Sec. P, Rules 105 (a), 107 (a). 在和平时期，国际法上关于自卫（规则 71~75）和武力保护的规则在这些区域完全适用。

2. 评估相关物体或人员是否构成合法目标时，进入区域会作为一个因素予以考虑。[①] 以在发生武装冲突时进入一个封闭、敏感的军用网络（等同于一个区域）为例，该系统发出明确警告，侵入者将因侵入而受到自动的黑客反击或其他措施。尽管侵入者看到了通告，也有足够的时间撤退，但仍坚持入侵。在这种情况下，一般有合理理由认为该入侵是有敌意的。因此，授权或执行入侵的个人以及其使用的硬件和软件有合理理由认为是合法的攻击目标（规则96~97、规则99~100）。

3. 网络禁区的问题出现在两种背景下：一是使用网络手段或方法设立海上或空中区域；二是设立单独的网络禁区。前者按照随后的规则处理。关于后者，技术专家强调在网络空间界定区域存在难度。由于在很多情况下通信都要依赖发送方没有控制权的网络基础设施，区域的确定在技术上可能具有挑战性。

4. 鉴于区域是一个作战概念，设立区域者并不能免除他们的法定义务，而且维持区域在技术上有难度，因此国际专家组认为，在规则中对网络区域进行规定是不合适的。因此，本手册规范的区域问题仅限于使用网络行动支持空战和海战区域（规则130）。

规则128　封锁的维持和执行

只要其本身或与其他方法相结合不会产生违反国际性武装冲突法的行为，网络战方法和手段可用以维持和执行海上或空中封锁。

1. 如果操作适当，网络行动对军事指挥官维持和执行海上或空中封锁非常有价值。如对推进和导航系统实施远程访问网络行动，就是可用于支持封锁的网络行动的例证。任何使用网络行动来执行或维持封锁，都要受到与动能作战手段和方法相同的限制。特别是，封锁如果对平民造成或有可能造成的伤害超出或预期超出具体和直接的军事利益，

[①]　进入区域在诉诸武力权方面的意义在于，该行为是评估武力攻击是否发生或迫近时应考虑的因素。AMW MANUAL, commentary accompanying Rule 105 (a). 在有限的情形下，只要进入某区域就足以确定武力攻击（规则71）即将爆发。

那么就成了非法的封锁。①

规则 129　封锁对中立国活动的影响

实施网络行动执行海上或空中封锁不能阻止或严重影响进入中立国领土。

1. 根据适用于武装冲突的国际法原则，所采取的交战措施应适当顾及中立国利益，且不能侵害中立国权利。例如，《海牙第五公约》第1条规定，"中立国的领土不得侵犯"。② 在空中封锁和海上封锁情形下，《空战和导弹战手册》和《圣雷莫手册》都规定，封锁不得阻止进入中立国空域、港口和海岸。③ 本手册也采取同一立场。

2. 本规则所指的"进入"是指用飞机或船舶实际进入。网络行动在很多情形下可达到阻止进入的效果。例如，干扰中立国飞机或船舶推进系统或导航系统的网络行动，能有效阻止飞机或船舶进入中立国空域或海域。同样，干扰港口或机场操作也能有效阻止船舶或飞机使用这些设施，从而使其无法进入中立国领土。如果它们实际阻止了进入，则支持封锁的网络行动应受禁止。多数专家认为，如果网络行动会妨碍进入中立网络基础设施或干扰中立国之间的网络通信，海上或空中封锁法并不禁止利用此类行动来实施封锁。

3. 那些认可网络封锁概念（见本章第九节引言）的专家认为，网络封锁与采用网络措施来执行海上或空中封锁不同。它阻止进入中立网络基础设施或干扰中立国之间网络通信，属于应受禁止的网络行动。他们特别指出，实际位于中立国领土内的网络基础设施受到国家领土主权（规则 1～3）的保护，除非根据国际法失去了保护（规则 76 和规则

---

① CANADIAN MANUAL, para. 850；AMW MANUAL, Rule 157（b）；SAN REMO MANUAL, para. 102（b）.

② *See also* Hague Convention ⅩⅢ, Art. 1（规定"交战国必须尊重中立国的主权，并避免在中立国领土或领水内，从事任何可能构成违反中立的行为，如果任何国家有意允许这些行为的话"）.

③ AMW MANUAL, Rule 150；SAN REMO MANUAL, Rule 99. *See also* DoD MANUAL, para. 13.10.2.5；UK MANUAL, para. 13.71；CANADIAN MANUAL, para. 848.

151）。这些专家希望把禁止的范围限制在中立国之间的网络通信范围之内。《海牙章程》第54条规定，"在绝对必要的情况下"，可以夺取或毁坏连接被占领领土和中立国领土的海底光缆，但在战争结束后要归还并且给予补偿。

规则130 区域

国家可在平时或武装冲突时设立特定区域，并在区域内通过合法的网络行动行使其权利。

1. 正如本章引言所讨论的，武装冲突中可建立各种类型的区域。这些区域的存在并不对中立国或交战国在国家领土内外的法律权利和义务产生影响。例如，国家享有自卫权（规则71）、自由航行权和在国际水域和空域进行交战的权利（要遵守适当注意原则）。但是，区域的存在会对行使这些权利造成影响。例如，军舰在评估是否会有飞机对其进行攻击时会把侵入警告区域考虑在内。

2. 网络行动可用于宣告和通知特定区域的设立及随后的维持。例如，可用网络手段传达通过某区域的限制措施，或者警告接近该区域的船舶或飞机。同样，在某区域有船舶或飞机可作为军事目标进行攻击时，可用网络行动来协助或执行攻击，只要网络攻击符合武装冲突法的规定。

第十八章　特定人员、物体和活动

1. 武装冲突法除了对平民和民用物体提供一般性保护外，还专门对特定种类的人员、物体及活动提供专门保护。本章规则将有关规定适用于网络领域。

2. 冲突各方达成特别协定的权利不受这些规则的限制。他们任何时候都可同意对武装冲突法没有涵盖的人员和物体提供保护，也可在武装冲突法的要求之外为受保护人员和物体制定附加条款。作为一条规则，特定协定的达成只能是提高保护水平。① 例如，冲突各方可在规则140之外，对支持含有危险力量的工程和装置的网络基础设施提供更高的保护，完全禁止对其进行攻击，无论是以网络手段还是动能手段。② 与此类似，可以达成特别协定，保护该规则没有涉及的支持敏感设施（如石油生产设施、石油钻井平台，石油存储设施、炼油厂或化学物品设施）的网络基础设施。③ 由于网络空间及发生在该空间的活动的独特性，这些条约将特别相关且有用。公正的人道主义组织，如红十字国际委员会，可促进特别协定的达成与执行。④

3. 受武装冲突法特殊保护的特定人员、物体和活动如在本章的规则未涉及，并不能理解为它们在网络环境下不受特殊保护。国际专家组认为，如果特定武装冲突法保护规则的适用没有提出网络战方面的特殊问题，就没有必要在本手册中回应。因此，需要牢记的是，受武装冲突法特殊保护范围之内的人员、物体和活动，同样享有在网络行动和攻击

---

① *See* Geneva Conventions Ⅰ‐Ⅳ, Art. 3; Geneva Conventions Ⅰ‐Ⅲ, Art. 6; Geneva Convention Ⅳ, Art. 7. *See also* AMW MANUAL, Rule 99 and accompanying commentary.

② AMW MANUAL, commentary accompanying Rule 99.

③ AMW MANUAL, commentary accompanying Rule 99.

④ AMW MANUAL, commentary accompanying Rule 99.

中受保护的权利。

第一节　医务和宗教人员、医疗队、医务运输工具和物资

规则 131　医务和宗教人员、医疗队和医务运输工具

医务和宗教人员、医疗队和医务运输工具应受尊重和保护，特别是不应成为网络攻击的对象。

1. 关于尊重和保护医疗队、医务运输工具和医务人员的一般保护规则，《日内瓦第一公约》第 19 条、24 条、25 条、35 条和 36 条，《日内瓦第二公约》第 22 条、24 条、25 条、27 条、36～39 条，《日内瓦第四公约》第 18～22 条，《第一附加议定书》第 12 条、15 条、21～24 条及 26 条，《第二附加议定书》第 9 条均作了规定。根据《日内瓦第三公约》第 33 条、《第一附加议定书》第 15 条和《第二附加议定书》第 9 条，宗教人员受保护。根据规则 134 的规定，医务和宗教人员、医疗单位、医务运输工具可失去受保护地位。

2. 本规则作为习惯国际法，既适用于国际性武装冲突，也适用于非国际性武装冲突。①

3. "宗教人员"不是指宗教团体的每一位成员，而是《第一附加议定书》第 8 条第 4 款所界定的人员。特别是，该词包括武装部队的随军牧师。国际专家组认为，在非国际性武装冲突中该词具有同等含义。②

4. 虽然本规则没有涉及，但也应记住的是，根据《海牙章程》第 27 条和《第一附加议定书》第 53 条的规定，举行宗教仪式地点明确受

---

① DoD MANUAL, paras. 7.10, 7.11, 17.15.2; UK MANUAL, paras. 7.10 – 7.22, 7.30, 15.45 – 15.47 (as amended); CANADIAN MANUAL, Chapter 9, Sec. 3; GERMAN MANU-AL, paras. 610, 612, 624, 816; AMW MANUAL, Secs. K, L; NIAC MANUAL, paras. 3.2, 4.2.1; ICRC CUSTOMARY IHL COMMENTARY, Rules 25, 27 – 30. *See also* Rome Statute, Art. 8 (2) (b) (xxiv), 8 (2) (e) (ii); ICRC GENEVA CONVENTION I 2016 COMMEN-TARY, paras. 1799, 1804.

② ICRC CUSTOMARY IHL COMMENTARY, commentary accompanying Rule 27.

保护（尽管不是绝对的），免受攻击或其他敌对行为影响。国际专家组认为这反映了习惯国际法。①

5. "尊重与保护"的要求包括不同的义务。妨碍、阻止医务和宗教人员、医疗单位或医务运输工具履行其医疗或宗教职能的行为，或者对医务和宗教人员、医疗单位或医务运输工具的人道主义职能造成负面影响的行为，是对尊重义务的破坏。② 该义务包括但不限于禁止攻击。例如，本规则禁止为错误导航而更改医务直升机的全球定位系统数据，虽然这种行为并不构成对医务运输工具的攻击（规则 92）。同样，阻碍对战斗部队的在线宗教服务广播应被禁止。需要注意的是，本规则并不扩展至偶发情形，如全面阻碍敌人的通信。

6. 与尊重义务相比较，保护义务意味着要采取积极措施保证其他人（如非国家行为体）尊重医务和宗教人员、医疗单位或医务运输工具。③ 例如，该义务要求有相应能力的军事力量，在时间许可和可行的范围内，保卫在其控制区域内某一地区的医院免受黑客行动主义者发动的网络攻击。④

规则 132　医务计算机、计算机网络和数据

构成医疗队和医务运输工具运行或管理必要组成部分的计算机、计算机网络和数据应受尊重和保护，特别是不应成为攻击的对象。

1. 本规则规定的保护源于医务人员、医疗队和医务运输工具所享有的广泛的保护（规则 131）。作为习惯国际法，该规则既适用于国际性武装冲突，也适用于非国际性武装冲突。⑤

---

① DoD MANUAL, para. 5. 6. 2; UK MANUAL, paras. 5. 25, 15. 18; CANADIAN MANUAL, paras. 443, 1723; AMW MANUAL, Rules 1 (o), 95 (a).

② AMW MANUAL, commentary accompanying Rule 71.

③ AMW MANUAL, commentary accompanying Rule 71; ICRC GENEVA CONVENTION I 2016 COMMENTARY, para. 1805.

④ *See* Hague Regulations, Art. 27 （关于"医院与伤病者收容地点"）; ICRC GENEVA CONVENTION I 2016 COMMENTARY, para. 1875.

⑤ DoD MANUAL, paras. 7. 10, 7. 11, 17. 15. 2; UK MANUAL, paras. 7. 10 – 7. 22 (as amended), 15. 45 – 15. 47; CANADIAN MANUAL, paras. 447, 448, 918; AMW MANUAL, commentary accompanying Sec. K; NIAC MANUAL, para. 4. 2. 1; ICRC CUSTOMARY IHL COMMENTARY, Rules 25, 28 – 30.

2. 规则131已对"尊重"和"保护"的概念做过解释。通过实施非破坏性的网络侦察以确定医疗设施和医务运输工具（或有关计算机、计算机系统及数据）是否被滥用于从事军事上有害的行为，并不违反本规则（规则134）。

3. 本规则所指的"数据"，是指对医疗队和医务运输工具的运行必不可少的数据。例如包括医疗设备合理使用和追踪医疗物质存货的必要数据。同样，治疗病人所需要的个人医疗数据受到保护，不得有篡改、删除或通过网络手段对病人产生不利影响的任何其他行为，无论该行为是否构成网络攻击。①

4. 本规则规定的物体如也被用于执行人道主义之外的行动，对敌方产生危害，将失去其根据规则134享有的免受攻击的保护。这种情况在网络环境下尤其要加以注意，因为医疗数据可与军事数据存储于同一个数据中心、服务器或计算机中。

规则133 识别

应采取一切可能的措施，以保证构成医疗队和医务运输工具运行或管理必要组成部分的计算机、计算机网络和数据可通过电子标识等适当手段被清楚识别。未能标示自身不丧失自己的受保护地位。

1. 本规则将武装冲突法有关使用特殊标志对医疗队和医务运输工具进行标示的规定适用于计算机、计算机系统和数据，它们构成医疗队和医务运输工具运转的必要组成部分。本规则既适用于国际性武装冲突，也适用于非国际性武装冲突，体现了习惯国际法。②

---

① ICRC Challenge Report, at 43（指出必须将尊重和保护医疗设备的义务理解为包含了附属于那些设备的医疗数据）。

② Additional Protocol I, Art. 18; Additional Protocol II, Art. 12; Geneva Convention I, Art. 42; Geneva Convention II, Arts. 43, 44; Geneva Convention IV, Arts. 18, 20 – 22; DoD MANUAL, paras. 7. 15, 17. 16; UK MANUAL, paras. 7. 23 – 7. 23. 3 (as amended), 15. 48; CANADIAN MANUAL, paras. 915, 916, 917; GERMAN MANUAL, paras. 635, 638; AMW MANUAL, Rule 72 (a), chapeau to Sec. K; NIAC MANUAL, commentary accompanying para. 3. 2.

2. 本规则"数据"所指的含义，参见规则 132。

3. 根据《第一附加议定书》第 8 条第 12 款和第 18 条第 5 款的规定，电子标记是指帮助对医疗队和医务运输工具进行识别的附加手段。这些标记是特殊标志的补充。《第一附加议定书》的非缔约国合理使用电子标记也应受到鼓励。

4. 构成医疗队和医务运输工具运行或管理的必要组成部分的计算机、计算机系统和数据，对医疗职责发挥的作用决定了其是否获得受保护的地位。[①] 特殊标志和其他识别方式只是有助于对其进行识别，这些标识本身并不提供受保护地位。《第一附加议定书》附件一第 1 条（1993 年修订）、《第三附加议定书》序言第 4 段对这一原则进行了编纂。既然受保护地位并不是因特殊标志或其他识别方式本身而获得，这些计算机、计算机系统及数据无论是否有特殊标志或其他识别方式，都受保护。[②] 本规则所指"一切可能的措施"意在强调存在军事的、人道的、技术的或其他因素，在特定情况下会导致进行标示难以实现。

5. 在网络环境下，可通过对数据增加识别器，直接或间接通知冲突另一方相关计算机、计算机网络和数据识别器来进行标示。[③] 例如，将军事医疗数据存储于云计算数据中心，存储数据的一方通告敌方其军事医疗数据带有独特的扩展名".mil.med.B"，且非医疗数据不会使用该命名规则。敌方通过情报分析这些文件，验证其性质，并在网络行动计划中对该数据进行特殊保护。这样，双方就都遵守了本规则。

[①] *See* AMW MANUAL, commentary accompanying Rule 72 (c).

[②] *See* DoD MANUAL, para. 7.15.3.2; GERMAN MANUAL, para. 612; AMW MANUAL, Rule 72 (d) and accompanying commentary; ICRC CUSTOMARY IHL COMMENTARY, commentary accompanying Rule 30.

[③] Additional Protocol I, Annex I, Art. 1 (4), as amended 30 November 1993（规定：缔约国，特别是冲突方，应始终遵守附加或其他可能增强识别的信号、措施或系统，以及采取一切本领域可能的技术措施）。

规则 134 丧失保护和警告

医疗队和医务运输工具，包括构成它们自身运行或管理必要组成部分的计算机、计算机网络和数据依据本节有权享受的保护，除非用于从事人道主义职责以外的对敌有害行为，不应停止。在这种情况下，保护仅在适宜时发出设定了合理时限的警告后且警告被忽视的情况下方可停止。

1. 本规则适用于国际性武装冲突和非国际性武装冲突，反映了习惯国际法。① 对国际性武装冲突而言，本规则基于《海牙章程》第 27 条，《日内瓦第一公约》第 21 条和 22 条，《日内瓦第二公约》第 34 条和 35 条，《日内瓦第四公约》第 19 条以及《第一附加议定书》第 13 条。对非国际性武装冲突而言，本规则基于《第二附加议定书》第 11 条第 2 款。

2. 本规则所谓"有害行为"，与《第二附加议定书》第 11 条第 2 款的"敌对行为"含义相同。② "对敌有害行为"包括目的或效果是通过阻碍敌方军事行动或增强己方军事行动对敌人造成损害的行为。③ 它不仅包括直接攻击敌方造成损害的行为，也包括对敌方军事行动造成不利影响的行为，如搜集情报、进行军事通信。④

3. 不构成对敌有害的行为包括：

（1）医疗队人员装备用于自卫或用于保卫其管理的伤者、病者、遇船难者的轻型个人武器；

（2）医疗队受到岗哨或护卫队保护；

（3）医疗队内有从伤病者手中获得而尚未交给相应部队的轻兵器和弹药；

---

① DoD MANUAL, paras. 7. 17. 1. 2, 17. 15. 2; UK MANUAL, para. 7. 13. 1; CANADIAN MAN-UAL, paras. 447, 918; GERMAN MANUAL, paras. 613, 618 – 619; AMW MANUAL, Rule 74 (a – b); ICRC CUSTOMARY IHL COMMENTARY, Rules 25, 28 – 29.

② ICRC ADDITIONAL PROTOCOLS 1987 COMMENTARY, para. 4720.

③ ICRC ADDITIONAL PROTOCOLS 1987 COMMENTARY, para. 550. *See also* AMW MANUAL, commentary accompanying Rule 74 (a); ICRC GENEVA CONVENTION I 1952 COMMENTARY, at 200 – 201; ICRC GENEVA CONVENTION I 2016 COMMENTARY, paras. 1839 – 1845, 1995 – 2010, 2389 – 2391, 2457 – 2460.

④ AMW MANUAL, commentary accompanying Rule 74 (a); ICRC GENEVA CONVENTION I 2016 COMMENTARY, para. 1851.

（4）武装部队成员或其他战斗员因医疗或其他经授权并与医疗队任务一致的原因留在医疗队。①

4. 如果医务计算机系统所装的软件目的不是用于对敌有害行为、但可以如此使用，这并不使其受保护地位因此被剥夺。医务计算机系统安装的应用软件或客户端可以用来参与分布式拒绝服务的网络攻击。系统作为一个整体仍受保护，但客户端或应用程序如果用于军事目的，就成了合法的军事目标（假设满足军事目标的其他所有条件）。同样，安装防止对医务计算机系统进行攻击的侵入检测软件也不会使该系统丧失其受保护地位。

5. 即使有充足理由中止对医疗队或医务运输工具（包括医务计算机、计算机系统和数据）的特定保护，也应在发动攻击前发布适当的警告，为遵守相应规则设置合理的时间期限。② 警告可采取多种形式，如给医院发电子邮件、无线电信息或举行新闻发布会。在很多场合下，警告只是一个命令，要求在一定期限内停止危害行为。③ 相关的法律问题是，所选取的警告方式是否足以让敌方收到。

6. 要注意的是，设置合理的时间期限来遵守相关规定的限定条件是"适宜时"，就是说条件可行。④ 例如，如果对医务计算机的滥用正在造成严重危害，在有所反应前很显然不可能提供机会进行纠正，或有

---

① Additional Protocol I, Art. 13; Geneva Convention I, Art. 22; Geneva Convention IV, Art. 19. *See also* AMW MANUAL, commentary accompanying Rule 74（c）; ICRC Geneva CONVENTION I 2016 COMMENTARY, paras. 1860 – 1883. 需要注意的是，《第一附加议定书》第13条第2款第1项出现的"轻型个人武器"只适用于平民医疗机构。《日内瓦第一公约》中类似但略有不同地提到了军用医疗设施："下列条件不得认为剥夺第19条所保证的对于医疗队或医疗所之保护：1. 医疗队或医疗所之人员配有武器，且因自卫或保护伤者、病者而使用武器……"

② Additional Protocol I, Art. 13（1）; Additional Protocol II, Art. 11（2）; Geneva Convention, I, Art. 21; Geneva Convention II, Art. 34; Geneva Convention IV, Art. 19. *See also* DoD MANUAL, paras. 7.17.1.2, 17.15.2; UK MANUAL, para. 7.13.1; CANADIAN MANUAL, para. 918; GERMAN MANUAL, para. 618; AMW MANUAL, commentary accompanying Rule 74（b）.

③ AMW MANUAL, commentary accompanying Rule 74（b）.

④ *See* Additional Protocol I, Art. 13（1）; Additional Protocol II, Art. 11（2）; Geneva Convention, I, Art. 21; Geneva Convention II, Art. 34; Geneva Convention IV, Art. 19; AMW MANUAL, Rule 74（b）.

必要大大缩短使其纠正的时间期限。

第二节　被拘留者

1. 本节针对武装冲突法与网络有关的条款，涉及战俘待遇、被拘禁的受保护人员及其他被拘留者，包括因安全原因被捕人员、因直接参与敌对行动而被捕的平民和因与武装冲突有关原因而受到刑事指控者。需要注意的是，规范被拘留人员待遇的法律十分广泛。下列规则只涉及武装冲突法上与网络行动和网络活动有关的一些方面。

2. 规范不同类别被拘留人员的法律制度差别在于冲突的特征（规则 82 ~ 83）。特别是除了共同第三条外，《日内瓦第三公约》和《日内瓦第四公约》规定的保护措施只适用于国际性武装冲突，但类似的习惯条款也可适用于非国际性武装冲突。

规则 135　被拘留者的保护

战俘、被拘禁的受保护人员和其他被拘留者应受保护，以免受网络行动的有害影响。

1. 《日内瓦第三公约》规定的战俘[①]和《日内瓦第四公约》规定的被拘禁平民的类别只涉及国际性武装冲突。这些制度和《第一附加议定书》第 75 条规定了他们的待遇，专家们认为，这体现了习惯国际法。非国际性武装冲突中的被拘留者的待遇由 1949 年《日内瓦公约》共同第三条、习惯国际法以及《第二附加议定书》的相关条款进行规范。[②]

2. 拘留方[③]负责战俘、被拘留受保护人员和其他被拘留者的安全与

---

① 这将包括被授权伴随武装部队的平民网络专家。*See* DoD MANUAL, para. 16.5.5 reflecting Geneva Convention III, Art. 4A（4）。

② Additional Protocol II, Arts. 4, 5（还有其他法律，如在特定情形下的人权法）。

③ 在国际性武装冲突中，正确的概念是"拘留国"（detaining power）。但是，由于本规则包括适用于国际性武装冲突和非国际性武装冲突的规则，本手册采用了属概念"拘留方"（detaining party）。

健康。① 应采取防范措施来保护他们免受网络行动的有害影响。② 所有被拘留者还免受下列情形的网络活动：促成或导致对人身尊严的侵犯；酷刑；残忍的、不人道的、侮辱性或降低身份的待遇。③

3. 禁止采用网络手段阻止或妨碍拘留方遵守其义务的努力，如记录战俘、拘禁受保护人员和其他被拘留者的个人详细资料。④

4. 必须采取可行措施保护战俘和被拘禁受保护人员的个人数据，例如分开存储构成军事目标的数据或物体，使其免受网络行动的影响。必须尊重这些数据，使其不被更改或曝光。⑤ 这也适用于拘留方、保护当局和红十字国际委员会所有的数据。

5. 拘留方必须确保其网络和计算机不被用来伤害战俘或被拘禁的受保护人员的荣誉和尊严。⑥ 这种保护不仅限于人身安全。⑦ 被禁止的网络行为包括发布令人难堪或有损人格的信息或他们的心理状态等诽谤信息。⑧ 这包括在互联网上发布信息或照片以贬低战俘或被拘禁的受保护人员身份，或使其招致公众嘲弄或公众猎奇。

6. 关于战俘或被拘禁的受保护人员的条约总体上要求尊重隐私保

---

① *See enerally* Geneva Convention III, Art. 12; Geneva Convention IV, Art. 29; Hague Regulations, Arts. 4, 7; DoD MANUAL, para. 8.2.1; UK MANUAL, paras. 8.26, 9.37 – 9.118; CANADIAN MANUAL, paras. 1014, 1129; GERMAN MANUAL, paras. 592 – 595, 702, 704, 714 – 26.

② Additional Protocol II, Art. 5 (2) (c); Geneva Convention III, Art. 23; Geneva Convention IV, Art. 83; UK MANUAL, paras. 8.35, 8.39, 9.39; GERMAN MANUAL, paras. 543, 710, 714.

③ Additional Protocol I, Art. 75 (2) (b), 85 (4) (c); Additional Protocol II, Art. 4 (2) (e); Geneva Conventions I – IV Art. 3; Geneva Convention III, Art. 14; Geneva Convention, IV, Art. 27; UK Manual, paras. 8.29 (d), 9.21; German Manual, paras. 595, 704.

④ Additional Protocol II, Art. 5 (2) (b); Geneva Convention III, Arts. 70, 71 (规定战俘给家庭成员写信的权利); Geneva Convention IV, Arts. 106, 107.

⑤ Geneva Convention III, Art. 13; Geneva Convention IV, Art. 27.

⑥ Geneva Convention III, Arts. 13, 14; Geneva Convention IV, Art. 27.

⑦ ICRC GENEVA CONVENTION III 1960 COMMENTARY at 144; ICRC GENEVA CONVENTION IV 1958 COMMENTARY, at 201 – 202.

⑧ ICRC GENEVA CONVENTION III 1960 COMMENTARY, at 145 (讨论保护免受"侮辱、诽谤、欺负及侵犯任何个人性质的秘密"); ICRC GENEVA CONVENTION IV 1958 COMMENTARY, at 202。*See also* CANADIAN MANUAL, para. 1016; GERMAN MANUAL, paras. 595, 704.

护、防止受到公众侵犯和好奇心的烦扰。① 拘留方必须防止公私人员侵入战俘或被拘禁的受保护人员的通信、金融资产或电子数据。②

规则 136　被拘留者的通信

战俘、被拘禁的受保护人员和其他被拘留者特定的通信权利不受网络行动干涉。

1. 在国际性武装冲突中，拘留方必须允许战俘和被拘禁的受保护人员保持与外界的联系，③ 在到达拘留地或拘禁地一个星期内通报家庭其被拘留情况。④ 这项义务体现了习惯国际法。⑤

2. 根据习惯国际法，在非国际性武装冲突中因安全原因被拘留的个人，在合理的条件下，享有与家人通信的权利。⑥ 尤其是适用《第二附加议定书》的非国际性武装冲突中的被拘留人员，明确被允许其与家庭成员保持通信。⑦

3. 本规则针对的通信是指与家庭或其他个人之间严格意义上的私人、非军事、非政治性质的交流。传统意义上，"通信"是指书信或其他书写交流。不明确的是，通信在法律上是否包括电子通信，如电子邮件。这是因为法律明确了通信的权利，但是没有规定通信的形式。

4. 拘留方在确定允许何种通信方式时，可考虑多种因素，如达到确保电子邮件不被滥用的可接受程度所存在的困难。虽然本规则意在适用于拘留方，而不是适用于其他方的干涉，但拘留方如果允许电子通信，

---

① Geneva Convention III, Art. 13; Geneva Convention IV, Art. 27. *See also* UK MANUAL, paras. 8. 28, 8. 29 (d), 9. 21.

② UK MANUAL para. 8. 29 (d); ICRC CUSTOMARY IHL COMMENTARY, commentary accompanying Rule 122.

③ Geneva Convention III, Arts. 69 – 77; Geneva Convention IV, Arts. 105 – 116; UK MANUAL, paras. 8. 62, 8. 63, 9. 61, 9. 62; GERMAN MANUAL, paras. 595, 721.

④ Geneva Convention III, Art. 79; Geneva Convention IV, Art. 106; UK MANUAL, paras. 8. 42, 9. 45.

⑤ ICRC CUSTOMARY IHL COMMENTARY, Rule 125.

⑥ ICRC CUSTOMARY IHL COMMENTARY, Rule 125.

⑦ Additional Protocol II, Art. 5 (2) (b). *See also* UK MANUAL, para. 15. 41. b; NIAC MANU-AL, para. 3. 6 (关于通知其地位和地点)。

则有义务采取合理有效的基本安全措施，保证信息完整传送给收信人。

5. 习惯法上被拘留人员与家庭通信的权利与其他权利一样，要满足有关通信频繁程度及当局审查要求等合理条件。① 如果拘留方决定允许电子通信，由于确认收信人身份的难度、通过邮件传播恶意软件的风险等因素，条件的设置就非常重要。根据本规则目的，这些条件不构成对通信权利的干涉。②

6. "干涉"是指拘留方采取的否认或妨碍被拘禁者通信的权利，或为拘留方自身目的利用该权利，例如策划包含恶意计算机代码的信件，以实施间谍行动、进行网络攻击或发动心理战等本规则禁止的行为。

规则 137 强迫参加军事活动

不得强迫战俘和被拘禁的受保护人员参加或支持针对其本国的网络行动。

1. 本规则基于《海牙章程》第 23 条第 8 款，《日内瓦第三公约》第 50 条和 130 条，《日内瓦第四公约》第 40 条、51 条和 147 条，体现了国际性武装冲突中的习惯国际法。③ 的确，武装冲突法禁止的范围超过了本规则的规定。例如，位于敌方领土的一国国民和在被占领领土的被保护人员也享有同样的保护。④ 本规则不适用于非国际性武装冲突。

2. 这一禁止性规则在网络环境下相关性特别强。由于战俘此前在敌方部队承担的职责，他们可能了解敌方计算机系统或网络。这对拘留方发动网络行动具有重大的价值。一些被拘禁的平民也可能具有战术或战略意义上的信息系统技术或知识。强迫这些人参与网络行动很显然会对他们的国家有害，因此这是明确禁止的。

---

① Geneva Convention III, Art. 76；Geneva Convention IV, Art. 112；UK MANUAL, paras. 9. 59, 9. 66.

② 只要他们不违反《日内瓦第三公约》第 76 条，或《日内瓦第四公约》第 112 条。

③ *See also* Rome Statute, Art. 8 (2) (a) (v)；CANADIAN MANUAL, paras. 1030, 1124；U-NITED STATES ARMY, ARMY REGULATION 190 – 8：ENEMY PRISONERS OF WAR, RE-TAINED PER PERSONNEL, CIVILIAN INTERNEES AND OTHER DETAINEES, paras. 4 – 4, 4 – 5 (1997)；GERMAN MANUAL, paras. 596, 720.

④ Geneva Convention Arts. 40, 51；UK MANUAL, paras. 9. 30, 9. 77.

第三节　儿童

规则 138　保护儿童

禁止征募儿童参加武装部队或准许其参与网络敌对行动。

1. 本规则适用于国际性武装冲突和非国际性武装冲突，体现了习惯国际法。[①]《儿童权利公约》第 38 条，《〈儿童权利公约〉任择议定书》第 1 条、2 条、4 条以及《第一附加议定书》第 77 条第 2 款更具体地规定了条约法上的义务。需要注意的是，《〈儿童权利公约〉任择议定书》第 4 条适用于有组织武装团体而不是一国的武装部队。这些规则符合武装冲突法提供的对儿童的一般性保护。[②]

2. 本规则中，"儿童"是指年龄小于 15 岁的人。[③]《〈儿童权利公约〉任择议定书》规定，禁止年龄 18 岁以下的人从事相应活动，并要求缔约国遵守这些规定。[④] 对于习惯国际法是否已演进到这一标准或还是以 15 岁为准，国际专家组未能达成一致意见。因此，本规则采取了这样的立场：年龄小于 15 岁的儿童绝不能参与网络敌对行动。[⑤]

3. 规则 138 禁止在任何情况下征募儿童进入部队或其他任何有组织武装团体。所征募儿童即便不参与敌对行动，也在禁止范围之内。

[①] *Lubanga* judgment, paras. 600 – 628; GERMAN MANUAL, paras. 306, 505; NIAC MANUAL, para. 3.5; ICRC CUSTOMARY IHL COMMENTARY, Rules 136 – 137. See also Rome Statute, 8 (2) (b) (xxvi), 8 (2) (e) (vii); Sierra Leone Statute, Art. 4 (c).

[②] *See* CRC Optional Protocol（序言规定"考虑到为进一步加强行使《儿童权利公约》确认的权利，需要加强保护儿童，使其不卷入武装冲突"）. See also Convention concerning the Prohibition and Immediate Action for the Elimination of the Worst Forms of Child Labour, Art. 3 (a), 17 June 1999, ILO Convention No. 182. 国际刑事法院注意到，"这些条款认识到儿童特别容易受到伤害，与其他平民相比，需要得到优先对待。"历史上这些限制措施的主要目的在于保护年龄小于 15 岁的儿童免受武装冲突带来的危害，首先也是最重要的是保护儿童的身体和心理健康。*Lubanga* judgment, para. 605.

[③] Rome Statute, Art. 8 (2) (b) (xxvi); CRC, Art. 38 (2 – 3); UK MANUAL, paras. 4.11, 15.7 – 15.7.1; CANADIAN MANUAL, para. 1714; GERMAN MANUAL, paras. 306, 505; ICRC Customary IHL COMMENTARY, commentary accompanying Rule 136.

[④] CRC Optional Protocol, Arts. 1, 2, 4 (1).

[⑤] *Lubanga* judgment, paras. 620 – 628.

4. 因此，国家必须采取有效措施，保证儿童不参与敌对行动（规则 97）。① 无论儿童是由武装部队征募，还是由有组织武装团体或以国家的名义征募，国家都有此义务。② 没有任何理由把从事网络活动排除在参与敌对行动的范围之外。

5. "参与"一语是引自红十字国际委员会国际人道法研究第 137 条引用的概念。涉及在武装冲突中使用儿童的不同文书对有关活动所采用的标准不一。例如，《第一附加议定书》用的是"直接参与敌对行动"，③ 而《第二附加议定书》用的是"参与"。④ 《罗马规约》用的是"积极参与敌对行动"。⑤ 对这些标准的理解也不同。一些评论者和法庭把"积极"和"直接"参与等同看待，还有人认为它们有区别。⑥ 考虑到禁止的目的与意图，国际专家组认为用"参与"是合理的。

第四节　新闻记者

规则 139　保护新闻记者

在武装冲突地区担任危险的职业任务的平民新闻记者是平民，只要其不直接参加敌对行动，就应受到尊重，特别是在网络攻击方面。

1. 本规则基于《第一附加议定书》第 79 条，体现了习惯国际法，适用于国际性武装冲突和非国际性武装冲突。⑦ 这在网络环境下尤为相

---

① CRC Optional Protocol, Arts. 1, 4 (2); Rome Statute, Art. 8 (2) (b) (xxvi), 8 (2) (e) (vii); CRC, Art. 38 (2).

② CRC Optional Protocol, Arts. 1, 4 (2).

③ Additional Protocol I, Art. 77 (2).

④ Additional Protocol II, Art. 4 (3) (c).

⑤ Rome Statute, Art. 8 (2) (b) (xxvi), 8 (2) (e) (vii).

⑥ 比较 *Akayesu* judgment, para. 629, and ICRC INTERPRETIVE GUIDANCE, fn. 84 和 *Lubanga* judgment, para. 627。

⑦ UK MANUAL, para. 8.18; CANADIAN MANUAL, paras. 313, 441; GERMAN MANUAL, para. 515; NIAC MANUAL, para. 3.10; ICRC CUSTOMARY IHL COMMENTARY, R U LE 34; US Department of Defense, *Memorandum on 1977 Protocols Additional to the Geneva Conventions: Customary International Law Implications* (9 May 1986) *reprinted in* UNITED STATES ARMY JUDGE ADVOCATE GENERAL'S SCHOOL, LAW OF WAR DOCUMENTARY SUPPLEMENT 234 (2011) (引用并肯定了《第一附加议定书》第 79 条"包含了经国家实践支撑的习惯法"）。

关，因为当前新闻记者严重依赖计算机和通信系统与网络。

2. 一些专家认为，红十字国际委员会习惯国际人道法研究第34条精确地体现了习惯国际法。根据该条，"只要平民新闻记者没有直接参与敌对行动，他们在冲突地区的职业行为应受尊重和保护。"相应评注称："相关实践也表明，开展同武装冲突有关的职业活动的新闻记者应受保护"。

3. 然而，国际专家组大部分成员认为，习惯法上的义务只是"尊重"新闻记者，而不是"保护"新闻记者。冲突各方不得伤害新闻记者，但没有保护其不受他人伤害（例如通过网络手段）的义务。大部分专家还认为，本规则仅规定了尊重新闻记者本身的义务，不包括新闻记者的活动或成果，如在网站上发布的内容。这在网络环境下尤为重要，因为很多记者活动依赖于易受网络行动攻击的系统和设备。当然，如下所述，这些系统和设备作为民用物体受保护，除非其根据规则100变成军事目标。

4. 本规则中，"新闻记者"包括报道记者、摄像记者、图片记者和音响师。① 红十字国际委员会对《第一附加议定书》第79条的评注，将范围限定为"为新闻媒体和其他媒体工作的人员"。② 国际专家组认为，"新闻记者"的范围还包括隶属于经设立的、完全在线的媒体组织的人员。然而，对于"记者"是否包括发布日志（博客）但并非隶属于经设立的媒体机构的私人，国际专家组没有达成一致意见。

5. 武装冲突法对"战地记者"（war correspondents）和"参与危险职业活动的新闻记者"进行了区分。③ 战地记者得到其随行武装部队的正式承认。虽然他们是平民，但与新闻记者不同，他们如果被捕，将获

---

① 这个定义与《联合国保护在武装冲突中参与危险任务的新闻记者公约》附件一第2条第1款基本一致，参见 UN Doc. A/10147（1975年8月1日）（"通讯员、报道员、摄影记者以及将参与有关行为作为主要职业的摄影、广播和电视的技术助理人员"都被认为是新闻记者。）

② ICRC ADDITIONAL PROTOCOLS 1987 COMMENTARY, para. 3260.

③ *Compare* Geneva Convention III, Art. 4A（4），*with* Additional Protocol I, Art. 79（1 - 2）. *See also* CANADIAN MANUAL, paras. 313 - 314；ICRC CUSTOMARY IHL COMMENTARY, commentary accompanying Rule 34.

得战俘地位。① 从事新闻记者活动作为其部分职责的武装部队成员，在武装冲突法上不是新闻记者，而是战斗员。②

6. 武装冲突法不禁止通过网络或其他手段对新闻记者和战地记者进行审查。③ 不进行此种禁止对于军事行动具有操作性意义。如在一场即将进行或正在进行的进攻行动中，现代新闻传播的速度和广度意味着任何报道都会增加行动成功的难度，或者把参与者置于更大的危险中。因此，禁止或限制对此类行动进行报道并不违反武装冲突法。

7. 新闻设备并不具有特殊地位。新闻记者在其职业活动中所有和使用的设备作为民用物体受保护，除非根据规则 100 构成军事目标。因此，新闻报道所使用的计算机、数据、网络、通信和连接设施只享有民用物体的保护地位。在一些情形下，根据规则 149，这些系统和设备可被征用或没收。

8. 作为平民，新闻记者直接参与敌对行动受本规则调整。虽然使用网络设备进行调查、采访、记录、录音等新闻活动本身不是直接参与敌对行动，但是如果行为直接支持军事行动，可变成敌对行动。

9. 使用电子或其他媒体进行宣传是否构成直接参与敌对行动（与此相关的问题是，使用的物体是否构成军事目标），这一问题尚无定论。大部分专家认为，进行宣传鼓动本身不构成直接参与敌对行动（规则 97），④ 但少数专家主张，使用网络或计算机来进行宣传鼓动，会使新闻设备变成可受网络攻击的军事目标。⑤

10. 但是，国际专家组多数专家认为，用于煽动战争犯罪、种族灭绝或危害人类罪行的宣传将使有关新闻记者成为直接参与敌对行动者，

---

① Geneva Convention III, Art. 4A（4）；DoD MANUAL, para. 4. 24. 2. 1；UK MANUAL, para. 8. 18；CANADIAN MANUAL, para. 314；German MANUAL, para. 515.

② ICRC ADDITIONAL PROTOCOLS 1987 COMMENTARY, para. 3262.

③ 关于审查规则存在的范围，由地方法律或国内法律规定。

④ ICRC INTERPRETIVE GUIDANCE, at 51.

⑤ *But See* Final Report to the Prosecutor by the committee Established to Review the NATO Bombing Campaign Against the Federal Republic of Yugoslavia, 39 ILM 1257, para. 76（13 June 2000）.

其使用的设备成为可攻击（包括通过网络手段攻击）的军事目标。[①] 少数专家持反对意见。无论如何，这些问题都是极有可能发生的事。

第五节　含有危险力量的装置

规则140　攻击堤坝和核电站时的注意义务

在对含有危险力量的工程和装置，即堤坝、核电站以及它们附近的其他装置实施网络攻击时，须给予特别注意，以避免引起危险力量的释放，从而在平民居民中造成严重损失。

1. 根据《第一附加议定书》第56条和《第二附加议定书》第15条规定，除了特定例外情况外，本规则所指的工程和设施即便在成为军事目标时，也不受攻击。因为如果攻击它们，会造成危险力量的释放，导致平民居民的严重损失。一般认为，这两条规则并不构成习惯国际法。[②] 本规则援引自红十字国际委员会习惯国际人道法研究第42条，规定了比两个附加议定书更有限的禁止。国际专家组认为，该条本质上是习惯法。[③] 两个条约的缔约国要履行比本规则要求更高的保护义务。[④]

2. 规则140是一项特殊预防性规则，涉及的是对含有危险力量且构成军事目标（规则100）的装置进行网络攻击时应予以注意的程度。[⑤] 即使不是《第一附加议定书》或《第二附加议定书》的缔约国，根据

---

① "直接参与敌对行动"的构成要素"损害门槛"和"因果关系"可因危害被保护人员和物体来满足条件。ICRC INTERPRETIVE GUIDANCE, at 47 – 57. 关于煽动种族灭绝，可参见：*Ferdinand Nahimana* et al. v. *Prosecutor*, paras. 677 – 715, Case No. ICTR 99 – 52 – A, Appeals Chamber judgment（Int'l Crim. Trib. for Rwanda 28 November 2007）。

② ICRC CUSTOMARY IHL COMMENTARY, commentary accompanying Rule 42.

③ *See also* AMW MANUAL, Rule 36; NIAC MANUAL, para. 4.2.3.

④ UK MANUAL, paras. 5.30（as amended） – 5.30.10, 15.51 – 15.51.1; CANADIAN MANU-AL, para. 444; GERMAN MANUAL, paras. 464 – 470; AMW MANUAL, commentary accompanying Rule 36. 一些国家为了报复的目的，对其在《第一附加议定书》第56条下的义务进行了限制。例如，英国在批准该议定书时发布了一个声明，针对对敌方战争实力有用的装置，保留通过高级别指挥官授权来发动攻击的权力。UK Additional Protocols Ratification Statement, para.（n）

⑤ ICRC ADDITIONAL PROTOCOLS 1987 COMMENTARY, para. 4817.

比例原则（规则 113），也应承认平民享有免受因对水库、堤坝、核电站进行攻击而导致的间接损害的权利。① 如间接损害的风险尤为严重，攻击这些目标时应特别注意，避免危险力量的释放有可能导致的平民严重受损。

3. 国际专家组多数成员认为，"特别注意"是指在确定何种预防措施具有实际可能性时，必须考虑本规则所指危险力量造成的特殊危险。例如，恶意软件本来打算攻击敌军水电设施以减少电力供应，但在攻击计划中对于这对关联闸门的影响注意不够，并对下游造成破坏性后果，这就违反了本规则。

4. 少数专家认为，"特别"这个词不应在本规则出现，因为在攻击中采取预防措施的规定（规则 114~120）已经要求采取一切有效措施避免附带损害。在他们看来，特殊注意义务并没有增强采取一切有效预防措施的义务。例如，在上面的例子中，要考虑到水源控制系统受损的可能性，采取相应预防措施。但是，由于他们认为这个词语对本规则并未添加实质性的义务，所以决定不阻碍对本规则达成一致意见。

5. "严重损失"（severe losses）来自《第一附加议定书》第 56 条第 1 款。确定危险力量是否会导致对平民的严重损失，必须以客观因素（如危险力量的释放会对高密度平民聚居区域带来影响）为基础善意判断。②

6. 本规则仅针对水库、堤坝、核电站以及其附近的军事目标，③ 以及构成这些工程或装置的组成部分并支持其运行的计算机和计算机系统，不适用于其他包含危险力量的工程或装置，如化工厂和石化厂。④ 本手册规则 99~101、规则 113~120 规范了对这些设施的攻击。

---

① DoD MANUAL, para. 5. 13. 手册指出：含有危险力量的设施、工厂或装置，如堤坝、核电厂或生产大规模杀伤性武器的设施，只要符合包括区分原则和比例原则在内的相关规则，是允许攻击的。
② ICRC ADDITIONAL PROTOCOLS 1987 COMMENTARY, paras. 2154, 4821.
③ ICRC ADDITIONAL PROTOCOLS 1987 COMMENTARY, paras. 2147 – 2153.
④ AMW MANUAL, commentary accompanying Rule 36.

7. 对攻击本规则所指的装置和支持性网络基础设施采取特殊注意的要求，不适用于它们被直接用于支持军事行动，且对其攻击是终止其使用的唯一有效手段的情况。[①] 这些对军事行动的支持必须与装置的普通功能相分离。例如，偶尔使用核电站发电用于军事用途不妨碍本规则的适用。如果有关保护停止，任何支持水库、堤坝、核电站工作的计算机和计算机系统成为网络攻击的目标，攻击时必须按照在攻击中采取预防措施的一般要求（规则 114 ~ 120），采取一切措施防止危险力量释放。[②] 当然，比例原则依然适用（规则 113）。

8. 《第一附加议定书》第 56 条第 6 款规定了包含危险力量的工程和装置的任择性识别。作为一项良好做法，应在可能的情况下对包含危险力量的工程和装置用经过同意的电子标记进行识别，这一做法在网络行动中尤其有用。[③] 这些电子标记可作为补充的特别标示，用来指示水库、堤坝、核电站。没有电子或实体标记不影响其受保护地位。

第六节　平民生存不可缺少的物体

规则 141　保护对生存不可缺少的物体

禁止通过网络行动对平民居民生存所不可缺少的物体实施攻击、毁坏、移除或使其失去效用。

1. 本规则基于《第一附加议定书》第 54 条第 2 款，适用于国际性武装冲突，体现了习惯国际法。它是对平民免受直接攻击（规则 94）的进一步保护。作为一项特别的和独立的规则，应将其与禁止使平民居民陷入饥饿作为作战方法的规则（规则 107）一起考虑。

2. 国际专家组多数成员认为，本规则作为习惯国际法，也适用于

[①]　Additional Protocol I, Art. 56 (2). *See also* UK MANUAL, paras. 5.30.5, fn. 124; CANADI-AN MANUAL, para. 444; GERMAN MANUAL, para. 465.

[②]　Additional Protocol I, Art. 56 (3).

[③]　Additional Protocol I, Art. 56 (6). 第 56 条第 7 款规定了标示含有危险力量装置的实质含义。*See also* UK MANUAL para. 5.30.9.

非国际性武装冲突。① 少数专家认为，《第二附加议定书》第 14 条仅对以使平民陷于饥饿为目的的作战方法作出明确禁止，因此他们认为在非国际性武装冲突中，仅在采取特定行动的目的是使平民陷于饥饿时，习惯法才适用。

3. 本规则以及第 54 条第 2 款的适用范围限于以下情形：基于"使之失去对平民居民或敌方的供养价值的特定目的"，而对有关物体进行攻击、毁坏、移除或使之失去效用。只要其目的是使它们失去对平民居民的供养价值，无须考虑目的背后的动机。导致同样效果但带有其他目的的行动不受本规则限制。② 因此，例如，在对军事目标的网络攻击中，这类物体意外被破坏（附带损害）并不在本规则的适用范围之内。③ 同样，如果根据当时的情形，任何这类物体构成军事目标，对其进行攻击不违反本规则。

4. 所引用的《第一附加议定书》和《第二附加议定书》相关条款，列举了以下对平民居民生存不可缺少的物体：食物、农田、粮食、牲畜、饮用水装置和管道、灌溉工程。食物和医疗供应设施一般也被认为是平民居民生存的基本需求，《第一附加议定书》还提到了衣服、被褥、住所。④ 尽管这个列举不是穷尽性的，但本规则适用的物资必须是"对生存不可缺少"的。⑤ 这是一个非常有限的类别，不是

① *See Partial Award*, *Western Front*, *Aerial Bombardment and Related Claims*, 1, 3, 5, 9 – 13, 14, 21, 25 and 26 (*Eri. v. Eth.*) 26 RIAA paras. 98 – 105 (Eritrea – Ethiopia Claims Commission 2005); UK MANUAL, para. 5.27; Canadian MANUAL, para. 445; GERMAN MANUAL, para. 463; AMW MANUAL, Rule 97 (b); NIAC MANUAL, commentary accompanying para. 2.3.10; ICRC CUSTOMARY IHL COMMENTARY, Rule 54. *See also* Rome Statute, Art. 8 (2) (b) (xxv).

② Additional Protocol I, Art. 54 (2). *See, e. g.*, UK Additional Protocols Ratification Statement, para. (1) (称"不以断绝平民和敌方基本生存条件的特定目的发动的攻击"，不适用本规则); DoD MANUAL, para. 5.20.4; AMW MANUAL, commentary accompanying Rule 97 (b).

③ UK MANUAL, para. 5.27.2.

④ Additional Protocol I, Art. 69 (1) (针对被占领领土); Additional Protocol II, Art. 18 (2); Geneva Convention IV, Art. 55 (限于第 4 条所保护人员); UK MANUAL, para. 5.27; CANADIAN MANUAL, para. 445; GERMAN MANUAL, para. 463; AMW MANUAL, Rule 97 (b); NIAC MANUAL, commentary accompanying para. 2.3.10.

⑤ ICRC ADDITIONAL PROTOCOLS 1987 COMMENTARY, para. 2103.

生存必需的物资（如只是提高民众健康水平和生活质量的物资）尽管作为民用物资受一般规则的保护（规则 99～101），但不在本规则的适用范围之内。

5. 互联网（或其他通信网络）本身并不构成平民居民生存不可缺少的物体。但是在网络行动背景下，网络基础设施是发电机、灌溉设备、饮用水系统和食物生产设备正常运转必不可少的组成部分，根据具体情况，可构成对平民居民生存不可缺少的物体。

6. 根据其文本的明确规定，本规则不仅限于禁止实施网络攻击（规则 92），还包括禁止任何旨在断绝平民居民或敌方基本生存条件的行为。

7. 在国际性武装冲突中，[1] 如果有关物体被敌方以满足部队生存或直接参与军事行动为唯一目的而使用，则不适用本项禁止。[2] 国际专家组多数成员认为，尽管存在这两项例外，如果有关行动可能导致平民食物饮水短缺，造成平民饥饿或被迫转移，则不能对这类物体发动网络行动。[3] 少数专家主张，由于国家实践不充分，不足以支持这一主张。

第七节　文化财产

规则 142　尊重和保护文化财产

武装冲突当事方应尊重和保护可能受网络行动影响或位于网络空间的文化财产。尤其禁止为军事目的使用数字文化财产。

1. 本规则体现了 1954 年《海牙文化财产公约》及其 1954 年和 1999 年议定书以及第一、第二附加议定书所包含的主题。本规则既适

---

[1]　ICRC CUSTOMARY IHL COMMENTARY, commentary accompanying Rule 54（称该例外不适用于非国际性武装冲突，因为《第二附加议定书》第 14 条没有作出规定，也没有实践支持）。

[2]　Additional Protocol I, Art. 54（3）.

[3]　*See, e. g.,* UK MANUAL, para. 5.19; CANADIAN MANUAL, para. 445; ICRC CUSTOMARY IHL COMMENTARY, commentary accompanying Rule 54.

用于国际性武装冲突，也适用于非国际性武装冲突，是习惯国际法。①

2. 文化财产包括"对每一民族文化遗产具有重大意义的动产或不动产"。② 根据 1954 年《海牙文化财产公约》的 1999 年《第二议定书》，文化财产是"对人类具有最重大意义的文化遗产"，享有高级别受保护地位。③ 本手册采用前一个定义，因为它体现了习惯国际法；④后一定义只对《第二议定书》的缔约国有效。

3. 本规则所指"尊重和保护"源于 1954 年《海牙文化财产公约》第 2 条和第 4 条。除了禁止对文化财产进行攻击外，⑤ "尊重"尤其强调在发动军事行动时采取一切有效手段避免文化财产受损的义务。⑥ 国际专家组认为，这项义务可扩展于网络行动。相反，"保护"是指采取有效保护措施，保证文化财产在军事行动中免受他人造成的损害。⑦ 对1954 年《海牙文化财产公约》及 1999 年《第二议定书》的缔约国而言，还要采取额外保护措施。

4. 国际专家组考虑了无形物品能否构成武装冲突法意义上的"财产"。就《第一附加议定书》第 52 条所指的民用物体而言，国际专家组一般地否定了无形物品（如数据）可构成"物体"（规则 100）。但

———————————

① Additional Protocol I, Art. 53; Additional Protocol II, Art. 16; Cultural Property Convention, Arts. 18 – 19. 除 1954 年公约外，其他相关国际条约法也一般地都支持这一立场。Hague Regulations, Art. 27; Convention (Ⅸ) concerning Bombardment by Naval Forces in Time of War, Art. 5, 18 October 1907, 1 Bevans 681; Treaty on the Protection of Artistic and Scientific Institutions and Historic Monuments (Roerich Pact), 15 April 1935, 167 LNTS 279; DoD MANUAL, paras. 5. 18, 17. 11; UK MANUAL paras. 5. 25 – 5. 26. 8 (as amended), 15. 18 – 15. 18. 3, 15. 52; CANADIAN MANUAL, paras. 111, 443; NIAC MANUAL, para. 4. 2. 2; ICRC CUSTOMARY IHL COMMENTARY, Rules 38 – 39. See also Rome Statute, Art. 8 (2) (b) (ix), 8 (2) (e) (iv).

② Cultural Property Convention, Art. 1 (a) （规定了财产类别的例子）; AMW MANUAL, Rule 1 (o).

③ Second Cultural Property Protocol, Art. 10 (a) （也要求物体在国内法上受到法律保护，不能用于军事目的）。

④ UK MANUAL, paras. 5. 25, 5. 25. 2; AMW MANUAL, Rule 1 (o).

⑤ UK MANUAL, para. 5. 25. 1; GERMAN MANUAL, para. 903; AMW MANUAL, Rules 95 – 96.

⑥ UK MANUAL, para. 5. 25. 3; GERMAN MANUAL para. 903; AMW MANUAL, Rule 95 (c) and commentary accompanying Rule 96.

⑦ AMW MANUAL, Rule 94.

问题是，同一文书的第 53 条还提到"文化物体"。因此一些专家认为，文化财产在本质上必须是有形的，无形物品如数据不构成文化财产。

5. 其他专家强调，"财产"并不仅仅限于有形物品。无形财产概念的典型就是为国际法普遍接受、大部分国家国内法也规定了的知识产权。对这些专家而言，关键的问题是无形财产是否具有文化性质。相关例子包括生成且存储于计算工具，因而只能以数字形式存在的音乐曲谱、数字电影、电子政务有关的文档和科学数据。以物理形式存在（或曾经存在）的物体的特定拷贝，如可用于制作复制品，也构成文化财产。①

6. 国际专家组成员均不认为，所有数字形式的文化财产都享有本规则确定的受保护地位。对数字拷贝或电子版的保护只有在原件不可获得或被破坏，且电子拷贝的数量有限时才能适用。以达·芬奇的蒙娜丽莎画像为例，该画像唯一的高分辨率版本包含海量信息，如果原版蒙娜丽莎被损毁，这样的电子版本构成文化财产。但是，由于数据复制的高速度和低成本，一旦该电子版本被复制且大量下载，该作品的任何单一数据拷贝将不受本规则保护。这是因为，对文化财产的保护是基于原始艺术作品的价值和不可替代性，以及对原件进行忠实复制的难度、耗费的时间和精力。如果可以进行大量高质量的复制，本规则潜在的逻辑就不适用。

7. 在电子文化财产方面，"尊重和保护"禁止任何对数据的改变、损害、删除或破坏以及为军事目的的运用。例如，使用一个民族的数字历史档案来确定个人种族来源以实施种族灭绝，显然是非法的。仅仅是临时拒绝或阻碍访问数据，例如通过影响所要访问电子设备的功能达到此目的，则在文化财产的保护范围之外。

8. 与对应的有形文化财产一样，电子文化财产不得用于军事目的。例如，经过密码图形修改的数字艺术作品一旦用于军事目的，就不能作为文化财产予以保护。

9. 《海牙文化财产公约》第 16 条规定了标示文化财产的特殊标志。对数字文化财产使用这些标志是适当的。此外，使用相应的数字标

---

① 制作复制品构成文化财产的一个具有重大历史影响的例子是，复制的历史地图、照片、建筑方案等对"二战"后重建华沙旧城发挥了重大作用。

志通告攻击方，有关电子数据是受保护的文化财产，这也是适当的。由于还没有正式确立这样的标志，多种技术手段都可加以利用，例如文件命名惯例，使用机器可读的标签数据编码方案，公布电子文化财产的 IP 地址清单，或采用某类顶级域名。

10. 尽管可以攻击构成军事目标的文化财产，攻击此类目标的决定必须由合适的高层做出。冲突各方应适当考虑到目标是文化财产。另外，攻击方事前要尽可能发布有效的警告，只有在警告经合理的期限仍一直被忽视，才能发动攻击。①

第八节 自然环境

规则 143 保护自然环境

（1）自然环境属于民用物体，享有免受网络攻击及其后果的一般保护。

（2）禁止《第一附加议定书》缔约国使用旨在或可能对自然环境造成广泛、长期和严重损害的网络性质的作战方法或手段。

1. 本规则第 1 款基于区分原则（规则 93）和禁止攻击民用物体原则（规则 99）。国际专家组同意，这体现了国际性武装冲突中的习惯国际法。② 大部分专家认为第 1 款也适用于非国际性武装冲突。③

2. 本规则第 2 款基于《第一附加议定书》第 35 条第 3 款和第 55 条。由于专家们对该款是否体现习惯国际法存在分歧，④ 因此规定该款仅适用于该附加议定书缔约国。一些专家认为，尽管《第一附加议定

---

① Second Cultural Property Protocol, Arts. 6（d），13（2）（c）（ⅱ）；AMW MANUAL, Rule 96.

② DoD MANUAL, para. 6. 10. 3. 1；CANADIAN MANUAL, paras. 446，620，709；GERMAN MANUAL, para. 401；AMW MANUAL, chapeau to Sec. M；ICRC CUSTOMARY IHL COMMENTARY, Rule 43.

③ UK MANUAL, para. 15. 20；AMW MANUAL, commentary accompanying Rules 88 – 89；NIAC MANUAL, para. 4. 2. 4；ICRC CUSTOMARY IHL COMMENTARY, commentary accompanying Rule 43.

④ ICRC CUSTOMARY IHL COMMENTARY, Rule 45.

书》不适用于非国际性武装冲突，但事实上其对环境的规定在这类冲突中作为习惯法适用。

3. 关于"自然环境"，不存在普遍接受的定义。① 本手册中，国际专家组采用了1977年《环境改变公约》第2条除外层空间之外的定义："地球，包括其生物群、岩石圈、地水层和大气层的动态、组成或结构"。② 专家们的分歧在于，该术语是否应包括外层空间。反对包含外层空间的专家主要理由是，缺乏有效国家实践和法律确信。

4. 国际专家组所有成员都认为，环境是民用物体，因此享有免受直接网络攻击的地位，除非其变成军事目标（规则99～101）。因此，为防止对自然环境造成间接破坏，那些计划、同意或发动网络攻击者必须适用比例规则（规则113）以及在攻击中采取预防措施的要求（规则114～120）。③ 例如，计划对军用油料仓库发动网络攻击，必须考虑到石油泄漏可能对自然环境造成的损害。

5. 另外，禁止对自然环境进行肆意破坏。④ "肆意"是指恶意的故意行动导致的破坏，也就是不能以军事必要性为正当理由的行动。⑤ 例如，单单为造成环境破坏，使用网络手段造成油料进入水道，是非法的。

6. 禁止《第一附加议定书》缔约国发动意图或可被期待对自然环境造成"广泛、长期和严重"损害的网络攻击。⑥ 关于这一表述，红十字国际委员会对第一附加议定书的评注注意到在谈判外交会议上：

一些人认为所要求的时间或持续期间（即"长期"）应以数十年来计算。一些代表认为二十年或三十年是最少的期限。其他一些人认为第

---

① AMW MANUAL, chapeau to Sec. M.

② Environmental Modification Convention, Art. II.

③ DoD MANUAL, para. 6.10.3.1; AMW MANUAL, commentary accompanying Rule 88. *See also* Rome Statute, Art. 8 (2) (b) (iv).

④ Hague Regulations, Art. 23 (g); AMW Manual, Rule 88; ICRC CUSTOMARY IHL COMMENTARY, commentary accompanying Rule 43. *See also* Rome Statute, Art. 8 (2) (a) (iv).

⑤ Geneva Convention IV, Art. 147; AMW MANUAL, commentary accompanying Rules 88. *See also* Rome Statute, Art. 8 (2) (a) (iv), Art. 8 (2) (e) (vii).

⑥ Additional Protocol I, Arts. 35 (3), 55. *See also* UK MANUAL, para. 5.29; CANADIAN MANUAL, para. 446; GERMAN MANUAL, para. 403.

一次世界大战在法国造成的破坏应在禁止的范围之外。……一个被广泛认同的意见似乎是：伴随传统作战行为产生的意外破坏一般情况下不应在本条的规定范围内。因此，本条首要的目的在于规定会对平民的生存长期有害或者有导致重大健康问题的风险的损害。①

7. "广泛、长期和严重"这一连续性的词组清楚地表明，仅在环境受到特别严重破坏的情形下，才违反本规则的规定。②

第九节　集体惩罚

规则 144　集体惩罚

禁止以网络手段实施集体惩罚。

1. 本规则基于《海牙章程》第 50 条、《日内瓦第三公约》第 87 条、《日内瓦第四公约》第 33 条、《第一附加议定书》第 75 条第 2 款第 4 项和《第二附加议定书》第 4 条第 2 款第 2 项。本规则被认为是习惯国际法，适用于国际性武装冲突和非国际性武装冲突。③

2. 本规则禁止使用网络手段对因有关个人或群体未参与的行为而对其实施报复性制裁。国际专家组多数成员认为，正如《红十字国际委员会日内瓦第四公约评注》中指出的，应对禁止集体惩罚的概念做出宽松的解释："并不是指根据刑事法进行的惩罚……（而是指）对个人或群体的全体成员因其未实施的行为而进行的任何处罚"。④ 1987 年红十字国际委员会对两份附加议定书的评注同样还指出，"集体惩罚的概念必须从最广义上进行理解；不仅包括法律宣判，还包括警察或其他

---

① ICRC ADDITIONAL PROTOCOLS 1987 COMMENTARY, para. 1454.

② 根据《环境改变公约》，对应的标准是分开的。Environmental Modification Convention, Art. Ⅱ.

③ DoD MANUAL, paras. 8.16.2.1, 17.6.7; UK MANUAL paras. 8.121.a, 9.4.d, 9.24.d, 15.38.b; CANADIAN MANUAL, paras. 1039, 1135, 1713; GERMAN MANUAL, paras. 507, 536; NIAC Manual, para. 1.2.4; ICRC CUSTOMARY IHL COMMENTARY, Rule 103. See also ICTR Statute, Art. 4 (b); Sierra Leone statute, Art. 3 (b).

④ ICRC GENEVA CONVENTION IV COMMENTARY, at 225.

机关任何形式的制裁、骚扰以及行政处罚"。[①] 例如，多数专家都认为，因个别人违法，以惩罚所有居民为主要目的而在某地区关闭互联网，就构成集体惩罚。少数专家持有异议，认为"惩罚"不包括造成轻微不便或打扰的行为。但是，所有专家一致认为，如为报复小股反抗者的网络攻击而没收某一村庄所有个人电脑，会违反禁止集体惩罚的规定。

3. 集体惩罚与占领当局为保障其自身安全或维护居民公共秩序和安全，根据本手册规则146～149规定所采取的措施不同。还要将这一概念同针对个人是合法，却对他人造成了预料之外效果的行为区分开来。

4. 尽管《海牙章程》第50条仅适用于被占领领土，但《日内瓦第四公约》第33条对人员的保护，既适用于被占领领土，也适用于冲突一方的领土。[②] 此外，《第一附加议定书》第75条第2款第4项和《第二附加议定书》第4条第2款第2项"在任何时间、任何地点"都适用。因此，国际专家组认为本规则的适用范围不限于被占领领土。

第十节　人道主义援助

规则 145　人道主义援助

不得以不当干涉提供人道主义援助的公正努力为目的，而策划或实施网络行动。

1. 本规则基于《日内瓦第四公约》第23条和59条、《第一附加议定书》第69条和70条制定。本规则适用于国际性武装冲突，并属于习惯法。[③]

2. 对于本规则是否适用于非国际性武装冲突，国际专家组没有达成一致意见。一些专家认为不适用于这类冲突，除非相关国家是《第

---

① ICRC ADDITIONAL PROTOCOLS 1987 COMMENTARY, para. 3055.

② 关于"受保护人员"，可参见：Geneva Convention IV, Art. 4.

③ AMW MANUAL, Rule 102（a-b）and accompanying commentary. *See also* Rome Statute, Art. 8（2）（b）（iii）.

二附加议定书》的缔约国。其他专家认为，本规则不仅包含了《第二附加议定书》第 18 条第 2 款的规定，还体现了习惯国际法，对没有参与该议定书的国家也有效。① 持后一观点的一些专家强调，进行人道主义援助须得到接受国的同意。② 关于同意的具体要求，这些专家也有分歧。有的认为不能无理由拒绝同意，③ 还有的认为人道主义援助的规定完全属于接受国自由裁量的范围。④

3. 尽管红十字国际委员会习惯国际人道法研究指出，"用于人道主义救援行动的物质必须得到尊重和保护"，⑤ 但本规则的用意在于国家对人道主义援助的容忍和支持。国际专家组认为，本规则能更好地适应于网络环境。

4. 本规则所列的禁止适用于所有领土。《日内瓦第四公约》第 23 条要求确保"为另一缔约国，即使该另一缔约国为其敌对国"大范围援助物资的"自由通过"⑥。结合关于保证被占领领土或被一方控制领土的人口得到合适的人道主义援助的规定，不得干涉人道主义援助的义务没有地域上的限制。

5. "人道主义援助"在这里是一个专门术语。并不是所有提供物资或支持平民的行为都构成本规则所称的人道主义援助。对人道主义援助的理解与《第一附加议定书》第 70 条规定的"救济行为"类似。运送基本生活品和减轻痛苦的支持行为才构成人道主义援助。带有人道主义性质的物品包括"食物和医疗物资……衣服、被褥、住所或其他生存基本物品"。⑦

---

① Rome Statute, Art. 8.2 (e) (iii); AMW MANUAL, commentary accompanying Rule 102 (a - b); ICRC CUSTOMARY IHL STUDY, Rules 31 – 32. See also UK MANUAL, para. 15.54; NIAC MANUAL, para. 5.1.

② Additional Protocol II, Art. 18 (2). See also UK MANUAL, para. 15.54.

③ UK MANUAL, at 409, n. 129; AMW MANUAL, commentary accompanying Rule 100 (a).

④ 持这一立场的只能是非《第二附加议定书》缔约国，或者在非国际性武装冲突中该条约对其不适用的各方。1987 年红十字国际委员会关于附加议定书的评注第 4885 段的解释是，第 18 条第 2 款不应被随意理解。

⑤ ICRC CUSTOMARY IHL COMMENTARY, Rule 32.

⑥ 《日内瓦第四公约》第 13 条将本部分（包含第 23 条）扩展到"冲突国家全体人民"。

⑦ Additional Protocol I, Art. 69 (1).

6. 人道主义援助由冲突各方达成的协定进行规定，因此要设置合理的条件。① 然而，设置的条件不能"不当干涉"救济行动。本规则中，不当干涉是指发动网络行动妨碍或阻止合法公正的救济行动，或以不被正当军事考虑支持的方式实施网络行动。②

7. 例如，甲国与乙国在后者领土上爆发国际性武装冲突，一些非政府组织设立了人道主义援助行动的设施，来帮助乙国境内流离失所的人民。在对乙国发动的网络行动中，甲国有义务避免对非政府组织提供人道主义援助的通信和其他网络活动造成不当干涉。

---

① Additional Protocol I, Art. 70 (1 – 3); UK MANUAL, para. 9.12.2; CANADIAN MANUAL, para. 1113; GERMAN MANUAL, para. 503.

② *See also* AMW MANUAL, commentary accompanying Rule 101.

第十九章　占领

1. 占领的概念并不涵盖非国际性武装冲突。[①]

2. 所有国际专家组成员一致同意，领土被置于敌方军队掌控之下即构成占领。被占领领土政权机构无法行使公共职能而由占领当局组建机构取代时，占领发生。[②] 占领的范围由占领当局所建机构及其所能行使权力的范围确定。部分专家认为，占领也包括冲突一方有能力替换其管理机构的情形，[③] 但其他专家认为，实际行使控制权是占领的前提条件。[④] 一旦军事管理机构结束对外国领土行使管理权或管理无效时，占领即告结束。[⑤]

3. 国际专家组认为，尚未出现对网络空间的占领这一法律概念。另外，网络行动不能单独确立或维持构成占领所需的对领土行使必要权力这一要求。但是，网络行动可用来帮助确立或维持必要的权力，如向群众发布占领法所要求的特定通知。反过来说，网络行动能用来扰乱或破坏占领当局用于维持权力的电脑系统。

4. 在本章中，"受保护人员"是指处于占领当局管理下的不属于占

[①] Geneva Conventions Ⅰ-Ⅳ, Art. 2. 由于占领是一国对另一国领土行使权力，因此从逻辑上说，占领不适用于非国际性武装冲突。*See also* DoD MANUAL, para. 11.1.3.3; AMW MANUAL, commentary accompanying Rule 100 (a).

[②] Hague Regulations, Art. 43.

[③] ICRC GENEVA CONVENTION Ⅰ 2016 COMMENTARY, paras. 301 - 304; INTERNATIONAL COMMITTEE OF THE RED CROSS, OCCUPATION AND OTHER FORMS OF ADMINISTRATION OF FOREIGN TERRITORY 19 (Tristan Ferraro ed., 2012).

[④] 这些专家以"军事活动案"判决（*Armed Activities* judgment）第173段为依据。

[⑤] Hague Regulations, Art. 42; *Armed Activities* judgment, para. 172; *Wall* advisory opinion, paras. 78, 89. 那些持占领始于一国有能力行使权力时的专家认为，占领于无力行使该权力时结束。

领当局的平民，① 包括被占领领土上的平民。②

5. 以下任何规则都不解除占领当局根据占领法应承担的义务。例如，占领军队扣押政府电脑的行为受《海牙章程》第 53 条关于扣押政府财产的规定限制。同样，《日内瓦第四公约》第 53 条和《海牙章程》第 23 条规定的强制工作规则也同样适用于网络活动。

6. 受保护人员在任何情况下都不得放弃他们根据占领法所享有的权利。③

7. 本章的规则根据现存的占领规则制定，主要是《海牙章程》和《日内瓦第四公约》，它们都反映了习惯国际法。需要了解的是，联合国安理会通过的决议有时可能会修改这些传统规则的适用。

规则 146　对被占领领土受保护人员的尊重

被占领领土上的受保护人员必须予以尊重，并应使其免受网络行动的损害效果之影响。

1. 本规则基于《日内瓦第四公约》第 27 条的规定。④ 国际专家组认为，本规则反映了习惯国际法。

2. 除与健康、年龄、性别有关的特殊规定外，⑤ 占领当局必须平等对待所有受保护人员，不应有任何不利的差别对待，尤其是不能因种族、宗教信仰或政治观点而差别对待。⑥ 因此，本规则禁止因平民的种族、宗教和政治隶属而妨碍其接入互联网。但是，占领当局可根据冲突中的需要，采取一定控制和安全措施（规则 147 和规则 149）。

3. 位于被占领领土的受保护人员有权同其家庭成员进行个人性质

---

① Geneva Convention IV, Art. 4. 不过需注意，根据该条，与该国有正常外交关系的中立国或协助交战国国民不符合保护条件。

② Hague Regulations, Art. 42. 占领的结束不能与武装冲突的结束相混淆。Additional Protocol I, Art. 3（b）。

③ Geneva Convention IV, Art. 8.

④ *See also* Hague Regulations, Art. 46（关于在被占领领土尊重家庭名誉和个人权利）。

⑤ Geneva Convention IV, Arts. 16, 24, 27.

⑥ Geneva Convention IV, Arts. 13, 27; UK MANUAL, para. 9. 21.

的通信，而不论家庭成员位于何处，并有权无迟延地接收来信。① 尽管占领当局可能会允许电子邮件或社交媒体通信，但也可限制其传输。② 同样，当局也可限制上网时间段、禁止上传附件、降低联网速度、限制使用流媒体或点对点服务。无论如何，必须有途径确保家庭信息得到周期性的传送。例如，占领当局可因安全原因限制受保护人的网络通信，但应允许受保护人通过邮政系统进行家庭通信。

4. 本规则的"尊重"，是指根据规则147～149，占领当局就其可能发动的任何网络行动，承担避免损害平民的义务。与此相反，"受保护"是指占领当局就他方（如叛乱团体或犯罪分子）发动的网络行动，采取有效措施确保平民安全和健康的义务。尊重和保护的义务也包括遵守本章其他规则。

5. 根据《日内瓦第四公约》第51条，只有年满18岁的受保护人员才可在特定条件下被强制工作。③ 无论目的如何，禁止要求儿童从事与网络相关的工作（规则138）。

6. 《海牙章程》第23条第8款禁止冲突一方强制敌国国民参与军事行动。因此，尽管受保护人员具有语言、文化及信息方面的优势，能帮助占领当局实施有效的网络军事行动，但禁止强制其参与。国际专家组认为，这种禁止包括为军事行动进行准备的网络活动、保护占领当局计算机网络的网络预防措施、占领当局用于军事行动的计算机网络的一般维护。此外，根据《日内瓦第四公约》第51条规定，占领当局不得强制受保护人员到武装部队或附属部队服役。④

7. 占领当局应在无恶意区分的基础上，尽一切可能保证被占领领

① Geneva Convention IV, Art. 25. UK MANUAL, paras. 9.10, 9.10.1; GERMAN MANUAL, para. 538. 《日内瓦第四公约》第25条和第140条讨论了通过正常邮政途径进行家庭通信存在困难时，中立第三方及中央情报事务所的角色。在这种情况下，如果可能，且在占领条件下经占领当局同意，使用电子邮件和短信能提供满意的解决方案。

② Geneva Convention IV, Art. 25.

③ 根据《日内瓦第四公约》第51条，占领当局可强制年满18周岁的受保护人员参加"占领军队、公用事业或被占领国家人民的衣食住行或保健所需"的工作。*See also* DoD MANUAL, para. 11.20.2.1; UK MANUAL, para. 11.52; GERMAN MANUAL, para. 564.

④ Geneva Convention IV, Art. 147. *See also* DoD MANUAL, para. 11.20.1.1.; UK MANUAL, para. 11.53.a.

土平民基本生活所需的计算机系统持续运行。① 相关例子包括，具体情形下电网、水净化站、污水处理设备等公共设施运转所需的数据采集与监控系统的运行。

规则147 被占领领土的公共秩序和安全

占领当局应在其权力范围内采取一切措施尽可能恢复和保证公共秩序和安全，除非万不得已，应尊重该国包括适用于网络活动的法律在内的一切有效法律。

1. 本规则基于《海牙章程》第43条和《日内瓦第四公约》第64条，反映了习惯国际法。

2. 占领当局有义务恢复和保持公共秩序与安全，包括为被占领领土居民利益对被占领领土进行管理，对重要基础设施进行维护。这包含了恢复和维持被占领领土网络基础设施运转的义务。相关例子如交通和电力系统、供水网络。同样，如果占领当局发现诸如网站或社交媒体煽动宗派暴力或参与网络犯罪，有义务采取相应限制行动，防止此类活动发生。

3. 根据《海牙章程》第43条，除非万不得已，占领当局必须保证被占领领土的法律继续有效。《日内瓦第四公约》第64条中规定的"刑事法律"，被广泛认为应扩展到所有有效的法律；② 因此，规范网络行为的国内法依然有效。相关例子如规定网络犯罪或监听电话通信的刑法、规定网络服务供应商的法规、规定言论自由或侵犯隐私的法律。

4. 本规则包含了那些并不直接针对网络活动但与之相关的法律，例如有关宗教言论自由的法律。如无占领法上的充分理由，本规则可排除占领当局禁止以网络手段行使宗教自由权利的规定。

5. 除法律另有规定外，占领当局因安全需要，有权在网络上限制

---

① *See* Additional Protocol I, Art. 69（1）. 国际专家组认为这反映了习惯国际法。*See also* Rule 141.

② ICRC GENEVA CONVENTION IV 1958 COMMENTARY, at 335; DoD MANUAL, para. 11.9.1; GERMAN MANUAL, para. 547.

言论自由。① 例如，可通过审查制度应对利用社交网络媒体组织或重组抵抗的企图。如果占领当局在被占领领土之外的计算机网络受到来自被占领领土的攻击，占领当局还可采取与现行法律不相符的措施。

6. 如果现行有效法律妨碍占领当局的网络行动或军事通信并对其安全构成威胁，占领当局有权废止或中止该法的效力。占领当局还有权废止与《日内瓦第四公约》规定的义务或其他国际法规则不符的立法。② 例如，占领当局可立法取代带有歧视性的国内立法，因为如果保留这样的法律，基于种族、宗教、政治隶属等因素，特定人群将无法表达其意愿和信仰。占领当局可采取网络手段来传播新法，并在与国际法规则一致的情况下，保证法律的遵守。

7. 为保证公共秩序和安全、履行占领法上的义务或维持被占领领土管理秩序，占领当局可制定新法。③ 例如，为打击破坏被占领领土金融稳定的网络犯罪，占领当局可制定相应法规。

规则 148 占领当局的安全

占领当局可采取必要措施以保证自身的总体安全，包括自身网络系统的完整性和可靠性。

1. 本规则基于《日内瓦第四公约》第 27 条和 64 条，反映了习惯国际法。④ 它涉及针对占领当局的总体安全而采取的网络措施。本规则的结尾句强调，其适用范围扩展到占领当局的网络系统。

2. 根据本规则，可采取的措施包括：关闭将占领当局信息传送给叛乱部队的通信系统；禁止在电子邮件中谈及军事部署、态势、武器、军事能力或军事行动；出于军事必要对使用特定服务器进行限制；军事

---

① *See, e. g.*, UK MANUAL, para. 11. 34. 该手册指出："仅可出于安全方面的合法原因，对媒体、电影、广播、电视、戏剧和公共娱乐节目进行审查，或者对电报、邮件或通讯进行限制或禁止。在相同范围内，可无须尊重现行媒体法，禁止或限制报纸出版，亦可中止报纸向该国未占领地或中立国发行。" *See also* DoD MANUAL, para. 11. 7. 2.

② DoD MANUAL, para. 11. 9. 2；UK MANUAL, para. 11. 25.

③ Geneva Convention IV, Art. 64；Hague Regulations, Art. 43.

④ UK MANUAL, paras. 11. 15, 11. 34 – 11. 38；CANADIAN MANUAL, para. 1207.

当局需要带宽时限制上网时间；对个人使用互联网产生安全威胁加以限制。例如，占领当局有理由确信有人用密码图片向抵抗运动组织成员传递炸弹制作方法，如无法有效确定哪个文件含有带密码的信息，占领当局可阻止或限制其有理由相信涉嫌参与该行动的人的网络通信。在有限的情况下，在必要范围内还可一般地限制通信，直至危险情况完全解除。

3. 对受保护人员的限制不得超过占领当局必要的正当安全关切这一限度。① 必要性的确定要考虑到所有情形，如是否有其他通信方式。

规则 149　财产的没收和征用

在占领法允许没收或征用财产的限度之内，应允许控制网络基础设施或系统。

1. 本规则基于《海牙章程》第 46 条、52 条、53 条、55 条和 56 条以及《日内瓦第四公约》第 55 条，② 反映了习惯国际法。③

2. 本规则中的"没收"和"征用"两个术语应做严格区分。占领当局可"没收"国家动产，包括用于军事行动的计算机、计算机系统及其他计算和存储设备等网络财产。私人财产不得没收。占领当局的"征用"是指占用私人货物或服务并给予补偿。④ 只有因管理被占领领土或因占领部队需要并考虑到平民居民要求的前提下，才允许征用。

3. 国际专家组的多数成员认为，在本规则中，数据在严格意义上不是财产。但这并不影响占领当局利用国家数据进行军事行动。少数专家认为数据能被作为财产。

4. 占领当局有义务保证国家不动产（这不同于动产）的资本价值，

---

① "最基本的是，他们所采取的措施应不影响有关人员的基本权利。" ICRC GENEVA CONVENTION IV 1958 COMMENTARY, at 207.

② 关于医院的临时征用，可参见：Geneva Convention IV, Art. 57。

③ *See also* Additional Protocol I, Art. 14；Geneva Convention IV, Art. 57；DoD MANUAL, para. 11.18；GERMAN MANUAL, paras. 552 – 561；ICRC CUSTOMARY IHL STUDY, Rule 51.

④ 关于对服务的征用，可参见：Geneva Convention IV, Art. 51。

并进行恰当的管理。① 这类财产包括网络基础设施所在建筑物。网络基础设施是否属于国家不动产，取决于其是否可以移动，只有不可移动的财产才享有国家不动产的受保护地位。相应地，禁止占领当局采取会导致财产资本价值减少的行动。在不妨碍前几段所列规则的情况下，被移动不会对建筑物结构造成重大损害的网络基础设施属于动产。

5. 根据《海牙章程》第46条和52条，个人网络财产（或网络服务）原则上应受尊重，不得没收。只有在占领军队需要及管理被占领领土需要时，才能征用。例如，为了增强对被占领领土的管理，可征用个人所有的服务器；出于占领部队需要，可要求私人互联网服务供应商提供接入服务。征用货物或服务必须与所占国家领土的资源相匹配，不能强迫居民参与反对其本国的军事行动。②

6. 可能难以区分网络财产属于国家还是私人。网络基础设施可由公私合伙共有，政府的网络基础设施可由私人公司建立和维护。网络财产的性质有疑问时，一些国家的法律一般地推定其为公有，除非其私有性质变得十分明显。③ 如果计算机、计算机系统或其他网络财产同时存在公有和私有利益，该财产可被征收，但必须对私人利益进行补偿。④

7. 市政和宗教、慈善、教育及科学艺术机构拥有的网络财产（包括国有网络财产）应被视为个人财产。⑤ 因此，只有满足上述前提条件才能被征用（而非没收）。

8. 根据《海牙章程》第53条，传送新闻的设备即使是私人财产，也可被没收。不再需要时，应物归原主，并给予补偿。如今，每部手机或接入互联网的电脑都能传送新闻。专家们认为，将本规则的适用扩大到这些设备物品将违背本规则所依据的公约条款的目的和宗旨。因此，

---

① Hague Regulations, Art. 55；DoD MANUAL, para. 11. 18. 5. 2；UK MANUAL, para. 11. 86.

② 如果他们征用食物或医药，前提条件是"考虑到平民居民的需要"。Geneva Convention IV, Art. 55. *See also* UK MANUAL, para. 11. 76.

③ DoD MANUAL, para. 11. 18. 4. 3；UK MANUAL, para. 11. 90.

④ DoD MANUAL, para. 11. 18. 4. 2；UK MANUAL, para. 11. 90；CANADIAN MANUAL, para. 1235.

⑤ Hague Regulations, Art. 56；DoD MANUAL, para. 11. 18. 6. 4；UK MANUAL, para. 11. 76. 1；GERMAN MANUAL, para. 559.

"传送新闻的设备"应被理解为"新闻记者"（规则139）使用并由新闻记者所属组织运作的设备。

9. "控制"是指对财产的实际没收或征用。在网络环境下的问题是，控制的概念是否包括"虚拟"没收或征用。大多数专家认为在下列限度内可以包括：（1）占领当局能为其目的使用该财产；（2）财产的所有人无法使用。少数专家认为，实际占有财产是本规则的必要条件。

10. 连接被占领领土与中立国领土的海底电缆（包括在陆地上的部分）适用《海牙章程》第54条规定的特别制度。除非存在绝对必要的情形并给予补偿，否则不能被捕获或破坏。由于海底通信电缆用于网络通信，这一点在网络环境下关系重大。对于这一习惯规则是否应扩展适用于被占领领土与中立国领土间的其他网络通信所需物体（例如，卫星上下行站），① 国际专家组没有达成一致意见。

---

① See DoD MANUAL, para. 11.18.2.4.

第二十章 中立

1. 中立法仅适用于国际性武装冲突,它以《海牙第五公约》、《海牙第十三公约》以及习惯国际法为基础。[①] 国际专家组一致认为中立法也适用于网络行动。

2. "中立国"是不属于国际性武装冲突一方的国家。[②] 在本手册中,"中立网络基础设施"是指位于中立领土(包括冲突一方或其国民所有的民用网络基础设施)或具有中立国国籍(且在交战领土以外)的公共或私人网络基础设施。"中立领土"包括中立国的领陆、领水(内水、领海和群岛水域)以及这些区域之上的空气空间。[③]

3. 中立法一方面规范国际性武装冲突中各方的关系,另一方面也规范非冲突方间的关系。其主要目的在于:(1)保护中立国及其公民免受冲突的有害影响;(2)保障中立权,例如在公海开展商业活动的权利;(3)保护冲突各方免于遭受对其敌国有利的作为或不作为。网络基础设施和网络行为的全球性分布以及对网络基础设施的广泛依赖,致使冲突方的网络行动能够轻易地对私人或公共的中立网络基础设施产生影响。因此,在现代武装冲突中,中立十分重要。

4. 国际专家组指出,中立法的发展是基于以下情形,即从中立国

---

① DoD MANUAL, para. 16.4 and Chapter 15; GERMAN MANUAL, paras. 1101 – 1155; AMW MANUAL, Sec. X. 《英国手册》和《圣雷莫手册》通篇都认可了中立法的持续相关性,而《加拿大手册》是在第十三章专门对该问题进行了阐释。尽管中立国具有非交战国地位,但它们在特定情况下仍有遵守武装冲突法的义务。Additional Protocol I, Art. 19; Geneva Convention I, Art. 4; Geneva Convention II, Art. 5.

② DoD MANUAL, para. 15.1.2.2; UK MANUAL, para. 12.11; CANADIAN MANUAL, para. 1302; GERMAN MANUAL, para. 1101; AMW MANUAL, Rule 1 (aa); SAN REMO MANUAL, para. 13 (d); ICRC 2016 GENEVA CONVENTION I 1952 COMMENTARY, para. 916.

③ See GERMAN MANUAL, paras. 1108, 1118; AMW MANUAL, commentary accompanying Rule 166; SAN REMO MANUAL, para. 14.

领土出入是一种物理行为。然而，网络空间具有全球互联互通的特征，这便突破了地理界限，对中立法赖以存在的某些假设提出了挑战。例如，一封从交战方领土发出的电子邮件在抵达目的地前可能会自动路由通过中立网络基础设施，而发件人或中立基础设施的所有者却不一定能控制邮件的经由路线。本章提出的规则考虑到了这一情况，鉴于控制网络基础设施和路由的难度，对于任何有关是否侵犯一国中立地位或中立国是否违反中立义务的判断，都应当在仔细权衡后再作结论。

5. 位于中立国领土内的网络基础设施不仅受该中立国管辖，而且受到该国的主权的属地优越权保护。本章所指的中立与所有权性质（公有或私有）或所有者国籍无关（前提是不用于行使交战权利，见规则153）。

6. 本章中的"行使交战权利"一词与《海牙第五公约》中的"敌对行为"（hostile act）及《海牙第十三公约》中的"敌对性行为"（act of hostility）同义。① 国际专家组使用"交战权利"一词是为避免与"敌对行为"这一行动性术语相混淆。从最广义上理解，行使交战权利是指冲突方有权采取与冲突有关的一切行为（包括网络行动）。交战权利不只限于规则92条所界定的"攻击"，但不包含对中立国的情报刺探行为。

7. 关于不当使用中立国标志，见规则127。

规则150　中立国网络基础设施的保护

禁止以网络手段针对中立国网络基础设施行使交战权利。

1. 禁止冲突方在中立领土实施敌对行动是一项广受认可的中立法原则，《海牙第五公约》第1条和《海牙第十三公约》第1条都规定中立领土不可侵犯，该规范具有习惯法性质。②

---

① Hague V, Art. 10；Hague Convention Ⅷ, Art. 2. *See also* SAN REMO MANUAL, paras. 15 – 16.

② DoD MANUAL, para. 15.3.1.1；UK MANUAL, para. 1.43；GERMAN MANUAL, paras. 1108，1118，1149；SAN REMO MANUAL, para. 15；Hague Air Warfare Rules, Arts. 39 – 40.

2. 位于国际空域、外层空间和公海的中立网络基础设施受到国籍国的主权保护。

3. "针对"是指意图对中立网络基础设施产生不利影响的军事行动。关于经由或利用此类基础设施打击敌方的军事行动，参见规则 151。

4. 以下情形令专家们为难，即对交战领土军事目标发动网络攻击的后果可能会对中立领土产生溢出效应。例如，攻击交战方领土的服务器会严重影响中立领土上的网络服务。专家们一致认为，如果此类影响是不可预见的，则攻击不违反中立法。关于影响的可预见性，国际专家组指出，中立法是在交战方有效实施军事行动的权利和中立国免受冲突影响的权利之间寻求平衡，应当通过平衡这两类权利而做出各种情况评估。专家们还认为，对中立国的评估不应仅限于物理影响，此外，实践中国家也不认为影响轻微将妨碍对某个本属合法的攻击的追究。

5. 值得注意的是，按照规则 153 的规定，位于中立领土的中立网络基础设施可能会失去受保护地位。此外，海底电缆等中立领土之外的中立网络基础设施如果构成合法军事目标，则会被攻击或者捕获。

规则 151　中立国领土上的网络行动

禁止在中立国领土以网络手段行使交战权利。

1. 本规则基于《海牙第五公约》第 2 条、第 3 条和《海牙第八公约》第 2 条、第 5 条制定，反映了习惯国际法。[①] 规则 150 是关于针对中立基础设施的行动，而本规则是关于交战方在中立领土上使用此类设施的问题。它禁止一方的武装力量从中立国领土发动网络行动。除了从中立国领土上发动网络行动外，它还包括了远程操纵中立国网络基础设施以及利用它达到上述目的。

2. 本规则并不适用于个人（包括规则 97 讨论的直接参与敌对行动的平民）、实体或组织，除非他们的行为可归因于国际性武装冲突的一

---

① DoD MANUAL, para. 15.3.1.2; UK MANUAL, para. 1.43.b; CANADIAN MANUAL, para. 1304; GERMAN MANUAL, paras. 1108, 1120, 1150; AMW MANUAL, Rule 167 (a) and accompanying commentary; SAN REMO MANUAL, para. 15.

方（规则 15 和规则 17）。

3. 本规则只涉及在中立领土上行使交战权的问题，但为作战目的利用中立领土以外的（不在交战领土）、中立的非商业性政府网络基础设施，同样构成破坏中立。例如，由于中立国政府船舶或国家航空器享有主权豁免（规则 5），因而禁止利用这些平台上的网络进行军事通信。

4. 将一个公共的、国际公开访问的网络（如互联网）用于军事目的并不违反中立法，即便该网络或其组成部分位于中立领土。尽管尚无明确直接的条约法就此作出规定，但大多数专家同意《海牙第五公约》第 8 条（规定中立国无须"禁止或限制交战国使用属于它或公司或私人所有的电报或电话电缆以及无线电报器材"）可适用于网络通信系统，该条同时也体现了习惯国际法①。少数专家则认为第 8 条的适用仅限于其条文本身所指通讯方式，而且禁止使用网络通过中立国进行通信。

5. 国际专家组研究了通过中立领土传输网络武器（规则 103）的问题。专家们认为，《海牙第五公约》第 2 条禁止通过中立国领土运输军火或供应品，因此通过中立领土的网络传输网络武器是被禁止的。

6. 国际专家组多数专家认为依据《海牙第五公约》第 2 条，通过中立国领土上的网络基础设施传输网络武器是受禁止的。他们注意到恶意软件可以在传输时分解为数个数据包，但基于运送传统武器的独立部件也会违反中立法，他们认为没有理由区分传输完整的网络武器和被分解到数个数据包里的网络武器。然而，他们警告，中立国只有在知道有这样的传输并且能采取措施终止时，才有义务采取行动予以阻止（规则 152）。

7. 少数专家指出，《海牙第五公约》第 8 条明确规定了一般规定的例外情形。② 这些专家拒绝采用类比的方法将第 2 条适用于传输数据，即使它是合格的网络武器。少数专家有此主张的依据是该条款的目的和

---

① *See* DoD MANUAL, para. 16.4.1；AMW MANUAL, Rule 167（b）.

② This was the position adopted in the AMW MANUAL. AMW MANUAL, commentary accompanying Rule 167（b）. This is the view adopted in the DoD MANUAL, para. 16.4.1.

宗旨如公约第 8 条所示，只是为了防止物理运输的武器。

8. 国际专家组认为一个中立国可以限制或禁止交战国使用网络基础设施。当它这样做时，涉及的措施必须公正地适用于所有交战方。[①]

10.[②] 关于过境的交战国军舰通过一个中立国家的领海，参见规则 49 中的"单纯通行"。

规则 152　中立义务

中立国不得在明知情况下允许冲突方从位于其领土或在其排他性控制下的网络基础设施行使交战权利。

1. 本规则体现了习惯国际法[③]，其渊源于《海牙第五公约》第 5 条，即"中立国不得允许在它的领土上发生第 2 条～第 4 条所指的任何行为"。在网络行动中，尤应强调《海牙第五公约》第 3 条：

禁止交战国：

（1）在中立国领土上设立无线电台或与交战国陆、海军联系的任何通讯装置；

（2）利用战前交战国在中立国领土上设立的纯为军事目的、并且还没有公开为公众通讯服务的任何此类设施。

2. 将《海牙第五公约》的对象和目的适配于网络行动，则中立国不能允许冲突方为军事目的，利用中立领土上已经存在的网络基础设施或在中立领土新设网络基础设施。

3. 本规则规定的义务，不仅与中立领土上的交战方网络基础设施有关，而且与使用中立领土上其他网络基础设施行使交战权相关。但有一种例外情况，即公共的、国际公开访问的网络（如互联网）可以用于军事通讯（规则 151）。如果中立国对利用上述网络加以限制，在限

---

① Hague Convention V, Art. 9 (1). *See also* DoD MANUAL, para. 16.4.1.

② 原文缺失了第 9 段。——译者注。

③ DoD MANUAL, para. 15.3.2; UK MANUAL, para. 1.43.a; GERMAN MANUAL, para. 1111; AMW MANUAL, Rule 168 (a); SAN REMO MANUAL, para. 22. *See also* this Rule's peacetime counterpart, Rule 6 of this Manual.

制的程度之内，该限制必须公正不偏地适用于所有冲突方。① 在规则
151 中，对于是否禁止利用此类网络通过中立领土运送网络武器的问
题，专家们存在分歧。同样，对于中立国是否有义务阻止这种运送，专
家们也有不同看法。

4.　"在其排他性控制下"一语指的是非商业的政府网络基础设施
（参见规则 6 中对"政府控制"的讨论）。由于本规则规定的义务取决
于基础设施的政府属性，因此无论设施位于何处，本规则都将适用。

5.　规则 152 假定中立国已经实际知悉或推定知悉了有关情况。如
果中立国国家机关察觉了源自本国领土的由冲突一方实施的网络行动，
或者受到侵害的冲突方提供令人信服的信息，告知中立国该网络行动源
自中立国领土，则属于中立国实际知悉的情况。如果中立国理应知道发
生了前述网络行动，则属于推定知悉。对于推定知悉是否意味着中立国
在可行范围内对于使用其领土上的网络基础设施负有主动监控的义务，
国际专家组持有不同意见。一些专家认为中立国对交战行为应负有谨慎
监控的义务，②大多数专家认为不存在此种义务。

6.　"不能在明知的情况下允许"意味着中立国有责任采取一切可
行措施，以终止任何利用本规则所指的网络基础设施行使交战权的行
为。③ 但对于在推定知悉的情况下，中立国是否负有义务采取措施（尤
其是监控网络活动）阻止冲突方行使交战权利的问题，专家们没有达
成共识。

7.　个别专家认为"不能在明知的情况下允许"意味着负有该义
务，④ 例如监控等预防性措施就是可行的，当然，"可行"取决于有关
国家的技术能力等当时实际情况；大多数专家反对这种观点，他们认为
中立国的唯一责任就是终止而非预防使用，这些专家们指出，对穿越中

---

① Hague Convention Ⅴ, Art. 9.

② AMW MANUAL, Rule 170（b）.

③ DoD MANUAL, para. 15.3.2.2；GERMAN MANUAL, paras. 1109, 1125, 1151；AMW MAN-
UAL, commentary accompanying Rule 168（a）；SAN REMO MANUAL, paras. 15, 18, 22. *See
also* Hague Air Warfare Rules, Arts. 42, 47.

④ Hague ⅩⅢ, Art. 8；AMW MANUAL, Rule 170（b）.

立国网络的数据包的交战属性做出判定具有现实困难。

8. 中立国采取符合本规则要求的措施不构成敌对行动，更不会构成违反中立的针对冲突一方的武力攻击（规则 71）。[①] 有关在中立领土上与交战没有联系的活动，参见规则 6。

规则 153 冲突方对违反中立义务的应对

如果中立国未能制止交战一方在其领土内行使交战权利，被侵害的冲突方可采取包括网络行动在内的必要措施，以便反制上述行为。

1. 本规则被普遍接受为习惯国际法。它是一种"自助"的形式，为冲突受害方提供了救济手段，以应对敌方在中立领土上的非法活动，包括仍未被中立国处理的交战方利用中立网络基础设施的行为。[②]

2. 本规则不适用于所有违反中立法的情形，只针对给对方造成不利影响的情况，而其他任何对中立法的违反均由中立国自己处置。例如，交战一方对中立网络基础设施发动拒绝服务攻击，并不一定带来针对另一方的军事优势。在这种情况下，根据本规则规定，另一方无权终止该拒绝服务攻击，对攻击的应对权应完全属于中立国。

3. 本规则的实施取决于两个标准：第一，对中立国领土的侵犯必须是"严重的"，程度轻微的侵犯不能触发本规则的适用。[③] 也就是说，破坏中立方必须因违法行为获得了明显的针对另一方的军事优势。严重性取决于当时的情况，不能在抽象意义上做出判断，它可依据违法行为的普遍性或者违法方因违法而获取的优势来确定。例如，国际专家组认为发展侵入低级别敌军人员电子邮箱的能力不会触发本规则的适用；相反，假定冲突一方的网络能力因敌对行动而被削弱，如果该国使用中立的网络基础设施来开展针对敌方的网络行动，就达到了严重的情形。

4. 第二，冲突一方在中立领土行使交战权利必须对受害方的安全

---

① Hague Convention V, Art. 10; SAN REMO MANUAL, Rule 22 and accompanying commentary.

② DoD MANUAL, para. 15.4.2; UK MANUAL, para. 1.43 (a); CANADIAN MANUAL, para. 1304 (3); AMW MANUAL, Rule 168 (b); SAN REMO MANUAL, Rule 22.

③ SAN REMO MANUAL, Rule 22.

构成急迫的威胁，且没有在中立领土上采取行动的及时、可行的替代方案。① 所以，本规则仅在中立国不愿或不能遵守其规则 152 下的义务时适用。在这种情况下，如果中立国穷尽了一切处置措施却未能奏效时，受害方有权终止敌方的违反中立义务行为。显然，如果中立国没有采取任何措施终止冲突，受害方也可以采取行动。

5. 采取自助措施需事先通知中立国，以便中立国有合理时间处置违法行为。只有当违法行为对受害方的安全构成紧迫威胁，受害方没有及时可行的其他方案可供选择时，才可以立即使用必要武力以终止违法行为。

6. 假定交战一方通过中立国的服务器对敌方实施网络战，敌方告知中立国并要求制止对中立国网络基础设施的利用行为，如果中立国没能及时制止，受害方就可以合法地对该服务器发动网络行动以破坏其功能。

规则 154　中立与安理会行动

网络行动等行为如果与联合国安全理事会根据《联合国宪章》第七章决定的预防性或执行性措施不符，一国不得以中立法为由提出辩解。

1. 本规则以《联合国宪章》第 25 条为依据，该条要求缔约国遵守联合国安理会的决议。本规则也源于《联合国宪章》第 103 条，该条使得诸如《海牙第五公约》和《海牙第十三公约》中的条约义务不能适用于《联合国宪章》第七章的安理会行动。② 根据对违反强行法规范的措施的禁止性规定，与安理会决议不一致的习惯国际法义务同样不能适用。

2. 当安理会应对破坏和平行为或侵略行为（通过决定采取执行措

---

① SAN REMO MANUAL, Rule 22.

② *See also* GERMAN MANUAL, para. 1103；AMW MANUAL, Rule 165；SAN REMO MANUAL, paras. 7–9.

施），以及采取措施应对威胁和平行为时，都可适用规则 154 条。[①] 本规则在三种情形下适用：第一，若安理会决议要求各国采取某项行动，各国不得依据中立法而避免采取该行动；第二，若安理会决议禁止各国采取某项行动，中立法不构成从事该行动的正当理由；第三，本规则禁止各国采取任何可能干扰其他国家执行安理会决议的行为。

3. 以安理会已认定某个国家实施了破坏和平的行为为例，这种情形现在已经构成国际性武装冲突。该国除采取其他行动外，还对敌方民用网络基础设施实施了强破坏性的网络攻击，为此，安理会通过决议，授权所有会员国利用自己的网络基础设施和能力终止此攻击，而依决议行事的国家并不违反其中立法义务，尽管他们在冲突中是中立的。

---

① UN Charter, Art. 39（规定了这些情形）。

术语表

主动网络防御（Active Cyber Defence）：在防御网络基础设施的外部采取积极的防御措施。"黑客反击"（见下文）是一种主动网络防御。

带宽（Bandwidth）：指在指定时间段内经通信通道传递数据的容量，通常表述为比特/秒。

僵尸网络（Botnet）：一种由被感染的电脑，黑客远程控制的"恶意代码"以及僵尸网络控制者组成的网络，用来进行网络攻击行动，如"分布式拒绝服务"攻击（见下文）。对于可被"招募"进入僵尸网络的恶意代码没有实际数量的限制。

关闭访问操作（Close Access Operation）：一种网络攻击行动（见下文），这种攻击行动需要行为者物理接近标的系统。

云计算（Cloud Computing）：一种提供可用的、便捷的、按需的网络访问的模式，进入可配置的计算资源共享池（包括网络、服务器、储存、应用软件、服务），这些资源能够被快速提供，只需要投入很少的管理工作，或与服务供应商进行极少的互动。云计算可以有效地汇集计算机资源并具备按需扩展资源的能力。①

通用标准（Common Criteria）：评价 IT 产品安全属性的国际标准。

计算机应急响应小组（Computer Emergency Response Team, CERT）：给网络攻击行为（见下文）或网络犯罪的受害人或潜在受害人提供初级紧急响应援助和分类服务的小组，通常方式包括私营部门和政府部门的协作。小组需保持对黑客活动和恶意软件（见下文）新设计和新使用的警觉性，并提供建议给电脑网络防御者以解除安全威胁、

---

① 选自美国国家标准与技术研究院（NIST），特别出版物 800 - 145，2011 年 9 月。

防范黑客活动和恶意软件的漏洞。

计算机网络（Computer Network）：一种互联设备或节点的基础设施，该设施可以交换计算机数据。数据交换介质可以是有线网络（例如，基于双绞线的以太网，光纤等），无线网络（例如，WiFi，蓝牙），或两者的组合。

计算机系统（Computer System）：一台或多台互联，有关联软件和周边设备的计算机。它可以包括传感器和/或（可编程逻辑）控制器，通过一个计算机网络相连。计算机系统可以是通用系统（如，一台笔记本电脑）或专用系统（如，蓝军跟踪系统）。

关键基础设施（Critical Infrastructure）：至关重要的物理或虚拟的国家系统和设施，它们的失灵或破坏可能削弱一个国家的安全、经济、公共健康或安全，或环境。

网络（Cyber）：又译为赛博，指信息技术关联的集合。

网络活动（Cyber Activity）：任何包含网络基础设施的使用或利用网络手段影响了这类网络基础设施的运行的活动。这类活动包括但不仅限于网络行动。

网络攻击（Cyber Attack）：见规则第九十二条。

网络间谍（Cyber Espionage）：见规则第三十二条。

网络基础设施（Cyber Infrastructure）：信息系统建立和运行交流、储存和计算的设备。

网络行动（Cyber Operation）：使用网络能力，在网络空间或通过网络空间达成目标。在本手册中，该术语一般用于操作内容（请参阅"网络活动"）。

网络侦查（Cyber Reconnaissance）：使用网络能力以获取活动信息、信息资源或系统能力。

网络系统（Cyber System）：见"计算机系统"。

网络空间（Cyberspace）：又译为赛博空间，由物理和非物理组件构成，利用计算机网络储存、修改和交换数据的环境。

数据（Data）：计算机处理或产生信息的基本元素。基本数字数据的量度单位是字节。

数据中心（Data Centre）：用于储存和处理大量数据的物理设施。一个数据中心可以单独被某个团体使用，或者被多个团体共享，如云计算数据中心（见上文）。一个数据中心可以是固定的或者移动的（如，安装在一个集装箱中，通过船、卡车或飞机进行运输）。

数据库（Database）：储存在一个或多个计算机文件里的相关数据集合。①

拒绝服务（Denial of Service，DoS）：用户不能获取电脑系统资源。拒绝服务可能是网络行动（见上文）的结果。

分布式拒绝服务（Distributed Denial of Service，DDoS）：一项需运用两个以上计算设备（如电脑或智能手机）的技术，例如僵尸病毒的机器人程序，从一个或多个目标实现拒绝服务。

域名（Domain Name）：唯一的、包括文字与数字的、可供人类识别的计算机名称。所有通过网络可寻址的计算机都有域名和相应的 IP 地址。IP 地址可以通过域名系统（DNS）服务提供者进行注册。域名系统通过一个结构化的区文件可以把一个域名转换成一个 IP 地址，反之亦然。互联网地址编码分配机构（IANA）是分配域名和 IP 地址的权威中心。"顶级域名"是计算机域名系统分层的最高级别。例如：.org（非营利性组织）、.int（国际组织）、.mil（军事）。

电子战（Electronic Warfare）：使用电磁（EM）或方向可控的能量来利用电磁频谱。可能包括拦截或确认电磁发射（如，信号情报），运用电磁能，阻止对手电磁光谱的敌意使用，并采取行动确保使用者对光谱的有效利用。射频干扰是电子战的一个例子。

固件（Firmware）：作为硬件和软件接口的低层编程。

黑客反击（Hack back）：一种"主动网络防御"（见上文），其主要目的是对一个确定的恶意网络操作源采取防御措施。通常情况下，黑客反击的目的是停止恶意活动或减轻其影响，或者收集可用于归因目的

---

① 软件工程技术词汇，电气与电子工程师协会（IEEE）Std 610.12（1990 年 9 月 28 日）。

的技术证据。

黑客行动主义（Hacktivist）：公民个人基于意识形态，政治，宗教或爱国等原因自主从事黑客活动。

硬件（Hardware）：见"网络基础设施"。

蜜网（Honeynet）：包含多个蜜罐的虚拟环境，目的是欺骗入侵者使其相信自己进入了一个具有进攻价值的计算设备的网络。

蜜罐（Honeypot）：一种欺骗技术，使计算机装置和网络基础设施能够抵御恶意网络行为，使用物理或虚拟环境来欺骗入侵者，目的是使入侵者相信环境的本质；使入侵者在欺骗性的环境中浪费资源；收集反情报，包括入侵者网络操作的目的、身份和手段。通常，"蜜罐"与入侵者目标的实际系统共存，但是"蜜罐"本身与别的通过软件包、分离硬件和其他隔离技术保护的系统是分离的，因此入侵者的操作是受控的。

互联网（Internet）：基于互联网协议的相互连接的全球计算机网络系统，互联网采用清晰定义的路由策略。

互联网协议（Internet Protocol）：通过一个或多个 IP 从一个源主机到指定主机的地址和路由的协议。

IP 地址（Internet Protocol Address）：IP 网络（包括互联网）设备的唯一标识符。①

互联网服务提供商（Internet Service Provider）：提供网络连接使计算机用户接入互联网的机构。

电子干扰（Jamming）：见"电子战"。

逻辑炸弹（Logic Bomb）：一种恶意软件（见下文），目的是在特定环境中引发一系列恶意活动。

恶意软件（Malware）：一种可以在其他软件、固件或硬件中存储和执行的软件（见下文），设计目的是恶意影响一个计算机系统的性能。恶意软件的例子包括"木马"、"rootkits 隐匿技术"，计算机病毒和

---

① 见互联网地址编码分配机构，术语参见：www. iana. org/glossary。

"蠕虫"（见下文）。

元数据（Metadata）：一种提供有关其他数据的信息（例如创建和起源的时间）的数据。元数据在分类、搜索、存储和理解信息时是必要的。

网络嗅探器（Network Sniffer）：用来观察和记录网络行踪的软件（见下文）。

网络限制（Network Throttling）：限制通信网络用户带宽可用性的技术，也称为"带宽节流"和"网络带宽节流"。

被动网络防御（Passive Cyber Defence）：用来探测和缓解网络入侵和网络攻击影响的措施，这种措施不包括发动针对源头的预防性的、先发制人的或反击操作。被动网络防御的例子包括防火墙、防病毒软件及电子数据取证工具。[①]

网络钓鱼（Phishing）：一种社会工程攻击，通常使用电子邮件、社交网络或即时通讯。罪犯试图引诱不知情的受害者访问恶意网站，打开一个被感染的文件，或执行代表攻击者的行动。网络钓鱼行动的目的通常是获取敏感信息，如用户凭据、个人数据或信用卡详细信息。

隐匿技术（Rootkit）：安装在被感染电脑中的恶意软件（见上文），它会使一个网络用户通过特别通道进入电脑以清理网络操作的活动记录。

服务器（Server）：一台用于运行一个或多个计算服务的物理或虚拟计算机。例如网络和数据库服务器。

服务器群（Server Farm）：将大量服务器放置于一个数据中心（见上文）的电脑排列形式。

软件（Software）：电脑系统和网络基础设施的非物理部分。这些部分包括程序、操作系统、应用程序和相关配置和运行时数据。

软件代理（Software Agent）：电脑程序，由电脑操作系统进行管理，代表用户执行一个或多个任务。在一个分布式计算机环境中，软件

---

① 应将本术语同法律专业术语"被动防御"（见规则121）区分开来。

代理很可能自动操作或与软件代理交流或协调行动。例如，软件代理可在万维网（www）里获取的分散信息中执行查询。

鱼叉式网络钓鱼（Spear-phishing）：一种"网络钓鱼"（见上文）的行为，这种行动针对特定的个人并涉及更高层次的复杂性和量身定制的内容。许多恶意网络行为以鱼叉式网络钓鱼开始。

欺骗（Spoofing）：假扮正当来源或使用者以获取授权进入信息系统，或伪装成其他一些组织或个人发起或从事某一特定活动。

隐写术（Steganography）：使用编码技术将信息隐藏于另一信息中。例如，计算机的加密技术和工具，可将包含工程图表和信息文本的电脑文件植入一个图像文件（例如 JPG 格式文件），这样就使得存于图像文件中的工程数据很难被察觉到。

"震网"病毒（Stuxnet）：一种计算机蠕虫病毒，针对西门子公司的数据采集（SCADA）（见下文）系统进行攻击。该病毒的有效载荷包括一个可编程逻辑控制器"rootkit"（见上文）。因被发现破坏伊朗西门子 SCADA 系统中控制浓缩铀离心机事件而曝光。

数据采集与监控系统（Supervisory Control and Data Acquisition，SCADA）：一种计算机系统和设备，可应用于监控工业、基础设施。如：发电厂、水处理设施、电力分布系统、石油与天然气管道、机场及工厂。

病毒（Virus）：一种能够自我复制的恶意软件（见上文），可以不留痕迹地使自身依附于一个应用程序或可执行的系统组件。[1]

甚小孔径终端（Very Small Aperture Terminal，VSAT）：用于双向通信的便携式卫星地面站。甚小孔径终端通常用于远程位置的宽带卫星通信，例如紧急救援队和海上船只。

网站（Website）：相关信息网页站点。一个网站可托管于一个或多个网络服务器。可通过其全球资源定位器（URL）进入该网站。万维网（www）由所有公共网站构成。

---

① NIA 术语表。

捕鲸钓鱼（Whaling）：也被称为鲸鱼网络钓鱼，是一种类型的"鱼叉式网络钓鱼"（见上文）攻击，专门针对一个组织的高级管理人员，高管和其他高调个人。

WiFi：一种基于 IEEE 802.11b 标准的高速无线网络。

蠕虫（Worm）：一种恶意软件（见上文），不同于一般病毒需要植入另一应用程序才可将自身传送至另一台电脑，蠕虫病毒可自身复制并进行传送。

XML 标签（XML Tag）：作为可扩展标记语言（xml）的开放标准的一部分的标记结构。该标签可人读或机读、用来编码文件内容中的句法部分。例如，在本手册的电子版中，包含一个术语的一串文本可以由开闭标签（＜legal-term＞和＜legal term＞）分隔，例如：＜legal-term＞必要性＜/legal term＞。

译后记

如果不是因为2007年爱沙尼亚受到的大规模网络攻击以及与这场网络攻击有着内在关联的《塔林手册》，相信对于很多人来说，爱沙尼亚以及塔林都会是陌生而遥远的概念。就我本人而言，与爱沙尼亚和塔林的"缘分"也是始于对第一本《塔林手册》的关注和研究。2014年以来，我又有幸作为一名来自中国的国际专家组成员，直接参与这本《网络行动国际法塔林手册2.0版》的编写，并在2014~2016年的两年多时间内五次来到爱沙尼亚。塔林是一个宁静的波罗的海小城，但《塔林手册2.0版》却远非因之得名的这个小城那么波澜不惊。无论是手册所涉内容从专业角度给个人带来的挑战，还是国际专家组会议上亲历围绕有关内容的讨论乃至争执，以及手册在各国政府、学界引发的种种反响，都令我感触颇多。归结起来，我个人感受最深的两点大概是：

第一，尽管《塔林手册2.0版》发起和编写过程的"西方色彩"不可忽视，但它背后所体现的西方国家积极争夺网络空间国际话语权和规则制定权的意识、能力和手段，仍然值得包括中国在内的非西方国家学习。

第二，尽管《塔林手册2.0版》的相关规则和评注可能还有不少值得商榷的地方，但作为国际上围绕网络空间国际规则迄今为止最为详尽的大型集体编纂成果，本书的有关内容仍然值得所有关注网络空间治理和国际规则制定的人士重视。

本书的翻译、出版，正是为了帮助国内有兴趣的读者更好地了解相关内容。显然，翻译本书并不意味着译者认可书中的所有观点，相信广大读者也会客观、辩证地看待本书有关内容，并在此基础上有所借鉴和为我所用。我的以下观点（见拙文《网络空间国际规则制定的新趋向——基于〈塔林手册2.0版〉的考察》，《厦门大学学报》（哲社版）

2018 年第 1 期），大致可以代表我本人对该书的基本评判：

> 在国际社会日益重视和迫切呼唤网络空间国际规则的情况下，"塔林 2.0"通过大量增补适用于和平时期"低烈度"网络行动的国际法内容，发展出了一整套涵盖战争时期及和平时期、初步完备的网络空间国际规则体系，从而将国际上围绕这一问题的讨论推进了一大步。不过，"塔林 2.0"在很大程度上是以西方国家在网络空间的利益和关切为出发点的，其工作方法则强调将现行习惯国际法规则适用于网络空间，这都难免会使其内容和国际参与度具有一定的局限性。从整个网络空间国际规则制定进程来看，"塔林 2.0"不是也不可能是"历史的终结"；相反，它更应当被视为一个新的起点而非终点。

参加本书翻译工作的共有 13 位译者，他们为此付出了艰辛的劳动，具体分工如下：

黄志雄（武汉大学国际法研究所教授）：前言、导言、第四章第一节；

宋冬（外交部条法司处长）、徐峰（外交部条法司副处长）、胡健生（外交部条法司干部）：第一章、第七章；

朱莉欣（空军工程大学理学院副教授）：第二章、第十一章、第十五章、第二十章；

甘勇（武汉大学国际法研究所副教授、法学博士）：第三章、第十二章；

朱磊（武汉大学国际法研究所讲师）：第四章第二节、第三节；

黄浩然（北京邮电大学人文学院研究生）：第四章第四节、第五章；

李雪平（武汉大学国际法研究所教授）：第六章、第十三章；

孙南翔（中国社科院国际法研究所助理研究员）：第八章至第十章；

朱雁新（国防大学政治学院副教授）：第十四章、第十六章；

曹成程（驻香港部队法律处）：第十七章；

陈伟（海军航空大学航空基础学院）：第十八章、第十九章。

翻译初稿完成后，一批国际法同仁拨冗参加了译稿的审校，为译稿的完善提出了很多宝贵意见。审校者的分工情况是：

黄德明（武汉大学国际法研究所教授）：第一章、第七章；

冯洁菡（武汉大学国际法研究所教授）：第二章、第十一章；

马冉（郑州大学法学院副教授）：第三章、第十二章；

陈卫东（对外经贸大学法学院教授）：第四章；

黄志雄（武汉大学国际法研究所副所长、教授）：第五章；

石磊：（武汉大学国际法研究所副教授）：第六章、第十三章；

张华：（南京大学法学院副教授）：第八章、第九章、第十章；

冷欣宇（中国政法大学国际法学院副教授）：第十四章至第二十章。

陈伟和朱莉欣共同对第十四章至第二十章进行了统稿，黄志雄最后对全部译稿进行了统稿。此外，武汉大学国际法研究所博士生陈晓棋为前言和术语表的翻译提供了协助，武汉大学国际法研究所博士生刘碧琦、刘聪和硕士生曾惟昊参与了译稿的校对，工信部国际合作司蔡国雷副处长和中国信息通信研究院互联网治理中心郭丰副主任分别对第十一章和术语表的翻译提出了宝贵意见。还有一些单位和个人也对本书的翻译、出版提供了大力支持，这里不一一列出，在此一并致以真诚的谢意！

翻译工作的"费力不讨好"，已经是广大翻译者和读者的共识，当然也是本书译者的深切感受。尽管本书译者、审校者以及社会科学文献出版社刘骁军老师所负责的编辑团队为译稿的完善付出了很大努力，中文版的出版时间也因此不得不一再延迟，在本书终将面世之际，我们还是深深地体会到一位评论者所说的"做翻译要像做贼一样心虚"。翻译中的任何问题，都诚挚地欢迎有关专家和同行予以批评指正。

黄志雄

2017 年 11 月于武昌珞珈山

图书在版编目（CIP）数据

网络行动国际法塔林手册 2.0 版／（美）迈克尔·施密特总主编；黄志雄等译. -- 北京：社会科学文献出版社，2017.12

（网络空间国际法文库）

书名原文：Tallinn Manual on International Law Applicable to Cyber Operations

ISBN 978 - 7 - 5201 - 1812 - 5

Ⅰ.①网… Ⅱ.①迈… ②黄… Ⅲ.①计算机网络 - 安全技术 - 战争法 - 手册 Ⅳ.①D995 - 62

中国版本图书馆 CIP 数据核字（2017）第 281056 号

网络空间国际法文库

网络行动国际法塔林手册 2.0 版

总 主 编／〔美〕迈克尔·施密特
译　　者／黄志雄 等

出 版 人／谢寿光
项目统筹／刘骁军
责任编辑／关晶焱　赵瑞红

出　　版／社会科学文献出版社（010）59367161
　　　　　　地址：北京市北三环中路甲 29 号院华龙大厦　邮编：100029
　　　　　　网址：www. ssap. com. cn
发　　行／市场营销中心（010）59367081　59367018
印　　装／北京季蜂印刷有限公司

规　　格／开　本：787mm × 1092mm　1/16
　　　　　　印　张：35.25　字　数：519 千字
版　　次／2017 年 12 月第 1 版　2017 年 12 月第 1 次印刷
书　　号／ISBN 978 - 7 - 5201 - 1812 - 5
著作权合同
登 记 号／图字 01 - 2017 - 1418 号
定　　价／128.00 元

本书如有印装质量问题，请与读者服务中心（010 - 59367028）联系